CURSO DE
DIREITO PENAL

PARTE ESPECIAL
ARTS. 121 A 212 DO CÓDIGO PENAL

VOL. 2

O GEN | Grupo Editorial Nacional – maior plataforma editorial brasileira no segmento científico, técnico e profissional – publica conteúdos nas áreas de concursos, ciências jurídicas, humanas, exatas, da saúde e sociais aplicadas, além de prover serviços direcionados à educação continuada.

As editoras que integram o GEN, das mais respeitadas no mercado editorial, construíram catálogos inigualáveis, com obras decisivas para a formação acadêmica e o aperfeiçoamento de várias gerações de profissionais e estudantes, tendo se tornado sinônimo de qualidade e seriedade.

A missão do GEN e dos núcleos de conteúdo que o compõem é prover a melhor informação científica e distribuí-la de maneira flexível e conveniente, a preços justos, gerando benefícios e servindo a autores, docentes, livreiros, funcionários, colaboradores e acionistas.

Nosso comportamento ético incondicional e nossa responsabilidade social e ambiental são reforçados pela natureza educacional de nossa atividade e dão sustentabilidade ao crescimento contínuo e à rentabilidade do grupo.

GUILHERME DE SOUZA **NUCCI**

CURSO DE
DIREITO PENAL

PARTE ESPECIAL
ARTS. 121 A 212 DO CÓDIGO PENAL

VOL. 2

9ª edição — revista e atualizada

- O autor deste livro e a editora empenharam seus melhores esforços para assegurar que as informações e os procedimentos apresentados no texto estejam em acordo com os padrões aceitos à época da publicação, e todos os dados foram atualizados pelo autor até a data de fechamento do livro. Entretanto, tendo em conta a evolução das ciências, as atualizações legislativas, as mudanças regulamentares governamentais e o constante fluxo de novas informações sobre os temas que constam do livro, recomendamos enfaticamente que os leitores consultem sempre outras fontes fidedignas, de modo a se certificarem de que as informações contidas no texto estão corretas e de que não houve alterações nas recomendações ou na legislação regulamentadora.

- Fechamento desta edição: *04.02.2025*

- O Autor e a editora se empenharam para citar adequadamente e dar o devido crédito a todos os detentores de direitos autorais de qualquer material utilizado neste livro, dispondo-se a possíveis acertos posteriores caso, inadvertida e involuntariamente, a identificação de algum deles tenha sido omitida.

- **Atendimento ao cliente:** (11) 5080-0751 | faleconosco@grupogen.com.br

- Direitos exclusivos para a língua portuguesa
  Copyright © 2025 by
  Editora Forense Ltda.
  Uma editora integrante do GEN | Grupo Editorial Nacional
  Travessa do Ouvidor, 11 – Térreo e 6º andar
  Rio de Janeiro – RJ – 20040-040
  www.grupogen.com.br

- Reservados todos os direitos. É proibida a duplicação ou reprodução deste volume, no todo ou em parte, em quaisquer formas ou por quaisquer meios (eletrônico, mecânico, gravação, fotocópia, distribuição pela Internet ou outros), sem permissão, por escrito, da Editora Forense Ltda.

- Capa: Fabricio Vale

- **CIP-BRASIL. CATALOGAÇÃO NA PUBLICAÇÃO**
  SINDICATO NACIONAL DOS EDITORES DE LIVROS, RJ

N876c
9. ed.

    Nucci, Guilherme de Souza
    Curso de direito penal : parte especial : arts. 121 a 212 do código penal / Guilherme de Souza Nucci. - 9. ed., rev., atual. e reform. - Rio de Janeiro : Forense, 2025.
    632 p. ; 24 cm.   (Curso de direito penal ; 2)

    Apêndice
    Inclui bibliografia
    ISBN 978-85-3099-665-9

    1. Direito penal - Brasil. I. Título. II. Série.

25-96066   CDU: 343.2(81)

Meri Gleice Rodrigues de Souza - Bibliotecária - CRB-7/6439

Sobre o Autor

Livre-docente em Direito Penal, Doutor e Mestre em Direito Processual Penal pela PUC-SP. Professor Associado da PUC-SP, atuando nos cursos de Graduação e Pós-graduação (Mestrado e Doutorado). Desembargador na Seção Criminal do Tribunal de Justiça de São Paulo.

www.guilhermenucci.com.br

Sumário

PARTE 1
CRIMES CONTRA A PESSOA

Capítulo I – Crimes contra a Vida ... 3

1. Direito à vida e fundamento constitucional ... 3
2. Homicídio ... 4
   - 2.1 Estrutura do tipo penal incriminador ... 4
   - 2.2 Conceito de homicídio e aspectos históricos ... 6
   - 2.3 Estados entre a vida e a morte ... 8
     - 2.3.1 A morte demonstrada para fins de doação de órgãos ... 9
   - 2.4 Conceito de genocídio ... 10
   - 2.5 Diferença entre homicídio e assassinato ... 10
   - 2.6 Sujeitos ativo e passivo ... 10
     - 2.6.1 Vida extrauterina ... 11
   - 2.7 Elemento subjetivo ... 13
     - 2.7.1 Dolo eventual e qualificadoras subjetivas ... 13
     - 2.7.2 Dolo eventual e qualificadoras objetivas ... 13
   - 2.8 Objeto material e objeto jurídico ... 14
   - 2.9 Classificação ... 14
   - 2.10 Meios de matar ... 14

2.11	Homicídio simples hediondo	15
2.12	Homicídio *privilegiado* (art. 121, § 1.º)	16
	2.12.1 Relevante valor social ou moral	16
	2.12.2 Diferença entre a causa de diminuição da pena e a atenuante	17
	2.12.3 Ciúme como fundamento para a causa de diminuição	18
	2.12.4 Eutanásia e homicídio privilegiado	18
	2.12.4.1 Mistanásia	21
	2.12.4.2 Realidade *versus* direito: a ortotanásia	21
2.13	Domínio de violenta emoção	22
	2.13.1 Fundamento da atenuação do homicídio no caso de violenta emoção	23
	2.13.2 Domínio de violenta emoção e dolo eventual	24
	2.13.3 Análise contextual da injusta provocação da vítima	24
	2.13.4 Premeditação e violenta emoção	24
2.14	Concomitância de causas de diminuição	25
2.15	Obrigação ou faculdade do juiz	25
2.16	Homicídio privilegiado hediondo	25
2.17	Critério para redução da pena	26
2.18	(In)comunicabilidade das motivações previstas no § 1.º do art. 121	26
2.19	Homicídio qualificado (art. 121, § 2.º)	27
2.20	Homicídio privilegiado-qualificado	27
2.21	Homicídio privilegiado-qualificado hediondo	28
2.22	Qualificadoras	28
	2.22.1 Motivo torpe	28
	2.22.2 Paga ou promessa de recompensa	29
	2.22.3 Torpeza e vingança	29
2.23	Motivo fútil	30
	2.23.1 Ausência de motivo	30
	2.23.2 Ciúme, futilidade e torpeza	31
	2.23.3 Embriaguez e futilidade	32
2.24	Insídia, crueldade e perigo comum	32
	2.24.1 Facetas peculiares do veneno	33
	2.24.2 Fogo e duplicidade de gênero	34
	2.24.3 Espécies de asfixia	34
	2.24.4 Tortura como meio e como objetivo	35
	2.24.5 Dificuldade ou impossibilidade de defesa	35
	2.24.6 Traição, emboscada e dissimulação	36
	2.24.7 Existência anterior de ameaça de morte	37
2.25	Torpeza específica	37

	2.25.1	Relação com o crime putativo e o delito impossível	37
	2.25.2	Hipóteses de conexão consequencial, teleológica e ocasional	37
2.26		Crime contra agente estatal	38
	2.26.1	Utilização de arma de fogo de uso restrito ou proibido	39
2.27		Vítima menor de 14 anos	40
	2.27.1	Vítima deficiente ou enferma	41
	2.27.2	Autor ascendente, padrasto ou madrasta, tio, irmão, cônjuge, companheiro, tutor, curador, preceptor ou empregador da vítima ou que por qualquer outro título tiver autoridade sobre ela	41
	2.27.3	Crime cometido em instituição de educação básica pública ou privada	42
2.28		Aspectos particulares	42
	2.28.1	Qualificadoras objetivas e elemento subjetivo	42
	2.28.2	AIDS e homicídio	42
	2.28.3	Existência de duas ou mais causas de aumento	43
2.29		Homicídio culposo (art. 121, § 3.º)	44
	2.29.1	Homicídio culposo no trânsito	47
	2.29.2	Inobservância de regra técnica de profissão, arte ou ofício	47
	2.29.3	Omissão de socorro	49
	2.29.4	Socorro prestado por terceiros	50
	2.29.5	A questão relativa à morte instantânea da vítima	50
	2.29.6	Causa de aumento, e não crime qualificado pelo resultado	51
	2.29.7	Não procurar diminuir as consequências do seu ato	51
	2.29.8	Fuga da prisão em flagrante	52
2.30		Vítima menor de 14 anos	52
2.31		Vítima maior de 60 anos	53
2.32		Perdão judicial	53
	2.32.1	Faculdade ou obrigação do juiz	53
	2.32.2	Consequências do crime atingem o próprio agente	54
	2.32.3	Pessoas que podem ser atingidas, além do agente	54
	2.32.4	Gravidade das consequências	54
2.33		Milícia privada e grupo de extermínio	55
	2.33.1	Número mínimo de integrantes	55
	2.33.2	Montante de elevação da pena	56
	2.33.3	Finalidade específica	56
2.34		Quadro-resumo	56
3.		Feminicídio	58
3.1		Conceito	58
3.2		Estrutura do tipo penal incriminador	60
3.3		Razões da condição de sexo feminino	61

3.4	Sujeitos ativo e passivo	62
3.5	Elemento subjetivo	62
3.6	Objetos material e jurídico	62
3.7	Classificação do crime	62
3.8	Causa de aumento de pena	63

3.8.1   Durante a gestação, pós-parto e condição de mãe ou responsável por vulnerável 63

3.8.2   Menor de 14, maior de 60 anos ou vulnerabilidade 63

3.8.3   Presença de descendente ou ascendente da vítima 64

3.8.4   Descumprimento de medidas protetivas 64

3.8.5   Meios e modos de execução 64

3.9	Concurso de agentes	65
3.10	Quadro-resumo	65
4.	Induzimento, instigação ou auxílio a suicídio	66
4.1	Conceito de suicídio	66

4.1.1   Suicídio com arma branca 68

4.1.2   Automutilação e "baleia azul" 68

4.2	Estrutura do tipo penal incriminador	69
4.3	Sujeitos ativo e passivo	70
4.4	Elemento subjetivo	70
4.5	Objetos material e jurídico	71
4.6	Classificação do crime	71
4.7	Auxílio por omissão	72
4.8	Pacto de morte	72
4.9	Motivo egoístico	73

4.9.1   Motivo torpe 73

4.9.2   Motivo fútil 74

4.10	Vítima menor ou com resistência diminuída	74
4.11	Greve de fome e concepções religiosas	74
4.12	Quadro-resumo	75
5.	Infanticídio	76
5.1	Conceito e aspectos históricos	76
5.2	Distinção entre infanticídio e aborto	78
5.3	Estrutura do tipo penal incriminador	78
5.4	Sujeitos ativo e passivo	78
5.5	Elemento subjetivo	79
5.6	Objetos material e jurídico	79
5.7	Classificação do crime	79
5.8	Estado puerperal	79

5.9	Circunstância de tempo	81
5.10	Concurso de pessoas	83
5.11	Quadro-resumo	85
6.	**Aborto**	**85**
6.1	Aborto provocado pela gestante ou com seu consentimento	85
	6.1.1 Aspectos históricos do aborto	85
	6.1.2 Conceito e formas	87
	6.1.2.1 Prós e contras à legalização do aborto	88
	6.1.3 Estrutura do tipo penal incriminador	89
	6.1.3.1 Prova da existência do crime e sigilo médico	90
	6.1.4 Sujeitos ativo e passivo	90
	6.1.4.1 Gestante suicida	91
	6.1.5 Objetos material e jurídico	91
	6.1.6 Elemento subjetivo	91
	6.1.7 Classificação do crime	91
	6.1.8 Hipóteses que afastam a ocorrência de aborto	92
	6.1.9 Quadro-resumo	92
6.2	Aborto provocado por terceiro sem o consentimento da gestante	93
	6.2.1 Estrutura do tipo penal incriminador	93
	6.2.1.1 Mecanismos para o aborto	93
	6.2.2 Tentativa de aborto e lesão ao feto	94
	6.2.3 Sujeitos ativo e passivo	95
	6.2.4 Elemento subjetivo	95
	6.2.5 Objetos material e jurídico	95
	6.2.6 Classificação do crime	95
	6.2.7 Quadro-resumo	95
6.3	Aborto provocado com o consentimento da gestante	96
	6.3.1 Estrutura do tipo penal incriminador	96
	6.3.2 Sujeitos ativo e passivo	96
	6.3.3 Elemento subjetivo	97
	6.3.4 Objetos material e jurídico	97
	6.3.5 Classificação do crime	97
	6.3.6 Exceções em face de elementos específicos	97
	6.3.7 Quadro-resumo	98
6.4	Aborto: forma qualificada	98
	6.4.1 Aplicação restrita	98
	6.4.2 Hipóteses da figura qualificada do art. 127 do CP	98
	6.4.3 Crimes qualificados pelo resultado	98
	6.4.4 Quadro-resumo	99

6.5	Excludentes de ilicitude do aborto	99
	6.5.1 Análise da expressão "não se pune"	99
	6.5.2 Constitucionalidade do dispositivo	99
	6.5.3 Sujeito que pode praticá-lo	100
	6.5.4 Aborto terapêutico	100
	6.5.5 Aborto humanitário ou piedoso	100
	6.5.6 Questão controversa: estupro decorrente de violência ficta	101
	6.5.7 Existência de condenação ou processo pelo delito de estupro	101
	6.5.7.1 Alvará judicial	101
	6.5.8 Consentimento da gestante	101
	6.5.9 Limite temporal para o aborto	101
6.6	A questão do aborto eugênico em confronto com a anencefalia	102
	6.6.1 Quadro-resumo	105
Resumo do capítulo		106

Capítulo II – Lesões Corporais 109

1.	Conceito de lesão corporal	109
2.	Estrutura do tipo penal incriminador	110
3.	Sujeitos ativo e passivo	111
4.	Elemento subjetivo	111
5.	Objetos material e jurídico	111
6.	Classificação	111
7.	Aplicação de excludentes de tipicidade supralegais	112
	7.1 Lesões leves provocadas por cônjuge	112
8.	Consentimento do ofendido	112
9.	Conceito de lesão corporal grave e gravíssima	113
10.	Resultados qualificadores da lesão corporal grave	114
	10.1 Ocupação habitual	114
	10.1.1 Comprovação por perícia	114
	10.2 Perigo de vida	115
	10.2.1 Comprovação por perícia	116
	10.3 Debilidade permanente	116
	10.3.1 Comprovação por perícia	116
	10.4 Aceleração de parto	117
	10.5 Incapacidade permanente para o trabalho	117
	10.6 Enfermidade incurável	118
	10.7 Perda ou inutilização de membro, sentido ou função	118
	10.7.1 Cirurgia de mudança de sexo	119
	10.8 Deformidade permanente	121

10.9	Aborto	122
11.	Lesão corporal seguida de morte	123
11.1	Causas de aumento da milícia ou grupo similar de extermínio	123
12.	Lesão corporal *privilegiada*	123
13.	Substituição de pena para a lesão simples	124
14.	Lesão culposa	124
15.	Perdão judicial	125
16.	Violência doméstica e contra a mulher	125
16.1	Estrutura típica da lesão qualificada pela violência doméstica e contra a mulher	126
16.2	Penas e causas de aumento	127
	Resumo do capítulo	128

Capítulo III – Periclitação da Vida e da Saúde ... 131

1.	Crimes de perigo	131
2.	Perigo concreto e perigo abstrato	132
3.	Perigo individual e perigo coletivo	133
4.	Perigo de contágio venéreo	133
4.1	Estrutura do tipo penal incriminador	133
4.2	Sujeitos ativo e passivo	134
4.3	Elemento subjetivo	134
4.4	Objetos material e jurídico	135
4.5	Classificação	135
4.6	Ação pública incondicionada	135
4.7	AIDS	135
4.8	Quadro-resumo	136
5.	Perigo de contágio de moléstia grave	136
5.1	Estrutura do tipo penal incriminador	136
5.2	Sujeitos ativo e passivo	137
5.3	Elemento subjetivo	137
5.4	Objetos material e jurídico	138
5.5	Classificação	138
5.6	Aplicação da pena da lesão corporal grave, gravíssima ou seguida de morte	138
5.7	Quadro-resumo	139
6.	Perigo para a vida ou saúde de outrem	139
6.1	Estrutura do tipo penal incriminador	139
6.2	Sujeitos ativo e passivo	140
6.3	Elemento subjetivo	140
6.4	Objetos material e jurídico	140

6.5	Classificação	141
6.6	Confronto com o art. 15 da Lei 10.826/2003 (Estatuto do Desarmamento)	141
6.7	Causa de aumento de pena	141
6.8	Quadro-resumo	141
7.	Abandono de incapaz	142
7.1	Estrutura do tipo penal incriminador	142
7.2	Sujeitos ativo e passivo	143
7.3	Elemento subjetivo	143
7.4	Objetos material e jurídico	143
7.5	Classificação	143
7.6	Figuras preterdolosas	143
7.7	Causas de aumento de pena	144
7.8	Quadro-resumo	144
8.	Exposição de recém-nascido	145
8.1	Estrutura do tipo penal incriminador	145
8.2	Sujeitos ativo e passivo	145
8.3	Elemento subjetivo	146
8.4	Objetos material e jurídico	146
8.5	Classificação	146
8.6	Formas preterdolosas	146
8.7	Quadro-resumo	147
9.	Omissão de socorro	147
9.1	Estrutura do tipo penal incriminador	147
9.2	Sujeitos ativo e passivo	149
9.3	Elemento subjetivo	149
9.4	Objetos material e jurídico	149
9.5	Análise dos casos médicos	149
9.6	Vítima que recusa ajuda e vítima morta	150
9.7	Análise especial do fator "perigo"	150
9.8	Classificação	150
9.9	Figuras preterdolosas	151
9.10	Quadro-resumo	151
10.	Condicionamento de atendimento médico-hospitalar emergencial	151
10.1	Estrutura do tipo penal incriminador	151
10.2	Sujeitos ativo e passivo	152
10.3	Elemento subjetivo	152
10.4	Objetos material e jurídico	152
10.5	Classificação	153
10.6	Perigo concreto *versus* perigo abstrato	153

10.7	Crime qualificado pelo resultado	153
10.8	Aviso prévio da configuração do delito	154
10.9	Quadro-resumo	154

11. Maus-tratos 155

11.1	Estrutura do tipo penal incriminador	155
	11.1.1 Síndrome do bebê sacudido	156
11.2	Sujeitos ativo e passivo	156
11.3	Elementos subjetivos	157
11.4	Objetos material e jurídico	157
11.5	Classificação	157
11.6	A *Lei da Palmada* e o crime de maus-tratos	157
11.7	Nota particular sobre o caráter instantâneo do crime	158
11.8	Figuras preterdolosas	159
11.9	Tipos penais previstos em legislação especial	159
11.10	Aplicação da causa de aumento	159
11.11	Aplicação de agravantes	159
11.12	Quadro-resumo	160

Resumo do capítulo 161

Capítulo IV – Rixa 163

1.	Estrutura do tipo penal incriminador	163
2.	Sujeitos ativo e passivo	164
3.	Elemento subjetivo	165
4.	Objetos material e jurídico	165
5.	Classificação	165
6.	Figura preterdolosa	165

Resumo do capítulo 166

Capítulo V – Crimes contra a Honra 167

1.	Conceito de honra	167
	1.1 Honra e dignidade da pessoa humana	168
2.	Honra objetiva e honra subjetiva	169
	2.1 Modos de execução dos delitos contra a honra	169
3.	Honra comum e honra especial	170
	3.1 Pessoas consideradas desonradas	170
4.	Calúnia	171
	4.1 Estrutura do tipo penal incriminador	171
	4.1.1 Atribuição de fato	172
	4.2 Sujeitos ativo e passivo	172

	4.2.1	Inimputáveis e pessoas mortas	173
	4.2.2	Pessoa jurídica como sujeito ativo	173
	4.2.3	Pessoas indeterminadas	173
4.3		Elemento subjetivo	174
4.4		Objetos material e jurídico	174
4.5		Classificação	175
	4.5.1	Aspecto particular da consumação	175
4.6		Exceção da verdade	175
	4.6.1	Vedação à exceção da verdade referente à ação privada	176
	4.6.2	Vedação à exceção da verdade em razão da pessoa envolvida	176
	4.6.3	Vedação à exceção da verdade por ter havido absolvição	176
4.7		Quadro-resumo	176
5.	Difamação		177
5.1		Estrutura do tipo penal incriminador	177
5.2		Sujeitos ativo e passivo	178
5.3		Elemento subjetivo	179
	5.3.1	Narrativa de testemunha	179
5.4		Objetos material e jurídico	180
5.5		Classificação	180
	5.5.1	Aspecto particular da consumação	180
5.6		Exceção da verdade	180
5.7		Quadro-resumo	181
6.	Injúria		181
6.1		Estrutura do tipo penal incriminador	181
	6.1.1	Injúria por omissão	182
	6.1.2	Ofensa contra a honra pela Internet	183
6.2		Sujeitos ativo e passivo	183
	6.2.1	Agente embriagado	183
	6.2.1.1	Ofendido embriagado ou deficiente	184
	6.2.2	Inimputáveis e mortos	184
6.3		Elemento subjetivo	184
	6.3.1	Injúria proferida no calor da discussão	185
6.4		Objetos material e jurídico	185
6.5		Classificação	186
	6.5.1	Consumação	186
6.6		Exceção da verdade	186
6.7		Perdão judicial	186
	6.7.1	Provocação reprovável	186
	6.7.2	Retorsão imediata	186

6.8	Forma qualificada pela violência (§ 2.º)		187
6.9	Forma qualificada pela injúria consistente em atributos pessoais de grupos mais vulneráveis (§ 3.º)		187
	6.9.1	A prática racista	190
	6.9.2	Proporcionalidade da pena	190
	6.9.3	O racismo em relação aos integrantes do grupo LGBTQIAPN+	191
6.10	Quadro-resumo		193

7. Causas de aumento da pena previstas no art. 141 194

7.1	Honra do Presidente da República ou de chefe de governo estrangeiro	194
7.2	Honra de funcionário público	194
7.3	Facilitação da divulgação da agressão à honra	195
7.4	Proteção diferenciada a criança, adolescente, pessoa idosa e deficiente	195
7.5	Motivação torpe	195
7.6	Utilização da internet	195
7.7	Delito contra a mulher	196
7.8	Quadro-resumo	196

8. Exclusão do crime 197

8.1	Imunidade judiciária		197
	8.1.1	Discussão da causa	197
	8.1.2	Ofensa ao magistrado	197
		8.1.2.1 Ofensa do magistrado	198
	8.1.3	Parte ou procurador	198
	8.1.4	Confronto da imunidade judiciária com o Estatuto da Advocacia	198
	8.1.5	Ofensa ao Promotor de Justiça	198
	8.1.6	Ofensa ao réu	199
8.2	Imunidade literária, artística e científica		199
8.3	Imunidade funcional		199
8.4	Ressalva da divulgação da injúria ou da difamação		200
8.5	Quadro-resumo		200

9. Retratação 200

9.1	Causa extintiva da punibilidade	200
9.2	Ofensa por meios de comunicação	201
9.3	Quadro-resumo	202

10. Pedido de explicações 202

10.1	Consequência das explicações	202
10.2	Quadro-resumo	203

11. Ação penal privada 203

11.1	Ação pública incondicionada	203
11.2	Hipóteses de ação pública condicionada	204

11.3	Representação de conteúdo limitado	204
11.4	Quadro-resumo	205
Resumo do capítulo		205

Capítulo VI – Crimes contra a Liberdade Individual 207

1. Proteção constitucional 207
2. Constrangimento ilegal 207
   - 2.1 Estrutura do tipo penal incriminador 207
   - 2.2 Sujeitos ativo e passivo 208
   - 2.3 Elemento subjetivo 208
   - 2.4 Objetos material e jurídico 209
   - 2.5 Classificação 209
   - 2.6 Aplicação cumulativa da pena 210
   - 2.7 Causa de aumento de pena 210
     - 2.7.1 Conceito de arma 210
     - 2.7.2 Sistema da acumulação material 210
     - 2.7.3 Causas excludentes da tipicidade 210
       - 2.7.3.1 Intervenção médico-cirúrgica 211
       - 2.7.3.2 Impedimento de suicídio 211
   - 2.8 Quadro-resumo 211
3. Intimidação sistemática (*bullying* e *cyberbullying*) 212
   - 3.1 Estrutura do tipo penal incriminador 212
   - 3.2 Sujeitos ativo e passivo 213
   - 3.3 Elemento subjetivo 213
   - 3.4 Objetos material e jurídico 213
   - 3.5 Classificação 213
   - 3.6 Forma qualificada 213
   - 3.7 Quadro-resumo 214
4. Ameaça 214
   - 4.1 Estrutura do tipo penal incriminador 214
     - 4.1.1 Ameaça no contexto da violência doméstica 215
     - 4.1.2 Causa de aumento de pena quando cometido contra mulher 216
   - 4.2 Sujeitos ativo e passivo 216
   - 4.3 Elemento subjetivo 216
     - 4.3.1 Embriaguez 217
   - 4.4 Objetos material e jurídico 217
   - 4.5 Classificação 217
   - 4.6 Ação pública condicionada 217
   - 4.7 Quadro-resumo 218

5.	Perseguição	218
	5.1 Estrutura do tipo penal incriminador	218
	5.2 Sujeitos ativos e passivo	222
	5.3 Elemento subjetivo	222
	5.4 Objetos material e jurídico	222
	5.5 Classificação	222
	5.6 Causas de aumento de pena	223
	5.7 Sistema da acumulação material	224
	5.8 Ação pública condicionada e benefícios processuais	224
	5.9 Quadro-resumo	225
6.	Violência psicológica contra a mulher	226
	6.1 Estrutura do tipo incriminador	226
	6.2 Sujeitos ativo e passivo	227
	6.3 Elemento subjetivo	228
	6.4 Objetos material e jurídico	228
	6.5 Classificação	228
	6.6 Delito subsidiário	228
	6.7 Outras providências nesse contexto	228
	6.8 Quadro-resumo	229
7.	Sequestro e cárcere privado	229
	7.1 Estrutura do tipo penal incriminador	229
	7.1.1 Diferença entre sequestro e cárcere privado	230
	7.1.2 Situação de permanência	230
	7.1.3 Consentimento do ofendido	230
	7.2 Sujeitos ativo e passivo	231
	7.3 Elemento subjetivo	231
	7.4 Objetos material e jurídico	231
	7.5 Classificação	231
	7.6 Figuras qualificadas	232
	7.6.1 Relações familiares	232
	7.6.2 Internação fraudulenta	232
	7.6.3 Privação da liberdade de longa duração	232
	7.6.4 Ofendido menor de 18 anos	233
	7.6.4.1 Confronto com o art. 230 da Lei 8.069/1990 (Estatuto da Criança e do Adolescente)	233
	7.6.5 Finalidade libidinosa	233
	7.6.6 Maus-tratos e natureza da detenção	233
	7.7 Quadro-resumo	234
8.	Redução a condição análoga à de escravo	235

8.1	Estrutura do tipo penal incriminador		235
	8.1.1	Trabalhos forçados	237
	8.1.2	Jornada exaustiva	237
	8.1.3	Condições degradantes de trabalho	237
	8.1.4	Restrição da liberdade de locomoção	237
	8.1.5	Cerceamento de meio de transporte	238
	8.1.6	Manutenção de vigilância ostensiva no lugar de trabalho	238
	8.1.7	Apossamento de documentos ou objetos pessoais	238
	8.1.8	Consentimento da vítima	239
8.2	Sujeitos ativo e passivo		239
8.3	Elemento subjetivo		239
8.4	Objetos material e jurídico		239
8.5	Classificação		239
8.6	Acumulação material e multa		240
8.7	Causas de aumento de pena		240
8.8	Competência		240
8.9	Quadro-resumo		241
9.	Tráfico de pessoas		241
9.1	Estrutura do tipo penal incriminador		242
9.2	Sujeitos ativo e passivo		243
9.3	Elemento subjetivo		243
9.4	Objetos material e jurídico		243
9.5	Classificação		243
9.6	Finalidades específicas		243
	9.6.1	Remoção de órgãos, tecidos e partes do corpo	243
	9.6.2	Submissão a trabalho em condições análogas à de escravo	245
	9.6.3	Submissão a qualquer tipo de servidão	245
	9.6.4	Adoção ilegal	245
	9.6.5	Exploração sexual	246
	9.6.6	Causas de aumento da pena	246
	9.6.7	Causas de diminuição da pena	248
9.7	Quadro-resumo		249
10.	Crimes contra a inviolabilidade do domicílio		250
10.1	Proteção constitucional		250
10.2	Estrutura do tipo penal incriminador		250
10.3	Sujeitos ativo e passivo		252
10.4	Elemento subjetivo		252
10.5	Objetos material e jurídico		252
10.6	Classificação		252

10.7	Tipo qualificado		253
10.8	Causa excludente de ilicitude		254
10.9	Quadro-resumo		255

11. Crimes contra a inviolabilidade de correspondência ... 256

11.1	Proteção constitucional e inviolabilidade de correspondência		256
11.2	Caráter relativo da proteção constitucional		256
11.3	Derrogação do art. 151 do Código Penal		256
11.4	Pena atualizada pela nova lei		257
11.5	Sonegação ou destruição de correspondência		257
	11.5.1	Estrutura do tipo penal incriminador	257
	11.5.2	Sujeitos ativo e passivo	259
		11.5.2.1 Falecimento do remetente ou do destinatário	260
		11.5.2.2 Marido e mulher	260
		11.5.2.3 Correspondência destinada a filhos	261
	11.5.3	Excludentes de ilicitude específicas	262
	11.5.4	Elemento subjetivo	262
	11.5.5	Objetos material e jurídico	263
	11.5.6	Classificação	263
		11.5.6.1 Classificação dos crimes previstos no § 1.º, inciso I	263
		11.5.6.2 Classificação dos crimes previstos no § 1.º, inciso II	264
	11.5.7	Figura qualificada	264
	11.5.8	Competência	264
	11.5.9	Ação pública incondicionada e condicionada	264
11.6	Quadro-resumo		265

12. Correspondência comercial ... 266

12.1	Conceito de correspondência comercial		266
12.2	Estrutura do tipo penal incriminador		266
12.3	Sujeitos ativo e passivo		266
12.4	Elemento subjetivo		267
12.5	Objetos material e jurídico		267
12.6	Classificação		267
12.7	Princípio da insignificância		267
12.8	Ação pública condicionada		267
12.9	Quadro-resumo		267

13. Divulgação de segredo ... 268

13.1	Proteção constitucional da divulgação de segredo		268
13.2	Estrutura do tipo penal incriminador		268
13.3	Sujeitos ativo e passivo		269
13.4	Elemento subjetivo		269

13.5	Objetos material e jurídico	269
13.6	Classificação	269
13.7	Divulgação de segredo em figura similar	270
	13.7.1 Estrutura do tipo penal incriminador	270
	13.7.2 Sujeitos ativo e passivo	271
	13.7.3 Elemento subjetivo	271
	13.7.4 Objetos material e jurídico	271
	13.7.5 Classificação	272
	13.7.6 Ação pública condicionada	272
	13.7.7 Ação pública incondicionada	272
13.8	Quadro-resumo	272
14.	Violação do segredo profissional	273
14.1	Estrutura do tipo penal incriminador	273
14.2	Sujeitos ativo e passivo	274
14.3	Elemento subjetivo	274
14.4	Objetos material e jurídico	274
14.5	Classificação	274
14.6	Ação pública condicionada	274
14.7	Quadro-resumo	275
15.	Invasão de dispositivo informático	275
15.1	Bem jurídico mediato e imediato	275
15.2	Estrutura do tipo penal incriminador	276
	15.2.1 Infiltração de agentes	277
15.3	Sujeitos ativo e passivo	277
15.4	Elemento subjetivo	278
15.5	Objetos material e jurídico	278
15.6	Classificação	278
15.7	Figura similar	278
	15.7.1 Estrutura do tipo penal incriminador	278
	15.7.2 Sujeitos ativo e passivo	279
	15.7.3 Elemento subjetivo	279
	15.7.4 Objetos material e jurídico	279
	15.7.5 Classificação	280
	15.7.6 Causa de aumento e exaurimento	280
	15.7.7 Forma qualificada	280
	15.7.8 Causa de aumento e exaurimento sequencial	280
	15.7.9 Transmissão de e-mail e suas peculiaridades	281
	15.7.10 Causa de aumento em função da vítima	281
	15.7.11 Ação penal	281

15.8	Quadro-resumo	282
Resumo do capítulo		283

PARTE 2

CRIMES CONTRA O PATRIMÔNIO

Capítulo I – Furto		287
1.	Proteção constitucional ao patrimônio	287
2.	Furto	287
	2.1 Estrutura do tipo penal incriminador	287
	2.2 Sujeitos ativo e passivo	288
	2.3 Consumação do furto	289
	2.4 Elemento subjetivo	291
	2.5 Objetos material e jurídico	291
	2.6 Classificação	291
	2.7 Particularidades do furto	291
	2.7.1 Furto de coisa puramente de estimação	291
	2.7.2 Furto de cadáver	292
	2.7.3 Furto de coisas abandonadas (*res derelicta*) não pertencentes a ninguém (*res nullius*) ou perdidas (*res deperdita*)	293
	2.7.4 Furto de coisas de ínfimo valor e princípio da insignificância	293
	2.7.5 Furto de talão de cheques	293
	2.7.6 Furto de uso	294
	2.7.7 Furto em túmulos e sepulturas	294
	2.7.8 Furto sob vigilância	295
	2.7.9 A questão da trombada	295
	2.7.10 Furto de cartão de crédito e bancário	296
	2.7.11 Furto de imagem	296
	2.7.12 Furto famélico	296
	2.8 Causa específica de aumento de pena	296
	2.8.1 Repouso noturno	298
	2.8.2 Condições para a aplicação do aumento	298
	2.9 Furto privilegiado	299
	2.9.1 Diferença da insignificância	299
	2.9.2 Primariedade	299
	2.9.3 Pequeno valor	299
	2.9.4 Aplicação do privilégio à figura qualificada	300
	2.10 Aplicação dos §§ 1.º e 2.º concomitantemente	300
	2.11 Equiparação à coisa móvel	301
	2.11.1 Furto de sinal de TV a cabo e Internet	301
	2.11.2 Furto de esperma	301

2.12	Furto qualificado		301

2.12 Furto qualificado 301

    2.12.1 Destruição ou rompimento da própria coisa furtada 302

        2.12.1.1 Necessidade do exame de corpo de delito 303

        2.12.1.2 Utilização de destruição ou rompimento de obstáculo após a subtração 303

        2.12.1.3 Arrombamento externo e interno...................................... 304

    2.12.2 Abuso de confiança 304

    2.12.3 Fraude 305

        2.12.3.1 Furto com fraude *versus* estelionato 305

    2.12.4 Escalada 306

        2.12.4.1 Laudo pericial... 307

    2.12.5 Destreza 307

    2.12.6 Chave falsa 307

    2.12.7 Concurso de duas ou mais pessoas... 307

    2.12.8 Emprego de explosivo ou de artefato análogo que cause perigo comum 308

        2.12.8.1 Furto mediante fraude por meio de dispositivo eletrônico ou informático... 309

        2.12.8.2 Causas de aumento da pena 309

    2.12.9 Transporte de veículo para outro Estado ou país........................... 309

        2.12.9.1 Qualificadora material e condicionada............................. 310

        2.12.9.2 Interpretação extensiva do termo Estado 310

        2.12.9.3 Conhecimento e adesão à qualificadora 311

    2.12.10 Subtração de animal domesticável de produção 311

    2.12.11 Subtração de substâncias explosivas ou acessórios, que possibilitem sua fabricação, montagem ou emprego 312

    2.12.12 Preponderância de qualificadora 312

2.13 Quadro-resumo 313

3. Furto de coisa comum 314

3.1 Estrutura do tipo penal incriminador 314

    3.1.1 Furto de sócio contra a sociedade 315

3.2 Sujeitos ativo e passivo.. 315

3.3 Elemento subjetivo 315

3.4 Objetos material e jurídico... 315

3.5 Classificação 315

3.6 Ação pública condicionada 315

3.7 Causa específica de exclusão da ilicitude 315

3.8 Quadro-resumo.. 316

Resumo do capítulo 317

Capítulo II – Roubo e Extorsão 319

1. Roubo 319
   1.1 Estrutura do tipo penal incriminador 319
       1.1.1 Princípio da insignificância 321
   1.2 Sujeitos ativo e passivo 321
   1.3 Elemento subjetivo 321
       1.3.1 Roubo de uso 321
   1.4 Objetos material e jurídico 322
   1.5 Classificação 322
   1.6 Particularidades do crime de roubo 322
       1.6.1 Roubo contra várias pessoas através de uma ação 322
       1.6.2 Roubo seguido de resistência 322
       1.6.3 Roubo e estado de necessidade 322
       1.6.4 Trombada 323
       1.6.5 Consumação do crime de roubo 323
       1.6.6 Veículo com rastreador 324
       1.6.7 Concurso de roubo e extorsão 324
   1.7 Roubo próprio e roubo impróprio 324
       1.7.1 Tentativa no roubo impróprio 325
   1.8 Causas de aumento da pena 326
       1.8.1 Incidência de mais de uma causa de aumento 326
       1.8.2 Concurso de duas ou mais pessoas 326
           1.8.2.1 Concurso material entre roubo qualificado e associação criminosa armada 327
           1.8.2.2 Concurso formal entre roubo e corrupção de menores .. 327
       1.8.3 Vítima a serviço de transporte de valores 327
           1.8.3.1 Dolo direto 327
       1.8.4 Veículo automotor levado a outro Estado ou para o exterior 327
       1.8.5 Vítima com a liberdade cerceada 328
       1.8.6 Subtração de substâncias explosivas ou acessórios 328
       1.8.7 Emprego de arma branca 328
   1.9 Causa de aumento da pena em destaque 328
       1.9.1 Conceito de arma 329
       1.9.2 Utilização de arma própria e imprópria e sua influência na pena 330
       1.9.3 Arma de brinquedo 330
       1.9.4 Arma defeituosa ou sem munição e a simulação 331
       1.9.5 Desnecessidade da apreensão da arma e prova da causa de aumento 331

	1.9.6	Destruição ou rompimento de obstáculo mediante o uso de explosivo ou artefato análogo, que cause perigo comum	331
	1.9.7	Emprego de arma de fogo de uso restrito ou proibido	331
	1.9.8	Concurso de causas de aumento previstas em incisos diferentes	332
1.10	Crime qualificado pelo resultado lesões graves		332
	1.10.1	Hipóteses quanto ao resultado mais grave	332
	1.10.2	Crime qualificado pelo resultado morte	332
	1.10.3	Aspectos do resultado morte	333
		1.10.3.1 Multiplicidade de vítimas	333
		1.10.3.2 As hipóteses possíveis	333
		1.10.3.3 Inviabilidade de aplicação do art. 9.º da Lei 8.072/1990	333
1.11	Quadro-resumo		334

2. Extorsão 335

2.1	Estrutura do tipo penal incriminador		335
	2.1.1	Flanelinhas e similares	337
	2.1.2	Alegação de ingresso com ação judicial	337
2.2	Sujeitos ativo e passivo		337
2.3	Elemento subjetivo		338
2.4	Consumação		338
2.5	Objetos material e jurídico		338
2.6	Classificação		338
2.7	Causas de aumento de pena		339
	2.7.1	Paralelo entre roubo com arma de fogo e extorsão com qualquer arma	339
2.8	Crime qualificado pelo resultado lesão grave ou morte (art. 158, § 2.º)		339
2.9	Sequestro relâmpago		339
	2.9.1	Proporcionalidade das penas	340
	2.9.2	Tipo remissivo	341
	2.9.3	Ausência do rol dos crimes hediondos	341
2.10	Quadro-resumo		342

3. Extorsão mediante sequestro 342

3.1	Estrutura do tipo penal incriminador		342
	3.1.1	Consumação	343
3.2	Sujeitos ativo e passivo		343
3.3	Elemento subjetivo		344
3.4	Objetos material e jurídico		344
3.5	Classificação		344
3.6	Figuras qualificadas		344
	3.6.1	Duração superior a 24 horas	344
	3.6.2	Sequestro de menor de 18 anos	344

	3.6.3	Sequestro de idoso	344
	3.6.4	Bando ou quadrilha	345
3.7		Fato que dá margem ao resultado qualificador	345
3.8		Forma qualificada pelo resultado	345
3.9		Inviabilidade de aplicação do art. 9.º da Lei 8.072/1990	345
3.10		Delação premiada	346
	3.10.1	Requisitos da delação premiada	346
3.11		Quadro-resumo	346
4.		Extorsão indireta	347
4.1		Estrutura do tipo penal incriminador	347
4.2		Sujeitos ativo e passivo	348
4.3		Elemento subjetivo	348
4.4		Objetos material e jurídico	348
4.5		Classificação	348
4.6		Quadro-resumo	349
		Resumo do capítulo	349

Capítulo III – Usurpação 351

1.	Proteção constitucional	351
2.	Alteração de limites	351
2.1	Sujeitos ativo e passivo	352
2.2	Elemento subjetivo	352
2.3	Objetos material e jurídico	352
2.4	Classificação	352
2.5	Quadro-resumo	352
3.	Usurpação de águas	353
3.1	Estrutura do tipo penal incriminador	353
3.2	Sujeitos ativo e passivo	353
3.3	Elemento subjetivo	353
3.4	Objetos material e jurídico	354
3.5	Classificação	354
3.6	Quadro-resumo	354
4.	Esbulho possessório	354
4.1	Estrutura do tipo penal incriminador	354
4.2	Sujeitos ativo e passivo	356
4.3	Elemento subjetivo	356
4.4	Objetos material e jurídico	356
4.5	Classificação	356
4.6	Concurso com o crime violento	356

Curso de Direito Penal – Parte Especial – Vol. 2 • Nucci

4.7   Ação pública incondicionada ou privada 357

4.8   Quadro-resumo 357

5.   Supressão ou alteração de marca em animais 357

5.1   Estrutura do tipo penal incriminador 357

5.2   Sujeitos ativo e passivo 358

5.3   Elemento subjetivo 358

5.4   Objetos material e jurídico 358

5.5   Classificação 358

5.6   Quadro-resumo 358

Resumo do capítulo 359

Capítulo IV – Dano 361

1.   Dano e proteção constitucional 361

1.1   Estrutura do tipo penal incriminador 361

1.2   Sujeitos ativo e passivo 362

1.3   Elemento subjetivo 362

1.4   Objetos material e jurídico 362

1.5   Classificação 362

1.6   Dano qualificado 362

1.6.1   Preso que danifica a cadeia para fugir 363

1.7   Quadro-resumo 364

2.   Introdução ou abandono de animais em propriedade alheia 364

2.1   Estrutura do tipo penal incriminador 364

2.2   Sujeitos ativo e passivo 365

2.3   Elemento subjetivo 365

2.4   Objetos material e jurídico 365

2.5   Classificação 365

2.6   Quadro-resumo 366

3.   Dano em coisa de valor artístico, arqueológico ou histórico 366

3.1   Revogação deste tipo penal pelo art. 62 da Lei 9.605/1998 366

3.2   Quadro-resumo 367

4.   Alteração de local especialmente protegido 367

4.1   Revogação tácita deste delito, por disciplinar integralmente a matéria nele tratada 367

5.   Ação penal 367

5.1   Casos de ação penal privada 367

5.2   Quadro-resumo 367

Resumo do capítulo 368

Capítulo V – Apropriação Indébita... 369

1.   Apropriação indébita 369

    1.1   Estrutura do tipo penal incriminador 369

    1.2   Sujeitos ativo e passivo.. 370

    1.3   Elemento subjetivo 370

    1.4   Objetos material e jurídico.. 371

    1.5   Classificação.. 371

    1.6   Reparação do dano... 372

    1.7   Causas de aumento da pena 372

    1.8   Apropriação indébita contra idoso 372

    1.9   Apropriação indébita de uso... 373

    1.10 Quadro-resumo 373

2.   Apropriação indébita previdenciária 374

    2.1   Fundamento constitucional 374

    2.2   Conceito de seguridade social e diferença da previdência social 374

    2.3   Estrutura do tipo penal incriminador 375

    2.4   Sujeitos ativo e passivo 375

    2.5   Elemento subjetivo do tipo 376

        2.5.1   Exigência do elemento subjetivo específico (dolo específico)........ 376

    2.6   Diversidade da figura do *caput* e da prevista no § 1.º..................................... 377

    2.7   Objetos material e jurídico 377

    2.8   Classificação 377

    2.9   Competência e ação penal.. 378

    2.10 Condição objetiva de punibilidade 378

    2.11 Não recolhimento de contribuição ou outra importância destinada à previdência social.. 378

        2.11.1 Estrutura do tipo penal incriminador 378

        2.11.2 Sujeitos ativo e passivo 379

        2.11.3 Elemento subjetivo do tipo 379

        2.11.4 Objetos material e jurídico.. 379

        2.11.5 Classificação 379

    2.12 Não recolhimento de contribuições integrantes de despesas contábeis ou custos relativos a produtos ou serviços 379

        2.12.1 Estrutura do tipo penal incriminador, sujeitos ativo e passivo e elemento subjetivo 379

            2.12.1.1 Despesas contábeis ou custos relativos à venda de produtos ou à prestação de serviços 379

        2.12.2 Objetos material e jurídico.. 380

        2.12.3 Classificação 380

    2.13 Não pagamento de benefício devido a segurado 380

Curso de Direito Penal – Parte Especial – Vol. 2 • Nucci

	2.13.1	Estrutura do tipo penal incriminador	380
	2.13.2	Sujeitos ativo e passivo e elemento subjetivo	381
	2.13.3	Objetos material e jurídico	381
	2.13.4	Classificação	381
2.14		Causa de extinção da punibilidade (art. 168-A, § 2.º, do CP)	381
2.15		Não aplicação do art. 34 da Lei 9.249/1995	383
2.16		Parcelamento do débito administrativamente	384
2.17		Perdão judicial ou figura privilegiada	384
2.18		Critério para a escolha do juiz	385
2.19		Quadro-resumo	385
3.		Apropriação de coisa havida por erro, caso fortuito ou força da natureza	386
3.1		Estrutura do tipo penal incriminador	386
3.2		Sujeitos ativo e passivo	387
3.3		Elemento subjetivo	387
3.4		Objetos material e jurídico	387
3.5		Classificação	387
3.6		Quadro-resumo	387
4.		Apropriação de tesouro	388
4.1		Estrutura do tipo penal incriminador	388
4.2		Sujeitos ativo e passivo	388
4.3		Elemento subjetivo	388
4.4		Objetos material e jurídico	388
4.5		Classificação	388
4.6		Quadro-resumo	389
5.		Apropriação de coisa achada	389
5.1		Estrutura do tipo penal incriminador	389
5.2		Sujeitos ativo e passivo	390
5.3		Elemento subjetivo	390
5.4		Objetos material e jurídico	390
5.5		Classificação	391
5.6		Quadro-resumo	391
6.		Apropriação privilegiada (art. 170 do CP)	391
		Resumo do capítulo	391

Capítulo VI – Estelionato e Outras Fraudes 393

1.		Estelionato	393
1.1		Estrutura do tipo penal incriminador	393
1.2		Sujeitos ativo e passivo	395
1.3		Elemento subjetivo	396

1.4	Objetos material e jurídico	396
1.5	Classificação	396
1.6	Particularidades do estelionato	396
	1.6.1 Crime de bagatela	396
	1.6.2 Trabalho espiritual	397
	1.6.3 Mecanismos grosseiros de engodo	397
	1.6.4 Esperteza nas atividades comerciais	398
	1.6.5 Torpeza bilateral	398
	1.6.6 Reparação do dano	399
	1.6.7 Estelionato judiciário	400
	1.6.8 Estelionato como delito instantâneo de efeitos permanentes ou crime permanente	400
	1.6.9 Estelionato sentimental	401
1.7	Estelionato privilegiado (§ 1.º do art. 171)	401
	1.7.1 Faculdade ou obrigação do juiz	402
1.8	Crime de ação pública condicionada à representação da vítima	402
2.	Disposição de coisa alheia como própria	403
2.1	Estrutura do tipo penal incriminador	403
2.2	Sujeitos ativo e passivo	403
2.3	Elemento subjetivo	403
2.4	Objetos material e jurídico	403
2.5	Classificação	403
2.6	Furto e disposição de coisa alheia como própria	403
3.	Alienação ou oneração fraudulenta de coisa própria	404
3.1	Estrutura do tipo penal incriminador	404
3.2	Sujeitos ativo e passivo	404
3.3	Elemento subjetivo	404
3.4	Objetos material e jurídico	405
3.5	Classificação	405
4.	Defraudação de penhor	405
4.1	Estrutura do tipo penal incriminador	405
4.2	Sujeitos ativo e passivo	406
4.3	Elemento subjetivo	406
4.4	Objetos material e jurídico	406
4.5	Classificação	406
5.	Fraude na entrega da coisa	406
5.1	Estrutura do tipo penal incriminador	406
5.2	Sujeitos ativo e passivo	407
5.3	Elemento subjetivo	407

	5.4	Objetos material e jurídico	407
	5.5	Classificação	407
6.		Fraude para recebimento de indenização ou valor de seguro	407
	6.1	Estrutura do tipo penal incriminador	407
	6.2	Sujeitos ativo e passivo	408
	6.3	Elemento subjetivo	408
	6.4	Objetos material e jurídico	408
	6.5	Classificação	408
7.		Fraude no pagamento por meio de cheque	409
	7.1	Estrutura do tipo penal incriminador	409
	7.2	Sujeitos ativo e passivo	409
	7.3	Elemento subjetivo	409
	7.4	Particularidades do estelionato por meio de cheque	410
		7.4.1 Análise das Súmulas 246 e 554 do Supremo Tribunal Federal	410
		7.4.2 Cheque pré-datado (pós-datado) ou dado como garantia de pagamento	411
		7.4.3 Sustação do cheque	411
		7.4.4 Cheque sem fundos emitido para pagar dívida de jogo	411
		7.4.5 Cheque sem fundos emitido para pagar atividade de prostituição	412
		7.4.6 Cheque sem fundos emitido em substituição de outro título de crédito	412
	7.5	Objetos material e jurídico	412
	7.6	Classificação	412
	7.7	Fraude eletrônica	413
8.		Causas de aumento de pena	414
	8.1	Princípio da insignificância no estelionato contra entidade pública	414
	8.2	Entidade de direito público	414
	8.3	Súmula 24 do Superior Tribunal de Justiça	414
	8.4	Instituto de economia popular, assistência social ou beneficência	414
	8.5	Estelionato contra idoso ou vulnerável	414
	8.6	Quadro-resumo	415
9.		Estelionato digital	416
	9.1	Estrutura do tipo penal incriminador	416
	9.2	Sujeitos ativo e passivo	419
	9.3	Elemento subjetivo	419
	9.4	Objetos material e jurídico	419
	9.5	Classificação	419
	9.6	Ação penal	420
	9.7	Quadro-resumo	420
10.		Duplicata simulada	421

10.1	Estrutura do tipo penal incriminador	421
	10.1.1 Não correspondência à mercadoria vendida em quantidade ou qualidade ou ao serviço prestado	421
	10.1.2 Não pagamento da duplicata é questão puramente civil	422
10.2	Sujeitos ativo e passivo	422
10.3	Elemento subjetivo	422
10.4	Objetos material e jurídico	422
10.5	Classificação	422
10.6	Figura equiparada (parágrafo único do art. 172)	422
10.7	Quadro-resumo	423

11. Abuso de incapazes 423

11.1	Estrutura do tipo penal incriminador	423
11.2	Sujeitos ativo e passivo	424
11.3	Elemento subjetivo	424
11.4	Objetos material e jurídico	424
11.5	Classificação	424
11.6	Quadro-resumo	424

12. Induzimento à especulação 425

12.1	Estrutura do tipo penal incriminador	425
	12.1.1 Jogo de tampinhas	426
12.2	Sujeitos ativo e passivo	426
12.3	Elemento subjetivo	426
12.4	Objetos material e jurídico	427
12.5	Classificação	427
12.6	Quadro-resumo	427

13. Fraude no comércio 428

13.1	Estrutura do tipo penal incriminador	428
13.2	Sujeitos ativo e passivo	429
13.3	Elemento subjetivo	429
13.4	Objetos material e jurídico	429
13.5	Classificação	429
13.6	Figura privilegiada	429
13.7	Quadro-resumo	429

14. Outras fraudes 430

14.1	Estrutura do tipo penal incriminador	430
14.2	Sujeitos ativo e passivo	431
14.3	Elemento subjetivo	432
14.4	Objetos material e jurídico	432
14.5	Classificação	432

14.6	Pendura	432
14.7	Ação penal pública condicionada	433
14.8	Perdão judicial	433
14.9	Quadro-resumo	434

15. Fraudes e abusos na fundação ou administração de sociedade por ações 434

15.1	Análise do núcleo do tipo	434
15.2	Sujeitos ativo e passivo	435
15.3	Elemento subjetivo	435
15.4	Objetos material e jurídico	435
15.5	Classificação	435

16. Tipos penais subsidiários do art. 177 436

16.1 Falsa cotação das ações da sociedade 436

16.1.1	Estrutura do tipo penal incriminador	436
16.1.2	Sujeitos ativo e passivo	436
16.1.3	Elemento subjetivo	436
16.1.4	Objetos material e jurídico	436
16.1.5	Classificação	437

16.2 Falsa cotação das ações ou de outros títulos da sociedade 437

16.2.1	Estrutura do tipo penal incriminador	437
16.2.2	Sujeitos ativo e passivo	437
16.2.3	Elemento subjetivo	437
16.2.4	Objetos material e jurídico	437
16.2.5	Classificação	437

16.3 Empréstimo sem autorização 438

16.3.1	Estrutura do tipo penal incriminador	438
16.3.2	Sujeitos ativo e passivo	438
16.3.3	Elemento subjetivo	438
16.3.4	Objetos material e jurídico	438
16.3.5	Classificação	438

16.4 Compra ou venda de ações por conta da sociedade 438

16.4.1	Estrutura do tipo penal incriminador	438
16.4.2	Sujeitos ativo e passivo	439
16.4.3	Elemento subjetivo	439
16.4.4	Objetos material e jurídico	439
16.4.5	Classificação	439

16.5 Penhor ou caução de ações da sociedade 439

16.5.1	Estrutura do tipo penal incriminador	439
16.5.2	Sujeitos ativo e passivo	439
16.5.3	Elemento subjetivo	440

16.5.4	Objetos material e jurídico	440
16.5.5	Classificação	440
16.6	Lucros ou dividendos fictícios	440
16.6.1	Estrutura do tipo penal incriminador	440
16.6.2	Sujeitos ativo e passivo	440
16.6.3	Elemento subjetivo	440
16.6.4	Objetos material e jurídico	440
16.6.5	Classificação	440
16.7	Aprovação de contas ou pareceres por meio de fraudes em assembleias	441
16.7.1	Estrutura do tipo penal incriminador	441
16.7.2	Sujeitos ativo e passivo	441
16.7.3	Elemento subjetivo	441
16.7.4	Objetos material ou jurídico	441
16.7.5	Classificação	441
16.8	Crimes cometidos pelo liquidante da sociedade	441
16.8.1	Estrutura do tipo penal incriminador	441
16.8.2	Sujeitos ativo e passivo	442
16.8.3	Tipo penal remetido	442
16.9	Falsa informação ao Governo	442
16.9.1	Estrutura do tipo penal incriminador	442
16.9.2	Sujeitos ativo e passivo	442
16.9.3	Elemento subjetivo	442
16.9.4	Objetos material e jurídico	442
16.9.5	Classificação	442
16.10	Negociação de votos	442
16.10.1	Estrutura do tipo penal incriminador	442
16.10.2	Sujeitos ativo e passivo	443
16.10.3	Elemento subjetivo	443
16.10.4	Objetos material e jurídico	443
16.10.5	Classificação	443
16.11	Causa de extinção da punibilidade, prevista em norma especial	444
16.12	Quadro-resumo	444
17.	Emissão irregular de conhecimento de depósito ou *warrant*	445
17.1	Estrutura do tipo penal incriminador	445
17.2	Sujeitos ativo e passivo	446
17.3	Elemento subjetivo	446
17.4	Objetos material e jurídico	446
17.5	Classificação	446
17.6	Quadro-resumo	447

18. Fraude à execução		447
18.1	Estrutura do tipo penal incriminador	447
18.2	Sujeitos ativo e passivo	448
18.3	Elemento subjetivo	448
18.4	Objetos material e jurídico	448
18.5	Classificação	448
18.6	Ação penal privada	448
18.7	Quadro-resumo	449
Resumo do capítulo		449

Capítulo VII – Receptação 453

1. Receptação		453
1.1	Estrutura do tipo penal incriminador e aspectos históricos	453
	1.1.1 Conceito de coisa	455
	1.1.2 Produto de crime	455
	1.1.3 Receptação de receptação	455
	1.1.4 Receptação de coisa insignificante	455
	1.1.5 Antecedentes históricos	456
1.2	Sujeitos ativo e passivo	456
1.3	Elemento subjetivo	456
1.4	Objetos material e jurídico	457
1.5	Classificação	457
1.6	Receptação qualificada	458
	1.6.1 Estrutura do tipo penal incriminador	459
	1.6.2 Sujeitos ativo e passivo	459
	1.6.3 Elemento subjetivo e aplicação da pena	459
	1.6.4 Objetos material e jurídico	461
	1.6.5 Classificação	461
1.7	Norma penal explicativa	462
1.8	Receptação culposa	462
	1.8.1 Estrutura do tipo penal incriminador	462
	1.8.2 Sujeitos ativo e passivo	462
	1.8.3 Objetos material e jurídico	463
	1.8.4 Natureza do objeto ou desproporção entre o valor e o preço	463
	1.8.5 Condição de quem a oferece	463
	1.8.6 Deve presumir-se	463
	1.8.7 Classificação	464
1.9	Receptação punível autonomamente	464

1.10	Autor de crime	464
1.11	Perdão judicial	466
1.12	Figura privilegiada (§ 5.º)	467
1.13	Tipo qualificado	467
1.14	Quadro-resumo	467
2.	Receptação de animal	468
2.1	Estrutura do tipo incriminador	468
2.2	Sujeitos ativo e passivo	468
2.3	Elemento subjetivo	469
2.4	Objetos material e jurídico	469
2.5	Classificação	469
2.6	Quadro-resumo	470
Resumo do capítulo		470

Capítulo VIII – Imunidades 471

1.	Imunidade penal absoluta ou impunibilidade absoluta	471
1.1	Impossibilidade de instauração de inquérito policial	472
1.2	Crimes que admitem a incidência da imunidade penal absoluta	472
1.3	Erro quanto à propriedade do objeto material	472
1.4	Cônjuge na constância da sociedade conjugal (art. 181, I, do CP)	473
1.5	Delito cometido durante o noivado, com posterior casamento	473
1.6	Crime cometido durante casamento depois constatado nulo	474
1.7	Ascendente e descendente (art. 181, II, do CP)	474
1.8	Prova do parentesco	474
1.9	Crime de ação pública condicionada	474
1.10	Erro quanto à propriedade do objeto material	475
1.11	Cônjuge separado judicialmente (art. 182, I, do CP)	475
1.12	Irmãos, legítimos ou ilegítimos (art. 182, II, do CP)	475
1.13	Tio ou sobrinho, havendo coabitação (art. 182, III, do CP)	475
1.14	Afastamento das imunidades (art. 183 do CP)	475
	1.14.1 Roubo, extorsão ou qualquer crime em que haja violência ou grave ameaça	475
	1.14.2 Estranho que participa do crime	475
	1.14.3 Pessoa idosa	476
1.15	Causa de aumento de pena	476
Resumo do capítulo		477

PARTE 3

CRIMES CONTRA A PROPRIEDADE IMATERIAL

Capítulo I – Crimes contra a Propriedade Intelectual 481

1. Proteção constitucional 481
2. Violação de direito autoral 482
   - 2.1 Direitos de autor 482
     - 2.1.1 Direitos conexos aos de autor 482
   - 2.2 Estrutura do tipo penal incriminador 483
   - 2.3 Sujeitos ativo e passivo 484
   - 2.4 Elemento subjetivo 484
   - 2.5 Excludentes de tipicidade 484
   - 2.6 Excludentes supralegais de tipicidade 485
   - 2.7 Objetos material e jurídico 486
   - 2.8 Classificação 486
   - 2.9 Materialidade do crime 486
   - 2.10 Elementos da figura qualificada 487
   - 2.11 Elemento subjetivo específico da qualificadora 487
   - 2.12 Meio ou processo de execução 487
   - 2.13 Fonograma ou videofonograma 487
   - 2.14 Autor, artista intérprete ou executante e produtor 488
   - 2.15 Observação sobre a multa 488
   - 2.16 A qualificadora e a pena mínima 488
   - 2.17 Comercialização do produto 489
   - 2.18 Sujeitos ativo e passivo 489
   - 2.19 Elemento subjetivo específico 490
   - 2.20 Confronto entre violação de direitos autorais e descaminho 490
   - 2.21 Classificação 490
   - 2.22 Violação do direito de autor por outros meios (cabo, fibra ótica, satélite, ondas) 490
     - 2.22.1 Determinação para a destruição da produção ou reprodução criminosa 491
   - 2.23 Crime de violação de direito do autor de programas produzidos para computador (*softwares*) 491
   - 2.24 Exceções ou limitações ao direito de autor 492
   - 2.25 Quadro-resumo 492
3. Ação penal 493
   - 3.1 Ação penal privada (art. 186, I, do CP) 493

3.2	Ação pública incondicionada quando houver intuito de lucro (art. 186, II, do CP)	494
3.3	Ação pública condicionada à representação (art. 186, IV, do CP)	494
3.4	Facilitação do procedimento	494
3.5	Proteção especial às entidades de direito público (art. 186, III, do CP)	494

Resumo do capítulo 495

PARTE 4

CRIMES CONTRA A ORGANIZAÇÃO DO TRABALHO

Capítulo I – Crimes contra a Organização do Trabalho 499

1.	Proteção constitucional	499
2.	Crítica ao título *organização do trabalho*	499
3.	Atentado contra a liberdade de trabalho	500
	3.1 Estrutura do tipo penal incriminador	500
	3.2 Sujeitos ativo e passivo	501
	3.3 Elemento subjetivo	501
	3.4 Objetos material e jurídico	501
	3.5 Classificação	501
	3.6 Competência	502
	3.7 Quadro-resumo	502
4.	Atentado contra a liberdade de contrato de trabalho e boicotagem violenta	502
	4.1 Estrutura do tipo penal incriminador	502
	4.2 Sujeitos ativo e passivo	503
	4.3 Elemento subjetivo	503
	4.4 Objetos material e jurídico	503
	4.5 Classificação	503
	4.6 Competência	504
	4.7 Quadro-resumo	504
5.	Atentado contra a liberdade de associação	504
	5.1 Estrutura do tipo penal incriminador	504
	5.2 Sujeitos ativo e passivo	505
	5.3 Elemento subjetivo	505
	5.4 Objetos material e jurídico	505
	5.5 Classificação	505
	5.6 Competência	505
	5.7 Quadro-resumo	505
6.	Paralisação de trabalho, seguida de violência ou perturbação da ordem	506
	6.1 Estrutura do tipo penal incriminador	506

6.2	Sujeitos ativo e passivo	506
6.3	Elemento subjetivo	507
6.4	Objetos material e jurídico	507
6.5	Classificação	507
6.6	Competência	507
6.7	Quadro-resumo	507
7.	Paralisação de trabalho de interesse coletivo	508
7.1	Estrutura do tipo penal incriminador	508
7.2	Sujeitos ativo e passivo	508
7.3	Elemento subjetivo	508
7.4	Objetos material e jurídico	509
7.5	Classificação	509
7.6	Competência	509
7.7	Quadro-resumo	509
8.	Invasão de estabelecimento industrial, comercial ou agrícola. Sabotagem	510
8.1	Estrutura do tipo penal incriminador	510
8.2	Sujeitos ativo e passivo	510
8.3	Elemento subjetivo	510
8.4	Objetos material e jurídico	510
8.5	Classificação	510
8.6	Competência	510
8.7	Quadro-resumo	511
9.	Frustração de direito assegurado por lei trabalhista	511
9.1	Estrutura do tipo penal incriminador	511
9.2	Sujeitos ativo e passivo	512
9.3	Elemento subjetivo	512
9.4	Objetos material e jurídico	512
9.5	Classificação	512
9.6	Competência	513
9.7	Causa de aumento	513
9.8	Quadro-resumo	515
10.	Frustração de lei sobre a nacionalização do trabalho	516
10.1	Estrutura do tipo penal incriminador	516
10.2	Sujeitos ativo e passivo	517
10.3	Elemento subjetivo	517
10.4	Objetos material e jurídico	517
10.5	Classificação	517
10.6	Competência	517
10.7	Quadro-resumo	517

11.	Exercício de atividade com infração de decisão administrativa	518
	11.1 Estrutura do tipo penal incriminador	518
	11.2 Sujeitos ativo e passivo	518
	11.3 Elemento subjetivo	518
	11.4 Objetos material e jurídico	518
	11.5 Classificação	518
	11.6 Competência	518
	11.7 Quadro-resumo	518
12.	Aliciamento para o fim de emigração	519
	12.1 Estrutura do tipo penal incriminador	519
	12.2 Sujeitos ativo e passivo	519
	12.3 Elemento subjetivo	519
	12.4 Objetos material e jurídico	519
	12.5 Classificação	520
	12.6 Competência	520
	12.7 Quadro-resumo	520
13.	Aliciamento de trabalhadores de um local para outro do território nacional	520
	13.1 Estrutura do tipo penal incriminador	520
	13.2 Sujeitos ativo e passivo	521
	13.3 Elemento subjetivo	521
	13.4 Objetos material e jurídico	521
	13.5 Classificação	521
	13.6 Competência	521
	13.7 Figura equiparada	521
	13.8 Classificação	521
	13.9 Causa de aumento da pena (art. 207, § 2.º, do CP)	521
	13.10 Quadro-resumo	522
	Resumo do capítulo	522

PARTE 5

CRIMES CONTRA O SENTIMENTO RELIGIOSO E CONTRA O RESPEITO AOS MORTOS

Capítulo I – Crimes contra o Sentimento Religioso		529
1.	Proteção constitucional	529
2.	Ultraje a culto e impedimento ou perturbação de ato a ele relativo	529
	2.1 Estrutura do tipo penal incriminador	529
	2.2 Sujeitos ativo e passivo	530
	2.3 Elemento subjetivo do tipo	530

2.4	Objetos material e jurídico	531
2.5	Classificação	531
2.6	Causa de aumento (art. 208, parágrafo único)	532
2.7	Sistema da acumulação material	532
	Resumo do capítulo	532

Capítulo II – Crimes contra o Respeito aos Mortos ... 535

1.	Impedimento ou perturbação de cerimônia funerária	535
1.1	Estrutura do tipo penal incriminador	535
1.2	Sujeitos ativo e passivo	535
1.3	Elemento subjetivo do tipo	536
1.4	Objetos material e jurídico	536
1.5	Classificação	536
1.6	Causa de aumento	536
1.7	Sistema da acumulação material	536
1.8	Quadro-resumo	536
2.	Violação de sepultura	537
2.1	Estrutura do tipo penal incriminador	537
2.2	Sujeitos ativo e passivo	537
2.3	Elemento subjetivo	537
2.4	Objetos material e jurídico	537
2.5	Classificação	538
2.6	Violação com a finalidade de furtar	538
2.7	Quadro-resumo	538
3.	Destruição, subtração ou ocultação de cadáver	538
3.1	Estrutura do tipo penal incriminador	538
3.2	Sujeitos ativo e passivo	539
3.3	Elemento subjetivo do tipo	539
3.4	Erro de proibição	539
3.5	Objetos material e jurídico	539
3.6	Classificação	539
3.7	Confronto com a autodefesa	539
3.8	Quadro-resumo	540
4.	Vilipêndio a cadáver	540
4.1	Estrutura do tipo penal incriminador	540
4.2	Sujeitos ativo e passivo	540
4.3	Elemento subjetivo do tipo	541
4.4	Objetos material e jurídico	541

4.5	Classificação	541
4.6	Quadro-resumo	541
	Resumo do capítulo	542

Referências Bibliográficas 543

Apêndice – Casos Práticos 577

Obras do Autor 583

PARTE 1

CRIMES CONTRA A PESSOA

Capítulo I

Crimes contra a Vida

1. DIREITO À VIDA E FUNDAMENTO CONSTITUCIONAL

A proteção à vida, bem maior do ser humano, tem seu fundamento jurídico na Constituição Federal, propagando-se para os demais ramos do ordenamento jurídico. O direito à vida, previsto, primordialmente, no art. 5.º, *caput*, da Constituição, é considerado um direito fundamental em sentido material, ou seja, indispensável ao desenvolvimento da pessoa humana, o que PONTES DE MIRANDA chama de *supraestatal*, procedente do direito das gentes ou direito humano no mais alto grau.

Entretanto, nenhum direito fundamental é absoluto, pois necessita conviver harmoniosamente com outros direitos, igualmente essenciais. O indispensável a um Estado Democrático de Direito é a Constituição prever os direitos supraestatais, que buscam assegurar a construção de uma personalidade digna e feliz para os membros da coletividade, embora restrições sejam paralelamente necessárias e possíveis. O direito à vida, ora em destaque, encontra limitação quando há confronto com outros interesses do Estado, razão pela qual a própria Carta Magna prevê a possibilidade, em tempo de guerra, de haver pena de morte (art. 5.º, XLVII, *a*) e o Código Penal Militar estabelece as hipóteses de sua aplicação (arts. 55, *a*, e 355 a 362, 364 a 366, *caput*, 368, 371 e 372, 375, parágrafo único, 378, 379, § 1.º, 383, *caput*, 384, 385, *caput*, 386 e 387, 389 e 390, 392, 394 a 396, 400, III, 401, 405, 406, 408, parágrafo único, *b*), podendo-se citar como exemplo um dos delitos de traição: "Art. 355. Tomar o nacional armas contra o Brasil ou Estado aliado, ou prestar serviço nas forças armadas de nação em guerra contra o Brasil: Pena – *morte*, grau máximo; reclusão, de 20 (vinte) anos, grau mínimo". Assim, em tempo de guerra, entende-se indispensável haver uma disciplina rígida e indeclinável, não se tolerando traição, covardia, motim, revolta, incitamento, quebra dos deveres militares, entre outros fatores, colocados acima do bem jurídico *vida*, sujeitando o infrator à pena de morte.

Mencione-se, ainda, a autorização legal para a prática do aborto, quando a mulher que engravidou foi estuprada ou está correndo risco de vida com a gestação. Assim, como menciona o art. 4.º, 1, da Convenção Americana de Direitos Humanos (Pacto de São José da Costa Rica), "toda pessoa tem o direito de que se respeite sua vida. Esse direito deve ser protegido pela lei e, *em geral, desde o momento da concepção*. Ninguém pode ser privado da vida *arbitrariamente*" (grifamos). Como regra, protege-se a vida, mas nada impede que ela seja perdida, por ordem do Estado, que se incumbiu de lhe dar resguardo, desde que interesses maiores devam ser abrigados. O traidor da pátria, em tempo de guerra, não tem direito ilimitado à vida. A mulher, ferida em sua dignidade como pessoa humana, porque foi estuprada, merece proteção para decidir pelo aborto. O sequestrador pode ser morto pela vítima, que atua em legítima defesa. Enfim, interesses podem entrar em conflito e, conforme o momento, a vida ser o bem jurídico de menor interesse para o Estado, o que não o torna menos democrático. Aliás, os documentos internacionais que enaltecem os direitos humanos fundamentais bem o demonstram. A vida é direito fundamental, somente não podendo ser atacada *arbitrariamente*, não chegando a abranger nem mesmo a possibilidade de aplicação da pena de morte. A Convenção Europeia dos Direitos do Homem preceitua (art. 2.º, 1) que "o direito de qualquer pessoa à vida é protegido pela lei. Ninguém poderá ser intencionalmente privado da vida, *salvo em execução de uma sentença capital* pronunciada por um tribunal, no caso de o crime ser punido com esta pena pela lei" (grifamos). Admite-se, pois, em tese, a existência da pena de morte, sem que isso, por si só, seja uma violação dos direitos humanos fundamentais. Logo, o direito à vida é verdadeiramente essencial, embora não seja absoluto. A Constituição brasileira, além do art. 5.º, também o prevê nos arts. 227 e 230.

2. HOMICÍDIO

2.1 Estrutura do tipo penal incriminador

Matar significa eliminar a vida; *alguém* é pessoa humana. Portanto, o homicídio é um dos tipos penais mais simples do sistema penal, com apenas dois elementos. Essa é a sua forma *simples*, que constitui o tipo básico (art. 121, *caput*, CP).

Para caracterizar o momento da morte, a fim de se detectar a consumação do delito de homicídio, que é crime material, sempre se considerou, conforme lição de ALMEIDA JÚNIOR e COSTA JÚNIOR, a cessação das funções vitais do ser humano (coração, pulmão e cérebro), de modo que ele não possa mais sobreviver, por suas próprias energias, terminados os recursos médicos validados pela medicina contemporânea, experimentados por um tempo suficiente, o qual somente os médicos poderão estipular para cada caso isoladamente.

Os mesmos autores dizem: "a nosso ver, dar-se-á não apenas quando houver silêncio cerebral, revelado pelo eletroencefalógrafo, mas, também, quando ocorrer concomitantemente a parada circulatória e respiratória em caráter definitivo. Isso, entretanto, não significa permitir que num corpo humano, descerebrado funcionalmente, continue a circular o sangue e o ar unicamente por processo artificial, depois de inúteis e prolongadas tentativas, sem que haja reanimação espontânea".[1]

---

[1] ALMEIDA JÚNIOR e COSTA JÚNIOR, *Lições de medicina legal*, p. 232-233.

A Lei 9.434/1997 estabeleceu constituir a morte, para efeito de transplante de órgãos, a interrupção da atividade encefálica. O conceito de morte encefálica, de acordo com a *American Society of Neuroradiology* (Sociedade Americana de Neurorradiologia), é o seguinte: "estado irreversível de cessação de todo o encéfalo e funções neurais, resultante de edema e maciça destruição dos tecidos encefálicos, apesar da atividade cardiopulmonar poder ser mantida por avançados sistemas de suporte vital e mecanismos de ventilação".[2]

Ora, de acordo com o tradicional conceito, não se vislumbra profunda modificação na constatação da morte, pois, como ensinam ALMEIDA JÚNIOR e COSTA JÚNIOR, em que pese exigir-se as paradas circulatória e respiratória em caráter permanente, não se deve manter "viva" uma pessoa descerebrada, por meio de métodos artificiais, sem que haja reanimação espontânea. Portanto, havendo morte encefálica, fatalmente ocorrerá a cessação da vida de relação e da vida vegetativa, desde que a medicina não interfira com métodos artificiais. Daí por que se autoriza o transplante a partir do instante em que se constata a morte encefálica, ainda que leve algum tempo para que os demais órgãos (coração e pulmão) cessem, também, a sua atividade, o que inexoravelmente ocorrerá, não havendo, como se mencionou, prolongamento artificial dos batimentos e da respiração.

Em síntese: o conceito de morte, trazido pela Lei 9.434/1997, não alterou substancialmente o que, tradicionalmente, a medicina legal sempre apregoou, embora tenha enaltecido ser o momento mais importante a cessação da atividade encefálica, predominando sobre as funções circulatória e respiratória. Não se imagine que, com isso, autorizou a lei a "morte de pessoas vivas" somente para que seja possível a extração de órgãos; afinal, sem intervenção artificial da medicina, a finalização da vida seria mesmo inevitável.

Sobre o tema ligado à doação de órgãos, JORGE PAULETE VANRELL explica que a mudança do critério cardiorrespiratório para o encefálico possibilitou um grande avanço nesse campo, favorecendo a doação.[3] Afinal, ocorrida a morte encefálica, as outras funções certamente cessarão.

A pena para quem comete o crime do art. 121, *caput* é de reclusão, de 6 (seis) a 20 (vinte) anos. Se o agente comete o crime impelido por motivo de relevante valor social ou moral, ou sob o domínio de violenta emoção, logo em seguida a injusta provocação da vítima, o juiz pode reduzir a pena de 1/6 (um sexto) a 1/3 (um terço). Caso o homicídio seja cometido com a presença das hipóteses dos incisos do § 2.º, a pena é de reclusão, de 12 (doze) a 30 (trinta) anos, denominando-se *qualificado*. De outro lado, se presente a culpa, a pena é de detenção, de 1 (um) a 3 (três) anos.

Na hipótese de homicídio culposo, a pena é aumentada de 1/3 (um terço), se o crime resulta de inobservância de regra técnica de profissão, arte ou ofício, ou se o agente deixa de prestar imediato socorro à vítima, não procura diminuir as consequências do seu ato, ou foge para evitar prisão em flagrante. Se doloso o homicídio, a pena é aumentada de 1/3 (um terço) quando o crime é praticado contra pessoa menor de 14 (quatorze) ou maior de 60 (sessenta) anos.

No homicídio culposo, o juiz poderá deixar de aplicar a pena, se as consequências da infração atingirem o próprio agente de forma tão grave que a sanção penal se torne desnecessária.

---

[2] MARIA CELESTE CORDEIRO LEITE SANTOS, *Morte encefálica e a lei dos transplantes de órgãos*, p. 39.
[3] *Manual de medicina legal*, p. 55.

A pena é aumentada de 1/3 (um terço) até a metade se o crime for praticado por milícia privada, sob o pretexto de prestação de serviço de segurança, ou por grupo de extermínio.

A pena do feminicídio é aumentada de 1/3 (um terço) até a metade se o crime for praticado: **a)** durante a gestação ou nos 3 (três) meses posteriores ao parto; **b)** contra pessoa menor de 14 (catorze) anos, maior de 60 (sessenta) anos com deficiência ou portadora de doenças degenerativas que acarretem condição limitante ou de vulnerabilidade física ou mental; **c)** na presença física ou virtual de descendente ou de ascendente da vítima; **d)** em descumprimento das medidas protetivas de urgência previstas nos incisos I, II e III do *caput* do art. 22 da Lei 11.340, de 7 de agosto de 2006.

2.2 Conceito de homicídio e aspectos históricos

É a supressão da vida de um ser humano causada por outro. Constituindo a vida o bem mais precioso que o homem possui, trata-se de um dos mais graves crimes existentes nas legislações penais, refletindo-se tal circunstância na pena, que pode variar, no Brasil, em reclusão de 6 a 30 anos (mínimo da forma simples até o máximo da forma qualificada).

"O vocábulo homicídio vem do latim *homicidium*. Compõe-se de dois elementos: *homo* e *caedere*. *Homo*, que significa homem, provém de *húmus*, terra, país, ou do sânscrito *bhuman*. O sufixo *cídio* derivou de *coedes*, de *cadere*, matar."[4]

No direito brasileiro, homicídio é sinônimo de assassinato, porém o termo assassinato "provém do árabe *haschischin*; procedente de haxixe, planta que embriaga. Passou para o latim com a forma *assassini*. Assassinos eram sicários a serviço de Hasan-Sabbah, chefe de terrível seita religiosa do islã há oito séculos passados, que lhes dava *haschisch* a beber, com fito de contentá-los no vício, ou torná-los dispostos à prática de homicídios".[5]

"A história do homicídio é, no fundo, a mesma história do direito penal. Com efeito, em todos os tempos e civilizações e em distintas legislações, a vida do homem foi o primeiro bem jurídico tutelado, antes que os outros, desde o ponto de vista cronológico, e mais que os restantes, tendo em conta a importância dos distintos bens."[6] Ainda sob o prisma histórico, vale mencionar a lição de João Bernardino Gonzaga: "a vida humana sempre encontrou proteção em todos os povos, por mais primitivos que fossem. A ordem social de qualquer comunidade lhe dispensa tutela, e em tempo algum se permitiu a indiscriminada prática de homicídios dentro de um grupo".[7]

Para captarmos o motivo de um ser humano tirar a vida de outro, deve-se conhecer profundamente a natureza humana, com todos os seus defeitos e imperfeições. Afinal, não são as qualidades que levam ao homicídio; ao contrário, são as falhas de personalidade. Segundo narra a Bíblia, o primeiro homicídio teria sido a morte de Abel pelo seu irmão Caim. Filhos de Adão e Eva, davam-se muito bem; eram amigos. Cumpriam os desígnios divinos, que exigiam trabalho árduo. A Abel o Senhor pediu a dedicação aos rebanhos; a Caim, cuidar dos

---

[4] Ivair Nogueira Itagiba, *Do homicídio*, p. 47. Inicialmente, a morte violenta e maliciosa de alguém era denominada *parricídio*. Não se tratava de homicídio de parentes, tampouco do pai, que seria *patricidium*. Hoje, no entanto, o termo *parricídio* passou a ser considerado homicídio de parente (Mommsen, *Derecho penal romano*, p. 92; tradução livre).

[5] Ivair Nogueira Itagiba, *Do homicídio*, p. 136.

[6] Ricardo Levene, *El delito de homicidio*, p. 17.

[7] *O direito penal indígena. À época do descobrimento do Brasil*, p. 133.

frutos da terra. Certa noite, perceberam que não estavam dando conta do trabalho solicitado. Foi então que Caim convenceu Abel a morrer, celebrando um pacto para fugir à ira de Deus. Narra NELSON COELHO: "a noite ia alta. A lua branca e as estrelas haviam desaparecido, atrás de escuras nuvens. Um vento forte, frio, farfalhava os ramos das árvores que soltavam ruídos estranhos. Logo começaria a chuva. Um pássaro que não viram, piou, sinistro, três vezes. Abel e Caim estavam com medo de si próprios. Haviam jurado entregar as vidas pela união imperecível. Caim, o mais corajoso, bateria com a pedra na fronte de seu irmão e em seguida faria o mesmo consigo. Os primeiros pingos da chuva, grossos e pesados, começavam a chicotear a relva. E a noite tornou-se negra". Caim matou seu irmão Abel, mas não se matou na sequência. Deus o amaldiçoou a andar "vagabundo e fugitivo sobre a terra".[8] Há variações dessa narrativa, demonstrando que Caim teria matado Abel por ciúme, porque o Senhor teria ficado satisfeito com o trabalho de Abel, mas não com o de Caim. De qualquer modo, há quase sempre um *sentimento negativo* a inspirar o homicídio. Como o ser humano é imperfeito, no atual estágio evolutivo do planeta, jamais se conseguirá deter, de modo absoluto, a prática do homicídio.

Em nosso entendimento, tanto o homicídio quanto qualquer outro delito que leve à morte do ser humano, por dolo, constituem os mais graves crimes de qualquer legislação penal. Lembremos que a vida é única e finita. Por mais que outros delitos violentos possam ser gravemente apenados, o homicídio retira o bem jurídico mais relevante de todos, a partir do qual o indivíduo consegue todo o resto na vida.[9]

O ser humano é o único animal da natureza, ainda sendo *racional*, que tira a vida de outro semelhante sem o fundamento da sobrevivência.[10] Animais irracionais eliminam outros para viver; é a lei da selva. No entanto, como explicar a racionalidade de um homicídio? Sem dúvida, inúmeros fatores contribuem para isso, até mesmo a impunidade; porém, esta não se liga à vontade de matar. A impunidade somente incentiva a sua prática, mas não a determina.

Vários estudos existem para tentar *justificar* a prática do homicídio, vale dizer, os motivos que levam alguém a tal decisão; nenhum estudo é completo, nem esgota todas as possibilidades, bastando confrontar com os casos reais. De todo modo, um caminho deveria ser seguido: a elevação das penas para as hipóteses de homicídio doloso. Hoje, chega-se ao absurdo de haver, no Código Penal, um crime de perigo (como adulteração de medicamento – art. 273, CP) com uma pena mínima de 10 anos de reclusão (considerado hediondo). O homicídio simples doloso não é hediondo e possui uma pena mínima de reclusão de seis anos.

Não se deve negar a importância de outros crimes, mas o que se vê é o número astronômico de mortes dolosas no Brasil, todos os dias, sem mais causar trauma à sociedade, nem mesmo mobilização. O legislador, por sua vez, que repousa tranquilo, enquanto o seu eleitor não *grita* por solução, nada faz a respeito.

O contraste das penas do homicídio com as aplicadas aos demais crimes é irracional e ilógico. Um roubador pode ser apenado a seis anos – ou mais. Um traficante, com qualquer

---

[8] *O primeiro homicídio*, p. 16-17.

[9] Diz HUNGRIA: "o homicídio é o tipo central dos crimes contra a vida e é o ponto culminante na orografia dos crimes. É o *crime* por excelência. (...). É a mais chocante violação do senso moral médio da humanidade civilizada" (*Comentários ao Código Penal*, v. 1, p. 25). Assim sempre nos pareceu, mas o legislador anda transtornando o sistema penal, conferindo penas muito superiores à do homicídio a crimes de muito menor relevo (exemplo disso é o crime de falsificação ou adulteração de medicamento, delito de perigo, cuja pena mínima é de reclusão, de dez anos).

[10] ENRICO FERRI, *L'Omicida nella psicologia e nella psicopatologia criminale*, p. 5.

quantidade de drogas ilícitas, pode receber cinco anos – ou mais. Um estupro já é idêntico ao homicídio – seis anos ou mais, mas se a referência for o estupro de vulnerável, o mínimo é de reclusão de 8 anos. Algo está errado nessa proporcionalidade. Perde-se a vida e, por via de consequência, tudo, acarretando uma pena menor do que vários outros delitos que, embora graves, permitem o refazimento da vida do indivíduo-vítima.

É urgente a modificação das penas do homicídio, elevando-as ou, no mínimo, adaptando outras penas para um grau menor.

Sob outro aspecto, a Parte Especial do Código Penal é inaugurada pela descrição do crime de homicídio, em primeiro lugar, na sua forma *simples*: matar alguém (art. 121, *caput*). Segundo PAULO HEBER DE MORAIS, "é a morte provocada por motivos que poderíamos chamar de 'neutros', eis que não sugerem um tratamento punitivo abrandado ou exasperado em relação à dosagem da pena. Ou seja, os motivos que impeliram o agente, ou os de que se serviu para praticar o crime, não são de forma a insinuar mais branda ou mais severa punição, como é o caso, respectivamente, do homicídio privilegiado e do qualificado".[11]

2.3 Estados entre a vida e a morte

No âmbito da medicina legal, há várias situações envolvendo o ser humano, quando se encontra entre a vida e a morte, por vezes, até mesmo confundindo médicos e familiares.

Esclarece FERNANDO VERDÚ PASCUAL o seguinte:

a) "Vida atenuada: a ocorrência, seja qual for a sua origem, provoca a difícil percepção das funções vitais básicas – neurológica, cardíaca e respiratória, ainda que se mantenham ativas. A aparência do corpo pode levar ao pensamento de que se produziu a morte; no entanto, uma correta exploração médica permite detectar a existência de sinais derivados das três funções e correlativamente favorece que se possa prestar uma assistência sanitária que evite a progressão da situação patológica e, consequentemente, a morte;

b) Vida suspensa: nesta situação, uma função vital, geralmente a cardíaca ou a respiratória, deteriorou-se por completo. Por um lado, por óbvio, deve-se recuperá-la o mais breve possível para evitar danos irreversíveis;

c) Morte certa: essa situação pode dar-se em um ambiente higienizado ou fora dele. No segundo caso, seja pela existência de lesões incompatíveis com a vida – decapitação, achatamento craniano etc. – pode-se certificar a morte da pessoa, sem nenhuma dúvida. A primeira situação, o diagnóstico de morte certa em ambiente hospitalar aparecerá fundamentalmente nos casos de morte cerebral ou em parada cardiorrespiratória;

d) Morte absoluta: esse conceito coincide com o citado pelo Professor Gisbert Calabuig. No cadáver não se detecta nenhuma atividade vital (...). A morte está caracterizada essencialmente pela cessação das funções vitais (...) todo o organismo, todos os tecidos, órgãos, aparelhos e sistemas, oferecem um conjunto de sinais que são suficientemente evidentes para diagnosticar a morte com segurança".[12]

---

[11] *Homicídio*, p. 21.

[12] *El diagnóstico de la muerte*, p. 31, tradução livre.

2.3.1 A morte demonstrada para fins de doação de órgãos

A necessidade de transplante de órgãos fez a medicina fixar a morte encefálica como determinante para atestar o óbito. Sem aguardar a cessação de todos os sinais vitais e a parada completa dos sistemas circulatório, respiratório e cerebral, é fundamental avaliar com segurança a morte encefálica.

Fernando Verdú Pascual enumera cuidados essenciais para isso: "o primeiro ponto que se aborda no estabelecimento de umas condições diagnósticas: o doador de órgãos deve ser diagnosticado com um coma de etiologia conhecida e de caráter irreversível. Deve-se constatar clinicamente – por sinais e sintomas – ou por estudos de neuroimagem, a presença de uma lesão destrutiva no sistema nervoso central, que seja compatível com a situação de morte encefálica. Insiste-se que a alteração seja irreversível e incompatível com a vida superior. Para chegar ao máximo grau de confiabilidade no anterior diagnóstico, deve-se realizar uma exploração clínica neurológica sistemática, completa e rigorosa. Resulta surpreendente que, quanto ao rigor, a lei diga textualmente *extremamente rigorosa* [o que não acontece na legislação brasileira]. O rigorismo em algo tão importante como diagnosticar o fim da vida de uma pessoa não admite gradações. Para evitar interpretações errôneas ou interferências, antes de proceder com a exploração clínica neurológica, há que se comprovar se o paciente, candidato à doação de órgãos apresenta: estabilidade hemodinâmica, oxigenação e ventilação adequadas, temperatura corporal superior a 32 graus C, e em bebês até 24 meses de idade, superior a 35 graus C. No entanto, com o fim de manter a estabilidade clínica durante a exploração, recomenda-se uma temperatura corporal superior a 35 graus C em todos os casos. Ausência de alterações metabólicas e endocrinológicas, que possam ser provocadoras do coma. Ausência de substâncias ou drogas depressoras do sistema nervoso central, que possa causar o coma. Ausência de bloqueadores neuromusculares".[13]

Feitas tais avaliações, o paciente deve oferecer os seguintes resultados: "coma sem reação alguma, sem nenhum tipo de resposta motora ou vegetativa ao estímulo doloroso produzido no território dos nervos cranianos (...); ausência de reflexos troncoencefálicos (...). Mediante a aplicação de diversos estímulos, não existe resposta no paciente. Por exemplo, não tem resposta ante a iluminação da pupila, nem tosse, em face da estimulação das vias respiratórias altas; ausência de resposta ao teste de atropina. Consiste na administração intravenosa de 0,04 mg/kg de peso do paciente de sulfato de atropina. Em um paciente não afetado, produz-se um aumento muito intenso da frequência cardíaca, enquanto que, explorando a hipótese de morte cerebral, não deve existir um incremento superior a 10% da frequência cardíaca básica; apneia, entendida como a ausência permanente de respiração espontânea. Demonstra-se mediante o teste de apneia, ao comprovar que não existem movimentos respiratórios toráxicos nem abdominais quando a pressão parcial de dióxido de carbono no sangue arterial é superior a 60 mm de mercúrio".[14]

Há vários instrumentos modernos para avaliar e constatar a morte encefálica, antes da parada total dos sistemas orgânicos, propiciando a retirada de vários órgãos, para fins de transplante. Não resta dúvida que, havendo a suspeita de morte encefálica, em lugar diverso de um hospital, torna-se muito difícil atestá-la com segurança.

---

[13]   *El diagnóstico de la muerte*, p. 55, tradução livre.

[14]   Fernando Verdú Pascual, *El diagnóstico de la muerte*, p. 56, tradução livre.

No entanto, em ambiente hospitalar, os recursos atuais da medicina são capazes de diferenciar e apontar os chamados *estados de mínima consciência*, como coma, estado vegetativo etc. Destes, somente o coma irreversível é legalmente um diagnóstico de morte encefálica.[15]

2.4 Conceito de genocídio

Cuida-se de crime contra a humanidade, considerado hediondo. O delito é descrito no art. 1.º da Lei 2.889/1956, possuindo várias condutas alternativas (desde matar pessoas até buscar impedir o nascimento de alguém). O principal fundamento da existência dessa figura típica consiste na intenção do agente, que é eliminar, mesmo parcialmente, um grupo nacional, étnico, racial ou religioso. Pensamos, ademais, que outros agrupamentos deveriam ser, identicamente, protegidos, como os relativos à orientação sexual ou posição filosófica. Sobre o genocídio, consultar as notas à Lei 2.889/1956 em nosso livro *Leis penais e processuais penais comentadas* – vol. 1.

2.5 Diferença entre homicídio e assassinato

Há sistemas legislativos que diferenciam o homicídio e o assassinato, incriminando este último de maneira mais rigorosa e atribuindo um valor absoluto à vida humana. Geralmente, usa-se nos lugares onde se pune com pena de morte ou prisão perpétua os delitos de assassinato.

No entanto, há quem sustente ser a diferença importante também nos ordenamentos em que não há diversidade de penas. Buscam-se diferenças entre ambos, mas sem considerar o bem jurídico em jogo, que é a vida. Pode-se visualizar o assassinato tendo por cenário a ação contra uma vítima completamente estranha, sem nenhuma vinculação especial com o agente. Os homicídios ocorreriam tipicamente num contexto distinto, em que há disputas entre o agente e a vítima, tal como na família, entre amantes, no trabalho etc.[16]

Segundo nos parece, caso houvesse, no Brasil, penas drásticas como a prisão perpétua ou a pena de morte, poder-se-ia cuidar de diferençar o crime doloso contra a vida, dividindo-o entre esses dois termos, para atribuir maior rigor ao assassinato. Não sendo a hipótese, a separação seria inócua.

2.6 Sujeitos ativo e passivo

O sujeito ativo pode ser qualquer pessoa. O que dizer, no entanto, de indivíduos duplos ou xifópagos? Responde-se com a lição de EUCLIDES CUSTÓDIO DA SILVEIRA: "dado que a deformidade física não impede o reconhecimento da imputabilidade criminal, a conclusão lógica é que responderão ambos como sujeitos ativos. Assim, se os dois praticarem um homicídio, conjuntamente ou de comum acordo, não há dúvida de que responderão ambos como sujeitos ativos, passíveis de punição. Todavia, se o fato é cometido por um, sem ou contra a vontade do outro, impor-se-á a absolvição do único sujeito ativo, se a separação cirúrgica é impraticável por qualquer motivo, não se podendo excluir sequer a recusa do inocente, que àquela não está obrigado. A absolvição se justifica, como diz MANZINI, porque conflitando o interesse do Estado ou da sociedade com o da liberdade individual, esta é que tem de prevalecer.

---

[15] FERNANDO VERDÚ PASCUAL, *El diagnóstico de la muerte*, p. 61, tradução livre.

[16] ENRIQUE PEÑARANDA RAMOS, *Estudios sobre el delito de asesinato*, p. 69-74.

Se para punir um culpado é inevitável sacrificar um inocente, a única solução sensata há de ser a impunidade".[17]

O sujeito passivo, igualmente, pode ser qualquer pessoa, sem distinção de raça, posição social, estado civil, idade, convicção política, filosófica ou religiosa e orientação sexual. Sobre o grau de vitalidade do sujeito passivo, Irureta Goyena esclarece que em nada influi. "A morte de um moribundo é um homicídio com os mesmos característicos e a mesma gravidade que a morte de uma criança que acabara de nascer (...)".[18]

O vocábulo *alguém*, inserido no tipo penal do art. 121, *caput*, do Código Penal, restringe-se a ser humano. Obviamente, *com vida*, pois, se morta estiver, trata-se de um cadáver, não mais considerado como *pessoa*, tanto assim que os crimes cujo objeto material é o corpo sem vida (arts. 211 e 212, CP) são delitos *vagos* (aqueles cujo sujeito passivo é a coletividade).

Além disso, não se deve aceitar que a vida principia no início do parto, pois o tipo penal do aborto protege o *ser em gestação*, considerado, também, delito *contra a vida*. Na realidade, há vida intrauterina e extrauterina. Esta última é o objeto de proteção do homicídio, enquanto a outra fica no campo do aborto. Finalmente, urge repensar o conceito de sujeito passivo, defendido pela doutrina tradicional, no sentido de ser o *ser vivo, nascido de mulher*,[19] pois a medicina está evoluindo dia após dia e, se já existe a fecundação fora do útero materno, nada impede que a gestação, no futuro, se desenvolva também fora do útero materno; nem por isso o ser humano dali advindo deve ficar sem a proteção do direito penal, no tocante à sua vida.

Levando em conta o mesmo exemplo supramencionado dos irmãos xifópagos ou siameses, se eles forem as vítimas, trata-se de duplo homicídio. Havendo intenção de matar ambos (dolo direto), cuida-se de concurso formal imperfeito (desígnios autônomos), previsto no art. 70, *caput*, segunda parte, do Código Penal. Se a intenção era atingir apenas um deles, mas ambos morrem, há dolo direto quanto a um e dolo direto de segundo grau quanto ao outro. Aplica-se o concurso formal imperfeito, igualmente. Afinal, se um morre, é consequência lógica arrastar o outro a idêntico fim. Porém, por derradeiro, caso o agente pretenda matar um deles, atingindo-o, mas o outro, não visado primordialmente, terminar sobrevivendo em razão de uma pronta intervenção cirúrgica, tem-se, também, um concurso formal imperfeito (homicídio consumado e tentativa de homicídio, ambos os delitos contidos em uma única conduta).

2.6.1 Vida extrauterina

Como mencionado anteriormente, a vida humana é protegida pelo ordenamento jurídico desde o instante da concepção. Enquanto está em fase intrauterina, trata-se de aborto matar o ser humano em gestação. Quando a vida fora do útero materno principia, é natural tratar-se de homicídio – ou infanticídio, conforme a situação.

Entretanto, há polêmica acerca do início da vida extrauterina para efeito de diferenciar o homicídio (ou infanticídio) do aborto. Cremos que, *em tese*, o correto seria considerar a vida extrauterina a partir do instante em que se instala o processo respiratório autônomo do organismo do ser que está nascendo, não mais dependente da mãe para *viver*. Esse fenômeno

---

[17] *Direito penal* – crimes contra a pessoa, p. 25-26.

[18] *El delito de homicidio*, p. 14; tradução livre.

[19] Noronha, *Direito penal*, v. 2, p. 20; Euclides Custódio da Silveira, *Direito penal* – crimes contra a pessoa, p. 26; Galdino Siqueira, *Tratado de direito penal* – Parte especial, t. 1, p. 24.

é passível de prova pericial: são as chamadas docimasias respiratórias. "Docimasia é palavra oriunda do grego 'dokimasía', que significa experiência ou prova. As docimasias se dividem, em linhas gerais, em duas principais categorias: docimasias respiratórias e docimasias não respiratórias. (...) A mais antiga das docimasias pulmonares, a mais importante e a melhor de todas é a pulmonar hidrostática de Galeno; quanto a esta afirmativa, pode-se dizer que não há divergência entre os autores. (...) Queremos referir-nos ao volume, à cor, à superfície, à consistência e ao peso específico do pulmão. Esse exame, pelas modificações que a respiração introduz, criando diferenças visíveis, oferece subsídios reais e permite o reconhecimento do pulmão fetal e a autenticação do pulmão do recém-nascido que respirou."[20]

No entanto, há outros fatores a considerar. EUCLIDES CUSTÓDIO DA SILVEIRA narra ser possível haver um recém-nascido *vivo*, embora sem respiração (neonato apneico), cuja comprovação se dá pelos batimentos cardíacos ou movimento circulatório.[21] Estar-se-ia diante de uma exceção.

Outro aspecto a levar em conta diz respeito ao chamado *ser nascente*; o parto teve início e a criança está se desprendendo do corpo materno. Se fosse morta nesse momento, não se poderia dizer tratar-se de um mero aborto. Deve ser tipificado como homicídio ou infanticídio, conforme o caso.

Por isso, unindo o conceito dado pelo art. 123 às lições de medicina legal, vislumbramos que o início da vida extrauterina, para o fim de aplicação dos arts. 121 e 123 do Código Penal, é o início do parto,[22] que, segundo ALMEIDA JÚNIOR e COSTA JÚNIOR, começa com a ruptura da bolsa (parte das membranas do ovo em correspondência com o orifício uterino), pois "desde então o feto se torna acessível às ações violentas, quer praticadas com a mão, quer com instrumentos".[23] Narram os autores, citando BELLOT, o clássico caso da mulher que deu à luz gêmeos, matando o primeiro logo que se desprendeu do ventre materno e o segundo com pancadas dadas por um tamanco, assim que a cabeça surgiu na abertura vulvar. Há notícia, ainda, da hábil parteira que perfurava a moleira dos fetos no instante do nascimento, decapitando-os.[24]

FRANCISCO SILVEIRA BENFICA e MÁRCIA VAZ definem o parto como o "processo fisiológico pelo qual o produto da concepção, viável ou apto para vida extrauterina, é eliminado do útero. Inicia com as contrações uterinas regulares e termina com a saída da placenta".[25]

No mesmo prisma, encontra-se o ensinamento de ODON RAMOS MARANHÃO, mencionando que a morte do *feto nascente*, isto é, durante o processo da parturição, já é possível de ser considerada um infanticídio.[26] Por outro lado, pouco interessa que o ser nascente seja viável, vale dizer, tenha possibilidade de *permanecer* vivo, bastando que tenha potencial para *nascer com vida*. Finalmente, é de se destacar que o recém-nascido com características monstruosas, por conta de qualquer tipo de anomalia, goza de igual proteção, podendo constituir-se sujeito passivo de homicídio (ou infanticídio). No sentido que defendemos, para servir de ilustração: STJ: "Iniciado o trabalho de parto, não há falar mais em aborto, mas em homicídio ou infanticídio, conforme o caso, pois não se mostra necessário que o nascituro tenha respirado para

---

[20] ALFREDO FARHAT, *Do infanticídio*, p. 53-54.

[21] *Direito penal* – crimes contra a pessoa, p. 20.

[22] No mesmo prisma, ANÍBAL BRUNO, *Crimes contra a pessoa*, p. 63.

[23] Na mesma trilha, FERNANDO DE ALMEIDA PEDROSO, *Homicídio...*, p. 26.

[24] *Lições de medicina legal*, p. 373.

[25] *Medicina legal*, p. 113.

[26] *Curso básico de medicina legal*, p. 174.

configurar o crime de homicídio, notadamente quando existem nos autos outros elementos para demonstrar a vida do ser nascente, razão pela qual não se vislumbra a existência do alegado constrangimento ilegal que justifique o encerramento prematuro da persecução penal" (HC 228.998/MG, 5.ª T., rel. Marco Aurélio Bellizze, 23.10.2012, v.u.).

Diferenciando o homicídio e o aborto, IRURETA GOYENA aponta constituir o homicídio a destruição de uma vida humana; o aborto é a destruição da esperança de uma vida humana, fundada na existência de um processo de vida.[27]

2.7 Elemento subjetivo

É o dolo, não se exigindo elemento subjetivo específico.[28] A forma culposa está prevista no § 3.º. Observe-se que, para configurar a forma simples do homicídio, basta o dolo. Quando o legislador insere algum fim específico, está-se ingressando no campo das circunstâncias do crime (qualificadoras ou causas de aumento), como será visto.

2.7.1 Dolo eventual e qualificadoras subjetivas

Não há incompatibilidade. O elemento subjetivo do delito de homicídio é o dolo, em qualquer de suas espécies: direto ou eventual. Portanto, é viável que o agente assuma o risco de produzir o resultado morte (dolo eventual), motivado pela torpeza, futilidade ou ânsia de assegurar a execução, ocultação, impunidade ou vantagem de outro delito.

Nas palavras de FERNANDO DE ALMEIDA PEDROSO, "há perfeita compossibilidade entre agravantes e qualificadoras com o dolo indireto. A convivência daquelas com este deve ser aferida consoante a inspiração psicológica que moveu o sujeito ativo a engendrar sua ação, em busca do objetivo visado, ou conforme aquilo que previu provável como consequência do seu comportamento. Assim, se o sujeito ativo, no afã da caçada, detona sua arma contra pequeno animal, com a ciência de que há grande chance de errar o disparo e atingir o companheiro próximo à caça, agindo contudo com indiferença e desprezo face a essa previsão, e culmina por acertar o amigo, matando-o com a anuência do resultado, há, inconfutavelmente [sic], homicídio doloso, por dolo eventual, com a qualificadora do motivo torpe".[29]

Embora seja rara a hipótese, não é impossível. Ilustrando, o sujeito pratica o homicídio assumindo o risco de que a vítima seja a testemunha de outro crime por ele cometido.

2.7.2 Dolo eventual e qualificadoras objetivas

Considerando-se, como já definido, o dolo eventual como uma das espécies do elemento subjetivo, por meio da qual o agente assume o risco de atingir o resultado danoso, embora não o deseje desde o princípio da execução, é possível figurar, também, no cenário das qualificadoras objetivas. Como visto no item anterior, admite-se, embora de rara ocorrência, o dolo eventual no cenário das qualificadoras subjetivas, que se referem à motivação do autor. Portanto, levando-se em conta o meio de execução escolhido pelo homicida (valer-se de veneno, fogo, explosivo, asfixia, tortura ou outro meio insidioso, cruel ou que possa resultar perigo comum, bem como atuar à traição, de emboscada ou mediante dissimulação ou outro

---

[27] *El delito de homicidio*, p. 7; tradução livre.

[28] Finalidade que os latinos chamavam de *animus necandi* (intenção de matar).

[29] *Homicídio...*, p. 118.

recurso que dificulte ou torne impossível a defesa da vítima, agir contra mulher, autoridade ou parente e com arma de uso restrito ou proibido), pode-se acolher o dolo eventual nessas situações, embora não seja comum.

Ilustrando, o agente pode instalar um explosivo para matar o ofendido, mas assumindo o risco de que outra(s) pessoa(s) se aproxime(m) e seja(m) atingida(s), gerando perigo comum. É possível, ainda, que atire contra a vítima com duas armas, uma de uso permitido e outra de uso restrito, assumindo o risco de que o alvo seja atingido por qualquer uma delas. Se o tiro fatal tiver origem na arma de uso restrito, como atestado pela perícia, está presente a qualificadora.

2.8 Objeto material e objeto jurídico

O objeto material é a pessoa que sofre a conduta criminosa, enquanto o objeto jurídico é o interesse protegido pela norma, ou seja, a vida humana.

No contexto do objeto jurídico, é preciso que se debata o real alcance do significado de *vida humana*. Afinal, há muito se debate o sentido da vida, se vale ressaltar a *vida útil* ou qualquer *vida*, mesmo a vegetativa, por exemplo. Outro aspecto diz respeito ao fim da vida. Até que ponto contribuir para o término da vida humana deve ser considerado homicídio? Atualmente, cada vez mais, discute-se o caminho tomado pela eutanásia, ortotanásia e similares formas de aliviar o sofrimento de quem está gravemente enfermo. Um terceiro prisma diz respeito ao consentimento da pessoa que deseja *perder a vida*. Até que ponto ele é válido? O direito à vida é um *dever à vida*? O Estado pode impor que todos vivam por *obrigação legal*? Noutros termos, ainda, a vida humana é um bem jurídico de caráter absoluto? Não vemos mais sentido em simplesmente apontar o objeto jurídico tutelado no homicídio (vida humana). Por isso, torna-se imperativo debater todas as indagações feitas linhas acima.

2.9 Classificação

Trata-se de crime comum (aquele que não demanda sujeito ativo qualificado ou especial); material (delito que exige resultado naturalístico, consistente na morte da vítima); de forma livre (podendo ser cometido por qualquer meio eleito pelo agente); comissivo ("matar" implica ação); instantâneo (cujo resultado "morte" se dá de maneira instantânea, não se prolongando no tempo); de dano (consuma-se apenas com efetiva lesão a um bem jurídico tutelado); unissubjetivo (que pode ser praticado por um só agente); progressivo (trata-se de um tipo penal que contém, implicitamente, outro, no caso a lesão corporal); plurissubsistente (via de regra, vários atos integram a conduta de matar); admite tentativa.

2.10 Meios de matar

Podem ser *diretos* – os possuidores de força e eficácia para, por si sós, causarem a morte (ex.: desferir um golpe de machado na cabeça da vítima) – e *indiretos* – os dependentes de outra causa para que o resultado seja atingido (ex.: fomentar a ira em um louco para que agrida e mate a vítima desejada).

Podem, ainda, ser *materiais* – aqueles que atingem a integridade física do ofendido, de forma mecânica, química ou patológica –, bem como *morais ou psíquicos* – os que atuam por meio da produção de um trauma psíquico na vítima, agravando doença já existente, que a leva à morte, ou provocando-lhe reação orgânica, que a conduza à enfermidade e, desta, à morte.[30]

---

[30] Euclides Custódio da Silveira, *Direito penal – crimes contra a pessoa*, p. 34-35.

Pode-se matar por ação ou por omissão. A ação gera um ato positivo, como dar uma facada na vítima. A omissão, geralmente ligada a quem tem o dever de zelar por outrem, pode ser simbolizada pela mãe que deixa de alimentar o filho recém-nascido.

2.11 Homicídio simples hediondo

Prevê a Lei 8.072/1990, no art. 1.º, I, ser hediondo o homicídio simples "quando praticado em atividade típica de grupo de extermínio, ainda que cometido por um só agente". Entretanto, como já tivemos oportunidade de analisar anteriormente, em outras obras, não cremos viável, na prática, essa figura típica, criada pelo legislador em momento de pouca reflexão.

A atividade típica de grupo de extermínio *sempre* foi considerada pela nossa jurisprudência amplamente majoritária um crime cometido por motivo torpe. O sujeito que se intitula *justiceiro* e atua por conta própria eliminando vidas humanas certamente age com desmedida indignidade. Eventualmente, costuma-se sustentar, é possível que o agente mate outra pessoa, em atividade típica de grupo de extermínio, para preservar um bairro de ignóbil traficante de drogas. Ora, se assim for, sua motivação faz nascer o relevante valor social, que privilegia o homicídio, aplicando-se a regra do § 1.º do art. 121, e não a figura básica do *caput*.

Não se concebe haver, ao mesmo tempo, um homicídio privilegiado pela relevância social do motivo e qualificado pela torpeza, pois são ambas circunstâncias subjetivas. Dessa maneira, não vemos como aplicar ao homicídio simples a qualificação de hediondo, pois, caso atue o agente como exterminador, a tipificação será de homicídio qualificado, pois delito certamente repugnante. O dia em que se considerar *simples* o homicídio praticado pelo "justiceiro" (e não se confunda com aquele que resolve vingar-se de alguém por algum motivo, pois não é um "vingador profissional ou habitual"), então, certamente, terá mudado o sentimento ético-social da comunidade e nem mesmo será preciso considerar hediondo o delito, pois também o vocábulo *hediondo* quer dizer sórdido, imundo, repulsivo, não muito diferente de *torpe*, ou seja, vil, repugnante, asqueroso.

Dessa forma, se a acusação entender que a atividade do réu, no homicídio, decorreu de atividade exterminadora, deve qualificar o crime, submetendo-o ao crivo da defesa e passando pelo filtro da pronúncia. Do contrário, é defeso ao juiz reconhecer na sentença, mormente sem o necessário debate diante dos jurados, a hediondez de qualquer tipo de homicídio simples. Não bastasse, a Lei 12.720/2012 introduziu o § 6.º neste artigo, prevendo causa de aumento de pena para a atividade de milícia privada ou grupo de extermínio, o que sempre foi considerado motivo suficiente para qualificar o homicídio.

Tem-se, hoje, de maneira contraditória, o homicídio simples hediondo (praticado por grupo de extermínio), o homicídio qualificado pelo motivo torpe (que sempre foi o delito cometido por grupos de extermínio) e o homicídio com causa de aumento (praticado por grupo de extermínio). Cremos não existir prova mais contundente da falta de habilidade e técnica do legislador brasileiro.[31]

A solução para o *impasse*, que trataremos também em outros itens, é simplesmente *ignorar* o homicídio simples hediondo porque praticado por grupos de extermínio ou semelhantes. Deve-se

---

[31] No mesmo sentido, manifestando sua opinião, ANDRÉ ESTEFAM diz que "dificilmente haverá um homicídio simples cometido em semelhante situação. Isto porque, de regra, atividades cometidas por grupos de extermínio, quando resultem em morte, classificam-se juridicamente como homicídio qualificado (pelo motivo torpe ou pelo recurso que impossibilitou ou dificultou a defesa da vítima)" (*Direito penal*, v. 2, p. 106). Assim também CLEBER MASSON, *Direito penal*, v. 2, p. 14.

adotar o homicídio qualificado pela torpeza, quando não houver outra qualificadora. Nesse caso, não se utiliza a causa de aumento (evita-se o *bis in idem*). Do contrário, pode-se qualificar o homicídio, por exemplo, por outra causa como a crueldade, deixando reservada a situação do grupo de extermínio para a causa de aumento, elevando-se a pena do réu, sem haver *bis in idem*.

2.12 Homicídio *privilegiado* (art. 121, § 1.º)

A denominação ora exposta é tradicional na doutrina e na jurisprudência, embora, no significado *estrito* de *privilégio*, não possamos considerar a hipótese do § 1.º do art. 121 como tal. O verdadeiro crime privilegiado é aquele cujos limites mínimo e máximo de pena, abstratamente previstos, se alteram, para montantes menores, o que não ocorre neste caso.

Utiliza-se a pena do homicídio simples, com uma redução de 1/6 a 1/3. Trata-se, pois, como a própria rubrica está demonstrando, de uma *causa de diminuição de pena*. O verdadeiro homicídio privilegiado é o infanticídio, que tem as penas mínima e máxima alteradas, embora, para ele, tenha preferido o legislador construir um tipo autônomo. Assim, formalmente, o infanticídio é crime autônomo; materialmente, não passa de um homicídio privilegiado.

Esclarece PAULO HEBER DE MORAIS ter sido inserida essa causa de diminuição para fugir à figura excepcional criada pelo Código Penal de 1890, que isentava de pena os que praticavam o delito em estado de perturbação dos sentidos e da inteligência – "uma porta escancarada à impunidade", mas sem deixar de abrandar a pena dos que realmente merecessem.[32]

Acesse e escute o *podcast* sobre Homicídio privilegiado.
> http://uqr.to/1yofn

2.12.1 *Relevante valor social ou moral*

O *relevante valor* é uma apreciação subjetiva em relação a alguma coisa; na hipótese do Código Penal, essa apreciação torna-se de grande importância para a sociedade brasileira. Exemplos de relevante valor: patriotismo, lealdade, fidelidade, intimidade pessoal e de domicílio, entre outros.

Quando se tratar de relevante valor *social*, leva-se em consideração interesse não exclusivamente individual, mas de ordem geral, coletiva. Exemplos tradicionais: quem aprisiona um bandido, na zona rural, por alguns dias, até que a polícia seja avisada; quem invade o domicílio do traidor da pátria para destruir objetos empregados na traição. Esse exemplo do *traidor da pátria* é quase universal na doutrina. Soa-nos interessante, por outro lado, a ampliação da ilustração, promovida por ROGÉRIO GRECO, dizendo que se pode "traçar um paralelo com a morte de um *político corrupto* por um agente revoltado com a situação de impunidade no país, em que o Direito Penal, de acordo com sua característica de seletividade, escolhe somente a classe mais baixa, miserável, a fim de fazer valer a sua força".[33]

---

[32] *Homicídio*, p. 22.
[33] *Curso de direito penal*, v. 2, p. 20.

Concessa venia, o exemplo dado pelo eminente penalista ROGÉRIO GRECO não caracteriza *relevante valor social*. Imagine-se, hoje, com a exposição de centenas de corruptos, por várias operações judiciais e a *sugestão* do autor de que muitos estão impunes, logo, matá-los seria um relevante valor social. No Estado Democrático de Direito, não se pode nem mesmo pensar em *matar* um corrupto, mas julgá-lo e aplicar-lhe a pena justa. O exemplo dado por GRECO não se aproxima do tradicional *matar o traidor da pátria*, pois, neste caso, embora a pessoa também deva ser julgada, até o Código Penal Militar prevê a pena de morte para quem trair a pátria em época de guerra.

No caso do relevante valor *moral*, o interesse em questão leva em conta sentimento de ordem pessoal. Ex.: agressão (ou morte) desfechada pelo pai contra o estuprador da filha. É curial observar que a existência dessa causa de diminuição da pena faz parte do contexto global de que o direito à vida não é absoluto e ilimitado. Quando um traficante distribui drogas num colégio, sem qualquer ação eficaz da polícia para contê-lo, levando um pai desesperado pelo vício que impregna seu filho a matar o criminoso, surge o aspecto relativo do direito à vida (fosse *absoluto*, nada justificaria uma pena menor). Embora haja punição, pois não se trata de ato lícito (como no caso de legítima defesa ou estado de necessidade), o Estado, por intermédio da lei, entende ser cabível uma punição menor, tendo em vista a *relevância* do motivo que desencadeou a ação delituosa. Protege-se, indiscutivelmente, a vida do traficante, embora os valores que estão em jogo devam ser considerados para a fixação da reprimenda ao autor do homicídio.

De outra parte, não se deve banalizar a *motivação relevante* – no enfoque social ou moral – para a eliminação da vida alheia, tornando-a um fator emocional ou pessoal, pois não é essa a melhor exegese do texto legal. A relevância não tem ótica individual, significando que o homicídio somente foi cometido porque houve uma saliente valia, de reconhecimento geral, ainda que os efeitos se conectem a interesses coletivos (social) ou particulares (moral). Criticando a divisão do relevante valor em moral e social, está a posição de EUCLIDES CUSTÓDIO DA SILVEIRA: "São motivos de relevante valor moral ou social, (...) aqueles que a consciência ética de um povo, num dado momento, aprova. E bastaria falar-se de motivo 'moral', uma vez que a ética é individual e social ao mesmo tempo: a expressão 'social' é pleonástica e equívoca".[34]

2.12.2 Diferença entre a causa de diminuição da pena e a atenuante

No art. 121, § 1.º, do Código Penal, prevê-se que o agente atua *impelido* por motivo de relevante valor social ou moral, ou seja, movido, impulsionado, constrangido pela motivação, enquanto no contexto da atenuante (art. 65, III, *a*) basta que o autor cometa o delito *por* motivo de relevante valor social ou moral, representando, pois, uma influência da motivação, mas não algo que o domina.

Por tal razão, é possível que o juiz analise as duas possibilidades jurídicas no momento de aplicação da pena: não sendo possível, quando houver um homicídio, aplicar a causa de diminuição da pena, porque o agente não estava efetivamente *impelido* pela motivação, ainda é viável considerar a atenuante em caráter residual.[35]

---

[34] *Direito penal* – crimes contra a pessoa, p. 44.

[35] Nesse prisma: JOSÉ ANTONIO PAGANELLA BOSCHI, *Das penas e seus critérios de aplicação*, p. 266.

2.12.3 Ciúme como fundamento para a causa de diminuição

Há quem sustente ser o ciúme motivo suficiente para a aplicação da minoração prevista no art. 121, § 1.º. "Em verdade, excepcionalmente, não por si só porém aliado a outros motivos ou circunstâncias na conduta criminosa, o ciúme pode configurar-se ou enquadrar-se, tecnicamente, como atenuante genérica de motivo de relevância moral ou social e mesmo, em certos delitos, como minorativa penal, tornando privilegiada a infração penal (homicídio ou lesão corporal)."[36]

De nossa parte, acreditamos que o ciúme, exclusiva e automaticamente, não pode ser classificado como relevante valor moral ou social, tampouco como motivo fútil ou torpe. É preciso analisar o contexto. Dependendo de cada agente e vista a situação de modo particular, o ciúme tanto pode ser motivação relevante moral quanto fútil. Aliás, pode, igualmente, não representar motivo especial para aumentar ou diminuir a pena. Ilustrando: a) o ciúme egoístico, baseado em puro sentimento de posse, pode representar motivação fútil ou torpe; b) o ciúme, quando fundado em excessivos modos de expressar amor, cuidado, carinho e zelo, pode servir de base à motivação relevante.

2.12.4 Eutanásia e homicídio privilegiado

Há pelo menos três conceitos diversos para o mesmo fenômeno:

a) *eutanásia*: homicídio piedoso (chamado, também, homicídio médico, compassivo, caritativo ou consensual), para "abreviar, sem dor ou sofrimento, a vida de um doente, reconhecidamente incurável",[37] que se encontra profundamente angustiado. Nesse caso, o paciente ainda não se encontra desenganado pela medicina. No sentido etimológico da palavra, quer dizer "morte suave, doce, fácil, sem dor", mas não é antecipação. Costuma-se dividi-la em ativa (praticam-se atos para matar o enfermo, que se encontra em sofrimento) e passiva (deixa-se de ministrar remédios – e/ou alimentação forçada – ou outras intervenções, quando ainda viável fazê-lo). Há quem subdivida a eutanásia ativa em *direta* (quando o agente se dirige à execução de atos voltados a matar a vítima de grave enfermidade) e *indireta* (quando se ministra cada vez mais remédios para aliviar a dor, terminando por intoxicar o paciente ou reduzir ainda mais a sua capacidade de resistência orgânica);[38]

b) *ortotanásia*: homicídio piedoso omissivo; morte no tempo certo (eutanásia omissiva em sentido lato, eutanásia moral ou terapêutica), deixando o médico de ministrar remédios que prolonguem artificialmente a vida da vítima, portadora de enfermidade incurável, em estado terminal e irremediável, já desenganada pela medicina;

c) *distanásia*: morte lenta e sofrida de uma pessoa, prolongada pelos recursos que a medicina oferece.

---

[36] Roque de Brito Alves, *Ciúme e crime*, p. 58.

[37] Hungria, Ortotanásia ou eutanásia por omissão, p. 14.

[38] Nuñez Paz, *Homicídio consentido...*, p. 142-151.

Sob o ponto de vista legal, qualquer dessas formas de matar (ou ajudar a fazê-lo) o paciente, que se encontra angustiado por uma doença, seria criminosa. Não se inclui a distanásia, pois esta é forma de prolongar o sofrimento até o fim natural da pessoa humana.

Sob o ponto de vista médico, no entanto, conforme o Código de Ética Médica, trata-se a ortotanásia como procedimento ético. Entende-se, no entanto, no meio jurídico conservador, nutrido pelos valores morais e religiosos que estão em jogo, buscando evitar o sofrimento prolongado de alguém vitimado por doença grave, que se trata de um homicídio privilegiado, com base no relevante valor moral.[39]

Trata-se de um nítido equívoco, pois não cabe ao direito regrar o momento da morte natural. Se uma pessoa está desenganada, qualquer medida para prolongar-lhe a vida, de maneira artificial, depende única e exclusivamente de seu consentimento. Fora disso, cabe ao médico garantir-lhe uma morte digna. Debate-se, no direito brasileiro, a possibilidade de se acolher alguma dessas formas de eliminação da vida humana (eutanásia ou ortotanásia) como excludente de ilicitude, fundada no consentimento do ofendido.

Consulte-se a Resolução 1.805/2006 do Conselho Federal de Medicina, ratificando o entendimento em prol da ortotanásia. A referida Resolução foi questionada pelo Ministério Público Federal junto à 14.ª Vara Federal/DF, mas a ação foi julgada improcedente pelo magistrado ROBERTO LUIS LUCHI DEMO, nos autos da Ação Civil Pública 2007.34.00.014809-3.

O Conselho Federal de Medicina, contestando o pleito, afirmou que a ortotanásia não é crime, pois não elimina a vida; apenas garante o desenlace de maneira digna. Argumenta o juiz na decisão de improcedência da ação: "Sobre muito refletir a propósito do tema veiculado nesta ação civil pública, chego à convicção de que a Resolução CFM n. 1.805/2006, que regulamenta a possibilidade de o médico limitar ou suspender procedimentos e tratamentos que prolonguem a vida do doente na fase terminal de enfermidades graves e incuráveis, realmente não ofende o ordenamento jurídico posto. Alinho-me, pois, à tese defendida pelo Conselho Federal de Medicina em todo o processo e pelo Ministério Público Federal nas suas alegações finais, haja vista que traduz, na perspectiva da resolução questionada, a interpretação mais adequada do direito em face do atual estado de arte da medicina".

É interessante observar que o MPF ingressou com a demanda, pelas mãos de um procurador, mas, em alegações finais, pela lavra de outro, pediu a improcedência. Aliás, somente demonstra a intensa polêmica na qual está inserido esse tema.

Contrariamente à eutanásia, levantam-se os seguintes argumentos: a) a santidade da vida humana, sob o aspecto religioso e sob o aspecto da convivência social; b) a eutanásia

---

[39] Lembremos que a atual posição da doutrina e da jurisprudência é uma consequência da vida contemporânea, pois no passado vários eram os penalistas que fechavam questão *contra* a eutanásia, em qualquer de suas formas, alegando ser a vida sagrada (*v.g.*, BENTO DE FARIA, *Código Penal brasileiro comentado*, v. IV, p. 27).

voluntária abriria espaço para a involuntária; c) poderia haver abuso de médicos e familiares, por interesses escusos; d) há sempre possibilidade de diagnóstico errôneo; e) há possibilidade do surgimento de novos medicamentos para combater o mal. "Cita-se, por oportuno, caso ocorrido na França, referente à filhinha de 5 anos de um médico que adoeceu gravemente a vários quilômetros de Paris. Atacada por difteria, moléstia de grande gravidade à época, cujo grau de letalidade atingia 99% de óbitos. Tendo utilizado o pai de todos os recursos possíveis e vendo avizinharem-se os sintomas precursores da morte, tais como, dispneia, cianose e os sinais de asfixia, resolve, desolado, pôr fim ao sofrimento da filha, injetando-lhe forte dose de ópio que, em poucos segundos, produziu seu efeito. Realizado o enterro, ao voltar do cemitério, triste, a imensa dor da saudade e a sensação de um cruel dever cumprido, depara-se com um telegrama a si dirigido, cujo texto dizia: *Roux acaba de descobrir o soro antidiftérico, aplicando-o com êxito. Aguarde remessa...*";[40] f) há sempre a possibilidade de reações orgânicas do paciente, consideradas "milagres", restabelecendo-se o enfermo.[41]

Ainda assim, um dos Anteprojetos da Parte Especial do Código Penal, dentre vários em trâmite no Congresso Nacional, prevê, como excludente de ilicitude, a possibilidade de realização da ortotanásia, incluindo-se, no art. 121, o § 4.º, nos seguintes termos: "não constitui crime deixar de manter a vida de alguém por meio artificial, se previamente atestada por dois médicos, a morte como iminente e inevitável, e desde que haja consentimento do paciente, ou na sua impossibilidade, de ascendente, descendente, cônjuge, companheiro ou irmão".

Essa previsão nem precisa ser aprovada, pois, como se afirmou, a ortotanásia não pode ser considerada um homicídio. Se algum instituto merece debate, para inclusão ou não em lei, é a eutanásia ativa.

São argumentos favoráveis ao acolhimento da eutanásia pelo direito – ao menos, fortalecem a ortotanásia: a) sob o ponto de vista médico, a vida sem qualidade perde sua identidade; b) a Assembleia do Conselho da Europa, por meio da Recomendação 79/66, estabeleceu os direitos dos doentes e moribundos, mencionando o "direito ao respeito da vontade do paciente quanto ao tratamento a ser utilizado", "o direito à sua dignidade e integridade", "o direito de informação", "o direito de cura apropriada" e "o direito de não sofrer inutilmente". No mesmo sentido: *Patient's Bill of Rights* (Estados Unidos); Carta sobre Deveres e Direitos dos Doentes (França); Carta dos Direitos dos Enfermos (Itália). Narra-se que o fim da trajetória de Freud deveu-se à eutanásia. "No final de setembro de 1939 disse a seu médico, Max Schur: *hoje em dia, viver não é nada mais do que tortura. Não faz mais sentido* (SCHUR, 1972, p. 529). O médico havia lhe prometido que não o deixaria sofrer desnecessariamente. Ele ministrou três injeções de morfina nas 24 horas seguintes, cada dose maior do que o necessário para a sedação, e pôs fim aos longos anos de sofrimento de Freud".[42]

Enfim, longe de estar resolvida a questão, é preciso considerar que muitos aspectos de ordem religiosa estão envolvidos na discussão do tema. Por tal razão, dificilmente, em breve tempo, haverá solução legal para a eutanásia no Brasil.

Enquanto tal não se der, resume-se o assunto a dois prismas: se alguém matar o paciente em agonia, levando em conta esse estado, cometerá homicídio privilegiado. Diz AMADEU FERREIRA que "o homicídio resultará não só da compaixão pelo sofrimento daquele a quem

---

[40] ANA RAQUEL COLARES DOS SANTOS SOARES, Eutanásia: direito de morrer ou direito de viver?, p. 151-152.

[41] HUNGRIA, Ortotanásia ou eutanásia por omissão, p. 16.

[42] SCHULTZ & SCHULTZ, *Teorias de personalidade*, p. 47.

se vai matar, mas também pela insuportabilidade e pelo sofrimento que acarretam para o próprio homicida. A morte, muitas vezes conjunta, acaba por ser vista como a única 'saída' para tais situações".[43]

Entretanto, estando desenganado, pode-se argumentar ter havido o consentimento do ofendido (causa supralegal de exclusão da ilicitude). Nada que se afirme, nesse contexto, é definitivo, merecendo a análise da situação concreta uma visão particularizada.

HIRSCH argumenta que, na Alemanha, nem seria necessário reformar o Código Penal para que se admita a eutanásia (ativa ou passiva), pois a legislação alemã vigente já contém as possibilidades para a eutanásia. Afinal, não se pune a participação em suicídio e o que o médico estaria fazendo, quando o paciente deseja morrer, é simplesmente dar-lhe auxílio. O ponto controverso da eutanásia concentra-se em outras bases. O teólogo BÖCKLE, de Bonn, expressa-se da seguinte maneira: "muito temo que, hoje em dia, nós, os saudáveis, fugimos dos problemas reais da morte e da eutanásia necessária com uma discussão teórica sobre a legitimação da eutanásia ativa ou passiva, no entanto, devemos nos esforçar, em primeiro lugar, para que as nossas clínicas não sirvam somente como estações de serviço de assistência médica com sofisticada tecnologia, mas que se crie um bom clima, possibilitando a assistência pessoal conforme os desejos de ajuda ao moribundo".[44]

2.12.4.1 Mistanásia

É o homicídio miserável, ocorrido antes da hora, por descaso social. CLEBER MASSON levanta o problema, mostrando que tal situação pode ocorrer por erro médico, falta de socorro em hospital público e situações similares.[45]

Destaca, com razão, que, dependendo do caso concreto, pode dar-se homicídio culposo. Mas não se pode ignorar a viabilidade de tal morte ocorrer por dolo do agente, por omissão, quando deveria ter agido. Ou até por dolo eventual.

Enfim, somente o caso concreto pode determinar o alcance penal dessa hipótese lamentável.

2.12.4.2 Realidade *versus* direito: a ortotanásia

É inconteste que a ortotanásia, admitida pelos médicos como conduta ética, é largamente utilizada no Brasil, em qualquer hospital. Quando o paciente atinge momentos derradeiros da sua vida, padecendo de gravíssima enfermidade, sem qualquer perspectiva real de cura, a sua família, juntamente com o médico responsável, termina decidindo pela morte digna, sem mais sofrimento.

Deixa-se de ministrar alimentação ou respiração forçada, eleva-se a dose de analgésicos e acelera-se o processo de desenlace. Esse quadro é absolutamente real, acontece todos os dias, em qualquer hospital de baixo ou alto padrão, ignorando-se, simplesmente, o entendimento do direito acerca dessa finalização da vida humana. Segundo nos parece, cabe ao médico, em conjunto com os familiares e com o próprio paciente, decidir o destino do tratamento. Não compete ao direito imiscuir-se nesse campo.

---

[43] *Homicídio privilegiado*, p. 66.

[44] Interrupción del tratamiento y eutanasia, in: *Obras*, t. II, p. 360-361.

[45] *Direito penal*, v. 2, p. 23.

Além do mais, a ortotanásia – que não possui nenhuma disciplina em lei – já se consolidou, no Brasil, como prática cotidiana no cenário médico-hospitalar. Ela é socialmente adequada, portanto, um fato atípico. Vale mencionar, ainda, ser inteiramente adverso esse ambiente ao operador do direito, que jamais encontrará campo de investigação, ao arrepio da colaboração médica. Assim sendo, pouco importa a disciplina jurídica acerca da ortotanásia.

Resta, no entanto, um ponto muito importante, ainda não solucionado: pacientes gravemente deficientes, que não mais desejam viver (ex.: pessoa tetraplégica, sem nenhum movimento no corpo do pescoço para baixo). Para eles – e situações similares – inexiste solução médica (a eutanásia não é praticada oficial e abertamente), nem mesmo norma jurídica amparando eventual vontade de morrer.

Outro ponto relevante diz respeito à eutanásia passiva (não ministrar medicamentos a quem não deseja ser tratado). É inviável forçar alguém a se tratar; o desejo do paciente deve ser respeitado. Desse modo, a única possibilidade de se intervir, contra a vontade do enfermo, é em estado de necessidade, ou seja, se ele for internado e estiver necessitando de medicação, sob pena de falecer.

Em suma, a ortotanásia já é praticada, sem a existência de lei. A eutanásia ativa é vedada pelo direito e não é considerada conduta ética pelos médicos. Pode ser considerada homicídio privilegiado. A eutanásia passiva é um direito do paciente, que não pode ser obrigado a se medicar. A distanásia é evitada pelos médicos e raramente conta com o apoio da família ou do paciente.

2.13 Domínio de violenta emoção

A emoção, na lição de HUNGRIA, "é um estado de ânimo ou de consciência caracterizado por uma viva excitação do sentimento", podendo levar alguém a cometer um crime. Configura a hipótese do homicídio privilegiado, quando o sujeito está *dominado* pela excitação dos seus sentimentos (ódio, desejo de vingança, amor exacerbado, ciúme intenso) e foi injustamente provocado pela vítima, momentos antes de tirar-lhe a vida.

Esse domínio de violenta emoção não pode ser banalizado, pois implicará a morte de alguém. Há de ser, por exemplo, uma surra dada em X por Y, na frente de várias pessoas, machucando-o e humilhando-o. X, então, reage, matando Y. Recordamo-nos de uma situação semelhante, que foi julgada pelo Tribunal do Júri. O jovem casal de namorados passeava; um grupo de rapazes mexeu com a menina e humilhou o rapaz franzino; este foi surrado na frente da sua namorada; desnorteado, foi para sua casa, que ficava próxima, pegou uma faca, voltou e agrediu um dos seus atacantes, que morreu. Foi reconhecido o privilégio pelo Tribunal do Júri.[46]

As duas grandes diferenças entre o privilégio e a atenuante (art. 65, III, *c*, CP) são as seguintes: a) para o privilégio exige a lei que o agente esteja *dominado* pela violenta emoção e não meramente influenciado, como mencionado no caso da atenuante; b) determina a causa de diminuição de pena que a reação à injusta provocação da vítima se dê *logo em seguida*, enquanto a atenuante nada menciona nesse sentido. Portanto, estar tomado pela emoção intensa, causada pela provocação indevida do ofendido, pode provocar uma resposta *imediata*

---

[46] Somos levados a discordar de determinados exemplos, que reputamos banais, para justificar um homicídio, como "fazer críticas ao agente ou à sua família, fazer brincadeiras inoportunas, ofender um animal de estimação etc." (VICENTE DE PAULA RODRIGUES MAGGIO, *Curso de direito penal*, v. 2, p. 90).

e violenta, terminando em homicídio. A causa especial de diminuição da pena é reconhecida, tendo em vista que o ser humano não pode ser equiparado a uma fria máquina, que processa dados ou informações, por piores que eles sejam, de modo retilíneo e programado. "Trata-se, pois, de um estado psicológico que não corresponde ao normal do agente, encontrando-se afetadas a sua vontade, a sua inteligência e diminuídas as suas resistências éticas, a sua capacidade para se conformar com a norma."[47]

Do mesmo modo que o art. 59, após a Reforma Penal de 1984, incluiu nas bases para a fixação da pena o comportamento da vítima, é necessário destacar que a parte ofendida, muitas vezes, colabora enormemente para a prática do delito. A título de exemplo, pode-se mencionar a atitude agressiva, desajuizada e pretensiosa de um jovem que dá um tapa no rosto de um homem honrado, bem mais velho, na presença de seus familiares e amigos, sem qualquer razão plausível. Tal hostilidade pode desencadear no pacífico indivíduo uma emoção intensa, que o faz perder o controle, partindo para o contra-ataque, sem medir as consequências, nem atentar para os limites. Caso termine matando a vítima que o provocou injustamente, tendo agido logo em seguida, é possível reconhecer em seu benefício a causa de diminuição da pena. Interessante denominação da violenta emoção geradora do crime é dada por AMADEU FERREIRA, dizendo tratar-se do "túnel da emoção" do qual somente se sai pela descarga emocional, ou seja, a saída é o cometimento do delito, do qual não se pode desviar.[48]

O aspecto temporal – *logo em seguida* – deve ser analisado com critério e objetividade, constituindo algo *imediato, instantâneo*. Embora se admita o decurso de alguns minutos, não se pode estender o conceito para horas, quiçá dias. Um maior espaço de tempo entre a injusta provocação e a reação do agente deve ser encaixado na hipótese da atenuante, mas jamais do privilégio. Caso não se preencha a figura do privilégio por não haver *domínio* de violenta emoção ou por não ter havido resposta imediata – *logo em seguida* –, é possível ao juiz ou aos jurados considerar a atenuante em caráter residual. Logo, por exemplo, no Tribunal do Júri, não destoa da lógica a quesitação dúplice, isto é, indaga-se aos jurados se houve a causa de diminuição de pena e, negada esta, ainda poder haver outra pergunta que diz respeito à atenuante.[49]

2.13.1 Fundamento da atenuação do homicídio no caso de violenta emoção

Há, basicamente, três critérios: a) *objetivo*: trata-se de uma espécie de compensação entre a violência gerada pelo provocador e a resposta dada pelo provocado, reduzindo a ilicitude

---

[47] AMADEU FERREIRA, *Homicídio privilegiado*, p. 63.

[48] *Homicídio privilegiado*, p. 105.

[49] PAULO BUSATO (*Direito penal*, v. 2, p. 35, 2.º parágrafo) afirma que esse *privilégio*, segundo NORONHA, adveio em lei por conta da explosão de ciúme ocasionada por flagrantes de adultério. Com a devida vênia, consultando obra original de NORONHA (e não atualizada por terceiro, equívoco que também já cometi), jamais o penalista disse isso. Mencionou que os Tribunais (e referia-se ao Júri, que julga homicídio no Brasil, ou seja, o povo) têm aceitado a violenta emoção do marido que colhe a mulher em flagrante adultério (aliás, como juiz do júri durante quase 10 anos, tal efeito continua ocorrendo; antes, era pior, pois o júri absolvia o marido traído). Depois, o próprio NORONHA tece sua crítica a essa posição (*Direito penal*, v. 2, p. 27). O mesmo fazem HUNGRIA e a quase totalidade da doutrina. A violenta emoção não foi inserida no CP por causa dos flagrantes adultérios, mas, sim, porque é um sentimento violento, dominador do ser humano, que foi injustamente agredido e pretende revidar.

do ato praticado. Seria uma espécie de *legítima defesa imperfeita*; b) *subjetivo*: põe em relevo a psicologia do agente, uma vez que a provocação diminui a sua culpabilidade, mas não altera a gravidade do fato ilícito. A diminuição da culpabilidade reside na circunstância de ter havido provocação, o que ocasiona a cólera do autor; c) *misto*: é a combinação das duas anteriores.[50]

Não há dúvida de que, no Brasil, adotamos a teoria subjetiva, ou seja, interessa o lado psicológico do agente, que, violentamente emocionado, não se contém. Cuida-se, pois, de diminuição da culpabilidade, motivo pelo qual reflete na redução da pena de 1/6 a 1/3.

2.13.2 Domínio de violenta emoção e dolo eventual

É viável supor que alguém, dominado pela violenta emoção, logo em seguida a injusta provocação da vítima, acabe assumindo o risco de, em reação agressiva, matá-la. Exemplo dado por AMADEU FERREIRA: "mulher sujeita a maus-tratos, agride o marido numa situação em que está violentamente emocionada. Prevê que, dessa agressão, possa resultar a morte do marido e, no entanto, agride-o".[51]

2.13.3 Análise contextual da injusta provocação da vítima

Expusemos um exemplo anterior de *injusta* provocação da vítima (um jovem dá um tapa no rosto de um homem honrado, bem mais velho, na presença de seus familiares e amigos, sem qualquer razão), porém nem sempre ocorre agressão física. Muitas vezes, a provocação se concretiza por meio de ofensas verbais, o que também dá margem ao distúrbio emocional de quem foi indevidamente agredido.

Nesse caso, é fundamental considerar o cenário onde estão inseridos ofensor e destinatário da ofensa. Este, somente pode alegar domínio de *violenta emoção* quando a agressão verbal fugir completamente ao seu cotidiano e à sua expectativa. Pessoas que estão habituadas à troca de injúrias, com relativa frequência, não podem, de um momento para outro, sentir-se *violentamente* emocionadas com algum insulto que lhes seja dirigido. Por outro lado, aqueles que quase nunca proferem palavras de baixo calão ou que estão imersas em um ambiente onde palavras afrontosas são raridades, quando ofendidas dessa maneira, injustamente, podem reagir sob o domínio de violenta emoção. Diz RICARDO LEVENE, com razão, que "esse insulto, entre gente sem educação, pode ser quase diariamente intercalado nas conversações normais, mas entre outras classes de pessoas pode ser a provocação exigida ou requerida pela lei para justificar o estado de emoção".[52]

2.13.4 Premeditação e violenta emoção

Há incompatibilidade. O agente que planeja cuidadosamente a prática do delito, não pode alegar, em hipótese alguma, estar violentamente emocionado, até porque a lei exige que o distúrbio emocional seja fruto da injusta provocação da vítima.

Obviamente, além disso, há uma relação de imediatidade entre o ato da pessoa ofendida e a reação desencadeada no autor da agressão. Tal situação é inviável quando o agente tem tempo suficiente para premeditar o ataque.

---

[50] AMADEU FERREIRA, *Homicídio privilegiado*, p. 24.

[51] *Homicídio privilegiado*, p. 82.

[52] *El delito de homicidio*, p. 235.

Observe-se, inclusive, que, em certos ordenamentos, quando o homicídio é premeditado, é denominado de *assassinato*, com pena mais grave.

2.14 Concomitância de causas de diminuição

É possível que, em situações excepcionais, ocorra mais de uma causa de diminuição de pena prevista no § 1.º do art. 121. Imagine-se o traidor da pátria que agride fisicamente alguém que, com justiça, recriminou seus atos. O ofendido, tomado de violenta emoção, termina por matá-lo. Pode o juiz levar em conta as duas circunstâncias (relevante valor social: eliminação do traidor da pátria + domínio de violenta emoção logo em seguida a injusta provocação da vítima) em momentos diferentes.

Uma delas como atenuante e outra como causa de diminuição de pena, sem que se possa falar em *bis in idem*. Aliás, assim também se faz quando um crime comporta mais de uma qualificadora. O juiz leva em conta uma delas para alterar o patamar de fixação da pena e a outra (ou as outras) será levada em conta para outras fases, como a prevista no art. 59 ou a relativa às agravantes.

2.15 Obrigação ou faculdade do juiz

Sendo o homicídio um delito julgado pelo Tribunal do Júri (art. 5.º, XXXVIII, *d*, CF), é natural supor que o reconhecimento do privilégio, que integra o tipo do homicídio, tenha sido acolhido pelos jurados, dentro da sua soberania (art. 5.º, XXXVIII, *c*, CF), de modo que é obrigação do juiz aplicar a redução.

O que fica a critério do magistrado é o montante a ser reduzido e, nesse prisma, pode ele valer-se do livre convencimento. Conforme a relevância do motivo – maior ou menor –, ou de acordo com a espécie de emoção (amor exagerado ou desejo de vingança), bem como com o tipo de *injustiça* da provocação da vítima (completamente fútil ou motivada por anteriores agressões sofridas), deve o juiz graduar a diminuição. Não vemos como o magistrado poderia reconhecer o privilégio se os jurados o negaram ou deixaram de se pronunciar com relação a ele – afinal, não se trata de mera atenuante (circunstância legal não integrante do tipo penal), mas de um tipo derivado. Se a acusação sustentou homicídio simples e a defesa nada pediu a esse respeito, é defeso ao juiz presidente aplicar a diminuição por sua conta, o que não deixa de ferir a soberania do veredicto (que reconheceu um homicídio *simples*, e não privilegiado).

Defendendo, igualmente, a soberania dos veredictos dos jurados, a prevalecer sobre a opinião individual do magistrado, está a lição de Euclides Custódio da Silveira: "Ora, se os jurados afirmam o quesito relativo à causa de diminuição da pena, que é obrigatório quando requerido pela defesa (Código de Processo Penal, art. 484, IV [atual art. 483, § 3.º, I, com redação determinada pela Lei 11.689/2008]), iniludivelmente sacrificado estaria o princípio constitucional se o juiz Presidente do Tribunal do Júri pudesse desatendê-lo ou recusar-lhe acolhimento, que a tanto equivaleria não diminuir a pena prevista na cabeça do artigo, de um sexto a um terço".[53]

2.16 Homicídio privilegiado hediondo

Não existe tal possibilidade, pois a Lei 8.072/1990 previu apenas as formas simples e qualificada do homicídio (art. 1.º, I), nada mencionando a respeito do § 1.º. E, conforme já expusemos, nem mesmo a figura simples comporta a classificação da hediondez.

---

[53] *Direito penal* – crimes contra a pessoa, p. 51-52.

2.17 Critério para redução da pena

Estabelece a lei o grau de redução, variando de um sexto a um terço, devendo o juiz ater-se, exclusivamente, à causa em si, não levando em consideração fatores estranhos, vinculados a outras fases da aplicação da pena, como as circunstâncias judiciais (art. 59, CP).

Portanto, tratando-se de relevante valor social ou moral, deve focar o quão importante esse valor apresentou-se ao réu e à sociedade no momento dos fatos. Embora de cunho subjetivo, a avaliação judicial deve ser fundamentada e calcada nas provas dos autos. Maior diminuição (um terço) para a mais aguda relevância; menor diminuição (um sexto), para relevância ordinária.

No tocante à violenta emoção, mensura-se a intensidade desse sentimento exacerbado, conforme o grau de provocação injusta da vítima. Maior redução para a violentíssima emoção fundada em provocação de cristalina injustiça; menor, para a violenta emoção calcada em provocação de injustiça ordinária, sem qualquer destaque.

2.18 (In)comunicabilidade das motivações previstas no § 1.º do art. 121

Como regra, não há possibilidade de comunicação entre os coautores e partícipes do motivo de relevante valor moral, por exemplo, porque o sentimento exacerbado é individual. Não se tem motivos coletivos ou violenta emoção grupal. Além disso, o art. 30 do Código Penal, corretamente, estabelece a incomunicabilidade de circunstâncias e condições de caráter pessoal, salvo quando elementares (pertencentes ao tipo básico).

Essa é a *regra*, como frisamos no início, mas *pode haver exceção*. Imagine-se que dois pais matem o traficante do bairro, que produziu o vício em seus filhos. Ambos agem por relevante valor social ou moral (depende do prisma). Duas pessoas podem ser surradas injustamente e, juntas, matar seu agressor sob o domínio de violenta emoção. Não se trata de *comunicabilidade* de circunstâncias pessoais, mas de cada um dos agentes ter a sua própria.

PAULO BUSATO, embora pareça, num primeiro momento, defender sempre a comunicabilidade das condições ou circunstâncias pessoais, voltando-se contra o disposto pelo art. 30 do CP, deixa evidências nítidas de que tudo depende do caso concreto. Seu exemplo bem ilustra a posição adotada: "imagine-se o caso de um pai à morte, no hospital, que pede a seus dois filhos que lhe abreviem a vida. O primeiro filho consegue um veneno mortal que é entregue ao segundo, que aplica a substância no soro que é mantido permanentemente aplicado em seu pai. Seria possível pensar que somente o segundo filho, por ter realizado a ação física de matar, tem o privilégio, enquanto o outro filho seria condenado por homicídio simples, sem o privilégio? É possível aduzir que ambos os filhos guardam sentimentos morais em face do pai. Assim seria necessário aduzir em favor do primeiro filho que se o móvel foi também o sentimento em relação ao pai, teria ele também o relevante valor moral em sua conduta. Nesse caso, se o privilégio depende do sentimento do autor em face da vítima, não seria possível aplicá-lo caso quem entregasse o veneno para o filho fosse um farmacêutico que não conhece a vítima (...). Posteriormente, o autor diz ser evidente que qualquer pretensão de levar o privilégio à limitação de incomunicabilidade, implica necessariamente flagrante injustiça". Esta última afirmativa parece contraditória com o texto, pois o próprio autor mencionou depender do caso concreto, vale dizer, *cada caso é um caso*. Logo, pode haver a inaplicabilidade do privilégio a coautores e partícipes.

Na realidade, toda a explanação feita por BUSATO, em face do art. 30 do Código Penal, é desnecessária. Este artigo veda a comunicabilidade de circunstâncias e condições de caráter pessoal aos coautores e partícipes, salvo quando elementares do crime. Ora, o exemplo dado acima pelo próprio Paulo Busato demonstra que os dois filhos, que praticaram eutanásia, estimam e respeitam o pai. Por isso, a motivação envolve os dois – *cada qual com a sua*, sendo totalmente independente e inútil falar em *comunicabilidade*. No entanto, se o farmacêutico que forneceu o veneno, sabendo que seria para matar alguém, não tiver nem ideia do que se trata, como partícipe, *não terá direito ao privilégio*, porque o relevante valor moral nem de longe chega a ele, aplicando-se o art. 30 do CP, com flagrante justiça. Vamos além. Se um dos filhos quer fazer cessar o sofrimento do pobre pai, mas o outro diz que vai contribuir para receber logo a herança, pois não suporta mais ir todo dia, obrigado pela mãe, ao hospital; a solução é bem diversa. Um dos filhos pode receber o privilégio e o outro responder, inclusive, por motivo torpe.

Diante disso, o debate acerca da comunicabilidade das circunstâncias e da autonomia do tipo privilegiado não traz nenhuma novidade.

2.19 Homicídio qualificado (art. 121, § 2.º)

É o homicídio praticado envolto por circunstâncias legais que integram o tipo penal incriminador, de modo derivado, alterando para mais a faixa de fixação da pena. Portanto, da pena de reclusão de 6 a 20 anos, prevista para o homicídio simples, passa-se ao mínimo de 12 e ao máximo de 30 para a figura qualificada. Considera-se crime hediondo qualquer hipótese de crime de homicídio qualificado.

2.20 Homicídio privilegiado-qualificado

Tem sido posição predominante na doutrina e na jurisprudência a admissão da forma privilegiada-qualificada, desde que exista compatibilidade lógica entre as circunstâncias. Como regra, pode-se aceitar a existência concomitante de qualificadoras objetivas com as circunstâncias legais do privilégio, que são de ordem subjetiva (motivo de relevante valor e domínio de violenta emoção).

O que não se pode acolher é a convivência pacífica das qualificadoras subjetivas com qualquer forma de privilégio, tal como seria o homicídio praticado, ao mesmo tempo, por motivo fútil e por relevante valor moral. Convivem, em grande parte, harmoniosamente as qualificadoras dos incisos III, IV, VI e VII com as causas de diminuição da pena do § 1.º. Não se afinam as qualificadoras dos incisos I, II e V com as mesmas causas. No sentido que defendemos: Paulo Heber de Morais;[54] Fernando de Almeida Pedroso.[55]

Em sentido oposto, sustentando a inviabilidade, para qualquer hipótese, de haver homicídio qualificado-privilegiado, pois, uma vez comprovado o privilégio, tem ele força para repelir qualquer qualificadora, está o ensinamento de Euclides Custódio da Silveira: "foi propositadamente, e, a nosso ver, com acerto, que o Código fez preceder o dispositivo concernente ao privilégio ao das qualificadoras. Não admite ele o homicídio qualificado--privilegiado, por considerá-lo forma híbrida, enquanto reconhece a compossibilidade do mesmo privilégio nas lesões corporais graves, gravíssimas e seguidas de morte, onde não há realmente antagonismo algum".[56]

---

[54] *Homicídio*, p. 36.

[55] *Homicídio...*, p. 137.

[56] *Direito penal* – crimes contra a pessoa, p. 55.

2.21 Homicídio privilegiado-qualificado hediondo

Não nos parece admissível a consideração do homicídio privilegiado-qualificado como hediondo. A Lei 8.072/1990, no art. 1.º, I, faz expressa referência apenas ao homicídio simples e ao qualificado. A figura híbrida, admitida pela doutrina e pela jurisprudência, configura situação anômala, que não deve ser interpretada em desfavor do réu.

Aliás, não se trata unicamente de dizer que a mencionada Lei 8.072/1990 apenas qualificou como hediondo um delito já existente (homicídio qualificado), sem qualquer nova tipificação. Sem dúvida que não houve a criação de um tipo penal novo, embora as consequências da novel qualificação invadam, nitidamente, a seara da incriminação, cortando benefícios variados (obrigação de cumprir a pena inicialmente no regime fechado, perda do direito à liberdade provisória, com fiança, ampliação do prazo para obtenção de livramento condicional etc.), devendo respeitar o princípio da legalidade (não há crime sem lei anterior que o defina).

Por isso, inexistindo qualquer referência na Lei 8.072/1990 a respeito da causa de diminuição prevista no § 1.º do art. 121 do Código Penal, torna-se, a nosso juízo, indevida a sua qualificação como delito hediondo. Acrescente-se, ainda, o fato de que a referida causa de diminuição faz parte, sem dúvida, da tipicidade derivada, tanto assim que permite a fixação da pena abaixo do mínimo legal. Por isso, integrando o tipo penal, é indispensável que qualquer qualificação, tornando-o mais severo, passe pelo crivo da previsão expressa em lei, justamente o que não acontece no art. 1.º, I, da Lei dos Crimes Hediondos. E mais: não deixa de ser estranha a qualificação de *hediondo* (repugnante, vil, reles) a um delito cometido, por exemplo, por motivo de relevante valor moral ou social. Ainda que possa ser praticado com crueldade (qualificadora objetiva, que diz respeito ao modo de execução), a motivação nobre permite que se considere delito comum e não hediondo, afinal, acima de tudo, devem-se considerar os motivos (finalidade) do agente para a consecução do crime, e não simplesmente seus atos.[57]

2.22 Qualificadoras

Acesse e escute o *podcast* sobre As qualificadoras do homicídio.

> http://uqr.to/1yofp

2.22.1 Motivo torpe

É o motivo repugnante, abjeto, vil, que causa repulsa excessiva à sociedade. Reitere-se que a lei penal se vale, nesse caso, da interpretação analógica, admitida em direito penal (o que é vedado é o emprego da analogia), pois estabelece dois exemplos iniciais de torpeza e, em seguida, generaliza, afirmando "ou outro motivo torpe", para deixar ao encargo do operador do direito a inclusão de circunstâncias não expressamente previstas, mas consideradas igualmente ignóbeis.[58]

---

[57] Não admitindo a referida hediondez, igualmente, encontra-se a posição de Fernando de Almeida Pedroso (*Homicídio...*, p. 142).

[58] Nos termos de Fernando de Almeida Pedroso, "é a aviltante razão que levou o sujeito ativo a agir, sua baixeza e falta de escrúpulos em seu escopo que qualificam o crime. É a torpeza do motivo, portanto, que outorga ao delito a marca de maior e mais acentuada reprovabilidade" (*Homicídio...*, p. 112).

É evidente que todo delito causa repulsa social, mas o praticado por motivo torpe faz com que a sociedade fique particularmente indignada, tal como ocorre com o delito mercenário – mata-se por dinheiro ou outra recompensa.

É interessante observar que mesmo as qualificadoras subjetivas podem ocorrer em virtude de dolo eventual. ANDRÉ ESTEFAM menciona o seguinte exemplo: "de acordo com o Supremo Tribunal Federal, há compatibilidade entre o dolo eventual e a qualificadora da torpeza. O Pretório Excelso tomou essa decisão ao julgar o caso de médico que, mesmo inabilitado temporariamente para o exercício de sua atividade profissional, realizou diversas cirurgias plásticas que redundaram na morte de pacientes. O sujeito, mesmo sem desejar a morte das vítimas, assumiu o risco de produzi-las, atuando por ganância (cupidez), que configura motivo torpe".[59]

2.22.2 Paga ou promessa de recompensa

São formas específicas de torpeza. É o homicídio mercenário, cometido porque o agente foi recompensado previamente pela morte da vítima (paga) ou porque lhe foi prometido um prêmio após ter eliminado o ofendido (promessa de recompensa).

Vale-se o legislador, neste inciso I, do § 2.º, do art. 121, de interpretação analógica, ou seja, foram fornecidos exemplos de torpeza, como matar por paga ou promessa de recompensa, para depois ampliar, deixando a critério do intérprete: ou outro motivo torpe. A torpeza, em casos não descritos na lei, portanto, há de ser tão repugnante quanto esses dois motivos.

2.22.3 Torpeza e vingança

A vingança é repugnante, abjeta e vil? Nem sempre. O direito penal destina-se a seres humanos, logo, imperfeitos. Cultua-se – e muito – a vingança como meio de satisfação interior a males sofridos em livros, filmes, novelas etc. Muito fácil lembrar-se da vingança, quando se lê o clássico "O Conde de Monte Cristo" (Alexandre Dumas); entretanto, quantas pessoas, que leem o livro ou assistem ao filme, revoltam-se contra o personagem traído pelo amigo e enviado ao cárcere para toda a vida, que volta e *vinga-se*?

Durante anos em exercício da magistratura no Tribunal do Júri, raríssimas foram as vezes em que recebi uma denúncia, por homicídio simples, quando o móvel do crime era a vingança. Como regra, o Ministério Público inseria a qualificadora da torpeza. No entanto, repita-se, a vingança *pode* ser torpe, mas nem sempre é assim.

Se pensarmos no traficante, que se vinga do usuário, porque não tinha dinheiro para lhe pagar pela droga, pode-se até dizer que é uma vingança lamentável, logo, torpe. No entanto, há várias outras hipóteses nas quais a vingança pode até ser considerada um motivo de relevante valor moral (como o caso do pai que mata o estuprador da filha).

No mesmo prisma, ÁLVARO MAYRINK DA COSTA afirma que "a vingança pode, observado o caso concreto, constituir-se ou não em motivo torpe, ao passo que o ciúme, jamais".[60]

---

[59] *Direito penal*, v. 2, p. 114.

[60] *Direito penal* – Parte especial, v. 2, p. 108. Quanto à vingança, igualmente, expressa-se FERNANDO DE ALMEIDA PEDROSO: "a vingança, como sentimento de represália e desforra por alguma coisa sucedida, pode, segundo as circunstâncias que a determinaram, configurar ou não o motivo torpe, o que se verifica e dessume pela sua origem e natureza" (*Homicídio...*, p. 114).

2.23 Motivo fútil

É o motivo flagrantemente desproporcional ao resultado produzido, que merece ser verificado sempre no caso concreto. Mata-se futilmente quando a razão pela qual o agente elimina outro ser humano é insignificante, sem qualquer respaldo social ou moral, veementemente condenável. Ex.: o autor suprime a vida da vítima porque esta, dona de um bar, não lhe vendeu fiado.

Ressalta, no entanto, CUSTÓDIO DA SILVEIRA que a "futilidade do motivo deve prender-se *imediatamente* à conduta homicida em si mesma: quem mata no auge de uma altercação oriunda de motivo fútil, já não o faz somente por este motivo mediato de que se originou aquela".[61] Concordamos, plenamente, com o exposto, mencionando o seguinte exemplo: costuma-se defender que uma mera briga ocorrida no trânsito, de onde pode sair um homicídio, constitui futilidade, qualificando o crime. Nem sempre. Se um motorista sofreu uma "fechada", provocada por outro, sai em perseguição e, tão logo o alcance, dispara seu revólver, matando-o, naturalmente, estamos diante de um homicídio qualificado pela futilidade, pois esta é direta e imediata.

Entretanto, se, após alcançar o outro motorista, ambos param na via pública e uma acirrada discussão tem início, com troca de ofensas e até agressões físicas, a morte do perseguido, nessas circunstâncias, não faz nascer a qualificadora, pois o motivo fútil foi indireto ou mediato, e não fruto direto do disparo do revólver.

Em suma: há futilidade *direta ou imediata*, que serve para qualificar o homicídio, bem como futilidade *indireta ou mediata*, que não faz nascer o aumento da pena.

2.23.1 Ausência de motivo

Tivemos a oportunidade de expor, no contexto da análise das agravantes, não haver crime sem motivo; portanto, é uma nítida contradição sustentar que alguém matou outrem sem nenhum motivo, logo, atuou por motivo fútil.

Para se classificar o motivo fútil, torna-se indispensável *conhecer* a motivação, a fim de saber se há um abismo entre o móvel propulsor do homicídio e o resultado *morte* de alguém. A futilidade tem esse objetivo, que é evidenciar a insignificância do motivo alegado e do resultado *eliminação da vida humana*.

Muitas vezes, o que se encontra, em inquéritos e processos, é o desconhecimento do Estado-investigação ou do Estado-acusação acerca do que levou o agente a matar a vítima. Ora, desconhecer não é o mesmo que afirmar a insignificância do ato. Ademais, imagine-se que o motivo real seja o relevante valor moral ou social, embora desconhecido da autoridade policial ou do Ministério Público; se uma denúncia calcada em *motivo fútil* for aceita, estar-se-á cometendo uma imensa injustiça, pois, em lugar de privilegiado, o homicídio pode ser qualificado.

FERNANDO GALVÃO preleciona que "não saber o motivo que levou o sujeito a praticar o crime não é a mesma coisa que não existir motivo para o crime. Se o Ministério Público não conseguiu descobrir o motivo para o crime não pode imputar na acusação a existência do motivo fútil e, se indevidamente o fizer, não se poderá condenar o acusado por falta de prova quanto ao articulado na acusação. Essa situação não gera qualquer dúvida. No entanto,

---

[61] *Direito penal* – crimes contra a pessoa, p. 61.

nos casos em que se chega à conclusão que o sujeito praticou o crime sem motivação, apenas porque quis realizá-lo, há divergência na doutrina".[62] Parece-nos que até este ponto é inquestionável a conclusão do autor.

A partir disso, FERNANDO GALVÃO, citando ROGÉRIO GRECO, afirma que a ausência de motivo é futilidade. Para CEZAR BITENCOURT, trata-se de homicídio simples. Repetimos: ninguém mata por matar. Se o agente matou porque quis matar; isso lhe dá prazer; eis aí o motivo. Temos à frente um sádico, por exemplo. Ou um doente mental. Ou até mesmo uma personalidade antissocial. Por isso, não concordamos com FERNANDO GALVÃO quando conclui que, nessa hipótese, o motivo é fútil. Ora, se alguém mata pelo prazer de matar, isso está longe de ser fútil, mas, sim, um motivo torpe.

Nessa linha de pensamento, PAULO HEBER DE MORAIS ensina: "à unanimidade se afirma que não há crime sem motivo. Realmente, não há. Muitas vezes não se atina seguramente com ele, mas ele existe. O autor o tem e só ele o sabe. Desde os motivos aos quais o senso comum empresta relevante valor até ao simples prazer do mal, vai uma gama imensa de razões que levam o homem a matar".[63]

2.23.2 Ciúme, futilidade e torpeza

A reação humana, movida pelo ciúme, forte emoção que por vezes verga o equilíbrio do agente, não é suficiente, como regra, para determinar a qualificadora do motivo fútil.

"Cientificamente (...), seja como fenômeno ou sentimento normal, comum ou de caráter patológico, seja em suas formas impulsivas (reações primárias), afetiva ou na obsessiva, entendemos, em síntese e essencialmente, que o ciúme é uma manifestação de um profundo complexo de inferioridade de uma certa personalidade, sintoma de imaturidade afetiva e de um excessivo amor-próprio. O ciumento não se sente somente incapaz de manter o amor e o domínio sobre a pessoa amada, de vencer ou afastar qualquer possível rival como, sobretudo, sente-se ferido ou humilhado em seu amor-próprio. (...) O ciúme já na sua antiga origem etimológica grega, em sua terminologia em tal idioma, bem indicava tal estado psíquico de tormento pois significava 'ardor', 'ferver', 'fermentar', considerando-o os gregos, como um 'amor excessivo', enquanto os romanos identificavam-no mais com o sentimento de inveja (Sokoloff). O próprio Santo Agostinho, em suas 'Confissões' proclamou que era 'flagelado pela férrea e abrasadora tortura dos ciúmes'. A sabedoria popular diz que o ciumento fica 'cego' pelo seu tormento, pelo inferno que vive pois a verdadeira realidade não existe para ele, somente a realidade que 'imagina' ilusoriamente, alucinadamente, falsamente."[64]

É preciso considerar, no entanto, o ciúme advindo de outros sentimentos negativos, como o domínio em face de determinada pessoa, a subjugação de outro ser humano, a ânsia de posse, o orgulho de não perder nunca etc. São manifestações que aparentam ser *ciumentas*, advindas do amor, mesmo que exagerado (paixão), quando, na realidade, são originárias de posse, domínio, orgulho, subjugação, dentre outros, caracterizando, sem dúvida, a futilidade.

Por vezes, até mesmo a torpeza, dependendo do quadro completo e concreto. O ciúme, nesses casos, constitui apenas a ponta do *iceberg*, mas não é a essência verdadeira do motivo do homicídio.

---

[62] *Direito penal* – crimes contra a pessoa, p. 47-48.

[63] *Homicídio*, p. 27.

[64] ROQUE DE BRITO ALVES, *Ciúme e crime*, p. 19.

Note-se que o ciúme é um sentimento humano, não resolvendo negar a realidade. Porém, esse sentimento é nobre, torpe, fútil ou neutro? Como regra, o ciúme não é fútil, como exposto acima. Também não se pode considerá-lo torpe (repugnante); afinal, ser humano é possuir sentimentos, nem sempre os mais positivos e/ou perfeitos; logo, também não se pode tachá-lo de torpe. O ciúme está longe de ser um motivo nobre, pois quem o sente, como regra, manifesta o seu simples egoísmo. Melhor catalogá-lo como *neutro*, para fins de direito penal.

Não se qualifica um crime por ciúme. Não se privilegia também. Melhor que se trate de um homicídio simples, conforme o caso concreto.

2.23.3 Embriaguez e futilidade

A ebriedade não impede o processo e a condenação de alguém por ter cometido homicídio (art. 28, II, CP). Resta o debate acerca da qualificação do crime. Seria viável registrar como *fútil* o homicídio cometido pelo bêbado? Afinal, ele nem mesmo tem plena consciência do que está fazendo. Parece-nos que depende o grau de embriaguez. Tratando-se de incompleta, pode caracterizar-se a futilidade se realmente houver um abismo entre o motivo do delito e o resultado morte.

Cuidando-se de embriaguez completa, torna-se mais difícil verificar essa situação, pois o ébrio pode não ter realmente noção do que faz; embora possa ser punido, é raro imputar-lhe uma qualificadora subjetiva. Logicamente, tratando-se da embriaguez letárgica (coma alcoólico), inexiste a viabilidade do subjetivismo de um motivo fútil. Assim também é a visão de PAULO HEBER DE MORAIS: "se a embriaguez, em princípio, não é incompatível com o motivo fútil, dependendo do seu grau, poderá atuar decisivamente sobre o psiquismo do agente, de maneira a excluir o reconhecimento dessa qualificadora".[65]

2.24 Insídia, crueldade e perigo comum

A lei penal valeu-se, mais uma vez, da interpretação analógica. Forneceu exemplos – veneno, fogo, explosivo, asfixia e tortura – para depois generalizar dizendo "ou outro meio insidioso ou cruel, ou de que possa resultar perigo comum".

Temos, então, *três famílias*: o *meio insidioso* (pérfido, enganoso, que constitui uma cilada para a vítima), o *meio cruel* (que exagera, propositadamente, o sofrimento impingido à vítima) e o *meio que traz perigo comum* (aquele que provoca dano à vítima, mas também faz outras pessoas correrem risco).

As *espécies* são: *veneno* (meio insidioso ou cruel, conforme o caso. O veneno, para ser ministrado, em regra, é meio insidioso, pois o agente precisa ludibriar o ofendido, a fim de garantir a ingestão da substância. Mas nem sempre. Pode ser o veneno ministrado à força e a vítima sofrer em demasia, como o caso das queimaduras provocadas pelos cáusticos);[66] *fogo*

---

[65] *Homicídio*, p. 29.

[66] Em contrário, VICENTE DE PAULA R. MAGGIO sustenta que o veneno somente qualifica o crime se ministrado de forma dissimulada (*Curso de direito penal*, v. 2, p. 93). Ora, quem disse que o veneno, no inciso III, do § 2.º, do art. 121, insere-se exclusivamente no meio insidioso? Ninguém, pois o legislador deu vários exemplos que podem encaixar-se em tópicos variados. O veneno pode ser um meio insidioso, mas também profundamente cruel, provocando morte agônica. Neste último prisma, ÁLVARO MAYRINK DA COSTA (*Direito penal* – Parte especial, v. 2, p. 109); PAULO HEBER DE MORAIS (*Homicídio*, p. 31). Consultar também o próximo tópico 14.3.1.

(pode constituir-se em meio cruel ou que gera perigo comum. A queimadura, em regra, é um sofrimento atroz, concretizando, pois, o desiderato cruento do agente. Por outro lado, pode atingir terceiros, conforme sua volatilidade); *explosivo* (provocar a morte da vítima por meio da explosão de determinada substância, em regra, gera perigo comum, mas também pode constituir-se em meio cruel, caso a detonação, previamente calculada pelo autor, provoque no ofendido a perda de membros e, consequentemente, uma morte agônica e lenta);[67] *asfixia* (pode constituir-se em meio insidioso ou cruel – ou ambos –, pois ela demanda superioridade de forças do agente ou o efeito surpresa, além de ser, muitas vezes, agônica, demandando mais de três minutos para causar a morte); *tortura* (que evidentemente é um processo cruel, prolongando maldosamente o sofrimento da vítima).

2.24.1 Facetas peculiares do veneno

É a "substância que, introduzida no organismo, altera momentaneamente ou suprime definitivamente as manifestações vitais de toda matéria organizada".[68] Os venenos dividem-se em gasosos (como o óxido de carbono, os gases de guerra, entre outros), voláteis (álcool, clorofórmio, benzina, entre outros), minerais (mercúrio, chumbo, arsênico, cáusticos, entre outros) e orgânicos fixos (barbitúricos, alcaloides, entre outros).

"O veneno alcançou popularidade e uso extraordinários na Grécia e em Roma. No século XII, aparecem os primeiros livros que falam da arte de envenenar. Adquire uma grande importância nos séculos XV e XVI, especialmente na Itália, quiçá, mais que nada, devido ao uso que dele se fez na Corte dos Borgia. (...) O veneno passa, depois, à França, possivelmente levado por Catarina de Médicis, e se populariza tanto ali, abusa-se tanto dele e são tantas as mortes que ocasiona, sobretudo nos séculos XVII e XVIII, que os reis de França tiveram que editar várias leis perseguindo implacavelmente seu uso e Luís XIV criou a chamada Corte dos venenos, ou Câmara ardente, descrita por Victorieu Sardou, tribunal especializado e destinado a perseguir o uso desse meio, que tantas vítimas provocou."[69]

Sobre a relação entre veneno e vidro moído, pode-se nos valer dos esclarecimentos de RICARDO LEVENE ao discutir o tema: "para aqueles, como Groizard, que sustentam que toda substância alheia ao organismo e capaz de danificá-lo constitui veneno, o vidro moído, naturalmente, o é, ainda que atue fisicamente, mas para os que opinam que somente é veneno a substância que produz alterações químicas no organismo, mesclando-se, fundindo-se com o sangue, com os sucos e secreções, não é veneno. Determinaria em todo caso a comissão de um homicídio qualificado por insídia, por traição ou por sevícias, em face do sofrimento enorme da vítima pela forma como se lhe destroça o intestino, embora não seja veneno no conceito técnico".[70]

---

[67]   É o mesmo prisma de ANÍBAL BRUNO: "o explosivo é arma moderna, tão cruel ou mais ainda que o fogo (…) Reprova-se em maior grau a perversidade do sujeito que se utiliza dos terríveis efeitos desse meio que extermina as vítimas, mutilando-as, despedaçando-as e, segundo a sua força expansiva, estendendo a sua ação sem delimitação precisa" (*Direito penal* – Parte especial, t. IV, p. 81).

[68]   ODON RAMOS MARANHÃO, *Curso básico de medicina legal*, p. 282. No entanto, para MOMMSEN, "*venenum* (provavelmente, voz entroncada com *venus*, *venustus*) era todo excitante, mesmo no bom sentido, por consequência, qualquer matéria colorante, filtro encantador, medicamento ou veneno" (*Derecho penal romano*, p. 114; tradução livre).

[69]   RICARDO LEVENE, *El delito de homicidio*, p. 196.

[70]   *El delito de homicidio*, p. 198.

Preferimos a segunda corrente. O veneno há de ser substância capaz de atuar no organismo, mesclando-se ao seu funcionamento, ministrado em forma gasosa, sólida ou líquida, provocando danos, porém sem a materialização do vidro moído. Assim, poderíamos considerar um gás venenoso, um comprimido fatal ou mesmo uma substância líquida mortífera. Na realidade, fazer com que a vítima ingira vidro moído significa uma forma de insídia, mas não necessariamente trata-se de veneno. Pode representar, sem dúvida, uma maneira cruel ou insidiosa de matar, o que qualifica o delito do mesmo modo.[71]

Eis a lição do mestre Aníbal Bruno: "o que caracteriza propriamente o veneno não é a via de introdução no organismo, que pode ser qualquer, oral, nasal, cutânea, hipodérmica, endovenosa; nem o seu aspecto insidioso, que ele tem em comum com outros meios. É a sua maneira de agir, alterando a saúde ou determinando a morte por processo químico ou bioquímico, e assim se distingue de outras substâncias, de ação física, como a água fervente, ou de efeito mecânico, como o vidro ralado".[72]

2.24.2 Fogo e duplicidade de gênero

O fogo foi inserido no inciso III, do § 2.º, do art. 121, do Código Penal, como um exemplo de meio de execução apto a gerar uma circunstância qualificadora; no entanto, sem maiores explicações, propiciando que o próprio intérprete apontasse o gênero ao qual pertence. Em verdade, o fogo pode gerar uma morte cruel, por meio de queimaduras – com ou sem extensão no tratamento.[73]

Pode, também, provocar perigo comum, bastando transformar-se num incêndio. A única alternativa improvável, para o fogo, é a insídia, representativa de um mecanismo oculto e ardiloso.

2.24.3 Espécies de asfixia

Trata-se da supressão da respiração, que se origina de um processo mecânico ou tóxico. São exemplos: *o estrangulamento* (compressão do pescoço por um laço conduzido por força que pode ser a do agente agressor ou de outra fonte, exceto o peso do corpo do ofendido), *o enforcamento* (compressão do pescoço por um laço, causada pelo peso do próprio corpo da vítima), *a esganadura* (é o aperto do pescoço provocado pelo agente agressor diretamente, valendo-se das mãos, pernas ou antebraço), *o afogamento* (trata-se da inspiração de líquido, estando ou não imerso) e *o uso de gases ou drogas asfixiantes*, entre outros.

Como regra, caracteriza um meio cruel para a morte da vítima, embora, em casos excepcionais, possa ser um mecanismo insidioso (usar gás ou droga asfixiante sem a vítima perceber) ou até mesmo provocador de perigo comum (matar a vítima soltando gás asfixiante num cômodo repleto de outras pessoas).

Bento de Faria, lastreado nas lições de Flamínio Fávero, demonstra haver três grupos de asfixia: a) puras, quando por gases irrespiráveis, vedando a entrada do ar nas camadas

---

[71] No mesmo prisma: Ivair Nogueira Itagiba, *Do homicídio*, p. 146.

[72] *Direito penal* – Parte especial, t. IV, p. 80.

[73] "O fogo pode matar. E mata de forma – sabidamente – terrível, extremamente dolorosa" (cuidando do nacionalmente conhecido caso do índio pataxó, Galdino Jesus dos Santos, incendiado por quatro rapazes no Distrito Federal, em 20 de abril de 1997) (STJ, RE 192.049/DF, 5.ª T., rel. Felix Fischer, 09.02.1999, m.v.).

respiratórias do corpo humano; tal medida provoca a sufocação (pode dar-se na submersão na água ou na terra, por soterramento); b) complexas, quando acarretam perturbações circulatórias, como a asfixia provocada pelo enforcamento ou estrangulamento; c) mistas, envolvendo fenômenos respiratórios e circulatórios, como a esganadura.[74]

2.24.4 Tortura como meio e como objetivo

Valemo-nos da definição fornecida pela Convenção da Organização das Nações Unidas, de Nova York, aprovada pelo Brasil por intermédio do Decreto 40/1991, que cuidou do tema (art. 1.º): "Para os fins da presente Convenção, o termo 'tortura' designa qualquer ato pelo qual dores ou sofrimentos agudos, físicos ou mentais, são infligidos intencionalmente a uma pessoa a fim de obter, dela ou de uma terceira pessoa, informações ou confissões; de castigá-la por ato que ela ou uma terceira pessoa tenha cometido ou seja suspeita de ter cometido; de intimidar ou coagir esta pessoa ou outras pessoas; ou por qualquer motivo baseado em discriminação de qualquer natureza; quando tais dores ou sofrimentos são infligidos por um funcionário público ou outra pessoa no exercício de funções públicas, ou por sua instigação, ou com seu consentimento ou aquiescência. Não se considerará como tortura as dores ou sofrimentos que sejam consequência unicamente de sanções legítimas, ou que sejam inerentes a tais sanções ou delas decorram". É nitidamente um meio cruel para matar.

Portanto, qualquer forma de cominar a uma pessoa humana um sofrimento físico ou mental atroz visando à obtenção de qualquer coisa contra sua vontade ou mesmo para puni-la por algo que tenha praticado pode ser considerada *tortura*. Lembremos que, quando se tratar de tortura como meio para atingir a morte de alguém, a despeito da Lei 9.455/1997, que tipificou o delito de tortura no Brasil, continua ela a ser uma qualificadora. Na realidade, trata-se de uma questão ligada ao elemento subjetivo. Se o agente pretende matar a vítima, *por meio* da tortura, deve ser punido por homicídio qualificado. Entretanto, se o intuito é torturar o ofendido, para dele obter, por exemplo, a confissão (art. 1.º, I, *a*, Lei 9.455/1997), responderá por delito autônomo. Há, ainda, a possibilidade de ocorrer a morte da vítima, em decorrência da tortura, sendo esta última a finalidade do autor, enquanto a morte seria decorrente de culpa, configurando-se, então, o denominado *crime qualificado pelo resultado*. Será punido por tortura seguida de morte, cuja pena varia de oito a dezesseis anos de reclusão (art. 1.º, § 3.º, Lei 9.455/1997).

2.24.5 Dificuldade ou impossibilidade de defesa

Novamente, a lei penal vale-se da interpretação analógica. Usando vários exemplos, termina generalizando a partir do modelo: "recurso que dificulte ou torne impossível a defesa do ofendido". Portanto, é de se considerar que a traição, a emboscada e a dissimulação são espécies de recursos que dificultam ou impedem a defesa da vítima.

A essência da qualificadora é evidenciar a maior gravidade da conduta do homicida quando surpreende a vítima, sem lhe conceder possibilidade real de se defender ou dificultando essa defesa. Trata-se de uma forma de covardia, prevista como qualificadora no quadro do delito de homicídio. Desse modo, ampliando-se o contexto da traição, emboscada e dissimulação, para ilustrar, agredir alguém enquanto dorme ou está embriagado.

---

[74] *Código Penal brasileiro comentado*, v. IV, p. 22.

Entretanto, é preciso agir com cautela para não generalizar, na prática, uma qualificadora que torna a pena do homicídio muito mais grave. Note-se que todo ataque tem uma dose natural de surpresa, pois, do contrário, seria um autêntico duelo. Não se costuma cientificar a vítima de que ela será agredida, de forma que não é o simples fato de iniciar uma agressão de súbito que faz nascer a qualificadora. É indispensável a prova de que o agente teve por propósito efetivamente *surpreender* a pessoa visada, enganando-a, impedindo-a de se defender ou, ao menos, dificultando-lhe a reação.

Entretanto, se o agente, premeditando e preparando seus passos, provoca uma discussão e saca da arma que portava já com a finalidade de atirar na vítima, é natural que a qualificadora esteja concretizada.

Por outro lado, a existência de *superioridade de armas*, por si só, não é motivo para qualificar o homicídio, considerando-se *surpresa no ataque*. Na lição de IVAIR NOGUEIRA ITAGIBA: "Impossível é medir-se a superioridade de armas no instante da luta. Com um pedaço de madeira, tal seja a distância e agilidade, a reação do agredido pode ter mais eficácia do que a ação do agressor armado de punhal, faca ou revólver. Ao demais disso, releva ponderar que, em alguns casos, o agente, em virtude da própria função, obrigatoriamente anda armado. Quanto à superioridade de força, é, tal e qual, impossível avaliá-la".[75] É a posição majoritária na doutrina, embora exista ainda polêmica na jurisprudência.[76]

Certa vez, num julgamento pelo Tribunal do Júri, que presidimos, acompanhamos a tese de legítima defesa, traçada pelo advogado do réu, pessoa franzina e baixa, diante da vítima, um indivíduo muito alto e forte. Eis que o órgão acusatório argumentou com o excesso doloso, dificultando a defesa da vítima, desarmada, em face dos 10 tiros que levou. No entanto, o laudo apontava ser a arma do réu de baixo calibre (pistola 6,35) e, diante da fúria do atacante, ele não teve outra alternativa a não ser descarregar a pistola para deter a agressão.

Foi absolvido por legítima defesa, pois os jurados perceberam que a *superioridade de armas* (réu armado e vítima desarmada) nem sempre resolve alguma coisa no caso concreto. O acusado dizia que somente atiraria se o ofendido se aproximasse. Este, não só partiu para cima, como disse que iria fazê-lo engolir a arma de fogo.

2.24.6 Traição, emboscada e dissimulação

Trair significa enganar, ser infiel, de modo que, no contexto do homicídio, é a ação do agente que colhe a vítima por trás, desprevenida, sem ter esta qualquer visualização do ataque. O ataque de súbito, pela frente, pode constituir *surpresa*, mas não traição.

Emboscar significa ocultar-se para poder atacar, o que, na prática, é a tocaia. O agente fica à espreita do ofendido para agredi-lo.

Dissimular é ocultar a verdadeira intenção, agindo com hipocrisia. Nesse caso, o agressor, fingindo amizade ou carinho, aproxima-se da vítima com a meta de matá-la.

As diferenças são sutis, mas, tratando-se de lei penal, importantes. A traição espelha a agressão pelas costas; a emboscada, uma forma de tocaiar a vítima; a dissimulação enquadra-se na ocultação da vontade, motivo pelo qual o agente pode aproximar-se livremente da pessoa ofendida pela frente.[77]

---

[75] *Do homicídio*, p. 156.

[76] No mesmo prisma, ÁLVARO MAYRINK DA COSTA, *Direito penal* – Parte especial, v. 2, p. 112.

[77] No mesmo sentido, PAULO HEBER DE MORAIS (*Homicídio*, p. 33).

2.24.7 Existência anterior de ameaça de morte

Por si só, não é suficiente para descaracterizar a qualificadora baseada na surpresa, desde que, nas circunstâncias fáticas concretas, a vítima não poderia esperar, naquele momento, o ataque.

É preciso destacar alguns pontos: a) se a vítima, que proferiu a ameaça, agiu com seriedade e gerou expectativa no agente; b) se passou muito tempo entre a ameaça e a agressão; c) como foi feita a agressão (pelas costas da vítima, mediante dissimulação etc.). Enfim, vários detalhes precisam ser colhidos para se ter certeza de que o ataque efetivamente dificultou ou impossibilitou a defesa da pessoa ofendida.

2.25 Torpeza específica

A qualificadora prevista no inciso V, do § 2.º, do art. 121, caracteriza-se pela evidência do ânimo especial de agir – o elemento subjetivo específico ou *dolo específico*. Quer o agente, ao matar a vítima, assegurar a execução de outro crime (ex.: mata-se o chefe de segurança de uma empresa para que se possa invadi-la, com maior chance de êxito, no dia seguinte), assegurar a ocultação de um delito (ex.: o sujeito que viola uma sepultura, percebendo que foi visto, elimina a testemunha a fim de que seu crime não seja descoberto), assegurar a impunidade do delito (ex.: o ladrão, notando ter sido reconhecido por alguém, durante a prática do furto, elimina essa pessoa, para não ser identificado) ou assegurar a vantagem de outro crime (ex.: elimina-se o parceiro para ficar integralmente com o dinheiro conseguido à custa de algum delito).

Todas as situações dizem respeito a atos repugnantes e vis, equiparáveis ao motivo torpe, previsto no inciso I. Aliás, se o inciso V fosse retirado desta Lei, continuariam tais hipóteses a qualificar o delito, por meio da qualificadora genérica da torpeza.

2.25.1 Relação com o crime putativo e o delito impossível

Caso o agente cometa um homicídio para assegurar a execução, a ocultação, a impunidade ou a vantagem de outro delito, sendo este considerado putativo (crime que somente existe na mente do sujeito que o pratica) ou impossível (é a tentativa inidônea, cujos atos executórios desenvolvem-se através de meio absolutamente ineficaz ou voltam-se contra objeto absolutamente impróprio, não sendo punida), deixa de ser aplicada a qualificadora do inciso V.

Exemplo da primeira situação seria o sujeito que mata a testemunha que o viu mantendo relação sexual com uma prostituta. Assim age, crendo que a prostituição é crime, o que não acontece, logo, é crime putativo. Exemplo da segunda situação seria o indivíduo que, pretendendo subtrair bens de uma empresa, mata o vigilante da rua, embora depois se constate que a empresa se mudara do lugar, deixando para trás um galpão vazio e imprestável. É uma tentativa impossível de furto, porque o objeto é absolutamente impróprio. Nas duas hipóteses, o crime de homicídio não deve ser qualificado com base neste inciso.

2.25.2 Hipóteses de conexão consequencial, teleológica e ocasional

Denomina-se como conexão consequencial a prática de um crime para assegurar a ocultação, a impunidade ou a vantagem de outro. Nesse caso, o homicídio é cometido para buscar garantir que outro delito não seja descoberto, seu autor fique impune ou o produto conseguido reste mantido.

Chama-se de conexão teleológica a utilização de um crime como meio para garantir a execução de outro. É o caso de se cometer homicídio para atingir a consumação de delito posterior ou em desenvolvimento. São as hipóteses deste inciso V. Finalmente, a denominada conexão ocasional é a prática de um crime no mesmo cenário em que se comete outro. Trata-se de simples concurso material, não envolvendo, pois, esta qualificadora. É o que ocorre se alguém, após matar o desafeto, resolve levar-lhe os bens. Sobre o tema, conferir as notas ao art. 76 do nosso *Código de Processo Penal comentado*.

2.26 Crime contra agente estatal

Há muito se debatia, no Brasil, uma especial tutela aos agentes estatais, que lidam com a segurança do País. O crescimento visível do crime organizado e seus atentados contra agentes policiais, além de outros, fez com que houvesse o acréscimo desta qualificadora ao homicídio (Lei 13.142/2015). Haveria desigualdade nessa previsão? A vida do agente estatal é mais relevante do que outras vidas humanas? As respostas são negativas. Trata-se desigualmente os desiguais, como se fez na inclusão do feminicídio, consagrando-se o princípio da isonomia.

Quem coloca a segurança pessoal em risco, porque exerce função específica para garantia da paz social, deve merecer maior respeito, visto representar a própria figura do Estado. Há situações similares – de aumentos de pena – em outros países, quando policiais são agredidos por criminosos. Além do homicídio, foram incluídas, também, como crimes hediondos, a lesão gravíssima e a lesão seguida de morte contra esses agentes e seus parentes, nos termos do art. 1.º, I e I-A, da Lei 8.072/1990, com a redação dada pela Lei 13.142/2015.

As vítimas em potencial estão destacadas:

a) art. 142, CF: são os integrantes das Forças Armadas ("As Forças Armadas, constituídas pela Marinha, pelo Exército e pela Aeronáutica, são instituições nacionais permanentes e regulares, organizadas com base na hierarquia e na disciplina, sob a autoridade suprema do Presidente da República, e destinam-se à defesa da Pátria, à garantia dos poderes constitucionais e, por iniciativa de qualquer destes, da lei e da ordem").

Em tese, não haveria necessidade dessa previsão, pois Exército, Marinha e Aeronáutica só são acionados em casos excepcionais, especialmente de guerra externa, ingressando-se, então, no contexto do Código Penal Militar, que nada tem a ver com o Código Penal ou com a Lei dos Crimes Hediondos. No entanto, sabe-se que, no Brasil, integrantes das Forças Armadas são eventualmente convocados à atividade de segurança pública, como já ocorreu no Rio de Janeiro, várias vezes. Assim sendo, podem seus soldados ser vítimas de marginais, que, ferindo-os, cometem delito hediondo;

b) art. 144, CF: são os integrantes das polícias ("A segurança pública, dever do Estado, direito e responsabilidade de todos, é exercida para a preservação da ordem pública e da incolumidade das pessoas e do patrimônio, através dos seguintes órgãos: I – polícia federal; II – polícia rodoviária federal; III – polícia ferroviária federal; IV – polícias civis; V – polícias militares e corpos de bombeiros militares; VI – polícias penais federal, estaduais e distrital");

c) integrantes do sistema prisional (carcereiros, agentes de segurança etc.), componentes de uma categoria de servidores sempre exposta a agressões, pois lidam diretamente com os presos provisórios e condenados;

d) integrantes da Força Nacional de Segurança Pública.

Naturalmente, o crime há de estar ligado ao exercício da sua função ou por causa dela, pois não teria sentido conferir um conteúdo mais grave à infração penal cometida em situações particulares, desprovidas de utilidade pública. Exemplo: se ocorrer um crime passional, cuja vítima é um delegado, não se aplica ao agente o previsto nesta Lei. Abrange, ainda, o cônjuge, companheiro ou parente do servidor, pois a criminalidade pode voltar-se contra os entes queridos do funcionário.[78]

Entretanto, assim como no feminicídio, parece-nos tratar-se de qualificadora de natureza *objetiva*. Matar o agente policial, sabendo o agente dessa condição (dolo abrangente), configura a qualificadora. Pode ser uma morte por motivo torpe, vingando-se de uma apreensão de drogas anteriormente feita pelo policial, incidindo, então, as duas qualificadoras: uma objetiva e outra, subjetiva. Eventualmente, em troca de tiros, buscando o criminoso garantir a sua liberdade, fugindo à prisão, a morte do agente policial qualifica o homicídio, embora não se possa apontar o motivo fútil ou torpe.

A agressão contra os parentes do agente estatal deve decorrer em virtude desta última condição, constituindo, igualmente, uma qualificadora objetiva. Os motivos para o homicídio do parente podem ser avaliados (fútil, torpe, para assegurar a impunidade do crime anterior etc.) independentemente disso. Como toda qualificadora objetiva, o dolo do agente deve envolvê-la, vale dizer, é preciso que ele saiba estar matando a esposa de um agente policial, por exemplo (ver o próximo tópico).

Destaca CEZAR ROBERTO BITENCOURT um importante tópico, que é a menção a parente *consanguíneo*. Isso excluiria, por exemplo, o filho adotado de um policial, o que representa um autêntico absurdo: "Acreditamos que a melhor solução será, necessariamente, a *declaração de inconstitucionalidade* da locução 'parente consanguíneo', para resolver essa limitação legal relativamente ao *filho adotivo*, ou, mais precisamente, afastando somente o adjetivo 'consanguíneo'. Contudo, ainda que se aceite esse caminho, teremos outro problema, que é a delimitação dessa declaração de inconstitucionalidade. À primeira vista, deveria ser *com redução de texto*, mas, nessa hipótese, ficaria extremamente abrangente, pois alcançaria cunhado(a), sogros, genro e nora, os quais, claramente, o legislador não pretendeu abranger. Por isso, quer nos parecer que a declaração de inconstitucionalidade deve ser *sem redução de texto*, para permitir a inclusão do *filho adotivo*, que, aliás, nem deve ser assim denominado".[79]

A sua observação merece aplauso, pois consta na Constituição Federal (art. 227, § 6.°) e no Estatuto da Criança e do Adolescente (art. 41) a impossibilidade de discriminação de qualquer espécie entre o filho biológico e o adotivo.

Corretamente, critica CLEBER MASSON a não previsão, dentre as autoridades que sofrem atentados fatais, dos integrantes do Poder Judiciário e dos membros do Ministério Público. Termina dizendo que falta técnica e bom senso ao legislador na esfera penal. De fato, somos levados a concordar integralmente com suas bem colocadas articulações.

2.26.1 Utilização de arma de fogo de uso restrito ou proibido

Essa qualificadora, introduzida pela Lei 13.964/2019, foi vetada pelo Presidente da República, sob os seguintes fundamentos: "a propositura legislativa, ao prever como qualificadora

---

[78] CLEBER MASSON adverte que o funcionário precisa estar na ativa. Os aposentados não se inserem na qualificadora, o que nos parece correto, pois se está focalizando a função pública atual (*Direito penal*, v. 2, p. 52). No mesmo sentido: BITENCOURT, *Tratado de direito penal*, v. 2, p. 107.

[79] *Tratado de direito penal*, v. 2, p. 110.

do crime de homicídio o emprego de arma de fogo de uso restrito ou proibido, sem qualquer ressalva, viola o princípio da proporcionalidade entre o tipo penal descrito e a pena cominada, além de gerar insegurança jurídica, notadamente aos agentes de segurança pública, tendo em vista que esses servidores poderão ser severamente processados ou condenados criminalmente por utilizarem suas armas, que são de uso restrito, no exercício de suas funções para defesa pessoal ou de terceiros ou, ainda, em situações extremas para a garantia da ordem pública, a exemplo de conflito armado contra facções criminosas".

O veto nos pareceu incongruente, porque se trata de homicídio – crime grave – que, quando praticado com arma mais potente (como as armas de fogo de uso restrito ou proibido), torna-se mais letal. Portanto, essa circunstância é mais grave e deveria ter sido mantida como qualificadora. Note-se que a mesma situação foi incluída como causa de aumento no crime de roubo ("§ 2.º-B. Se a violência ou grave ameaça é exercida com emprego de arma de fogo de uso restrito ou proibido, aplica-se em dobro a pena prevista no *caput* deste artigo"), justamente pela maior periculosidade à vítima.

A assertiva de ferir o princípio da proporcionalidade não se coaduna com a violação do bem jurídico "vida", afinal, com o emprego de arma mais eficaz, torna-se mais fácil atingir o resultado almejado. Por outro lado, não há motivo para gerar *insegurança jurídica*, tendo em vista que os agentes de segurança pública, ao usarem suas armas de uso restrito (e não proibido, porque a eles também é vedado o uso), devem fazê-lo pelo bem da comunidade, no embate contra criminosos e, havendo conflito armado, por certo, aguarda-se que ajam em legítima defesa; portanto, nenhum crime haverá. Mas se esses agentes utilizarem as potentes armas para matar, sem causa justa, cometerão um grave delito e merecerão ser apenados mais severamente. Além disso, é preciso lembrar da atuação de milícias e criminosos denominados *justiceiros*, participando de chacinas, com o emprego de armas de uso restrito ou proibido. O Congresso Nacional derrubou o veto.

2.27 Vítima menor de 14 anos

Aplicava-se à vítima menor de 14 anos a causa de aumento de 1/3, nos homicídios dolosos, prevista no § 4.º, parte final, do art. 121. Se a ofendida tivesse menos de 14 anos, com as condições previstas no § 2.º-A, ingressava no cenário do feminicídio, incidindo a causa de aumento de 1/3 até metade, nos termos da anterior redação do § 7.º, II, do art. 121.

A Lei 14.344/2022 incluiu a circunstância de ser a vítima menor de 14 anos como qualificadora, não podendo mais incidir a causa de aumento do § 4.º, parte final, que *não foi revogado expressamente*, de maneira *concomitante*. Se o homicídio se qualificar apenas com fulcro no inciso IX do § 2.º (vítima menor de 14 anos), torna-se inviável aplicar, também, o aumento do § 4.º.

No entanto, cuida-se de entendimento majoritário na doutrina e na jurisprudência que, quando se tratar de homicídio dupla ou triplamente qualificado, pode o juiz reservar uma circunstância qualificadora para alterar a faixa de fixação da pena para reclusão de 12 a 30 anos, reservando a outra (ou outras) para figurar como causa de aumento, agravante ou circunstância judicial, onde mais adequadamente se encaixar.

Desse modo, ilustrando, se o homicídio é cometido por motivo torpe, meio cruel, contra vítima menor de 14 anos, torna-se viável que o juiz se valha da torpeza para utilizar a faixa de 12 a 30 anos. Na sequência, na primeira fase, estabelece a pena-base (art. 59, CP). Feito isso, na segunda fase, a qualificadora não utilizada (crueldade) ingressa como agravante (há expressa previsão no art. 61 do CP); na terceira fase, utiliza a situação de ser a vítima menor de 14 como causa de aumento de 1/3. Não há *bis in idem*, pois cada circunstância foi aplicada uma só vez, em diversas fases da aplicação da pena.

2.27.1 Vítima deficiente ou enferma

Essa causa de aumento, inserida pela Lei 14.344/2022, no § 2.º-B, volta-se a uma variação de 1/3 até metade, a incidir na terceira fase da aplicação da pena, visto que a mera circunstância de ser vítima menor de 14 anos tornou-se qualificadora, sem distinção de gênero. Aponta-se a pessoa menor de 14 anos deficiente física ou mental, bem como quem possa apresentar uma enfermidade geradora do aumento de sua vulnerabilidade física ou mental, circunstâncias semelhantes à constante para o feminicídio (§ 7.º, II, deste artigo).

2.27.2 Autor ascendente, padrasto ou madrasta, tio, irmão, cônjuge, companheiro, tutor, curador, preceptor ou empregador da vítima ou que por qualquer outro título tiver autoridade sobre ela

Nota-se que o aumento determinado pelo legislador, da ordem de 2/3, é bastante elevado, decorrendo com exatidão do motivo inspirador da Lei 14.344/2022, que foi o homicídio do menino Henry Borel, cometido, em tese, pois ainda não julgado definitivamente, pelo padrasto, com a complacência da mãe da criança. Todas as figuras mencionadas no § 2.º-B, II, do art. 121 costumam desempenhar alguma forma de autoridade sobre o menor de 14 anos; autoridade essa cuja meta é proteger a criança ou o jovem e nunca se voltar contra ela, mormente cometendo o grave delito de homicídio.

 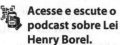

Acesse e escute o podcast sobre Lei Henry Borel.
> http://uqr.to/1yofq

Acesse e assista ao vídeo sobre Lei Henry Borel – novo tipo penal do art. 26 da Lei 14.344/2022.
> http://uqr.to/1yofr

Naturalmente, onde se lê a inserção de termo masculino, leia-se, igualmente, a forma feminina (tio e tia, companheiro e companheira, tutor e tutora, curador e curadora, preceptor e preceptora, empregador ou empregadora). O substrato é punir mais severamente quem tinha *autoridade sobre a vítima*, na época do delito. Outra cautela a ser registrada diz respeito ao rol mencionado, pois o ascendente, o padrasto ou madrasta, o tio, o irmão, o tutor, o curador, o preceptor e o empregador (quer-se crer seja uma relação laborativa ilícita, pois menores de 14 anos não estão autorizados a trabalhar, nem mesmo como aprendizes, nos precisos termos do art. 227, § 3.º, I, da Constituição Federal) vinculam-se à pessoa menor de 14 anos (seu pai ou sua mãe, seu tio ou sua tia, seu tutor ou sua tutora etc.).

Entretanto, os termos *cônjuge* e *companheiro* (ou companheira) não se ligam diretamente ao menor, que não pode ser casado, nem ter união estável reconhecida em tão tenra idade (ademais, nem sexo consentido lhe é permitido, consistindo em estupro de vulnerável – art. 217-A, CP). Portanto, pode-se supor que se trate do companheiro da mãe da criança ou da companheira do pai do infante. Resta o termo *cônjuge*, pois se este se casar com o pai ou a mãe do menor, torna-se padrasto ou madrasta, que já estão incluídos neste inciso. *Ad argumentandum*, se porventura um rapaz maior de 18 anos viver em "união estável" com uma adolescente de 13 anos, em situação anômala, caso mate a menor de 14 anos poderá sofrer a causa de aumento aqui prevista.

2.27.3 Crime cometido em instituição de educação básica pública ou privada

Há um aumento de 2/3 na pena caso o crime seja praticado em instituição de ensino. O fundamento dessa elevação da pena volta-se a situações concretas em que alguém (geralmente, aluno ou ex-aluno) ingressa em escola e desfere diversos tiros, matando a esmo vários estudantes.

Cuida-se de um sintoma lamentável, frequente em outros países, advindo de *bullying* ou outras espécies de provocações contra o atirador, feitas tempos antes, para terminar vitimando inocentes. Além disso, é preciso considerar que a instituição de ensino básico abrange crianças e adolescentes, devendo contar com maior proteção e amparo. Se, ao contrário disso, terminar por constituir palco de crime, aplica-se elevação da pena ao seu autor.

No entanto, nunca é demais ressaltar que a permissividade de certas instituições de ensino quanto ao *bullying* acaba por incentivar atitudes hostis e excessivas pelos que foram vitimados pelo assédio constante e injusto. Espera-se que a tipificação do delito de intimidação sistemática (art. 146-A, CP) contribua para evitar a reiteração do *bullying* nas escolas.

2.28 Aspectos particulares

2.28.1 Qualificadoras objetivas e elemento subjetivo

Parece-nos importante detectar, no ânimo do agente, a vontade de concretizar as hipóteses qualificadoras denominadas objetivas. Outra posição equivaleria à sustentação da responsabilidade penal objetiva, que merece ser evitada em direito penal. Portanto, matar alguém, valendo-se de meio cruel, é situação a ser avaliada no contexto fático, sem dúvida, ou seja, se realmente houve sofrimento atroz à vítima (e o agente sabia disso). Quis o autor, efetivamente, atingir o ofendido de maneira a lhe causar sofrimento além do necessário para conseguir o resultado morte? Por vezes, não.

Agredir alguém, com vários socos e pontapés, pode ser consequência de uma briga furiosa e, embora constitua maneira dolorida de se causar a morte, não estava presente no ânimo do agente a referida dor exacerbada (até porque também foi agredido). Por outro lado, é possível que o autor do homicídio deseje sentir o padecimento da vítima, motivo pelo qual a agride com vários socos e pontapés, chegando a vibrar com seu sofrimento. Surge, então, a qualificação do delito. O dolo do agente, em suma, precisa, por certo, ser abrangente, isto é, envolver *todos* os elementos objetivos do tipo penal, o que inclui as qualificadoras de natureza objetiva (incisos III, IV, VI e VII do § 2.º do art. 121).

2.28.2 AIDS e homicídio

A síndrome da imunodeficiência adquirida já foi considerada pela medicina uma doença fatal, constatando-se, atualmente, em razão dos progressos científicos, que sua manifestação é cada vez mais controlada com coquetéis mais fortes de remédios. Portanto, caso o agente tenha relação sexual com alguém, sabendo-se contaminado e fazendo-o sem qualquer proteção, tendo a intenção de transmitir a moléstia ou assumindo o risco de assim causar, deve responder por perigo de contágio de moléstia grave (art. 131, CP). Consumando-se a transmissão do vírus, afeta a saúde da vítima, gerando uma enfermidade incurável (ao menos por ora), incidindo, então, na figura do art. 129, § 2.º, II, do CP.

Por outro lado, conforme o estado de saúde da vítima, a transmissão do vírus HIV pode representar a morte; assim sendo, tendo havido ciência do agente, deve responder por homicídio (ou tentativa, conforme o caso). Não cremos possa haver solução única; tudo depende do caso concreto e da real intenção do agente.

No atual estágio de avanço da medicina, somos levados a concordar, parcialmente, com JUAREZ TAVARES, defendendo que, em relação sexual praticada sem proteção, "há efetiva ou séria probabilidade de contaminação e, como a infecção não depende da atividade do agente transmissor, mas do mero acaso, há aqui dolo eventual. Uma outra questão que se põe é acerca de que tipo, afinal, o agente infectado realiza, se homicídio ou lesões corporais graves. Aqui, o critério a vigorar será o de que o dolo, como vontade de realização da ação e do resultado, deve referir-se a uma ação imediata, e não a uma ação que, por sua cronicidade, conduza à morte. Portanto, só pode haver crime de lesão corporal grave e não homicídio".[80]

Como regra, emerge a lesão corporal gravíssima; no entanto, se a vítima estiver debilitada e a infecção a matar, tendo sido esta a intenção do agente, é consequência lógica que responda por homicídio.

2.28.3 Existência de duas ou mais causas de aumento

Deve-se utilizar o disposto no art. 68, parágrafo único, do Código Penal ("No concurso de causas de aumento ou de diminuição previstas na parte especial, pode o juiz limitar-se a um só aumento ou a uma só diminuição, prevalecendo, todavia, a causa que mais aumente ou diminua"). Dessa forma, é possível a coexistência de *ser a vítima menor de 14 anos, com deficiência, além de ter sido morta pelo padrasto*. Em tese, pode o julgador aplicar ambas (1/3 + 2/3) ou apenas uma delas, no caso a que mais aumente (2/3), a depender do caso concreto e das provas existentes nos autos.

Ilustrando, se a vítima, por ser deficiente, estiver extremamente vulnerável e o autor do homicídio for pessoa da família muito próxima, com dever de cuidado diretamente ligado a ela, o cenário permite a aplicação das duas causas de aumento. No mais, as situações que não exijam uma particular incidência das duas causas de aumento comportam apenas o aumento mais grave (2/3).

É preciso lembrar, ainda, a hipótese de ser o homicídio dupla ou triplamente qualificado; assim sendo, pode-se utilizar uma qualificadora (por exemplo, motivo fútil) para alterar a faixa de fixação da pena para reclusão de 12 a 30 anos e reservar a causa de aumento (menor de 14 anos do § 4.º do art. 121) para impor a elevação de 1/3 na terceira fase de individualização.

Entretanto, nessa situação, coexistindo três causas de aumento (vítima menor de 14 anos, deficiente e filha do autor do homicídio), torna-se fundamental não aplicar as três, pois tornaria a sanção muito elevada. De maneira proporcional à gravidade do fato, convém ao magistrado aplicar apenas a mais grave (2/3) ou, no máximo, uma das causas de elevação de 1/3 juntamente com a de 2/3.

---

[80] *Teoria do injusto penal*, p. 289-290.

2.29 Homicídio culposo (art. 121, § 3.°)

Trata-se da figura típica do *caput* ("matar alguém"), embora com outro elemento subjetivo: culpa. É um tipo aberto, pois depende da interpretação do juiz para ser aplicado.[81]

Em lugar de definir a culpa, de maneira detalhada e objetiva, em todos os tipos, onde fosse necessário, preferiu o legislador lançar mão da fórmula genérica. A culpa, conforme o art. 18, II, do Código Penal, é constituída de "imprudência, negligência ou imperícia". Vale mencionar a lição de PAULO HEBER DE MORAIS: "a imprudência é a desnecessária aceitação de um perigo ou a disposição de enfrentá-lo, sem prever os resultados nocivos que daí poderão advir, consistentes na violação de direitos tutelados pela lei. É arrojar-se em tarefa perigosa, arriscada, sem prever-lhe os resultados (...). Negligência é a inobservância de norma a que se estava sujeito por dever de conduta. (...) Imperícia é a inabilidade para certas tarefas".[82]

Lembra VICENTE SABINO JÚNIOR que "a nossa lei penal não distingue entre culpa 'consciente' e culpa 'inconsciente', por entender tratar-se da mesma coisa, no tocante ao elemento subjetivo do agente".[83]

Embora para a tipificação da conduta não haja tal diferença, é preciso que o julgador leve em consideração se a culpa foi consciente ou inconsciente, visto ser a primeira mais grave e a segunda forma, mais branda. O mesmo para aplicar a pena no caso do crime doloso, se dolo direto ou eventual.

Portanto, na hipótese do art. 121, § 3.º, do Código Penal, matar alguém por imprudência, negligência ou imperícia concretiza o tipo penal incriminador do *homicídio culposo*.

Embora já tenhamos analisado esse tema no capítulo do elemento subjetivo do crime, é preciso lembrar que um dos principais fatores para a avaliação da culpa é a *previsibilidade do agente*; a sua potencialidade para prever o resultado. Noutros termos, não é preciso *prever*, antever o resultado (isto seria previsão), mas é fundamental ter condições de prever, embora não tenha previsto (isto é previsibilidade). Há, neste campo, o debate em torno da essência da previsibilidade: objetiva, subjetiva ou mista. A previsibilidade objetiva é a do *homem médio*, a potencialidade de prever o resultado danoso da maior parte dos indivíduos prudentes; a previsibilidade subjetiva é a potencialidade de prever o resultado danoso do próprio agente, aquele que o causou, com suas próprias peculiaridades; finalmente, a mista (objetivo-subjetiva) leva em conta tanto o *homem médio*, para ter um parâmetro, como também o réu em julgamento, que pode estar acima ou abaixo da média. Preferimos esta última corrente, pois o chamado *homem médio*, embora seja uma abstração, preenche o inconsciente coletivo, ou seja, todos têm uma ideia do que seja cautela, atenção e cuidado, inclusive o julgador; porém, é possível que o acusado, causador do homicídio culposo, tenha potencialidade acima da média, devendo isto ser levado em conta (ex.: ele é atirador profissional e, ao limpar uma arma, dispara e mata alguém); ou pode estar abaixo da média (ex.: é uma pessoa que jamais mexeu numa arma e, ao pegá-la nas mãos, dada por terceira pessoa, dispara e mata alguém).

A doutrina se divide entre essas correntes.

HUNGRIA sustenta, com veemência, a corrente objetiva, afirmando ser "previsível o fato cuja possível superveniência não escapa à perspicácia comum. Por outras palavras: é previsível

---

[81] "Nas primitivas leis bárbaras não existia distinção entre homicídio doloso e homicídio culposo. O elemento subjetivo nenhuma importância possuía na caracterização da figura delituosa" (ALVARO SARDINHA, *Homicídio culposo*, p. 65).

[82] Homicídio, p. 41.

[83] *Direito penal*, v. 3, p. 670.

o fato, sob o prisma penal, quando a previsão do seu advento, no caso concreto, poderia ser exigida do homem normal ou comum. (...) É de rejeitar a opinião segundo a qual a previsibilidade deve ser referida à individualidade subjetiva do acusado, e não ao tipo psicológico médio. (...) A previsibilidade deve ser apreciada *objetivamente*, isto é: não do ponto de vista do agente, mas do ponto de vista do homem comum, em face da lição da experiência relativa ao que geralmente acontece".[84]

ANÍBAL BRUNO tende a privilegiar a corrente subjetiva, dizendo que "a previsibilidade do resultado deve ser julgada segundo as circunstâncias do fato e as condições individuais do agente. O que se tem de considerar no caso não são as possibilidades de um tipo estatístico de homem, mas daquele homem real que pratica a ação e cuja negligência temos que julgar".[85]

MAGALHÃES NORONHA adota o misto, que também nos parece o acertado, afirmando ser esse critério "justo e correspondente à realidade. O juiz deve ter em vista, primeiramente, o fato em si, com suas circunstâncias etc. a exigir cautela e atenção ordinárias; depois, a consideração do sujeito ativo: podia ele deixar de agir como fez, ou, por outra, estaria à altura de empregar a diligência comum dos homens? O critério objetivo, por si só, não é justo, pois se se procura apurar a responsabilidade de uma pessoa, não se compreende que se investigue o fato não em relação a ela, mas ao homem médio. O subjetivo também não satisfaz. Não se pode considerar exclusivamente a pessoa do autor, sem relacioná-la com o fato e todas suas circunstâncias, a exigirem atenção e diligência que não podem ser as de um indivíduo excepcional, mas as do homem médio".[86]

Com precisão cirúrgica, NORONHA encaminha o caso, baseado no Código Penal suíço, que procurou conciliar as duas teorias (objetiva e subjetiva). Em primeiro lugar, um dos principais requisitos da culpa é o *dever de cuidado objetivo*, vale dizer, o cuidado imposto a todos os integrantes da sociedade, pois quem *vive em comunidade* deve (não é uma faculdade) tomar certas precauções, que valem para todos. Eis aí a consciência que todos temos do cuidado e da atenção. Por outro lado, há pessoas acima e abaixo da média de inteligência e de prudência. Os que captam o perigo rapidamente e detêm suas atitudes, que podem levar a um dano, e os que não conseguem visualizar o perigo, por defeitos variados, que vão desde a formação da sua personalidade até mesmo a algum tipo de retardo mental. Por isso, trabalhar os dois critérios juntos permite ao julgador uma clara noção de quem está julgando e o motivo. Se o caso é normal e o réu também não apresenta nada que o diferencie da *média*, o critério objetivo resolve. Utiliza o magistrado o critério subjetivo, se necessário. Por isso, o misto é o mais indicado.

RAUL MACHADO, em preciosa monografia sobre a culpa, expressa o seguinte: "essa previsibilidade não deve ser entendida sob um critério absoluto, subjetivo ou objetivo, porquanto, muito embora não prescindam, na hipótese, das condições especiais do ânimo de quem opera, as quais podem, às vezes, modificar o nosso juízo, – é a previsibilidade do comum dos homens que urge ter-se em mira, atendendo a que a indagação subjetiva permitirá inferir da normalidade da dinâmica mental a normalidade no agir".[87]

Não é raro que se pergunte – especialmente o leigo – a enorme diferença de pena entre o homicídio doloso, variando de 6 a 30 anos de reclusão, conforme a circunstância, e o homicídio culposo, cuja variação é de 1 a 3 anos de detenção. Justifica-se, afirmando ter o

---

[84] *Comentários ao Código Penal*, v. 5, p. 187.

[85] *Direito penal* – Parte especial, t. IV, p. 111.

[86] *Direito penal*, v. 1, p. 136-137.

[87] *A culpa no direito penal*, p. 91.

legislador concentrado o seu enfoque no desvalor da ação – e não no desvalor do resultado. Se o resultado tivesse sido levado em conta – morte por morte –, ambas as penas seriam iguais.

No entanto, observando-se o *caput* do art. 121 (e suas outras formas circunstanciais de aumento ou diminuição da pena), vislumbra-se o *dolo* do agente, vale dizer, a *vontade consciente* de eliminar a vida da vítima. Eis o desvalor da conduta, que, realmente, é muito mais grave do que a do homicida culposo, cuja ação desatenciosa provocou um resultado involuntário, não desejado.

Registre-se esse ponto, de suma importância para o legislador brasileiro, que é o elemento subjetivo: o dolo ou a culpa. Eis o motivo de não se poder afastá-los da análise de várias condutas, como propõem determinadas teorias do crime, dentre as quais o funcionalismo, que busca fechar o nexo causal desprezando, por completo, o elemento subjetivo. Com isso, alguns homicidas (e outros criminosos) podem escapar ilesos (como vimos na análise no nexo causal).

No mais, mesmo que se considere o desvalor da ação como foco principal, o Brasil tem sido muito benevolente na apenação de delitos culposos. As famílias dos falecidos, em virtude da culpa alheia, sofrem a sua perda da mesma maneira que as que tiveram seus entes queridos assassinados em virtude do dolo do agente. O sentimento de quem perdeu uma pessoa amada por conta de atitude dolosa é, sem dúvida, mais agressivo e menos complacente, exigindo *justiça* e querendo ver a condenação do autor. Quem perde o ente querido em razão da imprudência alheia, embora também exija *justiça*, tende a ser mais compreensivo, pois *sabe que não houve intenção de matar*. Para a vítima e seus familiares (de qualquer crime), o elemento subjetivo do agente conta muito. Entre querer o mal e praticá-lo involuntariamente há uma enorme diferença, até mesmo no inconsciente coletivo da sociedade.

Não nos parece correto equiparar as penas dos crimes dolosos às dos culposos, mas é preciso recalibrar as sanções dos delitos culposos, especialmente no contexto do homicídio, pois um ano de detenção (mínimo) é pena mais leve que a destinada ao autor de um furto simples (reclusão de um ano, como mínimo). Enquanto muitos penalistas defendem a descriminalização do furto simples ou que, pelo menos, seja considerado de ação pública condicionada à representação da vítima, olvidam que esse delito é mais grave que o homicídio culposo em nosso Código Penal. Por mais que a imprudência, negligência ou imperícia seja algo mais palatável do que a intenção, a premeditação, o desejo de matar, não é tão brando a ponto de merecer um ano de detenção. A pena do homicídio culposo, na direção de veículo automotor, já se alterou para o mínimo de dois anos de detenção, associada a pena restritiva de direitos e multa compensatória. Sem contar que há várias causas de aumento no § 1.º do art. 302 do Código de Trânsito Brasileiro.

Sem dúvida, o incremento das mortes no trânsito provocou a mudança da pena, mas isso não justifica que a pena do homicídio culposo, prevista no Código Penal, também não tenha que se elevar. Ilustrando, alguém, manipulando uma arma de fogo de maneira imprudente, provoca o disparo e mata um pai de família. Por sua *culpa* estrito senso, perdeu-se a vida de quem sustentava uma família numerosa. Os prejuízos são incalculáveis e a pena será de, no mínimo, um ano de detenção. O tiro disparado da arma de fogo é menos grave do que o atropelamento de alguém na direção de um veículo. Assim não visualizamos o quadro e somos favoráveis aos aumentos de penas dos delitos culposos para haver respeito ao princípio constitucional da proporcionalidade. Não é possível tanta diferença entre uma morte dolosa e uma culposa, como estampamos hoje em nossa legislação.

2.29.1 Homicídio culposo no trânsito

Não mais se aplica o tipo penal do § 3.º do art. 121 ao homicídio cometido na direção de veículo automotor, pois o Código de Trânsito Brasileiro (Lei 9.503/1997), no art. 302, estipulou um tipo incriminador específico. Aliás, como criticamos no tópico anterior, a pena é mais elevada do que o homicídio culposo *fora do trânsito*, evidenciando como está cada vez mais baixa, em comparação, a sanção do homicídio culposo no Código Penal.

2.29.2 Inobservância de regra técnica de profissão, arte ou ofício

Trata-se de uma desacertada causa de aumento de pena prevista para o homicídio culposo, no art. 121, § 4.º, primeira parte, do CP, pois se confunde, nitidamente, com a imperícia (e até com algumas formas de imprudência e negligência).

Considerando-se ser a imperícia a imprudência ou negligência no campo técnico, a doutrina tem buscado fórmulas para tornar compatível o aumento, gerado pelo referido § 4.º, ao homicídio culposo cometido na modalidade de *imperícia*. Esclarece NÉLSON HUNGRIA que as causas de aumento do art. 121, § 4.º, voltaram-se primordialmente, na visão do legislador, quando formuladas em 1940, para os delitos de trânsito – na época, não previstos em lei especial –, de modo que o motorista, causando um acidente fatal por excesso de velocidade, estaria, ao mesmo tempo, demonstrando a sua imprudência por correr demais, sem conseguir controlar o veículo (falta do dever de cuidado objetivo), e incidindo na causa de aumento, pois existe a regra técnica, quanto à velocidade, determinando o respeito ao limite estabelecido em normas de trânsito.[88] O mesmo autor, buscando estabelecer uma diferença entre imperícia e inobservância de regra técnica de profissão, arte ou ofício, menciona que na imperícia o agente não tem conhecimentos técnicos, enquanto na causa de aumento ele os possui, mas deixa de empregá-los, por indiferença ou leviandade.[89]

A quase totalidade da doutrina reproduz fielmente essa distinção. Entretanto, os exemplos convincentes são escassos, para não dizer inexistentes. FLÁVIO AUGUSTO MONTEIRO DE BARROS narra o seguinte: "Se o médico especialista em cirurgia cardíaca, por descuido, corta um nervo do paciente, causando-lhe a morte, está configurada a agravante [causa de aumento], pois ele tinha o conhecimento técnico, mas não o observou. Entretanto, se a cirurgia fosse feita por um médico não especialista, sem a necessária habilidade, que cortasse o mesmo nervo, teríamos uma simples imperícia".[90] Ora, não se pode aceitar tal postura, pois o desvalor da conduta do primeiro médico é muito menor que o do segundo, mas a penalidade do primeiro torna-se maior, além do que o fato de ter "cortado o nervo por descuido", antes de se constituir em causa de aumento, serve para configurar a culpa (não fosse assim, qual teria sido a imprudência, negligência ou imperícia do médico?).

O médico especialista que cortou um nervo, *por descuido*, mas tinha condições técnicas de realizar a cirurgia, recebe uma pena aumentada em um terço, enquanto o outro médico, aventureiro e inexperiente, porque não habilitado para proceder à intervenção cirúrgica no coração, recebe a pena do homicídio culposo sem qualquer aumento. Uma total contradição. A situação não se coaduna com o fundamento da lei, pois o primeiro médico, ao se descuidar

---

88   *Comentários ao Código Penal*, v. 5, p. 190.

89   HUNGRIA, *Comentários ao Código Penal*, v. 5, p. 192.

90   *Crimes contra a pessoa*, p. 40.

de modo a configurar *erro grosseiro* (e não um simples erro médico, que não é punido penalmente), demonstrou sua imperícia, justamente por não observar o que a regra de sua profissão demandava. O outro profissional, por sua vez, também foi imperito, porque lançou-se a uma cirurgia para a qual não estava preparado, o que também configura *erro grosseiro* e tipifica a culpa, na modalidade *imperícia*.

Buscando exemplo para a causa de aumento, Mirabete menciona o médico que não esteriliza os instrumentos a utilizar na cirurgia ou o motorista que dirige com apenas uma das mãos.[91] Mas tais situações, em nosso entender, são o fulcro da caracterização da culpa, vale dizer, constituem infrações ao dever de cuidado objetivo, não podendo, novamente, ser consideradas para agravar a pena. Seria o inconveniente *bis in idem*. Se o médico não esterilizou os instrumentos e isso causou a morte do paciente, trata-se do *núcleo* da culpa. Se o motorista *dirigia com uma das mãos* e, por conta disso, atropelou e matou o pedestre, também é esse o centro da culpa.

Outro penalista que busca justificar ser essa causa de aumento diversa da imperícia é Cezar Roberto Bitencourt, de maneira inconvincente. Diz que "esta majorante não se confunde com a imperícia (modalidade de culpa), que indica inaptidão, inabilidade profissional ou insuficiência de capacidade técnica. Nesta majorante, o agente conhece a regra técnica, mas não a observa; há displicência a respeito da regra técnica. O fundamento da culpa é outro; essa desatenção serve somente para graduar a culpa, majorando-lhe a pena. Por isso, esta majorante, ao contrário da *imperícia*, a nosso juízo, aplica-se somente a *profissional*".[92] Em primeiro lugar, a tendência geral, no campo da culpa, é excluir as três modalidades de culpa (imprudência, negligência e imperícia), que se confundem e só atrapalham; não esclarecem absolutamente nada. A legislação brasileira é praticamente única nesse aspecto. Em segundo, quando o eminente autor diz que não observar regra técnica constitui displicência e o fundamento da culpa é outro, está praticamente dizendo que o sujeito foi imprudente ou negligente, dependendo do caso concreto; logo, não se confunde com a imperícia, mas é *culpa do mesmo jeito*. Em terceiro lugar, costuma-se defender, majoritariamente, não existir *graus de culpa* para configurar o crime,[93] logo, dizer que essa desatenção "serve somente para graduar a culpa", com a devida vênia, é uma contradição.[94] Para caracterizar o crime, prova-se a culpa (se leve, média ou grave, para a legislação brasileira, é indiferente). Em quarto lugar, ao dizer que esse aumento somente se aplica a *profissional*, o autor está aceitando que o "profissional" aja com desatenção (imprudência/negligência), caracterize-se a culpa com base nisso, seja punido por homicídio culposo e, ainda por cima, receba um aumento pela inobservância de regra técnica, num autêntico *bis in idem*. Ou podemos trocar, o "profissional" não conhece a regra técnica (imperícia) e não a usa, matando a vítima; caracterizada a imperícia, ele é condenado por homicídio culposo; depois, na fixação da pena, o juiz lhe dá um aumento por não observar regra técnica de profissão. Ora, mas ele foi condenado por imperícia justamente por isso, ou seja, por não conhecer a regra técnica de profissão. Outro *bis in idem*.

---

[91] *Manual de direito penal*, v. 2, p. 62.

[92] *Tratado de direito penal*, v. 2, p. 132.

[93] Pode-se até observar se a culpa foi leve, grave ou gravíssima para o fim de fixação da pena, com base no art. 59 do CP.

[94] Contradição porque essa "graduação" já será feita na primeira fase de aplicação da pena (fixação da pena-base). Se for novamente feita na terceira fase, aplicando-se a causa de aumento, ocorrerá o *bis in idem*. Por outro lado, se a grave desatenção do agente for usada para *caracterizar* a culpa e puder condená-lo, não pode ser outra vez utilizada para aumentar a pena. Haverá *bis in idem*.

Assim, não há aplicabilidade para a causa de aumento. Somos levados a crer, como explica HUNGRIA no início de sua exposição acerca das circunstâncias do § 4.º do art. 121, que o legislador pretendia impingir o aumento para o *motorista amador* que, agindo com imprudência, atropelasse e matasse alguém. Além do que fez, poderia ter deixado de observar alguma regra prevista no Código de Trânsito, o que lhe provocaria o aumento da pena. Essa agravação, no entanto, decorreria de uma *responsabilidade objetiva* inaceitável, pois inconsistente. O simples fato de não se cumprir regra técnica de profissão, arte ou ofício não deve levar a uma presunção de culpa – como, aliás, é a posição majoritária atualmente –, de modo que também não deve servir para aumentar a pena.

ALVARO SARDINHA bem demonstra que não se deve confundir a imperícia com a imprudência ou negligência profissional. Imperito é o médico que não tem conhecimento suficiente para tratar do doente (caracteriza a imperícia, não se podendo lançar, sobre o mesmo fato, a causa de aumento). Por outro lado, tratando-se de um bom médico, que esquece instrumento cirúrgico dentro da cavidade abdominal do paciente, cuida-se de negligência profissional (caracteriza a negligência e, também, não se pode valer do mesmo fato para lançar-lhe a causa de aumento).[95]

Tanto é realidade ser essa agravação um estorvo que há muitas decisões não a aplicando,[96] além de não ter sido novamente prevista no atual Código de Trânsito Brasileiro, bem como ter sido extirpada do anteprojeto de Código Penal, que está em estudos atualmente.[97]

Cremos, pois, ser inaplicável tal causa de aumento.[98]

2.29.3 Omissão de socorro

Na esteira do já aventado na nota anterior, convém mencionar que o intuito das causas de aumento previstas neste § 4.º do art. 121 era cuidar, com maior rigor, dos crimes de trânsito. Note-se o disposto na Exposição de Motivos: "Com estes dispositivos, o projeto visa, principalmente, a *condução de automóveis*, que constitui, na atualidade, devido a um generalizado descaso pelas cautelas técnicas (notadamente quanto à velocidade), uma causa frequente de eventos lesivos contra a pessoa, agravando-se o mal com o procedimento *post factum* dos motoristas, que, tão somente com o fim egoístico de escapar à prisão em flagrante ou à ação da justiça penal, sistematicamente imprimem maior velocidade ao veículo, desinteressando-se por completo da vítima, ainda quando um socorro imediato talvez pudesse evitar-lhe a morte".

Embora a meta tenha sido uma maior punição ao autor de crimes de trânsito – e de fato essa tenha sido a mais ampla aplicação do dispositivo –, atualmente está em vigor o Código de Trânsito Brasileiro, que regula por completo os delitos cometidos no contexto da via pública, de modo que não mais tem aplicação o homicídio culposo e suas causas de aumento para essa modalidade de crime.

Quanto à omissão de socorro no homicídio culposo, trata-se, na Lei 9.503/1997, de causa de aumento que varia de 1/3 até a metade, mencionando-se: "deixar de prestar socorro, quando possível fazê-lo sem risco pessoal, à vítima do sinistro" (art. 302, § 1.º, III, CTB).

---

[95] *Homicídio culposo*, p. 87-88.

[96] Nesse prisma, ver as decisões coletadas por ALBERTO SILVA FRANCO et al., *Código Penal e sua interpretação jurisprudencial*, p. 1.613.

[97] Portaria 232/98 do Ministério da Justiça, publicada no *Diário Oficial do Estado*, Seção 1, p. 1, 25.03.1998.

[98] Se fosse tão evidente que ela difere dos elementos componentes da culpa, teria sido repetida em vários anteprojetos de lei e inserida em leis especiais que tratam da culpa, o que não acontece.

Portanto, ainda que continue em vigor o disposto no § 4.º do art. 121 para outras hipóteses de homicídio culposo, o fato é que a prestação de socorro não deve ser exigida caso o agente corra risco pessoal, o que, em regra, ocorre quando é ameaçado por populares de linchamento. Assim, exemplificando, se um pedreiro derruba, imprudentemente, de uma obra um saco de cimento que atinge – e mata – um passante, revoltando as pessoas por perto, pode não socorrer o ofendido, caso se sinta ameaçado pela multidão.

Outra questão abordada é a morte instantânea da vítima (abordamos essa situação nos nossos comentários ao Código de Trânsito Brasileiro na obra *Leis penais e processuais penais comentadas, vol. 2*). Há quem defenda a aplicação da omissão de socorro, pelo motorista causador do acidente, porque não socorreu o morto. Afirma-se o dever de solidariedade e que o motorista não é médico para saber se a vítima faleceu. Depende. Se o corpo foi partido em dois, parece-nos que não há necessidade de ser médico para visualizar a morte da vítima. Nesse caso, socorrer o morto é inútil e não se pode aplicar a causa de aumento. No mesmo prisma, BITENCOURT afirma que, "a despeito de alguns textos legais prolixos, pretendendo punir crime impossível, em autêntica responsabilidade objetiva, a *morte instantânea da vítima* ou mesmo seu imediato socorro por terceiro impedem a incidência dessa majorante".[99]

Por outro lado, essa causa de aumento não se confunde com a omissão de socorro, pois nesta o agente não causou o ferimento que atingiu a vítima. O elemento subjetivo da causa de aumento é o dolo de perigo.

2.29.4 Socorro prestado por terceiros

Há divergência jurisprudencial quanto à aplicação da causa de aumento se terceiros socorrem a vítima. Cremos que o meio-termo é a posição ideal. Se terceiros, concomitantemente ao desejo do autor do fato, prestam socorro ao ofendido, torna-se surrealista a hipótese de haver disputa pela vítima. Portanto, havendo consenso de que o socorro será prestado por quem está mais bem preparado para tanto, ainda que não seja o agente, é natural que ele não deva responder pela causa de aumento.

Entretanto, se o agente deixa de fazer a sua obrigação, que é socorrer a pessoa ferida, obrigando que terceiros o façam sob pena de não existir socorro, deve ele responder pelo aumento.

Havendo morte instantânea da vítima, não há que se falar em prestação de socorro; portanto, não incide a causa de aumento. Nesse ponto andou mal o Código de Trânsito Brasileiro, ao estabelecer, no art. 304 (omissão de socorro), que o agente responde pela omissão ainda que a *vítima tenha morte instantânea*. Como prestar socorro a quem já morreu? Trata-se de hipótese de crime impossível. Ver também os comentários feitos nesse sentido no tópico anterior.

2.29.5 A questão relativa à morte instantânea da vítima

Conforme expusemos na nota anterior, se a pessoa lesada morrer instantaneamente, não há cabimento em aplicar ao réu a causa de aumento relativa à não prestação de socorro, pois seria crime impossível (como socorrer quem já morreu?).

Entretanto, em caso de dúvida quanto à morte, deve o agressor socorrer o ofendido, ainda que este já tenha falecido, pois o que importa é a conduta moralmente elevada do agente, e não o efetivo resultado, afinal, não tinha certeza do estado do ferido. Anote-se bem: se a

---

[99] *Tratado de direito penal*, v. 2, p. 133.

morte é clara, inconteste, desnecessário o socorro. Se a morte é duvidosa, o *dever* do agressor é promover o socorro, sob pena de ser mais severamente apenado.

Há julgados mencionando que o motorista não é médico e não pode atestar a morte da vítima; portanto, deve *sempre* socorrer. Nem é preciso ser médico se a cabeça da vítima está de um lado da rua e o corpo do outro para saber que está morta. Ainda assim, teria o motorista que recolher as partes do cadáver, colocar no carro e levar ao hospital? Cremos que depende da situação concreta, motivo pelo qual não se pode dizer nem *sim* nem *não* para o dever de prestar socorro, quando se cuida da questão teoricamente.

2.29.6 Causa de aumento, e não crime qualificado pelo resultado

Um engano comum é tratar da *causa de aumento de pena* prevista no § 4.º do art. 121 – portanto, uma circunstância do delito – como se fosse um resultado qualificador. Quem assim defende, pretende justificar a existência de um crime qualificado pelo resultado, que começa com culpa (morte da vítima) e termina com um resultado mais grave (omissão de socorro ou fuga do local).

Omitir socorro, fugir do local ou não diminuir as consequências de seu ato são *circunstâncias* do delito de homicídio culposo, permitindo a elevação da pena. O crime qualificado *pelo resultado* significa que o primeiro resultado (crime) se torna mais grave pelo advento do segundo resultado (resultado qualificador). Na lesão (crime) seguida de morte (resultado mais grave) vê-se bem a ilustração de um delito qualificado pelo resultado. No entanto, atropela-se a vítima, que sofre lesões; o agente foge do local. A vítima é socorrida por outras pessoas. A fuga do local não é resultado qualificador, pois não trouxe absolutamente nada de novo ao contexto criminoso, no tocante à vítima.

Não se deve considerar as causas de aumento do § 4.º, especialmente no tocante à omissão de socorro à vítima, resultados qualificadores. Trata-se, como já visto, até mesmo pela Exposição de Motivos, de uma conduta *post factum*, tomada pelo autor, que demonstra maior reprovação social ao realizado, inspirando punição mais severa. Ademais, não se pode *qualificar* o evento maior, isto é, a morte da vítima, em outro exemplo (o máximo que poderia ter ocorrido), de modo que a não prestação de socorro não significa, em hipótese alguma, *resultado mais grave*. O dano foi perpetrado, de modo que o perigo não pode qualificá-lo, o que representaria um autêntico contrassenso. O perigo sempre é absorvido pelo dano. Não tem sentido, havendo o dano, sugerir na sequência um resultado qualificador *perigoso*.

Por outro lado, como é sabido, os crimes qualificados pelo resultado necessitam estar *expressamente* previstos em lei, não podendo criá-los o intérprete. Assim, não utilizou o legislador – nem poderia fazê-lo – a expressão usual "do fato resulta...", pois da morte da vítima não pode mesmo resultar omissão de socorro, nem fuga do local ou qualquer outro tipo de conduta tomada pelo agente.

2.29.7 Não procurar diminuir as consequências do seu ato

Trata-se de uma sequência da causa de aumento anterior – deixar de prestar socorro imediato à vítima –, não podendo ser considerada juntamente com aquela, a fim de não haver indevido *bis in idem*. Portanto, caso o agente não possa prestar socorro à vítima, seja porque está ameaçado de linchamento, seja porque não tem recursos (veículo, por exemplo), poderá atenuar as consequências do seu ato buscando auxílio de terceiros ou chamando a polícia ou o médico.

Assim agindo, não incidirá na omissão de socorro – porque estava ameaçado por populares –, tampouco na causa de aumento subsidiária, que é buscar diminuir a consequência do seu ato.

2.29.8 Fuga da prisão em flagrante

Trata-se de uma causa de aumento inconstitucional, em nossa visão, pois ninguém é obrigado a produzir prova contra si mesmo. Se a fuga não causa nenhum aumento no crime doloso, também não pode representar gravame no culposo.

Ninguém é obrigado a se autoincriminar, conforme garante a Convenção Americana sobre Direitos Humanos, além de ser posição predominante na jurisprudência brasileira. Se assim é, não tem sentido exigir-se que o autor de homicídio culposo seja o único criminoso a colaborar, de forma voluntária, com sua própria identificação, indiciamento e fatos correlatos. A causa de aumento foi idealizada, no entanto, como já vimos, para os crimes de trânsito, que agora têm Código próprio (Lei 9.503/1997).

2.30 Vítima menor de 14 anos

Trata-se de causa de aumento, aplicável somente a homicídio doloso, que poderia ter sido corretamente inserida no cenário do art. 121, e não no § 4.º, que cuida de causas de aumento para o crime culposo.

A despeito disso, poderia o legislador ter avançado no campo de proteção à criança e ao adolescente (como determina a Constituição Federal, no art. 227, § 4.º), pois essa qualificadora em sentido amplo foi introduzida pela Lei 8.069/1990 (Estatuto da Criança e do Adolescente). Ora, criança, para efeito do Estatuto, é a pessoa que possui até 12 anos incompletos, passando, a partir daí, a ser considerada adolescente, até que atinja 18 anos, de forma que todo homicídio doloso contra menor de 18 anos deveria ser mais gravemente punido.

A idade de 14 anos é a posição intermediária no curso da adolescência e só tem utilidade como marco divisório para a idade do consentimento sexual. A partir de 14 anos, pode a pessoa optar pela relação sexual consensual, sem se tornar crime.

Portanto, se o legislador, ao introduzir essa nova causa de aumento, tinha por fim punir mais severamente os crimes contra adolescentes – especialmente os lamentáveis extermínios de meninos de rua que o País tem oportunidade de acompanhar –, deveria tê-lo feito com a amplitude merecida, vale dizer, deveria ter estendido a maior proteção aos menores de 18 anos. Entretanto, se o objetivo era conferir maior punição somente àqueles que matassem crianças, o melhor seria eleger os menores de 12 anos.

A idade de 14, como bem demonstra a Exposição de Motivos, foi uma alteração introduzida em 1940 (a idade limite, antes, era 16 anos), para acompanhar a tendência hodierna (àquela época) de maior compreensão, para os atos sexuais, que os maiores de 14 anos possuem. E diz: "Com a redução do limite de idade, o projeto atende à evidência de um fato social contemporâneo, qual seja a precocidade no conhecimento dos fatos sexuais. (...) Ora, na época atual, seria abstrair hipocritamente a realidade o negar-se que uma pessoa de 14 (quatorze) anos completos já tem uma noção teórica, bastante exata, dos segredos da vida sexual e do risco que corre se se presta à lascívia de outrem".

Assim, a idade de 14 anos tem relação, no Código Penal, com a possibilidade de a pessoa poder consentir, validamente, para um ato sexual (vide art. 217-A do Código Penal, levando em conta esse parâmetro). Portanto, matar um menor com 14 anos é homicídio simples; matar outro, com 13, é homicídio com pena aumentada em 1/3. Cremos que tal postura deveria ser alterada, pois se está usando parâmetro indevido para a causa de aumento.

O dolo do agente precisa abranger a causa de aumento, ou seja, ele precisa *saber* que a vítima é menor de 14 anos.

2.31 Vítima maior de 60 anos

Cuida-se de introdução proporcionada pela Lei 10.741/2003 (Estatuto da Pessoa Idosa), voltada à maior punição do agente que mata, dolosamente, a pessoa maior de 60 anos. Atingindo a fase da plena maturidade, em vez de obter carinho e proteção, termina sendo vítima de crime grave, fazendo transparecer a maior reprovação que o autor do delito merece. Registre-se o disposto no art. 2.º do Estatuto: "A pessoa idosa goza de todos os direitos fundamentais inerentes à pessoa humana, sem prejuízo da proteção integral de que trata esta Lei, assegurando-se-lhe, por lei ou por outros meios, todas as oportunidades e facilidades, para preservação de sua saúde física e mental e seu aperfeiçoamento moral, intelectual, espiritual e social, em condições de liberdade e dignidade". Parece-nos correta a causa de aumento, embora *irregular a sua localização* (vide crítica feita na nota anterior), pois no contexto do homicídio culposo.

O dolo do agente precisa abranger a causa de aumento, ou seja, ele precisa *saber* que a vítima é maior de 60 anos.

2.32 Perdão judicial

É a clemência do Estado, que deixa de aplicar a pena prevista para determinados delitos, em hipóteses expressamente previstas em lei. Esta é uma das situações que autoriza a concessão do perdão. Somente ao autor de homicídio culposo – anotando-se que a introdução do perdão no cenário do homicídio deveu-se por conta dos crimes de trânsito –, com inspiração no Código Penal alemão, pode-se aplicar a clemência, desde que ele tenha sofrido com o crime praticado uma consequência tão séria e grave que a sanção penal se torne desnecessária.

Baseia-se no fato de que a pena tem o caráter aflitivo, preventivo e reeducativo, não sendo cabível a sua aplicação para quem já foi punido pela própria natureza, recebendo, com isso, uma reeducação pela vivência própria do mal que causou. Ex.: o pai que provoca a morte do próprio filho, num acidente fruto de sua imprudência, já teve punição mais do que severa. A dor por ele experimentada é mais forte do que qualquer pena que se lhe pudesse aplicar. Por isso, surge a hipótese do perdão. O crime existiu, mas a punibilidade é afastada.

2.32.1 *Faculdade ou obrigação do juiz*

Mais uma vez, a questão da utilização do verbo "poder". Cremos que, uma vez presentes todos os requisitos previstos em lei, não cabe ao magistrado negar o benefício. A lei não lhe conferiu poderes despóticos, mas, sim, livre convencimento.

Portanto, apenas se não estiver convicto de que é uma situação concreta compatível com o perdão pode negá-lo, desde que o faça de modo fundamentado.

Não se pode negar a existência de uma boa dose de subjetivismo na análise do eventual sofrimento do autor do homicídio; eis o motivo pelo qual o julgador pode avaliar e negar o perdão.

2.32.2 Consequências do crime atingem o próprio agente

Podem as consequências do delito alcançar o autor do fato de modo pessoal ou indiretamente, embora gerando sempre uma dor, física ou moral.

A lei foi vaga nesse ponto, de forma que o juiz deve interpretar o dispositivo com visão altruísta. O agente que se torna paraplégico por conta de um acidente que provocou, terminando na morte de outra pessoa, já está punido, não merecendo ser sancionado pelo Estado. Por outro lado, o pai, que dá causa à morte do filho, a despeito de não sofrer uma dor pessoal e física, padece de uma aflição moral insuperável. Merece o benefício, mesmo que, nesse acidente, que vitimou seu filho, tenha ocorrido a morte do motorista do outro veículo. O ponto fundamental para se levar em conta para a aplicação do perdão judicial é a profunda dor – física ou psíquica – gerada no causador do acidente, não importando o número de vítimas. Não se trata de uma troca (ex.: o filho do causador do acidente ter morrido compensando-se com a morte de outra pessoa, ou seja, um por outro); pode haver a morte do filho do motorista culpado e outras pessoas estranhas; mesmo assim, cabe o perdão judicial, pois nenhuma pena será mais grave que a pena natural sofrida pelo pai diante da perda do seu descendente.

2.32.3 Pessoas que podem ser atingidas, além do agente

Não se deve, nesse ponto, estabelecer uma relação fixa, pois o importante é levar em consideração a dor provocada no agente do fato danoso. Todas as pessoas próximas e intimamente ligadas ao autor, que sofram consequências graves em face de sua imprudência, podem servir de causa para a aplicação do perdão judicial. Mas há caso, na jurisprudência, em que se deixou de aplicar o perdão judicial à mãe, que deu causa à morte da filha, culposamente, por não ter sido evidenciada a dor concreta pelo delito.[100]

Há casos, ainda, retratados na jurisprudência no sentido de que o marido, motorista no momento do acidente, que vitimou a sua esposa, causando-lhe a morte, não recebeu o perdão judicial, pois ambos viviam em constante desavença e já havia ação de separação litigiosa ajuizada.

2.32.4 Gravidade das consequências

Deve ser apurada no caso concreto, sem qualquer fórmula restritiva. Como regra, a lesão corporal leve ocorrida em parente do autor do fato não chega a ser suficiente para a aplicação do perdão, por não configurar situação de nítida gravidade. Porém, o caso concreto pode desmentir a teoria. Imagine-se a esposa de um indivíduo que conduz uma lancha com imprudência, provocando um acidente. Embora a moça sofra apenas lesões leves no rosto, é ela atriz ou modelo, e tal situação lhe retira a oportunidade de permanecer na carreira, ainda que temporariamente, mas o suficiente para interromper a sua escalada.

O sofrimento do autor pode ser imenso, diante do desgaste que sua relação pode sofrer e da gravidade que a situação concreta causou. Não se inclui nesse contexto, certamente, o mero arrependimento do agente pela conduta desastrada cometida. Tratando-se, no entanto,

---

[100] Para servir de ilustração: STJ: "Ao negar o benefício do perdão judicial as instâncias ordinárias enfatizaram as peculiaridades que cercaram o caso em apreço e o demérito da paciente, notadamente diante de sua conduta antes, durante e após o óbito da filha, e em virtude da frieza e insensibilidade demonstradas durante toda a instrução processual, ressaltando, ainda, os subterfúgios utilizados a fim de confundir o convencimento judicial, de forma que não atendeu ao comando do art. 121, § 5.º, do Código Penal. Assim, negado o perdão judicial de forma motivada, no exercício da discricionariedade regrada, não há flagrante ilegalidade a ser sanável mediante *habeas corpus*" (HC 166.810/SP, 5.ª T., rel. Marco Aurélio Bellizze, 01.03.2012, v.u.).

de um benefício ao réu, cabe à defesa demonstrar, conforme o caso, o sofrimento do acusado para que o juiz possa atestar a ocasião propícia de conceder o perdão.

2.33 Milícia privada e grupo de extermínio

Inserido pela Lei 12.720/2012, o § 6.º do art. 121 volta-se a punir mais severamente o homicídio cometido por milícia privada (grupo paramilitar organizado por particulares com finalidades de segurança pública) ou grupo de extermínio (agrupamento de pessoas voltado a eliminar seres humanos por razões variadas).

Estabeleceu-se uma causa de aumento de um terço até a metade. Entretanto, o disposto neste parágrafo, na realidade, pode ser inaplicável. O crime de homicídio, praticado por grupo de extermínio ou milícia privada, sempre foi considerado como qualificado, fundado no inciso I do § 2.º: paga, promessa de recompensa ou outro motivo torpe. Desconhece-se a figura do homicídio simples cometido por exterminadores, no plano fático, embora previsto em lei.

Diante disso, não se pode aceitar o indevido *bis in idem*. Se a atividade paramilitar ou vigilante é torpe, por natureza, provocando a qualificação do delito, deixa de incidir a causa de aumento. Porém, há uma hipótese em que tal causa de aumento torna-se aplicável. Se o homicídio se qualificar por outro fundamento, de caráter objetivo (incisos III, IV, VI e VII do § 2.º), pode-se utilizar o aumento de um terço até a metade. Ilustrando, Beltrano comete um homicídio por meio cruel, em grupo de extermínio.

Qualifica-se o crime com base no § 2.º, III, associando-se ao § 6.º. A faixa de fixação da pena estabelece-se de 12 a 30 anos (por conta da qualificadora do inciso III), usando-se o aumento de um terço até metade na terceira fase da fixação do *quantum* da pena. Esse mecanismo é juridicamente viável porque, quando o homicídio é dupla ou triplamente qualificado, a primeira circunstância serve para qualificar, enquanto a(s) outra(s) funciona(m) como agravante(s). Ora, havendo causa de aumento, que predomina sobre agravante, deve-se utilizar a elevação de um terço até metade.

2.33.1 Número mínimo de integrantes

Não há definição legal para o número de integrantes da milícia privada ou do grupo de extermínio. Deveria ter sido indicado o padrão a ser seguido, pois há associações de duas pessoas (tráfico – art. 35, Lei 11.343/2006), três pessoas (associação criminosa – art. 288, CP) ou quatro pessoas (organização criminosa – art. 1.º, § 1.º, Lei 12.850/2013). O novel tipo incriminador, cuidando da constituição de milícia privada (art. 288-A, CP) silenciou quanto ao número mínimo.

Diante disso, parece-nos razoável supor que *esse mínimo se circunscreva a duas pessoas*, quantidade suficiente para constituir uma milícia. Sugerir três ou quatro (ou até mais que isso) seria puramente arbitrário, já que dois indivíduos são suficientes para formar um grupo, embora pequeno. Relembremos, pois, que a prática de extermínio por uma pessoa continuará a ser tipificada como homicídio qualificado pela torpeza. Quando executado por duas ou mais pessoas, pode ser qualificado, igualmente, pela torpeza, ou, havendo outras circunstâncias qualificadoras, reserva-se esta para a causa de aumento do § 6.º.

ROGÉRIO SANCHES CUNHA, sem nem mencionar a associação criminosa existente na Lei de Drogas, parte para a opção entre o mínimo de três, previsto no art. 288 do CP (associação criminosa), e o mínimo de quatro, previsto na Lei 12.850/2013 (Lei da Organização Criminosa). Opta pela segunda posição justificando da seguinte forma: é a corrente à qual nos filiamos.[101]

---

[101] *Manual de direito penal*. Parte especial, p. 84.

CLEBER MASSON e CEZAR ROBERTO BITENCOURT, sem maiores esclarecimentos, preferem fazer analogia com o art. 288 do CP e opinam pelo mínimo de três pessoas.[102]

2.33.2 Montante de elevação da pena

Fixa-se uma causa de aumento variável, de um terço até a metade, devendo-se buscar um critério para a elevação. Cuidando-se de homicídio praticado por milícia privada ou grupo de extermínio, o menor aumento (um terço) deve ser reservado a quem age dentro do número mínimo de agentes, elevando-se o *quantum* conforme aumentar o número de integrantes do agrupamento, independentemente da eventual tipificação do crime do art. 288-A.

2.33.3 Finalidade específica

A causa de aumento demanda atividade de milícia privada, que aja sob o pretexto de prestação de serviço de segurança. Na realidade, tal previsão é tautológica, pois a milícia é, por essência, um grupo paramilitar, cuja finalidade é justamente serviços gerais de segurança. De outra parte, ao tratar do grupo de extermínio, não se exigiu finalidade especial, pois já é da natureza de associações desse tipo a eliminação de pessoas.

2.34 Quadro-resumo

Previsão legal	**Homicídio simples** **Art. 121.** Matar alguém: Pena – reclusão, de seis a vinte anos. **Caso de diminuição de pena** § 1.º Se o agente comete o crime impelido por motivo de relevante valor social ou moral, ou sob o domínio de violenta emoção, logo em seguida a injusta provocação da vítima, o juiz pode reduzir a pena de um sexto a um terço. **Homicídio qualificado** § 2.º Se o homicídio é cometido: I – mediante paga ou promessa de recompensa, ou por outro motivo torpe; II – por motivo fútil; III – com emprego de veneno, fogo, explosivo, asfixia, tortura ou outro meio insidioso ou cruel, ou de que possa resultar perigo comum; IV – à traição, de emboscada, ou mediante dissimulação ou outro recurso que dificulte ou torne impossível a defesa do ofendido; V – para assegurar a execução, a ocultação, a impunidade ou vantagem de outro crime: Pena – reclusão, de doze a trinta anos. VI – Revogado; VII – contra autoridade ou agente descrito nos arts. 142 e 144 da Constituição Federal, integrantes do sistema prisional e da Força Nacional de Segurança Pública, no exercício da função ou em decorrência dela, ou contra seu cônjuge, companheiro ou parente consanguíneo até terceiro grau, em razão dessa condição: VIII – com emprego de arma de fogo de uso restrito ou proibido:

---

[102] CLEBER MASSON, *Direito penal*, v. 3, p. 418; BITENCOURT, *Tratado de direito penal*, v. 4, p. 476.

Previsão legal	**Homicídio contra menor de 14 (quatorze) anos** IX – contra menor de 14 (quatorze) anos: Pena – reclusão, de doze a trinta anos. § 2.º-A. Revogado. § 2.º-B. A pena do homicídio contra menor de 14 (quatorze) anos é aumentada de: I – 1/3 (um terço) até a metade se a vítima é pessoa com deficiência ou com doença que implique o aumento de sua vulnerabilidade; II – 2/3 (dois terços) se o autor é ascendente, padrasto ou madrasta, tio, irmão, cônjuge, companheiro, tutor, curador, preceptor ou empregador da vítima ou por qualquer outro título tiver autoridade sobre ela; III – 2/3 (dois terços) se o crime for praticado em instituição de educação básica pública ou privada. **Homicídio culposo** § 3.º Se o homicídio é culposo: (Vide Lei 4.611, de 1965) Pena – detenção, de um a três anos. **Aumento de pena** § 4.º No homicídio culposo, a pena é aumentada de 1/3 (um terço), se o crime resulta de inobservância de regra técnica de profissão, arte ou ofício, ou se o agente deixa de prestar imediato socorro à vítima, não procura diminuir as consequências do seu ato, ou foge para evitar prisão em flagrante. Sendo doloso o homicídio, a pena é aumentada de 1/3 (um terço) se o crime é praticado contra pessoa menor de 14 (quatorze) ou maior de 60 (sessenta) anos. § 5.º Na hipótese de homicídio culposo, o juiz poderá deixar de aplicar a pena, se as consequências da infração atingirem o próprio agente de forma tão grave que a sanção penal se torne desnecessária. § 6.º A pena é aumentada de 1/3 (um terço) até a metade se o crime for praticado por milícia privada, sob o pretexto de prestação de serviço de segurança, ou por grupo de extermínio. § 7.º Revogado.
Sujeito ativo	Qualquer pessoa
Sujeito passivo	Qualquer pessoa
Objeto material	Pessoa atingida
Objeto jurídico	Vida humana
Elemento subjetivo	Dolo ou culpa
Classificação	Comum Material Forma livre Comissivo Instantâneo Dano Progressivo Unissubjetivo Plurissubsistente
Tentativa	Admite
Circunstâncias especiais	Causa diminuição de pena Qualificadoras Causa aumento de pena

3. FEMINICÍDIO

3.1 Conceito

A eliminação da vida da mulher sempre foi tutelada pelo direito penal, na forma do homicídio. Em verdade, não significa o termo "homicídio"[103] apenas eliminar a vida do homem, mas do ser humano, vivente no planeta. No entanto, diversas normas foram editadas ao longo do tempo, com o exclusivo objetivo de conferir maior proteção à mulher, em face da nítida opressão enfrentada quando em convívio com alguém do sexo masculino, como regra.

Culturalmente, em várias partes do mundo, a mulher é inferiorizada sob diversos prismas. Pior, quando é violentada e até mesmo morta, em razão de costumes, tradições ou regras questionáveis, se confrontadas com os direitos humanos fundamentais. No Brasil, verifica-se ainda o predomínio do machismo e do patriarcalismo.

Constitucionalmente, todos são iguais perante a lei. Essa afirmação normativa não bastava, tendo em vista que as mulheres continuavam a sofrer dentro de seus lares (principalmente) inúmeras formas de violência física e psicológica. Adveio a Lei 11.340/2006 (Lei Maria da Penha) contendo normas explicativas, programáticas e determinadas, com o fito de tutelar, de maneira mais eficiente, a condição do sexo feminino, em particular nos relacionamentos domésticos e familiares.

O feminicídio[104] é uma continuidade dessa tutela especial, considerando homicídio qualificado e hediondo a conduta de matar a mulher, valendo-se de sua *condição de sexo feminino*. "Radford definia o feminicídio como o assassinato de mulheres cometido por homens, como uma forma de violência sexual, aclarando que o conceito abarcava algo mais que a sua definição legal de assassinato, levando a situações nas quais as mulheres morrem como resultados de atitudes misóginas ou de práticas sociais."[105]

Em seu artigo "o que não se nomeia não existe", GRACIELA ATENCIO demonstra que até a segunda metade do século XX havia uma naturalidade histórica acerca da violência contra a mulher. Após intenso trabalho de movimentos feministas e da comunidade internacional, houve o nascimento do termo *feminicídio* (ou femicídio), a fim de evidenciar que as mulheres padecem de violência, não apenas em épocas de guerras, mas em qualquer período.[106]

Trata-se de uma qualificadora *objetiva*, pois se liga ao gênero da vítima: ser mulher. Historicamente, sempre predominou o androcentrismo, colocando o homem no centro de tudo, em oposição à misoginia, justificando um ódio às mulheres, mais fracas fisicamente e sem condições de ascensão social.

Não aquiescemos à ideia de ser uma qualificadora *subjetiva* (como o motivo torpe ou fútil) somente porque se inseriu a expressão "por razões de condição de sexo feminino". Não é essa a motivação do homicídio. O agente não mata a mulher *somente* porque ela é mulher, mas o faz por ódio, raiva, ciúme, disputa familiar, prazer, sadismo, enfim, motivos variados,

---

[103] Embora o radical da palavra provenha do latim *homicidium*, que se origina no nominativo *homem*.

[104] Alguns defendem que o correto é "femicídio", porém os dicionários, em geral, apontam ambos os termos como sinônimos. Alguns até se referem ao termo "femicídio" como uma palavra morfologicamente deficiente. Sobre a origem do termo, consultar ELENA LAPORTA HERNÁNDEZ, Evolución del concepto. Um anglicismo que se desarolló en América Latina. In: GRACIELA ATENCIO, *Feminicidio*, p. 63-87.

[105] GUSTAVO A. AROCENA e JOSÉ D. CESANO, *El delito de femicidio*, p. 15, traduzimos.

[106] GRACIELA ATENCIO, *Feminicidio*, p. 17.

que podem ser torpes ou fúteis; podem, inclusive, ser moralmente relevantes.[107] Não se descarta, por óbvio, a possibilidade de o homem matar a mulher por questões de misoginia ou violência doméstica; mesmo assim, a violência doméstica e a misoginia proporcionam aos homens o prazer de espancar e matar a mulher, porque esta é fisicamente mais fraca. É o que se chama de *violência de gênero*, o que nos parece objetivo – e não subjetivo.[108] Basta verificar processo por processo de agressão à mulher: o marido matou a esposa porque se casou com uma mulher? Não, ele se sente *encorajado* a matá-la, porque se sente superior e ela o traiu com outra pessoa. Não sabe resolver o assunto com civilidade, na esfera civil.[109]

Sendo objetiva, pode conviver com outras circunstâncias de cunho puramente subjetivo. Exemplificando, pode-se matar a mulher, no ambiente doméstico, por motivo fútil (em virtude de uma banal discussão entre marido e esposa), incidindo duas qualificadoras: ser mulher e haver motivo fútil. Essa é a real proteção à mulher, com a inserção do feminicídio. Do contrário, seria inútil. Fosse meramente subjetiva (ou até objetivo-subjetiva, como pretendem alguns), considerar-se-ia o homicídio supra ilustrado como feminicídio apenas. E o motivo do agente? Seria desprezado por completo.

Na realidade, muitos maridos, companheiros, namorados matam a mulher porque se sentem mais fortes que ela, o que é objetivo, mas também porque discutiram por conta de um jantar servido fora de hora (por exemplo), ingressando o motivo fútil. É essa a lógica adotada pela Lei Maria da Penha. Pune-se a lesão corporal contra a mulher, dentro do lar, como lesão qualificada (art. 129, § 9.º, CP), independentemente do motivo. Aliás, se for torpe, por exemplo, acrescenta-se a agravante (lesionou a mulher para receber o valor de um seguro, ilustrando).

"Na Áustria, Polônia, Espanha, Suécia, Inglaterra e Gales, desenvolveram-se programas em prisões para homens que tenham incorrido em violência de gênero, mediante intervenções psicológicas ou educativas. Esses programas podem caracterizar-se pelos seguintes núcleos comuns: centram-se *especificamente* na violência contra mulheres, com a finalidade de prevenir os homens de exercê-la no futuro; os participantes são homens que tenham perpetrado violência de gênero, e os programas são realizados preferencialmente em grupos, sem prejuízo

---

[107] Defendendo o caráter subjetivo da qualificadora, encontra-se a posição de Bitencourt (*Tratado de direito penal*, v. 2, p. 96 e ss.), afirmando não bastar ser a mulher sujeito passivo do homicídio para se caracterizar o feminicídio. É preciso haver relação com a violência doméstica e a intenção de menosprezo à condição feminina. Cita o exemplo do homem que mata a mulher porque esta lhe deve dinheiro e diz não se tratar de feminicídio. No entanto, Arocena e Cesano dizem que "as formas de violência podem ser: física, psicológica, sexual, econômica e patrimonial e simbólica" (*El delito de femicidio*, p. 43, traduzimos). Além disso, surge a questão: se um homem matar um idoso porque este lhe deve dinheiro, incide a agravante de delito contra idoso, de maneira *objetiva*. É a tutela dos mais fracos. Seguem a mesma linha de Bitencourt: Rogério Greco (*Direito penal*, v. 2, p. 38 e ss.); Paulo Busato, inclusive criticando a inclusão da qualificadora (*Direito penal*, v. 2, p. 44 e ss.). A crítica em relação à criação do feminicídio, na legislação penal brasileira, está em desarmonia com o resto do mundo e também com o disposto pela Convenção de Belém do Pará, cuidando da violência de gênero.

[108] Pode-se até sustentar que, no passado, matava-se a mulher, torturando-a, violentando-a, por misoginia, mesmo inconsciente, rompendo as barreiras da crueldade para afirmar o poder masculino. Mas isso ocorria, muitas vezes, quando tribos bárbaras invadiam outra tribo. Não se pode equiparar à situação atual. O homem mata a mulher, mais fraca, por covardia e um sentimento incubado de desprezo à condição de mulher, porém, tem um motivo para o momento, um motivo concreto e visível, que não é a misoginia.

[109] Cleber Masson segue a mesma linha ao mencionar ser a qualificadora *constitucional* e necessária, além de ser uma situação objetiva (*Direito penal*, v. 2, p. 47-49).

de que em alguns casos esteja disponível, ademais, a assistência individual."[110] Na América Latina, tipificaram o delito de feminicídio, além do Brasil em época recente, México (2007), Guatemala (2008), El Salvador (2010), Honduras (2013), Nicarágua (2012), Panamá (2013), Costa Rica (2007), Equador (2014), Peru (2011), Chile (2010) e Bolívia (2013).[111]

3.2 Estrutura do tipo penal incriminador

O tipo penal do homicídio (art. 121, CP) é um dos mais simples da legislação, pois inteiramente objetivo-descritivo, composto por dois termos: *matar* (eliminar a vida) *alguém* (ser humano). Surge o crime de feminicídio, constituindo um tipo similar, mas com a inclusão de elementos normativos (dependentes de valoração). Portanto, é formado pela conduta de *matar* (eliminar a vida) associada a *mulher* (ser humano do gênero feminino), com a inserção da parte explicativa, em que se pode contextualizar a vítima, cuidando-se de *razões da condição do sexo feminino*, representativa dos fundamentos sobre os quais repousa a eliminação da mulher, vale dizer, a sua situação de vulnerabilidade.

Essa fragilidade compõe-se de variados aspectos, bem delineados no art. 5.º c/c art. 7.º, ambos da Lei 11.340/2006 (Lei Maria da Penha), evidenciando um particular cenário (violência doméstica e familiar), no qual se encontram a unidade doméstica (espaço de convívio permanente de pessoas, com ou sem vínculo familiar, inclusive esporadicamente agregadas), o âmbito familiar (comunidade formada por indivíduos aparentados, unidos por laços naturais, por afinidade ou vontade expressa) e a relação íntima de afeto (convivência com ou sem coabitação). Enumeram-se, na referida lei de 2006, os formatos de violência doméstica e familiar (física, psicológica, sexual, patrimonial e moral).[112]

A edição da Lei 13.104/2015 criou o homicídio qualificado e hediondo em função da conduta de matar a mulher, valendo-se de sua *condição de sexo feminino* (art. 121, § 2.º, VI), por razões pedagógicas, procurando destacar a todos os destinatários da lei penal a particular gravidade desse delito. Na sequência, a Lei 14.994/2024 avança e constrói a figura típica autônoma do *feminicídio*, novamente para demonstrar à sociedade brasileira o quão grave e pernicioso é esse crime, a ponto de merecer uma das penas mais elevadas de toda a legislação penal: reclusão, de 20 a 40 anos.

Outra razão para incluir o feminicídio como delito autônomo foi evitar a aplicação das causas de diminuição do § 1.º do art. 121 (motivo de relevante valor social ou moral e domínio de violenta emoção logo após injusta provocação da vítima). Esta última, por sinal, continuava a ser levantada nos julgamentos pelo Tribunal do Júri, sob o manto do *feminicídio passional*, apontando as *traições conjugais* como causas para atenuação da pena. Nada impede que se alegue a atenuante do art. 65, III, c, do Código Penal (violenta emoção, influenciada pela injusta provocação da vítima), mas não terá a mesma intensidade da causa de diminuição. Registre-se, ainda, que essa hipótese não representa a mesma alegação defensiva de *legítima defesa da honra*, que seria causa de absolvição, pois foi vedada a tese pelo STF.

---

[110] GUSTAVO A. AROCENA e JOSÉ D. CESANO, *El delito de femicidio*, p. 46, traduzimos.

[111] ELENA LAPORTA HERNÁNDEZ, El feminicidio como categoría jurídica. De la regulación en América Latina a sua inclusión en España. In: GRACIELA ATENCIO, *Feminicidio*, p. 162.

[112] Editou o STJ a Súmula 600, nos seguintes termos: "Para a configuração da violência doméstica e familiar prevista no artigo 5.º da Lei 11.340/2006 (Lei Maria da Penha) não se exige a coabitação entre autor e vítima".

Não será a modificação legislativa a causa de estancamento da violência contra a mulher, mas a sociedade exige alguma providência, e uma delas sempre foi – e continuará sendo – a resposta penal, criando tipos incriminadores e impondo sanções rigorosas, mesmo que tenha a meta pedagógica, evidenciando a todos a maior tutela dedicada à pessoa do sexo feminino.

O fundamento para o nascimento da Lei Maria da Penha concentra-se exatamente na maior proteção às mulheres, quando evidenciadas as situações de visível contraste entre quem agride e quem é agredido, produzindo a conjuntura harmônica ao princípio da igualdade, que abrange o tratamento *desigual aos desiguais*. Seguindo essa tendência, edita-se o tipo penal do feminicídio, evitando-se a singela menção de "matar mulher"; ao contrário, pretende-se indicar o contexto para o qual o crime de homicídio ganhou destaque: as condições especiais do sexo feminino (violência doméstica e familiar; menosprezo ou discriminação à condição de mulher).

Saindo dessa conjuntura, a eliminação da vida humana constitui o *homicídio*, seja a vítima homem ou mulher. O feminicídio insere-se no quadro maior de tutela específica a grupos fragilizados da sociedade, em que se encontra a edição de variados conjuntos de leis protetivas a pessoas com deficiência, àquelas discriminadas pela cor da pele, religião, orientação sexual, origem, entre outros fatores, a mulheres grávidas, a crianças e adolescentes, a pessoas enfermas, aos idosos, enfim, a todas as pessoas em condição vulnerável diante do agressor.

3.3 Razões da condição de sexo feminino

A menção ao termo *razões* no texto legal pode sugerir, em primeira análise, que se construiu algo relativo à motivação, mas é uma impressão equivocada. Todavia, estrutura-se essa terminologia como *causa, fundamento* ou *origem* da eliminação da vida da mulher, nada ligado a motivo ou justificativa do agente. Equivale a situação de maior gravidade, quando o homicídio é praticado contra menor de 14 anos ou maior de 60 anos, demonstrando que o agente se volta contra pessoa mais vulnerável, evidenciando a sua covardia e a sua prepotência. São situações objetivas, podendo-se analisar qual o motivo que levou o homicida a praticar o delito.

O § 1.º do art. 121-A é uma norma explicativa, embora não exaustiva em matéria de esclarecimento, colocando, como *razões*, a violência doméstica e familiar, bem como o menosprezo ou discriminação à condição de mulher. Como mencionado no tópico anterior, a Lei Maria da Penha bem expõe diversos cenários de violência doméstica e familiar, em que se pode vislumbrar a vulnerabilidade da mulher, acrescentando-se o *menosprezo* (depreciação, desprezo) e a *discriminação* (segregação, diferenciação).

É possível visualizar a conjuntura na qual se pode incluir o feminicídio. A mulher é oprimida na relação doméstica e familiar, em diversos contextos, como decorrência do machismo e do patriarcalismo. Noutros ambientes, pode ser menosprezada e discriminada, por se enfocar a mulher de maneira inferiorizada na sociedade. São esses fatores que constroem o alicerce sobre o qual se erguem as *razões da condição de sexo feminino*, que abrange a quase totalidade das agressões violentas, físicas, psicológicas e morais contra a mulher.

3.4 Sujeitos ativo e passivo

O sujeito ativo se torna específico, pois a vítima também o é, ambos inseridos em contexto peculiar, conforme descrito no tipo penal. Como regra, é o homem, visto que a pessoa ofendida é a mulher nas condições de violência doméstica e familiar ou sofrendo discriminação ou menosprezo. O sujeito passivo é apenas a mulher.

Destaquem-se as peculiaridades da situação. É possível que, na convivência conjugal, uma mulher homossexual dominante, em violência doméstica, mate outra mulher, cometendo feminicídio. No entanto, se uma mulher mata outra em briga de trânsito, cuida-se de homicídio. Do mesmo modo, se o homem mata a mulher, comparsa de crime, durante discussão pela divisão de bens furtados, trata-se de homicídio. Se tais particularidades não forem seguidas, inexistiria razão para a criação de um tipo penal especial (art. 121-A).

Aliás, se qualquer provocação de morte de mulher se transformasse, automaticamente, em feminicídio, estar-se-ia promovendo um tipo penal inconstitucional, pois haveria a supervalorização da vida humana feminina em detrimento da masculina. Outro fator a considerar é a construção do tipo incriminador: fosse apenas um crime de qualquer homem contra qualquer mulher, a redação deveria ser diversa.

Por derradeiro, convém analisar a hipótese de vítima transgênero que se considera mulher. Caso esteja consolidada a situação com alteração do registro civil, nada se pode questionar, cuidando-se de mulher para todos os fins, inclusive para preencher as condições de sexo feminino do § 1.º do art. 121-A. Entretanto, sem a modificação jurídica, depende do caso concreto. Respeitando-se a dignidade da pessoa humana e a opção de identidade de gênero, para ilustrar, pode ocorrer a formação de casal, sendo um deles considerado *mulher* e o outro *homem*, repetindo-se o cenário de dominância do gênero masculino sobre o feminino, em contexto doméstico e familiar. Assim, caso o par masculino mate o feminino, pode-se tipificar como feminicídio.

3.5 Elemento subjetivo

É o dolo. Inexiste elemento subjetivo específico e, justamente porque se trata de uma situação objetiva, pode-se encontrar qualquer motivação (por exemplo, futilidade ou torpeza).

Não há a forma culposa, por ausência de previsão no tipo do art. 121-A. Desse modo, se o marido matar a esposa, por imprudência, mesmo em discussão doméstica, cuida-se de homicídio culposo (art. 121, § 3.º, CP).

3.6 Objetos material e jurídico

O objeto material é a mulher que sofre a conduta criminosa. O objeto jurídico é a vida humana, com a particular ênfase do contexto de vulnerabilidade.

3.7 Classificação do crime

Trata-se de crime próprio (aquele que demanda sujeito ativo qualificado pelo contexto fático); material (delito que exige resultado naturalístico, consistente na morte da vítima); de forma livre (podendo ser cometido por qualquer meio eleito pelo agente); comissivo ("matar" implica ação); instantâneo (cujo resultado "morte" se dá de maneira instantânea, não se prolongando no tempo); de dano (consuma-se apenas com efetiva lesão a um bem jurídico tutelado); unissubjetivo (que pode ser praticado por um só agente); plurissubsistente (composto por vários atos); admite tentativa.

3.8 Causa de aumento de pena

A elevação deve ser aplicada na terceira fase de fixação do *quantum* da pena (após terem sido consideradas as circunstâncias judiciais do art. 59, bem como todas as agravantes e atenuantes), envolvendo um aumento variável de 1/3 até a metade.

Como regra, havendo somente uma delas (incisos I a V), impõe-se a elevação de 1/3. Presente mais de uma, cabe ao critério discricionário do magistrado mensurar o aumento, sem ultrapassar a metade. Não se trata de pura matemática, reservando-se a metade apenas quando existentes as cinco circunstâncias e promovendo-se uma divisão fracionária rígida quando se encontrar duas, três ou quatro. Nada impede que seja aplicada a metade, quando uma só circunstância esteja presente, mas muito grave, como um feminicídio cometido na frente de quatro filhos pequenos, traumatizando todos eles.

Do mesmo modo, é viável impor apenas um terço de elevação, quando presentes duas circunstâncias não tão relevantes, como aproximar-se de pessoa maior de 60 anos, descumprindo a ordem de restrição. O importante é *fundamentar*, com base nas provas existentes nos autos, o critério utilizado. Lembre-se, ainda, de que a causa de aumento permite o rompimento do teto cominado ao crime, no caso, 40 anos. Se, porventura, a pena extraída após a segunda fase tiver atingido o máximo, é possível acrescentar mais um terço até metade. Em tese, para exemplificar, a pena por um feminicídio poderia chegar a 60 anos de reclusão. Um cuidado deve ter o julgador para não provocar a incidência de dupla valoração do mesmo fato ao elevar a pena (*bis in idem*). Ilustrando, se o feminicídio é cometido contra mulher grávida, aplica-se a causa de aumento, mas não se pode impor a agravante de crime praticado contra gestante (art. 61, II, *h*, CP).

3.8.1 *Durante a gestação, pós-parto e condição de mãe ou responsável por vulnerável*

Essa circunstância envolve particular tutela para situações que refletem duplo aspecto. Matar a mulher grávida provoca a eliminação da vida da gestante e, também, do feto. Se o cometimento do crime se dá nos três primeiros meses após o parto, além da vida da mãe, priva-se a criança dos primeiros e essenciais cuidados fornecidos pela genitora.

Na terceira hipótese, envolve-se a privação do trato e zelo da mãe em relação aos filhos (crianças ou adolescentes), além de se tolher o cuidado de quem é responsável por pessoa com deficiência. Não obstante, pode-se vislumbrar, ainda, a peculiar vulnerabilidade da vítima, que, além de mulher, está grávida ou acabou de dar à luz.

É importante avaliar se o agente *sabia* (ou *devia saber*) da circunstância, porque o dolo (direto ou eventual) deve envolvê-la, assim como se exige quanto ao tipo básico (matar mulher). Desconhecendo por completo tratar-se de vítima gestante, por exemplo, não é possível incidir a causa de aumento; do contrário, seria responsabilidade objetiva, vedada em direito penal.

3.8.2 *Menor de 14, maior de 60 anos ou vulnerabilidade*

A circunstância enfocada diz respeito, nitidamente, à maior vulnerabilidade da vítima, o que demonstra a possibilidade de *cumulação de fragilidades* (além de mulher, também é menor de 14, maior de 60 anos ou possui alguma limitação). A faixa etária relativa ao menor de 14 anos abrange a criança – até 11 anos – e o adolescente – 12 e 13 anos –, lembrando que, para o homicídio, há a qualificadora referente à pessoa menor de 14 anos (art. 121, § 2.º, IX).

Envolve a causa de aumento, também, a pessoa idosa – maior de 60 anos –, bem como a que possuir qualquer deficiência, física ou mental, ou portadora de doença degenerativa, causadora de condição limitante. Em suma, finaliza este inciso II com a cláusula genérica e residual: seja a vítima *vulnerável*, de qualquer modo, física ou mentalmente. É preciso cautela ao aplicar esse aumento, evitando-se o *bis in idem*, pois existem agravantes correlatas (crime contra criança, idoso ou enfermo).

3.8.3 Presença de descendente ou ascendente da vítima

O cometimento do feminicídio diante de filhos ou pais da vítima gera um trauma intenso e, infelizmente, não são poucos os casos em que isso se dá. Essa circunstância, quando ocorria, era tratada como consequência do crime, prevista no art. 59 do CP, por traumatizar os descendentes ou ascendentes. A *presença* implica visualização do momento da conduta lesiva, geradora da morte.

Não exige, por óbvio, o momento do resultado (morte), pois este pode se dar muito tempo depois da agressão. A previsão feita neste inciso atende aos critérios contemporâneos, voltados à tecnologia, tendo em vista a viabilidade de se dar a efetiva visualização do delito, em tempo real, por meio virtual (a vítima pode ser agredida no instante em que se comunica por rede social, inclusive por videoconferência, com filhos ou pais).

3.8.4 Descumprimento de medidas protetivas

O fato se torna mais grave porque o agente infringe determinação judicial para atingir a vítima, envolvendo maior ousadia, com prejuízo à administração da justiça.

São as seguintes medidas protetivas de urgência (Lei 11.340/2006): "Art. 22 (...) I – suspensão da posse ou restrição do porte de armas, com comunicação ao órgão competente, nos termos da Lei n.º 10.826, de 22 de dezembro de 2003; II – afastamento do lar, domicílio ou local de convivência com a ofendida; III – proibição de determinadas condutas, entre as quais: a) aproximação da ofendida, de seus familiares e das testemunhas, fixando o limite mínimo de distância entre estes e o agressor; b) contato com a ofendida, seus familiares e testemunhas por qualquer meio de comunicação; c) frequentação de determinados lugares a fim de preservar a integridade física e psicológica da ofendida".

3.8.5 Meios e modos de execução

Essa causa de aumento foi colhida das qualificadoras de índole objetiva do homicídio para inserir neste tipo penal como causas de aumento. Remete-se o leitor aos comentários feitos aos incisos III, IV e VIII do § 2.º do art. 121. Havia um debate em torno da natureza jurídica da qualificadora antes existente, referente ao feminicídio – agora transformada em tipo autônomo –, no sentido de se tratar de circunstância objetiva ou subjetiva.

Observa-se, com o advento da Lei 14.994/2024, terem migrado para o tipo do art. 121-A, como causas de aumento, apenas as objetivas, deixando de lado as subjetivas (motivo torpe, fútil e em razão de outro delito). Pode-se argumentar que o feminicídio seria, então, de fundo subjetivo e não poderia conviver com a motivação fútil ou torpe. Assim não nos parece. Cuida-se de política criminal, elegendo-se as qualificadoras mais graves do homicídio – de fundo objetivo – para gerar aumento da pena, mas deixando as circunstâncias subjetivas, referentes à motivação, para serem aplicadas como agravantes, na segunda fase da aplicação da pena privativa de liberdade. É uma mensuração diferenciada, embora possam ser aplicadas todas as circunstâncias subjetivas ao feminicídio. Parece-nos relevante assinalar que *matar a mulher em razão da condição de sexo feminino* é um fato de avaliação objetiva, demonstrativo da covardia do agente, que se volta contra pessoa vulnerável na relação doméstica e familiar ou como gênero discriminado ou menosprezado.

Além disso, pode-se matar a mulher *por motivo fútil*, por exemplo, sem que se possa alegar *bis in idem*. Nessa hipótese, seria um feminicídio (reclusão de 20 a 40 anos), com a agravante da futilidade. Outro argumento demonstra a viabilidade de se cumular vulnerabilidades, elevando a pena por graus: matar a mulher possui uma pena mais elevada (reclusão de 20 a 40 anos); caso ela seja maior de 60 anos, possibilita-se elevar em mais 1/3 até metade. Compare-se com o menor de 14 anos: matar a criança faz incidir a qualificadora do homicídio (reclusão de 12 a 30 anos); se o infante for pessoa com deficiência (ainda mais vulnerável), há um aumento de 1/3 até metade. Nas duas ilustrações, inexiste dupla apenação pelo mesmo fato.

3.9 Concurso de agentes

Na hipótese de ser o crime cometido por várias pessoas, dentre coautores e partícipes, nos termos do art. 29 do CP, todos devem responder pelo mesmo delito, na medida da sua culpabilidade. Entretanto, para evitar qualquer dúvida, estabeleceu-se, no art. 30, que as elementares do delito *comunicam-se* a todos os envolvidos.

Entende-se por *elementares* as partes componentes do tipo básico, a figura essencial da infração penal, geralmente constante do *caput* do artigo. Ilustrando, no peculato, descreve-se: "Apropriar-se o funcionário público de dinheiro, valor ou qualquer outro bem móvel, público ou particular, de que tem a posse em razão do cargo, ou desviá-lo, em proveito próprio ou alheio". Note-se que o termo *funcionário público* é elementar do crime, razão pela qual todos os coautores e partícipes, embora não funcionários, que estiverem junto com o servidor público, responderão igualmente por peculato. A elementar se comunica aos demais.

A regra prevista no § 3.º do art. 121-A não precisaria existir, pois as situações enumeradas nos incisos I e II do § 1.º são *elementares* do crime de feminicídio, constituindo norma explicativa da *condição de sexo feminino* descrita no *caput*. Logo, por óbvio, atingem todos os coautores e partícipes, nos termos dos arts. 29 e 30 do Código Penal. Todos os que matarem a mulher nas condições do § 1.º do art. 121-A, sejam coautores ou partícipes, são feminicidas, demandando-se, naturalmente, o dolo abrangente.

3.10 Quadro-resumo

	Feminicídio
Previsão legal	Art. 121-A. Matar mulher por razões da condição do sexo feminino:
	Pena – reclusão, de 20 (vinte) a 40 (quarenta) anos.
	§ 1.º Considera-se que há razões da condição do sexo feminino quando o crime envolve:
	I – violência doméstica e familiar;
	II – menosprezo ou discriminação à condição de mulher.
	§ 2.º A pena do feminicídio é aumentada de 1/3 (um terço) até a metade se o crime é praticado:
	I – durante a gestação, nos 3 (três) meses posteriores ao parto ou se a vítima é a mãe ou a responsável por criança, adolescente ou pessoa com deficiência de qualquer idade;

Previsão legal	II – contra pessoa menor de 14 (catorze) anos, maior de 60 (sessenta) anos, com deficiência ou portadora de doenças degenerativas que acarretem condição limitante ou de vulnerabilidade física ou mental; III – na presença física ou virtual de descendente ou de ascendente da vítima; IV – em descumprimento das medidas protetivas de urgência previstas nos incisos I, II e III do *caput* do art. 22 da Lei n.º 11.340, de 7 de agosto de 2006 (Lei Maria da Penha); V – nas circunstâncias previstas nos incisos III, IV e VIII do § 2.º do art. 121 deste Código. **Coautoria** § 3.º Comunicam-se ao coautor ou partícipe as circunstâncias pessoais elementares do crime previstas no § 1.º deste artigo.
Sujeito ativo	Homem (como regra)
Sujeito passivo	Mulher em razões da condição de sexo feminino
Objeto material	Mulher que sofre a agressão
Objeto jurídico	Vida humana
Elemento subjetivo	Dolo
Classificação	Próprio Material Forma livre Comissivo Instantâneo Dano Unissubjetivo Plurissubsistente
Tentativa	Admite
Circunstâncias especiais	Causas de aumento de pena

4. INDUZIMENTO, INSTIGAÇÃO OU AUXÍLIO A SUICÍDIO

4.1 Conceito de suicídio

É a morte voluntária, que, segundo DURKHEIM, "resulta, direta ou indiretamente, de um ato positivo ou negativo, realizado pela própria vítima, e que ele sabia que produziria esse resultado", chamando-se, ainda, autocídio e autoquíria.[113] Na ótica da medicina legal, "suicídio (de *sui*, a si próprio; *caedere*, cortar, matar) é a deserção voluntária da própria vida; é a morte, por vontade e sem constrangimento, de si próprio. (...) A conceituação dessa modalidade jurídica de morte exige dois elementos: um, subjetivo, o desejo de morrer; outro, objetivo, o resultado morte. Dessarte, excluem-se do conceito de suicídio os que morrem no cumprimento do dever, como os soldados e os bombeiros em ação; os médicos mortos por

---

[113] *O suicídio*, p. 16.

doenças infectocontagiosas contraídas no exercício da profissão; os que encontram a morte por autoinoculação de micróbios ou substâncias tóxicas desconhecidas, em imprevisíveis experimentações científicas; os que falecem tentando, em gesto altruístico, salvar semelhantes prestes a afogar-se; ou o ato do capitão que permanece a bordo ao afundar o navio, enquanto nele existam outros passageiros".[114]

É igualmente interessante assinalar que, nos países onde há pena de morte, não são poucos os casos de pessoas que, desejando suicidar-se, mas não tendo coragem para fazê-lo, confessam crimes que não cometeram, passíveis de pena capital, contando com a ação estatal. Por isso, torna-se extremamente relevante não se levar em conta apenas a confissão para calcar uma condenação, em particular quando envolve a pena de morte.[115]

No Brasil, não se pune o autor da tentativa de suicídio, por motivos humanitários: afinal, quem atentou contra a própria vida, por conta de comoção social, religiosa ou política, estado de miserabilidade, desagregação familiar, doenças graves, causas tóxicas, efeitos neurológicos, infecciosos ou psíquicos e até por conta de senilidade ou imaturidade, não merece punição, mas compaixão, amparo e atendimento médico.

"A profilaxia do suicídio [ou de quem o tentou] deve ser orientada por parte do Estado visando ao reajustamento social, representado por justiça social, combate à crescente taxa de desemprego, proteção à família e educação eficaz sexual, para o trabalho e religiosa, encetando, também, periodicamente, campanhas contra o alcoolismo e demais toxicomanias exógenas e aprimorando a assistência aos alienados em tratamento ambulatorial e aos doentes mentais internados em estabelecimentos dotados de características hospitalares ou em hospitais psiquiátricos."[116]

Como ressalta Bento de Faria, a tentativa de suicídio não é punida "não porque a lei assegure a disponibilidade da própria vida, ou tal seja indiferente à moral, mas pela ineficácia da pena, insuscetível, em semelhante caso, de traduzir uma coação psicológica a quem não mais poderia senti-la".[117] Ensina Aníbal Bruno: "se o ato falhou, a pena que se impusesse ao seu autor viria confirmá-lo mais ainda na deliberação de morrer. Demais, não haveria oportunidade para o exercício de qualquer das funções da pena, nem a ação segregadora, porque aí autor e vítima estão dentro do mesmo indivíduo, nem a influência intimidativa, porque não temeu a morte e a angústia de matar-se não poderá ser sensível à injunção de qualquer espécie de pena, e somente fora de todo domínio penal, e mesmo do poder público, se poderia exercer sobre o suicida frustrado uma influência emendativa ou dissuasória".[118]

Pune-se, entretanto, aquele que levou outra pessoa ao suicídio, ainda que nada tenha feito para que o resultado se desse, tendo em vista ser a vida um bem indisponível, que o Estado precisa garantir, ainda que contra a vontade do seu titular.[119] De outra parte, fica nítido que

---

[114] Delton Croce e Delton Croce Júnior, *Manual de medicina legal*, p. 454-455.

[115] "Antes de tudo, é um absurdo considerar antinatural um comportamento que se consuma com tanta frequência; o suicídio não é, de modo algum, antinatural, pois diariamente somos suas testemunhas. O que é contra a natureza não acontece. Ao contrário, está *na natureza de nossa sociedade* gerar muitos suicídios (...)" (Karl Marx, *Sobre o suicídio*, p. 25).

[116] Delton Croce e Delton Croce Júnior, *Manual de medicina legal*, p. 458.

[117] *Código Penal brasileiro comentado*, v. IV, p. 35.

[118] *Crimes contra a pessoa*, p. 133-134.

[119] A indisponibilidade da vida e a tutela estatal daí advindas decorrem, basicamente, de fundamentos religiosos. Muitos povos já chegaram a considerar o suicídio como uma forma corajosa de morrer.

o suicídio é ato ilícito – embora não seja penalmente punido, até mesmo porque, quando se consuma, não teria sentido algum aplicar sanção à família – quando se vê, no art. 146, § 3.º, II, do Código Penal, não ser típica a "coação exercida para impedir suicídio". Ver, ainda, o item 4.11 *infra*.

4.1.1 Suicídio com arma branca

"Os instrumentos perfurocortantes, como facas e punhais, têm sido apontados como uma das principais causas de homicídio em estudos realizados na Europa. Na França, 42% dos homicídios são praticados com arma de fogo, enquanto 31% são levados a efeito com armas brancas. Como acidentes fatais com arma branca são raros e usualmente não acarretam problemas de interpretação forense, a dificuldade maior está em diferenciar os casos de homicídio e suicídio. Poucos são os dados, no entanto, em relação aos casos de suicídios praticados desta forma."[120]

4.1.2 Automutilação e "baleia azul"

Esta foi a razão de a edição da Lei 13.968/2019 ter incluído, no art. 122, as referências à automutilação (cortar-se, ferir a si mesmo). Cuida-se de um jogo mórbido, que leva os envolvidos a praticar automutilação ou até mesmo suicídio. Segundo consta, teve origem na Rússia, espalhando-se pelo mundo. A baleia azul é encontrada nos oceanos Atlântico, Pacífico, Antártico e Índico e chega a procurar as praias para morrer, por vontade própria. O referido jogo tem 50 níveis de dificuldade, sendo o suicídio o fecho maior. Congrega um considerável número de adolescentes, mas chega a atingir alguns adultos. Dentre as *tarefas* estão: escrever frases e fazer desenhos na própria pele com instrumentos cortantes, assistir a filmes de terror durante a madrugada, subir em telhados de edifícios, ouvir músicas depressivas, até atingir a mais importante missão, que é tirar a própria vida. Há relatos de jovens que se suicidaram em diversas cidades brasileiras, outros se machucaram, com lesões leves e graves. No Brasil, uma pesquisa conduzida pelo Centro de Estudos sobre Tecnologias da Informação e Comunicação

---

Em aprofundado estudo sobre o tema, ÉMILE DURKHEIM sintetiza: "ele [suicídio] se tornou um ato essencialmente religioso. Os concílios o condenaram, e os poderes laicos, ao puni-lo, não fizeram senão seguir e imitar a autoridade eclesiástica. É por termos em nós uma alma imortal, parcela da divindade, que devemos ser sagrados para nós mesmos. É por sermos algo de Deus que não pertencemos completamente a nenhum ser temporal" (*O suicídio*. Estudo de sociologia, p. 331). Por isso, encontra-se em KARL MARX a defesa do *direito ao suicídio*: "é um absurdo considerar antinatural um comportamento que se consuma com tanta frequência; o suicídio não é, de modo algum, antinatural, pois diariamente somos suas testemunhas. O que é contra a natureza não acontece. Ao contrário, está *na natureza de nossa sociedade* gerar muitos suicídios (...)" (*Sobre o suicídio*, p. 25).

[120] FRANCISCO SILVEIRA BENFICA e MÁRCIA VAZ, *Medicina legal*, p. 261.

(Cetic) apontou que um em cada dez adolescentes entre 11 e 17 anos já acessou, na Internet, formas de se ferir. Alguns, em situações mais graves, chegaram a cometer suicídio e deixaram uma nota dizendo que *a culpa é da baleia* (disponível em: <https://www1.folha.uol.com.br/colunas/claudiacollucci/2017/04/1875567-brasil-ja-registra-suicidios-e-mutilacoes-ligados-ao-jogo-baleia-azul.shtml>, acesso em: 23 dez. 2019; <https://brasil.estadao.com.br/noticias/geral,oito-estados-tem-suicidios-e-mutilacoes-sob-suspeita-de-ligacao-com-baleia-azul,70001745155>, acesso em: 23 dez. 2019).

4.2 Estrutura do tipo penal incriminador

Induzir significa dar a ideia a quem não possui, inspirar, incutir. Portanto, nessa primeira conduta, o agente sugere ao suicida que dê fim à sua vida ou se automutile. *Instigar* é fomentar uma ideia já existente. Trata-se, pois, do agente que estimula a ideia suicida que alguém anda manifestando. O *auxílio* é a forma mais concreta e ativa de agir, pois significa dar apoio material ao ato suicida ou de automutilação. Ex.: o agente fornece a arma utilizada pela pessoa que se mata. Nesse caso, deve dizer respeito a um apoio meramente secundário, não podendo, jamais, o autor, a pretexto de "auxiliar" o suicida, tomar parte ativa na ação de tirar a vida, tal como aconteceria se alguém apertasse o gatilho da arma já apontada para a cabeça pelo próprio suicida. Responde, nesta hipótese, por homicídio.

Registre-se o alerta de BENTO DE FARIA no sentido de que qualquer forma de convencimento deve ser real e séria, mas são indiferentes os meios de persuasão, desde que não envolvam qualquer espécie de coação ou expressem prática suscetível de excluir a consciência ou a liberdade do sujeito passivo.[121]

Incluiu-se como objeto das condutas *induzir, instigar* e *auxiliar* a automutilação (amputar parte do próprio corpo, decepar um membro, destruir a si mesmo, aleijar-se). Essa situação foi gerada por "jogos", a partir da Internet, como esclarecido no item 3.1.2 *supra*. Pode levar apenas a ferimentos gravíssimos, com ampla viabilidade de atingir o suicídio. A conduta referente à automutilação só foi inserida no contexto dos delitos contra a vida porque o propósito do agente há de ser, em último grau, o suicídio da vítima, que se machuca severamente.

A pena para quem comete o crime previsto no art. 122, *caput*, do CP é de reclusão, de 6 meses a 2 anos (infração de menor potencial ofensivo). Porém, registre-se que essa sanção se volta a quem induz, instiga ou auxilia, mas não leva a vítima à lesão grave, gravíssima ou à morte. Portanto, é um tipo penal formal, vale dizer, não exige um resultado naturalístico no formato previsto no *caput*, embora possa ocorrer lesão leve.

Se da automutilação ou da tentativa de suicídio resultar lesão corporal de natureza grave ou gravíssima (art. 129, §§ 1.º e 2.º do Código Penal), a pena passa a ser de reclusão, de 1 a 3 anos. Se o suicídio se consumar ou se da automutilação resultar morte, a pena será de reclusão, de 2 a 6 anos.

A pena é duplicada se: a) o crime é praticado por motivo egoístico, torpe ou fútil; b) a vítima é menor ou tem diminuída, por qualquer causa, a capacidade de resistência.

A pena é aumentada até o dobro se a conduta do agente for realizada por meio da rede mundial de computadores (Internet), rede social ou transmitida em tempo real.

Além disso, prevê a aplicação do dobro da pena se o agente é líder, coordenador ou administrador de grupo de comunidade ou de rede virtual (ou por estes seja responsável).

---

[121] *Código Penal brasileiro comentado*, v. IV, p. 36.

Isto se deve ao imenso poder de convencimento desses dirigentes que, pela força do argumento, possuem facilidade para convencer seus seguidores, a tomar atitudes impensadas e radicais, em especial os mais jovens. Geralmente, em casos de suicídio coletivo, havia esse tipo de líder dominador e verborrágico. Trata-se de circunstância particularmente grave, visto lidar com o emocional das pessoas psicologicamente frágeis, que terminam seguindo as regras do grupo para não serem excluídas.

Prevê-se, ainda, que se o crime previsto no § 1.º do art. 122 (resultar lesão grave ou gravíssima) for praticado contra menor de 14 anos ou contra quem, por enfermidade ou deficiência mental, não tem o necessário discernimento para a prática do ato, ou que, por qualquer outra causa, não pode oferecer resistência, deverá o agente responder por lesão corporal de natureza gravíssima (art. 129, § 2.º, CP). Na verdade, seria possível até mesmo cuidar de tentativa de homicídio, em face da completa falta de noção da vítima, mas, atento ao princípio da legalidade, deve-se cumprir o disposto neste § 6.º do art. 122.

O derradeiro dispositivo do art. 122, o § 7.º, preceitua que, se o suicídio se consumar ou da automutilação houver morte, quando o crime for praticado contra menor de 14 anos ou contra quem não tem o necessário discernimento para o ato, ou, por qualquer razão, não pode oferecer resistência, o agente deverá responder por homicídio (art. 121, CP). Agora, sim, a capitulação foi feita de maneira adequada, pois a vítima não tem a menor noção do que está fazendo. É, portanto, homicídio induzir, instigar ou auxiliar quem não pode oferecer resistência.

4.3 Sujeitos ativo e passivo

Ambos podem ser qualquer pessoa. No caso do sujeito passivo, é preciso ter um mínimo de discernimento ou resistência, pois, do contrário, trata-se de homicídio. O agente que, valendo-se da insanidade da vítima, a convence a se matar incide no art. 121, e não nessa figura do art. 122.

Há duas teorias científico-filosóficas para explicar a origem do suicídio: a biológica ou psiquiátrica e a sociológica. Na primeira visão, prepondera a ideia de que o suicida padece de alguma perturbação da saúde mental, pois não se dá o ser humano, em situação normal, à autodestruição. Portanto, poderia o suicídio ser justificado por uma forte depressão. A segunda corrente compreende o suicídio como uma situação puramente social, podendo o sujeito entregar-se à morte em atitude plenamente consciente e refletida; logo, por um ato voluntário como outro qualquer.[122]

4.4 Elemento subjetivo

É o dolo, não se admitindo a forma culposa. Não há o elemento subjetivo específico, como regra. No tocante ao suicídio, pouco importa o motivo pelo qual o agente induz, instiga ou auxilia alguém a se suicidar, tendo em vista o valor intrínseco que se dá à vida humana. Pretendendo detalhar esse tema, é preciso ressaltar que levar alguém à automutilação precisa conter um elemento subjetivo específico, consistente em conduzir a vítima ao suicídio; do contrário, inexistiria motivo para constar no capítulo dos crimes contra a vida e muito menos no tipo penal que equivale o suicídio à automutilação, para fins punitivos. Outro ponto relevante diz respeito a não se punir a autolesão no Brasil (exceto, naturalmente, quando se liga a outros delitos, como a autolesão cometida para conseguir valor de seguro, fraudando a seguradora, caracterizando o delito de estelionato). Se não há sanção penal para a autolesão,

---

[122] DELTON CROCE e DELTON CROCE JÚNIOR, *Manual de medicina legal*, p. 455.

torna-se essencial interpretar o termo *automutilação* como algo realmente grave. *Mutilar* significa amputar, decepar, tirar uma parte do corpo, como um membro (mão, braço, pé, perna), pois somente nesse cenário é possível se atingir o suicídio.

É fundamental deixar claro que o crime, muitas vezes, pode ser cometido com dolo eventual. Note-se que o jogo *baleia azul* tem inúmeros estágios (provas), sendo o derradeiro o suicídio da vítima. Logo, está correta a inserção da indução, instigação ou auxílio à automutilação no cenário dos crimes contra a vida.

O tipo, como foi construído, exige somente o dolo: vontade de induzir ou instigar alguém a suicidar-se ou prestar-lhe auxílio para que o faça. No entanto, esta figura típica apresenta muitas semelhanças com os crimes contra a honra. Há pessoas que brincam, zombam, fofocam, sem o ânimo específico de macular a honra alheia. Da mesma forma, em matéria de induzimento ou instigação ao suicídio, certas zombarias, brincadeiras de mau gosto ou mesmo agressões e pressões podem dar a entender à vítima de que se trata de um incentivo ao suicídio. Eis por que é seguro exigir-se a prova clara de que o agente visou à morte da vítima, por suicídio.

Como diz Paulo José da Costa, seria uma verdadeira aberração punir alguém porque brincou ou zombou em relação ao suicídio, fazendo com que a vítima o praticasse.[123]

4.5 Objetos material e jurídico

O objeto material é a pessoa contra a qual se volta a conduta do agente, no sentido de induzir, instigar ou auxiliar. O objeto jurídico protegido é a vida humana, em última análise. É interessante observar que a tutela da vida humana do suicida é imperiosa, não admitindo o consentimento da vítima, como regra. Embora a vida humana seja considerada indisponível – tanto que se pune o indutor, instigador e auxiliar –, não se pune o suicida em potencial (aquele que sobrevive ao seu ato) por questão humanitária, fruto de política criminal.

Há países que punem a tentativa de suicídio, mas o Brasil adotou um critério diverso, visualizando o suicida como uma pessoa a merecer ajuda e não sanção.

Quanto à automutilação, frise-se que aquele tipo de jogo tem por finalização o suicídio; por isso, a nova figura foi encaixada no art. 122. No entanto, somente para argumentar, se ficar provada que a intenção do agente era apenas induzir ou instigar alguém a se lesionar *levemente*, como mostra de coragem, por exemplo, trata-se de fato atípico, a menos que se trate de vítima menor de 14 anos ou incapaz de entender o que faz. Nesta hipótese, sendo leve a lesão, responde o agente pelo crime do art. 129, *caput*.

4.6 Classificação do crime

Trata-se de delito comum (praticável por qualquer pessoa), material (que exige resultado naturalístico), nas formas dos §§ 1.º e 2.º, mas formal (delito que exige apenas a prática da conduta, sem que haja necessariamente um resultado naturalístico) nas formas consubstanciadas no *caput*; instantâneo (cuja consumação não se arrasta no tempo), comissivo (de ação), de dano (exige lesão efetiva a bem jurídico nos formatos dos §§ 1.º e 2.º) ou de perigo (provoca uma potencialidade de dano, no *caput*), unissubjetivo (que pode ser cometido por uma só pessoa), de forma livre (a lei não exige forma especial para o cometimento) e plurissubsistente (como regra, praticado por mais de um ato). Além disso, é crime condicionado, nos formatos dos §§ 1.º e 2.º, não admitindo tentativa. Para a perfeita configuração dessa parte do tipo,

---

[123] *Comentários ao Código Penal*, p. 377.

provocando a punição do agente, exige-se a ocorrência de uma condição, que é a morte da vítima ou a existência de lesões corporais de natureza grave ou gravíssima, conforme o caso concreto. Assim, se o agente induzir o ofendido a se matar, mas este, ao tentar fazê-lo, sofrer apenas lesões leves, não há delito qualificado. Porém, pode caracterizar a nova figura típica do *caput*, que criou um delito de perigo, com pena menor e proporcional, sem a imposição de qualquer condição.

A condição exigida no preceito secundário, para a configuração do delito (como resultado morte ou lesão grave/gravíssima), é autêntica condição objetiva de punibilidade.[124]

4.7 Auxílio por omissão

Trata-se de questão controversa na doutrina e na jurisprudência, havendo duas correntes:

a) *não se admite*, pois a expressão contida no tipo penal menciona "prestar auxílio", implicando ação. Assim posicionam-se FREDERICO MARQUES, BENTO DE FARIA, ROBERTO LYRA, EUCLIDES CUSTÓDIO DA SILVEIRA, PAULO JOSÉ DA COSTA, DAMÁSIO DE JESUS, entre outros;

b) *admite-se*, desde que o agente tenha o dever jurídico de impedir o resultado. É o que pregam MAGALHÃES NORONHA, NÉLSON HUNGRIA, ARI DE AZEVEDO FRANCO, MIRABETE, BITENCOURT, CLEBER MASSON, ROGÉRIO SANCHES CUNHA, entre outros. Menciona ROGÉRIO GRECO: "entendemos, como a maior parte da doutrina, ser admissível a *prestação de auxílio por omissão*, desde que o agente se encontre na posição de garante, quando, no caso concreto, devia e podia agir para evitar o resultado, razão pela qual poderá responder, de acordo com a norma de extensão prevista no § 2.º do art. 13 do Código Penal, pelo delito tipificado no art. 122 do mencionado diploma repressivo, se com a sua omissão dolosa contribuiu para a ocorrência do resultado morte da vítima".[125]

Preferimos esta última posição, pois o fato de o verbo do tipo ser comissivo não significa, necessariamente, estar afastada a hipótese do crime comissivo por omissão. Ora, todas as hipóteses da omissão penalmente relevante (art. 13, § 2.º, CP) demonstram que há delitos comissivos (matar, subtrair, constranger etc.) que possibilitam a punição por omissão, desde que haja o dever de impedir o resultado típico. Ex.: o pai que, sabendo da intenção suicida do filho menor, sob poder familiar, nada faz para impedir o resultado e a enfermeira que, tomando conhecimento da intenção suicida do paciente, ignora-a por completo, podem responder pela figura do auxílio, por omissão, ao suicídio.

4.8 Pacto de morte

É possível que duas ou mais pessoas promovam um pacto de morte,[126] deliberando morrer ao mesmo tempo. Várias hipóteses podem se dar:

---

[124] No mesmo prisma: JUAREZ TAVARES, *Teoria do injusto penal*, p. 199-204; IVAIR NOGUEIRA ITAGIBA, *Do homicídio*, p. 105; FERNANDO DE ALMEIDA PEDROSO, *Homicídio...*, p. 218.

[125] *Curso de direito penal*, v. 2, p. 101.

[126] Também denominado *ambicídio*, significando a fuga à vida pactuada e efetivada conjuntamente por duas ou mais pessoas (FERNANDO DE ALMEIDA PEDROSO, *Homicídio...*, p. 222).

a) se cada uma delas ingerir veneno, de *per si*, por exemplo, aquela que sobreviver responderá por participação em suicídio, tendo por sujeito passivo a outra (ou as outras, que morreram);

b) caso uma ministre o veneno para as demais, se sobreviver, responderá por homicídio consumado de todos os que morreram (e por tentativa de homicídio, com relação aos que sobreviverem), tendo em vista que o delito previsto no art. 122 não admite qualquer tipo de ato executório, com relação a terceiros;

c) na hipótese de cada pessoa administrar veneno à outra ("A" dá veneno a "B", que fornece a "C", que o ministra a "D" etc.), todas sobrevivendo, responderá cada uma por tentativa de homicídio, tendo como sujeito passivo a pessoa a quem deu o tóxico;

d) se cada pessoa ingerir, sozinha, o veneno, todas sobrevivendo, com lesões leves ou sem qualquer lesão, o fato se encaixa na figura do *caput* do art. 122;

e) na hipótese de uma pessoa administrar veneno à outra, ao mesmo tempo em que recebe a peçonha desta, aquela que sobreviver responderá por homicídio consumado; se ambas sobreviverem, configurará tentativa de homicídio para as duas, como na alternativa "c";

f) caso quatro pessoas contratem um médico para lhes ministrar o veneno, tendo por resultado a morte de duas pessoas e a sobrevivência de outras duas. Estas, que ficaram vivas, sem lesões graves, responderão por participação em suicídio, tendo por sujeitos passivos as que morreram. O médico, por sua vez, responderá por dois homicídios consumados e duas tentativas de homicídio. Adaptando-se o pacto de morte à roleta russa (passar um revólver entre vários presentes, contendo uma só bala no tambor, que é girado aleatoriamente, para que a arma seja apontada por cada um na direção de seu corpo), dá-se o mesmo. Quem sobreviver, responde por participação em suicídio, tendo por vítima aquele que morreu.

Finalmente, acrescente-se a hipótese, no contexto da roleta russa, do participante que der um tiro em si mesmo, sofrendo lesões graves, no entanto sobrevivendo. Ele não deve ser penalmente responsabilizado, pois o direito brasileiro não pune a autolesão. Os outros, sem dúvida, responderão por participação em suicídio.

4.9 Motivo egoístico

Trata-se de causa de aumento, chegando ao ponto de duplicar a pena, relativa ao excessivo apego a si mesmo (agente), o que evidencia o desprezo pela vida alheia, desde que algum benefício concreto advenha ao agente (art. 122, § 3.º, I, CP). Este é um nítido fator negativo de personalidade, explorado, pelo legislador, somente em alguns tipos penais, como o presente. Exemplo: induzir ou instigar alguém a se matar para ficar livre do trabalho de cuidador de idoso.

4.9.1 Motivo torpe

É o motivo abjeto, nojento, vil, sujo. O crime, por si só, é um fator de comoção para muitas pessoas, mas quando a motivação é reles, choca ainda mais. Eis por que a torpeza qualifica o homicídio e, agora, também atinge o crime do art. 122, como causa de aumento. Exemplo: induzir ao suicídio para ficar com a herança.

4.9.2 Motivo fútil

Trata-se do motivo de menor importância, reles, de pouca monta, gerador de um abismo entre a conduta do agente e o resultado encontrado. Pode-se aplicar exatamente ao sujeito que induz outra pessoa à automutilação, para se divertir.

4.10 Vítima menor ou com resistência diminuída

Cuida-se da segunda causa de aumento, possibilitando a duplicação da pena (art. 122, § 3.º, II, CP).

A resistência diminuída configura-se por fases críticas de doenças graves (físicas ou mentais), abalos psicológicos, senilidade, infantilidade ou, ainda, pela ingestão de álcool ou substância de efeitos análogos. Tem essa pessoa menor condição de resistir à ideia do suicídio que lhe foi passada, diante da particular condição que experimenta ou da situação que está vivenciando.

No tocante ao menor, deve-se entender a pessoa entre 14 e 18 anos, porque o menor de 14 anos, se não tem capacidade nem mesmo para consentir num ato sexual, certamente não a terá para a eliminação da própria vida. Por fim, é de se ressaltar que o suicida com resistência nula – pelos abalos ou situações supramencionadas, incluindo-se a idade inferior a 14 anos – é vítima de homicídio, e não de induzimento, instigação ou auxílio a suicídio. Exemplifica, no último contexto, FERNANDO DE ALMEIDA PEDROSO: "se Iracino induz criança a enforcar-se, dizendo-lhe para encenar o papel de Tiradentes, sem que ela, pela tenra idade, possua condições para avaliar e compreender o ato em sua plenitude de efeitos, crível é que sua morte caracterizará crime de homicídio (...), atribuindo-se-o a Iracino, por inexistência consciente da vítima que se conjugasse e associasse ao intento delituoso".[127]

4.11 Greve de fome e concepções religiosas

Privar-se de alimentação não é ato normal; portanto, é preciso descobrir a causa, que, na maior parte das vezes, cuida-se de um protesto em prol de alguma causa. A meta é atingir um determinado objetivo rapidamente para tornar a se alimentar, que é a tendência natural do ser humano.

Somente responde por crime aquele que induzir, instigar ou auxiliar a privação da alimentação, levando-a até o final, que seria, então, o suicídio. Mas isso é muito raro, pois, como protesto que é, na maioria das vezes, vale o alerta de ROGÉRIO GRECO, afirmando que "devemos procurar saber quais são os agentes que, em razão de sua particular condição, a exemplo do médico, agente penitenciário etc., gozam do *status* de garantidor, com a finalidade de poder-lhes atribuir eventual resultado (morte ou lesões)".[128]

Não se conhece caso (ao menos, notório) de alguém que tenha feito greve de fome, sozinho, em casa, sem o conhecimento alheio, falecendo em virtude disso. Seria um ato de típico suicídio.

No entanto, quando terceiros tomam conhecimento da greve de fome, geralmente levada a cabo em lugar público, devem agir para evitar o resultado morte, chamando autoridades ou médicos. Permitir a morte de alguém, em greve de fome, pode até mesmo constituir-se omissão de socorro.

Enfim, a greve de fome geralmente é evitada. Se chegar à privação da vida, pode-se punir o garantidor (agente penitenciário, por exemplo) por homicídio; pode-se punir aquele que deu a

---

[127] *Homicídio...*, p. 212.
[128] *Curso de direito penal*, v. 2, p. 106.

ideia e incentivou, sem providenciar ajuda, por instigação a suicídio; pode-se punir os que viram acontecer o processo de degeneração do sujeito e não buscaram ajuda, por omissão de socorro.

Sob outro prisma, alguém pode ingressar em greve de fome e a família e/ou amigos chamarem um médico. Essa pessoa não poderá ser alimentada à força, nem internada ao arrepio de sua vontade, a menos que se prove algum tipo de alienação ou perturbação mental. Por outro lado, se está muito fraca, podendo morrer a qualquer momento, a família tem como chamar um médico e este tomar medidas paliativas para evitar a morte. Afinal, qualquer coação para impedir suicídio é fato atípico (art. 146, § 3.º, CP).

No aspecto religioso – como o caso das testemunhas de jeová, que não admitem transfusão de sangue –, depende da situação concreta. Se a transfusão for o único meio para salvar a vida do paciente, que está impossibilitado de se manifestar com tranquilidade e firmeza, o médico deve empreendê-la, sob pena de responder por homicídio. Caso a transfusão seja apenas uma das opções de tratamento, cabe ao paciente decidir. Se não puder, seus familiares. Não querendo a transfusão, respeita-se a vontade. No primeiro caso, está-se diante do estado de necessidade: entre a vida e a religião, o bem mais relevante é respeitar o direito à vida.[129] Frise-se, no entanto, que, havendo capacidade de manifestar sua fiel vontade, há de se respeitar a liberdade de crença.

4.12 Quadro-resumo

	Induzimento, instigação ou auxílio a suicídio ou a automutilação
Previsão legal	**Art. 122.** Induzir ou instigar alguém a suicidar-se ou a praticar automutilação ou prestar-lhe auxílio material para que o faça:
	Pena – reclusão, de 6 (seis) meses a 2 (dois) anos.
	§ 1.º Se da automutilação ou da tentativa de suicídio resulta lesão corporal de natureza grave ou gravíssima, nos termos dos §§ 1.º e 2.º do art. 129 deste Código:
	Pena – reclusão, de 1 (um) a 3 (três) anos.
	§ 2.º Se o suicídio se consuma ou se da automutilação resulta morte:
	Pena – reclusão, de 2 (dois) a 6 (seis) anos.
	§ 3.º A pena é duplicada:
	I – se o crime é praticado por motivo egoístico, torpe ou fútil;
	II – se a vítima é menor ou tem diminuída, por qualquer causa, a capacidade de resistência.
	§ 4.º A pena é aumentada até o dobro se a conduta é realizada por meio da rede de computadores, de rede social ou transmitida em tempo real.
	§ 5.º Aplica-se a pena em dobro se o autor é líder, coordenador ou administrador de grupo, de comunidade ou de rede virtual, ou por estes é responsável.
	§ 6.º Se o crime de que trata o § 1.º deste artigo resulta em lesão corporal de natureza gravíssima e é cometido contra menor de 14 (quatorze) anos ou contra quem, por enfermidade ou deficiência mental, não tem o necessário discernimento para a prática do ato, ou que, por qualquer outra causa, não pode oferecer resistência, responde o agente pelo crime descrito no § 2.º do art. 129 deste Código.

---

[129] É também a posição de Cezar Roberto Bitencourt, *Tratado de direito penal*, v. 2, p. 166. Ver mais detalhes no item 4.3.5.1 (A recusa de transfusão de sangue por testemunhas de Jeová), Capítulo XXII, volume 1.

Previsão legal	§ 7.º Se o crime de que trata o § 2.º deste artigo é cometido contra menor de 14 (quatorze) anos ou contra quem não tem o necessário discernimento para a prática do ato, ou que, por qualquer outra causa, não pode oferecer resistência, responde o agente pelo crime de homicídio, nos termos do art. 121 deste Código.
Sujeito ativo	Qualquer pessoa
Sujeito passivo	Qualquer pessoa com discernimento
Objeto material	Pessoa contra a qual se volta a conduta do agente
Objeto jurídico	Vida humana
Elemento subjetivo	Dolo
Classificação	Comum Material – nas formas dos §§ 1.º e 2.º Formal – nas formas consubstanciadas no *caput* Forma livre Comissivo Instantâneo Dano – nos formatos dos §§ 1.º e 2.º Perigo – na forma do *caput* Unissubjetivo Plurissubsistente
Tentativa	Não admite por ser crime condicionado, nos casos dos §§ 1.º e 2.º, mas comporta no tocante ao *caput*, embora de difícil comprovação
Circunstâncias especiais	Causa de aumento de pena

5. INFANTICÍDIO

5.1 Conceito e aspectos históricos

Trata-se do homicídio cometido pela mãe contra seu filho, nascente ou recém-nascido, sob a influência do estado puerperal. É uma hipótese de homicídio privilegiado em que, por circunstâncias particulares e especiais, houve por bem o legislador conferir tratamento mais brando à autora do delito, diminuindo a faixa de fixação da pena (mínimo e máximo).

Embora formalmente tenha o legislador eleito a figura do infanticídio como crime autônomo, na essência, não passa de um homicídio privilegiado, como já observamos.

"Na antiguidade, matavam-se os bebês recém-nascidos quando escasseavam alimentos, ou quando eram oferecidos em cerimônias religiosas. Tampouco era delito matá-los quando eram disformes ou tivessem um defeito físico tão grave que evidenciava sua futura inaptidão para a guerra."[130]

Na Grécia antiga, o pai decidia se o filho viveria ou não, particularmente em Esparta, onde as crianças deformadas ou fracas eram assassinadas e jogadas no mar. Por vezes, eram simplesmente abandonadas, na esperança de serem resgatadas por outrem. Em Roma antiga, o patriarca era o chefe da família e senhor da vida e da morte de seus familiares. Podia condenar o filho à morte ou vendê-lo como escravo. À época de Justiniano, o pai perdeu o direito de

---

[130] Ricardo Levene, *El delito de homicidio*, p. 263.

vida e morte, não mais se diferenciando o homicídio e o infanticídio. Na Idade Média, não mais se autorizava o infanticídio, em certos países europeus. Havia, portanto, discrepância entre quem punia severamente o infanticídio, equiparado ao homicídio, e quem lhe dava um tratamento privilegiado com penas reduzidas.[131]

A partir do Iluminismo, a vida das crianças foi valorizada e punições mais graves foram destinadas às mulheres infanticidas.

Ensina MAIA GONÇALVES que "no primitivo direito romano somente a mãe era incriminada. O pai, em virtude do *jus vitae ac necis* sobre os filhos, não cometia qualquer crime se matasse o filho acabado de nascer. Este poder, afirma MOMMSEN (*Direito Penal romano*, trad. espanhola, v. 2, p. 97), estava compreendido no direito de propriedade, pelo que já na República se punia como homicídio a morte do filho realizada secreta ou aleivosamente. Foi no tempo de Constantino que o infanticídio praticado pelo pai começou a ser punido, o que foi reafirmado sob o império de Justiniano, cominando-se então pesadas penas para este crime, tradição que se manteve por influência da Igreja. Até o início do século XIX, punia-se severamente em toda a Europa este crime. BECCARIA e outros autores protestaram contra tal dureza, em atenção à mãe que, para ocultar a desonra, matava o filho no ato do nascimento, e daí o preceito do parágrafo único do art. 356.º do Código de 1886 e os preceitos paralelos de diversos códigos da Europa e da América".[132]

Quando o infanticídio passou a receber tratamento privilegiado, levava-se em conta, primordialmente, a intenção da mãe de ocultar a própria desonra, tanto assim que o Código Penal de Portugal, no tipo penal do infanticídio – até 1995 –, incluía a finalidade específica "para ocultar a desonra", o que foi abolido na atual descrição típica. E o Código Penal brasileiro de 1890, que precedeu o de 1940, previa pena privilegiada para a mãe que matasse o filho recém-nascido "para ocultar desonra própria" (art. 298, parágrafo único). Por outro lado, o Código Penal italiano prevê o infanticídio na hipótese de a mãe matar o filho durante ou após o parto, caso tenha sido abandonada material ou moralmente (art. 578).

No Brasil, o infanticídio constou como crime em seus três Códigos Penais (1830, 1890 e 1940).

A figura típica do Código Penal brasileiro atual (art. 123) não exige nenhum fim especial para beneficiar a mãe com o delito privilegiado, bastando que ela esteja envolvida pelo estado puerperal. Aliás, concordando com a inexistência de benefício para o motivo relativo à honra, diz ALFREDO FARHAT o seguinte: "Custa-nos aceitar, na generalidade dos casos, apesar de o momento puerperal acarretar excitações anormais, cuja graduação se pode medir, que variam de indivíduo para indivíduo, que não obedecem a um estalão certo, que, mais forte do que a sensação de ver, em forma humana, nova e diversa o próprio sangue e a própria carne, seja a vontade de não perder um conceito social, que se baseia numa convenção; que seja mais forte o egoísmo do que a maternidade".[133]

Acesse e escute o *podcast* sobre Infanticídio.

> http://uqr.to/1yofv

---

[131] GLÁUCIO VASCONCELOS RIBEIRO, *Infanticídio*, p. 19-25; HUNGRIA, *Comentários ao Código Penal*, v. 5, p. 239-241.

[132] *Código Penal português anotado e comentado e legislação complementar*, p. 466.

[133] *Do infanticídio*, p. 146.

5.2 Distinção entre infanticídio e aborto

Menciona a lei penal que o infanticídio pode ter lugar *durante* o parto ou logo após. Nesta última hipótese, não há dúvida: inexiste aborto. Entretanto, o problema mais sensível é descortinar o momento exato em que a criança deixa de ser considerada *feto* para ser tratada como *nascente*. O início do parto dá-se com a ruptura da bolsa (parte das membranas do ovo em correspondência com o orifício uterino), pois a partir daí o feto se torna acessível às ações violentas (por instrumentos ou pela própria mão do agente). Assim, iniciado o parto, torna-se o ser vivo sujeito ao crime de infanticídio. Antes, é hipótese de aborto.

Como assinala GALDINO SIQUEIRA, o parto se inicia "com o rompimento da membrana amniótica e termina com a expulsão da placenta e corte do cordão umbilical, pois era por meio deste que se efetuava a ligação fisiológica entre o filho e a mãe".[134]

5.3 Estrutura do tipo penal incriminador

Observe-se que o verbo *matar* é o mesmo do homicídio, razão pela qual a única diferença entre o crime de infanticídio e o homicídio é a especial situação em que se encontra o agente. Matar significa eliminar a vida de outro ser humano, de modo que é preciso que o nascente esteja vivo no momento em que é agredido. É o teor do art. 123 do Código Penal.

Trata-se de crime punido somente na forma dolosa. "Os meios mais comuns, segundo SOUZA LIMA, são o traumatismo da cabeça e a asfixia, com particularidade, e a sufocação e estrangulação. FLAMÍNIO FÁVERO divide as causas de morte em causas por energias mecânicas, energias físicas e ações físico-químicas. No primeiro grupo estão compreendidas as contusões de toda a espécie, figurando como principal a fratura do crânio, sendo de mencionar também as feridas incisas por instrumentos cortantes e as lesões por instrumentos perfurantes, como agulhas, por exemplo, e perfurocortantes. Entre as energias físicas avultam as queimaduras."[135]

Muitos autores chamam o infanticídio de *homicídio privilegiado*,[136] porque, na essência, efetivamente o é. Bastava inseri-lo em um dos parágrafos do art. 121 (homicídio) e teríamos uma hipótese de privilégio, um homicídio com a pena diminuída. No entanto, optou o legislador por lhe consagrar um tipo penal exclusivo, de maneira que, tecnicamente, no sistema penal, é um crime autônomo.

A pena para a mãe que comete o crime em análise é de detenção, de 2 (dois) a 6 (seis) anos.

5.4 Sujeitos ativo e passivo

A autora do delito só pode ser a mãe, porque o tipo penal incriminador menciona, claramente, matar o filho, após o parto, em estado puerperal – situações que somente envolvem a genitora.

A vítima é o ser nascente ou recém-nascido.[137] Complemente-se com LUIZ REGIS PRADO: "a distinção entre vida autônoma e vida biológica revela-se hodiernamente desnecessária. Haverá infanticídio a partir do início do parto se a criança estiver biologicamente viva. Não há que se indagar da capacidade de vida autônoma. De conseguinte, não é essencial à caracterização do delito em exame a vitalidade do recém-nascido, ou seja, da possibilidade de adaptação deste às condições

---

[134] *Tratado de direito penal*, v. 3, p. 48.

[135] ALFREDO FARHAT, *Do infanticídio*, p. 105.

[136] Por todos, confira-se FRAGOSO, *Lições de direito penal* – Parte especial, v. 1, p. 45.

[137] No mesmo sentido, ANÍBAL BRUNO, *Crimes contra a pessoa*, p. 152.

regulares da vida extrauterina. A ausência de vitalidade é irrelevante, de forma que pouco importam as condições de maturidade, de desenvolvimento, de conformação ou de força do neonato vivo".[138]

5.5 Elemento subjetivo

É o dolo. Não se exige elemento subjetivo específico, nem se pune a forma culposa.

5.6 Objetos material e jurídico

O objeto material é o ser nascente ou recém-nascido. O objeto jurídico é a proteção à vida humana.

5.7 Classificação do crime

É delito próprio (só pode ser cometido por agente especial, no caso a mãe); instantâneo (a consumação não se prolonga no tempo); comissivo (exige ação); material (que se configura com o resultado previsto no tipo, a morte do filho); de dano (o bem jurídico precisa ser efetivamente lesado); unissubjetivo (pode ser cometido por uma só pessoa); progressivo (passa, necessariamente, por uma lesão corporal); plurissubsistente (vários atos integram a conduta); de forma livre (não se encontra no tipo a descrição da conduta que determina o resultado); admite tentativa. Aliás, vários casos de agressões contra recém-nascidos terminam não se consumando, pois "um fato curioso e digno de nota é que o recém-nascido tem menor necessidade de oxigênio e, em razão disso, resiste muito mais à asfixia [meio comum utilizado para a prática de infanticídio], sob qualquer de suas formas".[139]

5.8 Estado puerperal

É o estado que envolve a parturiente durante a expulsão da criança do ventre materno e os momentos após esse fato. Pode haver profundas alterações psíquicas e físicas, que chegam a transtornar a mãe, deixando-a sem plenas condições de entender o que está fazendo.[140] Para a maioria das mulheres, os dissabores trazidos pelo estado puerperal (disforia puerperal) não têm intensidade suficiente para transtorná-las, levando-as a matar o recém-nascido. Em poucas situações, há uma psicose puerperal, que pode levar a mãe a matar a criança.

Por outro lado, a denominada psicose puerperal (uma exceção) configura autêntica hipótese de semi-imputabilidade que foi tratada pelo legislador, no entanto, com a criação de um tipo especial. O puerpério é o período que se estende do início do parto até a volta da mulher às condições pré-gravidez. Como toda mãe passa pelo puerpério, mas algumas atingem o chamado estado puerperal (psicose puerperal) – com graves perturbações e outras com menos –, torna-se fundamental a perícia a fim de apontar se aquela mãe, que matou a criança, realmente estava em estado de psicose puerperal.[141]

---

[138] *Tratado de direito penal*, v. 2, p. 105.

[139] Alfredo Farhat, *Do infanticídio*, p. 110.

[140] Como diz Aníbal Bruno, "essa situação, mesmo existente, será transitória e geralmente se apaga sem deixar vestígios" (*Direito penal* – Parte especial, t. IV, p. 150). É a normalidade. No entanto, há que se considerar a *insistência* do estado puerperal em outras mulheres.

[141] Bem lembra Heleno Fragoso que "o estado puerperal existe sempre, mas nem sempre ocasiona perturbações emocionais na mulher, que a possam levar à morte do próprio filho" (*Lições de direito penal* – Parte especial, v. 1, p. 45).

"Modernamente, o entendimento da Medicina Legal pátria admite por *influência do estado puerperal* o que, via de regra, pode ocorrer com gestantes aparentemente normais, física e mentalmente, que, estressadas pelos desajustamentos sociais, dificuldades da vida conjugal e econômica, recusa neurótica da maternidade, indesejada gravidez na viúva e na casada com homem estéril, ou o ainda estado aviltante inerente à mãe solteira, o normal sangramento, enfim, uma série de fatores situacionais constituídos pelas perturbações psicológicas da adaptação à natalidade, determinam enfraquecimento da vontade, obnubilação da consciência, podendo os sofrimentos físicos e morais acarretados pela *délivrance* levá-las a ocisar o próprio filho, durante ou logo após a mesma. Basta a mulher ser parturiente, ou já puérpera, nesse diapasão."[142]

O estado puerperal leve independe de perícia. Mas não é esse estágio que perturba a mãe, a ponto de matar seu filho recém-nascido. Por isso, torna-se *importante* a avaliação pericial a fim de se delimitarem as fronteiras entre a disforia puerperal e a psicose puerperal (é neste último sentido que o Código Penal aborda o infanticídio ao mencionar o *estado puerperal*).

As mulheres sentem as dores do parto, ficam mais sensíveis, o momento alegre do nascimento pode ser ocultado por desequilíbrios emocionais passageiros, enfim, ao dar à luz a mulher sofre física e emocionalmente. Mesmo quem caminha para a opção da cesariana, passa por anestesia, cirurgia, dores pós-parto e um outro cenário igualmente difícil. Por isso, a depressão branda é natural; elevando-se esse grau, pode-se atingir a psicose puerperal, que, embora minoria, pode ocorrer.

No campo emocional, a mulher se transforma, sentindo-se carente; algumas, vendo o próprio corpo, reputam-se deformadas e terminam "culpando" a gravidez. Há as gestantes abandonadas pelos seus familiares *justamente* porque engravidaram, o que lhes provoca maior ansiedade e até raiva do seu atual estado. A tendência da mulher, logo após o parto, não é amar o filho com todas as suas forças, mas se recuperar daquele estado traumático. Confia-se, no entanto, no instinto maternal que, com apoio do marido ou companheiro, fortalece-se. O mesmo se diga quando a família fornece apoio à parturiente.[143]

Entretanto, o estado puerperal pode transformar-se em causa para o infanticídio quando a gestante percebe que, por causa daquela gravidez, viu-se abandonada por todos, ingressando em estado psicótico. Consciente ou inconscientemente, imputa a responsabilidade ao filho recém-nascido; é o que a leva a cometer o infanticídio, para se livrar do "problema".[144]

Certa vez, uma jovem, com seus 18 anos, engravidou do namorado, e sua família, muito religiosa, já lhe alertara que não admitiria uma gravidez fora do casamento. Sem poder contar com seus pais e irmãos, apertou sua barriga, colocando faixas médicas de compressão, usadas para ortopedia, durante meses. Conforme os dias passavam, ela apertava ainda mais a barriga, de modo a atingir os nove meses integrais sem que a família percebesse. Em determinado dia, chegou a hora do parto. Com fortes contrações, trancou-se no banheiro e sentou-se no vaso, onde nasceu o bebê, que começou a chorar, despertando a atenção da mãe. Enquanto

---

[142] Delton Croce e Delton Croce Júnior, *Manual de medicina legal*, p. 586-587.

[143] No mesmo prisma, Vicente de Paula Rodrigues Maggio, *Infanticídio*, p. 26.

[144] "A mulher, presa ao estado puerperal, pode ser acometida de psicoses e alucinações várias. É capaz, nesse estado, de matar o filho. Essas psicoses ou alucinações serão de grande ou nenhuma importância. Quanto mais se agigantarem, mais toldarão a consciência da mulher. Haverá ocasiões em que a puérpera praticará o infanticídio em estado de total irresponsabilidade. Mas, seja qual for a influência do estado puerperal, a pena existirá sempre" (Paulo Sérgio Leite Fernandes, *Aborto e infanticídio*, p. 138).

esta batia à porta do banheiro para saber o que estava ocorrendo, a jovem mãe, desesperada, apertou o pescocinho da criança até que parasse de chorar. O bebê faleceu. Com o ambiente silente, a parturiente abriu a porta do banheiro e foi para seu quarto. Largou o recém-nascido, morto, dentro do vaso sanitário. Terminou condenada por infanticídio. O ponto relevante desse relato – baseado em caso real – está a demonstrar que a mulher, sem o apoio da família, de amigos ou do próprio pai da criança, pode entrar em desespero, no momento do parto, a ponto de não ter o seu instinto materno despertado, matando a criança.

Esse é o motivo básico de se reconhecer no infanticídio um "homicídio privilegiado", pois o sujeito ativo – a mãe – não teria agido como agiu se tivesse tido o apoio que, como regra, é destinado às gestantes. Quantas não são as mães que, após o parto, embora não matem seus filhos, abandonam-nos em latas de lixo ou fundos de beco para livrar-se do problema? Muitas, bastando conferir o histórico dos abrigos que recebem esses bebês a mando da Justiça.

No cenário do estado puerperal, segundo NORONHA, repetido por alguns importantes penalistas, sem a devida citação da fonte,[145] há quatro hipóteses: "a) o puerpério nenhuma alteração produz na mulher; b) acarreta-lhe perturbações que são a causa do exício do filho; c) provoca-lhe doença mental [atual art. 26]; d) produz-lhe causas de semi-imputabilidade [parágrafo único do art. 26]. Na primeira, haverá homicídio; na segunda, infanticídio; na terceira, a infanticida é isenta de pena; na última, terá atenuada a imputabilidade".[146]

Como dissemos, embora todas as mulheres *passem* pelo puerpério, com amor e apoio, ela supera sem nem perceber (é a primeira hipótese narrada no parágrafo anterior). A parturiente passa pelo estado puerperal e imputa a sua dor ao filho recém-nascido, matando-o (é a segunda hipótese *supra*). A gestante entra em severa depressão pós-parto e começa a sofrer de enfermidade mental; se matar o filho, é inimputável, com base no art. 26, *caput*, merecendo medida de segurança (é a terceira hipótese). A mulher dá à luz e o grau de perturbação do puerpério a afeta, a ponto de gerar a situação descrita no art. 26, parágrafo único, matando a criança. Nesse caso, discordamos de NORONHA, pois essa perturbação mental é justamente o puerpério. Deverá responder por infanticídio, e não por homicídio com atenuação da pena. Aliás, nem deverá responder por infanticídio com a pena atenuada, pois a perturbação do art. 26, parágrafo único, é justamente o refluxo do estado puerperal, já previsto no art. 123 do CP.

5.9 Circunstância de tempo

O infanticídio exige que a agressão seja cometida *durante* o parto ou *logo após*, embora sem fixar um período preciso para tal ocorrer. Deve-se, pois, interpretar a expressão "logo após" com o caráter de imediatidade, pois, do contrário, poderão existir abusos. Enquanto o Código Penal italiano (art. 578) vale-se da expressão "imediatamente" após o parto – firmando o entendimento de uma situação instantânea –, o Código Penal chileno prefere estabelecer o período de 48 horas (art. 394).

Quanto à fase *durante o parto*, "compreende o período que se estende desde a ruptura das membranas alantoides ou, como preconizamos, desde a eliminação do tampão mucoso de Schoëreder do canal cervical para a cavidade vaginal e/ou o exterior, seguida da travessia do canal do parto, até o despontamento do ser nascente no meio exterior. Nascente ou *ser*

---

[145] O que se pode chamar de plágio e existe, infelizmente, na doutrina nacional. O leitor terá oportunidade, quando estudioso de várias obras, de saber quem o faz e quem não o pratica.

[146] *Direito penal*, v. 2, p. 53.

nascente ('ens nascens') é, então, o que está nascendo, com um segmento corpóreo (cabeça, membros superiores, membros inferiores), já cursando o canal do parto e despontando na genitália materna".[147]

Embora grande parte da doutrina pátria prefira deixar ao caso concreto a análise do período máximo possível para configurar o infanticídio, afirmando apenas ser o tempo necessário para que a mãe entre na fase da *bonança* e da quietação, tornando a se afirmar o seu instinto maternal,[148] cremos de curial importância um ponto: o estado puerperal não se confunde com as *psicoses puerperais*, que se apresentam dias após o parto. Estas, se presentes, devem ser encaixadas no contexto da inimputabilidade ou semi-imputabilidade (art. 26, CP).

Muitos penalistas, como HUNGRIA[149] e NORONHA,[150] sugerem a perícia para desvendar o misterioso tempo de duração do estado puerperal. Parece-me, de fato, mais seguro. Cedo a essa argumentação, pois somente a presunção de estar a mãe ainda em puerpério é frágil para a morte do recém-nascido.[151]

Em síntese: levamos em consideração que a expressão "logo após" encerra imediatidade, mas pode ser interpretada em consonância com a "influência do estado puerperal", embora sem exageros e sem a presunção de que uma mãe, por trazer consigo inafastável instinto materno, ao matar o filho, estaria, ainda, mesmo que muitos dias depois do parto, cometendo um infanticídio.

O correto é buscar a prova do estado puerperal, quando se encontra no estágio de psicose puerperal, móvel do delito cometido imediatamente após o parto. Trata-se de questão de poucos dias. Após o parto ter se consumado, a perturbação vai desaparecendo e o correr do tempo (geralmente após uma semana) provoca a normalização das emoções, como regra. Caso se prolongue o distúrbio na mãe, torna-se ainda mais indispensável a perícia, pois a situação da mulher pode ter migrado para uma enfermidade mental (depressão pós-parto).[152]

Vale ressaltar a crítica formulada por ALFREDO FARHAT, em relação ao tipo penal do art. 123, que cuida do infanticídio: "Em resumo, a verdade é que o artigo é confuso e restringe a sua interpretação a motivos psicopatológicos de difícil ocorrência, criando embaraços reais para a aplicação da lei, gerando obrigações periciais e fazendo-se um verdadeiro ninho de exceções, se considerarmos o pensamento clínico unânime sobre as psicoses, distúrbios mentais ou loucura puerperal".[153]

---

[147] DELTON CROCE e DELTON CROCE JÚNIOR, *Manual de medicina legal*, p. 588.

[148] HUNGRIA, *Comentários ao Código Penal*, v. 5, p. 265. Na mesma linha, NORONHA, *Direito penal*, v. 2, p. 55; GALDINO SIQUEIRA, *Tratado de direito penal*, v. 3, p. 49.

[149] *Comentários ao Código Penal*, v. 2, p. 265.

[150] *Direito penal*, v. 2, p. 55.

[151] Autores de medicina legal também recomendam a perícia, pois o estado puerperal é um "quadro de obnubilação e confusão mental, que segue o desprendimento fetal e que só ocorre na parturiente que não recebe assistência ou conforto durante o trabalho de parto. (...) Trata-se de um quadro de difícil determinação pericial, sendo muito discutida, do ponto de vista médico-legal, a sua real existência. Portanto, deve ser analisado e definido caso a caso, por peritos médico-legistas ou psiquiatras forenses, pois se trata de uma perturbação psíquica passageira, mas suficiente para alterar o comportamento da mãe" (FRANCISCO SILVEIRA BENFICA e MÁRCIA VAZ, *Medicina legal*, p. 120).

[152] GLÁUCIO VASCONCELOS RIBEIRO aponta um "puerpério" de aproximadamente 40 dias (de 30 a 50 dias) ou de 6 a 8 semanas (*Infanticídio*, p. 62).

[153] *Do infanticídio*, p. 130.

5.10 Concurso de pessoas

Como já expusemos no capítulo referente ao concurso de pessoas, intenso é o debate doutrinário acerca da coautoria e da participação no contexto desse crime, que não deixa de significar uma forma *privilegiada* do homicídio. A mãe, por estar em estado puerperal, mata o próprio filho recém-nascido, após o parto, recebendo, pois, pena bastante atenuada em relação à que está prevista no art. 121.

Por isso, muitos autores, capitaneados, antigamente, por HUNGRIA, chegaram a sustentar a incomunicabilidade dessa circunstância de caráter pessoal, afinal, o puerpério é perturbação físico-mental exclusiva da mãe. Não seria *justo*, dizem, que o coautor ou partícipe fosse favorecido, uma vez que se estaria cuidando de circunstância *personalíssima*. Passaram a adotar essa visão: BENTO DE FARIA;[154] VICENTE SABINO;[155] ANÍBAL BRUNO.[156]

Entretanto, cumpre ressaltar que o próprio NÉLSON HUNGRIA alterou seu entendimento, na 5.ª edição de sua obra: "Nas anteriores edições deste volume, sustentamos o mesmo ponto de vista, mas sem atentarmos no seguinte: a incomunicabilidade das *qualidades* e *circunstâncias pessoais*, seguindo o Código helvético (art. 26), é irrestrita (...), ao passo que perante o Código pátrio (também art. 26) [atual art. 30 do CP] é feita uma ressalva: 'Salvo quando elementares do crime'. Insere-se nesta ressalva o caso de que se trata. Assim, em face do nosso Código, mesmo os terceiros que concorrem para o infanticídio respondem pelas penas a este cominadas, e não pelas do homicídio".[157] O mesmo fez HELENO FRAGOSO.[158]

CEZAR ROBERTO BITENCOURT não acompanhou a alteração de entendimento de HUNGRIA e continua a mencioná-lo como adepto da corrente que prevê a incomunicabilidade das condições e circunstâncias pessoais aos coautores e partícipes.[159]

Quem não aceita a comunicabilidade das condições e circunstâncias de caráter pessoal do tipo penal do art. 123 do CP, que *são elementares* do delito, fornece justificativas emocionais – e não técnicas. ÁLVARO MAYRINK DA COSTA diz ser "incontestável que um tipo privilegiado não pode ser adequado por sujeito que não apresente requisito normativo personalíssimo. O *extraneus* que participa do infanticídio comete crime de homicídio".[160]

Restam, atualmente, poucos autores que sustentam a possibilidade de punir por homicídio aquele que tomou parte no infanticídio praticado pela mãe, ou mesmo quando executou o núcleo do tipo, a pedido da mãe, que não teve forças para fazê-lo sozinha.[161] São diversos os argumentos nessa ótica, mas, em suma, todos voltados a corrigir uma injustiça promovida pela própria lei penal, que deveria ter criado uma exceção pluralística à teoria monística. Não o fez. Assim, há quem pretenda a aplicação do art. 29, § 2.º, dizendo que, se o executor matar o recém-nascido, porém com o beneplácito da mãe, esta teria querido participar de crime menos grave, isto é, aquele teria desejado cometer homicídio e a genitora, infanticídio.

Olvida-se, nessa tese, que a vontade de matar é exatamente a mesma e que o infanticídio é apenas uma forma privilegiada de homicídio, como, aliás, já alertava FREDERICO MARQUES.

---

[154] *Código Penal brasileiro comentado*, v. IV, p. 39.

[155] *Direito penal*, v. 1, p. 274.

[156] *Direito penal* – Parte especial, t. IV, p. 151-152.

[157] *Comentários ao Código Penal*, v. 5, p. 266.

[158] Citação de FERNANDO DE ALMEIDA PEDROSO, *Direito penal*, p. 559.

[159] *Tratado de direito penal*, v. 2, p. 178.

[160] *Direito penal* – Parte especial, v. 2, t. I, p. 154.

[161] Essa é a posição de ANDRÉ ESTEFAM, *Direito penal*, v. 2, p. 148.

Logo, tanto o estranho quanto a mãe querem "matar alguém". O delito somente se torna *unitariamente* (pela teoria adotada pelo Código Penal, que não pode ser rompida por desejo de correção de injustiça) considerado em face da *circunstância* de estar a mãe envolvida pelo estado puerperal, após o nascimento de seu filho. É nitidamente incabível o § 2.º do art. 29, tendo em vista ser este a figura da cooperação dolosamente distinta.

Aliás, não nos parece nem um pouco correta a ideia de que o dolo deve envolver o elemento "estado puerperal", pois trata-se de situação de perturbação psíquica, logo, subjetiva, tanto quanto é o dolo (elemento subjetivo do crime). Outras soluções tentam apontar para a utilização, para a mãe, do disposto no art. 26, parágrafo único, enquanto, para o executor, estranho à criança, seria reservado o homicídio. Ora, trata-se, ainda que com eufemismo, de quebra da unidade do delito. Não houve homicídio, com participação de pessoa perturbada (no caso, a mãe). A circunstância especial de perturbação da saúde mental está prevista em um tipo penal especial, que deve ser aplicado, goste-se ou não da solução, entenda-se ou não ser ela injusta. Logo, se ocorreu um infanticídio, por expressa aplicação da comunicabilidade prevista no art. 30, outra não é a solução senão ambos punidos por infanticídio.

A doutrina firmou entendimento nesse sentido, conferindo-se a partir de PAULO JOSÉ DA COSTA JÚNIOR: "Diante dos termos precisos do art. 30 do CP, entretanto, é inadmissível outro entendimento. A regra, aí inserida, é a de que as circunstâncias e as condições de caráter pessoal não se comunicam. E a exceção, constante da parte final do dispositivo, determina que haverão elas de comunicar-se, desde que elementares do crime. Ora, *in casu*, o estado puerperal, embora configure uma condição personalíssima, é elementar do crime. Faz parte integrante do tipo, como seu elemento essencial. Logo, comunica-se ao coautor. Aquele que emprestar sua cooperação à prática do infanticídio é infanticida, e não homicida".[162] E, ainda, a lição de NORONHA: "não há dúvida alguma de que o *estado puerperal* é *circunstância* (isto é, estado, condição, particularidade etc.) *pessoal* e que, sendo *elementar* do delito, comunica-se, *ex vi* do art. 30, aos copartícipes. *Só mediante texto expresso tal regra poderia ser derrogada*".[163] Acrescente-se: MIRABETE;[164] FREDERICO MARQUES;[165] DELMANTO;[166] DAMÁSIO;[167] FERNANDO DE ALMEIDA PEDROSO;[168] ALBERTO SILVA FRANCO;[169] BASILEU GARCIA;[170] ESTHER DE FIGUEIREDO FERRAZ;[171] IVAIR NOGUEIRA ITAGIBA;[172] LUIZ REGIS PRADO;[173] GLÁUCIO VASCONCELOS RIBEIRO;[174] VICENTE DE PAULA RODRIGUES MAGGIO;[175] FERNANDO DE ALMEIDA PEDROSO.[176]

---

[162] *Direito penal – curso completo*, p. 263-264.

[163] *Direito penal*, v. 2, p. 59, grifamos.

[164] *Manual de direito penal*, v. 2, p. 73.

[165] *Tratado de direito penal*, v. 2, p. 176, com a ressalva de que a participação do estranho deve ser acessória.

[166] *Código Penal comentado*, p. 247.

[167] *Código Penal anotado*, p. 389.

[168] *Direito penal*, p. 557-559.

[169] *Código Penal e sua interpretação jurisprudencial*, p. 1.650.

[170] *Instituições de direito penal*, v. 1, t. I, p. 422.

[171] *A codelinquência no direito penal brasileiro*, p. 41.

[172] *Do homicídio*, p. 94.

[173] *Tratado de direito penal*, v. 2, p. 102-103.

[174] *Infanticídio*, p. 126.

[175] *Infanticídio*, p. 74.

[176] *Homicídio...*, p. 251.

Logo, tanto faz se o estranho auxilia a mãe a matar o recém-nascido, após o parto, em estado puerperal, ou se ele mesmo, a pedido da genitora, executa o delito: ambos respondem por infanticídio.

É indispensável que o concorrente tenha noção da condição ou da circunstância de caráter pessoal do comparsa do delito, pois, do contrário, não se poderá beneficiar do disposto no art. 30. Assim, caso uma pessoa não saiba que está prestando auxílio a um *funcionário público* para apropriar-se de bens móveis pertencentes ao Estado (peculato para o funcionário – art. 312, CP), responderá por furto.

5.11 Quadro-resumo

Previsão legal	**Infanticídio** **Art. 123.** Matar, sob a influência do estado puerperal, o próprio filho, durante o parto ou logo após: Pena – detenção, de dois a seis anos.
Sujeito ativo	Mãe em estado puerperal
Sujeito passivo	Filho recém-nascido ou nascente
Objeto material	Recém-nascido
Objeto jurídico	Vida humana
Elemento subjetivo	Dolo
Classificação	Próprio Material Forma livre Comissivo Instantâneo Dano Progressivo Unissubjetivo Plurissubsistente
Tentativa	Admite
Circunstâncias especiais	Não há

6. ABORTO

6.1 Aborto provocado pela gestante ou com seu consentimento

6.1.1 Aspectos históricos do aborto

Nas palavras de Giulia Galeotti, "até meados do século XVIII, o que está no interior do útero materno é considerado apenas um apêndice do corpo da mãe. O feto, antes de vir ao mundo, é uma parte da mulher, ou melhor, das suas entranhas, *mulieris portio vel viserum* escreve o jurisconsulto romano Ulpiano. Essa opinião, nascida num contexto estoico e fortemente radicada no senso comum, foi partilhada durante muito tempo por filósofos, teólogos e legisladores, apesar de não se basear em nenhuma teoria científica e de médicos ilustres, como Hipócrates e Asclepíades, serem de opinião contrária. (...) A concepção da gravidez como feto na mulher concordava com um sistema que, durantes séculos, considerara da exclusiva competência feminina as práticas em torno da gestação *lato sensu* (menstruação, amenorreia, aborto, parto, desmama)".[177]

Seguindo a narrativa de GALEOTTI, observa-se, ao longo da história, que o feto era considerado parte do corpo da mulher; logo, não era visto como entidade autônoma, que possuísse qualquer espécie de direito, como o direito à vida. Na Grécia antiga, não existiam leis punitivas e o aborto não era considerado crime. O mesmo se deu em Roma no período clássico. Em verdade, quando se levantavam posições contrárias ao aborto, a origem era sempre pensando na prevalência dos interesses masculinos (o direito de ter descendente). No judaísmo, considerava-se a fecundidade uma bênção de Deus; a vida começava antes mesmo da concepção e passava por várias fases. O aborto era considerado um ato violador e ofensivo à vida. Contudo, não se chegou a criminalizá-lo como se fosse um homicídio. Posteriormente, "com a inclusão na Torá da distinção das fases da gravidez, e com as consequentes sanções de morte para o autor de aborto de feto formado, tem-se 'o primeiro texto legislativo inequívoco que, através da aplicação do talião, declara, com efeitos penais, homicídio [...] o aborto provocado nos limites indicados' [Enzo Nardi]".[178]

A influência do cristianismo provoca a consideração de ser o aborto uma espécie de homicídio. No entanto, debateu-se muito tempo quando ocorreria a infusão da alma ao feto; afinal, somente a partir desse momento poder-se-ia tratar de homicídio. O Islão proíbe o aborto por entender tratar-se de colocação de um fim à vida, a menos que seja para salvar a vida da mãe. No entanto, GIULIA GALEOTTI esclarece que, "apesar de algumas diferenças existentes, é possível afirmar que ainda hoje a lei islâmica permite o aborto antes do quarto mês em presença de motivos válidos e, posteriormente, só quando for necessário para salvar a mãe".[179]

Registra-se um maior apego aos *direitos* do feto a partir da década de 60 do século XX, quando se atingiu o aparelho ecográfico. Conseguiu-se visualizar melhor o desenvolvimento fetal e isso permitiu a visualização do embrião como ente autônomo.[180] Outra questão relevante para a proibição do aborto em vários pontos da Europa diz respeito à diminuição populacional em decorrência de inúmeras guerras.

"Com a publicação, em 1917, do código do direito canônico, o primeiro na história bimilenar da Igreja, o cânone 2350 (§ I) determinará que os que efetuam abortos, a mãe inclusive, uma vez atingido o objetivo incorrem na excomunhão e, se forem clérigos, são depostos, perdendo todos os rendimentos e benefícios eclesiásticos (cânone 2303)".[181]

Na atualidade, o aborto continua a ser uma das principais controvérsias existentes nos países do mundo. Tomando-se os EUA como exemplo, há Estados que o proíbem e outros que o liberam. Inexiste unanimidade. Os motivos são os mais variados: desde fundamentos religiosos, visualizando o feto como sujeito do direito à vida, passando por questões de controle ou incentivo à natalidade, até alcançar fatores vinculados aos direitos das mulheres e à proteção à saúde e integridade física, mormente quando se foca o *aborto clandestino*.[182] No

---

[177] *História do aborto*, p. 25-29.

[178] *História do aborto*, p. 49.

[179] *História do aborto*, p. 70.

[180] GALEOTTI, *História do aborto*, p. 81.

[181] GALEOTTI, *História do aborto*, p. 122.

[182] Segundo REGINA DE CASTRO, "40% da população mundial têm direito legal ao aborto até 12 semanas de gravidez, inclusive a Itália. Na América Latina morre uma mulher a cada 800 abortos; nos países onde o aborto é um direito, o risco de morte é de um em 3.700" (*Aborto*, p. 97).

Brasil, vigente o Código Penal de 1940, nessa parte, criminaliza-se o aborto, exceto para salvar a vida da gestante ou quando decorre de gestação advinda de estupro.

6.1.2 Conceito e formas

O aborto é a cessação da gravidez, cujo início se dá com a nidação, antes do termo normal, causando a morte do feto ou embrião.[183]

São formas de cessar a existência fetal:

a) *aborto natural*: é a interrupção da gravidez oriunda de causas patológicas, que ocorre de maneira espontânea (não há crime);

b) *aborto acidental*: é a cessação da gravidez por conta de causas exteriores e traumáticas, como quedas e choques (não há crime);

c) *aborto criminoso*: é a interrupção forçada e voluntária da gravidez, provocando a morte do feto;

d) *aborto permitido ou legal*: é a cessação da gestação, com a morte do feto, admitida por lei. Esta forma divide-se em:

d.1) *aborto terapêutico ou necessário*: é a interrupção da gravidez realizada por recomendação médica, a fim de salvar a vida da gestante. Trata-se de uma hipótese específica de estado de necessidade;

d.2) *aborto sentimental ou humanitário*: é a autorização legal para interromper a gravidez quando a mulher foi vítima de estupro. Dentro da proteção à dignidade da pessoa humana em confronto com o direito à vida (nesse caso, do feto), optou o legislador por proteger a dignidade da mãe, que, vítima de um crime hediondo, não quer manter o produto da concepção em seu ventre, o que lhe poderá trazer sérios entraves de ordem psicológica e na sua qualidade de vida futura;

e) *aborto eugênico ou eugenésico*: é a interrupção da gravidez, causando a morte do feto, para evitar que a criança nasça com graves defeitos genéticos. Há controvérsia se há ou não crime nessas hipóteses, como se verá no art. 128;

f) *aborto econômico-social*: é a cessação da gestação, causando a morte do feto, por razões econômicas ou sociais, quando a mãe não tem condições de cuidar do seu filho, seja porque não recebe assistência do Estado, seja porque possui família numerosa, ou até por política estatal. No Brasil, é crime.

Diaulas Costa Ribeiro faz uma releitura jurídico-penal do aborto, como crime, no Brasil, expondo que, "no princípio, o aborto era formalmente livre de penas. Mas sua prática não era livre de riscos à vida e à saúde da mulher. O aborto matava mulheres; a mortalidade era maior do que no parto. Logo, o aborto nunca foi efetivamente livre de penas; sempre houve 'pena de morte' para o aborto. Morriam mais mulheres; nasciam menos homens e menos mulheres. Também por isso, o aborto é instrumento de política demográfica. Ora para aumentar a população, ora para diminuí-la. Para proteger as mulheres da 'pena de morte', proibiu-se o

---

[183] Noronha acrescenta o "ovo", além do feto e do embrião (*Direito penal*, v. 2, p. 60), assim como Aníbal Bruno, independentemente da sua fixação na parede do útero materno (*Crimes contra a pessoa*, p. 161). No mesmo prisma, Fernando de Almeida Pedroso (*Homicídio...*, p. 258).

aborto com 'pena de vida': prisão. A expectativa era a prevenção geral: fazer cessar as mortes de mulheres".[184]

Sob outro aspecto, o grande dilema envolvendo o aborto, como crime ou fato lícito, é o debate em torno do início da vida humana. Abrange-se, nessa discussão, conceitos e prismas de todos os matizes, como científicos, humanísticos, religiosos, filosóficos etc. FREDIANO JOSÉ MOMESSO TEODORO, nessa linha, diz que "a discussão sobre o início da vida e o início da gravidez é de suma importância para a definição das condutas praticadas pelos médicos. A partir do momento em que se estabelece o instante no qual a vida se inicia ou o instante no qual a gravidez se inicia, delimita-se a fronteira entre o lícito e o ilícito na prática médica e científica. Lamentavelmente, a capacidade de compreensão da vida e da natureza pelo homem está distante de levá-lo a esta determinação. Falta-lhe muito para apontar com certeza qual será o preciso momento em que a vida é iniciada. Cada estudioso tem seu conceito formado em razão do início da vida, mas ninguém jamais alcançou a absoluta certeza, até o momento. Em razão disso, *in dubio pro vida*".[185]

Acesse e escute o *podcast* sobre Aborto.
> http://uqr.to/1yofw

6.1.2.1 Prós e contras à legalização do aborto

Deve o Direito Penal intervir nesse cenário e manter o crime de aborto? São fundamentos pró-aborto: a) *direito à intimidade*, buscando demonstrar que a questão vincula-se à intimidade da mulher e o seu direito de dispor do próprio corpo como desejar; b) *evitar abortos clandestinos*, tendo em vista o número elevado de mulheres, que se submetem a clínicas mal aparelhadas e parteiras sem formação, sofrendo lesões graves ou até mesmo falecer. Há, inclusive, uma discriminação social, pois mulheres de alto poder aquisitivo também realizam abortos, mas em locais bem preparados, com médicos bem formados; c) *evitar crianças defeituosas*, voltando-se ao direito dos pais de ter um filho saudável, que não os penalize o resto da vida, sob cuidados intensivos e caros; d) *feto sem consciência*, expondo o debate acerca da natureza do embrião, ou seja, se possui vida autônoma ou se é parte do corpo da mulher, sendo esta a posição de quem apoia o aborto; e) *gravidez decorrente de estupro*, apontando o caráter humanitário de impedir o sofrimento da mulher, vítima de violência traumatizante, durante toda a gestação e, depois, para eventual criação do filho não desejado; f) *salvar a vida da gestante*, evidenciando clara situação de estado de necessidade, excludente de ilicitude, nos termos do art. 24 do Código Penal.

São argumentos contrários ao aborto: a) *limite à intimidade*, pois esta é uma comodidade ao indivíduo, constitucionalmente garantida, mas não para formar um escudo protetor para o cometimento de delitos; como exemplos de que a intimidade não é absoluta estão os casos de violência doméstica e abuso infantojuvenil, quando o Estado intervém na vida privada para

---

[184] *Aborto por anomalia fetal*, p. 93. Na mesma ótica, a respeito da proteção à mulher, ARY DOS SANTOS (*O crime de aborto*, p. 11).

[185] *Aborto eugênico*, p. 25.

socorrer as vítimas; b) *abortos clandestinos sempre existirão*, pois as mulheres mais pobres podem procurar parteiras justamente para manter em sigilo a gravidez indesejada; outro ponto seria evitar as filas dos hospitais públicos; c) *repulsa à eugenia*, contornando-se o abusivo gesto de escolher filhos perfeitos, tal como se pregou, no passado, em regimes totalitários, como o nazismo; d) *feto como ente autônomo*, buscando afirmar que a vida humana inicia-se com a concepção ou, pelo menos, com a nidação (fixação do óvulo fecundado na parede do útero materno); o aborto seria equivalente a um homicídio; e) *gravidez resultante de estupro* constitui caso raro e, se assim não fosse, pode-se encaminhar a criança nascida para adoção; f) *salvar a vida da gestante* já é uma realidade para a medicina moderna, sem necessidade de praticar o aborto; noutros termos, na maioria dos casos, ambos se salvam.[186]

6.1.3 Estrutura do tipo penal incriminador

Provocar significa dar causa ou determinar; *consentir* quer dizer dar aprovação, admitir, tolerar. A diferença das condutas é evidente: quem provoca é a própria gestante; quem consente é a gestante, mas o autor é outro. O objeto das condutas é a cessação da gravidez, provocando a morte do feto ou embrião. Como regra, a prova do aborto faz-se por exame pericial. Excepcionalmente, por exame indireto (o perito oficial analisa as fichas clínicas do hospital que atendeu a gestante). Trata-se da forma prevista no art. 124 do CP.

É preciso que a gestação seja, de algum modo, comprovada, pois "provocar" aborto implica matar o feto ou embrião. Se este não existe ou já estava morto, trata-se de crime impossível. O delito admite a participação, desde que, na forma secundária, consistente em induzimento, instigação ou auxílio. Ex.: aconselhar a gestante a cometer, sozinha, o aborto. Se a pessoa atua diretamente para causar a interrupção da gravidez, não é partícipe, mas autora do delito do art. 126.

O início da vida, segundo entendemos, ocorre a partir da nidação, que é a fixação do óvulo fecundado na parede do útero. Desde esse ponto ele pode desenvolver-se e crescer até o nascimento. Há quem sustente constituir o início da vida a mera fecundação, isto é, a união do óvulo e do espermatozoide. Outras opiniões existem, considerando – cada uma das visões – uma fase distinta da gravidez, colocando, portanto, o início da vida para o primeiro, segundo, terceiro ou outro mês de gestação.

Tanto o começo da vida humana quanto o tratamento a ser conferido ao embrião são assuntos intensamente debatidos no cenário da bioética. As correntes formadas a respeito são inúmeras. Tomando por base uma delas, esta é a ótica de MARCO SEGRE:[187] "em nosso entender, importa que o respeito que é devido ao ser humano, desde a sua concepção [eis a opção do autor pelo início da vida humana], seja garantido através da explicitação de alguns dos seus direitos: (...) deve outorgar-se ao embrião humano o direito a ser respeitado de forma integral e com a dignidade que, no mínimo, deve ser garantida a um ser humano, ainda que numa fase incipiente do seu processo evolutivo contínuo, sendo desejável que lhe venha a ser reconhecido direito a proteção legal e jurídica como sujeito de pleno direito".[188]

---

[186] Cf. ROBERTO VIDAL DA SILVA MARTINS, *Aborto no direito comparado*: uma reflexão crítica, p. 10-11.

[187] Professor emérito da Faculdade de Medicina da USP. Presidente de honra da Sociedade Brasileira de Bioética. Membro da Comissão de Bioética do Hospital das Clínicas da FMUSP.

[188] Considerações éticas sobre o início da vida: aborto e reprodução assistida, in: CAVALCANTE e XAVIER, *Em defesa da* vida: aborto e direitos humanos, p. 45.

Sob outro ponto de vista, Daniel Sarmento argumenta que a gestação é formada por fases; conforme estas são atingidas, o feto ou embrião passa a gozar de maior proteção. Sem pretender debater *quando se implanta a alma ao feto*, sugere que o início da vida humana potencial se dá a partir do segundo trimestre, quando se forma o córtex cerebral. Antes disso, o feto não tem nenhuma capacidade para a racionalidade e/ou para viver fora do útero materno. Diante disso, embora seja um ente autônomo, possuidor de vida, não é ainda pessoa. Argumenta, inclusive, que, se pessoa fosse, a sua morte deveria ser apenada com sanção equivalente à do homicídio. Nota-se, no entanto, serem as penas do aborto muito menores. Em suma: atribuiu-se à vida intrauterina uma proteção mais débil do que a conferida a uma vida extrauterina.[189]

De fato, a Constituição Federal não menciona o aborto nem a vida intrauterina, de modo que se parte da tutela à vida humana para ser contra ou a favor o aborto. Noutros termos, liga-se a proibição ou a legalização do aborto à questão vinculada ao *início da vida humana*, momento difícil e complexo de ser definido com segurança.

A pena para o crime de aborto (art. 124) é de detenção, de 1 (um) a 3 (três) anos.

6.1.3.1 Prova da existência do crime e sigilo médico

Chegamos a abordar a questão do sigilo médico quando envolver a prática de crime em outros pontos desta obra (nos comentários ao crime de desobediência) e nos trabalhos de processo penal.

O sigilo profissional é relevante, tanto que o art. 207 do Código de Processo Penal dispõe: "são proibidas de depor as pessoas que, em razão de função, ministério, ofício ou profissão, devam guardar segredo, salvo se, desobrigadas pela parte interessada, quiserem dar o seu testemunho". Significa, no cenário médico, não poder este profissional prestar declarações em juízo, comprometedoras de paciente seu. Mas esse enfoque deve concentrar-se no âmbito da autoria. Em hipótese alguma pode-se acobertar a materialidade do delito, isto é, a prova de sua existência.

Se o médico pudesse ocultar a prova da existência do crime, poderia guardar em seu consultório a droga ilícita usada por paciente seu. Poderia, igualmente, ocultar a ocorrência do aborto, retirando e eliminando o feto, sem nenhuma cobrança. Na verdade, o médico não é obrigado a prestar informes quanto à autoria de crime algum, mas nunca ser o instrumento imediato para esconder a materialidade de qualquer crime, que deixe vestígios.

6.1.4 Sujeitos ativo e passivo

No caso do aborto do art. 124, o sujeito ativo deve ser a gestante, pois o crime é próprio. Mas ela não precisa praticar diretamente a ação de matar, podendo servir-se de terceira pessoa. Alerta, com razão, Cleber Masson que "o consentimento da gestante deve subsistir até a consumação do aborto. Se durante o procedimento abortivo ela se arrepender e solicitar ao terceiro a interrupção das manobras letais, mas não for obedecida, para ela o fato será atípico, e o terceiro responderá pelo crime delineado pelo art. 125 do Código Penal".[190]

O sujeito passivo é o feto ou embrião.[191] Há quem defenda que o sujeito passivo é a sociedade, pois o feto não tem personalidade jurídica e muitos não o reconhecem como *vida humana*.

---

[189] Daniel Sarmento, Legalização do aborto e Constituição, in: Cavalcante e Xavier, *Em defesa da vida*: aborto e direitos humanos, p. 142-147.

[190] *Direito penal*, v. 2, p. 93.

[191] "Quando um óvulo é fecundado por um espermatozoide, surge um novo indivíduo com vida nova e pessoal. O feto não é apenas uma massa celular viva, nem um simples pedaço do corpo da mãe, mas

Daí por que a sociedade teria interesse em manter a gravidez, constituindo o sujeito passivo da relação. Segundo pensamos, o Direito Penal pode conceder proteção ao ser em gestação, independentemente da posição do Direito Civil de lhe conceder *personalidade* após o nascimento com vida. Nessa ótica, DIAULAS COSTA RIBEIRO explica que "o Direito Penal, ao punir o aborto, está, efetivamente, punindo a frustração de uma expectativa, a expectativa potencial de surgimento de uma pessoa. Por essa razão, o crime de aborto é contra uma futura pessoa – nesse ponto reside a sua virtualidade – não porque o Código Penal teria atribuído o *status* de pessoa ao feto – o que nem o Código Civil atribuiu –, mas porque o feto contém a energia genética potencial para, em um futuro próximo, constituir uma realidade jurídica distinta de seus pais, o que ocorrerá se for cumprido o tempo natural de maturação fetal e se o parto ocorrer com sucesso".[192]

Lembremos que, tratando-se de gêmeos, incide a regra do art. 70 do Código Penal (concurso formal). Mas, se quem pratica o aborto tem plena noção de que se trata de dois fetos, há desígnios autônomos e se aplica a regra do art. 70, *caput*, segunda parte, ou seja, somam-se as penas.

6.1.4.1 Gestante suicida

Importante questão levanta ROGÉRIO GRECO ao mencionar a hipótese da gestante que tenta o suicídio, sabendo estar grávida.

Se morrer, juntamente com o feto, naturalmente, inexistirá punição.

No entanto, se ela sobreviver e o feto falecer, há hipótese de aborto com consentimento da gestante.[193]

6.1.5 Objetos material e jurídico

O objeto material é o feto ou embrião. O objeto jurídico tutelado é a vida humana. Tendo em vista que o aborto é consentido pela gestante, esta não pode ser considerada sujeito passivo. Eis que a vida humana é mesmo o bem protegido, segundo o legislador.

6.1.6 Elemento subjetivo

É o dolo. Não exige elemento subjetivo específico, nem se pune a forma culposa.

6.1.7 Classificação do crime

Trata-se de crime próprio (só a gestante pode cometer); instantâneo (cuja consumação não se prolonga no tempo); comissivo ou omissivo (provocar = ação; consentir = omissão); material (exige resultado naturalístico para sua configuração); de dano (deve haver efetiva lesão ao bem jurídico protegido, no caso, a vida do feto ou embrião); unissubjetivo (admite

---

um ente autônomo que depende da alimentação materna" (BRADLEY PATTEN, embriologista citado por ROBERTO VIDAL DA SILVA MARTINS, *Aborto no direito comparado*: uma reflexão crítica, p. 5). O debate acerca da vida autônoma do feto ou embrião – e em qual momento isso se daria – é intenso como ocorre com quase todas as questões ligadas à vida humana. O grande anseio da sociedade é saber quando se dá, com segurança, o início da vida.

[192] *Aborto por anomalia fetal*, p. 98.

[193] ROGÉRIO GRECO, *Curso de direito penal*, v. 2, p. 152.

a existência de um só agente), mas na última modalidade (com seu consentimento) é plurissubjetivo, mesmo que existam dois tipos penais autônomos – um para punir a gestante, que é este, e outro para punir o terceiro, que é o do art. 126; plurissubsistente (configura-se por vários atos); de forma livre (a lei não exige conduta específica para o cometimento do aborto); admite tentativa. Pune-se somente a forma dolosa.

6.1.8 Hipóteses que afastam a ocorrência de aborto[194]

Há situações atípicas:

a) *gravidez molar*: desenvolvimento completamente anormal do ovo. Não há aborto, pois é preciso se tratar de "embrião de vida humana". Segundo NORONHA, dá-se "em formação degenerativa do ovo fecundado, segundo sanguínea, carnosa e vesicular".[195] Não atingirá vida própria;

b) *gravidez extrauterina*: trata-se de um estado patológico, em que o embrião não tem condições de se desenvolver, atingindo vida própria de modo normal. Nesse caso, para haver aborto lícito, é necessário que não haja possibilidade médica de intervir para sanar o problema. "Dá-se no ovário, fímbria, trompas, parede uterina (interstício), tendo como consequência, *v.g.*, aborto tubário, rotura de trompa e litopédio."[196]

6.1.9 Quadro-resumo

Previsão legal	**Aborto provocado pela gestante ou com seu consentimento** **Art. 124.** Provocar aborto em si mesma ou consentir que outrem lho provoque: (*Vide* ADPF 54) Pena – detenção, de um a três anos.
Sujeito ativo	Gestante
Sujeito passivo	Feto ou embrião
Objeto material	Feto ou embrião
Objeto jurídico	Vida humana
Elemento subjetivo	Dolo
Classificação	Próprio Material Forma livre Comissivo ou omissivo Instantâneo Dano Unissubjetivo ou plurissubjetivo Plurissubsistente
Tentativa	Admite
Circunstâncias especiais	Excludentes de ilicitude

---

[194] Quanto ao feto anencéfalo, consultar o item 5.6 *infra*.

[195] *Direito penal*, v. 2, p. 61. Igualmente, FRAGOSO, *Lições de direito penal* – Parte especial, v. 1, p. 49.

[196] NORONHA, *Direito penal*, v. 2, p. 61. Igualmente, FRAGOSO, *Lições de direito penal* – Parte especial, v. 1, p. 49.

6.2 Aborto provocado por terceiro sem o consentimento da gestante

6.2.1 Estrutura do tipo penal incriminador

Provocar significa dar causa ou determinar. A outra parte diz respeito ao *consentimento da gestante*, que, nesta hipótese do art. 125 do CP, não existe. Logo, trata-se de um aborto forçado, entre quem o realiza e quem o sofre. Como regra, a prova do aborto faz-se por exame pericial.

Excepcionalmente, por exame indireto (o perito oficial analisa as fichas clínicas do hospital que atendeu a gestante). É preciso que a gestação seja, de algum modo, comprovada, pois "provocar" aborto implica matar o feto ou embrião. Se este não existe ou já estava morto, trata-se de crime impossível. O delito admite a participação, desde que, na forma secundária, consistente em induzimento, instigação ou auxílio. Ex.: aconselhar o autor a cometer o aborto.

O início da vida, conforme já exposto, ocorre a partir da nidação, que é a fixação do óvulo fecundado na parede do útero. Desde esse ponto ele pode desenvolver-se e crescer até o nascimento. Há quem sustente constituir o início da vida a mera fecundação, isto é, a união do óvulo e do espermatozoide. Outras opiniões existem, considerando – cada uma das visões – uma fase distinta da gravidez, colocando, portanto, o início da vida para o primeiro, segundo, terceiro ou outro mês de gestação. Ver, ainda, o item 6.1.3 *supra*.

A pena para o crime do art. 125 do CP é de reclusão, de 3 (três) a 10 (dez) anos.

6.2.1.1 Mecanismos para o aborto

Há vários procedimentos abortivos. Recordamo-nos, quando ainda juiz do Tribunal do Júri, os famosos comprimidos vendidos, ilegalmente, em farmácias, aptos a provocar contrações no útero e levar ao aborto.

Noronha acrescenta os "químicos, com substâncias inorgânicas (fósforo, mercúrio, arsênico etc.) ou orgânicas (cantáridas, pituitrina, quinina, estriquinina, ópio etc.). (...) Processos físicos empregam-se também. São *mecânicos* (diretos ou indiretos), *térmicos* e *elétricos*. Os *mecânicos* diretos são os de maior eficiência. Atuam por meio de pressão sobre o útero, através das paredes abdominais, por traumatismos vaginais (tamponamento e irrigações), por traumatismo do colo uterino (dilatação pelo espéculo, pela laminária, pelo dedo) e por traumatismo do ovo (punção, descolamento e curetagem). Os *indiretos*, menos eficientes, atuam à distância do aparelho genital, *v.g.*, sangria, escalda-pés etc. Dentre os *térmicos*, citam-se as bolsas de água quente ou gelo no ventre. O processo *elétrico* consiste no emprego de corrente galvânica ou farádica, banhos elétricos etc. Por último, os processos psíquicos, constituídos pelo susto, *shock* moral, sugestão, terror e outros".[197]

Hoje, na realidade, as pessoas de maior poder aquisitivo, quando desejam, praticam o aborto em clínicas de alto luxo, com a máxima cautela e todos os cuidados possíveis. Não falecem as gestantes e nem deixam de poder ter filhos. As camadas mais pobres da população também procuram o aborto, como forma de resolver algum problema, inclusive social, mas não possuem condições financeiras, nem podem abortar num hospital público (a não ser nas hipóteses do art. 128 do CP). Procuram clínicas de baixo nível ou parteiras de pior conhecimento e sujeitam-se ao que for possível. Muitas gestantes eliminam o embrião ou feto, mas perdem a vida ou então a capacidade de gerar filhos no futuro.

---

[197] Noronha, *Direito penal*, v. 2, p. 63.

É um Brasil desigual, indiscutivelmente. Enquanto os penalistas ficarem debatendo quando começa ou deixa de começar a vida, essas distorções continuarão ocorrendo. Parece-nos que o aborto deve ser estudado não somente com vistas penais, mas também com ângulo social. Nos vários anos que passamos no Tribunal do Júri, julgamos pouquíssimos casos de aborto e todos eles de pessoas pobres. Isso não significa igualdade perante a lei. Nem mesmo isonomia.

Embora o aborto, para nós, não deva ocorrer, sendo preferível a mãe biológica, após o nascimento, entregar seu filho para adoção, ele é uma realidade. Como lidar com isso? Ricos abortam com segurança; pobres abortam, sofrem graves consequências e ainda podem ser penalmente punidos. O equívoco legislativo é nítido. É preciso fazer algo. Ou todos podem ou ninguém, *realmente*, pode. Qual a política criminal do Estado brasileiro para o aborto? Não vemos nenhuma satisfatória até o momento.

6.2.2 Tentativa de aborto e lesão ao feto

Existem diversas hipóteses para esta situação:

a) o agente que, tentando matar o feto (aborto), agride a gestante; ocorre o nascimento com vida, mas, em decorrência das lesões provocadas ainda na fase uterina, a criança vem a falecer. Uma das características do dolo é a atualidade (deve estar presente no exato momento de prática da conduta). Portanto, é inviável punir o sujeito pela prática de homicídio, que significa *matar alguém*, vale dizer, eliminar a vida de pessoa humana (nascida com vida). Quando o agente quis matar o feto, a sua conduta voltava-se à prática de aborto, sem consentimento da gestante. Não tendo ocorrido o aborto (art. 125, CP), cuida-se de tentativa. Essa deve ser a punição.

Se, no futuro, a criança, que nasceu com vida, vem a falecer, mesmo por conta da lesão sofrida ainda dentro do útero, estando consolidada a condenação pela tentativa de aborto, nada há a fazer. Mas, caso ainda esteja em fase de investigação ou processo, torna-se viável apresentar denúncia por aborto consumado, visto que o dolo de matar o feto (ser humano em gestação) terminou consolidando-se depois, quando o ser humano nasceu com vida para falecer na sequência com visível nexo causal com a agressão anterior. Pode-se valorar essa consequência do crime na fixação da pena-base. Deveria haver figura típica incriminadora específica para essa hipótese.

Há julgado no sentido de se tratar de homicídio: STJ: "Na ação descrita como praticada pelo paciente é possível se identificar o suposto dolo de matar, resultado possível tanto no delito de aborto, quanto no de homicídio – ambos crimes contra a vida – devido ao fato de a criança ter nascido com vida – condição que, caso se mantivesse, resultaria no delito de tentativa de aborto – mas falecido em seguida em decorrência das agressões, deve-se adequar o tipo para o crime de homicídio consumado" (HC 85.298-MG, 6.ª T., rel. Marilza Maynard, 06.02.2014, v.u.);

b) o agente que, tentando matar o feto, agride a gestante; ocorre nascimento com vida, mas a criança apresenta lesão corporal, advinda da agressão intrauterina. Cuida-se de tentativa de aborto (art. 125, CP). Deve-se elevar a pena-base em face da consequência do crime (lesão na criança);

c) o agente tenta matar o feto, agride a gestante e lesiona o feto, mas não há aborto. Trata-se de tentativa de aborto. Se, após o nascimento, ficar demonstrada a lesão fetal, deve-se incluir no aumento da pena-base, como consequência do crime;

d) o agente quer lesionar o feto e assim o faz, mas não gera aborto. A lesão ao feto não está prevista expressamente em lei, mas pode levar à viabilidade de se concluir, ao menos, pela existência do dolo eventual, porque essa agressão pode ter potencial para conduzir ao aborto. Logo, se assim for provado, seria tentativa de aborto. No entanto, imagine-se uma agressão específica ao feto, cometida por um médico, que sabe não haver viabilidade de aborto; sua intenção é machucar o feto para que a criança nasça com uma lesão. Não há figura típica prevista em lei. A lesão corporal tutela a integridade física de alguém (ser humano nascido).

6.2.3 Sujeitos ativo e passivo

Neste caso, o sujeito ativo pode ser qualquer pessoa, embora o sujeito passivo não seja somente o feto ou embrião,[198] mas também a gestante, pois a agressão foi dirigida contra a sua pessoa, sem o seu consentimento. Secundariamente, é a sociedade, que tem interesse em proteger a vida do ser em formação no útero materno.

Lembremos que, tratando-se de gêmeos, incide a regra do art. 70 do Código Penal (concurso formal). Mas, se quem pratica o aborto tem plena noção de que se trata de dois fetos, há desígnios autônomos e se aplica a regra do art. 70, *caput*, segunda parte, ou seja, somam-se as penas.

6.2.4 Elemento subjetivo

É o dolo. Não há elemento subjetivo específico, nem se admite a forma culposa.

6.2.5 Objetos material e jurídico

O objeto material é o feto e também a gestante. O objeto jurídico é a vida humana, no caso do feto, e a integridade física da gestante.

6.2.6 Classificação do crime

Trata-se de crime comum (que pode ser praticado por qualquer pessoa); instantâneo (cuja consumação não se prolonga no tempo); comissivo (provocar = ação); material (exige resultado naturalístico para sua configuração); de dano (deve haver efetiva lesão ao bem jurídico protegido, no caso, a vida do feto ou embrião e a integridade física da mãe); unissubjetivo (admite a existência de um só agente); plurissubsistente (configura-se por vários atos); de forma livre (a lei não exige conduta específica para o cometimento do aborto); admite tentativa.

6.2.7 Quadro-resumo

Previsão legal	**Aborto provocado por terceiro** **Art. 125.** Provocar aborto, sem o consentimento da gestante: Pena – reclusão, de três a dez anos.
Sujeito ativo	Qualquer pessoa
Sujeito passivo	Feto/embrião e gestante
Objeto material	Feto/embrião e gestante

---

[198] Sobre o feto como sujeito passivo, ver o item 6.1.3.

Objeto jurídico	Vida humana
Elemento subjetivo	Dolo
Classificação	Comum
	Material
	Forma livre
	Comum
	Material
	Forma livre
	Comissivo
	Instantâneo
	Dano
	Unissubjetivo
	Plurissubsistente
Tentativa	Admite
Circunstâncias especiais	Qualificação pelo resultado e excludentes de ilicitude

6.3 Aborto provocado com o consentimento da gestante

6.3.1 Estrutura do tipo penal incriminador

Provocar significa dar causa ou determinar. A outra parte diz respeito ao *consentimento da gestante*, que, nesta hipótese do art. 126 do CP, é positivo. Logo, trata-se de um aborto consentido, entre quem o realiza e quem o sofre.

Como regra, a prova do aborto faz-se por exame pericial. Excepcionalmente, por exame indireto (o perito oficial analisa as fichas clínicas do hospital que atendeu a gestante). É preciso que a gestação seja, de algum modo, comprovada, pois "provocar" aborto implica matar o feto ou embrião. Se este não existe ou já estava morto, trata-se de crime impossível. O delito admite a participação, desde que, na forma secundária, consistente em induzimento, instigação ou auxílio. Ex.: aconselhar o autor a cometer o aborto.

O início da vida, conforme já exposto, ocorre a partir da nidação, que é a fixação do óvulo fecundado na parede do útero. Desde esse ponto ele pode desenvolver-se e crescer até o nascimento. Há quem sustente constituir o início da vida a mera fecundação, isto é, a união do óvulo e do espermatozoide. Outras opiniões existem, considerando – cada uma das visões – uma fase distinta da gravidez, colocando, portanto, o início da vida para o primeiro, segundo, terceiro ou outro mês de gestação. Ver, ainda, o item 6.1.3 *supra*.

A pena para quem comete o crime do art. 126 é de reclusão, de 1 (um) a 4 (quatro) anos. Aplica-se a pena do artigo 125, se a gestante não é maior de quatorze anos, ou é alienada ou débil mental, ou se o consentimento é obtido mediante fraude, grave ameaça ou violência.

6.3.2 Sujeitos ativo e passivo

O sujeito ativo pode ser qualquer pessoa. O sujeito passivo é o feto ou embrião, nos termos já abordados. Não se reconhece a gestante, pois ela concordou com o aborto. Pode-se apontar a sociedade, para quem não vê, no feto, vida autônoma. Significa, portanto, que o interesse em manter a gestação é da sociedade. Segundo pensamos, o Direito Penal pode conceder proteção ao ser em gestação, independentemente da posição do Direito Civil de lhe conceder *personalidade* após o nascimento com vida. Nessa ótica, DIAULAS COSTA RIBEIRO explica que "o Direito Penal, ao punir o aborto, está, efetivamente, punindo a frustração de uma expectativa, a expectativa potencial de surgimento de uma pessoa. Por essa razão, o crime de aborto é contra uma futura pessoa – nesse ponto reside a sua virtualidade – não porque o Código Penal teria atribuído o *status* de pessoa ao feto – o que nem o Código Civil atribuiu –, mas porque o feto contém a energia genética potencial para, em um futuro próximo, constituir uma realidade jurídica distinta de seus pais, o que ocorrerá se for cumprido o tempo natural de maturação fetal e se o parto ocorrer com sucesso".[199]

Lembremos que, tratando-se de gêmeos, incide a regra do art. 70 do Código Penal (concurso formal). Mas, se quem pratica o aborto tem plena noção de que se trata de dois fetos, há desígnios autônomos e se aplica a regra do art. 70, *caput*, segunda parte, ou seja, somam-se as penas.

6.3.3 Elemento subjetivo

É o dolo. Não há elemento subjetivo específico, nem subsiste a forma culposa.

6.3.4 Objetos material e jurídico

O objeto material é o feto ou embrião, que sofre a conduta criminosa. Não se inclui a gestante, pois ela concordou com a eliminação do feto. O objeto jurídico é a vida do feto ou embrião. Secundariamente, a sociedade, pois é a interessada em manter a gestação.

6.3.5 Classificação do crime

Trata-se de crime comum (que pode ser praticado por qualquer pessoa); instantâneo (cuja consumação não se prolonga no tempo); comissivo (provocar = ação); material (exige resultado naturalístico para sua configuração); de dano (deve haver efetiva lesão ao bem jurídico protegido, no caso, a vida do feto ou embrião); plurissubjetivo (necessita da participação de, pelo menos, duas pessoas, embora, neste caso, existam dois tipos autônomos); plurissubsistente (configura-se por vários atos); de forma livre (a lei não exige conduta específica para o cometimento do aborto); admite tentativa. Pune-se somente a forma dolosa.

6.3.6 Exceções em face de elementos específicos

Quando a vítima não é maior de 14 anos ou é alienada ou débil mental, não possui consentimento válido, levando à consideração de que o aborto se deu contra a sua vontade. Esse dispositivo é decorrência natural do enfoque que a lei penal concede ao menor de 14 anos e à pessoa com debilidade mental (vide a incapacidade de consentimento para o ato sexual, demonstrada pelo art. 217-A, CP), incapaz de consentir validamente para certos atos.

Há também a hipótese de o agente empregar violência, grave ameaça ou mesmo fraude. A partir disso, é natural supor que extraiu o consentimento da vítima à força, de modo que o aborto necessita encaixar-se na figura do art. 125.

---

[199] *Aborto por anomalia fetal*, p. 98.

6.3.7 Quadro-resumo

Previsão legal	**Art. 126.** Provocar aborto com o consentimento da gestante: (Vide ADPF 54) Pena – reclusão, de um a quatro anos. **Parágrafo único.** Aplica-se a pena do artigo anterior, se a gestante não é maior de quatorze anos, ou é alienada ou débil mental, ou se o consentimento é obtido mediante fraude, grave ameaça ou violência.
Sujeito ativo	Qualquer pessoa
Sujeito passivo	Feto ou embrião
Objeto material	Feto ou embrião
Objeto jurídico	Vida humana
Elemento subjetivo	Dolo
Classificação	Comum Material Forma livre Comissivo Instantâneo Dano Plurissubjetivo Plurissubsistente
Tentativa	Admite
Circunstâncias especiais	Qualificação pelo resultado e excludentes de ilicitude

6.4 Aborto: forma qualificada

6.4.1 Aplicação restrita

Somente se aplica a figura qualificada às hipóteses dos arts. 125 e 126, pois não se pune a autolesão no direito brasileiro.

6.4.2 Hipóteses da figura qualificada do art. 127 do CP

São as seguintes: a) *lesões graves ou morte da gestante e feto expulso vivo*: tentativa de aborto qualificado; b) *aborto feito pela gestante, com lesões graves ou morte, havendo participação de outra pessoa*: esta pode responder por homicídio ou lesão culposa (se previsível o resultado para a gestante) em concurso com autoaborto, já que não se aplica a figura qualificada à hipótese prevista no art. 124.

6.4.3 Crimes qualificados pelo resultado

Trata-se de hipótese em que o resultado mais grave qualifica o originalmente desejado. O agente quer matar o feto ou embrião, embora termine causando lesões graves ou mesmo a morte da gestante.

Entendem a doutrina e a jurisprudência majoritárias que as lesões e a morte só podem decorrer de culpa do agente, constituindo, pois, a forma preterdolosa do crime (dolo na conduta antecedente e culpa na subsequente).[200] Entretanto, a despeito disso, não há

---

[200] É preciso ressaltar que a maior parcela da doutrina, embora defenda que o aborto qualificado pelo resultado é um crime preterdoloso, não fornece nenhum argumento científico para tanto. Cuida-se de opinião provavelmente lastreada em puro juízo de valor. Nesses termos abstratos, *v.g.*, FERNANDO DE ALMEIDA PEDROSO, *Homicídio...*, p. 279.

restrição legal expressa para que o resultado mais grave não possa ser envolvido pelo dolo eventual do agente. Mas, se isso ocorrer, conforme posição predominante, costuma-se dividir a infração em duas distintas (aborto + lesões corporais graves ou aborto + homicídio doloso, conforme o caso).

Em suma, em nossa visão, o aborto com morte ou lesão grave para a gestante é um crime qualificado pelo resultado, que pode dar-se com dolo na conduta antecedente (aborto) e dolo eventual ou culpa na consequente (morte ou lesão grave para a gestante). Não se trata, pois, do autêntico crime preterdoloso, aquele que somente admite dolo na conduta antecedente e culpa na consequente. Por tal motivo, cremos possível a configuração da tentativa, isto é, o agente tenta praticar o aborto, não consegue, mas termina causando à gestante lesões graves. É uma tentativa de aborto com lesões graves para a mãe.

6.4.4 Quadro-resumo

Previsão legal	**Forma qualificada** **Art. 127.** As penas cominadas nos dois artigos anteriores são aumentadas de um terço, se, em consequência do aborto ou dos meios empregados para provocá-lo, a gestante sofre lesão corporal de natureza grave; e são duplicadas, se, por qualquer dessas causas, lhe sobrevém a morte.

6.5 Excludentes de ilicitude do aborto

São duas as hipóteses, previstas no art. 128 do Código Penal:

a) aborto necessário: se não há outro meio de salvar a vida da gestante;

b) se a gravidez resulta de estupro, com aborto consentido pela gestante. Quando incapaz esta, supre-lhe o consentimento o seu representante legal.

6.5.1 Análise da expressão "não se pune"

Há duas posições a respeito:

a) *trata-se de um equívoco do legislador*: mencionar "não se pune" fica parecendo ser uma escusa absolutória. Melhor teria sido dizer "não há crime";

b) *é correta a expressão*: pois está a lei dizendo que não se pune o *aborto*, o que significa que o *fato típico* deixa de ser punível, equivalendo a dizer que não há crime. Preferimos esta última posição. Em qualquer caso, no entanto, trata-se de excludente de ilicitude.

6.5.2 Constitucionalidade do dispositivo

Como já expusemos, nenhum direito é absoluto, nem mesmo o direito à vida. Por isso, é perfeitamente admissível o aborto em circunstâncias excepcionais, para preservar a vida digna da gestante.

Em continuidade a essa ideia, convém mencionar a posição de Alberto Silva Franco, ao dizer não ser inconstitucional o "sistema penal em que a proteção à vida do não nascido cedesse, ante situações conflitivas, em mais hipóteses do que aquelas em que cede a proteção penal outorgada à vida humana independente".[201]

Há, no entanto, na doutrina posição contrária sustentando a absoluta impossibilidade de ser legitimado o aborto, pois seria ofensa à cláusula pétrea do art. 5.º, que é o direito à vida.[202]

Nesse sentido, ainda: "eis a solução preconizada, tendente a minorar os traumas e impasses daí advindos: ao Estado caberia assumir a criação de quem nenhuma culpa teve de ser assim gerado. Do contrário, seria o caso, por exemplo, de se considerar igualmente lícito o aborto para evitar filhos portadores de doenças hereditárias ou congênitas".[203]

6.5.3 Sujeito que pode praticá-lo

Entende-se que somente o médico pode providenciar a cessação da gravidez nessas duas hipóteses, sem qualquer possibilidade de utilização da analogia *in bonam partem* para incluir, por exemplo, a enfermeira ou a parteira.

A razão disso consiste no fato de o médico ser o único profissional habilitado a decidir, mormente na primeira situação, se a gestante pode ser salva, evitando-se o aborto ou não. Quanto ao estupro, é também o médico que pode realizar a interrupção da gravidez com segurança para a gestante. Se a enfermeira ou qualquer outra pessoa assim agir, poderá ser absolvida por estado de necessidade ou até mesmo por inexigibilidade de conduta diversa, conforme o caso.

6.5.4 Aborto terapêutico

Trata-se de uma hipótese específica de estado de necessidade. Entre os dois bens que estão em conflito (vida da gestante e vida do feto ou embrião), o direito fez clara opção pela vida da mãe. Prescinde-se do consentimento da gestante neste caso.

6.5.5 Aborto humanitário ou piedoso

Em nome da dignidade da pessoa humana, no caso a mulher que foi violentada, o direito permite que pereça a vida do feto ou embrião. São dois valores fundamentais, mas é melhor preservar aquele já existente.

Um exemplo interessante, que impede a formação da vida intrauterina, de forma legal, é a chamada *pílula do dia seguinte*, usada muitas vezes em situações de estupro. Segundo ANDRÉ ESTEFAM, o Conselho Federal de Medicina aprovou essa utilização. Não havendo a junção do óvulo e do espermatozoide e a nidação, não se pode falar em vida intrauterina, logo, protegida pelo direito penal.[204]

AFRÂNIO PEIXOTO, no entanto, em posição contrária a essa autorização legal, diz: "é santo o ódio da mulher forçada ao bruto que a violou. Concluir daí que este ódio se estenda à criatura que sobreveio a essa violência, é dar largas ao amor próprio ciumento do homem, completamente alheio à psicologia feminina. Um filho é sempre um coração de mãe que passa para um novo corpo".[205]

---

[201] ALBERTO SILVA FRANCO, Aborto por indicação eugênica, p. 12.

[202] VIDAL SERRANO NUNES JÚNIOR, *Curso de direito constitucional*, p. 85.

[203] WALTER VIEIRA DO NASCIMENTO, *A embriaguez e outras questões penais*, p. 156.

[204] *Direito penal*, v. 2, p. 83.

[205] *Apud* FREDERICO MARQUES, *Tratado de direito penal*, v. 4, p. 219.

6.5.6 Questão controversa: estupro decorrente de violência ficta

Há duas posições: a) *autoriza o aborto sentimental*, pois está claramente prevista a hipótese em lei; b) *não autoriza*, pois é impossível a "morte de um ser humano" em nome de uma ficção.

Preferimos a primeira posição, pois em harmonia com o princípio da legalidade.

6.5.7 Existência de condenação ou processo pelo delito de estupro

É prescindível, pois a excludente não exige a condenação do responsável pelo crime que deu origem à autorização legal. O importante é o fato e não o autor do fato. Por isso, basta o registro de um boletim de ocorrência e a apresentação do documento ao médico, que não necessita nem mesmo da autorização judicial.

6.5.7.1 Alvará judicial

É completamente desnecessário. Inexiste exigência legal para tanto. Entretanto, no passado, os hospitais públicos não eram bem instruídos e, quando pessoas pobres, que engravidavam por conta do estupro, compareciam para o aborto, o nosocômio mandava o advogado pedir um *alvará judicial*, para se resguardar.

Por vezes, era melhor o juiz deferir do que postergar, suscitar recurso e acabar atrapalhando o aborto. Hoje, tal situação não tem mais ocorrido, pois há orientação de que o simples registro do boletim de ocorrência basta. Alguns hospitais exigem somente a palavra da vítima.

Se, posteriormente, for descoberto que a gestante mentiu – não houve estupro –, deverá responder pelo crime de aborto, mas não o médico que o realizou.

6.5.8 Consentimento da gestante

É imprescindível, pois é ela que pode saber o grau de rejeição à criança que existe em seu coração. Caso decida gerar o ser, permitindo-lhe o nascimento, este é direito seu. Em verdade, terá dado mostra de superior desprendimento e nenhum bem será ainda mais sacrificado, além do trauma que já sofreu em virtude da violência sexual.

6.5.9 Limite temporal para o aborto

O art. 128 do Código Penal autoriza duas formas de aborto: a) terapêutico, para salvar a vida da gestante; b) humanitário, porque a gravidez resultou de estupro e a gestante assim consente. No entanto, não se estabeleceu um limite de tempo para que o aborto se faça. Ilustrando, no caso da gravidez resultante de estupro, já mencionamos não haver necessidade de alvará judicial, bastando o registro da ocorrência (alguns sustentam que nem isso, bastando a palavra da gestante). Entretanto, com quantos meses é viável esse aborto? Até os nove meses? Até três meses?

PAULO SÉRGIO LEITE FERNANDES expõe a seguinte visão: "o Código silencia a respeito da época máxima em que o aborto pode ser praticado, se resultante de estupro ou se para salvar a vida da gestante. É evidente que, se praticado após três meses, a intervenção, já em si perigosa, se revestirá de aspectos mais complexos ainda. Quase desnecessário acrescentar, aqui, o argumento de que o feto logo se reveste de forma humana e, mesmo nas entranhas da mulher, tem vida própria. A prática do abortamento já em si é repugnante. Mais e mais se tornará independentemente das peripécias da intervenção, à medida que o feto for crescendo no útero materno. Veja-se, por exemplo, o que acontecia no Rio de Janeiro. Segundo denúncia formulada pelos jornais, praticava-se a denominada 'microcesariana', operação destinada a

102 Curso de Direito Penal – Parte Especial – Vol. 2 • Nucci

extrair o feto da mulher que já tem gravidez avançada. De acordo ainda com a imprensa, a microcesariana seria um aborto disfarçado efetuado em moças e senhoras que, por um ou outro motivo, não desejam que a gravidez chegue a termo. (...)". Para o referido autor, uma vez que a lei não especificou, o médico pode praticá-lo em qualquer época.[206]

Comungamos da mencionada visão apenas quando se tratar do aborto terapêutico, para salvar a vida da gestante, conforme rigoroso critério e decisão médica. Assim, a qualquer tempo, durante a gestação, se a mãe correr risco de morrer, cabe ao médico salvá-la, em detrimento do feto ou embrião.

No tocante à gravidez decorrente de estupro, não aquiescemos com a mesma solução. Trata-se de uma autorização legal de cunho humanitário; logo, não se destina a salvar a vida da gestante. Ora, sabendo esta ter sido estuprada e tendo conhecimento da gravidez, cabe-lhe procurar o médico (particular ou em hospital público) para a realização do aborto até o terceiro mês de gestação, quando o feto não tem a menor possibilidade de viver fora do útero. A medicina tem evoluído bastante e, hoje, fetos com cerca de cinco meses já foram inseridos em máquinas para que continuem seu desenvolvimento extrauterino. Resta uma zona cinzenta entre o terceiro e o quinto mês. Cremos caber ao médico constatar a viabilidade, conforme o lugar e a época em que isso se der, de o feto continuar vivo, caso retirado do útero. Assim sendo, não é cabível o aborto humanitário. Entretanto, se o feto for considerado inviável fora do útero, torna-se possível o aborto humanitário.

6.6 A questão do aborto eugênico em confronto com a anencefalia

Algumas decisões de juízes têm autorizado abortos de fetos ou embriões que tenham graves anomalias, inviabilizando, segundo a medicina atual, a sua vida futura. Seriam crianças que fatalmente morreriam logo ao nascer ou pouco tempo depois. Assim, baseando-se no fato de que algumas gestantes, descobrindo tal fato, não se conformam com a gestação de um ser completamente inviável, abrevia-se o sofrimento e autoriza-se o aborto.

O juiz invoca, por vezes, a tese da inexigibilidade de conduta diversa, por vezes a própria interpretação da norma penal que protege a "vida humana" e não a falsa existência, pois o feto ou embrião só está "vivo" por conta do organismo materno que o sustenta. A tese da inexigibilidade, nesse caso, teria dois enfoques: o da gestante, não suportando carregar no ventre uma criança de vida inviável; o do médico, julgando salvar a genitora do forte abalo psicológico que vem sofrendo. A medicina, por ter meios, atualmente, de detectar tais anomalias gravíssimas, propicia ao juiz uma avaliação antes impossível. Até este ponto, cremos ser razoável a invocação da tese de ser inexigível a mulher carregar por meses um ser que, logo ao nascer, perecerá. Mas não se pode dar margem a abusos, estendendo o conceito de anomalia fatal para abranger fetos ou embriões que irão constituir seres humanos defeituosos ou até monstruosos.

Afinal, nessa situação, o direito não autoriza o aborto. Lamentavelmente, tem-se observado que nem todas as decisões autorizadoras do aborto ligam-se ao feto ou embrião plenamente inviável. Algumas, levando em conta o sofrimento dos pais de terem em gestação um feto ou embrião anormal, física ou mentalmente, mas com possibilidade de viver, ainda que com características monstruosas, acabam autorizando o aborto para fazer cessar a angústia dos genitores. Ora, as únicas hipóteses de aborto legal são as previstas no art. 128, e não se pode dizer que interromper a gestação de um ser anômalo irá "salvar a vida da gestante". Abalos psicológicos não podem

---

[206] *Aborto e infanticídio*, p. 90-91.

ser causa para a interrupção da gestação, mesmo porque a medicina evolui a passos largos dia após dia, o que significa que a perspectiva de vida e de cura pode alterar-se a qualquer instante.

A inexigibilidade da conduta diversa é uma causa supralegal de exclusão da culpabilidade, que admitimos presente em nosso ordenamento, embora, em muitos casos, não estejam presentes os seus requisitos. Ao disseminarmos tal conduta, nada impede, no futuro, que a eugenia – aprimoramento da raça humana – volte a imperar em nossa sociedade, permitindo que pais escolham qual tipo físico de criança desejam, provocando o aborto daquelas que, em padrões questionáveis, sejam "inviáveis". Ora, se o direito protege, como é doutrina e jurisprudência predominantes, qualquer tipo de pessoa, mesmo a monstruosa (deformada ou de conformação anômala), não se compreende a razão pela qual, em alguns casos, leve-se em conta a possibilidade de a gestante optar pela morte do feto ou embrião, encaixado na mesma situação. Ou seja: fetos ou embriões que se constituirão em seres monstruosos ou de vida relativamente inviável, no futuro, podem ser sacrificados de imediato; recém-nascidos monstruosos, no entanto, não podem. Qual a diferença, se se está protegendo a vida, o mesmo bem jurídico? Note-se a lição da doutrina, na palavra abalizada de HUNGRIA: "É suficiente a vida; não importa o grau da capacidade de viver. Igualmente não importam, para a existência do homicídio, o sexo, a raça, a nacionalidade, a casta, a condição ou valor social da vítima. (...) O próprio *monstro* (abandonada a antiga distinção entre *ostentum* e *monstrum*) tem sua existência protegida pela lei penal".[207]

Não comungamos, pois, com a posição, nesse campo, ostentada por alguns penalistas, que sustentam haver proteção indeclinável ao ser nascido monstruoso, mas concordam com o aborto do feto ou embrião que, diante de anomalias, *irá nascer* monstruoso. PAULO JOSÉ DA COSTA JÚNIOR, por exemplo, menciona ser protegida – no campo do homicídio – qualquer vida humana, mesmo que o "recém-nascido seja um monstro, ou que a pessoa humana esteja desenganada por uma junta médica",[208] embora, depois, afirme que andou bem o legislador ao permitir, no Anteprojeto de Reforma da Parte Especial do Código Penal, a possibilidade de abortamento de feto com graves e irreversíveis anomalias físicas ou mentais, pois seria inexigível obrigar os pais dessa criança anormal a "cuidarem do excepcional durante toda uma existência".[209]

A posição estaria justificada somente porque o feto tem "expectativa de vida" e o neonato já "nasceu vivo"? A monstruosidade pode ser a mesma e o bem jurídico "vida" também o é. Não podemos acolher a tese de que o feto ou embrião, com anomalias, que irá constituir-se em ser vivo monstruoso, ou com curta expectativa de vida, possa ser exterminado, enquanto, se os pais não o fizerem durante a gestação, não mais poderão assim agir quando o mesmíssimo ser monstruoso nascer. Se a vida humana deve ser protegida de qualquer modo, seja de ser monstruoso ou não – com o que concordamos plenamente –, necessita-se estender essa proteção tanto à criança nascida quanto àquela que se encontra em gestação. E diga-se mais: a eventual curta expectativa de vida do futuro recém-nascido também não deve servir de justificativa para o aborto, uma vez que não se aceita, no Brasil, a eutanásia, vale dizer, quem está desenganado não pode ser morto por terceiros, que terminarão praticando homicídio (ainda que privilegiado).

Entretanto, se os médicos atestarem que o feto ou embrião é verdadeiramente inviável, vale dizer, possui malformação que lhe impedirá a vida fora do útero materno, não se cuida de "vida própria", mas de um ser que sobrevive à custa do organismo da gestante. Vale destacar a diferença entre malformações leves e graves, nas palavras de ALFREDO FARHAT: "É

---

[207] *Comentários ao Código Penal*, v. 5, p. 37. Idem: NORONHA, *Direito penal*, v. 2, p. 18; FREDERICO MARQUES, *Tratado de direito penal*, v. 4, p. 104; MIRABETE, *Manual de direito penal*, v. 2, p. 47, entre muitos outros.

[208] *Comentários ao Código Penal*, p. 358.

[209] PAULO JOSÉ DA COSTA JÚNIOR, *Comentários ao Código Penal*, p. 384.

preciso que se distinga, desde logo, que inúmeras malformações, quando de pequeno vulto, são compatíveis com a vida. É o que acontece com o lábio leporino, a goela de lobo, ausência de membros, pés tortos, sexo dúbio, inversões viscerais etc. Outras vezes, a monstruosidade é de tal sorte que pode impedir a vida. Registram-se a evisceração do tórax e do abdome, a encefalia [sic], a ausência de cabeça, fusão de membros, duplicidade de cabeça, anomalias de grandes vasos, isso tratando-se de monstros unitários".[210]

No caso do anencéfalo (ausência de calota craniana e parcela do cérebro), uma vez que a própria lei considera cessada a vida tão logo ocorra a morte encefálica, não há viabilidade para se sustentar a gravidez. Assim, a ausência de abóbada craniana e de hemisférios cerebrais pode ser motivo mais que suficiente para a realização do aborto, que não é baseado, porém, em características monstruosas do ser em gestação, e sim na sua completa inviabilidade como pessoa, com vida autônoma, fora do útero materno.

Expressa-se DEBORA DINIZ, afirmando que a anencefalia é uma má-formação totalmente incompatível com a vida extrauterina. O feto nessa circunstância sobrevive, fora do útero materno, apenas algumas horas, embora a maioria já nasça morta. Há pouquíssimos casos de anencéfalos que viveram alguns dias. Embora valendo-se de termos fortes, a mulher grávida, nesse contexto, torna-se um "caixão ambulante" e o feto anencefálico um "vegetal".[211]

JOSÉ ARISTODEMO PINOTTI ensina que a "anencefalia é resultado da falha de fechamento do tubo neural, decorrente da interação entre fatores genéticos e ambientais durante o primeiro mês de embriogênese (...) O reconhecimento de concepto com anencefalia é imediato. Não há ossos frontal, parietal e occipital. A face é delimitada pela borda superior das órbitas que contém globos oculares salientes. O cérebro remanescente encontra-se exposto e o tronco cerebral é deformado. Hoje, com os equipamentos modernos de ultrassom, o diagnóstico pré-natal dos casos de anencefalia tornou-se simples e pode ser realizado a partir de 12 semanas de gestação. A possibilidade de erro, repetindo-se o exame com dois ecografistas experientes, é praticamente nula. Não é necessária a realização de exames invasivos, apesar dos níveis de alfa-fetoproteína aumentados no líquido amniótico obtido por aminiocentese. A maioria dos anencéfalos sobrevive no máximo 48 horas após o nascimento. Quando a etiologia for brida amniótica (rompimento da membrana amniótica, que aprisiona um membro ou parte do feto), podem sobreviver um pouco mais, mas sempre é questão de dias. As gestações de anencéfalos causam, com maior frequência, patologias maternas como hipertensão e hidrâmnio (excesso de líquido amniótico) levando as mães a percorrerem uma gravidez com risco elevado".[212]

BITENCOURT, concordando expressamente com o aborto do feto anencéfalo, profere o seguinte exemplo: "que crime cometeria quem, expelido o feto anencéfalo, lhe desferisse um tiro, destroçando-o? (...) na hipótese de feto anencéfalo expelido não há que se falar em vida, e sem vida não se pode falar em homicídio do 'feto expelido'. Estar-se-ia, portanto, diante de um *crime de homicídio impossível*, por absoluta impropriedade do objeto".[213]

---

[210] *Do infanticídio*, p. 39.

[211] Aborto por anomalia fetal, p. 44 e 48.

[212] Anencefalia, p. 63. Conferir, ainda, o trabalho de CAROLINA ALVES DE SOUZA LIMA (*Aborto e anencefalia*, p. 76-77 e 175).

[213] *Tratado de direito penal*, v. 2, p. 204. ROGÉRIO GRECO não emite sua opinião sobre o assunto, preferindo apenas *relatar* a autorização dada pelo STF no julgamento havido em 2012 (*Curso de direito penal*, v. 2, p. 158).

Quanto à questão do feto anencéfalo, o Supremo Tribunal Federal proferiu decisão, reconhecendo não haver vida passível de tutela penal, pois há inviabilidade integral de sobrevivência do ser nascido, quando desprendido da gestante. Por isso, autoriza-se o aborto do anencéfalo.[214]

Porém, quando se mescla religião com direito, ainda que tacitamente, nega-se o direito ao aborto do feto anencéfalo. Ives Gandra da Silva Martins Filho defende que, "no caso do anencéfalo, permanece a questão sobre se se trata de vida humana, como colocam aqueles que defendem a possibilidade de sua supressão. Sabe-se que, no momento da concepção, pela fecundação do óvulo pelo espermatozoide, o embrião que surge passa a ter um código genético distinto da mãe, o que mostra tratar-se de ser diferente da mãe e não mero apêndice do organismo feminino. Se a Ciência chega para demonstrar essa realidade (como o fez o Prof. Jerôme Lejeune, descobridor da síndrome de Down), não é possível se pretender dizer que não se está diante de uma vida humana, pois de gametas humanos não precedem macacos ou elefantes".[215] Não se debate, nesse caso, se o código genético do feto anencéfalo é igual ou diferente do da mãe, mas se ele tem alguma perspectiva de vida, após o nascimento. E isso é negado pela medicina, em peso. Logo, enquanto vinculado à mãe pelo cordão umbilical, há alimento e crescimento de um ser, sem encéfalo, unicamente por tal liame. Não tem condições de sobrevivência sem o vínculo físico com a gestante. Portanto, *não há vida*.

Em posição distinta, sustentando a plena viabilidade do aborto eugênico, de qualquer feto com malformações congênitas ou enfermidades hereditárias, mesmo que tenha vida viável após o nascimento, embora qualitativamente inferior ao do ser humano normal, encontra-se Alberto Silva Franco: "O aborto eugênico tem, por fundamento, o interesse social na qualidade de vida independente de todo ser humano, e não o interesse em assegurar a existência de qualquer um desses seres e em quaisquer condições. O aborto eugênico traduz-se, como as demais hipóteses do sistema de indicações, em causa excludente de ilicitude".[216]

6.6.1 Quadro-resumo

Previsão legal	**Art. 128.** Não se pune o aborto praticado por médico: (Vide ADPF 54) **Aborto necessário** I – se não há outro meio de salvar a vida da gestante; **Aborto no caso de gravidez resultante de estupro** II – se a gravidez resulta de estupro e o aborto é precedido de consentimento da gestante ou, quando incapaz, de seu representante legal.

---

[214] STF, ADPF 54, Pleno, rel. Min. Marco Aurélio, j. 12.04.2012, DJe 20.04.2012.
[215] *A questão do aborto*, p. 117.
[216] Aborto por indicação eugênica, p. 27.

	Homicídio Art. 121	Feminicídio Art. 121-A	Induzimento, instigação e auxílio ao suicídio Art. 122	Infanticídio Art. 123	Aborto provocado ou consentido Art. 124	Aborto provocado por terceiro Art. 125	Aborto provocado por terceiro com consentimento Art. 126
Sujeito ativo	Qualquer pessoa	Homem (como regra)	Qualquer pessoa	Mãe em estado puerperal	Gestante	Qualquer pessoa	Qualquer pessoa
Sujeito passivo	Qualquer pessoa	Mulher em razões da condição do sexo feminino	Qualquer pessoa com discernimento	Filho recém-nascido ou nascente	Feto ou embrião	Feto/embrião e gestante	Feto ou embrião
Objeto material	Pessoa atingida	Mulher que sofre a agressão	Pessoa contra a qual se volta a conduta do agente	Recém-nascido	Feto ou embrião	Feto/embrião e gestante	Feto ou embrião
Objeto jurídico	Vida humana	Vida humana	Vida humana	Vida humana	Vida humana	Vida humana	Vida humana
Elemento subjetivo	Dolo ou culpa	Dolo	Dolo	Dolo	Dolo	Dolo	Dolo
Classificação	Comum Material Forma livre Comissivo Instantâneo Dano Unissubjetivo Progressivo Plurissubsistente	Próprio Material Forma livre Comissivo Instantâneo Dano Unissubjetivo Plurissubsistente	Comum Material (§§ 1.º e 2.º) Formal (*caput*) Forma livre Comissivo Instantâneo Dano (§§ 1.º e 2.º) Unissubjetivo Plurissubsistente	Próprio Material Forma livre Comissivo Instantâneo Dano Progressivo Unissubjetivo Plurissubsistente	Próprio Material Forma livre Comissivo ou omissivo Instantâneo Dano Unissubjetivo ou plurissubjetivo Plurissubsistente	Comum Material Forma livre Comissivo Instantâneo Dano Unissubjetivo Plurissubsistente	Comum Material Forma livre Comissivo Instantâneo Dano Plurissubjetivo Plurissubsistente

	Homicídio Art. 121	Feminicídio Art. 121-A	Induzimento, instigação e auxílio ao suicídio Art. 122	Infanticídio Art. 123	Aborto provocado ou consentido Art. 124	Aborto provocado por terceiro Art. 125	Aborto provocado por terceiro com consentimento Art. 126
Tentativa	Admite	Admite	Admite na forma do *caput* — Não admite por ser crime condicionado nas formas qualificadas	Admite	Admite	Admite	Admite
Circunstâncias especiais	Causa diminuição de pena — Qualificadoras — Causa aumento de pena	Causa de aumento de pena	Causa de aumento de pena	Não há	Excludentes de ilicitude	Qualificação pelo resultado e excludentes de ilicitude	Qualificação pelo resultado e excludentes de ilicitude

Capítulo II
Lesões Corporais

1. CONCEITO DE LESÃO CORPORAL

Trata-se de uma ofensa física voltada à integridade ou à saúde do corpo humano. Não se enquadra neste tipo penal qualquer ofensa moral. Para a configuração do tipo, é preciso que a vítima sofra algum dano ao seu corpo, alterando-se interna ou externamente, podendo, ainda, abranger qualquer modificação prejudicial à sua saúde, transfigurando-se qualquer função orgânica ou causando-lhe abalos psíquicos comprometedores. Não é indispensável a emanação de sangue ou a existência de qualquer tipo de dor. Tratando-se de saúde, não se deve levar em consideração somente a pessoa saudável, vale dizer, tornar enfermo quem não estava, mas, ainda, o fato de o agente ter agravado o estado de saúde de quem já se encontrava doente.

FRANCISCO SILVEIRA BENFICA e MÁRCIA VAZ definem *integridade corporal* como "a estrutura anatômica do indivíduo, sendo que a mais simples alteração, causada, de forma violenta, de maneira culposa ou dolosa, a este conjunto representa uma ofensa a sua integridade e, portanto, uma lesão corporal. Mudanças na estrutura fisiológica ou mesmo psíquica de uma pessoa caracterizam o conceito de ofensa à saúde, ou seja, também uma lesão corporal. Qualquer ação ou omissão que provoque alterações na anatomia do indivíduo caracterizará uma ofensa a sua integridade corporal, da mesma forma que alterações no seu bem-estar físico ou psíquico caracterizarão uma ofensa à saúde".[1]

---

[1] *Medicina legal*, p. 58-59. Para ANÍBAL BRUNO, "ofensa à integridade corporal é toda modificação nociva imposta à estrutura regular do organismo, podendo alterar as condições normais de órgãos ou tecidos internos ou o aspecto corporal exterior do indivíduo" (*Crimes contra a pessoa*, p. 184).

É de se ressaltar, ainda, na lição de ANTOLISEI, que a lesão pode ser cometida por mecanismos não violentos, como o caso do agente que ameaça gravemente a vítima, provocando-lhe uma séria perturbação mental, ou transmite-lhe, deliberadamente, uma doença através de contato sexual consentido.[2] O mesmo dizem ALMEIDA JÚNIOR e COSTA JÚNIOR, mencionando a denominada *morte por emoção*, quando a autópsia não consegue revelar qualquer lesão violenta, tendo em vista ter havido um trauma psíquico, levando a vítima à morte. Cita o seguinte exemplo: "um indivíduo sabia que certa velha tinha uma lesão cardíaca. Saltou, um dia, inesperadamente, sobre ela, gritando. A velha morreu".[3] Note-se, no entanto, que, neste caso, deve responder o agente por homicídio e não por lesão corporal, na medida em que tinha conhecimento do estado de saúde da mulher, quando saltou em sua frente dando-lhe o susto fatal. O exemplo esclarece apenas que pode haver lesão por mecanismo não violento.

2. ESTRUTURA DO TIPO PENAL INCRIMINADOR

Ofender significa lesar ou fazer mal a alguém ou a alguma coisa. O objeto da conduta é a integridade corporal (inteireza do corpo humano) ou a saúde (normalidade das funções orgânicas, físicas e mentais do ser humano). Não é punida no direito brasileiro, embora seja considerada ilícita, salvo se estiver vinculada à violação de outro bem ou interesse juridicamente protegido, como ocorre quando o agente, pretendendo obter indenização ou valor de seguro, fere o próprio corpo, mutilando-se. Nessa hipótese, aplica-se o disposto no art. 171, § 2.º, V, do Código Penal, tendo em vista a proteção ao patrimônio da empresa seguradora.

A pena para quem comete o crime do art. 129, *caput*, é de detenção, de 3 (três) meses a 1 (um) ano (lesão simples). Se ocorre uma das hipóteses do § 1.º é de reclusão, de 1 (um) a 5 (cinco) anos (lesão corporal grave). Caso resulte em algum motivo do § 2.º é de reclusão, de 2 (dois) a 8 (oito) anos (lesão corporal gravíssima). Se resulta morte e as circunstâncias evidenciam que o agente não quis o resultado, nem assumiu o risco de produzi-lo, conforme se prevê no § 3.º, a pena é reclusão, de 4 (quatro) a 12 (doze) anos (lesão corporal com resultado qualificador).

Nos termos do § 4.º, o agente que comete o crime impelido por motivo de relevante valor social ou moral ou sob o domínio de violenta emoção, logo em seguida a injusta provocação da vítima, pode ter a pena reduzida pelo juiz de 1/6 (um sexto) a 1/3 (um terço) (lesão com diminuição de pena ou lesão *privilegiada*).

O juiz, não sendo graves as lesões, pode ainda substituir a pena de detenção pela de multa se: a) ocorre qualquer das hipóteses do § 4.º; b) as lesões são recíprocas (lesão privilegiada), conforme previsão do § 5.º.

Caso a lesão seja culposa, a pena é de detenção, de 2 (dois) meses a 1 (um) ano, nos termos do § 6.º. Preceitua o § 7.º que a pena deve ser aumentada de 1/3 (um terço) se ocorrer qualquer das hipóteses dos §§ 4.º e 6.º do art. 121 do CP (lesão com causa de aumento). Também, aplica-se à lesão culposa o disposto no § 5.º do art. 121 (perdão judicial), seguindo-se o disposto no § 8.º.

Se a lesão resultar de violência doméstica, a pena é de reclusão, de 2 (dois) a 5 (cinco) anos (§ 9.º). Nos casos previstos nos §§ 1.º a 3.º do art. 129, se as circunstâncias são as indicadas no

---

[2] *Manuale di diritto penale* – Parte speciale 1, p. 76.
[3] *Lições de medicina legal*, p. 217-218.

referido § 9.º, aumenta-se a pena em 1/3 (um terço) (lesão qualificada pela violência doméstica), como indica o § 10. Ainda, na hipótese do § 9.º do art. 129, a pena será aumentada de um terço se o crime for cometido contra pessoa portadora de deficiência (causa de aumento), como estipula o § 11.

Nos termos do § 12, se a lesão for praticada contra autoridade ou agente descrito nos arts. 142 e 144 da Constituição Federal, integrantes do sistema prisional e da Força Nacional de Segurança Pública, no exercício da função ou em decorrência dela, ou contra seu cônjuge, companheiro ou parente consanguíneo até terceiro grau, em razão dessa condição, a pena é aumentada de um a dois terços (causa de aumento).

Por derradeiro, introduzida pela Lei 14.188/2021, no § 13, incluiu-se mais uma qualificadora, quando a lesão for praticada contra a mulher, por razões da condição do sexo feminino, como prevê o § 2.º-A do art. 121 do Código Penal, estipulando uma pena de reclusão, de 2 (dois) a 5 (cinco) anos. Sobre a condição do sexo feminino, consultar o item 3 *supra*.

3. SUJEITOS ATIVO E PASSIVO

O sujeito ativo pode ser qualquer pessoa, o mesmo ocorrendo com o passivo, salvo em algumas figuras qualificadas. Como exemplo de sujeito passivo qualificado ou especial, pode-se mencionar a mulher grávida, no caso de lesão corporal com aceleração de parto (§ 1.º, IV) ou de aborto (§ 2.º, V).

4. ELEMENTO SUBJETIVO

Na figura prevista no *caput*, que é a lesão corporal simples, bem como nas formas qualificadas e com aumento de penas, somente o dolo, sem exigir-se elemento subjetivo específico ou *dolo específico*. Há previsão da forma culposa no § 6.º.

5. OBJETOS MATERIAL E JURÍDICO

O objeto material é a pessoa que sofre a lesão à sua integridade física ou à sua saúde. O objeto jurídico é a incolumidade física, embora comporte debate acerca da sua amplitude; afinal, quando o Estado se propõe a tutelar a integridade corporal ou a saúde de alguém, é preciso saber se "esse alguém" está disposto a isso.

Noutros termos, não se punindo a autolesão, torna-se essencial vislumbrar que certas lesões são pedidas pela própria *vítima*, para que terceiros as produzam, como tatuagens, *piercings*, uso de drogas etc. Portanto, a questão referente ao objeto jurídico no campo das lesões corporais já sofreu várias alterações ao longo do tempo, envolvendo teses como a insignificância e a adequação social. Diante disso, nem sempre o bem protegido é efetivamente tutelado pelo Estado.

6. CLASSIFICAÇÃO

É crime comum (pode ser cometido por qualquer pessoa); material (exige resultado naturalístico, consistente na lesão à vítima); de forma livre (podendo ser cometido por qualquer meio eleito pelo agente); comissivo ("ofender" implica ação) e, excepcionalmente, comissivo por omissão (omissivo impróprio, ou seja, é a aplicação do art. 13, § 2.º, do Código Penal); instantâneo (cujo resultado ocorre de maneira instantânea, não se prolongando no tempo); de dano (consuma-se apenas com efetiva lesão a um bem jurídico tutelado); unissubjetivo (que pode ser praticado por um só agente); plurissubsistente (em regra, vários atos integram a conduta de lesar); admite tentativa.

7. APLICAÇÃO DE EXCLUDENTES DE TIPICIDADE SUPRALEGAIS

É viável, pois a integridade física, sob certos aspectos, é bem jurídico disponível, ao menos para maiores de 18 anos. Portanto, há que se levar em conta os princípios da adequação social e da insignificância.

No cenário da adequação social, não se pune quem deseja provocar em si uma determinada lesão, contando com o suporte de terceiro, cujo resultado é socialmente adequado, vale dizer, não provoca surpresa à sociedade, que o assimila de forma natural. É o caso das tatuagens e piercings. O tatuador não praticou uma lesão corporal, materialmente falando. No máximo, pode-se dizer que houve uma lesão formal. É a diferença substancial entre o tipo formal e o tipo material, cuja análise foi feita na Parte Geral.

No âmbito da insignificância, pode-se também levar em conta a bagatela. Exemplo disso é a vítima que, num acidente de trânsito, bate a cabeça no vidro e machuca-se levemente. O motorista, causador do referido acidente, pode ser absolvido por crime de bagatela, independentemente de ter havido representação da pessoa ofendida.

7.1 Lesões leves provocadas por cônjuge

Costumava-se, como medida de política criminal da época, defender o arquivamento de inquérito policial ou até mesmo a absolvição da pessoa acusada, geralmente o marido ou companheiro, quando o casal se reconciliava, visando à preservação da família. Uma condenação poderia provocar maiores danos à estabilidade conjugal, já alcançada pela recomposição de ambos.

Ocorre que, atualmente, cuida-se de hipótese de violência doméstica (art. 129, § 9.º) ou contra a mulher (art. 129, § 13), cuja ação é pública incondicionada. A própria política criminal do Estado, nessa área, alterou-se completamente, não mais admitindo que a mulher, sofrendo lesão leve, mas se reconciliando, impeça a ação penal.

Esse foi um dos principais objetivos da Lei Maria da Penha (Lei 11.340/2006), visando à modificação desse pensamento, porque da pequena lesão terminou-se por constatar muitas outras agressões piores depois, chegando até mesmo à prática do homicídio.

8. CONSENTIMENTO DO OFENDIDO

Cremos perfeitamente aplicável, no contexto das lesões corporais, o consentimento da vítima como causa supralegal de exclusão da ilicitude. Não se pode mais conceber o corpo humano como bem absolutamente indisponível, pois a realidade desmente a teoria.

É verdade que o Estado deve zelar pela vida humana, indisponível que é, além da integridade física, embora sem jamais desconhecer que a evolução dos costumes e da própria ciência traz modificações importantes nesse cenário. Atualmente, as práticas estão a demonstrar que o ser humano dispõe, no dia a dia, de sua integridade física, colocando-se em situações de risco de propósito ou submetendo-se a lesões desejadas. Do mesmo modo, não deve o Estado imiscuir-se na vida íntima das pessoas, resolvendo punir, por exemplo, lesões corporais consentidas cometidas durante a prática de ato sexual desejado entre adultos.

Assim, conforme a sociedade for assimilando determinados tipos de lesão corporal, deve o Estado considerar válido o consentimento do ofendido para eliminar a ilicitude do fato. Tudo está a depender, naturalmente, da evolução dos costumes, pois não devem ser aceitas condutas que ofendam a moral e a ética social.

9. CONCEITO DE LESÃO CORPORAL GRAVE E GRAVÍSSIMA

Sob a mesma rubrica, o legislador tipificou dois modelos distintos de lesão corporal: a grave e a gravíssima. Enquanto no § 1.º encontram-se os casos de lesão corporal grave, no § 2.º estão os casos de lesão corporal gravíssima. A diferença entre ambas as denominações emerge cristalina a partir da análise da pena cominada: reclusão de 1 a 5 anos para a hipótese grave e reclusão de 2 a 8 anos para a gravíssima.

Assim, a lesão corporal grave (ou mesmo a gravíssima) é uma ofensa à integridade física ou à saúde da pessoa humana, considerada muito mais séria e importante do que a lesão simples ou leve. Ontologicamente, inexiste diferença entre quaisquer dos tipos de lesão corporal dolosa, embora, para efeito de punição, leve-se em consideração a espécie de dano causado à vítima.

Ademais, em primeiro lugar, vale observar que a denominação *lesão corporal gravíssima* advém da doutrina e da jurisprudência, pois o legislador não incluiu esse título no tipo penal. Consta somente lesão grave, abrangendo dois parágrafos (1.º e 2.º).

Outro ponto interessante a destacar é que, na essência, está-se diante de um crime qualificado pelo resultado, valendo para todas as hipóteses dos §§ 1.º, 2.º e 3.º.

Desdobra-se nesse contexto a fórmula do delito que se qualifica pelo *resultado* mais grave produzido: "§ 1.º Se resulta: I – incapacidade para as ocupações habituais, por mais de trinta dias; II – perigo de vida; III – debilidade permanente de membro, sentido ou função; IV – aceleração de parto: Pena – reclusão, de um a cinco anos"; "§ 2.º Se resulta: I – incapacidade permanente para o trabalho; II – enfermidade incurável; III – perda ou inutilização do membro, sentido ou função; IV – deformidade permanente; V – aborto: Pena – reclusão, de dois a oito anos". E o mais famoso exemplo de crime qualificado pelo resultado, especialmente porque se vale, com nitidez, do molde do *crime preterdoloso*, é a lesão corporal seguida de morte: "§ 3.º Se resulta morte e as circunstâncias evidenciam que o agente não quis o resultado, nem assumiu o risco de produzi-lo".

O ponto destacado pela construção do tipo penal é "se resulta". Resulta de onde? Da lesão corporal produzida. Portanto, há necessariamente dolo na primeira conduta (lesão), mas pode haver dolo ou culpa quanto ao resultado qualificador (um resultado mais grave que o inicialmente desejado). Exemplificando: "A" ofende a integridade corporal de "B" com dolo. Pode assumir o risco ou simplesmente ter previsibilidade de gerar uma lesão tão grave que provoque a incapacitação da vítima às ocupações habituais por mais de 30 dias. Ou que lhe possa produzir uma deformidade permanente, e assim sucessivamente.

Alguns destacam o *perigo de vida* como se fosse um resultado caracterizador do dolo eventual de homicídio, mas efetivamente não é. Quem lesiona outrem pode assumir o risco ou ter a previsibilidade que a vítima *corra perigo de morrer*. E ponto. Tanto que, se realmente falecer, passa-se à figura do § 3.º (lesão seguida de morte). Diante disso, com a devida vênia, está equivocada a ideia de enquadrar em *tentativa de homicídio* o autor que gera lesão grave, consistente em *perigo de vida*.

10. RESULTADOS QUALIFICADORES DA LESÃO CORPORAL GRAVE

10.1 Ocupação habitual

Deve-se compreender como tal toda e qualquer atividade regularmente desempenhada pela vítima, e não apenas a sua ocupação laborativa. Assim, uma pessoa que não trabalhe, vivendo de renda ou sustentada por outra, deixando de exercitar suas habituais ocupações, sejam elas quais forem – até mesmo de simples lazer –, pode ser enquadrada nesse inciso, desde que fique incapacitada por mais de trinta dias. Encontra-se prevista no art. 129, § 1.º, I, do CP.

A única e lógica exigência é que a atividade exercida pela vítima seja lícita, pois não teria cabimento considerar presente a qualificadora no caso de um delinquente que deixasse de cometer crimes por período superior ao trintídio porque foi ferido por um comparsa.[4]

Por derradeiro, deve-se destacar que o termo *habitual* tem a conotação de atividade frequente, não se podendo reconhecer a lesão corporal grave quando a vítima ficar incapacitada para ocupações que exercia raramente (ex.: o ofendido, por conta da lesão sofrida, foi obrigado a adiar por mais de 30 dias uma viagem de lazer, algo que costumava fazer esporadicamente).

Lembre-se de que "o período de incapacidade não se confunde com a duração da lesão. Pode a lesão cicatrizar-se e a incapacidade persistir mais algum tempo, ou, ainda, não curada a lesão, desaparecer a incapacidade".[5]

10.1.1 Comprovação por perícia

Torna-se indispensável a realização de laudo pericial para atestar o comprometimento da vítima para seu mister habitual por mais de 30 dias, devendo ser elaborado tão logo decorra o trintídio – embora possa subsistir a tolerância de alguns dias.

Lembram Francisco Silveira Benfica e Márcia Vaz defendem que, "a fim de comprovar o tempo da incapacidade, os peritos, após 30 dias contados da data do evento danoso, reexaminarão a vítima, sendo imprescindível tal exame complementar. Além disso, o conceito é funcional e não econômico, englobando assim atividades sociais e de lazer, na criança ou no aposentado. Mesmo que o indivíduo esteja capaz para voltar ao seu trabalho, o conceito de incapacidade para ocupações habituais persiste se ele ainda não estiver apto para várias outras atividades habituais, tais como passear, banhar-se, fazer compras, andar de ônibus etc. Não se exige uma incapacidade absoluta. A falta de condições pode cessar sem que a lesão esteja perfeitamente consolidada ou curada, assim como a cura anatômica não é suficiente para desclassificá-la. O objetivo é a cura funcional em relação às atividades desempenhadas pelo ofendido, tornando-o apto a retomá-las inteiramente. Para avaliação do tempo de duração da incapacidade devemos considerar o prazo de trinta dias contado da data do evento, e não em relação ao dia em que foi realizada a perícia".[6]

---

[4] No mesmo prisma, Aníbal Bruno, *Crimes contra a pessoa*, p. 204.

[5] Aníbal Bruno, *Crimes contra a pessoa*, p. 205.

[6] *Medicina legal*, p. 60.

O exame complementar pode ser suprido por prova testemunhal, como expressamente prevê o art. 168, § 3.º, do Código de Processo Penal.

Entretanto, essa substituição não é automática, somente podendo ser realizada caso haja responsabilidade do Estado por não convocar a vítima ao exame no 30.º dia, por exemplo; caso inexista perito oficial para o trabalho; enfim, casos de força maior. Se a vítima se furtar ao exame, para depois pretender substituí-lo por testemunhas, a fim de prejudicar o réu, com a agravação da sua pena, a lesão grave não pode subsistir.

Há, também, casos tão graves que a lesão incapacita a vítima por muito mais de 30 dias e não gera a menor dúvida no juiz de que, mesmo ausente o laudo no 30.º dia, a pessoa ofendida ficou muito mais tempo incapacitada, valendo, então, a tipificação por lesão grave.

10.2 Perigo de vida

É a concreta possibilidade de a vítima morrer em face das lesões sofridas. Não bastam conjecturas ou hipóteses vagas e imprecisas, mas um fator real de risco inerente ao ferimento causado. A previsão é feita no art. 129, § 1.º, II, do Código Penal.

Trata-se de um diagnóstico e não de um prognóstico, na palavra de ALMEIDA JÚNIOR, como oportunamente lembra EUCLIDES CUSTÓDIO DA SILVEIRA.[7] Ou, como diz ANÍBAL BRUNO, um "prognóstico de morte e não do perigo em si".[8] Daí por que torna-se praticamente indispensável o laudo pericial, sendo muito rara a sua substituição por prova testemunhal, salvo quando esta for qualificada, vale dizer, produzida pelo depoimento de especialistas, como o médico que cuidou da vítima durante a sua convalescença.

Reconhecemos que a doutrina e a jurisprudência pátrias, majoritariamente, consideram que, nesse caso, somente pode haver dolo na conduta antecedente (lesão corporal) e culpa no tocante ao resultado mais grave (perigo de vida), pois, havendo dolo em ambas as fases, estar-se-ia diante de uma tentativa de homicídio.

Preferimos, no entanto, como já frisamos noutros tópicos, a posição esposada por ESTHER DE FIGUEIREDO FERRAZ, ao mencionar, com propriedade, que "também dolosos ou culposos podem ser os resultados mais graves no caso do artigo 129, §§ 1.º e 2.º (lesão corporal grave e gravíssima). (...) Pois se o legislador *não teve o cuidado de excluir expressamente o 'dolo'*, como o fez, logo abaixo, no parágrafo 3.º, é porque julgou que essa forma de culpabilidade poderia estar presente em relação a esse evento, como em relação aos demais relacionados nos vários números dos §§ 1.º e 2.º do artigo 129: 'perigo de vida', 'debilidade permanente de membro, sentido ou função', 'aceleração de parto', 'incapacidade permanente para o trabalho', 'perda ou inutilização de membro, sentido ou função', 'deformidade permanente', 'aborto'", acrescentando-se também a "incapacidade para as ocupações habituais por mais de 30 dias". E reitera a mestra: "Ora, se o legislador só excluiu o elemento 'dolo', direto ou eventual, *em relação ao crime de 'lesão corporal seguida de morte'*, e *silenciou* ao definir as *demais infrações qualificadas pelo resultado* é porque admitiu, *em tese*, a possibilidade de ocorrer essa modalidade de elemento subjetivo em *algumas figuras agravadas pelo evento*. Pois a lei não deve ter palavras inúteis e, ademais, as expressões restritivas devem ser restritivamente interpretadas".[9]

---

[7] *Direito penal* – crimes contra a pessoa, p. 142.

[8] *Crimes contra a pessoa*, p. 206.

[9] *Os delitos qualificados pelo resultado no regime do Código Penal de 1940*, p. 85 e 90.

Ora, nada impede que o agente tenha provocado uma lesão na vítima, assumindo o risco de colocá-la em perigo de vida, para responder pela figura do art. 129, § 1.º, II, do Código Penal. O contrário, ou seja, exigir-se que, quanto ao resultado qualificador (perigo de vida), somente possa existir o elemento subjetivo "culpa", é criar uma restrição onde não há expressa previsão legislativa. Quando desejou, a lei penal *expressamente* afastou o dolo – direto ou eventual –, como se dá no caso do art. 129, § 3.º. No mais, se a intenção original do autor era matar, havendo qualquer tipo de ferimento, ainda que leve, responderá por tentativa de homicídio, mas se sua intenção inicial era somente lesionar, mesmo que tenha vislumbrado a possibilidade de colocar a vítima em perigo de vida, necessita responder por lesão corporal grave. É preciso notar que correr "risco de vida" é uma situação objetiva, possível de ocorrer em vários tipos de ferimentos, o que não significa confundir a vontade de lesionar com a vontade de matar.

"O perigo deve ser real, sério, efetivo. Não se trata de uma situação remota ou presumida. Não pode haver confusão em relação ao *risco de vida*, que independe de qualquer lesão para se fazer presente."[10]

10.2.1 Comprovação por perícia

Segundo nos parece, é indispensável. O perigo de vida é uma situação médica, que precisa ser convenientemente atestada e, sem dúvida, deixa vestígio. Desse modo, mesmo que não seja possível o exame pericial direto, pode-se buscar o indireto, feito por meio da análise das fichas clínicas da vítima. O uso de testemunhas deve ser restrito e em casos excepcionais, por culpa do Estado em não realizar a perícia.

10.3 Debilidade permanente

Trata-se de uma frouxidão duradoura no corpo ou na saúde, que se instala na vítima após a lesão corporal provocada pelo agente. Não se exige que seja uma debilidade perpétua, bastando ter longa duração. É hipótese do art. 129, § 1.º, III, do CP.

O tipo penal refere-se à debilidade permanente em membro, sentido ou função. São membros do corpo humano: mãos, braços, pernas e pés. Os sentidos são a visão, a audição, o paladar, o olfato e o tato. As funções são orgânicas, compostas pelas funções renal, circulatória, respiratória etc.

Diante disso, ilustrando, a perda de um dedo é considerada uma debilidade permanente de membro, no caso a mão. A perda de um dos rins também é debilidade permanente de função. A perda da audição de um dos ouvidos é debilidade permanente de sentido.

É preciso lembrar que "o conceito não se liga obrigatoriamente à ideia daquilo que é perpétuo ou impossível de tratamento, sendo 'permanente' quando a debilidade ultrapassa um ano, com ou sem tratamento, de acordo com as determinações legais".[11]

10.3.1 Comprovação por perícia

É indispensável, pois se trata de crime que deixa vestígio material. Nesta hipótese, basta um exame pericial, sem necessidade de exame complementar.

---

[10] Francisco Silveira Benfica e Márcia Vaz, *Medicina legal*, p. 60.

[11] Francisco Silveira Benfica e Márcia Vaz, *Medicina legal*, p. 61.

Admite-se outro tipo de prova, como a testemunhal, somente em casos excepcionais, quando se comprovar a responsabilidade do Estado (ex.: não tem perito oficial disponível) e, mesmo assim, se a testemunha tiver aptidão técnica para detectar a lesão.

Por vezes, nem mesmo testemunha é preciso. Se o ofendido perde um dedo, comparecendo em audiência, o juiz mesmo poderá checar essa perda, mormente se a defesa do réu não negar o nexo causal entre a lesão e a mencionada perda.

10.4 Aceleração de parto

Significa antecipar o nascimento da criança antes do prazo normal previsto pela medicina. Nesse caso, é indispensável o conhecimento da gravidez pelo agente. Trata-se do disposto no art. 129, § 1.º, IV, do Código Penal.

Se, em virtude da lesão corporal praticada contra a mãe, a criança nascer morta, terá havido lesão corporal gravíssima (art. 129, § 2.º, V, CP).

Há possibilidade de haver o nascimento com vida, mas, em razão da lesão corporal sofrida pela mãe, que tenha atingido o feto, venha a morrer a criança. Opinam alguns penalistas, nos moldes apregoados por HUNGRIA, que, nesse caso, responderia o agente por lesão corporal gravíssima, equiparando-se a situação à lesão corporal seguida de aborto.[12]

Outros, porém, sugerem que, havendo morte após o nascimento, caracteriza-se apenas a lesão corporal grave.[13] Cremos que as seguintes hipóteses podem ocorrer: a) se houve aceleração de parto, o feto nasceu com vida, morrendo, em face das lesões sofridas, dias, semanas ou meses depois, não há como falar em lesão corporal gravíssima, ou seja, cujo resultado mais grave é o aborto, pois este é um termo específico, que significa a morte do feto *antes do nascimento*. Trata-se, pois, de lesão corporal grave (aceleração de parto); b) se a lesão corporal atingiu a mãe e também o feto, mas não provocou nem a aceleração de parto, nem o aborto, vindo a criança a morrer, depois do nascimento com vida, algum tempo depois, em virtude da lesão sofrida, não há como imputar-se ao agente lesão grave ou gravíssima, pois sua conduta, nesse prisma, não se amolda aos tipos penais do art. 129, §§ 1.º, IV, e 2.º, V. Neste último caso, quanto à lesão corporal, deverá ela ser tipificada como simples. Entretanto, ainda dentro do mesmo quadro (sem haver aceleração de parto, nem aborto), caso o agente tenha visado ao feto (dolo direto ou indireto), quando agrediu a mãe, poderá responder, concomitantemente, por lesão corporal leve e tentativa de aborto, sem o consentimento da gestante. Outra solução poderá aplicar ao autor da agressão tipo penal inadequado.

10.5 Incapacidade permanente para o trabalho

Trata-se da inaptidão duradoura para exercer qualquer atividade laborativa lícita. Nesse contexto, diferentemente da incapacidade para as ocupações habituais, exige-se atividade remunerada, que implique sustento, portanto, acarrete prejuízo financeiro para o ofendido. Trata-se do preceituado pelo art. 129, § 2.º, I, do Código Penal.

Convém ressaltar o alerta feito por ÁLVARO MAYRINK DA COSTA, com o qual concordamos: "a doutrina advoga que significa *qualquer modalidade de trabalho* e não especificamente o trabalho a que a vítima se dedicava. Contudo, há necessidade de serem estabelecidas certas *restrições*, visto que não se pode exigir de um intelectual ou de um artista que se inicie na

---

[12] HUNGRIA, *Comentários ao Código Penal*, v. 5, p. 335.

[13] MIRABETE, *Manual de direito penal*, v. 2, p. 96.

atividade de pedreiro. Fixa-se no campo do factualmente possível e não no teoricamente imaginável. Portanto, incapacidade permanente é uma diminuição efetiva da capacidade física comparada à que possuía a vítima antes do fato punível".[14]

"O vocábulo *trabalho* é empregado com fim econômico, ou seja, a lesão deve incapacitar para o exercício de qualquer atividade lucrativa, sem se exigir, por outro lado, uma incapacidade definitiva e absoluta. Como exemplo, citamos a amputação ou perda funcional de dois braços, deficiência mental severa e profunda etc."[15]

10.6 Enfermidade incurável

É a doença irremediável, de acordo com os recursos da medicina na época do resultado, causada na vítima. Não configura a qualificadora a simples debilidade enfrentada pelo organismo da pessoa ofendida, necessitando existir uma séria alteração na saúde (art. 129, § 2.º, II, CP).

Embora a vítima não seja obrigada a submeter-se a qualquer tipo de tratamento ou cirurgia de risco para curar-se,[16] também não se deve admitir a recusa imotivada do ofendido para tratar-se. Se há recursos suficientes para controlar a enfermidade gerada pela agressão, impedindo-a de se tornar *incurável*, é preciso que o ofendido os utilize.

Não o fazendo por razões injustificáveis, não deve o agente arcar com o crime na forma agravada. Por outro lado, uma vez condenado o autor da agressão por lesão gravíssima, consistente em ter gerado ao ofendido uma enfermidade incurável, não cabe revisão criminal caso a medicina evolua, permitindo a reversão da doença. Caberia a revisão criminal apenas se tivesse havido erro quanto à impossibilidade de cura no momento da condenação, ou seja, a enfermidade era passível de controle e tratamento, mas tal situação não foi percebida a tempo.

Esta, hoje, é a hipótese da transmissão dolosa do vírus da AIDS, considerada uma enfermidade incurável, mas não necessariamente fatal (como antigamente). Outros exemplos: epilepsia ou cegueira pós-traumatismo cranioencefálico e paraplegia pós-traumatismo raquimedular.[17]

10.7 Perda ou inutilização de membro, sentido ou função

Perda implica destruição ou privação de algum membro (ex.: corte de um braço), sentido (ex.: aniquilamento da visão) ou função (ex.: ablação da bolsa escrotal, impedindo a função reprodutora).

Inutilização quer dizer falta de utilidade, ainda que fisicamente esteja presente o membro ou o órgão humano. Assim, inutilizar um membro seria a perda de movimento da mão ou a impotência para o coito, embora sem remoção do órgão sexual. As hipóteses estão previstas no art. 129, § 2.º, III, do CP.

Os conceitos de membro, sentido e função foram expostos no tópico 10.3 *supra*.

Na ótica da medicina legal, "o conceito de *perda* aplica-se quando da ablação de um membro, completo ou algum segmento, ou órgão, correspondente a um sentido ou função.

---

[14] Álvaro Mayrink da Costa, *Direito penal* – Parte especial, v. 2, t. I, p. 231.

[15] Francisco Silveira Benfica e Márcia Vaz, *Medicina legal*, p. 61.

[16] Nessa ótica, Aníbal Bruno, *Crimes contra a pessoa*, p. 209.

[17] Francisco Silveira Benfica e Márcia Vaz, *Medicina legal*, p. 62.

Pode ocorrer por mutilação (arrancamento no momento da ação criminosa) ou por amputação (em intervenção cirúrgica posterior), como condição necessária à preservação da vida do ofendido. Na *inutilização*, o membro ou órgão não é destacado do corpo, mas fica inapto à sua função, como, por exemplo, diante de uma anquilose ou paralisia. Implica, no caso, uma perda funcional, porém, não anatômica. Toda debilidade superior a 80% passa a ser considerada inutilização. Além disso, a perda não envolve a noção de que a lesão venha suprimir totalmente o membro. A mão e o pé não são considerados em anatomia ou fisiologia como membros, mas a sua perda equivale, para efeitos penais, à de todo o membro. O uso de prótese pode desempenhar o papel funcional e estético, mas não descaracteriza a lesão".[18]

10.7.1 Cirurgia de mudança de sexo

Cremos admissível, atualmente, não só pela evolução dos costumes, mas sobretudo pelo desenvolvimento da medicina, constatando a necessidade da cirurgia, para a melhoria de vida do transexual, possa o sexo ser alterado.

Formalmente, no entanto, não deixa de ser uma lesão corporal gravíssima, que inutiliza, permanentemente, a função sexual e, também, reprodutora. Pode-se dizer, em alguns casos, que os órgãos sexuais estavam atrofiados e não aptos à reprodução, embora existam e façam parte da constituição física do indivíduo. E justamente porque não mais são desejados, o caminho é mudá-los, por meio da intervenção médica. Em estudo específico sobre o tema, ensina Luiz Alberto David Araújo o seguinte: "Poder-se-ia argumentar que haveria uma mutilação do corpo, com a retirada do pênis, no caso da cirurgia do transexual homem-mulher. Mas o estado de necessidade justifica amplamente a escolha. E, ademais, a decisão, como já visto, passaria, obrigatoriamente, pelo acompanhamento de uma equipe multidisciplinar que seguiria o caso por, no mínimo, dois anos. Médicos, especialistas em diversas áreas, seriam ouvidos para bem distinguir um caso real de outro ligado à neurose ou à esquizofrenia ou a um estado passageiro de entusiasmo inconsequente. O argumento, portanto, da lesão corporal deve ser deixado de lado, sob pena de não aceitarmos a existência do estado de necessidade e, portanto, termos de reformular todo o sistema do Código Penal. Se o estado de necessidade permite a extinção da vida de outrem, em circunstâncias irreversíveis, como não permitir, com base no estado de necessidade, a retirada de parte do corpo que, para o indivíduo, não tem função de órgão sexual? O conflito entre a lesão do corpo e a busca da felicidade é a melhor opção, com larga vantagem sobre a mutilação apontada no primeiro caso".[19]

Apesar de estarmos de acordo com a possibilidade de haver abrigo no direito penal para a referida cirurgia, não acolhemos a tese do estado de necessidade, sugerida pelo autor. O caso deve ser resolvido pelo consentimento do ofendido ou pela atipicidade material, conforme a tese adotada. Aliás, o estado de necessidade pressupõe um perigo atual irreparável, colocando em disputa dois bens jurídicos protegidos, havendo de ser salvo o de maior valor. Não é o caso do transexual. Ele não está à beira da morte porque, desejando modificar o sexo, não obtém permissão legal, de modo a autorizar que um médico intervenha, necessariamente para proceder à alteração objetivada. O confronto aventado entre a lesão corporal causada, de natureza gravíssima, e a busca da felicidade é por demais tênue para o contexto do direito penal, até porque a procura da felicidade, assim colocada, poderia gerar um maior número

---

[18] Francisco Silveira Benfica e Márcia Vaz, *Medicina legal*, p. 62.

[19] *A proteção constitucional do transexual*, p. 107.

de fatos típicos, a pretexto de que, não possuindo determinado bem ou não atingindo determinado objetivo, mesmo que ilegais, o agente não seria feliz.

Cremos que o direito à felicidade decorre do cumprimento fiel de todos os demais direitos e garantias individuais, assegurados pela ordem constitucional, mas não se pode considerá-lo um direito autônomo, passível de confronto com os demais, expressamente previstos em lei. Enfim, a hipótese do art. 24 do Código Penal não está evidenciada nesse caso, o que não afasta a possibilidade de se aplicar o consentimento do ofendido para legitimar a cirurgia referida. Na década de 1970, o Tribunal de Justiça de São Paulo (antigo Tribunal de Alçada Criminal) chegou a absolver, embora por maioria de votos, famoso cirurgião plástico que havia operado um transexual, retirando-lhe os órgãos sexuais masculinos, para inserir, em seu lugar, órgão sexual feminino artificialmente construído. A tese utilizada foi a ausência de dolo de lesionar a integridade corporal. A absolvição foi um marco histórico nesse contexto. Saliente-se que a cirurgia contou com a expressa concordância do ofendido – que chegou a depor em favor do médico, dizendo-se satisfeito com o resultado. São trechos do acórdão: o médico "que também concordava com o diagnóstico de transexualismo da vítima, com a anuência dela, operou-a, na qualidade de cirurgião plástico, retirando-lhe o falo (atrofiado e sexualmente inoperante, pois o ofendido, segundo suas palavras, nunca tivera ereção sexual e jamais copulara), a bolsa escrotal e os testículos (pequenos, amolecidos e com ausência de esperma – fls.), construindo cirurgicamente algo semelhante a uma vagina. (...) Com efeito, a acusação é da prática de um crime doloso. Por conseguinte, é necessário verificar se o réu obrou com dolo. E a resposta deve ser negativa. Não age dolosamente o médico que, através de uma cirurgia, procura curar o paciente ou reduzir o seu sofrimento físico ou mental. (...) seguiu a orientação de uma junta de especialistas, certo de que aquela era a única terapêutica para o caso, convicto de que iria estancar ou, pelo menos, minorar o sofrimento da vítima. E quem assim age não o faz dolosamente, a toda evidência, dada a superioridade de seu propósito" (trechos do voto do juiz Denser de Sá, relator designado). Em contraposição, no voto vencido, encontra-se a posição do juiz Octávio Ruggiero: "Todo problema equacionado neste processo, portanto, gira em torno do dolo, ou seja, da consciência da injuridicidade do ato praticado. Assim, é que o acusado, como profissional, sabia de antemão que a operação a ser realizada não traduzia um perfeito equilíbrio ao sistema funcional do órgão do paciente. Ou seja, a retirada dele, ainda que não fosse perfeito, introduzindo outro feminino, desfuncionado à sua semelhança, muito disforme, sem qualquer utilidade, representando apenas um receptáculo de esperma ou de qualquer elemento estranho. Então, com a retirada do órgão masculino, praticou o médico um ato punível, tanto que, embora o Conselho Fiscal da Medicina não proibisse, era pelo facultativo entendido como ilícito".[20]

O juiz da condenação, além de rechaçar a tese de ausência de dolo, que afirmou existir sem qualquer dúvida, pois o médico sabia da ilicitude do seu ato, até por conta das várias opiniões existentes em contrário, no tocante ao consentimento do ofendido, assim manifestou-se: "Nem se diga que o consentimento do ofendido tornou lícita a intervenção cirúrgica. O consentimento da vítima não constitui circunstância de justificação. A doutrina é unânime em não considerá-lo como causa de exclusão da antijuridicidade ou de outro elemento do delito. (...) E como falar em consentimento válido de quem, como se tem reconhecido, sofre de grave distúrbio mental?". Convém mencionar o parecer emitido sobre o caso, nos autos do processo, de HELENO CLÁUDIO FRAGOSO. Primeiramente, o penalista salienta que há possibilidade de ser invocada a tese do consentimento do ofendido, algo admissível em vários outros

---

[20] Ap. 201.999/SP, 5.ª C., m.v., *RT* 545/355.

Cap. II – Lesões Corporais • Parte 1   121

ordenamentos jurídicos. Entretanto, nem seria necessária a utilização dessa excludente, pois "o médico não age para causar dano, mas exatamente no sentido oposto: para curar ou minorar um mal. (...) Para exclusão do dolo, os finalistas excluem a tipicidade da lesão corporal no tratamento curativo, e isso corresponde, pode-se dizer, à natureza das coisas. Quem quer curar não quer ferir". Citando Maurach, arremata: "O fim de curar exclui a lesão corporal. A vontade de curar, própria dos médicos, é incompatível com o dolo de maus-tratos, exigido nos crimes de lesão corporal".[21]

Em suma, cremos que a decisão proferida pelo acórdão foi justa e legítima. Pode-se absolver o médico por variadas teses: a) atipicidade material – ausência de lesão ao bem jurídico protegido, tendo em vista que o delito do art. 129, nas suas variadas formas, tem por finalidade resguardar a lesão corporal desastrosa para a vítima e não a sua melhoria ou aprimoramento físico e mental, justamente o que aconteceu com o ofendido no caso apresentado. É a tese que preferimos; b) causa supralegal de exclusão da ilicitude, que é o consentimento do ofendido. Portanto, havendo ou não consciência da ilicitude por parte do médico, o certo é que a vítima deu seu aval, crendo ser o melhor para sua pessoa, o que foi secundado por todos os profissionais da medicina ouvidos. Assim, seu consentimento pode ser válido, pois não atentatório à moral e aos bons costumes.

A absolvição, neste caso concreto, deu-se por falta de dolo, pois, à época, prevalecia a doutrina causalista e dolo continha a consciência da ilicitude. A tese majoritária, no Tribunal, foi no sentido de que o médico não tinha noção da ilicitude, pois, no seu entendimento, estava fazendo um bem à vítima. Diante disso, foi excluída a culpabilidade.

Há Resolução do Conselho Federal de Medicina confirmando a sustentação que fizemos acima, ou seja, quando necessária, pode realizar-se. Em suma: autorizada a cirurgia de mudança de sexo, no campo da medicina, é fundamental que o direito a essa nova postura adapte-se, uma vez que o tipo penal do art. 129 definitivamente não tem a finalidade de, protegendo a integridade física, causar o mal. Assim, ainda que formalmente se possa falar em lesão corporal no caso de mudança de sexo do transexual – pessoa que rejeita expressamente no campo psicológico o seu sexo natural –, certamente não o é materialmente, pois o bem jurídico maior é garantir o bem-estar do interessado.

10.8 Deformidade permanente

Deformar significa alterar a forma original. Configura-se a lesão gravíssima quando ocorre a modificação duradoura de uma parte do corpo humano da vítima. Salienta parcela da doutrina, no entanto, estar essa qualificadora ligada à estética.[22] Por isso, tem sido posição majoritária a exigência de ser a lesão visível, causadora de constrangimento ou vexame à vítima, e irreparável. É o preceito do art. 129, § 2.º, IV, do Código Penal.

Cita-se como exemplos as cicatrizes de larga extensão em regiões visíveis do corpo humano, que possam provocar reações de desagrado ou piedade (tais como as causadas pela vitriolagem, isto é, o lançamento de ácido no ofendido), ou a perda de orelhas, mutilação grave do nariz, entre outros.[23]

---

[21]   *RT* 545/303.

[22]   Nesses termos, Aníbal Bruno, *Crimes contra a pessoa*, p. 209.

[23]   É a mesma posição de Francisco Benfica e Márcia Vaz (*Medicina legal*, p. 62), porém com ressalvas para mulheres e crianças, quanto ao local das lesões, menos perturbadoras num homem adulto.

Somos levados a discordar dessa postura. O tipo penal não exige, em hipótese alguma, que a deformidade seja ligada à beleza física, tampouco que seja visível. A restrição construída por parte da doutrina e da jurisprudência é incompatível com a finalidade do artigo. Desde que o agente provoque na vítima uma alteração duradoura nas formas originais do seu corpo humano, é de se reputar configurada a qualificadora.

Adotar-se posição contrária significaria exigir do juiz, ao analisar a lesão causada, um juízo de valor, a fim de saber se a vítima ficou ou não *deformada* conforme os critérios de estética que o magistrado possui, não se levando em conta o desagrado íntimo causado a quem efetivamente sofreu o ferimento e a alteração do seu corpo.

Chega-se a levantar, como critério de verificação dessa qualificadora, o sexo da vítima, sua condição social, sua profissão, seu modo de vida, entre outros fatores extremamente subjetivos, por vezes nitidamente discriminatórios e sem adequação típica. Uma cicatriz no rosto de uma atriz famosa seria mais relevante do que a mesma lesão produzida numa trabalhadora rural? Poderia ser, para o terceiro que não sofreu a deformidade – já que a análise desbancaria para o campo estético –, embora, para a vítima, possa ser algo muito desconfortável. Cremos, pois, pouco importar seja a deformidade visível ou não, ligada à estética ou não, passível de causar impressão vexatória ou não, exigindo-se somente seja ela duradoura, vale dizer, irreparável pelos recursos apresentados pela medicina à época do resultado. E acrescente-se possuir essa qualificadora caráter residual, isto é, quando houver lesão passível de alterar a forma original do corpo humano, não se configurando as outras hipóteses de deformidade – debilidade ou perda de membro, sentido ou função –, deve ela ser aplicada.

10.9 Aborto

É a interrupção da gravidez causando a morte do feto. A hipótese está prevista no art. 129, § 2.º, do Código Penal. Nesse caso, exigem a doutrina e a jurisprudência majoritárias, como já tratado em tópico anterior, que o resultado qualificador (aborto) ocorra na forma culposa.

Nessa visão, com a qual não concordamos, se o agente, ao agredir a gestante, tivesse agido com dolo (direto ou eventual) com relação à morte do feto, deveria responder pelo delito de aborto (absorvendo-se a lesão provocada na gestante), para alguns, ou por aborto em concurso com o crime de lesões corporais, para outros.

Como expusemos, nada exige, na lei penal, seja esta a conclusão, pois o tipo penal em momento algum estabelece a forma preterdolosa para a lesão corporal seguida de aborto, vale dizer, não há a exigência – como existe no art. 129, § 3.º – de que o aborto somente possa ser punido a título de culpa.

O crime é qualificado pelo resultado (uma figura híbrida por excelência), admitindo dolo no antecedente e dolo no consequente, bem como dolo no antecedente e culpa no consequente. Se a pena for considerada insuficiente, na opinião de alguns, para punir o agente que tiver manifestado o dolo nas duas fases, dever-se-ia alterar a parte sancionadora do tipo penal, mas não criar uma forma de punição alternativa. Se no roubo seguido de morte (latrocínio) admite-se a existência de dolo no antecedente (roubo), bem como dolo no subsequente (morte), o mesmo deve ocorrer neste e em outros casos de crimes qualificados pelo resultado.

Cremos, pois, ser possível a incidência da lesão corporal gravíssima quando o agente agredir a mulher grávida, provocando-lhe o aborto, ainda que tenha atuado com dolo no tocante ao resultado qualificador. Caso o legislador desejasse uma consequência diversa, isto é, a punição do aborto, neste caso, somente se houvesse culpa por parte do agente, deveria ter deixado isso bem claro, como o fez na lesão corporal seguida de morte.

11. LESÃO CORPORAL SEGUIDA DE MORTE

Trata-se da única forma *autenticamente* preterdolosa prevista no Código Penal, pois o legislador deixou nítida a exigência de dolo no antecedente (lesão corporal) e somente a forma culposa no evento subsequente (morte da vítima). É o teor do art. 129, § 3.º, do Código Penal.

Ao mencionar que a morte não pode ter sido desejada pelo agente, e tampouco pode ele ter assumido o risco de produzi-la, está-se fixando a culpa como único elemento subjetivo possível para o resultado qualificador. Justamente por isso, neste caso, havendo dolo eventual quanto à morte da vítima, deve o agente ser punido por homicídio doloso.

A tentativa, nesta hipótese, é inadmissível, pois o crime preterdoloso envolve a forma culposa e esta é totalmente incompatível com a figura da tentativa. Se o agente não quer, de modo algum, a morte da vítima, é impossível obter a forma tentada da lesão seguida de morte. Ademais, ou a morte ocorre e o crime está consumado, ou não ocorre e trata-se apenas de uma lesão corporal.

11.1 Causas de aumento da milícia ou grupo similar de extermínio

O art. 129, § 7.º, do Código Penal prevê o aumento de 1/3 na pena, quando houver atuação de milícia ou grupo de extermínio. É preciso destacar ser rara a ação de tais agrupamentos apenas para lesionar a vítima, pois o intuito básico dos *justiceiros* é a eliminação da vida.

Por isso, a causa de aumento relativa à lesão corporal somente terá aplicabilidade nos casos de desclassificação de tentativa de homicídio para lesão dolosa; ou também nas situações de excesso em qualquer das excludentes de ilicitude, quando resulte lesão corporal dolosa, desde que advinda de milícia ou grupo de extermínio.

12. LESÃO CORPORAL *PRIVILEGIADA*

Preceitua o § 4.º do art. 129: "se o agente comete o crime impelido por motivo de relevante valor social ou moral ou sob o domínio de violenta emoção, logo em seguida a injusta provocação da vítima, o juiz pode reduzir a pena de um sexto a um terço". Nos mesmos moldes do homicídio (art. 121, § 1.º, CP), cuida-se de uma causa de diminuição de pena, mas que passou a ser chamada, por costume forense, de *privilégio*. Esta hipótese é aplicável às lesões graves, gravíssimas e seguida de morte. À lesão simples, aplica-se o disposto no § 5.º. Este parágrafo delimita a sua própria aplicabilidade ao *caput*, pois afasta todas as formas graves, além de seu inciso I fazer expressa referência às hipóteses do § 4.º. Ou seja, se qualquer das situações previstas no § 4.º acontecer, na lesão simples, o juiz pode dar somente uma multa.

Como tivemos a oportunidade de expor, no cenário do homicídio, o motivo de relevante valor é uma apreciação subjetiva muito importante para a sociedade, tais como a amizade, a lealdade, o patriotismo etc. Se a agressão se der nesse contexto, é preciso verificar tratar-se de *moral* ou *social*. Esta última envolve algum valor interessante à sociedade ou à comunidade onde o fato se dá. A parte moral abrange a vida pessoal do agressor e seus familiares.

Se o pai agride o estuprador da filha, trata-se de relevante valor moral. Se alguém agride o traidor da pátria, cuida-se de relevante valor social.

Em ambos os casos, pode-se aplicar a diminuição da pena, prevista neste parágrafo. A variação de um sexto a um terço deve referir-se ao grau e à intensidade do valor posto em questão, pois há possibilidade de mensuração.

Há também a hipótese de agir o agressor movido pela violenta emoção logo em seguida à injusta provocação da vítima. É uma forma de descontrole emocional, reconhecida pelo legislador, pois o ser humano não é herói, desde que ela decorra da injusta provocação da vítima.

Existe um curto lapso temporal para o agressor agir (logo em seguida), significando alguns minutos, quiçá horas. A denominada *injusta* provocação deve ser lida como *ilícita* provocação, pois o termo *injusto* é muito aberto, sem possibilidade de conferir segurança à interpretação da lei penal (princípio da taxatividade).

13. SUBSTITUIÇÃO DE PENA PARA A LESÃO SIMPLES

Esta, na prática, seria a autêntica lesão corporal privilegiada, pois permite que o julgador troque a pena privativa de liberdade pela de multa (art. 129, § 5.º). Não seria somente uma diminuição, mas uma alteração da sanção penal para menor. No entanto, por costume, não se refere a ela como privilégio.

De todo modo, afastando-se a sua incidência às lesões graves, resta a simples. Ocorrendo algum dos motivos elencados no § 4.º (relevante valor moral ou social; domínio de violenta emoção logo em seguida à injusta provocação da vítima) ou a situação descrita no inciso II do § 5.º (lesões recíprocas), o juiz pode afastar a pena privativa de liberdade e fixar somente multa. A lei ainda fala em duzentos mil réis ou dois contos de réis, porque o legislador esqueceu-se de substituir somente por *multa*, conforme determina a Reforma da Parte Geral, proveniente da Lei 7.209/1984.

Além da hipótese anterior do § 4.º, considerou o legislador a possibilidade de aplicar o privilégio quando o agressor for também agredido pela vítima. É preciso ressaltar, no entanto, que não se trata de uma situação de legítima defesa, ou seja, se o ofendido agredir o agente apenas para se defender, não deve este receber o privilégio. Ao referir-se a *lesões recíprocas*, dá a norma a entender que as duas partes entraram em luta injustamente. Não teria cabimento algum conceder o privilégio ao agressor cuja vítima, para dele se desvencilhar, tenha sido obrigada a agredi-lo e não conceder o benefício ao agente quando o ofendido tenha sofrido as lesões, conseguindo soltar-se do agressor sem fazer uso da força.

Ora, se a vítima está em atitude lícita (agindo em legítima defesa), não pode essa situação servir de motivação para o atacante conseguir um benefício legal considerável, que é a substituição da pena privativa de liberdade por multa. Entretanto, se ambos são igualmente culpados e agressores um do outro, pode o juiz levar tal hipótese em consideração para aplicar o privilégio.

Por vezes, se duas pessoas entram em confronto e não se sabe dizer quem deu início, logo, quem merece e quem não merece a absolvição pela legítima defesa, o ideal é absolver ambos por insuficiência de provas.

Sob outro aspecto, duas pessoas entram em conflito, mas testemunhas confirmam que ambas estavam se desafiando e partiram para a briga ao mesmo tempo. Não é caso de legítima defesa, mas de lesões recíprocas leves. Por isso, ingressa o privilégio do § 5.º.

14. LESÃO CULPOSA

Trata-se da figura típica do *caput* ("ofender a integridade corporal ou a saúde de outrem"), embora com outro elemento subjetivo: a culpa. É tratado no art. 129, § 6.º, do Código Penal, em tipo aberto, que depende, pois, da interpretação do juiz para poder ser aplicado.

A culpa, conforme o art. 18, II, do Código Penal, é constituída de "imprudência, negligência ou imperícia". Portanto, lesionar alguém por imprudência, negligência ou imperícia concretiza este tipo penal incriminador.

Não mais se aplica o tipo penal do art. 129, § 6.º, à lesão corporal cometida na direção de veículo automotor, pois o Código de Trânsito Brasileiro (Lei 9.503/1997), no art. 303, estipulou um tipo incriminador específico.

As mesmas causas de aumento previstas no art. 121, § 4.º, são remetidas para aplicação neste tipo penal (art. 129, § 7.º, CP). Conferir os comentários que fizemos ao referido art. 121, § 4.º, pois se aplicam integralmente ao caso presente.

Por outro lado, sem apontar exceção, o § 7.º, do art. 129, manda aplicar, ainda, o aumento de 1/3 se preenchida a hipótese do § 6.º do art. 121. Trata-se do delito cometido por milícia, grupos de segurança ou extermínio, que, por óbvio, não agem para provocar lesão culposa. No entanto, pode-se imaginar que, após ter dado cabo da vítima, a milícia, em fuga, machuque, culposamente, uma vítima qualquer. Nessa rara hipótese, aplicar-se-ia, também, o aumento de 1/3.

15. PERDÃO JUDICIAL

O § 8.º do art. 129 remete à aplicação na lesão culposa o disposto pelo art. 121, § 5.º, ambos do Código Penal. Remetemos o leitor ao Capítulo I da primeira parte deste volume.

16. VIOLÊNCIA DOMÉSTICA E CONTRA A MULHER

Doméstico é termo que diz respeito à vida em família, usualmente na mesma casa, tanto assim que sempre se definiu a agravante prevista no art. 61, II, *f*, do Código Penal, como sendo "as ligações estabelecidas entre participantes de uma mesma vida familiar, podendo haver laços de parentesco ou não".

Daí por que a criação de uma figura específica, na realidade uma nova forma de lesão qualificada, teria a finalidade de atingir os variados e, infelizmente, numerosos casos de lesões corporais praticadas no recanto do lar, dentre integrantes de uma mesma vida familiar, onde deveria imperar a paz e jamais a agressão. O mesmo fundamento levou o Parlamento a estabelecer a lesão qualificada de delito contra a mulher, com pena mais severa (art. 129, § 13).

O estabelecimento da figura qualificada permitiu que a ação penal passasse a ser considerada pública incondicionada. Isso porque o art. 88 da Lei 9.099/1995 preceitua que dependerá de representação a ação penal relativa aos crimes de lesões corporais leves (modalidade prevista no *caput* do art. 129) e lesões culposas (constante no § 6.º do mesmo artigo). Ora, a violência doméstica (ou contra a mulher), embora lesão corporal, cuja descrição típica advém do *caput*, é forma qualificada da lesão, logo, não mais dependente de representação da vítima. Além disso, o art. 41 da Lei 11.340/2006 afasta a aplicação da Lei 9.099/1995, onde se menciona ser a iniciativa da ação penal, em virtude de lesões simples, sujeita à representação da vítima.

Nessa ótica, considerando pública incondicionada a ação penal, baseando-se em política criminal de proteção à mulher, confira-se a decisão do Supremo Tribunal Federal, que deliberou sobre o tema: ADIn 4.424, Pleno, 09.02.2012, m.v. As ações envolvendo violência doméstica, quando se cuidar de lesão corporal, são de iniciativa pública incondicionada. Finalize-se com a menção à Súmula 542 do STJ: "A ação penal relativa ao crime de lesão corporal resultante de violência doméstica contra a mulher é pública incondicionada".

Em nosso entendimento, tanto a lesão em contexto de violência doméstica quanto a agressão específica contra a mulher são de ação pública incondicionada; afinal, não são lesões simples, mas qualificadas.

16.1 Estrutura típica da lesão qualificada pela violência doméstica e contra a mulher

Menciona o § 9.º do art. 129 apenas a palavra *lesão*, remetendo, naturalmente, para o *caput* o entendimento do que signifique, ou seja, "ofender a integridade corporal ou a saúde de outrem". A partir disso, inseriu: (Se a lesão) for *praticada contra ascendente, descendente, irmão, cônjuge ou companheiro, ou com quem conviva ou tenha convivido, ou, ainda, prevalecendo-se o agente das relações domésticas, de coabitação ou de hospitalidade*.

Ascendente, descendente, irmão, cônjuge ou companheiro são as mesmas pessoas inseridas na agravante do art. 61, II, *e*, do Código Penal. Incluiu-se, a mais, o termo *companheiro*. Agora, no entanto, descarta-se a aplicação da agravante, passando-se à lesão corporal qualificada, evitando-se a dupla apenação pelo mesmo fato.

A outra parte – *com quem conviva ou tenha convivido* – necessita de uma interpretação lógico-sistemática. Haverá violência doméstica se a agressão se voltar contra ascendente, descendente, irmão, cônjuge ou companheiro – em qualquer lugar, não necessitando ser no lar, onde todos eventualmente vivam, pois o tipo assim não exige – *ou* também (note-se a alternatividade) contra pessoa com quem o agente conviva ou tenha convivido, desde que haja uma relação do tipo familiar ou doméstico, partilhando a intimidade. É o cenário que pode envolver a relação amorosa, havida entre namorados.

Logo, resta interpretar que haverá, como regra, a forma qualificada da lesão quando o agente se voltar contra ascendente, descendente, irmão, cônjuge ou companheiro *com quem conviva ou tenha convivido*, porém, também, abrangendo outras pessoas que se inserem no contexto doméstico ou familiar.

A terceira parte do tipo penal do § 9.º diz respeito à *prevalência de relações domésticas, de coabitação ou de hospitalidade*. A relação doméstica se estabelece entre pessoas que partilham de uma mesma vida familiar, morando na mesma casa, embora não precisem ser parentes. A coabitação significa apenas viver sob o mesmo teto (como numa pensão), mesmo não tendo relações íntimas ou amizade. Finalmente, a hospitalidade é o vínculo provisório firmado entre anfitrião e hóspede, que pode ser de algumas horas ou alguns dias.

Devemos considerar, desde logo, que a finalidade da nova figura típica de lesão qualificada é atingir, principalmente, a agressão ocorrida entre familiares – por isso a primeira parte do tipo menciona ascendente, descendente, irmão, cônjuge ou companheiro, ou com quem conviva ou tenha convivido, razão pela qual, por medida de política criminal,

Cap. II – Lesões Corporais • Parte 1

ampliou-se esse âmbito para cercar, ainda, outros tipos de agressões ocorridas, por exemplo, entre moradores de uma pensão (relação de coabitação) e a lesão praticada pelo anfitrião contra a visita (relação de hospitalidade). Para isso, teria sido suficiente a figura do *caput* com a aplicação da agravante do art. 61, II, *f*, do Código Penal. Mas criou-se figura típica específica para tanto.

Sobre a violência doméstica, o Superior Tribunal de Justiça editou as seguintes súmulas: Súmula 588: "A prática de crime ou contravenção penal contra a mulher com violência ou grave ameaça no ambiente doméstico impossibilita a substituição da pena privativa de liberdade por restritiva de direitos"; Súmula 589: "É inaplicável o princípio da insignificância nos crimes ou contravenções penais praticados contra a mulher no âmbito das relações domésticas"; e Súmula 600: "Para a configuração da violência doméstica e familiar prevista no artigo 5.º da Lei 11.340/2006 (Lei Maria da Penha) não se exige a coabitação entre autor e vítima".

Quanto à lesão contra a mulher, o § 13 indica as "razões da condição do sexo feminino", conforme disposto pelo § 1.º do art. 121-A do Código Penal, com a pena de reclusão, de 2 (dois) a 5 (cinco) anos.

No referido § 1.º do art. 121-A do Código Penal encontra-se o seguinte: "considera-se que há razões de condição de sexo feminino quando o crime envolve: I – violência doméstica e familiar; II – menosprezo ou discriminação à condição de mulher". Cuida-se de qualificadora objetiva, ligando-se ao gênero da vítima. Não se vincula à motivação do agente, que pode ter variadas causas, como motivo fútil ou torpe. Conferir os comentários referentes ao art. 121-A (feminicídio). Do mesmo modo que acontece com a figura do § 9.º, conforme o patamar fixado, pode-se conceder a suspensão condicional da pena e o regime aberto. Não é admissível o acordo de não persecução penal, a suspensão condicional do processo ou a transação.

16.2 Penas e causas de aumento

Sobre a causa de aumento de 1/3, prevista no § 10, presente qualquer das circunstâncias descritas no § 9.º (ofendido ascendente, descendente, irmão, cônjuge ou companheiro, com quem conviva ou tenha convivido, bem como prevalência de relações domésticas, de coabitação ou de hospitalidade), no contexto das lesões graves (§ 1.º do art. 129), gravíssimas (§ 2.º do mesmo artigo) e qualificadas pelo resultado (§ 3.º do mesmo artigo), deve incidir na terceira fase de aplicação da pena. É preciso cautela para não gerar *bis in idem*. Quando configurada a aplicação da causa de aumento do § 10, não se pode impor qualquer agravante com o mesmo sentido.

Ilustrando, se houver a agressão do pai contra a filha, no ambiente doméstico, constituindo uma lesão grave. Em lugar de tipificar a situação no art. 129, § 9.º, cuja pena é menor, insere-se no art. 129, § 1.º, mas com o aumento de 1/3, determinado pelo § 10. Por outro lado, a agressão do pai contra a filha, no cenário doméstico, configurando lesão grave, demanda a aplicação da pena do art. 129, § 1.º, com o aumento de 1/3, mas sem a incidência da agravante de crime contra descendente (art. 61, II, *e*, CP) ou de se prevalecer de relações domésticas (art. 61, II, *f*, CP).

Outra causa de aumento de 1/3 (§ 11) é aplicável somente às hipóteses do art. 129, § 9.º, desde que a vítima seja deficiente física ou mental. Neste caso, além de haver ligação entre autor e pessoa ofendida, esta deve ser deficiente.

RESUMO DO CAPÍTULO

Previsão legal	**Lesão corporal** **Art. 129.** Ofender a integridade corporal ou a saúde de outrem: Pena – detenção, de 3 (três) meses a 1 (um) ano. **Lesão corporal de natureza grave** § 1.º Se resulta: I – incapacidade para as ocupações habituais, por mais de 30 (trinta) dias; II – perigo de vida; III – debilidade permanente de membro, sentido ou função; IV – aceleração de parto: Pena – reclusão, de 1 (um) a 5 (cinco) anos. § 2.º Se resulta: I – incapacidade permanente para o trabalho; II – enfermidade incurável; III – perda ou inutilização de membro, sentido ou função; IV – deformidade permanente; V – aborto: Pena – reclusão, de 2 (dois) a 8 (oito) anos. **Lesão corporal seguida de morte** § 3.º Se resulta morte e as circunstâncias evidenciam que o agente não quis o resultado, nem assumiu o risco de produzi-lo: Pena – reclusão, de 4 (quatro) a 12 (doze) anos. **Diminuição de pena** § 4.º Se o agente comete o crime impelido por motivo de relevante valor social ou moral ou sob o domínio de violenta emoção, logo em seguida a injusta provocação da vítima, o juiz pode reduzir a pena de 1/6 (um sexto) a 1/3 (um terço). **Substituição da pena** § 5.º O juiz, não sendo graves as lesões, pode ainda substituir a pena de detenção pela de multa: I – se ocorre qualquer das hipóteses do parágrafo anterior; II – se as lesões são recíprocas. **Lesão corporal culposa** § 6.º Se a lesão é culposa: Pena – detenção, de 2 (dois) meses a 1 (um) ano. **Aumento de pena** § 7.º Aumenta-se a pena de 1/3 (um terço) se ocorrer qualquer das hipóteses dos §§ 4.º e 6.º do art. 121 deste Código. § 8.º Aplica-se à lesão culposa o disposto no § 5.º do artigo 121. **Violência doméstica** § 9.º Se a lesão for praticada contra ascendente, descendente, irmão, cônjuge ou companheiro, ou com quem conviva ou tenha convivido, ou, ainda, prevalecendo-se o agente das relações domésticas, de coabitação ou de hospitalidade: Pena – reclusão, de 2 (dois) a 5 (cinco) anos. § 10. Nos casos previstos nos §§ 1.º a 3.º deste artigo, se as circunstâncias são as indicadas no § 9.º deste artigo, aumenta-se a pena em 1/3 (um terço).

Previsão legal	§ 11. Na hipótese do § 9.º deste artigo, a pena será aumentada de 1/3 (um terço) se o crime for cometido contra pessoa portadora de deficiência. § 12. Se a lesão for praticada contra autoridade ou agente descrito nos arts. 142 e 144 da Constituição Federal, integrantes do sistema prisional e da Força Nacional de Segurança Pública, no exercício da função ou em decorrência dela, ou contra seu cônjuge, companheiro ou parente consanguíneo até terceiro grau, em razão dessa condição, a pena é aumentada de um a dois terços. § 13. Se a lesão for praticada contra a mulher, por razões da condição do sexo feminino, nos termos do § 1.º do art. 121-A deste Código: Pena – reclusão, de 2 (dois) a 5 (cinco) anos.
Sujeito ativo	Qualquer pessoa
Sujeito passivo	Qualquer pessoa
Objeto material	Pessoa que sofre a lesão
Objeto jurídico	Incolumidade Física
Elemento subjetivo	Dolo / culpa
Classificação	Comum Material Forma livre Comissivo Instantâneo De Dano Unissubjetivo Plurissubsistente
Tentativa	Admite
Circunstâncias especiais	Sujeito passivo qualificado ou especial, exemplos: a mulher grávida, no caso de lesão corporal com aceleração de parto (§ 1.º, IV) ou de aborto (§ 2.º, V).

Capítulo III

Periclitação da Vida
e da Saúde

1. CRIMES DE PERIGO

Enquanto o delito de dano consuma-se com a efetiva lesão a um bem juridicamente tutelado, o crime de perigo contenta-se com a mera probabilidade de dano. Trata-se de um juízo de probabilidade que se funda na normalidade dos fatos, vale dizer, conforme o que usualmente costuma acontecer, o legislador leva em consideração o dano em potencial gerado por uma determinada conduta para tipificá-la.

A melhor teoria, segundo cremos, para definir o perigo é a mista ou integrativa, para a qual o perigo é tanto uma hipótese quanto um trecho da realidade. Quando alguém dirige perigosamente, quer-se dizer que há a hipótese de que outra pessoa termine ferida por conta de um eventual atropelamento, mas também existe a realidade fenomênica, perceptível pelos sentidos humanos da alta velocidade desenvolvida e dos riscos inerentes às manobras perpetradas. A razão de se punir os crimes de perigo é a mesma que um pai possui em relação ao seu filho pequeno desobediente: evitar maiores e mais graves problemas. Se o Estado punir o perigo gerado, tende a evitar punir, no futuro, o dano.

Embora cuidando dos delitos de mera conduta, a lição de MANOEL PEDRO PIMENTEL é precisa: "Dir-se-á que o homem é livre para querer, mesmo o mal, devendo apenas responder pelos seus atos voluntários. Entretanto, esse liberalismo excessivo é liberticida. Ninguém seria capaz de deixar uma criança caminhar imprudentemente sobre os trilhos da estrada de ferro, sem se importar com a proximidade de um trem; ou deixá-la brincar com um vidro de ácido; ou permitir que ela se entretivesse com uma arma carregada. Certamente a criança seria impedida de prosseguir, pois estaria arriscando a própria integridade e a dos demais.

Seria castigada pela sua falta, com um castigo brando – pois nenhum mal ainda praticara – mas castigada para que não prosseguisse na sua caminhada sobre os trilhos, não entornasse o ácido, não disparasse a arma e, o que é mais, para que aprendesse que aquelas situações deveriam ser evitadas no futuro, para o seu próprio bem e para o bem de todos. Ninguém se rebelaria contra um castigo brando que fosse infligido à criança, pois todos compreendemos a sua finalidade. O mesmo diríamos em relação a um pai que castigasse o filho omisso nos seus deveres escolares, pela significação dessa falta e pela necessidade de reprimi-la, para evitar uma situação mais grave, projetada no porvir. Ninguém negará a função preventiva e educativa desses castigos".[1]

Quanto ao dolo de perigo, "não se trata, porém, de uma espécie particular de dolo. O que o distingue é o seu conteúdo. No dolo de perigo é a mesma a consciência e vontade do resultado, apenas esse resultado não é a lesão efetiva do interesse protegido, é só criar uma situação de que pode resultar um dano real. O agente não quer ofender o bem, mas somente fazer nascer um conjunto de condições que levanta uma ameaça contra a sua segurança. É dolo em relação ao perigo e realiza as formas comuns do dolo, podendo ser direto ou eventual".[2]

2. PERIGO CONCRETO E PERIGO ABSTRATO

Trata-se de ensinamento fundamental da doutrina majoritária a distinção entre o perigo concreto e o perigo abstrato, considerando-se o primeiro como a probabilidade de ocorrência de um dano que necessita ser devidamente provada pelo órgão acusador, enquanto o segundo significa uma probabilidade de dano presumida pela lei, que independe de prova no caso concreto.

O legislador, nesse último caso, baseado em fatos reais, extrai a conclusão de que a prática de determinada conduta leva ao perigo, por isso tipifica a ação ou omissão, presumindo o perigo. Exemplos: a) *perigo concreto*: o delito consistente em expor a vida ou a saúde de uma pessoa a perigo *direto e iminente* necessita da prova da situação fática (dar um tiro na direção de alguém), bem como da prova do perigo (demonstração de que o disparo passou próximo ao corpo da pessoa); b) *perigo abstrato*: os delitos de tráfico e porte de entorpecentes (arts. 33 e 28 da Lei de Drogas) consistem em punir o sujeito que traz consigo substância entorpecente, porque tal conduta quer dizer um perigo para a saúde pública. Assim, para a tipificação desses delitos, basta a acusação fazer prova do fato (estar portando a droga), prescindindo-se da prova do perigo, que é presumido.

Tal distinção é fundamental e continua a ser utilizada pela doutrina tradicional, bem como pela maioria da jurisprudência. Ensina MIGUEL REALE JÚNIOR: "Já nos crimes de perigo abstrato, para aperfeiçoamento do modelo típico, há uma presunção absoluta, *juris et de jure*, da situação de perigo. Essa presunção não é, todavia, arbitrária, desvinculada da realidade, mas a constrói o legislador a partir da constatação da existência de condutas particulares, que, pela experiência e lógica, revelam ínsita uma situação de perigo".[3]

Criticando a terminologia usualmente utilizada a respeito do *perigo abstrato*, diz JOSÉ DE FARIA COSTA que "o perigo nos chamados crimes de perigo abstrato não é elemento do tipo

---

[1] *Crimes de mera conduta*, p. 137.
[2] ANÍBAL BRUNO, *Crimes contra a pessoa*, p. 215.
[3] *Problemas penais concretos*, p. 18.

legal de crime, mas unicamente motivação do legislador. Em verdadeiro rigor, com efeito, uma tal qualificação do tipo legal de crime não é muito correta. Se o perigo está fora do tipo e só serviu de razão justificadora ao legislador para criar uma norma incriminadora cujo sentido primacial é, neste caso, o de um dispositivo tipicamente imperativo não vemos o motivo para uma tal designação. Ou melhor: só o descortinamos quando numa visão translata, de leitura a dois níveis de captação da norma (o nível conformador e extranormativo e a dimensão já tipicamente normativa) se quer dar a ideia de que há um elo de ligação entre os chamados crimes de perigo concreto e os crimes de perigo abstrato. Mas essa aparência é indutora de erros. Se o perigo é motivo de criação de normas incriminadoras, a sua análise, estudo e qualificação não tem que ver com o 'antes' que levou à sua produção".[4]

Não se pode abrir mão das figuras penais incriminadoras de perigo abstrato, pois "os crimes de perigo abstrato não necessitam de uma relação aproximada entre a ação perigosa e o bem jurídico protegido, sendo desnecessário que haja um perigo concreto ao interesse que se pretende proteger. Assim, ainda que possa ser estabelecida certa consequência àquele comportamento perigoso, esta não precisaria ser verificada em concreto. Todavia, isto não representa um afastamento absoluto em relação à importância das consequências da ação perigosa, pois se faz necessário um mínimo de potencialidade à conduta em alcançar um determinado resultado".[5]

3. PERIGO INDIVIDUAL E PERIGO COLETIVO

O primeiro expõe uma só pessoa ou um número determinado de pessoas a perigo – são os delitos previstos neste capítulo do Código Penal. O perigo coletivo expõe um número indeterminado de pessoas – são os crimes previstos no Capítulo III do Título VIII deste Código.

4. PERIGO DE CONTÁGIO VENÉREO

4.1 Estrutura do tipo penal incriminador

Expor significa colocar em perigo ou deixar a descoberto. O objeto da conduta é o contágio de moléstia venérea. Relação sexual é o coito, ou seja, a união estabelecida entre duas pessoas através da prática sexual. Trata-se de expressão mais abrangente do que conjunção carnal, que se limita à cópula *pênis-vagina*. Abrange, pois, o sexo anal ou oral. O crime de perigo de contágio venéreo está previsto no art. 130 do Código Penal.

Ato libidinoso é a ação que dá ao autor prazer e satisfação sexual. Trata-se de expressão de máxima abrangência, envolvendo desde a conjunção carnal, passando-se pela relação sexual até atingir qualquer tipo de ato tendente a satisfazer a volúpia do agente. Ex.: carícias corporais, beijos sensuais, entre outros. Vê-se que o tipo penal envolveu toda forma de ato sexual possível de transmitir doenças.

Moléstia venérea é a doença transmissível através de contato sexual. Trata-se de enfermidade que necessita ser conceituada pela medicina, não ficando a critério do legislador defini-la. Ex.: sífilis, gonorreia ou blenorragia, cancro mole.

---

[4] *Tentativa e dolo eventual*, p. 56.

[5] Túlio Arantes Bozola, *Os crimes de perigo abstrato no direito penal contemporâneo*, p. 130.

Utilizando preservativo, não configura o delito, pois inexistente a conduta, que é *colocar em perigo* o sujeito passivo. Embora seja crime de perigo abstrato, é indispensável que o núcleo do tipo se concretize – *expor* –, o que somente se dá caso o agente atue sem qualquer proteção.

A pena prevista para esse crime é de detenção, de 3 (três) meses a 1 (um) ano, ou multa. Se é intenção do agente transmitir a moléstia, reclusão, de 1 (um) a 4 (quatro) anos, e multa.

4.2 Sujeitos ativo e passivo

O sujeito ativo deve ser qualquer pessoa contaminada por doença sexualmente transmissível, enquanto o sujeito passivo pode ser qualquer um, inclusive a pessoa que exerce a prostituição.

4.3 Elemento subjetivo

É o dolo de perigo. Não existe a forma culposa. A expressão "sabe" indica que o agente tem conhecimento pleno de seu estado de enfermidade e, ainda assim, mantém com a vítima relação sexual capaz de transmitir a doença. Há, portanto, o chamado *dolo de perigo*, que é a vontade de expor outra pessoa a perigo.

A expressão "deve saber" consiste no dolo eventual, querendo dizer que o agente, diante do estado de saúde que apresenta, deveria ter noção de que está contaminado e, consequentemente, assume o risco de transmitir a doença à pessoa com quem mantém relação sexual.

Cremos não existir a forma culposa, pois nenhuma referência há no tipo a respeito de imprudência, negligência ou imperícia. Como já mencionado, a *culpa deve ser expressa* na lei penal, jamais presumida. Além disso, se considerássemos a expressão "deve saber" como símbolo da culpa, estaríamos equiparando, no mesmo tipo, com idêntica sanção, os delitos dolosos e os culposos, o que representaria uma aberta ferida ao princípio constitucional da proporcionalidade. Nessa ótica está a lição de MARIÂNGELA GAMA DE MAGALHÃES GOMES.[6] Há, no entanto, posição doutrinária em contrário, sustentando a possibilidade de se considerar culposa essa forma de atuação do agente, que estaria agindo por nítida negligência em relação ao seu estado de saúde.

No § 1.º, há uma exceção inserta no contexto do delito de perigo, que é o "perigo de contágio venéreo", pois cuida da hipótese em que o agente sabe estar contaminado e *quer transmitir a doença*. Nota-se, pela própria pena, que se altera para reclusão de 1 a 4 anos e multa, semelhante à da lesão corporal grave, ser um delito formal de dano, vale dizer, pune-se a conduta de manter relação sexual ou outro ato libidinoso com a vítima, desejando o contaminado transmitir-lhe a doença, causando-lhe um dano, embora seja dispensável o resultado naturalístico (a efetiva contaminação do ofendido).

Havendo ou não o contágio, responderá o agente pela figura do art. 130, § 1.º. Entretanto, justamente porque a sua vontade é transmitir a doença, caso obtenha sucesso, atingindo formas mais graves de lesão, deverá responder por lesão grave ou gravíssima e até por lesão corporal seguida de morte, conforme o caso. Se ocorrer lesão corporal leve, fica absorvida pelo delito mais grave, que é a forma descrita no art. 130, § 1.º.

Assim, há quatro situações distintas: a) o agente sabe estar contaminado e mantém relação sexual com a vítima, sem a pretensão de transmitir a doença, mas expondo o sujeito passivo

---

[6] *O princípio da proporcionalidade no direito penal*, p. 182.

a perigo: responderá pelo crime do art. 130, *caput*; b) o agente deve saber estar contaminado e pratica a mesma conduta descrita no item anterior: responderá pelo delito previsto no art. 130, *caput*; c) o agente sabe estar contaminado e quer transmitir a doença no contato sexual mantido (conseguindo ou não o contágio): responderá pelo delito do art. 130, § 1.º; d) o agente sabe estar contaminado e quer transmitir a doença para afetar a saúde da vítima: responderá por lesão corporal grave ou gravíssima, se for o caso (arts. 129, §§ 1.º ou 2.º).

Poderá, se houver morte, responder por lesão corporal seguida de morte. Nada impede, ainda, que surja uma quinta hipótese, consistente na figura do homicídio, caso o agente saiba que está contaminado, tenha conhecimento da gravidade do seu mal e deseje transmiti-lo para a vítima, que padece de saúde precária, podendo morrer caso seja atingida pela referida enfermidade, situação também conhecida pelo autor. O dolo volta-se, nesse caso, para o tipo penal do art. 121, e os germes microbianos, como ensinam ALMEIDA JÚNIOR e COSTA JÚNIOR, serviriam como agentes lesivos equivalentes a um veneno.[7]

4.4 Objetos material e jurídico

O objeto material é pessoa que mantém relação com o contaminado. Os objetos jurídicos são a vida e a saúde. Vale observar que o objeto jurídico não difere daqueles previstos para delitos danosos, como o homicídio e a lesão corporal. Mas faz sentido, pois o crime de perigo é o chamado delito de anteparo ao crime de dano.

As infrações penais previstas neste capítulo, quando punidas, demonstram o intuito do legislador de não ver chegar a ocorrência do dano.

4.5 Classificação

Trata-se de crime próprio (demanda sujeito ativo qualificado, que é a pessoa contaminada); formal (delito que não exige necessariamente a ocorrência de um resultado naturalístico indicado pelo tipo, que é o contágio venéreo); de forma vinculada (só pode ser cometido por meio de relação sexual ou outro ato libidinoso); comissivo ("expor" implica ação); instantâneo (cujo resultado se dá de maneira instantânea, não se prolongando no tempo); de perigo abstrato (consuma-se apenas com a prática da relação sexual ou do ato libidinoso); unissubjetivo (que pode ser praticado por um só agente); plurissubsistente (em regra, vários atos integram a conduta); admite tentativa.

4.6 Ação pública incondicionada

Tratando-se de crime cometido por meio de relacionamento sexual, consentido ou não, independe de representação para que o Ministério Público possa agir, oferecendo denúncia. A ação é sempre pública incondicionada (art. 225, CP).

4.7 AIDS

A síndrome da imunodeficiência adquirida não é doença venérea, pois ela possui outras formas de transmissão que não são as vias sexuais, não se encaixando no disposto pelo art. 130 do Código Penal. Assim, caso o portador do vírus da AIDS – não mais considerado letal pela medicina – mantenha relação sexual com alguém, disposto a transmitir-lhe o mal,

---

[7] *Lições de medicina legal*, p. 347.

poderá responder pela figura prevista no art. 131. Efetivada a transmissão, cuida-se de lesão corporal gravíssima (art. 129, § 2.º, II, CP). Poder-se-ia, em tese, cuidar de tentativa de lesão corporal a prática, *com o fim de transmitir* a moléstia grave à vítima, de qualquer ato capaz de gerar o contágio (como a relação sexual), sem conseguir fazê-lo, por circunstâncias alheias à sua vontade. No entanto, encontra-se uma figura específica para esse quadro, estampada no art. 131, que é uma exceção no contexto dos crimes de perigo. Nesta figura típica do art. 131 trata-se de um delito de perigo com dolo de dano. Por isso, prevalece sobre a hipótese da tentativa do crime de dano (lesão corporal).

4.8 Quadro-resumo

Previsão legal	**Perigo de contágio venéreo**
	Art. 130. Expor alguém, por meio de relações sexuais ou qualquer ato libidinoso, a contágio de moléstia venérea, de que sabe ou deve saber que está contaminado:
	Pena – detenção, de 3 (três) meses a 1 (um) ano, ou multa.
	§ 1.º Se é intenção do agente transmitir a moléstia:
	Pena – reclusão, de 1 (um) a 4 (quatro) anos, e multa.
	§ 2.º Somente se procede mediante representação.
Sujeito ativo	Somente pessoa contaminada por doença venérea
Sujeito passivo	Qualquer pessoa
Objeto material	Pessoa que mantém relação com o agente
Objeto jurídico	Vida e saúde
Elemento subjetivo	Dolo de perigo
Classificação	Próprio
	Formal
	Forma vinculada
	Comissivo
	Instantâneo
	Perigo abstrato
	Unissubjetivo
	Plurissubsistente
Tentativa	Admite
Circunstâncias especiais	Qualificadora
	Somente se procede mediante representação

5. PERIGO DE CONTÁGIO DE MOLÉSTIA GRAVE

5.1 Estrutura do tipo penal incriminador

Apesar de estar situado no capítulo referente aos crimes de perigo, o delito previsto no art. 131, da mesma forma que encontramos antes no art. 130, § 1.º, é formal e de dano, com dolo de dano.

O agente pratica ato capaz de produzir o contágio de moléstia grave da qual é portador com o claro objetivo de transmitir o mal a outrem, portanto, causando-lhe dano à saúde – o que é lesão corporal. Ocorre que situou o legislador neste capítulo tal figura delitiva apenas porque, no caso de haver o ato *capaz* de produzir o contágio, com a intenção do autor de que a moléstia se transmita, mas não ocorra a efetiva contração da enfermidade, o delito está consumado do mesmo modo.

Nesse último prisma, houve o perigo de contágio, desejado pelo agente, mas não atingido. Por isso, inseriu-se a figura no capítulo dos crimes de perigo: havendo perigo de contágio, o crime está consumado; havendo o contágio, também está consumado. É uma figura mista, podendo ser tanto um delito de perigo com dolo de dano, como um crime de dano com dolo de dano. Não se pode dizer que se trata apenas de uma tentativa de lesão corporal, pois inexiste, como se sabe, *dolo de tentativa.*

Assim, o interesse do agente é transmitir a doença, mas ele será punido, do mesmo modo e com a mesma pena, pela simples exposição da vítima ao perigo de contrair o mal. Essa situação não acontece com a tentativa de lesão corporal. Neste caso, quando o agente quer ofender a integridade física de outrem e não consegue, jamais receberá a mesma pena que é destinada ao delito consumado. Assim, ainda que anomalamente, preferimos conceituar o crime como sendo formal, de dano, com dolo de dano, que admite idêntica punição pelo perigo gerado ao ofendido. Poder-se-ia dizer que se trata de um crime de dano, cuja tentativa é punida, segundo vontade legislativa, com a mesma pena do crime consumado. Nada de mais há nisso, pois o art. 14, parágrafo único, que cuida da pena da tentativa, menciona que, "*salvo disposição em contrário*, pune-se a tentativa com a pena correspondente ao crime consumado, diminuída de 1 (um) a 2/3 (dois terços)" (grifamos). Esta seria uma "disposição em sentido contrário".

A moléstia grave é uma doença séria, que inspira preciosos cuidados, sob pena de causar sequelas ponderáveis ou mesmo a morte do portador. Não cremos tratar-se de *norma penal em branco*, pois esta depende de um complemento que não pode ser dado pelo magistrado, e sim por outra norma. No caso presente, o termo "moléstia grave" é apenas um elemento normativo do tipo, vale dizer, compõe um tipo aberto, que pode ser interpretado pelo juiz. É natural que o magistrado dependa, muitas vezes, de auxílio médico para saber o que pode ser uma enfermidade séria, embora este não seja indispensável, na medida em que o conceito de "doença grave" é cultural. Sabe-se, perfeitamente, sem necessidade de uma perícia ou de consultas a normas de saúde pública do Ministério da Saúde, que a tuberculose é moléstia grave.

A pena prevista para esse crime (art. 131) é de reclusão, de 1 (um) a 4 (quatro) anos, e multa.

5.2 Sujeitos ativo e passivo

O sujeito ativo é a pessoa que está contaminada por moléstia grave contagiosa, enquanto o passivo pode ser qualquer pessoa, mesmo aquela que já está enferma, visto que a transmissão de outra doença pode agravar-lhe a perturbação à saúde.

É natural que a pessoa portadora do mesmo mal do sujeito ativo não possa ser sujeito passivo deste crime, desde que, medicamente atestado, não exista possibilidade de piorar da doença que já a perturba.

5.3 Elemento subjetivo

O crime é doloso. Dever-se-ia cuidar de *dolo de perigo*, pois crime de perigo, mas se torna uma exceção, visto possuir o elemento subjetivo específico do tipo "com o fim de transmitir" a moléstia grave. Essa particular vontade demonstra dolo de dano. Portanto, não basta que o agente realize ato capaz de produzir o contágio, mas que tenha a especial intenção de transmitir a moléstia. É o que alguns chamam de "dolo específico" e, da maneira como redigido, aponta para o dolo de dano. Dessa forma, somente pode haver dolo direto (excluído o eventual por incompatibilidade lógica), acrescido do elemento subjetivo específico. Afastada está a forma culposa.

A estrutura típica menciona um "ato capaz de produzir o contágio", tornando-se evidente que não se trata de transmissão somente através do ato sexual, pois o tipo penal menciona *qualquer* ato apto a conduzir a doença da pessoa enferma para a pessoa sadia. Assim, desde a relação sexual propriamente dita – que também se inclui neste tipo penal, quando não for objeto do art. 130 – até o simples ato de tossir diretamente no rosto da pessoa saudável podem configurar meios de configuração desse delito.

5.4 Objetos material e jurídico

O objeto material é a pessoa que sofre o contágio ou corre o risco de contaminar-se; o objeto jurídico é a vida e a saúde de pessoa humana. Lembrar, sempre, que o objeto jurídico aponta para o final da cadeia protetiva, que é o dano possível contra a vida e a integridade física. Ainda assim, o delito de perigo constitui um protetor, um anteparo a esse final. Punindo-se o perigo, evita-se o dano.

5.5 Classificação

Trata-se de crime próprio (aquele que demanda sujeito ativo qualificado ou especial); formal (delito que não exige necessariamente a concretização do resultado naturalístico previsto pelo tipo); de forma livre (podendo ser cometido por qualquer meio eleito pelo agente); comissivo ("praticar" implica ação); instantâneo (cujo resultado "contágio" ou "perigo de contágio" se dá de maneira instantânea, não se prolongando no tempo); de dano, na sua essência, embora situado neste capítulo, com possibilidade de se punir o *iter criminis*, que já expõe a vítima a perigo, como delito consumado (é a forma mista eleita: consuma-se com a efetiva lesão à saúde ou com a simples exposição a perigo); unissubjetivo (que pode ser praticado por um só agente); unissubsistente ou plurissubsistente (se a forma de transmitir a doença for efetivada por um único ato, toma o delito a forma unissubsistente, embora possa ser cometido através de vários atos, o que configura o aspecto plurissubsistente); admite tentativa na forma plurissubsistente.

5.6 Aplicação da pena da lesão corporal grave, gravíssima ou seguida de morte

Como se mencionou anteriormente, é possível que haja uma lesão grave ou gravíssima à vítima. Nesse caso, transfigura-se o crime para a forma prevista no art. 129, §§ 1.º ou 2.º, conforme o caso, tendo em vista que o dolo é de dano. Somente a forma da lesão simples (art. 129, *caput*) fica absorvida por este delito.

Ocorrendo a morte da vítima, haverá a figura do crime preterdoloso: lesão corporal seguida de morte (art. 129, § 3.º). Pode-se até mesmo levar o agente a responder por homicídio consumado ou tentado se a sua intenção, valendo-se da doença grave que o acomete, era a de eliminar a vítima. Entretanto, para que isso ocorra, é preciso cautela, pois se deve exigir uma doença realmente séria e um sujeito passivo debilitado, apto a contrair a enfermidade e morrer.

Afinal, não fosse assim, poderia haver banalização do tipo penal do homicídio (exemplo disso seria o da pessoa gripada que tossisse no nariz de outra pretendendo com isso matá-la, o que é hipótese risível). Aliás, sob outro aspecto, é preciso mais uma vez ressaltar que a AIDS pode se enquadrar no perfil deste artigo, a considerar o avanço da medicina nesse campo. A descoberta do vírus HIV no organismo não mais equivale, como no passado, a uma sentença de morte. Pode-se utilizar um coquetel de drogas capazes de inibir a ação do vírus por anos a fio. E, cada vez mais, adiantando-se as pesquisas na área, há de se encontrar a cura ou a postergação indeterminada, como doença crônica, dessa enfermidade.

Por isso, a possibilidade de transmissão do vírus HIV pode tipificar o delito previsto no art. 131 (havendo ato capaz de produzir o contágio) e, consumando-se o contágio, tipifica uma lesão gravíssima (art. 129, § 2.º, II, CP).

5.7 Quadro-resumo

Previsão legal	**Perigo de contágio de moléstia grave** **Art. 131.** Praticar, com o fim de transmitir a outrem moléstia grave de que está contaminado, ato capaz de produzir o contágio: Pena – reclusão, de 1 (um) a 4 (quatro) anos, e multa.
Sujeito ativo	Qualquer pessoa com doença grave
Sujeito passivo	Qualquer pessoa
Objeto material	Pessoa que sofre o contágio ou corre o risco
Objeto jurídico	Vida e saúde
Elemento subjetivo	Dolo de perigo + elemento específico
Classificação	Próprio Formal Forma livre Comissivo Instantâneo Misto Unissubjetivo Unissubsistente ou plurissubsistente
Tentativa	Admite na forma plurissubsistente
Circunstâncias especiais	Lesão grave e morte AIDS

6. PERIGO PARA A VIDA OU SAÚDE DE OUTREM

6.1 Estrutura do tipo penal incriminador

Expor é colocar em perigo ou deixar a descoberto. O objeto, nesse caso, é a vida ou a saúde de outrem. Trata-se de um tipo genérico de perigo, válido para todas as formas de exposição da vida ou da saúde de terceiros a risco de dano, necessitando da prova da existência do perigo para configurar-se. Não basta, pois, que a acusação descreva o fato praticado pelo agente, sendo indispensável, ainda, demonstrar ao juiz o perigo *concreto* sofrido pela vítima. Ex.: dar tiros num local habitado é o fato; provar que esses tiros quase atingiram uma pessoa é o perigo concreto. Os termos *perigo direto e iminente*, constantes do tipo, significam o risco palpável de dano voltado a pessoa determinada. A conduta do sujeito exige, para configurar esse delito, a inserção de uma vítima certa numa situação de risco real – e não presumido –, experimentando uma circunstância muito próxima ao dano. Entendemos, respeitadas as doutas opiniões em contrário, que o legislador teria sido mais feliz ao usar o termo "atual", em lugar de "iminente". Ora, o que se busca coibir, exigindo o *perigo concreto*, é a exposição da vida ou da saúde de alguém a um risco de dano determinado, palpável e iminente, ou seja, que está para acontecer. O dano é iminente, mas o perigo é atual, de modo que melhor teria sido dizer "perigo direto e atual". O perigo iminente é uma situação quase impalpável e imperceptível (poderíamos dizer, penalmente irrelevante), pois falar em perigo já é cuidar de uma situação de risco, que é imaterial, fluida, sem estar claramente definida. Se perigo atual é um risco de dano, perigo iminente é a possibilidade de colocar uma pessoa em estágio imediatamente anterior àquele que irá gerar o risco de dano, ou seja, sem a concretude e a garantia exigidas pelo direito penal. Tanto é realidade o que estamos afirmando que alguns penalistas, ao definirem "iminência", referem-se a uma situação "presente e imediata" ou a um risco de dano "em vias de concretização", o que é característica do que é *atual*, e não do que é iminente (futuro próximo).

A expressão "se o fato não constitui crime mais grave", constante do tipo, evidencia um delito explicitamente subsidiário, ou seja, somente se utiliza a figura do art. 132 quando outra, mais grave, deixa de se concretizar. Assim, não tem cabimento punir o agente pela exposição a perigo de vida quando houve, em verdade, tentativa de homicídio. É lógico que, no caso da tentativa branca, ou seja, sem lesões à vítima, houve perigo, embora se deixe de lado o tipo penal do art. 132, tendo em vista que ele é apenas um "tipo de reserva", cedendo espaço a figuras penais mais graves.

A pena para quem comete o crime do art. 132 do CP é de detenção, de 3 (três) meses a 1 (um) ano, se o fato não constitui crime mais grave. A pena é aumentada de 1/6 (um sexto) a 1/3 (um terço) se a exposição da vida ou da saúde de outrem a perigo decorre do transporte de pessoas para a prestação de serviços em estabelecimentos de qualquer natureza, em desacordo com as normas legais.

6.2 Sujeitos ativo e passivo

Podem ser qualquer pessoa. A única cautela, neste caso, é que o sujeito passivo seja determinado, não se admitindo que seja pessoa incerta.

6.3 Elemento subjetivo

É o dolo de perigo, isto é, a vontade de colocar outra pessoa em risco de sofrer um dano. Ex.: dar tiros dentro de um bar para afugentar os fregueses. Permite o agente que as pessoas determinadas ali dentro presentes corram o risco de sofrer um ferimento, embora não deseje que isso ocorra. Caso quisesse causar um mal determinado, estaríamos diante de uma tentativa de lesão ou de homicídio.

6.4 Objetos material e jurídico

O objeto material do delito é a pessoa que corre o risco, enquanto o objeto jurídico divide-se em vida e saúde da pessoa humana. Lembrar, sempre, que o objeto jurídico aponta para o final da cadeia protetiva, que é o dano possível contra a vida e a integridade física. Ainda assim, o delito de perigo constitui um protetor, um anteparo a esse final. Punindo-se o perigo, evita-se o dano.

6.5 Classificação

Trata-se de crime comum (aquele que não demanda sujeito ativo qualificado ou especial); de perigo concreto (delito que exige prova da existência do perigo gerado para a vítima); sendo visível o perigo, o delito é material (resultado naturalístico presente); de forma livre (podendo ser cometido por qualquer meio eleito pelo agente); comissivo ou omissivo, conforme o caso ("expor" implica ação ou omissão, neste caso. Diversamente, a forma de "expor", prevista no art. 130, é comissiva, porque prevê a sua realização através de relação sexual ou outro ato libidinoso); instantâneo (cujo resultado "ocorrência do perigo" se dá de maneira instantânea, não se prolongando no tempo); unissubjetivo (que pode ser praticado por um só agente); plurissubsistente (em regra, vários atos integram a conduta); admite tentativa na forma comissiva.

6.6 Confronto com o art. 15 da Lei 10.826/2003 (Estatuto do Desarmamento)

É crime "disparar arma de fogo ou acionar munição em lugar habitado ou em suas adjacências, em via pública ou em direção a ela, desde que essa conduta não tenha como finalidade a prática de outro crime", resultando na pena de reclusão, de 2 a 4 anos, e multa.

O delito é de perigo abstrato e mais grave que a figura prevista no art. 132 do Código Penal. Portanto, se alguém disparar sua arma de fogo em lugar habitado ou nas cercanias, coloca em perigo, segundo as regras da experiência, colhidas pelo legislador e transformadas em lei penal, pessoas humanas. Por isso, prova-se o fato, dispensando-se a prova do perigo.

Caso o disparo seja efetuado em lugar não habitado normalmente, mas que naquela ocasião possuía alguma pessoa, que correu perigo efetivo, o delito configurado é o do art. 132. Portanto, são raras as hipóteses de, existindo disparo de arma de fogo, incidir a regra do Código Penal em lugar da regra especial do Estatuto do Desarmamento. Note-se, por fim, que também o delito do art. 15 da Lei 10.826/2003 é subsidiário, de modo que, havendo dano a alguém, desde que seja delito *mais grave* – o que se deve ponderar pela pena aplicada –, prepondera a figura típica principal (ex.: a tentativa de homicídio).

6.7 Causa de aumento de pena

Trata-se de figura constante do parágrafo único, acrescentada em 29 de dezembro de 1998, pela Lei 9.777, que tem por fim específico punir, mais severamente, os proprietários de veículos que promovem o transporte de trabalhadores sem lhes garantir a necessária segurança. É um delito de trânsito, embora situado no Código Penal. Por isso, além de poder configurar-se em via pública – algo típico dos crimes de trânsito –, pode também ocorrer em propriedades privadas. Ataca-se frontalmente o transporte clandestino dos boias-frias, maiores vítimas dessa espécie de crime de perigo (o que não afasta a possibilidade de se atingir qualquer outro trabalhador). Se uma vítima correr perigo, já é suficiente para o preenchimento do tipo penal.

6.8 Quadro-resumo

	Perigo para a vida ou saúde de outrem
Previsão legal	**Art. 132.** Expor a vida ou a saúde de outrem a perigo direto e iminente: Pena – detenção, de três 3 (meses) a 1 (um) ano, se o fato não constitui crime mais grave. **Parágrafo único.** A pena é aumentada de um sexto a um terço se a exposição da vida ou da saúde de outrem a perigo decorre do transporte de pessoas para a prestação de serviços em estabelecimentos de qualquer natureza, em desacordo com as normas legais.

Sujeito ativo	Qualquer pessoa
Sujeito passivo	Qualquer pessoa
Objeto material	Pessoa que corre o risco
Objeto jurídico	Vida e saúde
Elemento subjetivo	Dolo de perigo
Classificação	Comum Material Forma livre Comissivo ou omissivo Instantâneo Perigo concreto Unissubjetivo Plurissubsistente
Tentativa	Admite quando comissivo
Circunstâncias especiais	Causa de aumento

7. ABANDONO DE INCAPAZ

7.1 Estrutura do tipo penal incriminador

Abandonar quer dizer deixar só, sem a devida assistência. O abandono, nesse caso, não é imaterial, mas físico. Portanto, não é o caso de se enquadrar, nesta figura, o pai que deixa de dar alimentos ao filho menor, e sim aquele que larga a criança ao léu, sem condições de se proteger sozinha. É o disposto no art. 133 do Código Penal.

A segunda parte do tipo diz respeito a abandonar pessoa que está sob seu cuidado, guarda, vigilância ou autoridade. *Cuidado* representa condutas que demandam atenção, zelo, cautela. É a figura mais ampla das quatro previstas. Ex.: a pessoa que está enferma não pode ser abandonada, pois está momentaneamente incapacitada. Assim fazendo o agente, configurado está o delito previsto neste artigo. *Guarda* trata de um nível mais intenso de cuidado, pois exige proteção, amparo e vigilância. É figura destinada à proteção de pessoas que necessitam receber mais do que mera atenção ou zelo, pois demandam abrigo do agente. Ex.: o filho pequeno não pode deixar de receber proteção, pois seu estado de incapacidade é permanente, durante a fase infantil. *Vigilância* é uma figura sinônima de cuidado, que está abrangida pela guarda. Reserva-se este termo do tipo penal para as vítimas que são capazes, em regra, embora, por estarem em situações excepcionais, podem tornar-se incapazes de se defender. Ex.: um guia turístico tem o dever de vigiar os turistas sob sua responsabilidade num país estrangeiro, de língua e costumes totalmente estranhos, além de poder possuir este locais de particular periculosidade. *Autoridade* é o vínculo que se estabelece, legalmente, entre uma pessoa que tem o direito de dar ordens a outra, de modo que dessa relação defluem os deveres de cuidado, guarda ou vigilância, conforme o caso. Ex.: se o sargento convoca a tropa para uma missão secreta num cenário hostil e perigoso, tem o dever de não abandonar os soldados, não conhecedores do lugar, que para ali foram exclusivamente atendendo a um comando.

A derradeira parte do abandono de incapaz é a inaptidão para se defender, que não se trata de um conceito jurídico, mas real. Portanto, deve-se considerar qualquer indivíduo que,

Cap. III – Periclitação da Vida e da Saúde • Parte 1

em determinada situação, esteja incapacitado para defender-se, ainda que seja maior, física e mentalmente sadio, sem qualquer tipo de enfermidade permanente.

A pena para quem comete o crime previsto no art. 133, *caput*, é de detenção, de 6 (seis) meses a 3 (três) anos. Se do abandono resulta lesão corporal de natureza grave, reclusão, de 1 (um) a 5 (cinco) anos. Caso, resulte morte, reclusão, de 4 (quatro) a 12 (doze) anos. Por fim, as penas aumentam-se de 1/3 (um terço) se: a) se o abandono ocorre em lugar ermo; b) se o agente é ascendente ou descendente, cônjuge, irmão, tutor ou curador da vítima. c) se a vítima é maior de 60 (sessenta) anos.

7.2 Sujeitos ativo e passivo

São próprios ou qualificados, pois exigem uma qualidade especial. O autor deve ser guarda, protetor ou autoridade designada por lei para garantir a segurança da vítima, pessoa de qualquer idade, desde que incapaz, colocada sob seu resguardo.

7.3 Elemento subjetivo

Exige-se dolo de perigo. Não cremos haver, no tipo, nenhuma menção ao elemento subjetivo específico ou dolo específico, vale dizer, a *especial intenção* de colocar em perigo – como defendem alguns –, pois o pai que abandona o filho para dar-lhe um corretivo, mesmo que não tenha a intenção de colocá-lo em perigo, efetivamente o faz, merecendo responder pelo crime.

7.4 Objetos material e jurídico

O objeto material é a pessoa incapaz de se defender, que sofreu o perigo do abandono; o objeto jurídico é a proteção à vida e à saúde da pessoa humana.

7.5 Classificação

Trata-se de crime próprio quanto aos sujeitos ativo e passivo (exige qualidades específicas de ambos); de perigo concreto[8] (é indispensável comprovar o perigo, pois o tipo menciona a incapacidade "de defender-se dos riscos *resultantes* do abandono"), logo material (há resultado naturalístico visível); de forma livre (podendo ser cometido por qualquer meio eleito pelo agente); comissivo ou omissivo; instantâneo (cujo resultado se dá de maneira instantânea, não se prolongando no tempo). Trata-se, no caso, de delito considerado *instantâneo de efeitos permanentes*, isto é, aquele cuja consumação se dá de maneira isolada no tempo, mas os efeitos persistem, dando a impressão de que o crime ainda se encontra em franco desenvolvimento; unissubjetivo (que pode ser praticado por um só agente); plurissubsistente (em regra, vários atos integram a conduta de abandonar); admite tentativa na forma comissiva.

7.6 Figuras preterdolosas

Estão previstas nos §§ 1.º e 2.º do art. 133. São resultados que vão além do inicialmente desejado pelo agente. Tendo em vista que, no princípio, o autor age com "dolo de perigo", que é, por natureza, incompatível com o dolo de dano, não se pode falar em dolo no resultado mais grave. Assim, a lesão corporal de natureza grave e a morte, se houver, somente podem constituir frutos da culpa.

---

[8] Assim também a posição de Aníbal Bruno (*Crimes contra a pessoa*, p. 227).

7.7 Causas de aumento de pena

A primeira diz respeito ao "lugar ermo". Entende-se por ermo o local normalmente abandonado, desértico, sem habitantes. Narra a doutrina, no entanto, e com razão, ser essa situação descampada apenas relativa, pois, se se tratar de um lugar *absolutamente* ermo, sem qualquer possibilidade de contato ou busca de socorro, é meio de execução do crime de homicídio. A outra causa de aumento diz respeito aos laços entre agente e vítima. É natural que seja considerado mais grave o crime de abandono praticado pelos ascendentes, descendentes, cônjuges, irmãos, tutores ou curadores da vítima, pois há especial dever de assistência entre tais pessoas. Em lugar de proteção, o agente termina determinando um perigo para o ofendido, o que é particularmente inadmissível, aumentando a reprovação social do fato. A terceira causa de aumento é relativa à vítima idosa. Trata-se de inovação trazida pela Lei 10.741/2003, que busca dar a mais ampla proteção possível à pessoa idosa, punindo mais severamente aqueles que pratiquem delitos contra pessoas maiores de 60 anos. A medida é salutar tendo em vista a grande quantidade de casos registrados de abandono de idosos, por parentes ou responsáveis, quando, em verdade, mereceriam eles carinho e proteção por terem atingido a fase madura da vida.

7.8 Quadro-resumo

Previsão legal	**Abandono de incapaz** **Art. 133.** Abandonar pessoa que está sob seu cuidado, guarda, vigilância ou autoridade, e, por qualquer motivo, incapaz de defender-se dos riscos resultantes do abandono: Pena – detenção, de 6 (seis) meses a 3 (três) anos. § 1.º Se do abandono resulta lesão corporal de natureza grave: Pena – reclusão, de 1 (um) a 5 (cinco) anos. § 2.º Se resulta a morte: Pena – reclusão, de 4 (quatro) a 12 (doze) anos. **Aumento de pena** § 3.º As penas cominadas neste artigo aumentam-se de 1/3 (um terço): I – se o abandono ocorre em lugar ermo; II – se o agente é ascendente ou descendente, cônjuge, irmão, tutor ou curador da vítima; III – se a vítima é maior de 60 (sessenta) anos.
Sujeito ativo	Guarda, protetor ou autoridade
Sujeito passivo	Pessoa sob guarda ou proteção
Objeto material	Pessoa incapaz abandonada
Objeto jurídico	Vida e saúde
Elemento subjetivo	Dolo de perigo
Classificação	Próprio Material Forma livre Comissivo ou omissivo Instantâneo (de efeitos permanentes) Perigo concreto Unissubjetivo Plurissubsistente
Tentativa	Admite quando comissivo
Circunstâncias especiais	Qualificado pelo resultado Causas de aumento de pena

8. EXPOSIÇÃO DE RECÉM-NASCIDO

8.1 Estrutura do tipo penal incriminador

Busca a doutrina estabelecer uma diferença, provocada pelo legislador ao inserir duplo verbo nesta figura típica, entre "expor" e "abandonar". Como vimos, *abandonar* tem o sentido de largar ou deixar de dar assistência pessoal a alguém, *expor*, quando confrontado com o primeiro, pode ser conceituado como colocar em perigo, retirando a pessoa do seu lugar habitual para levá-la a ambiente hostil, desgrudando-se dela.

Sobre o *recém-nascido*, estritamente falando, é o ser humano que acabou de nascer com vida, ou seja, que finalizou o parto com vida extrauterina caracterizada pela instalação da respiração pulmonar. Entretanto, o alcance desse tipo penal seria muito estreito, caso se aceitasse somente a figura da vítima que terminou de ser expulsa com vida do útero materno. Sabe-se que nos primeiros dias ainda se pode considerar a criança uma recém-nascida, de forma que preferimos esse critério, ainda que vago, mas a ser analisado concretamente pelo magistrado.

Segundo Aníbal Bruno, "o tratamento que o Código deu à espécie pressupõe que o nascimento da vítima se tenha dado em segredo e ainda não tenha vindo ao conhecimento de estranhos".[9]

O crime de exposição ou abandono de recém-nascido está previsto no art. 134 do Código Penal.

A pena aplicada para quem comete o crime em análise é de detenção, de 6 (seis) meses a 2 (dois) anos. Se do fato resulta lesão corporal de natureza grave, detenção, de 1 (um) a 3 (três) anos. Caso resulte morte, detenção, de 2 (dois) a 6 (seis) anos.

8.2 Sujeitos ativo e passivo

Trata-se de delito próprio, ativa e passivamente, pois, enquanto o agente precisa ser a "mãe" da criança concebida em qualquer tipo de situação irregular e, excepcionalmente, o pai, como veremos a seguir, a vítima necessita ser a pessoa recém-nascida, filho(a) do sujeito ativo.

Note-se que o termo "ocultar desonra própria" é normativo, isto é, compõe um tipo aberto, que exige interpretação e valoração cultural a ser dada pelo juiz no caso concreto (regras fixas, neste contexto, não nos parecem adequadas). Não se deve sustentar, segundo pensamos, que somente a mãe que tenha concebido ilicitamente uma criança pode ser autora deste crime, mas toda mulher que, conforme os costumes do lugar onde habita, tenha gerado seu filho em circunstâncias irregulares para os padrões locais. Em uma grande cidade, por exemplo, o fato de a mulher solteira, profissionalmente estabelecida, gerar um filho sem ser casada, por óbvio, não pode ser invocado para compor a figura do delito do art. 134.

Entretanto, em uma pequena comunidade, a mulher solteira, sem sustento próprio, morando com os pais, pode abandonar seu filho para evitar qualquer repressão moral no seio da sua família e dos demais que a volteiam. Embora de difícil configuração nos tempos atuais, é possível que, em uma sociedade extremamente conservadora, o pai resolva abandonar o recém-nascido para "ocultar a desonra" de tê-lo gerado sem os laços do matrimônio ou por conta de adultério. Não aceitamos, no entanto, a inclusão de parentes próximos do

---

[9] *Crimes contra a pessoa*, p. 231.

recém-nascido como agentes do delito, pois se trata de "desonra *própria*" – que somente é concernente aos pais.

Sob outro aspecto, é certo que algumas mães, após darem à luz, abandonam o recém-nascido em diversos lugares, até mesmo na rua, não o fazendo para ocultar desonra própria. Atualmente, abandonam seus filhos por falta de condições econômicas para cuidar da criança, porque estão envolvidas com drogas e outras situações de forte tensão emocional similares. Parece-nos indevido inserir essa conduta no campo do art. 133 ("abandonar pessoa que está sob seu cuidado, guarda, vigilância ou autoridade, e, por qualquer motivo, incapaz de defender-se dos riscos resultantes do abandono: Pena – detenção, de seis meses a três anos"), cuja pena é maior. Mais indicado é promover a interpretação extensiva, no art. 134, afirmando ser crime de abandono de recém-nascido *para ocultar desonra própria* e, em interpretações extensivas, leia-se, também, *por outros motivos emocionais similares*. Assim fazendo, o crime continua a ser infração de menor potencial ofensivo, o que é mais benéfico à genitora.

8.3 Elemento subjetivo

Exige-se apenas o dolo de perigo, embora, neste caso, acrescido da finalidade específica exigida pelo tipo: "para ocultar desonra própria". É o elemento subjetivo do tipo específico ou dolo específico, para a doutrina tradicional. Neste caso, funciona, também, como elemento normativo, pois dependente de interpretação quanto ao seu conteúdo (desonra própria).

8.4 Objetos material e jurídico

O objeto material é o recém-nascido; o objeto jurídico é a proteção à vida e à saúde da pessoa humana.

8.5 Classificação

Trata-se de crime próprio, nos polos ativo e passivo (aquele que demanda sujeitos ativo e passivo qualificados ou especiais); de perigo concreto (o perigo deve ser investigado e provado), embora o tipo penal não faça expressa referência à sua existência. Deflui tal conclusão da análise dos núcleos do tipo – expor e abandonar –, que requerem, de alguma forma, o surgimento de uma situação diversa da anterior, isto é, o nascimento do perigo; por tal motivo, deve ser considerado material (há um resultado naturalístico esperado); de forma livre (podendo ser cometido por qualquer meio eleito pelo agente); comissivo ou omissivo, conforme o caso; instantâneo de efeitos permanentes (o resultado se dá de maneira instantânea, não se prolongando no tempo, mas os efeitos do crime dão a impressão de que ele ainda se encontra em fase de consumação); unissubjetivo (que pode ser praticado por um só agente); plurissubsistente (em regra, vários atos integram a conduta); admite tentativa na forma comissiva.

8.6 Formas preterdolosas

Os §§ 1.º (resultando lesão corporal grave) e 2.º (resultando morte) somente podem advir a título de culpa, pois o dolo de perigo, ínsito à conduta original, é incompatível com o dolo de dano (relacionado aos resultados mais graves).

8.7 Quadro-resumo

Previsão legal	**Exposição ou abandono de recém-nascido** **Art. 134.** Expor ou abandonar recém-nascido, para ocultar desonra própria: Pena – detenção, de 6 (seis) meses a 2 (dois) anos. § 1.º Se do fato resulta lesão corporal de natureza grave: Pena – detenção, de 1 (um) a 3 (três) anos. § 2.º Se resulta a morte: Pena – detenção, de 2 (dois) a 6 (seis) anos.
Sujeito ativo	Mãe
Sujeito passivo	Recém-nascido, filho do agente
Objeto material	Recém-nascido, filho do agente
Objeto jurídico	Vida e saúde
Elemento subjetivo	Dolo de perigo + elemento específico
Classificação	Próprio Material Forma livre Comissivo ou omissivo Instantâneo (de efeitos permanentes) Perigo concreto Unissubjetivo Plurissubsistente
Tentativa	Admite quando comissivo
Circunstâncias especiais	Qualificação pelo resultado

9. OMISSÃO DE SOCORRO

9.1 Estrutura do tipo penal incriminador

Deixar significa abandonar, largar, soltar. No caso presente, deixar de prestar assistência quer dizer não prestar socorro. Daí a rubrica do tipo penal ser omissão de socorro. *Pedir* significa solicitar, exigir, requerer. No sentido do texto, quer dizer acionar a autoridade pública competente para que preste o socorro devido. É o disposto no art. 135 do Código Penal.

Ora, quem não comunica à autoridade uma ocorrência que demande a sua pronta interferência está, também, omitindo socorro. A ordem de utilização dos núcleos é bem clara: em primeiro lugar, podendo fazê-lo sem risco pessoal, deve o sujeito prestar socorro à vítima; não conseguindo prestar a assistência necessária ou estando em risco pessoal, deve chamar a autoridade pública. Quando se tratar de perigo gerado pelo condutor de veículo automotor, que deixa de socorrer a vítima, configura-se a hipótese especial do art. 304 do Código de Trânsito Brasileiro.

No tipo, há o elemento normativo, na expressão "quando possível fazê-lo sem risco pessoal". A lei não deseja – e não pode exigir – que uma pessoa coloque a sua segurança em risco para salvar outra de qualquer tipo de apuro. Aliás, outra não é a mensagem contida na excludente do estado de necessidade (art. 24, CP), que admite o perecimento de um bem jurídico para salvar outro de valor igual ou superior.

Portanto, se um indivíduo está ferido ou desamparado em um local de difícil acesso, como ocorre em escombros de desabamento, não se pode exigir de alguém que ingresse no lugar, podendo ser vítima de igual desmoronamento. Nesta situação, o caminho indicado pela própria lei, ao prever dois núcleos do tipo, é chamar o socorro da autoridade pública. Por isso, a expressão ora analisada refere-se unicamente à primeira parte do artigo. Frise-se, no entanto, que o "risco pessoal" é inerente à integridade física do indivíduo, e não se relaciona a prejuízos de ordem material ou moral. Ex.: aquele que não presta socorro a pessoa ferida porque teme estragar o estofamento do seu veículo pelo derrame de sangue não escapa à punição.

Sobre *criança* é um termo que não encontra unanimidade de interpretação na doutrina e na jurisprudência. Entendemos, no entanto, na esteira do preceituado pelo Estatuto da Criança e do Adolescente, que é toda pessoa humana até 12 anos incompletos. Logicamente, é indispensável, para configurar o tipo penal do art. 135, que a criança não saiba se defender no local onde se encontra. Uma criança que vive na rua habitualmente, por exemplo, não preenche a figura do sujeito passivo, até mesmo porque não foi abandonada ou extraviada nesse local. Vive dessa forma por falta de condições materiais fornecidas pelo Estado ou pela sua própria família, apesar de saber se defender e se "virar" nesse ambiente, que, no entanto, pode ser completamente hostil a outro infante perdido, acostumado ao constante amparo familiar. Este último corre perigo, pois não tem a menor noção de como fazer para livrar-se da situação inusitada, enquanto o outro sabe perfeitamente aonde ir, nem sequer admitindo auxílio ou amparo de terceiros. Além disso, é conveniente fixar a diferença existente entre criança *abandonada* e *extraviada*: a primeira foi largada à própria sorte por seu responsável, enquanto a segunda perdeu-se, desligou-se de seu protetor por acaso.

A pessoa inválida é deficiente, física ou mentalmente, em decorrência da idade avançada ou de doença, não mais possuidora da capacidade de se defender; ferida é a pessoa que sofreu alguma lesão corporal.

A pessoa ao desamparo é elemento normativo que exprime a ideia de abandono, falta de assistência. Portanto, para a concretização dessa figura típica é curial existir pessoa inválida ou ferida, que esteja largada à própria sorte ou sem a assistência devida. Logo, não é unicamente um problema de solidariedade humana que este crime quer resolver, mas sim uma situação concreta de perigo à vida ou à saúde de pessoas.

A outra parte do tipo é a pessoa em grave e iminente perigo que o legislador foi infeliz ao utilizar a expressão "perigo iminente", pois o perigo interessante aos delitos previstos neste capítulo é o atual, vale dizer, o que coloca a vítima em risco iminente de dano. Perigo iminente é uma situação obscura e impalpável, incompatível com a segurança almejada pelo tipo penal (princípio da reserva legal). Portanto, sustentamos que, neste caso, é preciso que qualquer pessoa, mesmo saudável física e mentalmente, esteja correndo risco iminente e sério à sua vida ou à sua saúde. Uma pessoa que corte superficialmente o dedo, ainda que esteja ferida e em perigo, até que promova o devido curativo, não pode ser sujeito passivo desse delito, pois o risco iminente de dano que está correndo é mínimo, ou seja, leve. De outra parte, um indivíduo que se coloca na linha do trem, desmaiado, pretendendo matar-se, está em grave e atual perigo, merecendo o amparo de terceiros.

Não é qualquer "autoridade pública", ou seja, funcionário do Estado que tem a obrigação de atender aos pedidos de socorro. Por outro lado, é dever de quem aciona a autoridade buscar quem realmente pode prestar assistência. Muito fácil seria, para alguém se desvincular do dever de buscar ajuda concreta, ligar, por exemplo, para a casa de um Promotor de Justiça – que não tem essa função pública – dizendo que há um ferido no meio da rua, aguardando socorro. É curial que o indivíduo acione os órgãos competentes, como a polícia ou os bombeiros.

A pena para o crime de omissão de socorro é de detenção, de 1 (um) a 6 (seis) meses, ou multa. A pena é aumentada de metade, se da omissão resulta lesão corporal de natureza grave, e triplicada, se resulta a morte.

9.2 Sujeitos ativo e passivo

Qualquer pessoa no caso do polo ativo, necessitando tratar-se de pessoa inválida ou ferida em situação de desamparo ou pessoa em grave perigo, bem como de criança abandonada ou extraviada, no polo passivo.

9.3 Elemento subjetivo

É o dolo de perigo. Não há elemento subjetivo específico, nem se pune a forma culposa.

9.4 Objetos material e jurídico

O objeto material é a pessoa que deixa de ser atendida diante da omissão do agente, sofrendo, com isso, o efeito direto da conduta criminosa; o objeto jurídico divide-se em proteção à vida e à saúde da pessoa humana.[10]

Não concordamos com a posição adotada pela doutrina de que o objeto jurídico tutelado por este crime é a solidariedade humana. Ora, acima disso está a proteção à vida e à saúde, verdadeiros bens tutelados por este e pelos outros delitos deste capítulo. Não fosse assim e qualquer pessoa que ignorasse o pedido de socorro de alguém seria, automaticamente, sujeito ativo do crime de omissão de socorro, ainda que o ferido tenha sido, a tempo, socorrido por terceiros, o que não acontece. Embora inegável que ele faltou com seu dever de solidariedade, não chegou a colocar em risco a vida ou a saúde da vítima, pois foi esta socorrida por outras pessoas, não se configurando o crime de omissão de socorro.

9.5 Análise dos casos médicos

Não é aceitável, nem desculpa válida, que médicos deixem de socorrer pessoas feridas de um modo geral alegando não estar em horário de serviço ou que a pessoa não pode efetuar o pagamento de seus honorários, tampouco que não há convênio médico com o hospital onde trabalha ou inexiste vaga. Devem responder pelo delito de omissão de socorro, pois em grande parte das vezes estão em lugar próprio para prestar a assistência (hospitais, por exemplo), têm o conhecimento técnico para tanto e não há qualquer risco pessoal para invocar como escusa.

---

[10] Assim também a posição de Aníbal Bruno (*Crimes contra a pessoa*, p. 239).

9.6 Vítima que recusa ajuda e vítima morta

Não se pode compreender esteja configurado o delito em toda e qualquer hipótese, sob o pretexto de ser a "solidariedade humana" algo irrenunciável. Em primeiro lugar, cremos não ser a solidariedade o objeto jurídico do crime de omissão de socorro, e, sim, a proteção à vida e à saúde de pessoa humana, que, na maioria das vezes, são bens irrenunciáveis. Portanto, se a situação configurar hipótese de vítima consciente e lúcida que, pretendendo buscar socorro sozinha, recusar o auxílio oferecido por terceiros, não se pode admitir a configuração do tipo penal.

Seria por demais esdrúxulo fazer com que alguém constranja fisicamente uma pessoa ferida, por exemplo, a permitir seja socorrida, podendo daí resultar maiores lesões e consequências. Entretanto, se um ferido moribundo balbucia que não deseja ser socorrido, porque deseja morrer, é obrigação de quem por ele passar prestar-lhe auxílio, tendo em vista que a vida é bem irrenunciável e está em nítido perigo.

Sob outro prisma, caso tenha ficado evidente a morte da vítima (ex.: o acidente decepou-lhe a cabeça, separando-a do corpo), não há cabimento algum em socorrê-la. Afinal, é crime impossível prestar socorro a quem já morreu (objeto absolutamente impróprio, art. 17, CP). Por outro lado, se a vítima se encontra desacordada, não havendo nenhum médico por perto a atestar-lhe a morte, é preciso prestar o socorro para evitar que, no futuro, descubra-se ter sido a omissão de ajuda a causa do adiantamento da morte. Neste último caso, o omitente responderá pelo crime do art. 135.

9.7 Análise especial do fator "perigo"

Não se pode aceitar a posição dos penalistas que sustentam ser de perigo abstrato todas as figuras deste tipo penal, exceto aquela concernente à pessoa em "grave e iminente perigo", que seria de perigo concreto. Cremos que todas as formas deste tipo penal espelham situações de perigo concreto, que se exige seja devidamente investigado e provado. Não é qualquer criança abandonada ou extraviada que está em perigo – ainda que se trate de infante superprotegido pela família. Pode ocorrer, o que não é raro nos dias atuais, que a criança, pela sua própria vivacidade, não encontrando imediato socorro de terceiros, encontre, sozinha, o caminho de sua casa ou do local onde se encontram seus pais. Nessa situação, ainda que esteja, inicialmente, perdida, por exemplo, salvou-se sozinha e nenhum perigo concreto adveio. Punir quem lhe negou auxílio é pura responsabilidade penal sem nexo com o resultado produzido, visto que nenhum risco ocorreu à sua integridade. No mesmo caso estão os demais (inválido ou ferido) que tenham encontrado meios de solucionar os seus respectivos problemas. Quando o tipo penal faz nítida referência à expressão "sem risco pessoal" (que vale para todas as situações), está indicando que o perigo há de ser concreto, pois o perigo presumido nem sempre espelha situação de risco de dano iminente. Além disso, não é por mero acaso que a lei iguala, no mesmo escudo protetor, a criança abandonada ou extraviada, a pessoa inválida ou ferida desamparada e a pessoa saudável em *grave e iminente perigo*. Ora, todos, em última análise, estão no mesmo patamar: precisam sofrer um perigo concreto.

9.8 Classificação

Trata-se de crime comum, quanto ao agente (aquele que não demanda sujeito ativo qualificado ou especial), embora exija sujeito passivo especial; de perigo concreto, como exposto em item destacado; de forma livre (podendo ser cometido por qualquer meio eleito pelo agente); omissivo ("deixar de..." e "não pedir" implicam inação); instantâneo (cujo resultado se dá de maneira instantânea, não se prolongando no tempo); unissubjetivo (que pode ser praticado por um só agente); unissubsistente; não admite tentativa, porque somente encontra previsão na forma omissiva.

9.9 Figuras preterdolosas

Se houver, como resultado da omissão de socorro, lesão corporal grave ou morte para a vítima, a pena será consideravelmente aumentada. Entretanto, somente se admite a presença da culpa no resultado mais gravoso, pois o dolo de perigo – existente na conduta original – é incompatível com o dolo de dano.

9.10 Quadro-resumo

	Omissão de socorro
Previsão legal	**Art. 135.** Deixar de prestar assistência, quando possível fazê-lo sem risco pessoal, à criança abandonada ou extraviada, ou à pessoa inválida ou ferida, ao desamparo ou em grave e iminente perigo; ou não pedir, nesses casos, o socorro da autoridade pública: Pena – detenção, de 1 (um) a 6 (seis) meses, ou multa. **Parágrafo único.** A pena é aumentada de metade, se da omissão resulta lesão corporal de natureza grave, e triplicada, se resulta a morte.
Sujeito ativo	Qualquer pessoa
Sujeito passivo	Pessoa necessitada
Objeto material	Pessoa necessitada
Objeto jurídico	Vida e saúde
Elemento subjetivo	Dolo de perigo
Classificação	Comum Material Forma livre Omissivo Instantâneo Perigo concreto Unissubjetivo Unissubsistente
Tentativa	Não admite
Circunstâncias especiais	Qualificação pelo resultado Elemento normativo

10. CONDICIONAMENTO DE ATENDIMENTO MÉDICO-HOSPITALAR EMERGENCIAL

10.1 Estrutura do tipo penal incriminador

Exigir significa pedir de modo autoritário ou demandar algo de maneira intimidativa. O objeto da exigência é um título de crédito, como o cheque ou a nota promissória, com liquidez imediata, ou outra garantia similar (um depósito em dinheiro, por exemplo). Além disso, concomitantemente, ordena-se o preenchimento de formulários administrativos (cadastro, ficha, prontuário etc.) de maneira prévia (antes de qualquer outra providência). Ambas as demandas (garantia + formulários) constituem condições para o atendimento médico-hospitalar de emergência. É o disposto no art. 135-A do Código Penal.

Criou-se uma modalidade específica de omissão de socorro, consistente em deixar de atender o paciente, em situação de urgência, porque alguma providência burocrática não se perfez ou em virtude da falta de garantia de pagamento da conta hospitalar ou dos honorários médicos. A nova figura típica é atentatória ao princípio da intervenção mínima. Em primeiro lugar, a omissão de socorro (art. 135, CP) seria mais que suficiente para atingir situações como a descrita no art. 135-A. Se o médico ou outro profissional de saúde recusar-se a atender pessoa inválida ou ferida, que se encontra desamparada ou em grave e iminente perigo (emergência), pouco importando a razão burocrática, configura-se a omissão de socorro. Em segundo lugar, o Estado poderia, simplesmente, instituir uma multa elevada para o hospital – e porventura para o médico ou outro profissional da saúde – em caso de não atendimento até que se apresente garantia de pagamento da conta. Ou para a hipótese de burocratização do atendimento, com o preenchimento prévio de formulários administrativos. Resolveria sem a menor dúvida. Em terceiro, cria-se uma infração de menor potencial ofensivo, que dará margem à transação e ao pagamento de ínfima multa ou prestação alternativa branda. Em quarto lugar, transformar o ambiente hospitalar em caso de polícia não ajudará nem pacientes nem médicos.

Se – *ad argumentandum* – houver a exigência indevida de garantia ou formulário, numa terrível situação emergencial, pretende-se chamar a polícia para lavrar um flagrante? Em relação a quem? Haverá um nítido jogo de empurra e ninguém assumirá, individualmente, a negativa quanto ao atendimento. Aliás, nem prisão pode haver, mas o mero preenchimento de um termo circunstanciado. A inserção dessa emergência no âmbito criminal não proporcionará o cuidado médico fundamental ao ferido ou lesionado. Diante disso, muito mais efetiva a imposição de multa e a tomada de medidas administrativas para punir o médico ou mesmo a empresa hospitalar.

A pena prevista para esse tipo penal é de detenção, de 3 (três) meses a 1 (um) ano, e multa. A pena é aumentada até o dobro se da negativa de atendimento resulta lesão corporal de natureza grave, e até o triplo se resulta a morte.

10.2 Sujeitos ativo e passivo

O sujeito ativo é o funcionário do hospital ou profissional da saúde encarregado do atendimento emergencial. O sujeito passivo pode ser qualquer pessoa.

10.3 Elemento subjetivo

É o dolo. Há elemento subjetivo específico, consistente na finalidade condicional de atendimento emergencial. Não se pune a forma culposa.

10.4 Objetos material e jurídico

O objeto material é a garantia exigida (cheque caução, nota promissória ou outra) ou formulário administrativo. O objeto jurídico é a proteção à vida e à saúde da pessoa humana.

10.5 Classificação

Trata-se de crime próprio (só pode ser cometido por sujeito com qualidade especial); de perigo concreto (é preciso comprovar o perigo); assim sendo, o delito é material (há um resultado naturalístico visível); de forma livre (pode ser cometido por qualquer meio eleito pelo agente); comissivo (o verbo implica ação); instantâneo (consuma-se em momento determinado pelo tempo); unissubjetivo (pode ser cometido por uma só pessoa); unissubsistente (cometido num único ato) ou plurissubsistente (praticado por vários atos), conforme o caso concreto; admite tentativa na forma plurissubsistente.

10.6 Perigo concreto *versus* perigo abstrato

O tipo penal foi constituído para figurar como perigo abstrato, ou seja, bastaria provar o fato (exigência da condição para o atendimento médico de urgência), presumindo-se o perigo gerado à vítima, que se apresenta para ser atendida. Afinal, inexiste qualquer menção a perigo iminente ou frase similar. Entretanto, somente se deve utilizar o perigo abstrato, para compor tipos penais, quando a situação espelhar evidente possibilidade de dano ao objeto primariamente tutelado. Ilustrando, quando se trata do tráfico ilícito de drogas, tem-se delito de perigo abstrato, mas é clara a possibilidade de lesão à saúde pública. No caso do tipo penal do art. 135-A, não nos parece seja tão evidente tal perigo. Afinal, não se distinguiu qual a enfermidade ou lesão que envolve a vítima. Por vezes, um corte no dedo, sem maior gravidade, pode levar alguém ao pronto-socorro, mas, por óbvio, inexiste qualquer possibilidade real de dano se o atendimento atrasar porque o hospital demanda garantia ou preenchimento de formulário. Entretanto, se alguém é vítima de atropelamento e dá entrada ao hospital com múltiplas lesões, muitas delas graves, por certo, o atraso se torna injustificável, mormente a pretexto de satisfação burocrática.

Não se pode, com a edição desse tipo incriminador, gerar aos hospitais o dever de atendimento de toda e qualquer "urgência", sob pena de se configurar o delito, pois, assim fazendo, estar-se-ia decretando o atendimento gratuito, em caráter de emergência, para todas as pessoas. Fácil seria o comparecimento a um hospital de primeira linha, pelo pronto-socorro, afirmando qualquer urgência, justificando, assim, a viabilidade de atendimento sem nenhum custo. Melhor que possuir um plano de saúde seria a cega aplicação do art. 135-A do Código Penal, constituindo nítido abuso de direito. Portanto, o perigo deve ser concreto para que o atendimento se faça de pronto, independentemente de prévia garantia ou preenchimento de formulário, que, em muitos casos, significa a indicação de plano de saúde para custear o tratamento. Hospitais não deixam de ser empresas, logo, não fazem caridade, nem podem ser compelidos pelo Poder Público a atuar gratuitamente. Médicos são profissionais liberais e têm seus honorários como ganha-pão, não podendo, igualmente, figurar na lista da gratuidade imposta pelo Estado. Em suma, atendimento de urgência, sob pena de dano grave à vítima, precisa ser assegurado em qualquer hospital, por qualquer médico, em qualquer parte do Brasil. Entretanto, a emergência há de ser efetiva, real e passível de demonstração. Logo, trata-se de crime de perigo concreto.

10.7 Crime qualificado pelo resultado

Trata-se da modalidade preterdolosa, que somente se configura com dolo (de perigo) na conduta antecedente e culpa quanto ao resultado consequente (lesão grave ou morte). Não pode haver, em hipótese alguma, dolo de perigo no início e dolo de dano no término, pois absolutamente ilógico.

10.8 Aviso prévio da configuração do delito

A Lei 12.653/2012 inova, determinando, no art. 2.º, que "o estabelecimento de saúde que realize atendimento médico-hospitalar emergencial fica obrigado a afixar, em local visível, cartaz ou equivalente, com a seguinte informação: 'Constitui crime a exigência de cheque-caução, de nota promissória ou de qualquer garantia, bem como do preenchimento prévio de formulários administrativos, como condição para o atendimento médico-hospitalar emergencial, nos termos do art. 135-A do Decreto-lei 2.848, de 7 de dezembro de 1940 – Código Penal.'" Se a moda pegar, teremos avisos de crimes em diversos outros locais. Em supermercados, por exemplo, várias placas indicativas dos delitos contra o consumidor. Em clínicas e consultórios, a placa indicativa do crime de aborto. Em farmácias, o indicativo do delito de falsificação de remédios. Em *lan houses*, a placa apontando para o crime de violação de direito de autor de programa de computador. E assim por diante. Nesse ritmo, caminhamos a largos passos, cada vez mais, para o campo do direito penal puramente simbólico, quando a ameaça de punição passa a ser o real objetivo da norma. Uma ilogicidade frondosa e afrontosa.

10.9 Quadro-resumo

Previsão legal	**Condicionamento de atendimento médico-hospitalar emergencial** **Art. 135-A.** Exigir cheque-caução, nota promissória ou qualquer garantia, bem como o preenchimento prévio de formulários administrativos, como condição para o atendimento médico-hospitalar emergencial: Pena – detenção, de 3 (três) meses a 1 (um) ano, e multa. **Parágrafo único.** A pena é aumentada até o dobro se da negativa de atendimento resulta lesão corporal de natureza grave, e até o triplo se resulta a morte.
Sujeito ativo	Funcionário do hospital ou profissional da saúde encarregado do atendimento emergencial
Sujeito passivo	Qualquer pessoa
Objeto material	Garantia exigida (cheque-caução, nota promissória, formulário administrativo etc.)
Objeto jurídico	Vida e saúde
Elemento subjetivo	Dolo de perigo + elemento específico
Classificação	Próprio Perigo concreto Material Forma livre Comissivo Instantâneo Unissubjetivo Unissubsistente ou plurissubsistente
Tentativa	Admite na forma plurissubsistente
Circunstâncias especiais	Qualificação pelo resultado

11. MAUS-TRATOS

11.1 Estrutura do tipo penal incriminador

O crime de maus-tratos está previsto no art. 136 do Código Penal. *Expor*, neste contexto, significa colocar em risco, sujeitar alguém a uma situação que inspira cuidado, sob pena de sofrer um mal. A despeito de existir um único verbo no preceito descritivo, o tipo é misto alternativo, ou seja, o agente pode praticar uma única conduta (expor a perigo a vida ou a saúde da vítima privando-a de alimentação) ou várias (privar da alimentação, privar dos cuidados indispensáveis, sujeitá-la a trabalho excessivo, sujeitá-la a trabalho inadequado, abusar dos meios de correção, abusar dos meios de disciplina), porque o delito será único. É evidente que, havendo mais de uma conduta, o juiz pode levar tal situação em conta para a fixação da pena.

Por outro lado, é preciso destacar que tudo gira em torno da finalidade especial do agente, tratando do elemento subjetivo específico, de ter alguém sob sua autoridade, guarda ou vigilância, maltratando-a. Por isso, o tipo faz referência ao que pode ser usado para esses objetivos, mencionando a privação da alimentação ou dos cuidados indispensáveis e a sujeição a trabalho excessivo ou inadequado. Depois, segundo cremos, generaliza, citando o "abuso dos meios de correção ou disciplina".

Educação é o processo de desenvolvimento intelectual, moral e físico do ser humano, permitindo-lhe melhor integração social e aperfeiçoamento individual. Ex.: a relação estabelecida entre o tutor e o tutelado.

Ensino é a transmissão dos conhecimentos indispensáveis ao processo educacional. Ex.: a relação estabelecida entre o professor e o aluno.

Tratamento é o processo de cura de enfermidades. Para Hungria, abrange também o "fato continuado de prover a subsistência de uma pessoa",[11] o que está de acordo com o espírito deste artigo.

Custódia significa dar proteção a algo ou alguém. Envolve, na precisa lição de Hungria, a detenção de uma pessoa para fim autorizado em lei.[12]

Privação da alimentação ou dos cuidados indispensáveis. Privar significa destituir, desapossar, retirar. Por isso, espera-se que a vítima desse delito tenha direito à alimentação para que possa ser dela "privada". No mesmo sentido, "cuidados indispensáveis" são aqueles necessários para o bom desenvolvimento de quem está sendo educado, tratado ou custodiado por alguém. Tem a vítima direito de ser tratada com zelo e dedicação. Na interpretação dessas situações é preciso cautela e bom senso, pois somente o caso concreto irá delinear se a privação imposta – de alimentação ou de cuidados indispensáveis – colocou em perigo o ofendido. Um pai que deixe o filho desordeiro à mesa das refeições sem almoço ou jantar, para que possa emendar-se, privará o descendente de seu *direito* à alimentação, mas tal circunstância fará parte do exercício regular de direito, como meio de correção. Entretanto, caso aja dessa maneira reiteradas vezes, até debilitar a saúde do filho, incidirá no tipo penal. Por outro lado, em outro exemplo, a mãe que, para aplicar um corretivo ao filho mal-educado, porém doente, priva-o do remédio prescrito pelo médico, poderá, numa única conduta, expor sua vida ou

---

[11] *Comentários ao Código Penal*, v. 5, p. 450.

[12] *Comentários ao Código Penal*, v. 5, p. 450.

sua saúde a perigo. Não se exige, nessas figuras, habitualidade, mas apenas a demonstração, na situação real, de que houve um perigo efetivo para a vítima. Por vezes, a privação da alimentação, para configurar o tipo penal, pode exigir certa habitualidade, noutras, não. Um preso debilitado que tem uma refeição negada pelo carcereiro, como medida punitiva, pode sofrer um risco imediato à sua saúde.

Trabalho excessivo ou inadequado. É o trabalho exagerado, que compromete a vida e a saúde de alguém, não podendo ser educativo ou terapêutico. Inadequado é o trabalho impróprio para determinada pessoa, que não conseguirá desenvolvê-lo sem colocar em risco sua saúde ou sua vida. O trabalho em si, como se nota, não é condenado, mas sim os seus desmandos.

Abuso dos meios de correção e disciplina. Abusar quer dizer usar em excesso ou de modo inconveniente, mas não uma proibição. Por isso, costuma-se mencionar o "abuso de direito", demonstrando a perfeita ligação que pode haver entre o lícito (direito) e o ilícito (abuso), para evidenciar que o incorreto uso de um direito, em regra, constitui-se em proibição. O tipo penal em exame deixa claro o *exercício de direito* que envolve a tarefa de educar, ensinar, tratar ou custodiar alguém, valendo-se o agente de instrumentos de correção ou disciplina. O exagero, no entanto, configura o crime, uma vez que a própria excludente do art. 23, III, do Código Penal refere-se apenas ao "exercício *regular* de direito", e não ao mero exercício de um direito. Por outro lado, *correção* difere de *disciplina*: utiliza-se um meio de correção quando alguém errou e precisa ser endireitado; usa-se o meio de disciplina para manter a ordem, evitando-se os erros.

Demonstram BENFICA e VAZ que entre os principais motivos para os maus-tratos se encontram os seguintes: "gestação indesejada, hospitalização nos primeiros meses de vida, dificuldade de aprendizagem e baixa autoestima, alta exposição a situações de estresse, amizades com comportamentos antissociais, uso de álcool ou drogas, ter sido testemunha de violência ou abuso na família, ter sido vítima de abuso".[13]

A pena é de detenção, de dois meses a um ano, ou multa, na figura simples.

11.1.1 *Síndrome do bebê sacudido*

Significa que os pais ou responsáveis, a título de maltratamento, sacodem fortemente o bebê, para que pare de chorar ou motivo similar, causando-lhe lesões cerebrais e hemorragias retinianas. Geralmente ocorre com crianças menores de seis meses.[14]

11.2 Sujeitos ativo e passivo

São ambos qualificados. O agente necessita ser pessoa responsável por outra, que é mantida sob sua autoridade, guarda ou vigilância, de acordo com a lei. Não pode ser a esposa, pois o marido não é pessoa que a tenha sob sua autoridade, guarda ou vigilância. Entretanto, se ela for submetida a maus-tratos, pode configurar-se o crime do art. 132.

---

[13]   *Medicina legal*, p. 264.

[14]   FRANCISCO SILVEIRA BENFICA e MÁRCIA VAZ, *Medicina legal*, p. 265.

11.3 Elementos subjetivos

O crime somente é punido se houver dolo, direto ou eventual, embora o tipo penal exija, especificamente, uma finalidade implícita, que é a "vontade consciente de maltratar o sujeito passivo, de modo a expor-lhe a perigo a vida ou a saúde".[15] A previsão de estar o sujeito passivo sob autoridade, guarda ou vigilância, "para fim de educação, ensino, tratamento ou custódia", é apenas o motivo pelo qual a vítima se encontra à mercê do sujeito ativo, mas não é sua finalidade especial. Exige o delito o elemento subjetivo específico ou dolo específico.

11.4 Objetos material e jurídico

O objeto material é a pessoa que sofre os maus-tratos, enquanto o objeto jurídico é justamente a proteção à vida e à saúde do ser humano. Visa-se, com este tipo penal, evitar os castigos imoderados aplicados pelos pais ou responsáveis em relação aos filhos.

11.5 Classificação

Trata-se de crime próprio (demanda sujeitos ativo e passivo qualificados); de perigo concreto (há de se provar a existência do risco para a vida ou para a saúde de alguém); material (o resultado naturalístico advém da prova do perigo concreto); de forma vinculada (a lei estabelece os modos pelos quais o crime pode ser cometido: privação da alimentação ou dos cuidados indispensáveis, sujeição a trabalho excessivo ou inadequado ou abuso dos meios de correção e disciplina); comissivo ou omissivo; instantâneo (cujo resultado se dá de maneira instantânea, não se prolongando no tempo), como regra, mas admite a forma permanente, tudo a depender do caso concreto e do modo de atuação do agente; unissubjetivo (que pode ser praticado por um só agente); plurissubsistente (em regra, vários atos integram a conduta de expor); admite tentativa na forma comissiva.

11.6 A Lei da Palmada e o crime de maus-tratos

A Lei 13.010/2014 (denominada Lei da Palmada) alterou dispositivos do Estatuto da Criança e do Adolescente, incluindo, particularmente, os arts. 18-A e 18-B. Preceitua o art. 18-A: "a criança e o adolescente têm o direito de ser educados e cuidados sem o uso de castigo físico ou de tratamento cruel ou degradante, como formas de correção, disciplina, educação ou qualquer outro pretexto, pelos pais, pelos integrantes da família ampliada, pelos responsáveis, pelos agentes públicos executores de medidas socioeducativas ou por qualquer pessoa encarregada de cuidar deles, tratá-los, educá-los ou protegê-los. Parágrafo único. Para os fins desta Lei, considera-se: I – castigo físico: ação de natureza disciplinar ou punitiva aplicada com o uso da força física sobre a criança ou o adolescente que resulte em: a) sofrimento físico; ou b) lesão; II – tratamento cruel ou degradante: conduta ou forma cruel de tratamento em relação à criança ou ao adolescente que: a) humilhe; ou b) ameace gravemente; ou c) ridicularize". Dispõe o art. 18-B: "os pais, os integrantes da família ampliada, os responsáveis, os agentes públicos executores de medidas socioeducativas ou qualquer pessoa encarregada de cuidar de crianças e de adolescentes, tratá-los, educá-los ou protegê-los que utilizarem castigo físico ou tratamento cruel ou degradante como formas de correção, disciplina, educação ou

---

[15] HUNGRIA, *Comentários ao Código Penal*, v. 5, p. 453.

qualquer outro pretexto estarão sujeitos, sem prejuízo de outras sanções cabíveis, às seguintes medidas, que serão aplicadas de acordo com a gravidade do caso: I – encaminhamento a programa oficial ou comunitário de proteção à família; II – encaminhamento a tratamento psicológico ou psiquiátrico; III – encaminhamento a cursos ou programas de orientação; IV – obrigação de encaminhar a criança a tratamento especializado; V – advertência; VI – garantia de tratamento de saúde especializado à vítima. Parágrafo único. As medidas previstas neste artigo serão aplicadas pelo Conselho Tutelar, sem prejuízo de outras providências legais". A denominada Lei da Palmada busca impor um nível educacional aos pais em relação aos filhos, que é inadequado ao contexto brasileiro. Pretende-se uma educação calcada, exclusivamente, no diálogo. No entanto, para se atingir essa plataforma ideal, valeu-se a novel lei de termos francamente abusivos, como, por exemplo, tratamento cruel e degradante. Da maneira como exposto pelos artigos supramencionados, qualquer palmada, por menor que seja, pode ser considerada um castigo físico, infringindo a lei. Mas, por mais críticas que mereça a Lei 13.010/2014 (mais detalhes encontram-se em nossa obra *Estatuto da Criança e do Adolescente comentado*), as condutas educacionais, para fins de configuração do delito de maus-tratos, hão de ser muito mais drásticas do que retratado pelo art. 18-A do ECA. Noutros termos, castigos físicos não concretizam, necessariamente, maus-tratos, pois esse crime demanda dolo. Eventualmente, pode-se visualizar a infringência das normas do ECA, cuja sanção aos pais é completamente diversa da prevista pelo Código Penal.

11.7 Nota particular sobre o caráter instantâneo do crime

Há imensa divergência na doutrina acerca do caráter de instantaneidade ou permanência do delito de maus-tratos. Sustenta-se que apenas as duas primeiras figuras seriam permanentes (privação de alimentos ou cuidados indispensáveis), enquanto outros estendem essa característica para as outras duas (sujeição a trabalho excessivo ou inadequado). Chega-se, inclusive, a demandar deste tipo penal *habitualidade*. Cremos que todas as figuras são instantâneas, o que se verifica pelo núcleo do tipo "expor". Basta que o agente, por meio de uma única conduta, consiga colocar em perigo a vida ou a saúde alheia: estará consumado o crime, em qualquer uma das formas. Ainda que continue sua conduta (privando o ofendido da alimentação, sujeitando-o a trabalho exagerado ou mesmo agredindo-o diariamente), não estará ainda em fase de consumação, mas de mero exaurimento.

Tal situação deve ser levada em conta pelo juiz na fixação da pena, o que não transmuda o caráter do delito de instantâneo para permanente. Aliás, uma das características principais da permanência é o agente poder, valendo-se da sua vontade, fazer cessar o prolongamento da consumação. O bem jurídico protegido geralmente, nesses casos, é imaterial. É o que ocorre no cárcere privado: enquanto a liberdade está sendo cerceada, o delito está em franca consumação, sendo o agente o senhor da sua paralisação. Devolvendo a vítima à liberdade, cessa a permanência, pois o bem jurídico deixou de ser constrangido, embora o delito esteja consumado. Não se pode dizer o mesmo de nenhuma figura do art. 136, inclusive da privação da alimentação. Quando essa privação ocorre em grau suficiente para provocar o risco de dano iminente (perigo à vida ou à saúde), não é o simples fato de o agente tornar a alimentar a vítima que restitui o bem jurídico tutelado à sua inteireza, tampouco depende da sua vontade fazer cessar a existência dos maus-tratos. O crime pode até ter ares de permanência, qualificando-se, conforme a situação fática, em "instantâneo de efeitos permanentes", mas não se pode aceitá-lo como permanente.

11.8 Figuras preterdolosas

Tendo em vista que a conduta original – maus-tratos – é constituída pelo dolo de perigo, não se concebe, por absoluta incompatibilidade lógica, que no resultado qualificador (lesão grave ou morte) haja dolo de dano. Assim, para compor os §§ 1.º e 2.º demanda-se a existência unicamente de culpa.

No caso do § 1.º, a pena é de reclusão, de um a quatro anos. No caso do § 2.º, a pena é de reclusão, de quatro a doze anos.

11.9 Tipos penais previstos em legislação especial

Quando leis específicas previrem figuras típicas semelhantes ao delito de maus-tratos, deve-se resolver o conflito aparente de normas por meio do emprego do princípio da especialidade, isto é, aplica-se a lei especial em detrimento do Código Penal, que é norma geral. É o que ocorre com o art. 232 do Estatuto da Criança e do Adolescente ("Submeter criança ou adolescente sob sua autoridade, guarda ou vigilância a vexame ou a constrangimento. Pena – detenção de 6 (seis) meses a 2 (dois) anos") e com o art. 1.º da Lei 9.455/1997, que definiu os crimes de tortura ("Constitui crime de tortura: I – constranger alguém com emprego de violência ou grave ameaça, causando-lhe sofrimento físico ou mental: a) com o fim de obter informação, declaração ou confissão da vítima ou de terceira pessoa; b) para provocar ação ou omissão de natureza criminosa; c) em razão de discriminação racial ou religiosa; II – submeter alguém, sob sua guarda, poder ou autoridade, com emprego de violência ou grave ameaça, a intenso sofrimento físico ou mental, como forma de aplicar castigo pessoal ou medida de caráter preventivo. Pena – reclusão, de 2 (dois) a 8 (oito) anos. § 1.º Na mesma pena incorre quem submete pessoa presa ou sujeita a medida de segurança a sofrimento físico ou mental, por intermédio da prática de ato não previsto em lei ou não resultante de medida legal. § 2.º Aquele que se omite em face dessas condutas, quando tinha o dever de evitá-las ou apurá-las, incorre na pena de detenção de 1 (um) a 4 (quatro) anos").

11.10 Aplicação da causa de aumento

Demonstra a especial preocupação do legislador com todas as formas de violência que a sociedade adulta pode praticar contra o menor de 14 anos, pessoa ainda de pouca idade, incapaz de absorver rapidamente o dano potencial ou efetivo que lhe foi imposto. Merece, pois, maior punição o agente.

11.11 Aplicação de agravantes

Conforme o caso, não se deve fazer incidir, sob pena de *bis in idem*, as agravantes do art. 61, II, *e, f, g* e *h*. Em regra, as relações estabelecidas entre o sujeito ativo e o sujeito passivo já fazem parte do tipo penal do art. 136. Assim, o estar sob autoridade, guarda ou vigilância dificilmente possibilita a aplicação das referidas agravantes. As relações familiares entre pais e filhos por si sós podem constituir "autoridade, guarda ou vigilância", de modo que não há cabimento em imputar ao pai que castiga severamente o filho o delito do art. 136 em combinação com o art. 61, II, *e*, pois estar-se-ia punindo o agente duas vezes pela mesma situação fático-jurídica. No tocante ao cônjuge, nem estaria configurado o art. 136, pois a esposa não está sob autoridade, guarda ou vigilância do marido e vice-versa. Quanto aos irmãos, depende do caso concreto (irmãos da mesma idade ou um maior que cuida, legalmente, de outro menor?) para se afirmar existir relação de subordinação entre um e outro. Havendo a relação especial de guarda, por exemplo, já não é caso de se imputar a agravante de delito praticado contra irmão, porque foi justamente o que propiciou a tipificação do crime de maus-tratos. O mesmo se diga do abuso de autoridade (tutor/tutelado, curador/curatelado etc.) e do abuso de poder (diretor do presídio/preso). A agravante que protege, especialmente, a criança, o velho, o enfermo ou a mulher grávida pode levar à mesma situação já exposta. Se a criança é filha ou tutelada do autor, já foi utilizado tal fato para a tipificação dos maus-tratos, não merecendo a utilização da mesma circunstância novamente para tornar mais grave a pena. As agravantes do art. 61 são nitidamente subsidiárias, ou seja, somente incidem quando o tipo não as prevê, de qualquer modo, no seu preceito descritivo.

11.12 Quadro-resumo

Previsão legal	**Maus-tratos** **Art. 136.** Expor a perigo a vida ou a saúde de pessoa sob sua autoridade, guarda ou vigilância, para fim de educação, ensino, tratamento ou custódia, quer privando-a de alimentação ou cuidados indispensáveis, quer sujeitando-a a trabalho excessivo ou inadequado, quer abusando de meios de correção ou disciplina: Pena – detenção, de 2 (dois) meses a 1 (um) ano, ou multa. § 1.º Se do fato resulta lesão corporal de natureza grave: Pena – reclusão, de 1 (um) a 4 (quatro) anos. § 2.º Se resulta a morte: Pena – reclusão, de 4 (quatro) a 12 (doze) anos. § 3.º Aumenta-se a pena de 1/3 (um terço), se o crime é praticado contra pessoa menor de 14 (quatorze) anos.
Sujeito ativo	Pessoa responsável por outra
Sujeito passivo	Pessoa sob autoridade, guarda ou vigilância
Objeto material	Pessoa que sofre maus-tratos
Objeto jurídico	Vida e saúde
Elemento subjetivo	Dolo de perigo + elemento específico
Classificação	Próprio Material Forma vinculada Comissivo ou omissivo Instantâneo Perigo concreto Unissubjetivo Plurissubsistente
Tentativa	Admite quando comissivo
Circunstâncias especiais	Qualificação pelo resultado Causa de aumento

RESUMO DO CAPÍTULO

	Perigo de contágio venéreo Art. 130	Perigo de contágio de moléstia grave Art. 131	Perigo para a vida ou saúde de outrem Art. 132	Abandono de incapaz Art. 133
Sujeito ativo	Somente pessoa contaminada por doença venérea	Qualquer pessoa com doença grave	Qualquer pessoa	Guarda, protetor ou autoridade
Sujeito passivo	Qualquer pessoa	Qualquer pessoa	Qualquer pessoa	Pessoa sob guarda ou proteção
Objeto material	Pessoa que mantém relação com o agente	Pessoa que sofre o contágio ou corre o risco	Pessoa que corre o risco	Pessoa incapaz abandonada
Objeto jurídico	Vida e saúde	Vida e saúde	Vida e saúde	Vida e saúde
Elemento subjetivo	Dolo de perigo	Dolo de perigo + elemento específico	Dolo de perigo	Dolo de perigo
Classificação	Próprio Formal Forma vinculada Comissivo Instantâneo Perigo abstrato Unissubjetivo Plurissubsistente	Próprio Formal Forma livre Comissivo Instantâneo Misto Unissubjetivo Unissubsistente ou plurissubsistente	Comum Material Forma livre Comissivo ou omissivo Instantâneo Perigo concreto Unissubjetivo Plurissubsistente	Próprio Material Forma livre Comissivo ou omissivo Instantâneo (de efeitos permanentes) Perigo concreto Unissubjetivo Plurissubsistente
Tentativa	Admite	Admite na forma plurissubsistente	Admite quando comissivo	Admite quando comissivo
Circunstâncias especiais	Qualificadora Somente se procede mediante representação	Lesão grave e morte AIDS	Causa de aumento	Qualificado pelo resultado Causas de aumento de pena

	Exposição ou abandono de recém-nascido Art. 134	Omissão de socorro Art. 135	Condicionamento de atendimento médico-hospitalar emergencial Art. 135-A	Maus-tratos Art. 136
Sujeito ativo	Mãe	Qualquer pessoa	Funcionário do hospital ou profissional da saúde encarregado do atendimento emergencial	Pessoa responsável por outra
Sujeito passivo	Recém-nascido, filho do agente	Pessoa necessitada	Qualquer pessoa	Pessoa sob autoridade, guarda ou vigilância
Objeto material	Recém-nascido filho do agente	Pessoa necessitada	Garantia exigida (cheque-caução, nota promissória, formulário administrativo etc.)	Pessoa que sofre maus-tratos
Objeto jurídico	Vida e saúde	Vida e saúde	Vida e saúde	Vida e saúde
Elemento subjetivo	Dolo de perigo + elemento específico	Dolo de perigo	Dolo de perigo + elemento específico	Dolo de perigo + elemento específico
Classificação	Próprio Material Forma livre Comissivo ou omissivo Instantâneo (de efeitos permanentes) Perigo concreto Unissubjetivo Plurissubsistente	Comum Material Forma livre Omissivo Instantâneo Perigo concreto Unissubjetivo Unissubsistente	Próprio Perigo concreto Forma livre Comissivo Instantâneo Unissubjetivo Unissubsistente ou plurissubsistente	Próprio Material Forma vinculada Comissivo ou omissivo Instantâneo Perigo concreto Unissubjetivo Plurissubsistente
Tentativa	Admite quando comissivo	Não admite	Admite na forma plurissubsistente	Admite quando comissivo
Circunstâncias especiais	Qualificação pelo resultado	Qualificação pelo resultado Elemento normativo	Qualificação pelo resultado	Qualificação pelo resultado Causa de aumento

Capítulo IV
Rixa

1. ESTRUTURA DO TIPO PENAL INCRIMINADOR

Trata-se de um tipo aberto, especialmente pelo conceito de "rixa", não fornecido pela lei (art. 137 do CP), dependente, pois, da interpretação do juiz. *Participar* significa associar-se ou tomar parte, enquanto *rixa* é uma briga, uma desordem ou um motim, caracterizada, neste contexto, pela existência de, pelo menos, três pessoas valendo-se de agressões mútuas de ordem material (e não meramente verbais), *surgidas de improviso*.[1]

"As violências, empurrões, punhaladas, disparo de armas, pedradas e golpes podem ser recíprocos, ou seja, deve haver luta na qual ninguém atua passivamente, pois, do contrário, haveria agressão de um ou vários contra um ou vários e poderia ser o caso de legítima defesa."[2]

Para FLÁVIO QUEIROZ DE MORAES, "rixa é conflito que, surgindo de improviso entre três ou mais pessoas, cria para estas uma situação de perigo imediato à integridade corporal ou à saúde".[3] E coloca, com propriedade, "quando inimigos marcam um encontro, é sempre

---

[1] Em outro sentido, VICENTE SABINO JR. defende a viabilidade de nascer a rixa de uma atitude proposital, o que não serviria para descaracterizar o tipo do art. 137 (*Direito penal*, v. 3, p. 688). Pode-se até compreender que algumas rixas nasçam premeditadamente, mas não é a situação normal. Se houver a premeditação, é preciso cuidado para ver se não há agressões dirigidas por vários contra um (por exemplo), descaracterizando o tipo do art. 137.

[2] RICARDO LEVENE, *El delito de homicidio*, p. 293.

[3] *Delito de rixa*, p. 35.

com intenções mais graves e que fogem à noção da rixa, muito embora nesta se cometam por vezes até crimes de morte".[4]

Por outro lado, não seria crível que uma briga somente entre duas pessoas caracterizasse a rixa, pois iríamos tratá-la como uma luta comum, situada no contexto da lesão corporal – que pode até ser recíproca; ou das vias de fato.

Acrescente-se a isso que não pode existir vítima certa, ou seja, três pessoas contra uma, pois não se está diante de confusão generalizada, vale dizer, de rixa. Portanto, havendo individualização nítida de condutas, não há mais a figura do crime do art. 137.

A inserção da rixa dá-se em capítulo especialmente a ela dedicado, pois envolve um crime de perigo, com resultados danosos.[5] Na confusão generalizada, saem muitos com a sua integridade corporal atingida (crime de dano), mas, por ser uma confusão sem controle, é um perigo para terceiros que estiverem no local ou pode transformar-se em delitos mais sérios, como homicídio (delito de perigo).

Por isso, o que o legislador teve em mente foi punir aquele que ingressa numa contenda para fomentar o perigo latente existente em brigas físicas de um modo geral, em vez de valer-se do bom senso de separar os opositores. Trata-se de perigo abstrato. Pressupõe a lei penal que a singela inserção na rixa é perigosa, de modo que não necessita provar, a acusação, a situação de risco efetivo de dano. É importante observar que a pena é leve (detenção de 15 [quinze] dias a 2 [dois] meses, ou multa), incompatível com a pena destinada a quem quer ferir alguém e consegue.

Portanto, havendo lesão corporal ou morte, identificado o autor de uma ou de outra, haverá punição pelo delito de dano em concurso com o de perigo. Em tese, pode haver uma confusão generalizada da qual somente emerge a identificação da agressão dirigida de "A" contra "B", enquanto vários outros surraram e apanharam, mas sem se individualizarem condutas. "A" responde pelo que fez contra "B" (lesões corporais ou tentativa de homicídio), além da rixa, enquanto os demais se sujeitam unicamente ao crime de rixa. Por derradeiro, deve-se ressaltar que, ocorrendo exclusivamente "vias de fato", a contravenção fica absorvida pelo crime de rixa, que é mais grave e, igualmente, de perigo.[6]

2. SUJEITOS ATIVO E PASSIVO

Podem ser qualquer pessoa, embora, no caso peculiar da rixa, sejam todos agentes e vítimas ao mesmo tempo. Admite-se que haja, entre os contendores, para a tipificação deste delito, inimputáveis. O fato de o contendor ser ou não culpável não afasta a possibilidade real de estar havendo uma desordem generalizada com troca de agressões.

Entretanto, atualmente, a maioria da doutrina exige o mínimo de três pessoas. São os chamados corrixosos.[7]

Lembra ANÍBAL BRUNO que "cada participante [da rixa] é ao mesmo tempo sujeito ativo e passivo. Sujeito passivo não da própria ação, mas da ação dos outros, ou ainda da situação de perigo que com a formação da rixa se criou".[8]

---

[4] *Delito de rixa*, p. 41.

[5] ANÍBAL BRUNO sustenta que "o destaque concedido à rixa no direito penal deve-se precisamente à dificuldade em determinar, na confusão da luta, a responsabilidade pelas lesões" (*Crimes contra a pessoa*, p. 253).

[6] Igualmente, sustentando tratar-se de crime de perigo: IVAIR NOGUEIRA ITAGIBA, *Do homicídio*, p. 225.

[7] VICENTE SABINO JR., *Direito penal*, v. 3, p. 688.

[8] *Crimes contra a pessoa*, p. 256.

3. ELEMENTO SUBJETIVO

Exige-se dolo de perigo, consistente na vontade de tomar parte da rixa, conhecendo os perigos que essa conduta pode trazer para a incolumidade física de todos os envolvidos. Requer o elemento subjetivo específico implícito, consistente no *animus rixandi*. Não se pune a forma culposa.

Como bem esclarece Paulo José da Costa Júnior: "Não haverá o crime se se tratar de rixa simulada (*animus jocandi*), ou culposa, resultante da imprudência dos copartícipes".[9]

4. OBJETOS MATERIAL E JURÍDICO

O objeto material é a pessoa que sofre a conduta criminosa (neste caso, mais de uma); o jurídico é a incolumidade da pessoa humana. Observe-se, pelo bem jurídico, tratar-se de um crime misto, que tem início com o perigo e passa, na sequência, para o dano. É certo que para caracterizar a rixa basta o perigo, mas, em muitas situações, advém a lesão corporal.

Queiroz de Moraes argumenta ter agido com acerto o legislador ao inserir a rixa em capítulo autônomo, pois ela representa uma perturbação da ordem e disciplina da convivência civil.[10]

5. CLASSIFICAÇÃO

Trata-se de crime comum (aquele que não demanda sujeito ativo qualificado ou especial); de perigo abstrato (não há necessidade de ser investigado e provado o perigo efetivo, pois é presumido pela lei); formal (não exige resultado naturalístico para se consumar); de forma livre (podendo ser cometido por qualquer meio eleito pelo agente); comissivo (de ação); instantâneo (cujo resultado se dá de maneira instantânea, não se prolongando no tempo); plurissubjetivo (que somente pode ser praticado por mais de duas pessoas); plurissubsistente (em regra, vários atos integram a conduta de participar).

Admite tentativa na hipótese de a rixa ser preordenada (quando surge de improviso é impossível haver *iter criminis* definido). Apesar de ser crime plurissubjetivo (de concurso necessário), admite participação, ou seja, a presença de um indivíduo que, sem tomar parte na rixa, fica de fora incentivando os demais.

6. FIGURA PRETERDOLOSA

Havendo dolo de perigo na conduta original, somente se configura este resultado qualificador (existência de morte ou lesão corporal grave) quando houver culpa, visto que o dolo de dano é incompatível com o anterior, como prevê o parágrafo único do art. 137.

Aliás, é mais um demonstrativo de que a rixa é somente um delito de perigo. Nesse caso, se uma pessoa morreu, mas não se apurou a autoria do homicídio, ocorre a punição pela simples participação na briga geral, levando os contendores a responder por rixa qualificada. Entretanto, se foi identificado o autor da morte, este deve responder pelo crime de dano (homicídio) em concurso material com rixa. O ponto que impede a absorção do crime de perigo

---

[9] *Comentários ao Código Penal*, p. 416.
[10] *Delito de rixa*, p. 93.

(rixa) pelo de dano (homicídio) é que existem outras vítimas do primeiro – afinal, trata-se de um delito plurissubjetivo. Há sempre alguém que sofreu agressão, não se identificando o seu autor. Caso todos os autores sejam individualizados, não há mais rixa, e sim um mero concurso de crimes e, eventualmente, de pessoas (como ocorre em brigas de gangues rivais).

RESUMO DO CAPÍTULO

Previsão legal	**Rixa** **Art. 137.** Participar de rixa, salvo para separar os contendores: Pena – detenção, de 15 (quinze) dias a 2 (dois) meses, ou multa. **Parágrafo único.** Se ocorre morte ou lesão corporal de natureza grave, aplica--se, pelo fato da participação na rixa, a pena de detenção, de 6 (seis) meses a 2 (dois) anos.
Sujeito ativo	Qualquer pessoa
Sujeito passivo	Qualquer pessoa
Objeto material	Pessoa que sofre agressão
Objeto jurídico	Incolumidade física
Elemento subjetivo	Dolo de perigo + elemento específico
Classificação	Comum Formal Forma livre Comissivo Instantâneo Perigo abstrato Plurissubjetivo Plurissubsistente
Tentativa	Admite quando preordenado
Circunstâncias especiais	Qualificação pelo resultado Tipo aberto

Capítulo V
Crimes contra a Honra

1. CONCEITO DE HONRA

É a faculdade de apreciação ou o senso que se faz acerca da autoridade moral de uma pessoa, consistente na sua honestidade, no seu bom comportamento, na sua respeitabilidade no seio social, na sua correção moral; enfim, na sua postura calcada nos bons costumes. Essa apreciação envolve sempre aspectos positivos ou virtudes do ser humano, sendo incompatível com defeitos e más posturas, embora não se trate de um conceito absoluto, ou seja, uma pessoa, por pior conduta que possua em determinado aspecto, pode manter-se *honrada* em outras facetas da sua vida. Segundo Aníbal Bruno, "em toda a história do Direito vamos encontrar a honra protegida pela ameaça da pena, ou como um bem integrado na personalidade do homem, ou como um valor cuja preservação interessa à ordem pública e ao equilíbrio da comunidade social. Mas o que se deve tomar por objeto dessa proteção, o entendimento que se possa ter da honra no Direito Penal, tem sofrido uma evolução acidentada nas leis e costumes jurídicos".[1]

Por vezes, debate-se o tema da tutela da honra, pretendendo levá-la para a esfera civil, deslocando-a integralmente do contexto penal. Seria o bem jurídico *honra*, protegido pelo direito penal, uma lesão ao princípio da intervenção mínima? Cremos que não. A história nos evidencia inúmeros casos nos quais, pela honra, alteram-se fatos extremamente relevantes, bastando lembrar da época dos duelos entre cavalheiros, tudo por conta da lesão à honra. Vincenzo Pacileo e Davide Petrini comentam o assunto, demonstrando que a proteção penal à honra é essencial. Pode-se afirmar até que atualmente "não há um valor maior em uma

---

[1] *Crimes contra a pessoa*, p. 265.

estrutura verbalística" do que o direito à honra.[2] Esta não se dissolve numa única expressão verbal, pois é capaz de se espalhar por outros ambientes, humilhando, prejudicando, trazendo consequências negativas, inclusive patrimoniais, à vítima. No entanto, em lugar de se acolher três figuras contra a honra, poder-se-ia esvaziar o cenário para mais adequadamente aplicá-lo, como se busca fazer na Itália, por exemplo. A injúria (art. 594, CP italiano) foi revogada em 15 de janeiro de 2016, devendo ser punida, quando for o caso, apenas na órbita civil. No entanto, tem-se considerado ultrapassada a corrente do *animus* (*injuriandi vel diffamandi*), adotando-se o dolo genérico para punir o único crime contra a honra agora existente, a difamação (art. 595, CP italiano). É de se pensar, no Brasil, se não é chegado o momento de se fazer o mesmo.[3]

Honra não pode ser, pois, um conceito fechado, mas sempre dependente do caso concreto e do ângulo que se está adotando. Não é demais ressaltar que sua importância está vinculada à estima de que gozam as pessoas dignas e probas no seio da comunidade onde vivem.[4] E quem é estimado e respeitado por sua figura e por seus atos encontra paz interior, tornando-se mais feliz e equilibrado para comportar-se de acordo com os mandamentos jurídicos. Justamente por isso, o direito garante e protege a honra, visto que, sem ela, os homens estariam desguarnecidos de amor-próprio, tornando-se vítimas frágeis dos comportamentos desregrados e desonestos, passíveis de romper qualquer tipo de tranquilidade social.

A Constituição Federal, em seu art. 5.º, X, menciona, expressamente, serem invioláveis a *honra* e a *imagem* das pessoas. Honra é, portanto, um direito fundamental do ser humano, protegido constitucional e penalmente. A imagem, por seu turno, decorre da honra, visto que se liga à autoestima e ao conceito social de que goza o indivíduo na comunidade onde habita. Note-se, nesse prisma, a definição esposada por Luiz Alberto David Araujo e Vidal Serrano Nunes Júnior quanto ao tema: "A imagem assume a característica do conjunto de atributos cultivados pelo indivíduo e reconhecidos pelo conjunto social". É o que chamam de imagem-atributo, portanto, de certa forma ligada à honra.[5]

1.1 Honra e dignidade da pessoa humana

Existem pontos de contato entre o valor supremo da dignidade da pessoa humana e a honra do indivíduo, pois quem vive em sociedade possui uma imagem de reconhecimento e todos são merecedores da igualdade no campo da dignidade. Noutros termos, há um respeito mútuo a ser observado, em comunidade, para que a dignidade humana seja preservada.[6]

---

[2] Reati contro la persona, In: Grosso, Padovani e Pagliaro, *Trattato di diritto penale* – parte speciale, t. II, p. 6.

[3] Recordamo-nos de um colega de faculdade, hoje advogado criminalista, que se sentia de *mãos atadas*, quando um cliente, ofendido em sua honra, o contratava para propor a queixa-crime e o juiz a rejeitava, sob o argumento de faltar o tal *animus* específico. O ofendido não compreendia como uma ofensa contra a sua honra era rejeitada, de pronto, pelo Judiciário e esse advogado não conseguia explicar a um leigo o motivo de tanto rigorismo para um processo por crime contra a honra.

[4] Para Beling, a honra depende de dois componentes: em primeiro lugar, da esfera de deveres da pessoa, e, em segundo, por consequência, do comportamento dessa pessoa em relação a esses deveres (*Esquema de derecho penal*, p. 142). É o que ele denomina de "valoração social por estimativa".

[5] *Curso de direito constitucional*, p. 97.

[6] Vincenzo Pacileo e Davide Petrini, Reati contro la persona, In: Grosso, Padovani e Pagliaro, *Trattato di diritto penale* – parte speciale, t. II, p. 16.

Essa imagem nasce com o ser humano e enriquece ao longo dos anos através de suas relações sociais.

2. HONRA OBJETIVA E HONRA SUBJETIVA

Diferem-se, com propriedade, as noções de honra objetiva e honra subjetiva, pois dizem respeito a diversos aspectos da integridade, reputação e bom conceito da pessoa. Honra objetiva é o julgamento que a sociedade faz do indivíduo, vale dizer, é a imagem que a pessoa possui no seio social. Tendo em vista, como exposto no item anterior, que honra é sempre uma apreciação positiva, a honra objetiva é a boa imagem que o sujeito possui diante de terceiros.

Honra subjetiva é o julgamento que o indivíduo faz de si mesmo, ou seja, é um sentimento de autoestima, de autoimagem. É inequívoco que cada ser humano tem uma opinião afirmativa e construtiva de si mesmo, considerando-se honesto, trabalhador, responsável, inteligente, bonito, leal, entre outros atributos. Trata-se de um senso ligado à dignidade (respeitabilidade ou amor-próprio) ou ao decoro (correção moral).[7]

2.1 Modos de execução dos delitos contra a honra

Existem, basicamente, duas fórmulas genéricas: a) ofensa direta ou imediata, que não demanda maior reflexão, pois é claramente captada pela vítima e pela sociedade; b) ofensa indireta ou mediata, feita, muitas vezes, de modo camuflado, duvidoso, maquiavélico e oportunista. Aliás, justamente por isso preceitua o art. 144 do Código Penal o seguinte: "Se, de referências, alusões ou frases, se infere calúnia, difamação ou injúria, quem se julga ofendido pode pedir explicações em juízo. Aquele que se recusa a dá-las ou, a critério do juiz, não as dá satisfatórias, responde pela ofensa".

As ofensas indiretas podem ser da seguinte forma divididas, valendo-nos da classificação exposta por ADALBERTO JOSÉ Q. T. DE CAMARGO ARANHA:[8] 1) *ofensa indireta por ricochete*: trata-se de uma ofensa reflexa, quando o agente dispara uma injúria contra determinada pessoa, mas termina por acertar outra. Há uma palavra de baixo calão bem expressiva: filha da puta; cuida-se de ofensa a uma pessoa com nítido ricochete na sua genitora; aliás, até por isso, torna-se mais grave; 2) *ofensa indireta implícita*: é a ofensa subentendida em frases ou expressões. Dizer, por exemplo, que determinada família construiu sua riqueza por meio da corrupção termina por atingir várias pessoas daquele núcleo familiar; 3) *ofensa direta equívoca*: lança-se um palavreado com frases de insinuação; ilustrando: "o juiz proferiu a sentença, dando ganho de causa ao A, logo após aparecer dirigindo um carro novo"; 4) *ofensa indireta dubiativa*: projeta-se suspeita sobre alguém, imputando fato ou atributo negativo. Ilustrando: "dizem por aí que Fulano mandou matar seu desafeto Beltrano"; 5) *ofensa indireta por exclusão*: afirma-se algo referente a um grupo de pessoas, excluindo-se alguém de propósito. Ex.: "naquele escritório só se salva em honestidade e retidão Beltrano", significando que os demais

---

[7] No mesmo prisma, PACILEO e PETRINI (Reati contro la persona, In: GROSSO, PADOVANI e PAGLIARO, *Trattato di diritto penale* – parte speciale, t. II, p. 10), que explicam constituir a honra objetiva o "valor social da pessoa" em seus dotes morais, intelectuais, físicos e demais qualidades que concorrem para determinar seu prestígio na sociedade em que vive. A honra não é um direito natural, mas construído pela vivência do ser humano em sociedade. Pode-se dizer, em feliz síntese: a honra é uma ideia social.

[8] *Crimes contra a honra*, p. 16-19.

seriam desonestos; 6) *ofensa indireta interrogativa*: efetua-se uma pergunta, que se traduz, por si só, como lesão à honra, sem nem mesmo necessitar de resposta. Ex.: "para comprar aquele carro você recebeu alguma herança?", sabendo o agente que inexiste a referida herança; 7) *ofensa indireta irônica*: o uso de palavras cujo sentido caracteriza exatamente o oposto do que se quer dizer, configurando sarcasmo ou zombaria, é a ironia. Ex.: "Corajoso e forte como você, certamente protegeria sua namorada daquela 'cantada'", sabendo que se trata de pessoa fraca e tímida; 8) *ofensa indireta elíptica*: ocorre quando se usa o mecanismo da reticência, omitindo-se parte da frase para deixar algo no ar. Ilustrando: "você enriqueceu bastante depois que..." (e finge deixar o assunto de lado); 9) *ofensa indireta condicionada*: lança-se frase, contendo uma condição, que, no entanto, inexiste no plano da realidade. Ex.: "naturalmente, se alguém fosse naquele local, sem dúvida, seria traficante", sabendo que Fulano ali esteve; 10) *ofensa indireta por fingido quiproquó*: o termo *quiproquó* significa desentendimento, confusão, engano. No âmbito da ofensa, consiste em trocar propositalmente palavras ou frases, corrigindo logo em seguida. Ilustrando: "lá vem sua excrescência o juiz, ops, sua excelência o juiz..."; 11) *ofensa indireta truncada*: profere-se frase ou palavra até o momento em que a interrupção proporcione um significado ofensivo. Ex.: "Fulano é um c..." Segue-se uma palavra de baixo calão ou um elogio? Eis a dubiedade.

É certo que muitas dessas hipóteses não passam de brincadeiras ou equívocos verdadeiros, mas despretensiosos. No entanto, quem pretende atingir a honra de outrem vale-se de qualquer subterfúgio. Assim, dependendo do lugar, do momento, das pessoas presentes, enfim, do cenário, pode-se conhecer o intuito do agente e o conteúdo exato das chamadas ofensas indiretas; e se realmente são ofensas. Várias dessas dúvidas terminam esclarecidas em juízo por meio do *pedido de explicações* (art. 144, CP).

3. HONRA COMUM E HONRA ESPECIAL

Há quem diferencie a honra comum – inerente a todas as pessoas – da honra especial – relativa a certos grupos sociais ou a determinados indivíduos com seus específicos misteres.

Preferimos acreditar que a honra é apenas um conceito aberto, admitindo variações conforme a pessoa e o lugar onde ela se encontra. Dizer que chamar um militar de *covarde* faz parte da honra especial e chamar uma pessoa comum de *burra* diz respeito à honra comum é apenas uma tentativa de classificar os diversos aspectos do mesmo fenômeno, isto é, conforme o momento, o local e o cenário, a pecha atribuída a alguém pode surtir efeito ou não. E mais: pode surtir maior ou menor efeito.

Uma pessoa alistada no exército contra a sua vontade pode não considerar o chamamento *covarde* uma ofensa, justamente porque detesta a sua atual condição de militar. De outra sorte, em que pese ser atributo positivo de todos a *inteligência*, chamar um cientista de *burro* pode soar muito mais forte do que representaria a um trabalhador rural em sua atividade mecânica de colheita. Assim, consideramos que inexiste distinção entre *honra comum* e *honra especial*, mas tão somente um conceito aberto de honra, que ganha contornos especiais de acordo com a específica situação vivenciada pela vítima.

3.1 Pessoas consideradas desonradas

Trata-se de um conceito completamente infundado. Em primeiro lugar, porque a honra, sendo um direito humano fundamental, é irrenunciável em gênero. É óbvio que, no caso concreto, pode o sujeito consentir em face de alguma ofensa, mas isso não significa que renunciou à proteção que o Estado destina à sua imagem.

Por outro lado, é pura ficção argumentar que existem pessoas totalmente desonradas. É possível, como já dissemos, que em determinado contexto a pessoa não possa reclamar de certa ofensa, mas isso não quer dizer que, mudadas as circunstâncias fáticas ou de direito, não possa obter a tutela penal.

Há uma marca destrutiva, no Brasil, no sentido de que quem não segue a *cartilha do bem* é um pária da sociedade. E essa *cartilha* é forrada de preconceitos e discriminações. O ateu é recriminado porque não acredita em Deus. A prostituta não presta porque *vende o corpo*. O homossexual é apontado como pecador. O autor de crime é um bandido e, assim sendo, parece ter perdido o amor-próprio e a reputação.

Não se pode mais abrir mão da *dignidade da pessoa humana*, como bem maior a ser tutelado. Logo, ninguém é *desonrado*. Pode uma pessoa passar momentos na vida em que erra, como o autor de um crime. No entanto, para isso existe a pena, com a qual se pretende a reparação desse passo em falso.

É preciso terminar com a *autorização tácita*, fornecida a certos órgãos de imprensa, de xingar autores de crimes como se fosse absolutamente permitido, porque perderam completamente a honra ao cometer a infração. Cabe ação contra os agressores da honra alheia, seja por calúnia, difamação ou injúria. Divulgar um fato é uma coisa; ofender para ganhar pontos em audiência ou vendagem de jornais ou revistas é outra.

Nesse contexto, também não existe alvará legal para juízes e promotores ofenderem réus em suas manifestações ou decisões. Pode-se condenar uma pessoa sem invocar uma só injúria contra a sua dignidade ou decoro.

Em suma, como quem pratica um delito sente-se humilhado, dificilmente volta-se contra quem o ofende clara e nitidamente, inclusive em órgãos de comunicação de grande alcance.

Não há pessoas *desonradas*, que se tornam alvos autorizados para que terceiros profiram ofensas de todos os níveis.[9]

4. CALÚNIA

4.1 Estrutura do tipo penal incriminador

Caluniar é fazer uma acusação falsa, tirando a credibilidade de uma pessoa no seio social. Possui, pois, um significado particularmente ligado à difamação. Cremos que o conceito se tornou eminentemente jurídico, porque o Código Penal exige que a acusação falsa realizada diga respeito a um fato definido como crime. Portanto, a redação feita no art. 138 foi propositadamente repetitiva (fala duas vezes em "atribuir": caluniar significa atribuir e imputar também significa atribuir). Melhor seria ter nomeado o crime como sendo "calúnia", descrevendo o modelo legal de conduta da seguinte forma: "Atribuir a alguém, falsamente, fato definido como crime". Isto é caluniar.[10]

---

9   No mesmo prisma, Camargo Aranha (*Crimes contra a honra*, p. 40).

10 Na Itália, parecendo-nos correto, a calúnia inexiste, pois coberta pela difamação, que é o crime único contra a honra hoje existente naquela legislação.

Vislumbra-se, pois, que a calúnia nada mais é do que uma difamação qualificada, ou seja, uma espécie de difamação. Atinge a honra objetiva da pessoa, atribuindo-lhe o agente um fato desairoso, no caso particular, um fato falso definido como crime. É fundamental, para a existência de calúnia, que a imputação de fato definido como crime seja *falsa*. Caso seja verdadeira ou o autor da atribuição esteja em razoável dúvida, não se pode considerar preenchido o tipo penal do art. 138.

No § 1.º, do art. 138, menciona-se uma segunda figura típica, também considerada calúnia. Enquadra-se, como tal, quem propalar (espalhar, dar publicidade) ou divulgar (tornar conhecido de mais alguém) a calúnia proferida por outrem. Entende-se que propalar é mais amplo do que divulgar, embora ambos deem conhecimento do fato falsamente atribuído a terceiros que dele não tinham ciência.

Por outro lado, não pode constituir-se a calúnia se o autor atribuiu a terceiro, falsamente, a prática de uma contravenção penal, pois o tipo incriminador do *caput* do art. 138 é bem claro ao mencionar somente *crime*. Diante disso, atribuir um fato, consistente em contravenção penal, é difamação.

A ação típica é variada, podendo dar-se nos formatos verbal, escrito ou real (por meio de gesto). Admite o meio direto, indireto, oblíquo, simbólico e reflexo. Enfim, é um tipo penal de forma livre.[11]

Sobre a viabilidade de haver calúnia pela Internet, consultar a nota 6.1.2 *infra*.

A pena prevista para quem comete o crime de calúnia é de detenção, de 6 (seis) meses a 2 (dois) anos, e multa.

4.1.1   Atribuição de fato

Costuma-se confundir um mero xingamento com uma calúnia. Dizer que uma pessoa é "estelionatária", ainda que falso, não significa haver uma calúnia, mas sim uma injúria. O tipo penal do art. 138 exige a imputação de *fato* criminoso, o que significa dizer que "no dia tal, às tantas horas, na loja Z, o indivíduo emitiu um cheque sem provisão de fundos". Sendo falso esse *fato*, configura-se a calúnia.

Igualmente, não é viável a imputação de um tipo penal incriminador, solto e desvinculado de fatos concretos. Ilustrando: Fulano é autor de homicídio. A situação não é diferente do anterior exemplo (quando se chama outrem de "estelionatário"). Ambas as hipóteses podem configurar injúria apenas.

4.2   Sujeitos ativo e passivo

Qualquer pessoa pode ser sujeito ativo. No polo passivo, além da pessoa humana, diante da Lei 9.605/1998, que prevê a possibilidade de a pessoa jurídica delinquir, pode-se considerar também esta pessoa jurídica, embora apenas em casos relativos a crimes contra o meio ambiente.

Há doutrina e jurisprudência sustentando que somente a pessoa humana pode ser sujeito passivo dos crimes contra a honra. O argumento principal consiste no fato de que esses delitos estão inseridos no contexto dos crimes contra a *pessoa*, traduzindo-se o termo

---

[11]   Vincenzo Pacileo e Davide Petrini, Reati contro la persona, In: Grosso, Padovani e Pagliaro, *Tratatto di diritto penale* – parte speciale, t. II, p. 61.

alguém exclusivamente como pessoa humana. Ora, com a devida vênia, não vislumbramos razoabilidade nisso. Primeiramente, é preciso destacar que, conforme o tipo penal, o termo *alguém* pode ser considerado apenas como a pessoa humana, como ocorre com o homicídio, embora em outros casos, como acontece com a calúnia ou a difamação, seja possível considerar também a pessoa jurídica. Em segundo lugar, não é porque os tipos penais dos crimes contra a honra estão inseridos no título dos delitos contra a pessoa que, necessariamente, devem voltar-se à proteção de pessoas físicas. Os crimes de violação de domicílio, violação de segredo profissional, violação de correspondência, entre outros, estão inseridos no mesmo título, mas podem ter como sujeito passivo a pessoa jurídica.

4.2.1 Inimputáveis e pessoas mortas

Os primeiros podem ser sujeitos passivos do crime de calúnia porque a lei fala em atribuir a prática de *"fato* definido como crime", e não singelamente na atribuição de *"crime"*. Há figuras típicas (fatos) passíveis de serem praticadas por menores e loucos – como o homicídio, por exemplo –, embora não sejam crimes por lhes faltar o indispensável elemento, que é a culpabilidade. Nesta hipótese, com ou sem entendimento, os inimputáveis podem ser sujeitos passivos, visto que estão sujeitos à sanção denominada medida de segurança.[12]

Quanto aos mortos, admite-se que sejam incluídos no polo passivo porque há *expressa* determinação legal (vide o § 2.º deste artigo). Levam-se em conta a memória e o respeito aos mortos. Aliás, convém lembrar que familiares de condenado, já morto, podem ingressar com a revisão criminal somente para *limpar* o seu nome, a fim de considerá-lo inocente. Muito embora ANÍBAL BRUNO defenda que somente os vivos podem defender a sua honra, entende este caso como uma exceção aberta em prol do sentimento de dignidade ou da reputação dos parentes sobreviventes.[13]

4.2.2 Pessoa jurídica como sujeito ativo

Ver o item 1.1.1, do Capítulo XV, do volume 1.

4.2.3 Pessoas indeterminadas

Depende do caso concreto e do conceito que se faz de indeterminado. Se o agente se valer de uma indeterminação ampla demais, a ponto de não se conseguir identificar ninguém, torna-se inviável a configuração de um crime contra a honra. Ex.: dizer que todos os profissionais de determinada área são desonestos. Não atinge ninguém em termos precisos. É o indeterminado absoluto.

No entanto, estando num congresso de determinada área e dizer que "todos os participantes deste congresso, da profissão X, são corruptos" permite a configuração do crime contra a honra. O mesmo pode ocorrer se o agente disser que todos os "juízes deste fórum são desonestos". Observa-se ser o indeterminado relativo, pois aparentemente indeterminado, mas determinável.

Logicamente, depende do que exatamente fala o agente para se analisar a configuração de calúnia, difamação ou injúria.

---

[12] Assim, também, ADALBERTO JOSÉ Q. T. DE CAMARGO ARANHA (*Crimes contra a honra*, p. 37), afirmando tudo depender da capacidade de entendimento do inimputável.

[13] *Crimes contra a pessoa*, p. 294.

Bem lembra CAMARGO ARANHA que a interpretação para o termo *alguém* não pode ser muito restrita, a ponto de significar uma só pessoa. E cita como exemplo o fato de o agente dizer que "todos os ministros são venais", referindo-se a determinada Corte. Mais adiante conclui: "a pessoa indeterminada não pode ser sujeito passivo, porque a ofensa tem de ser dirigida contra *alguém*, isto é, uma pessoa, uma certa pessoa. Todavia, se genérica, havendo a possibilidade de determinação, de individualização, por um processo lógico ou dedutivo, de resultado concludente, surgirá a pessoa determinada, o alguém atingido pela ofensa".[14]

4.3 Elemento subjetivo

Pune-se o crime quando o agente agir dolosamente. Não há a forma culposa. Entretanto, exige-se o elemento subjetivo específico, que é a *especial intenção de ofender, magoar, macular a honra alheia*. Este elemento intencional está implícito no tipo.

É possível que uma pessoa fale a outra de um fato falsamente atribuído a terceiro como crime, embora assim esteja agindo com *animus jocandi*, ou seja, fazendo uma brincadeira. Embora atitude de mau gosto, não se pode dizer tenha havido calúnia. O preenchimento do tipo aparentemente houve (o dolo existiu), mas não a específica vontade de macular a honra alheia (o que tradicionalmente chama-se "dolo específico").

Em contrário, afastando o elemento subjetivo específico, em posição minoritária: "por si só, ou seja, por não ser mais que uma expressão de gracejo, esse *animus* não pode nem deve prevalecer como elemento descaracterizador da ofensa. É evidente. Se a pilhéria alcança o indivíduo, digamos, com o qualificativo de velhaco, isto não quer significar simplesmente que ele esteja livre de sofrer um dano, ainda que não haja intenção afrontosa. Em poucas palavras, a ninguém é dado o direito de atingir a honra alheia, a pretexto de fazer pilhéria, narrar fato, corrigir ou aconselhar, e depois pretender que na sua conduta não havia o menor intuito de ofensa. No caso, o que deve ser considerado é o dano que a pessoa visada venha a sofrer".[15]

Neste último prisma, afastando o denominado *animus injuriandi vel diffamandi*, encontra parcela considerável da doutrina italiana. Afirma-se que essa teoria surgiu com CARRARA e foi aprofundada pela escola positiva, por FLORIAN, em particular (século XIX). A proposta dessa corrente é descobrir o *verdadeiro difamador*, que atua por um fim egoístico de desonrar outrem e, por isso, é punido. Com isso, têm-se afastado do controle do Judiciário muitas queixas, sob os argumentos de ter havido *animus corrigendi, jocandi, consulendi, narrandi, retorquendi, defendendi* etc. Mas esse elemento específico não consta da lei; advém da doutrina. Na lei, o dolo é genérico e pode-se macular a honra alheia inclusive por meio de dolo eventual. É preciso repensar a teoria do *animus* específico, já desatualizada no tempo.[16]

4.4 Objetos material e jurídico

O objeto material do crime é a reputação da vítima (bem impalpável, mas contra o qual se volta a conduta do agente). O objeto jurídico é a honra.[17]

---

[14] *Crimes contra a honra*, p. 39-40.

[15] WALTER VIEIRA DO NASCIMENTO, *A embriaguez e outras questões penais*, p. 41.

[16] VINCENZO PACILEO e DAVIDE PETRINI, Reati contro la persona, In: GROSSO, PADOVANI e PAGLIARO, *Trattato di diritto penale – parte speciale*, t. II, p. 103-105.

[17] Convém registrar uma segunda objetividade jurídica, "já percebida pelos romanos, vale dizer, evitar a perturbação social, o conflito numa comunidade, pois, quando uma ofensa à honra é lançada num

Há quem não admita, como objeto material do crime, um bem impalpável; porém, não vemos nenhum impedimento. Distingue-se o objeto *material* do *jurídico* não por um deles ser palpável e o outro, não. A ideia é favorecer o pensamento de que a conduta do autor (um verbo) tem um objeto contra o qual se volta: esse é o objeto material. O outro, objeto jurídico, é o bem protegido pela norma penal, que pode ser palpável ou não.

4.5 Classificação

Trata-se de crime comum (aquele que não demanda sujeito ativo qualificado ou especial); formal (delito que pode ter resultado naturalístico, embora não seja indispensável); de forma livre (podendo ser cometido por qualquer meio eleito pelo agente); comissivo ("caluniar" implica ação); instantâneo (cujo resultado se dá de maneira instantânea, não se prolongando no tempo), mas pode adquirir a feição permanente se divulgado pela Internet, enquanto não retirado do conhecimento público; dano (envolve uma lesão a bem jurídico, embora não seja necessário atingi-la efetivamente para a consumação); unissubjetivo (que pode ser praticado por um só agente); unissubsistente ou plurissubsistente (pode ser praticado por um ou mais atos integrando a conduta de caluniar); admite tentativa, se for plurissubsistente (exemplo: uma calúnia proferida oralmente não comporta tentativa pois unissubsistente).

4.5.1 Aspecto particular da consumação

Justifica-se a aplicação integral da pena, portanto, considera-se o delito consumado quando a imputação falsa chega ao conhecimento de terceiro, que não a vítima. Basta uma pessoa estranha aos sujeitos ativo e passivo para se consumar a calúnia. Se a atribuição falsa de fato criminoso se dirigir direta e exclusivamente à vítima, configura-se a injúria, pois se ofendeu somente a honra subjetiva.

4.6 Exceção da verdade

Trata-se de um incidente processual, que é uma questão secundária refletida sobre o processo principal, merecendo solução antes da decisão da causa ser proferida, previsto no § 3.º do art. 138. É uma forma de defesa indireta, por meio da qual o acusado de ter praticado calúnia pretende provar a veracidade do que alegou, demonstrando ser realmente autor de fato definido como crime o pretenso ofendido.

Como regra, pode o réu ou querelado assim agir porque se trata de interesse público apurar quem é o verdadeiro autor do crime. Imagine-se que Fulano diga ter Beltrano matado alguém em determinada ocasião, mas que o fato não foi devidamente apurado pela polícia. Caso Beltrano o processe, alegando ter sido vítima de calúnia, pode Fulano ingressar com a "exceção da verdade", dizendo que pretende demonstrar a veracidade do alegado, pois o Estado tem interesse em conhecer a autoria do homicídio, crime de ação pública incondicionada. Além disso, se falou a verdade, não está preenchido o tipo penal ("imputar *falsamente* fato definido como crime").

---

agrupamento social, produz inúmeros reflexos, com a repulsa ao ofensor ou ao ofendido, com as discórdias e desavenças. Defende, ao mesmo tempo, um direito individual e a harmonia social" (Adalberto José Q. T. de Camargo Aranha, *Crimes contra a honra*, p. 7).

4.6.1 Vedação à exceção da verdade referente à ação privada

Não pode o querelado ou réu ingressar com a exceção da verdade, pretendendo demonstrar a veracidade do que falou, quando o fato imputado à vítima constitua crime de ação privada e não houve condenação definitiva sobre o assunto.

Note-se a situação: "A" atribui a "B" ter injuriado "C". Este último nada faz a respeito, ou seja, não processa "B", ocorrendo a decadência. Não pode "A", sendo processado por "B", pretender provar a verdade do alegado, pois estaria substituindo-se a "C", único legitimado a processar "B". A única hipótese de "A" levantar a exceção da verdade seria no caso de "C" ter acionado "B", conseguindo a sua condenação definitiva.

4.6.2 Vedação à exceção da verdade em razão da pessoa envolvida

Não se admite a exceção da verdade quando a calúnia envolver o Presidente da República ou chefe de governo estrangeiro. Seria demais admitir que alguém, num singelo processo, pudesse envolver a figura do chefe do Executivo da nação, imputando-lhe e provando a prática de um delito. Sabe-se da complexidade constitucional para o processo criminal contra o Presidente da República – dependente de autorização da Câmara Federal e sujeito à competência originária do Supremo Tribunal Federal (crimes comuns) ou do Senado Federal (crimes de responsabilidade), conforme disposto no art. 86, *caput*, da Constituição –, de forma que não é concebível resolver-se a esse respeito numa ação penal comum.

No tocante ao chefe de governo estrangeiro, a exceção da verdade contra ele oferecida seria totalmente inócua, pois estaria imune à nossa jurisdição, podendo causar um sério incidente diplomático. Em contrário, manifesta-se VICENTE GRECO FILHO, afirmando que essas restrições foram revogadas pela Constituição Federal de 1988, "tendo em vista a plenitude do regime democrático, no qual a verdade não admite restrição à sua emergência, qualquer que seja a autoridade envolvida".[18]

4.6.3 Vedação à exceção da verdade por ter havido absolvição

É natural que não possa haver exceção da verdade quando o assunto já foi debatido e julgado, em definitivo, pelo Poder Judiciário. No exemplo supramencionado, imagine-se que Fulano imputa a Beltrano a prática de um homicídio, mas Beltrano já foi julgado e absolvido por sentença com trânsito em julgado. Não se pode admitir que Fulano, acusado de calúnia, prove a verdade do que alegou, uma vez que estaria afrontando a coisa julgada.

4.7 Quadro-resumo

	Calúnia
Previsão legal	**Art. 138.** Caluniar alguém, imputando-lhe falsamente fato definido como crime:
	Pena – detenção, de 6 (seis) meses a 2 (dois) anos, e multa.
	§ 1.º Na mesma pena incorre quem, sabendo falsa a imputação, a propala ou divulga.
	§ 2.º É punível a calúnia contra os mortos.

---

[18] *Manual de processo penal*, p. 387.

Previsão legal	**Exceção da Verdade** § 3.º Admite-se a prova da verdade, salvo: I – se, constituindo o fato imputado crime de ação privada, o ofendido não foi condenado por sentença irrecorrível; II – se o fato é imputado a qualquer das pessoas indicadas no n.º I do artigo 141; III – se do crime imputado, embora de ação pública, o ofendido foi absolvido por sentença irrecorrível.
Sujeito ativo	Qualquer pessoa
Sujeito passivo	Qualquer pessoa, inclusive a jurídica
Objeto material	A reputação e a imagem da pessoa
Objeto jurídico	Honra
Elemento subjetivo	Dolo + elemento específico
Classificação	Comum Formal Forma livre Comissivo Instantâneo Dano Unissubjetivo Unissubsistente ou plurissubsistente
Tentativa	Admite na forma plurissubsistente
Circunstâncias especiais	Imputação de fato Divulgação da calúnia Contra os mortos Exceção da verdade

5. DIFAMAÇÃO

5.1 Estrutura do tipo penal incriminador

Difamar significa desacreditar publicamente uma pessoa, maculando-lhe a reputação. Nesse caso, mais uma vez, o tipo penal foi propositadamente repetitivo, afinal, *difamar* já significa imputar algo desairoso a outrem, embora a descrição abstrata feita pelo legislador tenha deixado claro que, no contexto do crime do art. 139, não se trata de qualquer fato inconveniente ou negativo, mas sim de *fato ofensivo à sua reputação.*[19]

Com isso, excluiu os fatos definidos como crime – que ficaram para o tipo penal da calúnia –, bem como afastou qualquer vinculação à falsidade ou veracidade destes. Assim, difamar uma pessoa implica divulgar fatos infamantes à sua honra objetiva, sejam eles verdadeiros ou falsos.

---

[19] *"Reputação* tem sua origem em *reputatione,* significando fama, renome, conceito ou consideração de uma pessoa num círculo social. Portanto, fato atentatório à reputação é aquele que atinge o nome, a honra ou o conceito de uma pessoa, num dos inúmeros agrupamentos sociais em que projeta sua vida" (ADALBERTO JOSÉ Q. T. DE CAMARGO ARANHA, *Crimes contra a honra,* p. 58).

Reitere-se: o agente deve fazer referência a um acontecimento, que possua dados descritivos como ocasião, pessoas envolvidas, lugar, horário, entre outros, mas não um simples insulto. Dizer que uma pessoa é *caloteira* configura uma injúria, ao passo que espalhar o fato de que ela não pagou aos credores "A", "B" e "C", quando as dívidas X, Y e Z venceram no dia tal, do mês tal, configura difamação.

A ação típica é variada, podendo dar-se nos formatos verbal, escrito ou real (por meio de gesto). Admite o meio direto, indireto, oblíquo, simbólico e reflexo. Enfim, é um tipo penal de forma livre.[20]

Sobre a viabilidade de haver difamação pela Internet, consultar a nota 6.1.2 *infra*.

A pena prevista para esse crime é de detenção, de 3 (três) meses a 1 (um) ano, e multa.

5.2 Sujeitos ativo e passivo

O sujeito ativo pode ser qualquer pessoa humana. No polo passivo, pode-se considerar a possibilidade de ser sujeito passivo, além da pessoa humana, a jurídica, que goza de reputação no seio social. É preciso destacar que, mesmo as pessoas consideradas por outras como *desonradas*, por terem algum comportamento criticável (prostituição, vício em drogas, autor de crime etc.), continuam com sua honra tutelada e podem ser sujeitos passivos do crime de difamação.[21] A honra é um bem imaterial e não perece. Nas palavras de PACILEO e PETRINI, todos têm direito a um *respeito social mínimo*, que precisa ser resguardado a qualquer pessoa.[22]

O inimputável também pode ser sujeito passivo, desde que tenham uma compreensão mínima dos fatos para captar o sentido ofensivo da difamação proferida.

O Superior Tribunal de Justiça editou a Súmula 227, mencionando que "a pessoa jurídica pode sofrer dano moral", o que simboliza, em nosso entender, possuir ela renome a preservar, motivo pelo qual pode ser vítima de difamação.

Na doutrina, admitem a pessoa jurídica como sujeito passivo do crime de difamação: PAULO JOSÉ DA COSTA JÚNIOR;[23] CEZAR ROBERTO BITENCOURT;[24] ANÍBAL BRUNO.[25] Este último afirma serem as pessoas jurídicas "criações do Direito, instituídas para desempenhar certo gênero de funções, e, como entidades atuantes no meio social ou econômico, têm uma reputação a preservar e podem ser, portanto, sujeitos passivos de difamação".

Na doutrina, não admitem a inclusão da pessoa jurídica como sujeito passivo do crime de difamação, salientando que tal postura se deve apenas porque o delito está situado no título referente aos crimes contra a *pessoa* (traduzindo, pois, a física): MAGALHÃES NORONHA;[26] MIRABETE.[27]

---

[20] VINCENZO PACILEO e DAVIDE PETRINI, Reati contro la persona, In: GROSSO, PADOVANI e PAGLIARO, *Tratatto di diritto penale* – parte speciale, t. II, p. 61.

[21] Assim também o pensamento de ERNST BELING (*Esquema de derecho penal*, p. 143).

[22] Reati contro la persona, In: GROSSO, PADOVANI e PAGLIARO, *Trattato di diritto penale* – parte speciale, t. II, p. 33.

[23] *Comentários ao Código Penal*, p. 426.

[24] *Tratado de direito penal*, v. 2, p. 372.

[25] *Crimes contra a pessoa*, p. 276.

[26] *Direito penal*, v. 2, p. 144.

[27] *Código Penal interpretado*, p. 783.

5.3 Elemento subjetivo

Pune-se o crime quando o agente agir dolosamente. Não há a forma culposa. Entretanto, exige-se, majoritariamente (doutrina e jurisprudência), o elemento subjetivo específico, que é a especial intenção de ofender, magoar, macular a honra alheia. Este elemento intencional está implícito no tipo.

É possível que uma pessoa fale a outra a respeito de um fato desairoso atribuído a terceiro; entretanto, pode agir com *animus narrandi*, ou seja, a vontade de contar algo que ouviu, buscando, por exemplo, confirmação. Embora possa ser considerada atitude antiética, não se pode dizer tenha havido difamação.

O preenchimento do tipo aparentemente houve (o dolo existiu), mas não a específica vontade de macular a honra alheia (o que tradicionalmente chama-se "dolo específico").

Em contrário, afastando o elemento subjetivo específico, em posição ainda minoritária: "por si só, ou seja, por não ser mais que uma expressão de gracejo, esse *animus* não pode nem deve prevalecer como elemento descaracterizador da ofensa. É evidente. Se a pilhéria alcança o indivíduo, digamos, com o qualificativo de velhaco, isto não quer significar simplesmente que ele esteja livre de sofrer um dano, ainda que não haja intenção afrontosa. Em poucas palavras, a ninguém é dado o direito de atingir a honra alheia, a pretexto de fazer pilhéria, narrar fato, corrigir ou aconselhar, e depois pretender que na sua conduta não havia o menor intuito de ofensa. No caso, o que deve ser considerado é o dano que a pessoa visada venha a sofrer".[28]

Neste último prisma, afastando o denominado *animus injuriandi vel diffamandi*, encontra parcela considerável da doutrina italiana. Afirma-se que essa teoria surgiu com CARRARA e foi aprofundada pela escola positiva, por FLORIAN, em particular (século XIX). A proposta dessa corrente é descobrir o *verdadeiro difamador*, que atua por um fim egoístico de desonrar outrem e, por isso, é punido. Com isso, tem-se afastado do controle do Judiciário muitas queixas, sob os argumentos de ter havido *animus corrigendi, jocandi, consulendi, narrandi, retorquendi, defendendi* etc. Mas esse elemento específico não consta da lei; advém da doutrina. Na lei, o dolo é genérico e pode-se macular a honra alheia inclusive por meio de dolo eventual. É preciso repensar a teoria do *animus* específico, já desatualizada no tempo.[29]

5.3.1 Narrativa de testemunha

Não configura o crime de difamação se a testemunha se limita a expor, na sua ótica, sob o *animus narrandi*, o que lhe foi indagado pelo juiz, ainda que implique considerações desairosas sobre alguém. Facilmente, pode a testemunha transbordar a sua obrigação de narrar fatos *verdadeiros* para expor mentiras, o que já pode constituir o crime de falso testemunho, mas também constituírem tais mentiras ofensas à honra objetiva e/ou subjetiva de terceiro(s). Nessa hipótese, pode ser processada, em concurso formal, por falso testemunho, sobre os fatos inverídicos, além de calúnia e difamação, em concurso material com injúria. Esta última não se encaixa no perfil de uma testemunha, que depõe sobre fatos e não sobre sua opinião negativa a respeito de outras pessoas.

---

[28] WALTER VIEIRA DO NASCIMENTO, *A embriaguez e outras questões penais*, p. 41.

[29] VINCENZO PACILEO e DAVIDE PETRINI, Reati contro la persona, In: GROSSO, PADOVANI e PAGLIARO, *Trattato di diritto penale* – parte speciale, t. II, p. 103-105.

5.4 Objetos material e jurídico

O objeto material é a reputação da vítima. Como já esclarecemos, ao comentar o crime de calúnia, o objeto material pode ser impalpável, pois é apenas o objeto contra o qual se volta a conduta do autor.

O objeto jurídico tutelado é a honra.[30]

5.5 Classificação

Trata-se de crime comum (aquele que não demanda sujeito ativo qualificado ou especial); formal (delito que pode ter resultado naturalístico, embora não seja indispensável); de forma livre (podendo ser cometido por qualquer meio eleito pelo agente, inclusive de maneiras indiretas ou reflexas); comissivo ("difamar" implica ação); instantâneo (cujo resultado se dá de maneira instantânea, não se prolongando no tempo), mas pode adquirir a feição permanente se divulgado pela Internet, enquanto não retirado do conhecimento público; dano (envolve uma lesão a bem jurídico, embora não seja necessário atingi-la efetivamente para a consumação); unissubjetivo (que pode ser praticado por um só agente); unissubsistente ou plurissubsistente (pode ser praticado por um ou mais atos integrando a conduta de difamar); admite tentativa, se for na forma plurissubsistente.

5.5.1 Aspecto particular da consumação

Justifica-se a aplicação integral da pena, portanto, considera-se o delito consumado quando a imputação infamante chega ao conhecimento de terceiro, que não a vítima. Basta uma pessoa estranha aos sujeitos ativo e passivo para se consumar a difamação. Se a atribuição de fato negativo for dirigida exclusivamente à vítima, configura-se a injúria, pois a única honra afetada seria a subjetiva.

5.6 Exceção da verdade

A definição já foi dada no tópico 4.6 *supra*. Nesse caso, no entanto, há uma particularidade: não se aceita a prova da verdade como regra geral, pois é indiferente que o fato infamante seja verdadeiro ou falso.

Ao tratar do funcionário público, dizendo respeito às suas funções, ao contrário, é interesse do Estado apurar a veracidade do que está sendo alegado. Trata-se de finalidade maior da Administração punir funcionários de má conduta. Assim, caso alguém diga que determinado funcionário retardou seu serviço, em certa repartição, porque foi cuidar de interesses particulares, admite-se prova da verdade, embora não seja crime. É um fato de interesse do Estado apurar e, se for o caso, punir.

---

[30] Convém registrar uma segunda objetividade jurídica, "já percebida pelos romanos, vale dizer, evitar a perturbação social, o conflito numa comunidade, pois, quando uma ofensa à honra é lançada num agrupamento social, produz inúmeros reflexos, com a repulsa ao ofensor ou ao ofendido, com as discórdias e desavenças. Defende, ao mesmo tempo, um direito individual e a harmonia social" (ADALBERTO JOSÉ Q. T. DE CAMARGO ARANHA, *Crimes contra a honra*, p. 7).

5.7 Quadro-resumo

Previsão legal	**Difamação** **Art. 139**. Difamar alguém, imputando-lhe fato ofensivo à sua reputação: Pena – detenção, de 3 (três) meses a 1 (um) ano, e multa. **Exceção da verdade** **Parágrafo único.** A exceção da verdade somente se admite se o ofendido é funcionário público e a ofensa é relativa ao exercício de suas funções.
Sujeito ativo	Qualquer pessoa
Sujeito passivo	Qualquer pessoa, inclusive a jurídica
Objeto material	A reputação e a imagem da pessoa
Objeto jurídico	Honra
Elemento subjetivo	Dolo + elemento específico
Classificação	Comum Formal Forma livre Comissivo Instantâneo Dano Unissubjetivo Unissubsistente ou plurissubsistente
Tentativa	Admite na forma plurissubsistente
Circunstâncias especiais	Imputação de fato Exceção da verdade

6. INJÚRIA

6.1 Estrutura do tipo penal incriminador

Injuriar significa ofender ou insultar (vulgarmente, xingar). No caso presente, isso não basta. É preciso que a ofensa atinja a dignidade (respeitabilidade ou amor-próprio) ou o decoro (correção moral ou compostura) de alguém.[31] Portanto, é um insulto que macula a honra subjetiva, arranhando o conceito que a vítima faz de si mesma. É o que dispõe o art. 140 do Código Penal.

"Não importa o caráter verdadeiro ou falso do que é afirmado explícita ou implicitamente no ato injurioso. Ninguém tem o direito de ofender a dignidade de outrem, por mais precária que esta seja. E no caso não há nenhum interesse de natureza social que se contraponha a esse princípio de ordem pública. A falsidade não é elemento da injúria. Verdadeiro ou falso, o juízo contido na palavra ou gesto ultrajante é ofensa à honra e nem por exceção se admite a prova da verdade."[32]

---

[31] "A diferença entre ambas constitui uma linha tênue, de difícil transposição, tornando comum a confusão. A dignidade pode ser traduzida como um sentimento de nossa própria honorabilidade ou valor moral ('cafajeste', 'canalha', 'biltre', 'mentiroso' etc.); o decoro é o sentimento de nossa respeitabilidade pessoal ('burro', 'débil mental', 'pé torto', 'cabeçudo' etc.)" (ADALBERTO JOSÉ Q. T. DE CAMARGO ARANHA, *Crimes contra a honra*, p. 64).

[32] ANÍBAL BRUNO, *Crimes contra a pessoa*, p. 308.

É válido mencionar a correta lembrança de Pacileo e Petrini a respeito dos níveis de decoro de uma pessoa. "Afirma-se existir um decoro *mínimo*, que resguarda todas as pessoas, e um decoro variável conforme a posição social de qualquer um com base na opinião comum das pessoas."[33] Não se pode negar que determinada palavra ofensiva pode ser absorvida por uma pessoa inculta, em meio social onde todos a proferem com frequência, sem haver ferida à honra subjetiva, enquanto que o mesmo termo, dirigido a um Presidente, um Ministro ou um Governante de alto escalão, pode soar extremamente injurioso.

Lembremos que a injúria é a parte mais *subjetiva* da honra, pois atinge a autoestima da vítima; logo, depende de cada pessoa para se captar se houve, realmente, lesão à sua respeitabilidade e ao seu amor-próprio. Nesse ponto, o trabalho do julgador é determinante e mais árduo do que o exercido nos contextos da calúnia e da difamação, que lidam com fatos e com a honra objetiva.

A ação típica é variada, podendo dar-se nos formatos verbal, escrito ou real (por meio de gesto). Admite o meio direto, indireto, oblíquo, simbólico e reflexo. Enfim, é um tipo penal de forma livre.[34]

O crime de injúria, como já mencionado, foi revogado no Código Penal italiano, em 15 de janeiro de 2016. Hoje, desloca-se a questão para a esfera reparatória civil. Eis um bom exemplo de aplicação do princípio da intervenção mínima.

A pena prevista para o crime de injúria é de detenção, de 1 (um) a (seis) meses, ou multa.

O juiz pode deixar de aplicar a pena: a) quando o ofendido, de forma reprovável, provocou diretamente a injúria; b) no caso de retorsão imediata, que consista em outra injúria.

Se a injúria consiste em violência ou vias de fato, que, por sua natureza ou pelo meio empregado, se considerem aviltantes, a pena é de detenção, de 3 (três) meses a 1 (um) ano, e multa, além da pena correspondente à violência.

Caso consista na utilização de elementos referentes a raça, cor, etnia, religião, origem ou a condição de pessoa idosa ou portadora de deficiência, a pena é de reclusão de um a três anos e multa.

6.1.1 Injúria por omissão

Não há de ser descartada, pois há especiais momentos, nos vários níveis de relacionamento humano, em que um gesto vale mais que palavras.

O tradicional exemplo é o da recusa em estender a mão para outra pessoa que já está com a sua levantada e estendida para um cumprimento formal, em ambiente igualmente formal. Trata-se de um gesto omissivo injurioso, com a capacidade de constranger o outro, que fica com a mão estendida, sem correspondência. Há, certamente, uma humilhação pública, atentatória à dignidade da pessoa.

É preciso que o gesto, seja ele qual for, constitua uma nítida manifestação de desprezo e apto a fundamentar uma humilhação a quem ele se dirige.

---

[33] Reati contro la persona, In: Grosso, Padovani e Pagliaro, *Trattato di diritto penale* – parte speciale, t. II, p. 13.

[34] Vincenzo Pacileo e Davide Petrini, Reati contro la persona, In: Grosso, Padovani e Pagliaro, *Tratatto di diritto penale* – parte speciale, t. II, p. 61.

6.1.2 Ofensa contra a honra pela Internet

Novos caminhos, advindos da moderna tecnologia, criam outros veículos para se externar uma ofensa. Torna-se mais fácil identificar uma ofensa à honra por intermédio de um e-mail dirigido de determinada pessoa a outra.

No entanto, o problema torna-se mais complexo nas redes sociais, não se podendo descartar qualquer crime contra a honra cometido dessa maneira. Em *sites* como o Facebook, muitas pessoas soltam a língua para falar de tudo e de todos, por vezes com palavras de baixo calão e transmitindo fatos falsos e degradantes a respeito de alguém determinado.

É perfeitamente possível configurar um crime contra a honra num *post* do Facebook ou qualquer outro ambiente virtual similar, inclusive por meio de mensagens curtas postadas no Twitter.[35]

O provedor ou o administrador do *site*, sendo pessoa jurídica, não pode ser incriminado. Tratando-se de pessoa física, que controla o conteúdo das postagens, tomando conhecimento e não apagando o *post* ofensivo, pode tornar-se partícipe. Alguns dirão que o *post*, ao ingressar no *site*, consuma o crime, por se tornar público, e ninguém poderia participar depois da consumação. No entanto, a Internet fornece uma nova forma de praticar o crime contra a honra, que é a permanência (em lugar da instantaneidade, por outros instrumentos).

Enquanto a postagem ali está, a mensagem ofensiva está sendo repetida e repetida à exaustão, proporcionando o conhecimento a um maior número de pessoas, que inclusive podem compartilhá-la, incidindo no mesmo delito.

Como fica o caso das pessoas que se limitam a *curtir* a ofensa contra terceiro? Poderia ser um partícipe, em tese, pois concordou e deu seu *aval*. No entanto, cremos ser pouco para tomar feição de aderência à conduta criminosa. Há quem *curta* postagens de outros sem nem mesmo ler.

Por outro lado, os que comentarem aquele *post* ofensivo, dando sua concordância ou colocando mais termos ofensivos, são partícipes do crime contra a honra. Ou podem ser até mesmo coautores, visualizando o caráter permanente da infração penal.

Se a ofensa verbal é instantânea, a tecnologia permite, agora, o formato permanente, pois ela está presente, atingindo mais e mais pessoas até que seja retirada, finalizando a consumação.

6.2 Sujeitos ativo e passivo

O sujeito ativo pode ser qualquer pessoa humana. No polo passivo, pode-se considerar a possibilidade de ser sujeito passivo apenas a pessoa humana. A jurídica, em que pese gozar de reputação no seio social, não tem "amor-próprio" a ser atingido.

6.2.1 Agente embriagado

Como regra, no direito penal brasileiro, a pessoa que se embriaga voluntária ou culposamente (art. 28, II, CP) responde pelo crime praticado. Entretanto, enquanto perdurar a teoria do *animus* específico de humilhar e desonrar a vítima, a situação do alcoolizado não é tão simples de se analisar. Afinal, depende muito do estágio de embriaguez atingido. Tratando-se

---

[35] PACILEO e PETRINI demonstram que o mesmo se pensa na Itália, já com reflexos na jurisprudência (Reati contro la persona, In: GROSSO, PADOVANI e PAGLIARO, *Trattato di diritto penale* – parte speciale, t. II, p. 91).

de embriaguez incompleta, a tendência é permitir o processo e eventual punição, pois ainda há capacidade de entendimento.

Por outro lado, cuidando-se de embriaguez completa, a hipótese punitiva pode distanciar-se, tendo em vista que o bêbado fala coisas desconexas e incoerentes, xingando pessoas que nunca viu na vida. Dependendo do caso concreto, é preferível afastar-se da esfera criminal, garantindo o acesso ao Judiciário pela porta civil, exigindo uma reparação de danos morais.

6.2.1.1 Ofendido embriagado ou deficiente

Quando o ofendido está embriagado, é preciso detectar e distinguir o grau de embriaguez. Na fase da embriaguez incompleta, os sentidos e a consciência estão preservados, de modo que é viável a captação da injúria, sentindo-se a vítima ofendida. Na fase da embriaguez completa, torna-se mais difícil detectar se o bêbado tem noção do que se passa ao seu redor. Como regra, ele age inconscientemente, de forma que não pode ser sujeito passivo do crime de injúria. A grande probabilidade é nem mesmo lembrar-se do que fez ou ouviu durante esse período.

Cuidando-se de vítima deficiente, é certo que o art. 140, § 3.º, do CP coloca como qualificada a injúria contra pessoas com deficiência. No entanto, é preciso diferenciar os destinatários da ofensa, pois há formas de deficiência que não retiram a capacidade de entendimento da injúria, como ocorre com o indivíduo paraplégico. No entanto, o sujeito surdo-mudo não toma conhecimento de uma injúria verbal que esteja sendo proferida por alguém a alguns metros de distância. Não lhe chegando ao conhecimento, inexiste crime de injúria, pois o bem jurídico não foi afetado (amor-próprio; autoestima).

6.2.2 Inimputáveis e mortos

No tocante aos inimputáveis (doentes mentais e menores), é preciso distinguir a possibilidade de serem sujeitos passivos apenas no caso concreto. Uma criança em tenra idade não tem a menor noção do que venha a ser dignidade ou decoro, de modo que não pode ser sujeito passivo do crime, embora um adolescente já tenha tal sentimento e possa ser, sem dúvida, vítima de injúria, em que pese ser inimputável penalmente. O doente mental também é um caso à parte. Conforme o grau e o estágio de sua doença, pode ou não ter noção de dignidade ou decoro. Se possuir, é sujeito passivo do crime de injúria.[36]

Mortos, por sua vez, não podem ser injuriados, porque o Código não abriu exceção nesse caso. Aliás, não teria sentido se o fizesse, pois o delito de injúria atinge a autoestima da pessoa; o cadáver não é mais pessoa e muito menos possui autoestima.

6.3 Elemento subjetivo

Pune-se o crime quando o agente agir dolosamente. Não há a forma culposa. Entretanto, exige-se, majoritariamente (doutrina e jurisprudência), o elemento subjetivo específico, que é a especial intenção de ofender, magoar, macular a honra alheia. Este elemento intencional está implícito no tipo.

É possível que uma pessoa ofenda outra, embora assim esteja agindo com *animus criticandi* ou até *animus corrigendi*, ou seja, existe a especial vontade de criticar uma conduta errônea

---

[36] No mesmo sentido, Vincenzo Pacileo e Davide Petrini, Reati contro la persona, In: Grosso, Padovani e Pagliaro, *Trattato di diritto penale* – parte speciale, t. II, p. 34.

Cap. V – Crimes contra a Honra • **Parte 1**   185

para que o agente não torne a fazê-la. Embora muitas vezes quem corrige ou critica não tenha tato para não magoar outra pessoa, não se pode dizer tenha havido injúria. O preenchimento do tipo aparentemente pode haver (o dolo existiu), mas não a específica vontade de macular a honra alheia (o que tradicionalmente chama-se "dolo específico").

Em contrário, afastando o elemento subjetivo específico, em posição ainda minoritária: "por si só, ou seja, por não ser mais que uma expressão de gracejo, esse *animus* não pode nem deve prevalecer como elemento descaracterizador da ofensa. É evidente. Se a pilhéria alcança o indivíduo, digamos, com o qualificativo de velhaco, isto não quer significar simplesmente que ele esteja livre de sofrer um dano, ainda que não haja intenção afrontosa. Em poucas palavras, a ninguém é dado o direito de atingir a honra alheia, a pretexto de fazer pilhéria, narrar fato, corrigir ou aconselhar, e depois pretender que na sua conduta não havia o menor intuito de ofensa. No caso, o que deve ser considerado é o dano que a pessoa visada venha a sofrer".[37]

Neste último prisma, afastando o denominado *animus injuriandi vel diffamandi*, encontra parcela considerável da doutrina italiana. Afirma-se que essa teoria surgiu com CARRARA e foi aprofundada pela escola positiva, por FLORIAN, em particular (século XIX). A proposta dessa corrente é descobrir o *verdadeiro difamador*, que atua por um fim egoístico de desonrar outrem e, por isso, é punido. Com isso, tem-se afastado do controle do Judiciário muitas queixas, sob os argumentos de ter havido *animus corrigendi, jocandi, consulendi, narrandi, retorquendi, defendendi* etc. Mas esse elemento específico não consta da lei; advém da doutrina. Na lei, o dolo é genérico e pode-se macular a honra alheia inclusive por meio de dolo eventual. É preciso repensar a teoria do *animus* específico, já desatualizada no tempo.[38]

6.3.1   Injúria proferida no calor da discussão

Não é crime, pois ausente estará o elemento subjetivo específico, que é a especial vontade de magoar e ofender. Em discussões acaloradas, é comum que os participantes profiram injúrias a esmo, sem controle, e com a intenção de desabafar. Arrependem-se do que foi dito, tão logo se acalmam, o que está a evidenciar a falta de intenção de ofender.

Essa é a regra, mas não se pode tomar como uma medida 100% segura, pois, em certas discussões, há quem mantenha a calma suficiente para injuriar a outra parte, de modo bem sério, pretendendo macular sua autoestima. Portanto, depende do caso concreto.

6.4   Objetos material e jurídico

O objeto material do crime de injúria é a autoimagem que a vítima faz de si mesma; embora não tenha consistência material, não importa. Considera-se objeto material qualquer coisa, pessoa ou mesmo interesse contra o qual se volte a conduta do agente.

O objeto jurídico é a honra.[39]

---

[37] WALTER VIEIRA DO NASCIMENTO, *A embriaguez e outras questões penais*, p. 41.

[38] VINCENZO PACILEO e DAVIDE PETRINI, Reati contro la persona, In: GROSSO, PADOVANI e PAGLIARO, *Trattato di diritto penale* – parte speciale, t. II, p. 103-105.

[39] Convém registrar uma segunda objetividade jurídica, "já percebida pelos romanos, vale dizer, evitar a perturbação social, o conflito numa comunidade, pois, quando uma ofensa à honra é lançada num agrupamento social, produz inúmeros reflexos, com a repulsa ao ofensor ou ao ofendido, com as discórdias e desavenças. Defende, ao mesmo tempo, um direito individual e a harmonia social" (ADALBERTO JOSÉ Q. T. DE CAMARGO ARANHA, *Crimes contra a honra*, p. 7).

6.5 Classificação

Trata-se de crime comum (aquele que não demanda sujeito ativo qualificado ou especial); formal (delito que pode ter resultado naturalístico, embora não seja indispensável); de forma livre (podendo ser cometido por qualquer meio eleito pelo agente, inclusive de maneiras indiretas ou reflexas); comissivo ("injuriar" implica ação); instantâneo (cujo resultado se dá de maneira instantânea, não se prolongando no tempo), mas pode adquirir a feição permanente se divulgado pela Internet, enquanto não retirado do conhecimento público; dano (envolve uma lesão a bem jurídico, embora não seja necessário atingi-la efetivamente para a consumação); unissubjetivo (que pode ser praticado por um só agente); unissubsistente ou plurissubsistente (pode ser praticado por um ou mais atos integrando a conduta de injuriar); admite tentativa, se for plurissubsistente.

6.5.1 *Consumação*

Justifica-se a aplicação integral da pena, portanto, considera-se o delito consumado quando a ofensa chega ao conhecimento da vítima. Não é necessário que terceiro dela tome conhecimento.

6.6 Exceção da verdade

É inadmissível, pois não se pode pretender provar um insulto ou uma afronta. A mágoa gerada subjetivamente é impossível de ser, judicialmente, desmentida. Seria esdrúxula a possibilidade de alguém que chamou outra pessoa de "imbecil" ter condições legais de provar tal afirmativa. Transformar-se-ia o Judiciário num palco inesgotável de provas ilógicas e impossíveis, pois a ninguém é dado o direito de emitir opiniões negativas acerca de outras pessoas. Aliás, buscar provar que alguém é mesmo imbecil significa tornar o mecanismo ainda mais ofensivo.

6.7 Perdão judicial

Trata-se de uma causa de extinção da punibilidade, quando o Estado, diante de circunstâncias especiais, crê não ser cabível punir o agente, conforme previsto, neste caso, no art. 140, § 1.º. É indispensável que o perdão judicial esteja previsto expressamente em lei, como é o caso presente, pois, uma vez configurado o crime, a pena seria indeclinável. Segundo orientação dominante atualmente, a decisão que concede o perdão é declaratória de extinção da punibilidade, não representando qualquer ônus primário ou secundário para o réu.

6.7.1 *Provocação reprovável*

Configura-se uma hipótese semelhante à violenta emoção, seguida de injusta provocação da vítima. Aquele que provoca outra pessoa, indevidamente, até tirar-lhe o seu natural equilíbrio, pode ser vítima de uma injúria. Embora não seja correto, nem lícito, admitir que o provocado ofenda o agente provocador, é causa de extinção da punibilidade. Não haveria razão moral para o Estado punir quem injuriou a pessoa que o provocou.

6.7.2 *Retorsão imediata*

É uma modalidade anômala de "legítima defesa". Quem foi ofendido, devolve a ofensa. Mais uma vez: embora não seja lícita a conduta, pois a legítima defesa destina-se, exclusivamente, a fazer cessar a agressão injusta que, no caso da injúria, já ocorreu, é preciso ressaltar que o ofendido tem em mente devolver a ofensa para livrar-se da pecha a ele dirigida. Trata-se de uma maneira comum dos seres humanos sentirem-se recompensados por insultos recebidos. A devolução do ultraje acaba, internamente, compensando quem a produz. Por isso, o Estado acaba perdoando o agressor.

6.8 Forma qualificada pela violência (§ 2.º)

A violência implica ofensa à integridade corporal de outrem, enquanto a via de fato representa uma forma de violência que não chega a lesionar a integridade física ou a saúde de uma pessoa. A pena é de detenção, de três meses a um ano, e multa, além da pena correspondente à violência.

Um tapa pode produzir um corte no lábio da vítima, configurando violência, mas pode também não deixar ferimento, representando as vias de fato. É possível que o agente prefira produzir um insulto dessa forma, o que, aliás, é igualmente infamante. Nesse caso, se tiver havido violência, há concurso da injúria com o delito de lesões corporais. Circunscrevendo-se, unicamente, às vias de fato, fica a contravenção absorvida pela injúria chamada *real*.

Não é qualquer lesão corporal ou agressão física que se configura em injúria real, ainda que possa haver a intenção especial do agente em humilhar o adversário. É indispensável que tal agressão seja considerada *aviltante* – humilhante, desprezível – pelo meio utilizado ou pela sua própria natureza.

6.9 Forma qualificada pela injúria consistente em atributos pessoais de grupos mais vulneráveis (§ 3.º)

Entende-se mais grave valer-se o agente da injúria para atingir a vítima por conta de circunstâncias pessoais muito específicas, cujo contexto na sociedade identifica um grupo mais vulnerável e, com isso, passível de sofrer humilhação e mágoa. Ofender a honra subjetiva de alguém, utilizando a religião, a idade avançada ou a deficiência física ou mental, significa usar paradigmas muito conhecidos e sujeitos a gerar lesão ao amor-próprio. A pena é de reclusão de um a três anos e multa.

Entretanto, essa injúria qualificada pode ser classificada como uma *prática racista*, quando o intuito se voltar não apenas contra a dignidade ou o decoro da vítima, mas a uma forma de discriminação e segregação de pessoas. A Lei 14.532/2023 criou o art. 2.º-A na Lei 7.716/1989, migrando os fatores referentes a raça, cor, etnia e procedência nacional, e elevando a pena, o que, por si só, não afeta o entendimento do STF no sentido de que os insultos a judeus ou homossexuais, por exemplo, podem ser manifestações racistas (consultar o julgado do STF a seguir mencionado). A utilização da religião e da orientação sexual com o fito segregacionista foi tipificada no âmbito do termo *raça*, pelo Pretório Excelso, que agora é transferido para a Lei 7.716/1989, com pena mais elevada e ação pública incondicionada.

Sob outro aspecto, em tese, pode-se utilizar a religião, a idade avançada ou a deficiência como puro xingamento, como, por exemplo, dentro de uma reunião familiar, em que não se pretende excluir ninguém, mas somente humilhar, de modo que nasce a injúria qualificada (há exemplos extraídos da jurisprudência, como "bicha espírita" e "velha safada"). O insulto proferido em público a alguém, por conta da sua religião, visando ao seu afastamento de determinado grupo, como num clube recreativo, constitui injúria racial, aplicando-se o art. 2.º-A da Lei 7.716/1989.

Acesse e assista ao vídeo sobre Injúria racial e discriminação racial.
> http://uqr.to/1yog0

Há que se analisar o elemento subjetivo específico implícito na ofensa: se honra ou também segregação. Quando se trata de ofensa por conta da cor da pele, ingressa-se em fator mais intenso, que extravasa a meta de macular a honra para adentrar, sempre, o nefasto campo do *racismo estrutural*, que há muito tempo assola a sociedade brasileira, constituindo, por natureza, a injúria racial, agora tipificada no art. 2.º-A da Lei 7.716/1989.

Em suma, a injúria qualificada deste § 3.º do art. 140 pode figurar como delito contra a honra, mas é passível de tipificação na Lei 7.716/1989. Julgado do STF quanto a *racismo* ligado a religião: "Publicação de livros: antissemitismo. Racismo. Crime imprescritível. Conceituação. Abrangência constitucional. Liberdade de expressão. Limites. Ordem denegada. 1. Escrever, editar, divulgar e comerciar livros 'fazendo apologia de ideias preconceituosas e discriminatórias' contra a comunidade judaica (Lei 7.716/89, art. 20, na redação dada pela Lei 8.081/90) constitui crime de racismo sujeito às cláusulas de inafiançabilidade e imprescritibilidade (CF, art. 5.º, XLII). 2. Aplicação do princípio da prescritibilidade geral dos crimes: se os judeus não são uma raça, segue-se que contra eles não pode haver discriminação capaz de ensejar a exceção constitucional de imprescritibilidade. Inconsistência da premissa. 3. *Raça humana. Subdivisão. Inexistência. Com a definição e o mapeamento do genoma humano, cientificamente não existem distinções entre os homens, seja pela segmentação da pele, formato dos olhos, altura, pelos ou por quaisquer outras características físicas, visto que todos se qualificam como espécie humana. Não há diferenças biológicas entre os seres humanos. Na essência são todos iguais.* 4. Raça e racismo. *A divisão dos seres humanos em raças resulta de um processo de conteúdo meramente político-social. Desse pressuposto origina-se o racismo que, por sua vez, gera a discriminação e o preconceito segregacionista.* 5. Fundamento do núcleo do pensamento do nacional-socialismo de que os judeus e os arianos formam raças distintas. Os primeiros seriam raça inferior, nefasta e infecta, características suficientes para justificar a segregação e o extermínio: inconciliabilidade com os padrões éticos e morais definidos na Carta Política do Brasil e do mundo contemporâneo, sob os quais se ergue e se harmoniza o estado democrático. *Estigmas que por si só evidenciam crime de racismo.* Concepção atentatória dos princípios nos quais se erige e se organiza a sociedade humana, baseada na respeitabilidade e dignidade do ser humano e de sua pacífica convivência no meio social. Condutas e evocações aéticas e imorais que implicam repulsiva ação estatal por se revestirem de densa intolerabilidade, de sorte a afrontar o ordenamento infraconstitucional e constitucional do País. 6. Adesão do Brasil a tratados e acordos multilaterais, que energicamente repudiam quaisquer discriminações raciais, aí compreendidas as distinções entre os homens por restrições ou preferências oriundas de raça, cor, credo, descendência ou origem nacional ou étnica, inspiradas na pretensa superioridade de um povo sobre outro, de que são exemplos a xenofobia, 'negrofobia', 'islamafobia' e o antissemitismo. 7. A Constituição Federal de 1988 impôs aos agentes de delitos dessa natureza, pela gravidade e repulsividade da ofensa, a cláusula de imprescritibilidade, para que fique, *ad perpetuam rei memoriam*, verberado o repúdio e a abjeção da sociedade nacional à sua prática. 8. Racismo. Abrangência. Compatibilização dos conceitos etimológicos, etnológicos, sociológicos, antropológicos ou biológicos, de modo a construir a definição jurídico-constitucional do termo. *Interpretação teleológica e sistêmica da Constituição Federal, conjugando fatores e circunstâncias históricas, políticas e sociais que regeram sua formação e aplicação, a fim de obter-se o real sentido e alcance da norma.* 9. Direito comparado. A exemplo do Brasil as legislações de países organizados sob a égide do estado moderno de direito democrático igualmente adotam em seu ordenamento legal punições para delitos que estimulem e propaguem segregação racial. Manifestações da Suprema Corte Norte-Americana, da Câmara dos Lordes da Inglaterra e da Corte de Apelação da Califórnia nos Estados Unidos que consagraram entendimento que aplicam sanções àqueles que transgridem *as regras de boa convivência social com grupos humanos que simbolizem a prática de racismo.* 10. A edição e publicação de obras escritas veiculando ideias antissemitas, que buscam resgatar e dar credibilidade à concepção racial definida pelo regime nazista, negadoras e subversoras de fatos históricos incontroversos como o holocausto, consubstanciadas na pretensa inferioridade e desqualificação do povo judeu, equivalem à incitação ao discrímen com acentuado conteúdo racista, reforçadas pelas consequências históricas dos atos em que se baseiam. 11. Explícita conduta do agente responsável pelo agravo revelador de manifesto dolo, baseada na equivocada premissa de que os judeus não só são uma raça, mas, mais do que isso, um segmento racial atávico e geneticamente menor e pernicioso. 12. Discriminação que, no caso, se evidencia como deliberada e dirigida especificamente aos judeus, que configura ato ilícito de prática de racismo, com as consequências gravosas que o acompanham. 13. Liberdade de expressão. Garantia constitucional que não se tem como absoluta. Limites morais e jurídicos. O direito à livre expressão não pode abrigar, em sua abrangência, manifestações de conteúdo imoral que implicam ilicitude penal. 14. As liberdades públicas não são incondicionais, por isso devem ser exercidas de maneira harmônica, observados os limites definidos na própria Constituição Federal (CF, art. 5.º, § 2.º, primeira parte). O preceito fundamental de liberdade de expressão não consagra o 'direito à incitação ao racismo', dado que um direito individual não pode constituir-se em salvaguarda de condutas ilícitas, como sucede com os delitos contra a honra. *Prevalência dos princípios da dignidade da pessoa humana e da igualdade jurídica.* 15. 'Existe um nexo estreito entre a imprescritibilidade, este tempo jurídico que se escoa sem encontrar termo, e a memória, apelo do passado à disposição dos vivos, triunfo da lembrança sobre o esquecimento.' No estado de direito democrático devem ser intransigentemente respeitados os princípios que garantem a prevalência dos direitos humanos. Jamais podem se apagar da memória dos povos que se pretendam justos os atos repulsivos do passado que permitiram e incentivaram o ódio entre iguais por motivos raciais de torpeza inominável. 16. A ausência de prescrição nos crimes de racismo justifica-se como alerta grave para as gerações de hoje e de amanhã, para que se impeça a reinstauração de velhos e ultrapassados conceitos que a consciência jurídica e histórica não mais admite. Ordem denegada" (HC-QO 82.424-RS, rel. Moreira Alves, rel. para o acórdão Maurício Corrêa, j. 17.09.2003, *DJ* 19.03.2004, p. 17, m.v., grifos nossos).

A diferença entre a injúria do art. 140 do Código Penal e a injúria racial do art. 2.º-A da Lei 7.716/1989 é que o delito contra a honra prescreve e é afiançável, enquanto o crime envolvendo o racismo é imprescritível e inafiançável, nos termos da Constituição Federal (art. 5.º, XLII).

Nunca é demais relembrar que as ofensas abrangendo religião, idade ou deficiência não constituem frutos da liberdade de pensamento ou de expressão, visto que há limites para o exercício de qualquer direito, vedada sempre a agressão a direito alheio. Religiosos, idosos e pessoas deficientes podem e devem conviver harmonicamente em sociedade, sendo incabível permitir o constrangimento moral a eles destinado.

6.9.1 A prática racista

O art. 5.º, XLII, da Constituição Federal preceitua que a "prática do racismo constitui crime inafiançável e imprescritível, sujeito à pena de reclusão, nos termos da lei". O racismo é uma forma de pensamento que teoriza a respeito da existência de seres humanos divididos em "raças", em face de suas características somáticas, bem como conforme sua ascendência comum.

A partir dessa ideia de separação, apregoa-se a superioridade de uns sobre outros, em atitude autenticamente preconceituosa e discriminatória. Vários estragos o racismo já causou à humanidade em diversos lugares, muitas vezes impulsionando o extermínio de milhares de seres humanos, a pretexto de serem inferiores, motivo pelo qual não mereceriam viver.

Da mesma forma que a Lei 7.716/1989 estabelece várias figuras típicas de crimes resultantes de preconceitos de raça, cor, etnia, religião ou procedência nacional não quer dizer, em nossa visão, que promova um rol exaustivo. Portanto, outros delitos que gerem *práticas racistas* podem emergir em leis diversas.

Registre-se que as decisões do STF, inserindo a discriminação religiosa e de orientação sexual como manifestações racistas, não se valeram de analogia *in malam partem* nem de interpretação extensiva.

O ponto é bem diverso, pois se liga ao fato de que o termo *racismo* necessitava ser revisto e reavaliado, ou seja, corretamente analisado à luz do presente, em típica interpretação evolutiva.[40] Note-se: a sociedade, diversamente do que se entende hoje, dividia os seres humanos em *raças*, até que se chegou à conclusão de que somos todos iguais, bastante um exame de DNA. Portanto, *inexistem* raças e o que verdadeiramente há é o preconceito e a discriminação, espelhados em *segregação*, isto é, a vontade de alguns seres humanos de pretenderem ser superiores a outros, por qualquer razão, incluindo a cor da pele (que nada tem a ver com raça) ou a orientação sexual (que em nada se relaciona com raça).

Ora, se não há raças, logo, inexistiria *racismo*? É evidente que existe e envolve a sociedade de maneira camuflada e perniciosa, como o chamado *racismo estrutural*, afastando pessoas tidas por indesejáveis, pela cor da pele, pela religião adotada, pela orientação sexual, pelo gênero, enfim, por fatores inerentes à pessoa humana, mas não os fatores dominantes. É uma perseguição contínua às minorias ou às pessoas vulneráveis. O embate contra o racismo precisa de todas as armas legalmente viáveis, tipificadas em lei e voltadas a eliminar a segregação dos vulneráveis pela camada dominante da sociedade brasileira. Aliás, defendíamos que o crime de injúria racial deveria ser legalmente previsto como de ação pública incondicionada, o que houve com a edição da Lei 14.532/2023 (art. 2.º-A introduzido na Lei 7.716/1989).

6.9.2 Proporcionalidade da pena

É verdade que, em comparação singela com outros crimes, a pena fixada para esse tipo de injúria é elevada, pois é mais grave, num simples exemplo, do que a prevista para o homicídio culposo. Ocorre que há épocas em que o Estado se vê levado a punir de forma mais grave certas condutas, que estão atormentando mais severamente e com maior frequência a sociedade; noutras, não haveria razão para tal postura. Foi o caso dos crimes de trânsito.

---

[40] Aliás, o termo *obsceno*, no art. 233 do Código Penal, passa por revisão periodicamente, por meio de interpretação evolutiva, afinal, o que era considerado obsceno no passado, atualmente tem outra conotação. Portanto, os termos *raça* e *racismo* também sofreram a ação do tempo.

O homicídio culposo na direção de veículo automotor tem uma pena de detenção de dois a quatro anos, enquanto o homicídio culposo, do Código Penal, tem punição de um a três anos. Isso significa que o homicídio no trânsito vem atormentando a sociedade com maior rigor e merece ser punido de forma mais rigorosa. Não vemos qualquer ofensa ao princípio da proporcionalidade. É o que ocorre neste caso.

O Brasil intitula-se um país formado por várias diversidades, onde não haveria, em tese, como existe em outros lugares, de modo nítido, discriminação. Entretanto, é sabido que há uma forma de discriminação velada, trazida por ofensas e comentários desairosos a pessoas e instituições, que demonstram a face segregativa de muitos. Portanto, não basta punir rigidamente quem impede a entrada de uma pessoa negra, judia ou homossexual em um lugar público (reclusão de 1 a 3 anos, conforme o art. 5.º da Lei 7.716/1989), mas também quem faz o mesmo através de comentários jocosos e humilhantes, que afastam a mesma pessoa do lugar onde pretendia ingressar. É possível, por exemplo, que uma lojista impeça, fisicamente, a entrada de uma pessoa negra, judia ou homossexual (responde quem assim agiu por um mínimo de 1 ano de reclusão) em um estabelecimento comercial, embora possa fazer a mesma coisa dizendo que "negros (judeus ou homossexuais) não têm postura para ingressar no recinto". A pessoa ofendida e humilhada retira-se do lugar, embora não tenha sido fisicamente impedida de ingressar. O dano foi o mesmo e a segregação está consumada de outra maneira. Por isso, a injúria qualificada aplicava a mesma pena: o mínimo de 1 ano de reclusão. Agora, as situações de *injúria racial* passam a ser tipificadas pelo art. 2.º-A da Lei 7.716/1989, restando na injúria qualificada somente os efetivos delitos contra a honra por fatores de religião, idade avançada ou deficiência.

É preciso que a sociedade entenda o relevo da correta convivência que uma nação, como a nossa, necessita assimilar e praticar.

6.9.3 O racismo em relação aos integrantes do grupo LGBTQIAPN+

O Supremo Tribunal Federal considerou a discriminação contra homossexuais como prática de racismo: "o Tribunal, por unanimidade, conheceu parcialmente da ação direta de inconstitucionalidade por omissão. Por maioria e nessa extensão, julgou-a procedente, com eficácia geral e efeito vinculante, para: a) reconhecer o estado de mora inconstitucional do Congresso Nacional na implementação da prestação legislativa destinada a cumprir o mandado de incriminação a que se referem os incisos XLI e XLII do art. 5.º da Constituição, para efeito de proteção penal aos integrantes do grupo LGBT; b) declarar, em consequência, a existência de omissão normativa inconstitucional do Poder Legislativo da União; c) cientificar o Congresso Nacional, para os fins e efeitos a que se refere o art. 103, § 2.º, da Constituição c/c o art. 12-H, *caput*, da Lei 9.868/99; d) *dar interpretação conforme à Constituição, em face dos mandados constitucionais de incriminação inscritos nos incisos XLI e XLII do art. 5.º da Carta Política, para enquadrar a homofobia e a transfobia, qualquer que seja a forma de sua manifestação, nos diversos tipos penais definidos na Lei 7.716/89, até que sobrevenha legislação autônoma, editada pelo Congresso Nacional, seja por considerar-se, nos termos deste voto, que as práticas homotransfóbicas qualificam-se como espécies do gênero racismo, na dimensão de racismo social consagrado pelo Supremo Tribunal Federal no julgamento plenário do HC 82.424/RS (caso Ellwanger), na medida em que tais condutas importam em atos de segregação que inferiorizam membros integrantes do grupo LGBT, em razão de sua orientação sexual ou de sua identidade de gênero, seja, ainda, porque tais comportamentos de homotransfobia ajustam-se ao conceito de atos de discriminação e de ofensa a direitos e liberdades fundamentais daqueles que compõem o grupo vulnerável em questão* (...) 2. A repressão penal à prática da homotransfobia não alcança nem restringe ou limita o exercício da liberdade religiosa, qualquer que seja a denominação confessional professada, a cujos fiéis e ministros (sacerdotes, pastores, rabinos, mulás ou clérigos muçulmanos e líderes ou celebrantes das religiões afro-brasileiras, entre outros) é assegurado o direito de pregar e de divulgar, livremente, pela palavra, pela imagem ou por qualquer outro meio, o seu pensamento e de externar suas convicções de acordo com o que se contiver em seus livros e códigos sagrados, bem assim o de ensinar segundo sua orientação doutrinária e/ou teológica, podendo buscar e conquistar prosélitos e praticar os atos de culto e respectiva liturgia, independentemente do espaço, público ou privado, de sua atuação individual ou coletiva, desde que tais manifestações não configurem discurso de ódio, assim entendidas aquelas exteriorizações que incitem a discriminação, a hostilidade ou a violência contra pessoas em razão de sua orientação sexual ou de sua identidade de gênero; 3. O conceito de racismo, compreendido em sua dimensão social, projeta-se para além de aspectos estritamente biológicos ou fenotípicos, pois resulta, enquanto manifestação de poder, de uma construção de índole histórico-cultural motivada pelo objetivo de justificar a desigualdade e destinada ao controle ideológico, à dominação política, à subjugação social e à negação da alteridade, da dignidade e da humanidade daqueles que, por integrarem grupo vulnerável (LGBTI+) e por não pertencerem ao estamento que detém posição de hegemonia em uma dada estrutura social, são considerados estranhos e diferentes, degradados à condição de marginais do ordenamento jurídico, expostos, em consequência de odiosa inferiorização e de perversa estigmatização, a uma injusta e lesiva situação de exclusão do sistema geral de proteção do direito, vencido o Ministro Marco Aurélio, que não subscreveu a tese proposta. Não participaram, justificadamente, da fixação da tese, os Ministros Roberto Barroso e Alexandre de Moraes ADO 26/DF, Plenário, Rel. Min. Celso de Mello, j. 13.06.2019" (Disponível em: <http://portal.stf.jus.br/processos/detalhe.asp?incidente=4515053>. Acesso em 11.08.2019, grifamos).

O tema é de suma importância, motivo pelo qual retornamos ao assunto para mais adequadamente especificá-lo. Desde que abordamos a Lei 7.716/1989 (Lei da Discriminação Racial) e, depois, o crime de injúria qualificada, que foi introduzido no Código Penal em 1997, sempre defendemos e buscamos demonstrar que certos formatos da *injúria qualificada eram modelos de injúria racial,* fazendo parte dos crimes de racismo, ou seja, eram práticas *racistas.* Em primeiro lugar, tentamos contrastar a decisão do STF, do caso Ellwanger, de 2003, considerando imprescritível o crime de negar o holocausto e ofender os judeus, pois o Pretório Excelso tinha em suas mãos uma versão da Lei 7.716/1989 que não continha a discriminação por orientação religiosa (posteriormente, o fator ligado à religião foi incluído e, agora, com a edição da Lei 14.532/2023 novamente excluído, dentro das confusões legislativas). Fez a seguinte interpretação: o judeu é como o católico, ou seja, um adepto de uma religião. Em tese, pois, não poderia ser considerado imprescritível o crime cometido por Ellwanger, visto que somente o *racismo* é imprescritível, segundo a Constituição Federal. Ora, se adotar o judaísmo não significa pertencer a uma raça, mas significa seguir uma religião, não se aplicaria a Lei da Discriminação Racial. Seria uma visão muito curta e, para isso, existe interpretação evolutiva. Os judeus são discriminados em várias partes do mundo e o maior exemplo ocorreu na Segunda Grande Guerra, diante do holocausto. Hitler não estava preocupado com a religião *judaísmo,* mas com o povo, denominado judeu, que, para ele, seria uma raça inferior. A partir disso, o STF, por maioria de votos, construiu um raciocínio exemplar: o que é *raça?* No Brasil, de miscigenação ampla e extensa, quantas *raças* existem? O mulato, advindo da conjugação do branco e do negro, tornou-se *outra raça?* Logicamente que não. Especificamente, evidencia-se, hoje, pelos avançados estudos de genética, que o

DNA de um homem branco e o de um homem negro são praticamente idênticos. O termo *raça* é defasado e precisa ser bem compreendido, significando, em verdade, um grupo de pessoas que se identificam, possuem costumes e hábitos similares, comungam dos mesmos interesses e, por óbvio, são todos seres humanos. Eis o motivo pelo qual o judeu e o homossexual compõem esse quadro e discriminá-los é prática racista.

Quando surgiu a injúria qualificada do art. 140, § 3.º, no Código Penal, passamos a demonstrar que, do mesmo modo que os termos *raça* e *racismo* foram aplicados pelo STF (julgado de 2003), em interpretação evolutiva, deveríamos fazer exatamente a mesma coisa com a injúria racial ou discriminatória, pois é ela uma nítida manifestação racista. Ofende-se o outro por causa da antipatia à sua *raça*, leia-se, ao grupo que ele pertence por alguma razão específica, com intuito segregacionista.

Embora a doutrina fosse majoritariamente favorável ao entendimento de que a injúria discriminatória seria um simples crime contra a honra, sempre defendemos que esse tipo de delito pode ser pura manifestação racista. Chega a ser mais eficiente ofender uma pessoa, por sua característica fenotípica, para segregá-la de um local ou ambiente do que, fisicamente, empurrá-la para fora. O STJ possui precedente nesse sentido, adotando o nosso entendimento e considerando imprescritível o crime *de injúria racial*, por considerá-lo manifestação racista (2015).

Em junho de 2019, o STF firmou o entendimento que já defendemos desde 2006, no sentido de que o racismo é uma conduta de segregação e pode se voltar contra qualquer minoria, inclusive o grupo LGBTQIAP+. Essa equiparação *não é* o emprego de qualquer forma de analogia, mas um redimensionamento do conceito de *raça* e *racismo*, que significa *segregação*. É exatamente o que os racistas almejam: separar do convívio social as pessoas que eles consideram inadequadas, geralmente componentes de minorias perseguidas por puro preconceito.

Atualmente, a Lei 14.532/2023 incluiu o art. 2.º-A na Lei 7.716/1989 (injúria racial), com pena mais elevada e ação pública incondicionada. Em nosso entendimento, levar em consideração fatores de religião ou orientação sexual (temas abordados pelo STF) para discriminar e segregar alguém continua a ser tipificado como injúria racial, agora no art. 2.º-A da Lei 7.716/1989.

Acesse e escute o *podcast* sobre Racismo.
> http://uqr.to/1yog1

6.10 Quadro-resumo

Previsão legal	**Injúria** **Art. 140.** Injuriar alguém, ofendendo-lhe a dignidade ou o decoro: Pena – detenção, de 1 (um) a 6 (seis) meses, ou multa. § 1.º O juiz pode deixar de aplicar a pena: I – quando o ofendido, de forma reprovável, provocou diretamente a injúria; II – no caso de retorsão imediata, que consiste em outra injúria. § 2.º Se a injúria consiste na utilização de elementos referentes a religião ou à condição de pessoa idosa ou com deficiência: Pena – detenção, de 3 (três) meses a 1 (um) ano, e multa, além da pena correspondente à violência.

Previsão legal	§ 3.º Se a injúria consiste na utilização de elementos referentes a religião ou à condição de pessoa idosa ou com deficiência: Pena – reclusão, de 1 (um) a 3 (três) anos, e multa.
Sujeito ativo	Qualquer pessoa
Sujeito passivo	Qualquer pessoa humana
Objeto material	A reputação e a imagem da pessoa
Objeto jurídico	Honra
Elemento subjetivo	Dolo + elemento específico
Classificação	Comum Formal Forma livre Comissivo Instantâneo Dano Unissubjetivo Unissubsistente ou plurissubsistente
Tentativa	Admite na forma plurissubsistente
Circunstâncias especiais	Perdão judicial Qualificação Injúria discriminatória

7. CAUSAS DE AUMENTO DA PENA PREVISTAS NO ART. 141

Há razões, como será exposto nos comentários aos incisos, para tornar mais grave o delito contra a honra. Vêm tais motivos expostos no art. 141, obrigando o magistrado a aumentar em uma cota fixa, preestabelecida pelo legislador, a pena do réu (um terço).

7.1 Honra do Presidente da República ou de chefe de governo estrangeiro

Entendeu o legislador ser especialmente grave o ataque à honra, objetiva ou subjetiva, do representante maior de uma nação, seja ela brasileira (Presidente da República), seja estrangeira. A mácula à reputação dessas pessoas, em razão do alto cargo por elas ocupado, pode ter repercussão muito maior do que se se tratar de qualquer outro indivíduo, mesmo porque tende a ofender, em muitos casos, a própria coletividade por elas representada. Note-se que nem mesmo é permitida a exceção da verdade, nesse contexto, quando há calúnia (art. 138, § 3.º, II, CP).

7.2 Honra de funcionário público

Trata-se de uma causa de aumento que leva em consideração o interesse maior da Administração. Do mesmo modo que se permite a exceção da verdade tanto no contexto da calúnia quanto no da difamação (art. 139, parágrafo único, CP), a fim de se saber se o funcionário público praticou crime ou qualquer outro fato desabonador, pune-se, com maior rigor, quem o ofenda, no *exercício das suas funções*, levianamente.

7.3 Facilitação da divulgação da agressão à honra

Tendo em vista que os delitos contra a honra afetam substancialmente a reputação e o amor-próprio da vítima, é natural punir com maior rigor o agente que se valha de meio de fácil propagação da calúnia, da difamação ou da injúria. Ao ofender alguém na presença de várias pessoas – pelo menos três –, como, por exemplo, no meio de uma solenidade ou de uma festa, faz-se com que o dano à imagem seja potencialmente maior. Por outro lado, é possível que o instrumento utilizado, ainda que não se esteja diante de muitos destinatários, facilite, igualmente, a propagação do agravo (ex.: mandar pintar frases ofensivas no muro externo da casa da vítima).

7.4 Proteção diferenciada a criança, adolescente, pessoa idosa e deficiente

As Leis 10.741/2003 e 14.344/2022 incluíram as pessoas idosas (maiores de 60 anos), com deficiência (física ou mental) e as crianças e adolescentes no art. 141, para figurar como causa de aumento de pena. Quanto aos adolescentes, parece-nos cauteloso adotar o critério misto, previsto no Estatuto da Criança e do Adolescente, bem como nos Códigos Civil e Penal, vale dizer, deve ser a pessoa entre 12 anos completos e 17 anos completos. Atingindo a idade de 18, torna-se maior para fins penais e civis, além do que o ECA se aplica somente em casos excepcionais até os 20 anos completos.

É preciso lembrar que a criança em tenra idade ou o deficiente com grau intenso de incapacidade pode nem mesmo compreender a ofensa, de modo que se torna crime impossível (art. 17, CP). Excluiu-se a injúria *qualificada* (art. 140, § 3.º, CP), no tocante a idosos e deficientes, porque se cuida de delito mais grave e deve predominar sobre esta *causa de aumento*, sob pena de gerar o indevido *bis in idem* (dupla punição pelo mesmo fato).

7.5 Motivação torpe

O parágrafo único prevê a hipótese de o agente atuar fundamentado em motivo torpe (particularmente vil, repugnante), consistente em paga (recebimento de qualquer soma em dinheiro ou outra vantagem) ou promessa de recompensa (expectativa de auferir vantagem ou dinheiro). Poderia estar figurando dentre as causas expostas nos incisos, mas, tendo em vista a maior punição (dobra a pena), viu-se o legislador levado a destacar a causa de aumento em tópico à parte.

7.6 Utilização da internet

A Lei 13.964/2019 inseriu o § 2.º a este artigo, nos seguintes termos: "se o crime é cometido ou divulgado em quaisquer modalidades das redes sociais da rede mundial de computadores, aplica-se em triplo a pena". O Presidente da República vetou, sob os seguintes argumentos: "a propositura legislativa, ao promover o incremento da pena no triplo quando o crime for cometido ou divulgado em quaisquer modalidades das redes sociais da rede mundial de computadores, viola o princípio da proporcionalidade entre o tipo penal descrito e a pena cominada, notadamente se considerarmos a existência da legislação atual que já tutela suficientemente os interesses protegidos pelo Projeto, ao permitir o agravamento da pena em um terço na hipótese de qualquer dos crimes contra a honra ser cometido por meio que facilite a sua divulgação. Ademais a substituição da lavratura de termo circunstanciado nesses crimes, em razão da pena máxima ser superior a dois anos, pela necessária abertura de inquérito policial, ensejaria, por conseguinte, superlotação das delegacias, e, com isso, redução do tempo e da força de trabalho para se dedicar ao combate de crimes graves, tais como homicídio e latrocínio".

O motivo levantado pelo veto não se coaduna à realidade, pois a existência do aumento de um terço, previsto no art. 141, III, refere-se à prática do delito contra a honra na presença de várias pessoas ou outro meio que facilite a sua divulgação, dentro do âmbito de transmissão da ofensa em termos comuns, conhecidos muito antes do advento da Internet e das redes sociais. Noutros termos, já era considerado mais grave proferir qualquer agressão à honra diante de pessoas; entretanto, quando essa ofensa é inserida na rede mundial de computadores a propagação se faz de maneira muito mais rápida e atinge um contingente imenso de pessoas, logo, a situação se torna mais lesiva ao bem jurídico tutelado da vítima. Diante disso, o aumento da pena (triplo) é proporcional ao dano. Além disso, os delitos previstos no capítulo são de ação privada (art. 145), como regra, razão pela qual não há como elevar o serviço policial, impedindo o resguardo à segurança pública, vale dizer, somente são apurados os que forem apurados por iniciativa da vítima. Outrossim, nenhuma estatística criminal conhecida faz um paralelo entre crimes contra a honra e delitos tão graves, como homicídio ou latrocínio, de forma que a investigação de uns não interfere em nada na apuração de outros. Parece-nos o ideal ter o Parlamento derrubado o veto.

7.7 Delito contra a mulher

A Lei 14.994/2024 inseriu o § 3.º ao art. 141 ("se o crime é cometido contra a mulher por razões da condição do sexo feminino, nos termos do § 1.º do art. 121-A deste Código, aplica-se a pena em dobro"). O art. 7.º da Lei 11.340/2006 estabelece que "são formas de violência doméstica e familiar contra a mulher, entre outras: (...) V – a violência moral, entendida como qualquer conduta que configure calúnia, difamação ou injúria". Por isso, nessa esteira, justifica-se a causa de aumento. Sobre as "razões da condição do sexo feminino", consultar os comentários realizados ao art. 121-A (feminicídio).

7.8 Quadro-resumo

	Disposições comuns
Previsão legal	**Art. 141.** As penas cominadas neste Capítulo aumentam-se de 1/3 (um terço), se qualquer dos crimes é cometido:
	I – contra o Presidente da República, ou contra chefe de governo estrangeiro;
	II – contra funcionário público, em razão de suas funções, ou contra os Presidentes do Senado Federal, da Câmara dos Deputados ou do Supremo Tribunal Federal;
	III – na presença de várias pessoas, ou por meio que facilite a divulgação da calúnia, da difamação ou da injúria;
	IV – contra criança, adolescente, pessoa maior de 60 (sessenta) anos ou pessoa com deficiência, exceto na hipótese prevista no § 3.º do art. 140 deste Código.
	§ 1.º Se o crime é cometido mediante paga ou promessa de recompensa, aplica-se a pena em dobro.
	§ 2.º Se o crime é cometido ou divulgado em quaisquer modalidades das redes sociais da rede mundial de computadores, aplica-se em triplo a pena.
	§ 3.º Se o crime é cometido contra a mulher por razões da condição do sexo feminino, nos termos do § 1.º do art. 121-A deste Código, aplica-se a pena em dobro.

8. EXCLUSÃO DO CRIME

Trata-se de uma causa específica de exclusão da antijuridicidade. Assim, é possível que, em tese, exista um fato típico, consistente em injúria ou difamação, embora possa ser considerado lícito, porque presente uma das hipóteses previstas neste artigo. É o conteúdo do art. 142 do CP.

Não se incluiu a calúnia, pois o interesse da Administração Pública na apuração de crimes, especialmente os que preveem ação penal pública incondicionada, afasta a possibilidade de se excluir a ilicitude no caso de ocorrência de calúnia. Assim preleciona MARCELO FORTES BARBOSA: "Em ofensa caluniosa no plenário do júri, por exemplo, quando o advogado diz que o promotor está subornado pela família do réu para pedir sua absolvição, está-se diante de uma acusação criminosa e que necessita de apuração, porque, caso comprovada, fará com que o órgão do Ministério Público seja responsabilizado nos termos do art. 317 do CP, daí por que a calúnia não pode ser incorporada às causas de exclusão de crime".[41]

8.1 Imunidade judiciária

A primeira excludente de ilicitude (art. 142, I, CP) diz respeito à imunidade auferida por quem litiga em juízo, terminando por se descontrolar, proferindo ofensas contra a parte contrária. É sabido que o calor dos debates, trazidos por uma contenda judicial, pode estimular os indivíduos envolvidos a perder o equilíbrio, exagerando nas qualificações e comentários desairosos.

Exige-se, no entanto, que haja uma relação processual instaurada, pois é esse o significado da expressão "irrogada em juízo", além do que o autor da ofensa precisa situar-se em local próprio para o debate processual. Não teria cabimento a utilização desta excludente, por exemplo, quando o agente encontrasse a vítima, com quem mantém uma lide, em outra cidade, distante do fórum, ofendendo-a.

Cremos, ainda, que a palavra "juízo" possui um significado específico, ligando-se ao exercício da jurisdição, típico do Poder Judiciário, e não a qualquer tipo de processo ou procedimento (estariam excluídos, pois, os processos administrativos, os inquéritos policiais, entre outros). Nesse mesmo sentido, a despeito de doutas opiniões em contrário, está o magistério de MARCELO FORTES BARBOSA.[42]

8.1.1 Discussão da causa

Significa a ofensa produzida no debate, oral ou escrito, ocorrido na relação processual e necessitando, com esta, guardar relação. Pode acontecer por petição e ainda durante uma audiência.

8.1.2 Ofensa ao magistrado

Não se beneficia da excludente, visto que o juiz não pode ser considerado, no sentido abraçado pelo tipo penal permissivo, parte no processo e não tem interesse algum na discussão da causa; ao contrário, deve julgá-la com imparcialidade. Por isso, qualquer ultraje dirigido ao magistrado pode ser punido, sem que a parte se valha da imunidade.

---

[41] *Crimes contra a honra*, p. 68.
[42] *Crimes contra a honra*, p. 68.

8.1.2.1 Ofensa do magistrado

Como já mencionado, o juiz não é parte e não pode ser ofendido pelo autor ou pelo acusado. Da mesma forma, deve guardar equilíbrio e ser sensato, jamais ofendendo qualquer das partes em suas decisões. Não há imunidade para isso. Não são poucos os casos de magistrados que optam por ofender o réu, chamando-o de "carniceiro", "desgraçado", "estúpido" etc.

8.1.3 Parte ou procurador

As únicas pessoas que se utilizariam da excludente são as partes (autor e réu, incluídos, naturalmente, os assistentes e aqueles admitidos, de alguma forma, na relação processual) e seus procuradores (advogados ou estagiários – estes quando habilitados à prática do ato). Pode ser também o membro do Ministério Público quando atuar como parte, caso comum na esfera criminal, ao promover a ação penal. Não se usa a imunidade quando o representante do *Parquet* atuar como fiscal da lei.

8.1.4 Confronto da imunidade judiciária com o Estatuto da Advocacia

Em primeiro plano, deve-se ressaltar que a Constituição Federal de 1988 estabeleceu, no art. 133, ser o advogado "indispensável à administração da justiça", bem como "inviolável por seus atos e manifestações no exercício da profissão", embora *nos limites da lei*.

Posteriormente, no art. 7.º, § 2.º, da Lei 8.906/1994, fixou-se que o advogado "tem imunidade profissional, não constituindo injúria, difamação ou desacato puníveis qualquer manifestação de sua parte, no exercício de sua atividade, em juízo ou fora dele, sem prejuízo das sanções disciplinares perante a OAB, pelos excessos que cometer". Pretendeu-se, com a edição do Estatuto da Advocacia, ampliar a imunidade judiciária do causídico, dando-lhe a conotação de imunidade material, tal como possuem os parlamentares (invioláveis por suas opiniões, palavras e votos – art. 53, CF).

Entretanto, as decisões reiteradas dos tribunais pátrios vêm demonstrando que o art. 142, I, do Código Penal foi recepcionado pela Constituição Federal de 1988 e não sofreu qualquer alteração pelo disposto no Estatuto da Advocacia. Assim, os advogados continuam invioláveis por suas manifestações processuais, embora *dentro dos limites da lei*, que é o previsto no Código Penal. Por outro lado, quanto à previsão feita à palavra "desacato", constante no referido art. 7.º, § 2.º, da Lei 8.906/1994, encontra-se suspensa a sua aplicação por conta de decisão do Supremo Tribunal Federal (ADIn 1.127-8).

A Lei 14.365/2022 revogou o referido § 2.º, de modo que subsiste apenas o texto constitucional (art. 133), já limitado por inúmeras decisões jurisprudenciais.

8.1.5 Ofensa ao Promotor de Justiça

O representante do Ministério Público somente pode ser inserido no contexto da imunidade judiciária (como autor ou como vítima da ofensa) quando atuar no processo como parte. Assim é o caso do Promotor de Justiça que promove a ação penal na esfera criminal. Se ele ofender a parte contrária ou for por ela ofendido, não há crime. Entretanto, não se considera *parte*, no sentido da excludente de ilicitude, que se refere com nitidez à "discussão da causa", o representante do Ministério Público quando atua como *fiscal da lei*. Nesse caso, conduz-se no processo imparcialmente, tal como deve fazer sempre o magistrado, não devendo "debater" a sua posição, mas apenas sustentá-la, sem qualquer ofensa ou desequilíbrio.

8.1.6 Ofensa ao réu

É preciso registrar uma particular nota em defesa dos vários acusados que, em juízo, são obrigados a ler ou ouvir autênticos desaforos, nítidas injúrias, por parte de acusadores e magistrados. Há um limite para a imunidade judiciária, pois o inciso I menciona a *discussão da causa* como referência. Diante disso, se o membro do Ministério Público tiver que dizer ser o réu um estelionatário ou um homicida cruel, faz parte da imunidade. Entretanto, há exageros, que desbordam do debate da causa para o campo do puro desabafo inadmitido. O réu não perde seus direitos humanos fundamentais somente porque é acusado de um crime; logo, intacta está a sua honra, imagem, reputação, exceto quanto àquele fato delituoso.

O acusado não se desveste da dignidade da pessoa humana. Enfim, inexiste razão para ser xingado pelo promotor ou pelo juiz em peças processuais. Ilustrações: o réu é um "calhorda"; uma "sanguinária besta do Apocalipse"; o acusado é um "verme, que devia rastejar no chão". E assim sucessivamente. São puras ofensas, desvinculadas do *debate da causa*, de modo que não estão protegidas pela imunidade judiciária.

8.2 Imunidade literária, artística e científica

Esta causa de exclusão diz respeito à liberdade de expressão nos campos literário, artístico ou científico, permitindo que haja crítica acerca de livros, obras de arte ou produções científicas de toda ordem, ainda que sejam pareceres ou conceitos negativos. Ocorre que da redação eleita pelo legislador denota-se a fragilidade do seu conteúdo. Emitir uma opinião desfavorável em relação a um livro publicado, por exemplo, com a intenção de injuriar o seu autor, é situação não protegida pela excludente, conforme se vê da ressalva final: "(...) salvo quando inequívoca a intenção de injuriar ou difamar". É o teor do art. 142, II, do CP.

Entretanto, se o conceito negativo emitido não contiver a intenção de ofender, seria considerado um fato lícito. Ocorre que, como visto linhas acima, para a concretização de um crime contra a honra, é indispensável haver, além do dolo, o elemento subjetivo específico, que é justamente a especial vontade de ofender a vítima. Inexistindo tal intenção, o fato é atípico. Portanto, a excludente em questão é despicienda. Havendo intenção de ofender na crítica literária, artística ou científica, preenchido está o tipo penal e a excludente de ilicitude (imunidade) não se aplica. Não estando presente a vontade de injuriar ou difamar, antes mesmo de se falar na excludente de antijuridicidade, é preciso considerar que o tipo penal não está configurado.

Percebe-se, claramente, o abuso quando a crítica parte para o campo pessoal do autor, cuja obra é objeto de apreciação de terceiro. A vida pessoal de qualquer pessoa não se mistura, em nenhuma hipótese, com a imunidade retratada no inciso II do art. 142 do CP.

Além da vida pessoal, existem, igualmente, a dignidade e o decoro a serem tutelados. Se um crítico escreve acerca de uma peça teatral, dizendo ser desconexa, frágil, contraditória, enfim, não recomendada, cuida-se de seu direito. Entretanto, escrever ou dizer que o autor é burro, incompetente, enganador etc., atinge o campo pessoal e não está abrangido pela imunidade.

8.3 Imunidade funcional

O funcionário público, cumprindo dever inerente ao seu ofício, pode emitir um parecer desfavorável, expondo opinião negativa a respeito de alguém, passível de macular a reputação da vítima ou ferir a sua dignidade ou o seu decoro, embora não se possa falar em ato ilícito, pois o interesse da Administração Pública deve ficar acima dos interesses individuais. Não teria sentido o funcionário deter-se nos seus comentários somente porque, em tese, alguém se sentiria ofendido, dando margem a uma ação penal por injúria ou difamação. No caso presente, mesmo que haja interesse do funcionário em injuriar ou difamar terceiro – configurando fato típico –, não será considerado ilícito caso esteja o agente no exercício do seu mister, bem como no interesse particular do Estado. São os termos do art. 142, III, do CP.

8.4 Ressalva da divulgação da injúria ou da difamação

A ofensa produzida em juízo, no debate da causa, pela parte ou seu procurador, bem como aquela que estiver contida num parecer funcional, no interesse da Administração, precisam ficar restritas ao cenário onde foram produzidas. Não é aceitável que um terceiro, que não é parte, tampouco funcionário público, possa propagar o conceito negativo acerca de alguém impunemente (art. 142, parágrafo único, CP). Afinal, muitas vezes, a injúria ou a difamação, quando circunscritas num processo judicial (caso do inciso I) ou administrativo (caso do inciso III), ganha divulgação estreita e limitada, o que causa menor dano à parte ofendida. O terceiro, agindo com especial intenção de manchar a reputação ou magoar a vítima, merece punição. Não tratou a ressalva deste parágrafo da figura do inciso II porque, em regra, o parecer desfavorável no contexto literário, artístico ou científico é feito publicamente, portanto, passível de divulgação sem controle.

8.5 Quadro-resumo

Previsão legal	**Exclusão de crime**
	Art. 142. Não constituem injúria ou difamação punível:
	I – a ofensa irrogada em juízo, na discussão da causa, pela parte ou por seu procurador;
	II – a opinião desfavorável da crítica literária, artística ou científica, salvo quando inequívoca a intenção de injuriar ou difamar;
	III – o conceito desfavorável emitido por funcionário público, em apreciação ou informação que preste no cumprimento de dever do ofício.
	Parágrafo único. Nos casos dos ns. I e III, responde pela injúria ou pela difamação quem lhe dá publicidade.

9. RETRATAÇÃO

9.1 Causa extintiva da punibilidade

A retratação é nitidamente uma causa de extinção da punibilidade, como demonstra o art. 107, VI, do Código Penal. Portanto, não diz respeito a qualquer dos elementos do crime – tipicidade, antijuridicidade e culpabilidade –, mas sim à punibilidade, que significa unicamente a possibilidade que o Estado possui de aplicar, concretamente, a sanção penal prevista para o delito. Nota-se, pois, que a expressão "isenção de pena" não se vincula, necessariamente, à culpabilidade, como querem fazer crer algumas opiniões.

A referência expressa ao *querelado* está a evidenciar que a retratação somente pode ocorrer quando a ação penal for privada, excluindo-se a possibilidade de se concretizar no cenário da ação penal pública.

Há necessidade de o desmentido ser proferido antes da sentença de 1.º grau, não sendo cabível estender a sua aplicação até o trânsito em julgado.

Retratar-se quer dizer voltar atrás, desdizer-se, desmentir-se. O agente reconhece que cometeu um erro e refaz as suas anteriores afirmações. Em vez de sustentar o fato desairoso, que deu margem à configuração da calúnia ou da difamação, reconhece que se equivocou e retifica o alegado.

Envolve o desmentido somente a calúnia e a difamação porque essas figuras típicas, como já analisado, lidam com a atribuição à vítima da prática de um *fato*. Se esse fato é falso e tipificado em lei como crime, trata-se da calúnia; caso se vincule a uma conduta indecorosa, verdadeira ou falsa, passível de afetar a reputação da vítima, trata-se de difamação. Ora, referindo-se à honra objetiva, aquela que diz respeito ao conceito que a sociedade faz do indivíduo, é possível haver um desmentido.

Não permite a lei que exista retratação no contexto da injúria porque esta cuida da honra subjetiva, que é inerente ao amor-próprio. Nesse caso, quando a vítima foi ofendida, não há desdito que possa alterar a situação concretizada. Nos casos de difamação e calúnia, no entanto, quando o agente volta atrás e narra a verdade, permite que a imagem da vítima seja restaurada diante da sociedade, proporcionando, então, a extinção da punibilidade.

9.2 Ofensa por meios de comunicação

O parágrafo único do art. 143, acrescido pela Lei 13.188/2015, tem utilidade evidente, pois a calúnia e a difamação constituem crimes que ferem a honra objetiva, vale dizer, a reputação da vítima (a imagem que a sociedade tem a seu respeito). Ora, quando a lesão à honra é realizada em ambiente restrito (ex.: um clube, uma empresa, uma festa em residência etc.), a retratação, efetivada no processo (ou fora dele), possui repercussão a quem interessa, ou seja, àqueles que a ouviram.

O cenário é estreito para a sua divulgação, logo, também a retratação chega mais fácil aos ouvintes. Com isso, a reputação da pessoa ofendida é, de certa forma, *restaurada*. No entanto, proferida a calúnia ou difamação pelos variados meios de comunicação, em particular, nos dias de hoje, pelas redes sociais, via Internet, a retratação, quando realizada no processo ou diretamente à vítima, torna-se insuficiente. Por isso, com razão, pode o ofendido exigir que a referida retratação se dê pelos mesmos canais por onde foi divulgada a ofensa, sob pena de não produzir o efeito de extinção da punibilidade. Não se trata de uma condição inafastável, pois a lei é clara: depende da vontade da pessoa ofendida. Por vezes, pode esta entender que, quanto maior divulgação tiver o fato, maior prejuízo lhe poderá ocorrer.

Em suma, ofensas à honra objetiva (calúnia e difamação), se realizadas por qualquer meio de comunicação (TV, rádio, jornais, revistas, Internet etc.), em caso de retratação do agressor, há de se consultar a vítima, intimando-a, se processo houver, para exercer a sua opção: retratação pública ou nos autos do processo. Antes dessa opção, o juiz não pode declarar extinta a punibilidade. Por óbvio, a retratação pública deve circunscrever-se aos mesmos meios de comunicação em que foi proferida inicialmente, sob pena de se tornar inviável ao ofensor voltar atrás naquilo que falou. Assim sendo, se ocorreu em determinado artigo no jornal X, ali deve ser realizada a retratação. Se outros meios de comunicação, retirando os dados do artigo, também o divulgaram, não fica o ofensor obrigado a retratar-se em todos eles. Caberá, posteriormente, à vítima, assim querendo, transmitir a retratação a outros veículos de comunicação.

9.3 Quadro-resumo

	Retratação
Previsão legal	**Art. 143.** O querelado que, antes da sentença, se retrata cabalmente da calúnia ou da difamação, fica isento de pena.
	Parágrafo único. Nos casos em que o querelado tenha praticado a calúnia ou a difamação utilizando-se de meios de comunicação, a retratação dar-se-á, se assim desejar o ofendido, pelos mesmos meios em que se praticou a ofensa.

10. PEDIDO DE EXPLICAÇÕES

Inferir significa um processo lógico de raciocínio consistente numa dedução. Quando alguém profere uma frase dúbia, pela qual, por dedução, consegue-se chegar à conclusão de que se trata de uma ofensa, tem-se o mecanismo da "inferência". Não há certeza da intenção ofensiva – como no caso de o agente dizer expressamente que "Fulano é ladrão" –, pois os meios utilizados são mascarados. Ex.: numa roda de pessoas, alguém diz: "Não sou eu o autor das subtrações que têm ocorrido nesta repartição".

Pode ser difícil interpretar a frase. Por vezes, o seu autor quer referir-se a alguém que ali está, ofendendo-o indiretamente. Noutras ocasiões, é apenas uma coincidência, ou seja, quem falou não está com a intenção de macular a imagem de ninguém, embora tenha deixado impressão contrária. Para sanar a dúvida, faz-se o pedido de explicações.

A despeito de ser uma previsão formulada no Código Penal, cremos tratar-se de instituto pertinente ao processo penal. O crime contra a honra existe ou não existe – o que não se pode admitir é o meio-termo. Por isso, se alguém profere expressões ou conceitos dúbios a respeito de outrem, não se trata de problema a ser disciplinado no contexto de direito material. Melhor situado estaria o art. 144 do Código Penal no Código de Processo Penal, conferindo à parte pretensamente ofendida um instrumento procedimental para esclarecer a dúvida gerada: se o agente confirmar o agravo, nitidamente concretizado estará o tipo penal do crime contra a honra; caso negue, estar-se-ia tratando de fato atípico, erroneamente interpretado pela vítima. Assim, não nos parece uma disciplina de direito penal.

Ainda assim, o artigo em questão vincula-se à dubiedade de referências que uma pessoa faz à outra, sem evidenciar, com clareza, o seu intuito. Estaríamos diante de um crime camuflado ou de um flagrante equívoco. Se a frase ou menção foi emitida sem qualquer maldade ou intenção de ofender, inexiste fato típico; caso tenha sido proferida com vontade de caluniar, difamar ou injuriar, há crime. O sujeito que se sente ultrajado, mas não tem certeza da intenção do autor, pode pedir explicações em juízo. Nesse procedimento, não haverá um julgamento de mérito do juiz, mas a simples condução do esclarecimento da dúvida. Havendo recusa a dar as explicações ou deixando de fornecê-las satisfatoriamente, fica o agente sujeito a ser processado pela prática de crime contra a honra. Esclarecendo, no entanto, o mal-entendido, livra-se de um processo criminal.

10.1 Consequência das explicações

Tratando-se de um procedimento processual equivalente ao da notificação judicial, não se tem qualquer tipo de análise de mérito quanto à existência de crime contra a honra. Por isso, como sustentamos, viria mais bem disciplinado, inclusive com o procedimento cabível, no Código de Processo Penal o *pedido de explicações*. Na sua falta, deve-se destacar somente que a frase "responde pela ofensa" significa, unicamente, que o agente do delito contra a honra pode ser criminalmente processado. Não se condena ninguém no singelo "pedido de explicações".

10.2 Quadro-resumo

Previsão legal	**Art. 144.** Se, de referências, alusões ou frases, se infere calúnia, difamação ou injúria, quem se julga ofendido pode pedir explicações em juízo. Aquele que se recusa a dá-las ou, a critério do juiz, não as dá satisfatórias, responde pela ofensa.

11. AÇÃO PENAL PRIVADA

A expressa menção de que somente se procede "mediante queixa" (art. 145) demonstra que a iniciativa da ação penal cabe à vítima, por isso é *privada*. Trata-se de uma norma processual inserida no contexto do direito material, o que deveria ter sido evitado pelo legislador. A referência à iniciativa da ação penal deveria ficar circunscrita ao direito processual penal.

11.1 Ação pública incondicionada

Trata-se de exceção à regra de que, nos crimes contra a honra, a ação penal deve ser sempre privada, justamente porque o objeto jurídico lesado é, em primeiro plano, de interesse particular. No caso de haver lesões corporais (mas não quando houver apenas vias de fato), preceitua a lei que a ação será pública incondicionada, porque o delito de lesão corporal, à época da edição do tipo penal da injúria real, era, igualmente, de ação pública incondicionada.

Havíamos sustentado que, havendo injúria real, com a prática de violência física, dever-se-ia seguir literalmente o preceituado no art. 145, *caput*, do Código Penal. Porém, a reflexão nos mostra ser incabível esse caminho. A ação deve ser pública condicionada à representação da vítima.

Os motivos para tanto são os seguintes: a) a partir da edição da Lei 9.099/1995, os delitos de lesão corporal simples e de lesão culposa passaram a ser de ação penal pública condicionada à representação da vítima, logo, deve estender-se a este contexto da injúria, que já é um crime de ação privada, como regra, para uma interpretação lógico-sistemática do ordenamento jurídico-penal; b) quando cometido por meio de vias de fato (agressão sem lesão física detectável por exame pericial), que é uma contravenção penal (art. 21, Decreto-lei 3.688/1941), embora o art. 17 deste Decreto-lei mencione tratar-se de ação pública incondicionada, não há sentido; se o mais (lesão corporal) é de ação condicionada, o menos (vias de fato) também precisa ser; c) o legislador estipulou a ação pública incondicionada para a injúria real, quando a lesão simples e as vias de fato eram de ação pública incondicionada, de modo que havia coerência; no entanto, como mencionado na alínea *a*, esta situação se alterou, além do que o crime de injúria, como regra, é de ação privada, situação jurídica a impactar no cenário da injúria real; d) o delito mais grave (injúria discriminatória do § 3.º) é de ação pública condicionada à representação da vítima, motivo pelo qual o crime mais ameno não poderia espelhar um interesse público punitivo incondicionado; e) a previsão legislativa é contraditória, pois aponta como pública incondicionada a ação se houver emprego de violência para o cometimento da injúria, mas não faz o mesmo em relação à utilização de vias de fato; ora, na época em que se fixou tal regra, tanto a lesão corporal simples como a contravenção de vias de fato eram de ação pública incondicionada. Portanto, criou-se um modelo desequilibrado.

Em síntese, parece-nos essencial, para a harmonia do ordenamento jurídico-penal, que a forma da injúria qualificada do § 2.º seja de ação condicionada ao interesse da pessoa ofendida. Naturalmente, se a violência empregada para o cometimento da injúria real (art. 140, § 2.º) resultar em lesão grave ou gravíssima, deve-se considerar a ação pública incondicionada.

Outra exceção se dá no contexto da violência doméstica contra a mulher, porque os tribunais vêm demonstrando postura mais rigorosa, em consonância com a Lei 11.340/2006: havendo qualquer forma de violência, é preciso coibir, por meio de ação pública incondicionada.

11.2 Hipóteses de ação pública condicionada

Quando o crime contra a honra for cometido contra o Presidente da República ou chefe de governo estrangeiro, bem como contra funcionário público, em razão de suas funções, a ação é pública condicionada, dependente de requisição do Ministro da Justiça no primeiro caso e de representação da vítima, no segundo caso. A partir da edição da Lei 12.033/2009, passa a ser pública, condicionada à representação da vítima, também, a injúria qualificada, prevista no art. 140, § 3.º, do Código Penal.

Debate-se a legitimidade concomitante entre o Ministério Público e o ofendido – funcionário público – para ingressar com a ação penal, de forma que poderia caber denúncia (quando a representação fosse feita) ou queixa-crime (caso a vítima preferisse acionar o agressor por conta própria). Cremos que a lei é bem clara: já que a iniciativa da ação penal – que deveria ser sempre prevista pelo Código de Processo Penal por meio de fórmulas claras e precisas – foi objeto de disposição do Código Penal, tratando, caso a caso, da legitimidade de agir, não há como se admitir a possibilidade de a ação ser, ao mesmo tempo, pública e privada. O interesse em jogo deve ser primordialmente público ou privado. Sendo público, cabe ao Ministério Público agir quando houver provocação da vítima, já que se exige representação ou requisição, conforme o caso, mas não à vítima. Do mesmo modo, quando o interesse é nitidamente particular, cabendo a propositura de queixa-crime, não se pode aceitar que o Ministério Público ingresse com a demanda.

Não há razão plausível para sustentar ser a ação *pública*, de iniciativa do Promotor de Justiça, ao mesmo tempo em que pode ser *privada*. É óbvio que o direito à honra é inviolável (art. 5.º, X, CF), merecendo ser protegido pelo direito penal, embora isso fique ainda mais claro quando se demonstra ser a ação *pública*, de interesse da sociedade promovê-la. Não se trata da *privação* do direito de queixa, pois caberia sempre a ação privada subsidiária da pública (art. 29, CPP, e art. 5.º, LIX, CF) quando o Ministério Público não agisse no prazo legal. Entretanto, pretender sustentar a *alternância* (denúncia ou queixa), com a livre escolha por parte do ofendido quando houver crime contra a honra de funcionário público, é dar um tratamento privilegiado e superior a esse delito, incompatível com a igualdade que deve existir com qualquer outro delito de ação pública condicionada.

A honra não pode ser considerada um direito de preservação mais importante do que a integridade física, por exemplo (também de ação pública condicionada, quando houver lesão leve ou culposa). Por derradeiro, se o crime contra a honra for proferido contra funcionário público que já deixou o cargo ou não tiver a ofensa qualquer relação com suas funções, o crime é de ação privada. Na jurisprudência, a polêmica também está presente, embora o STF tenha se posicionado pela dupla legitimação.

11.3 Representação de conteúdo limitado

Havendo representação da vítima, não pode o Ministério Público ampliar o seu conteúdo, abrangendo fatos não imputados ao agente, tampouco criminalizando condutas indiferentes ao ofendido. O teor da representação limita a peça acusatória nos seus exatos termos.

11.4 Quadro-resumo

Previsão legal	**Art. 145.** Nos crimes previstos neste Capítulo somente se procede mediante queixa, salvo quando, no caso do artigo 140, § 2.º, da violência resulta lesão corporal. **Parágrafo único.** Procede-se mediante requisição do Ministro da Justiça, no caso do inciso I do *caput* do art. 141 deste Código, e mediante representação do ofendido, no caso do inciso II do mesmo artigo, bem como no caso do § 3.º do art. 140 deste Código.

RESUMO DO CAPÍTULO

	Calúnia Art. 138	Difamação Art. 139	Injúria Art. 140
Sujeito ativo	Qualquer pessoa	Qualquer pessoa	Qualquer pessoa
Sujeito passivo	Qualquer pessoa, inclusive a jurídica	Qualquer pessoa, inclusive a jurídica	Qualquer pessoa humana
Objeto material	A reputação e a imagem da pessoa	A reputação e a imagem da pessoa	A reputação e a imagem da pessoa
Objeto jurídico	Honra	Honra	Honra
Elemento subjetivo	Dolo + elemento específico	Dolo + elemento específico	Dolo + elemento específico
Classificação	Comum Formal Forma livre Comissivo Instantâneo Dano Unissubjetivo Unissubsistente ou plurissubsistente	Comum Formal Forma livre Comissivo Instantâneo Dano Unissubjetivo Unissubsistente ou plurissubsistente	Comum Formal Forma livre Comissivo Instantâneo Dano Unissubjetivo Unissubsistente ou plurissubsistente
Tentativa	Admite na forma plurissubsistente	Admite na forma plurissubsistente	Admite na forma plurissubsistente
Circunstâncias especiais	Imputação de fato Divulgação da calúnia Contra os mortos Exceção da verdade	Imputação de fato Exceção da verdade	Perdão judicial Qualificação Injúria discriminatória

Capítulo VI

Crimes contra a Liberdade Individual

1. PROTEÇÃO CONSTITUCIONAL

A liberdade é direito assegurado expressamente pela Constituição Federal (art. 5.º, *caput*), assim como a possibilidade de cada ser humano se autodeterminar: "ninguém será obrigado a fazer ou deixar de fazer alguma coisa senão em virtude de lei" (art. 5.º, II, CF). Portanto, o constrangimento à liberdade deve ser penalmente punido.

"É a liberdade individual a mais preciosa conquista da democracia. Ao lado da inviolabilidade de domicílio e da inviolabilidade de correspondência, ela é tida como um dos direitos fundamentais absolutos. (...) A liberdade existe para o indivíduo, porque este é que é livre. Essa liberdade, contudo, encontra o seu limite no instante em que o homem livre a julgue benéfica ao homem. Daí o moderno conceito social de liberdade".[1]

2. CONSTRANGIMENTO ILEGAL

2.1 Estrutura do tipo penal incriminador

Constranger significa forçar alguém a fazer alguma coisa ou tolher seus movimentos para que deixe de fazer. A violência e a grave ameaça são os meios primários de se cometer o delito de constrangimento ilegal. A violência há de ser física contra a pessoa, enquanto a grave ameaça representa uma intimidação, contendo a promessa de promover contra a

---

[1] VICENTE SABINO JR., *Direito penal*, v. 3, p. 699.

pessoa um mal futuro e sério. É da tradição do direito penal brasileiro, ao se valer do termo *violência*, referir-se à física, embora a grave ameaça não deixe de representar uma violência moral. Trata-se do art. 146 do CP.

Inicialmente, o tipo penal fornece as duas maneiras comuns de se cometer o constrangimento ilegal (violência ou grave ameaça), para, em seguida, generalizar, aceitando qualquer outro meio hábil a reduzir a capacidade de resistência da vítima. É natural supor que a violência e a grave ameaça são exemplos de meios pelos quais a capacidade de resistir ao constrangimento é diminuída ou até anulada. Outras atitudes que sejam análogas podem favorecer a configuração do tipo penal. Exemplo: o sujeito fornece algum tipo de entorpecente para a vítima, a fim de impedi-la de agir no sentido que pretendia.

A previsão feita no tipo penal coaduna-se com o universo jurídico: algo somente pode ser permitido, proibido ou obrigatório. Se for permitido, ninguém pode constranger outrem a não fazer o que pretende; se for proibido, logicamente é possível impedir a prática do ato, pois lesivo a outro interesse juridicamente protegido; se for obrigatório, é dever da pessoa praticar o ato. Cremos, no entanto, que deve haver cautela na análise das circunstâncias envolvendo este delito. Não é porque a lei impõe um dever a alguém que outra pessoa está autorizada a forçá-lo, com violência ou grave ameaça, a cumprir a obrigação, pois vivemos num Estado Democrático de Direito, em que o Estado assumiu o monopólio do direito de punir e de exigir, compulsoriamente, a prática de alguma conduta. Portanto, muitas vezes, quando o particular constrange outrem a fazer o que a lei manda, está praticando o crime de exercício arbitrário das próprias razões (art. 345, CP).

"O Código não especifica em que deve consistir o fazer ou não fazer pretendido pelo agente. Deixa por esse lado aberto o tipo penal."[2]

A pena prevista no art. 146 do CP é de detenção, de três meses a um ano, ou multa. Nos casos em que, para a execução do crime, reúnem-se mais de três pessoas, ou há emprego de armas, as penas aplicam-se cumulativamente e em dobro (art. 146, § 1.º, do CP). Aplicam-se também as penas correspondentes à violência (art. 146, § 2.º, do CP).

Não se enquadram nas disposições legais do art. 146 do CP (i) a intervenção médica ou cirúrgica, sem o consentimento do paciente ou de seu representante legal, se justificada por iminente perigo de vida; e (ii) a coação exercida para impedir suicídio.

2.2   Sujeitos ativo e passivo

O sujeito ativo pode ser qualquer pessoa, o mesmo acontecendo com o passivo, desde que possua autodeterminação (um doente mental, por exemplo, não a possui). Excepcionalmente, tratando-se de funcionário público, que, no exercício da sua função, provoca o constrangimento indevido, pode constituir-se abuso de autoridade – crime previsto em lei especial.

2.3   Elemento subjetivo

Exige-se dolo. Não existe a forma culposa. A despeito de opiniões em contrário, cremos que não há elemento subjetivo específico (dolo específico).

As expressões "a não fazer o que lei permite" e "a fazer o que ela não manda" constituem elementos objetivos do tipo, e não subjetivos. Não se trata do propósito especial do agente,

---

[2]   ANÍBAL BRUNO, *Crimes contra a pessoa*, p. 338.

pois o constrangimento somente é ilegal, caracterizando-se como figura típica incriminadora, caso haja a realização de algo que a lei não manda ou a não realização do que ela permite. Quando o agente desse delito pratica a conduta, não tem (e não precisa ter) a visão *especial* de estar descumprindo a lei, mas única e tão somente necessita tolher a liberdade alheia em desacordo com o determinado pelo ordenamento jurídico.

Assim, basta o dolo (na visão tradicional, o dolo genérico). Defender o contrário, ou seja, exigir a necessidade de "finalidade específica" significa sustentar que o crime de constrangimento ilegal seria inteligível sem o complemento ("a não fazer o que a lei permite" ou a "fazer o que ela não manda"), o que não é verdade. Retirando-se a última parte, que seria somente um fim especial de agir, o que resta do crime? "Constranger alguém, mediante violência ou grave ameaça, ou depois de lhe haver reduzido, por qualquer outro meio, a capacidade de resistência", por si só, não quer dizer nada sem que se saiba no que consiste o constrangimento, ou seja, a situação de compressão. O dolo estaria presente numa figura genérica que, no entanto, não quer dizer nada sem o seu devido complemento? Quem iria querer constranger alguém a nada? Daí por que entendemos ser crime sujeito apenas ao dolo genérico, pois a parte final do tipo penal é apenas um elemento objetivo (normativo) do tipo.

Em contrário, confira-se a lição de CEZAR ROBERTO BITENCOURT: "o *elemento subjetivo especial* do tipo é constituído pelo *especial fim de agir*, qual seja, o *fim* de constranger a vítima à ação ou omissão pretendida. Não havendo a finalidade de constranger o ofendido a fazer algo, ao desamparo da lei, o crime não será o de constrangimento ilegal, mas somente aquele que resultar da violência ou grave ameaça (vias de fato, ameaça, lesões corporais etc.) e desde que objetive a prática de alguma infração penal, pois, nesse caso, poderá configurar *crime de tortura* (Lei n. 9.455/97)".[3]

Embora ponderável a posição de BITENCOURT, soa-nos estranha a ideia de que alguém *constranja* alguém a nada. Por outro lado, se o agente se vale de violência, pode ser outro tipo, como lesões corporais, mas o verbo é outro (ofender a integridade...) e não *constranger*. Diante disso, a conduta unitária de *constrangimento* precisa sempre de um complemento, sob pena de não ter sentido.

O tipo penal do *constrangimento ilegal* demonstra ser ele a matriz em relação à qual vários outros tipos se constroem, como o estupro. Eis o motivo de acreditarmos bastar o dolo para preenchê-lo por completo.

2.4   Objetos material e jurídico

O objeto material é a pessoa que sofre a conduta criminosa; o objeto jurídico é a liberdade física ou psíquica do ser humano.

2.5   Classificação

Trata-se de crime comum (aquele que não demanda sujeito ativo qualificado ou especial); material (delito que exige resultado naturalístico, consistente na ocorrência de efetivo constrangimento); de forma livre (podendo ser cometido por qualquer meio eleito pelo agente); comissivo ("constranger" implica ação); instantâneo (cujo resultado se dá de maneira instantânea, não se prolongando no tempo); de dano (consuma-se apenas com efetiva lesão a um bem jurídico tutelado); unissubjetivo (que pode ser praticado por um só agente);

---

[3]   *Tratado de direito penal*, v. 2, p. 433.

plurissubsistente (em regra, vários atos integram a conduta); admite tentativa. Trata-se de um tipo *subsidiário*, que cede à aplicação de outras figuras típicas mais graves. Ex.: o estupro é uma forma de constrangimento ilegal, embora específica. O agente constrange a mulher, valendo-se de violência ou grave ameaça, para obter a conjunção carnal.

2.6 Aplicação cumulativa da pena

Originariamente, o preceito secundário do tipo prevê a alternância da pena: privativa de liberdade *ou* multa. Entretanto, se estiverem presentes a "reunião de mais de três pessoas" ou o "emprego de armas", impõe-se, por acumulação, as duas penas (figuras do § 1.º).

2.7 Causa de aumento de pena

Além da cumulação, comentada acima, havendo a participação de pelo menos quatro pessoas ou a utilização de armas, deve o juiz dobrar a pena aplicada (art. 146, § 1.º, do CP). O crime de constrangimento ilegal é infração de menor potencial ofensivo. Volta-se à proteção da liberdade pessoal.

Por isso, havendo a participação de três ou mais pessoas, conforme o caso, nada impede a configuração do crime de associação criminosa (art. 288, CP), podendo ocorrer o concurso material. O mesmo se diga se houver a utilização de armas. Conforme a situação, pode-se configurar algum dos delitos previstos na Lei 10.826/2003 (Estatuto do Desarmamento), igualmente em concurso material.

2.7.1 Conceito de arma

Tendo em vista que o tipo penal não especificou, é possível incidir a figura do aumento de pena se houver arma própria (as que são destinadas originariamente ao ataque e à defesa, como as armas de fogo) ou arma imprópria (instrumentos que não são destinados ao ataque ou à defesa, mas podem ser utilizados para tal finalidade, como uma faca de cozinha ou um canivete).

2.7.2 Sistema da acumulação material

Como já expusemos ao comentar o concurso de crimes (Parte Geral), há situações em que o legislador estabelece uma punição mais severa, sem implicar *bis in idem*. É o que ocorre com o constrangimento ilegal. Para que se configure, torna-se necessária a atuação do agente com violência ou grave ameaça – ou outro meio capaz de reduzir a resistência da vítima –, motivo pelo qual o resultado proveniente da referida violência (lesões corporais, por exemplo) não deveria, em tese, ser objeto de punição.

Como regra, assim ocorre (veja-se o exemplo do roubo – art. 157 –, em que pode haver o emprego de violência e esta não é punida à parte). Mas, por entender que a utilização da violência torna a infração particularmente grave, impõe-se, legalmente, que, além das penas cominadas ao delito de constrangimento ilegal, deve o magistrado aplicar, ainda, a resultante do crime originário da violência utilizada (art. 146, § 2.º, CP).

2.7.3 Causas excludentes da tipicidade

Diante da especial redação do tipo, nota-se que a prática de intervenção cirúrgica, justificada por iminente perigo de vida, ou a coação para impedir suicídio são fatos *atípicos*, pois a lei vale-se da seguinte expressão: "não se compreendem na disposição deste artigo". Assim, fica clara a finalidade de não considerar típicas tais situações. Não houvesse esse dispositivo (art. 146, § 3.º, CP) e essas práticas poderiam ser consideradas causas de exclusão da ilicitude (estado de necessidade ou legítima defesa, conforme o caso).

2.7.3.1 Intervenção médico-cirúrgica

É possível que um paciente, correndo risco de vida, não queira submeter-se à intervenção cirúrgica, determinada por seu médico, seja porque tem medo, seja porque deseja morrer ou por qualquer outra razão. Entretanto, já que a vida é bem indisponível, a lei fornece autorização para que o médico promova a operação ainda que a contragosto. Não se trata de *constrangimento ilegal*, tendo em vista a ausência de tipicidade. Como se disse, não houvesse tal dispositivo, ainda assim o médico poderia agir, embora nutrido pelo estado de necessidade, que iria excluir a antijuridicidade.

2.7.3.2 Impedimento de suicídio

O suicídio é conduta ilícita, pois a vida, como se salientou, é protegida constitucionalmente e considerada bem indisponível. Portanto, quem tenta se matar pode ser impedido, à força, se preciso for, por outra pessoa. Essa coação será considerada *atípica*. Ainda que não houvesse tal dispositivo, qualquer um poderia impedir a tentativa de suicídio de outrem, abrigado pela legítima defesa de terceiro (lembremos que a autolesão é conduta ilícita, ainda que não punida pelo direito penal).

2.8 Quadro-resumo

Previsão legal	**Constrangimento ilegal** **Art. 146.** Constranger alguém, mediante violência ou grave ameaça, ou depois de lhe haver reduzido, por qualquer outro meio, a capacidade de resistência, a não fazer o que a lei permite, ou a fazer o que ela não manda: Pena – detenção, de três meses a um ano, ou multa. **Aumento de pena** § 1.º As penas aplicam-se cumulativamente e em dobro, quando, para a execução do crime, se reúnem mais de três pessoas, ou há emprego de armas. § 2.º Além das penas cominadas, aplicam-se as correspondentes à violência. § 3.º Não se compreendem na disposição deste artigo: I – a intervenção médica ou cirúrgica, sem o consentimento do paciente ou de seu representante legal, se justificada por iminente perigo de vida; II – a coação exercida para impedir suicídio.
Sujeito ativo	Qualquer pessoa
Sujeito passivo	Qualquer pessoa
Objeto material	Pessoa que sofre o constrangimento
Objeto jurídico	Liberdade física e psíquica

Elemento subjetivo	Dolo
Classificação	Comum Material Forma livre Comissivo Instantâneo Dano Unissubjetivo Plurissubsistente
Tentativa	Admite
Circunstâncias especiais	Causa de aumento de pena Acumulação material Excludentes de tipicidade

3. INTIMIDAÇÃO SISTEMÁTICA (*BULLYING* E *CYBERBULLYING*)

3.1 Estrutura do tipo penal incriminador

Inicialmente, é preciso destacar que o tipo incriminador foi composto com base, quase idêntica, na descrição feita no art. 1.º, § 1.º, da lei 13.185/2015. *Intimidar* possui diversos sentidos, tais como amedrontar, apavorar, assustar, levando alguém a se sentir ameaçado, constrangido e cerceado em sua liberdade.

O objeto da intimidação é qualquer pessoa (*uma ou mais pessoas*), fazendo-o de maneira sistemática (frequente e de modo organizada), por meio de atos violentos físicos ou psicológicos. O tipo penal contém outros detalhes até mesmo em duplicidade, como mencionar que a intimidação deve ser *repetitiva*, o que se inclui no âmbito da conduta desenvolvida de maneira *sistemática*.

Outro ponto inócuo diz respeito a agir de *modo intencional*, porque isso se liga ao elemento subjetivo, que é o dolo: não se inclui em qualquer tipo doloso esse intuito. Segue-se ao quadro descrito a referência a ter o agente atuado *sem motivação evidente*, pretendendo-se indicar que o *bullying*, em grande parte, é concretizado por razões banais, ocultas e até ilógicas e irracionais.

Embora pareça outra parte desnecessária (agir sem motivo evidente), é relevante frisar que a intimidação sistemática, muitas vezes, possui um motivo *obscuro*, lamentavelmente, ligado a preconceito, discriminação, ódio, sadismo, enfim, fatores negativos da personalidade humana. Se houvesse a exigência de se encontrar a motivação do agente, tornar-se-ia um obstáculo, agora sim desnecessário, para punir o autor. Na verdade, o intimidador satisfaz-se quando constrange a vítima e, encontrando-se a razão, pode-se ponderar esse aspecto para a fixação da pena, provavelmente no elemento relativo à personalidade do agente.

Mescla-se fatores repetidos (agir por meio de *atos de intimidação* já se inclui no verbo nuclear do tipo, que é *intimidar*) com descrições importantes como: humilhação (rebaixamento, afronta, vergonha), discriminação (segregação) e ações verbais (o que é feito em viva voz), morais (relativos ao pudor), sexuais (práticas libidinosas), sociais (referentes às regras estabelecidas em comunidade), psicológicas (psíquicos ou emocionais), físicas (relativo a contato corporal), materiais (concretas ou visíveis) ou virtuais (inconcretas ou simuladas).

3.2 Sujeitos ativo e passivo

O sujeito ativo pode ser qualquer pessoa, assim como o passivo.

3.3 Elemento subjetivo

Exige-se dolo. Não há elemento subjetivo específico e não existe a forma culposa.

3.4 Objetos material e jurídico

O objeto material é a pessoa que sofre a intimidação. O objeto jurídico é a liberdade individual, em sentido amplo, abrangendo a paz de espírito, a intimidade e a privacidade

3.5 Classificação

Trata-se de crime comum (aquele que não demanda sujeito ativo qualificado ou especial); formal (delito que não exige resultado naturalístico, consistente na efetiva restrição à liberdade da vítima ou na prática de um dano efetivo, bastando a situação intimidatória); de forma livre (podendo ser cometido por qualquer meio eleito pelo agente); comissivo (intimidar demonstra ação); habitual (pune-se um conjunto de atitudes do agente, de modo a configurar um cenário frequente de intimidação); unissubjetivo (que pode ser praticado por um só agente); plurissubsistente (é cometido por vários atos); não admite tentativa, pois é delito habitual.

3.6 Forma qualificada

Cuida-se do *cyberbullying*, pois a intimidação, com todos os elementos descritos no *caput* do art. 146-A, torna-se mais fácil, visto inexistir o contato físico e direto com a vítima. O meio informático – padrão do modelo virtual – refere-se à rede mundial de computadores (Internet), por *sites*, redes sociais, aplicativos de celulares, jogos *online*, além de outros instrumentos adequados ao cenário digital.

Há um especial destaque quanto à menção à transmissão *em tempo real*, significando que o contato, para determinar a intimidação, pode dar-se por mensagens passadas em certa data e acessados muito tempo depois, o que não elimina o caráter amedrontador; além disso, as perseguições podem dar-se *ao vivo* (ou tempo real), representando uma situação presente, ou seja, ao mesmo tempo em que a conduta intimidatória se dá o ofendido a recebe e sente os seus efeitos.

A previsão da intimidação sistemática feita por meio da rede de computadores e similares transforma-se, por critério legislativo, em delito qualificado, com sanção privativa de liberdade (reclusão, de 2 a 4 anos), além de pena pecuniária (multa). Além disso, insere-se a viabilidade desse tipo ser subsidiário, caso ocorra um resultado mais gravoso. Qualquer forma de *bullying* pode gerar problemas graves, inclusive lesão corporal simples, grave ou gravíssima, induzimento ou instigação a suicídio, dentre outros. No entanto, embora o *cyberbullying* possa

Curso de Direito Penal – Parte Especial – Vol. 2 • Nucci

ser cometido mais facilmente, inclusive porque há o distanciamento físico e maiores chances de o autor se camuflar, não vemos uma diferença tão intensa a ponto de se estabelecer para um, multa, para outro pena privativa de liberdade e multa.

3.7 Quadro-resumo

Previsão legal	**Intimidação sistemática (*bullying*)** **Art. 146-A.** Intimidar sistematicamente, individualmente ou em grupo, mediante violência física ou psicológica, uma ou mais pessoas, de modo intencional e repetitivo, sem motivação evidente, por meio de atos de intimidação, de humilhação ou de discriminação ou de ações verbais, morais, sexuais, sociais, psicológicas, físicas, materiais ou virtuais: Pena – multa, se a conduta não constituir crime mais grave. **Intimidação sistemática virtual (*cyberbullying*)** **Parágrafo único.** Se a conduta é realizada por meio da rede de computadores, de rede social, de aplicativos, de jogos on-line ou por qualquer outro meio ou ambiente digital, ou transmitida em tempo real: Pena – reclusão, de 2 (dois) anos a 4 (quatro) anos, e multa, se a conduta não constituir crime mais grave.
Sujeito ativo	Qualquer pessoa
Sujeito passivo	Qualquer pessoa
Objeto material	Pessoa que sofre a intimidação
Objeto jurídico	Liberdade individual – abrangendo a paz de espírito, a intimidade e a privacidade
Elemento subjetivo	Dolo
Classificação	Comum Formal Forma livre Comissivo Habitual Unissubjetivo Plurissubsistente
Tentativa	Não admite
Circunstâncias especiais	Forma qualificada – Intimidação sistemática virtual (*cyberbullying*)

4. AMEAÇA

4.1 Estrutura do tipo penal incriminador

Ameaçar significa procurar intimidar alguém, anunciando-lhe um mal futuro, ainda que próximo. Por si só, o verbo já fornece uma clara noção do que vem a ser o crime, embora haja o complemento, que se torna particularmente importante, visto não ser qualquer tipo de ameaça relevante para o direito penal, mas apenas a que lida com um "mal injusto e grave". É o teor do art. 147 do CP.

Cap. VI – Crimes contra a Liberdade Individual • Parte 1   215

No tocante à ameaça dever ser atual ou futura, há quem sustente ser irrelevante que o mal a ser praticado seja atual ou futuro, vale dizer, quem ameaça outrem de lhe causar um mal imediato cometeria o mesmo crime de alguém que ameace causar o mal no futuro.

Preferimos a posição daqueles que defendem somente a possibilidade do mal ser futuro.[4] O próprio núcleo do tipo assim exige. Ameaçar, como se viu, é anunciar um mal futuro, ainda que próximo, não tendo cabimento uma pessoa ser processada pelo delito de ameaça quando diz que vai agredir a vítima de imediato, sendo segurada por terceiros que separam a contenda. Ou o agente busca intimidar o seu oponente, prometendo-lhe a ocorrência de um mal injusto e grave que *vai acontecer*, ou está prestes a cometer um delito e avizinha-se dos atos executórios, portanto, de uma tentativa, caso não chegue à consumação.

A preparação de um crime não necessariamente constitui-se em crime autônomo, ou seja, ameaça. Ex.: o sujeito diz que vai pegar a arma para matar o seu rival, o que, de fato, está fazendo. Deve ser considerado um ato preparatório ou até mesmo executório do delito de homicídio. Se o objeto do crime é justamente a tranquilidade de espírito da pessoa – que, de fato, não há durante uma contenda –, como se pode chamar de ameaça o anúncio de um mal imediato? Durante uma discussão, alguém toma às mãos uma faca e diz que vai furar o oponente... Seria ameaça ou tentativa de lesão corporal? Cremos ser um ato preparatório ou executório, conforme o caso, do delito de lesão corporal (não havendo, naturalmente, a intenção homicida, que configuraria outro crime). Autoriza-se, portanto, a legítima defesa por parte do *ameaçado* no presente.

A lei prevê a possibilidade de se praticar o crime de ameaça através do uso variado de palavras, escritos, gestos ou quaisquer outros meios simbólicos (ex.: desenhos, ilustrações, mensagens transmitidas por *e-mail* etc.).

Quanto ao mal injusto e grave, é preciso ser algo nocivo à vítima, além de se constituir em prejuízo grave, sério, verossímil e injusto (ilícito ou meramente iníquo, imoral). Inexiste ameaça quando o mal anunciado é improvável, isto é, liga-se a crendices, sortilégios e fatos impossíveis.

Por outro lado, é indispensável que o ofendido efetivamente se sinta ameaçado, acreditando que algo de mal lhe pode acontecer; por pior que seja a intimidação, se ela não for levada a sério pelo destinatário, de modo a abalar-lhe a tranquilidade de espírito e a sensação de segurança e liberdade, não se pode ter por configurada a infração penal. Afinal, o bem jurídico protegido não foi abalado. O fato de o crime ser formal, necessitando somente de a ameaça ser proferida, chegando ao conhecimento da vítima para se concretizar, não afasta a imprescindibilidade do destinatário sentir-se, realmente, temeroso. O resultado naturalístico que *pode* ocorrer é a ocorrência do mal injusto e grave, que seria somente o exaurimento do delito.

A pena prevista no art. 147 do CP é de detenção, de um a seis meses, ou multa.

4.1.1 Ameaça no contexto da violência doméstica

É muito comum a ameaça acompanhar a lesão corporal – previamente ou ao mesmo tempo – quando o agressor atinge a vítima-mulher. Muitos agentes atormentam suas ex-esposas, companheiras ou namoradas com ameaças frequentes, capazes de gerar temor e intranquilidade constantes.

A lei processual penal autoriza, mesmo para a prática de ameaça, a decretação da prisão preventiva contra agressor; entretanto, o juiz deve ter a cautela de mensurar a custódia provisória para que não ultrapasse o próprio período previsto para a pena. De outra sorte, é

---

[4]   É a posição de Aníbal Bruno, *Crimes contra a pessoa*, p. 353.

vedado ao julgador aplicar somente pena pecuniária para o agente da violência doméstica (art. 17, Lei 11.340/2006). Logo, a pena alternativa prevista para esse delito do art. 147 (detenção ou multa), cuidando-se da multa, deve ser ignorada. Além disso, não se deve substituir a pena privativa de liberdade – por menor que seja – por restritiva de direitos, pois é crime realizado justamente com grave ameaça (vedação do art. 44, *caput*, CP). Os Tribunais Superiores têm posição consensual vedando penas alternativas para agressões no âmbito da violência doméstica.

4.1.2   *Causa de aumento de pena quando cometido contra mulher*

Aplica-se em dobro a pena, quando preenchidas as hipóteses de ameaça a mulher, em situação de violência doméstica e familiar, bem como com menosprezo ou discriminação (art. 147, § 1.º, CP).

A aplicação da sanção em dobro pode levar a pena a um patamar de dois meses a um ano de detenção e, mesmo assim, caso decretada a prisão preventiva, precisa ser muito bem controlada, pois há a possibilidade de extrapolar a pena posteriormente aplicada, gerando situação teratológica.

4.2   Sujeitos ativo e passivo

Qualquer pessoa pode cometer e sofrer o delito de ameaça. Exige-se, por óbvio, do sujeito passivo a capacidade de compreensão e entendimento da ameaça realizada. Não se pode ameaçar, por exemplo, um louco ou uma criança de pouquíssima idade, pessoas que não se deixam afetar por aquilo que lhes é incompreensível.

Aliás, quanto à criança, é preciso cautela ao excluí-la da proteção do tipo penal de ameaça. Cremos que toda criança que já possua capacidade de entendimento do mal injusto e grave que se lhe está anunciando pode ser sujeito passivo do delito. Afastar toda e qualquer criança seria negar uma proteção indispensável ao ser humano de tenra idade, que é a paz de espírito. Ressalte-se, ainda, que inexiste o delito de ameaça contra sujeito indeterminado. Vale destacar que a indeterminação necessita ser absoluta (Fulano diz que vai matar todos os médicos do Brasil). Tratando-se de indeterminação relativa, pode dar-se a configuração da ameaça (Fulano diz que vai matar todos os médicos de determinada clínica, onde há apenas quatro médicos).

4.3   Elemento subjetivo

Somente se pune a ameaça quando praticada dolosamente. Não existe a forma culposa e não se exige qualquer elemento subjetivo específico, embora seja necessário que o sujeito, ao proferir a ameaça, esteja consciente do que está fazendo.

Em uma discussão, quando os ânimos estão alterados, é possível que as pessoas troquem ameaças sem qualquer concretude, isto é, são palavras lançadas a esmo, como forma de desabafo ou bravata, que não correspondem à vontade de preencher o tipo penal. Por isso, ainda que não se exija do agente estar calmo e tranquilo, para que o crime possa se configurar, também não se pode considerar uma intimidação penalmente relevante qualquer afronta comumente utilizada em contendas. Não se pode invocar uma regra teórica absoluta nesses casos, dependendo da sensibilidade do operador do direito para interpretar o caso concreto.

Em oposição, sem alegar a relevância do caso concreto, BITENCOURT afirma que o "estado de *ira*, de *raiva* ou de *cólera* não exclui a *intenção* de intimidar. Ao contrário, a ira é a força propulsora da vontade de intimidar. Ademais, é incorreta a afirmação de que a ameaça do homem irado não tem possibilidade de atemorizar, pois exatamente por isso apresenta maior potencialidade de intimidação, pelo desequilíbrio que o estado colérico pode produzir em determinadas pessoas. Aliás, não raro os crimes de ameaça são praticados nesses estados. E exatamente o estado de ira ou de cólera é o que mais atemoriza o ameaçado".[5]

Cremos que a experiência diversa de vida dita a conclusão do penalista a respeito desse tema. Talvez o ilustre autor nunca tenha se envolvido num bate-boca, nem tenha ficado irado ou colérico, falando, portanto, aquilo que jamais falaria ou faria em estado normal. Mas, segundo acreditamos, quem já brigou uma vez na vida, em estado irado ou colérico, deve saber que o que se fala ao adversário não se cumpre na maioria das vezes.

Por isso, preferimos não ser taxativos: depende do caso concreto.

4.3.1 Embriaguez

Se o agente estiver embriagado, como regra, o crime de ameaça pode configurar-se normalmente, pois o art. 28, II, deste Código é claro ao preceituar a indiferença da ebriedade voluntária ou culposa. Tratando-se de embriaguez fortuita, pode-se alegar exclusão da culpabilidade (art. 28, § 1.º, CP).

No mais, costuma-se dizer que o bêbado não deve ser levado a sério; logo, o que profere, em matéria de ameaça, seria atípico. Não é sempre assim. Tudo depende do grau de ebriedade, da capacidade de absorção do álcool pelo agente e, consequentemente, da mantença do seu raciocínio, bem como da seriedade da ameaça, quando seja capaz de atingir a vítima. Portanto, o estado de embriaguez, por si só, não serve de justificativa para eximir o agente do delito.

Pelo menos, neste tema, BITENCOURT (a despeito do item anterior) concorda que depende do caso concreto, afinal, há vários estágios de embriaguez.[6]

4.4 Objetos material e jurídico

O objeto material é a pessoa que sofre a conduta criminosa; o objeto jurídico é a paz de espírito, a segurança e a liberdade da pessoa humana.

4.5 Classificação

Trata-se de crime comum (aquele que não demanda sujeito ativo qualificado ou especial); formal (delito que não exige resultado naturalístico, embora possa ocorrer); de forma livre (podendo ser cometido por qualquer meio eleito pelo agente); comissivo ("ameaçar" implica ação); instantâneo (cujo resultado se dá de maneira instantânea, não se prolongando no tempo); unissubjetivo (que pode ser praticado por um só agente); dano (delito capaz de produzir lesão no bem tutelado, como a paz e a liberdade individuais); unissubsistente ou plurissubsistente (pode ser cometido por um único ato ou por vários); admite tentativa, em tese, conforme o meio de execução eleito (ex.: ameaça feita por escrito), embora seja de difícil configuração.

4.6 Ação pública condicionada

O Ministério Público somente está autorizado a agir, ingressando com a ação penal, caso a vítima ofereça representação (art. 147, § 2.º, do CP), o que reforça a ideia de que é preciso que a parte ofendida tenha, de fato, levado a sério a intimidação feita pelo agente.

---

[5] *Tratado de direito penal*, v. 2, p. 444.

[6] *Tratado de direito penal*, v. 2, p. 444-445.

Quando a ameaça se dirigir à mulher, nas hipóteses do § 1.º, cuida-se de ação pública incondicionada, após a edição da Lei 14.994/2024. Tem-se observado, em muitos casos, a retratação da ofendida, depois de ameaçada, enfraquecendo a punição nesses casos, razão pela qual muitas condenações terminam acontecendo com base no primeiro depoimento prestado pela vítima, na fase investigatória, quando representou e pediu providências. Naturalmente, associa-se essa primeira declaração a outras provas colhidas em juízo. Favorece o cenário para a devida punição do agressor a transformação da ação pública de condicionada para incondicionada, evitando a polêmica situação de tentativa de retratação por parte da ofendida.

4.7 Quadro-resumo

	Ameaça
Previsão legal	**Art. 147.** Ameaçar alguém, por palavra, escrito ou gesto, ou qualquer outro meio simbólico, de causar-lhe mal injusto e grave:
	Pena – detenção, de um a seis meses, ou multa.
	§ 1.º Se o crime é cometido contra a mulher por razões da condição do sexo feminino, nos termos do § 1.º do art. 121-A deste Código, aplica-se a pena em dobro. (Incluído pela Lei 14.994, de 2024)
	§ 2.º Somente se procede mediante representação, exceto na hipótese prevista no § 1.º deste artigo.
Sujeito ativo	Qualquer pessoa
Sujeito passivo	Qualquer pessoa
Objeto material	Pessoa que sofre a ameaça
Objeto jurídico	Liberdade psíquica
Elemento subjetivo	Dolo
Classificação	Comum
	Formal
	Forma livre
	Comissivo
	Instantâneo
	Dano
	Unissubjetivo
	Unissubsistente ou plurissubsistente
Tentativa	Admite na forma plurissubsistente
Circunstâncias especiais	Ameaça futura e grave
	Embriaguez
	Ameaça
	Ação pública condicionada

5. PERSEGUIÇÃO

5.1 Estrutura do tipo penal incriminador

Perseguir, no contexto desta figura típica, possui vários significados, como seguir alguém insistentemente, correr atrás de alguém, atormentar uma pessoa com pedidos abusivos, importunar, causar aborrecimento e até mesmo torturar, gerando angústia ou deixando a vítima em situação aflitiva. É o conhecido delito de *stalking*, já previsto em legislação estrangeira há muito tempo, consistente na excessiva vigilância que alguém dirige a outrem, forçando encontros e contatos indesejados, simbolizando uma forma de obsessão pela pessoa perseguida até que ela ceda aos caprichos do perseguidor (*stalker*).

Aliás, tem-se destacado que essa perseguição surge, de forma relativamente comum, no cenário relativo às celebridades, seguidas por fãs obcecados. Para chegar ao seu objetivo, o agente se vale de todos os meios possíveis ao seu alcance; geralmente, se a vítima cede, termina dominada e, invariavelmente, ingressa num cenário muito pior de subjugação, podendo ser ferida, sexualmente abusada ou até mesmo assassinada.

Em linhas gerais, a perseguição pode dar-se das seguintes formas: a) ameaça à integridade física (gerar um dano à integridade corporal); b) ameaça à integridade psicológica (gerar um tormento ou uma perturbação à saúde); c) restrição à locomoção (atingir o livre direito de ir e vir); d) invadir a esfera de liberdade ou privacidade (invasão da intimidade); e) perturbar a esfera de liberdade ou privacidade (conturbar a tranquilidade individual). O tipo é misto alternativo; a prática de uma ou mais condutas descritas no tipo, contra a mesma vítima, no mesmo contexto, configura um só delito. O objeto da perseguição é *alguém*, não sendo, portanto, um crime exclusivo para proteger mulheres; qualquer ser humano pode ser perseguido. Embora nos pareça que o verbo *perseguir* possui um forte conteúdo negativo, já indicando uma reiteração (ninguém pode ser considerado *perseguidor* por conta de uma única vez andar atrás da vítima para obter alguma atenção, pois não teria sentido para efeito de lesão ao bem jurídico tutelado), incluiu-se no tipo o termo *reiteradamente* (repetidamente, frequentemente). Em princípio, poder-se-ia dizer que a reiteração se configuraria pela singela repetição, ou seja, fazer outra vez; duas atitudes seriam suficientes para tanto. Entretanto, a união proposital de *perseguir* com *reiteradamente* tem o condão de indicar um crime habitual, cuja punição somente tem sentido se o agente demonstrar um comportamento reiterado inadequado, extraindo-se do conjunto a possibilidade de lesão ao bem jurídico tutelado. Uma conduta persecutória, com certeza, é fato inaplicável para consumar o delito do art. 147-A. Eventualmente, pode tipificar outro delito, como, por exemplo, ameaça (art. 147, CP) ou invasão de domicílio (art. 150, CP).

Como em qualquer avaliação de crime habitual, pode-se indagar: quantos atos precisa o agente praticar para configurar-se a habitualidade e, consequentemente, o delito? Como regra, vários. Por exceção, apenas dois. É fundamental analisar cada um deles e sua gravidade para que se admitam somente dois e já permitir acolher a consumação do crime do art. 147-A. Aliás, muitos atos, no cenário da perseguição, podem ser penalmente atípicos, quando visualizados de modo isolado (encarar fixamente a vítima num local público; andar atrás da vítima na rua, permitindo que ela note estar sendo seguida; colocar-se à frente da casa da pessoa perseguida, vendo-a entrar e sair; telefonar e desligar o aparelho seguidas vezes, sem nada falar; enviar presentes inconvenientes ao local de trabalho ou à residência etc.). Constituindo crime habitual, não há possibilidade de tentativa, nem se torna adequada a prisão em flagrante (neste último caso, chega a ser dificultada pela exigência de representação da vítima).

Quanto aos meios de execução, o tipo apresenta várias possibilidades. Apresenta três formatos e, depois, amplia para que se use interpretação analógica: ameaçar, restringir a locomoção ou, *de qualquer forma*, invadir ou perturbar a liberdade ou a privacidade. Por isso, a forma de perseguição expressa atitudes presenciais ou distantes, por meio da rede mundial de computadores, o que tem sido muito comum (*cyberstalking*). A internet propicia fácil acesso de algumas pessoas perseguidoras em relação a outras, gerando a viabilidade de acompanhar todos os passos da vítima (que, nessas situações, termina colaborando, pois posta suas realizações diárias) por meio de variados mecanismos (perfis em programas como *Facebook*, *Instagram*, *Twitter*, dentre outros, bem como enviando *e-mails*, mensagens por aplicativos, como *WhatsApp*, *Telegram* e similares). Além disso, muitos perseguidores assumem identidade falsa para poder seguir sua vítima insistentemente, até que possa chegar próximo a ela, de maneira presencial. No entanto, as ameaças podem ser feitas pessoalmente ou por meio das redes sociais; a invasão à privacidade, igualmente, pode ser realizada diretamente (como uma invasão de domicílio) como, também, por meio da internet.

A restrição à capacidade de locomoção, como regra, somente ocorre em ação direta do perseguidor em relação à vítima. Porém, quando se menciona invasão ou perturbação da esfera de liberdade, o espectro é mais amplo, podendo envolver tanto a atuação direta sobre a vítima quanto uma insistente sequência de atos, na rede mundial de computadores, de modo a inibir a livre circulação da pessoa perseguida. Em prosseguimento, *ameaçar* significa uma intimidação, anunciando um mal futuro, representativo de algo injusto, grave e prejudicial à pessoa ameaçada. No contexto da perseguição, enfoca-se tanto a intimidação no campo físico quanto no psicológico, deixando bem clara a disposição do agente de se valer de todos os mecanismos possíveis para vergar a vontade da vítima, permitindo a aproximação do perseguidor. A parte relativa à restrição da capacidade de locomoção pode ter dois ângulos: a) fisicamente, o perseguidor sequestra a vítima, mesmo por tempo curto, para ter acesso a quem tanto deseja; b) à distância, emprega tantas ameaças que a vítima se sente incapacitada de sair de casa, por exemplo. Como mencionado, o tipo é misto alternativo, mas a quantidade elevada de condutas sequenciais contra a vítima pode permitir não só a consumação, mas, igualmente, a mensuração da pena-base pelo julgador, levando em consideração as circunstâncias judiciais do art. 59 do Código Penal. Geralmente, o perseguidor atua de maneira insistente e sequencial, até que seja parado pela atuação dos órgãos de segurança. Isto significa que a regra é a constituição de um único delito de condutas variadas e frequentes, de modo a compor um único quadro. Não é razoável apontar a consumação de um crime a cada vez que o perseguidor segue a vítima, física ou virtualmente, pois essas condutas podem ser inúmeras, redundando em sanção somada, totalmente desproporcional. Aliás, a perseguição compõe justamente um quadro de reiteradas condutas de importunação à vítima. Enquanto houver a referida perseguição se estão lesando os bens jurídicos tutelados até que a vítima tome providência, acionando os agentes estatais da segurança pública e haja prisão ou processo criminal contra o agente. Assim ocorrendo, *fecha-se* o quadro daquela perseguição. Caso o indivíduo seja colocado em liberdade e volte a perseguir a pessoa ofendida, abre-se um novo cenário delituoso.

No futuro, é possível, conforme o caso, reconhecer-se até mesmo o crime continuado. Todas essas formas de perseguição – o tipo menciona *qualquer meio* – pode dar-se, inclusive, de modo indireto, provocando perturbações a pessoas queridas ligadas à vítima, a objetos e a animais de estimação (o que configura atitudes intimidatórias). Ao instituir este tipo, o legislador revogou o art. 65 da Lei das Contravenções Penais, que tinha similitude com a atual figura criminosa ("molestar alguém ou perturbar-lhe a tranquilidade, por acinte ou por motivo reprovável") e o objeto jurídico tutelado consistia na polícia dos costumes, algo ultrapassado. É importante observar que a pena prevista para a figura do *caput* é de reclusão, de seis meses a dois anos, e multa, configurando uma infração de menor potencial ofensivo. Entretanto, envolvendo a causa de aumento do § 1.º, não mais se pode valer da transação. Por outro lado, se a perseguição for dirigida à mulher, por razões da condição de sexo feminino (inciso II), quando envolver o disposto pelo art. 121, § 2.º-A, inciso I (violência doméstica ou familiar), não se aplica a Lei 9.099/1995, por vedação imposta pelo art. 41 da Lei 11.340/2006. Logo, são dois obstáculos: o montante da pena e o cenário de violência doméstica e familiar.

Há de se destacar dois fatores positivos para a criação deste tipo penal. Um deles concerne ao *bullying* (a prática frequente de atos intimidadores ou violentos, envolvendo lesões físicas ou psicológicas, dirigidas a pessoas consideradas mais frágeis, integrantes de minorias ou discriminadas, sofrendo evidente perseguição humilhante e atemorizante), que tem sido encontrado em ambiente escolar, geralmente cometido por adolescentes contra outros jovens ou mesmo crianças. Passa a constituir ato infracional, cuja sintonia se dá com o art. 147-A do Código Penal.

A Lei 13.185/2015 instituiu um programa nacional de combate à intimidação sistemática (*bullying*), definindo-a como a atuação de quem emprega atos intimidatórios, humilhantes ou discriminatórios, com violência física ou psicológica, consistentes em ataques físicos, insultos, comentários e apelidos pejorativos, ameaças, grafites depreciativos, expressões preconceituosas, promoção de isolamento premeditado, piadas de mau gosto (art. 2.º, *caput*). Prevê-se, igualmente, a possibilidade do *cyberbulling*, cometido pela internet, buscando depreciar pessoas, incitar a violência, adulterar fotos e outros dados pessoais, como formas de constrangimento psicossocial (art. 2.º, parágrafo único). A referida lei ainda estima que as condutas de intimidação sistemática podem consistir em variadas formas: verbal, moral, sexual, social, psicológica, física, material e virtual. O *bullying* não se confunde com a perseguição, mas esta contém, por certo, vários elementos da intimidação sistemática, como insultar, difamar, assediar, amedrontar, intimidar, dominar, agredir fisicamente, destruir os pertences da vítima e intrometer-se na intimidade por meio da rede mundial de computadores, provocando sofrimento e constrangimento psicológico e social. Não há, ainda, no ordenamento penal, o crime específico de intimidação sistemática, por duas razões básicas: a primeira diz respeito ao universo onde essa forma de intimação é mais praticada, ou seja, no ambiente estudantil, razão pela qual abrange mais crianças e adolescentes do que adultos. Ora, os menores de 18 anos são penalmente inimputáveis. A segunda se liga ao fato de que várias das condutas consideradas como *bullying* têm sido tipificadas como delitos destacados, em que se encaixam, com perfeição, os delitos de perseguição e, igualmente, a violência psicológica contra a mulher. Além disso, o que se denomina por *assédio moral*, uma conduta captada em ambientes de trabalho, quando o chefe ou superior persegue um funcionário qualquer, por motivos variados – exceto a finalidade de obtenção de favores sexuais, pois seria o crime de assédio sexual –, proferindo ameaças, podendo cercear a sua circulação onde exerce a sua atividade e até mesmo invadindo a sua privacidade, pode ser tipificado no crime de perseguição. No Código Penal italiano, prevê-se, no art. 612-*bis*, o crime de atos persecutórios, que significam um típico assédio moral: quem, repetidamente, ameace ou assedie alguém de modo a causar um estado de ansiedade ou medo persistente e grave ou a gerar temor fundado pela segurança de si mesmo ou de parente próximo ou pessoa a ele ligada por relação afetiva ou para forçar a vítima a alterar seus hábitos de vida. Não se trata de uma perseguição propriamente dita, mas pode a ela equivaler-se. Temos defendido o princípio da intervenção mínima, evitando-se criminalizar condutas inofensivas aos bens jurídicos, mas a perseguição tem sido uma situação frequente no cenário das perturbações relevantes aos direitos individuais. Em especial, temos encontrado, nos julgamentos do Tribunal de Justiça de São Paulo, vários casos de perseguição, sem que tivessem, até então, uma proteção eficiente. Por isso, este tipo incriminador é importante.

5.2 Sujeitos ativos e passivo

Qualquer pessoa pode cometer e sofrer o delito de perseguição. Demanda-se do sujeito passivo a capacidade de discernimento de que se encontra sofrendo uma privação de sua liberdade, especialmente nos formatos ligados à ameaça e outras formas de restrição. Porém, o tipo contém várias condutas e, mesmo quando se trata de criança, a restrição à sua locomoção e a invasão à sua esfera de intimidade ou privacidade pode acontecer, mesmo que o infante não perceba, embora seus pais ou responsáveis, sim. Essa perseguição, detectada pelos genitores do infante ou por seu responsável, pode dar margem à tipificação deste delito. Fora dos casos de relacionamentos amorosos complicados, com rompimentos unilaterais e retornos sem convicção, em que a perseguição ocorre, encontra-se a conduta mais voltada a celebridades e pessoas que apreciam se expor na internet, por várias redes sociais, contando intimidades e fazendo o público acompanhar as suas vidas privadas.

Por outro lado, é viável uma perseguição camuflada, física ou virtual. Nesta hipótese, não se configura o tipo do art. 147-A, pois a falta de conhecimento impede a perturbação gerada pelo perseguidor, o que se busca punir nesta figura criminosa. Acompanhar os passos de alguém, como um fã ardoroso pode empreender em relação a seu ídolo, sem o perturbar ou prejudicar, cuida-se de conduta inofensiva e atípica. Mas, tratando-se de algo mais ousado, como a invasão de dispositivo informático, o que um *hacker* saberia conduzir, sem que a vítima perceba, pode gerar o crime previsto pelo art. 154-A. Outro fator ligado à pessoa do sujeito passivo concerne às suas condições efetivas, sem se estabelecer qualquer espécie de presunção, vale dizer, é fundamental averiguar, concretamente, o grau de sensibilidade da vítima e o temor por ela desenvolvido em face da perseguição; há indivíduos emocionalmente mais frágeis que outros e a aplicação do tipo penal do art. 147-A precisa levar em consideração qual o cenário real do sujeito passivo, excetuando-se, naturalmente, as hipóteses previstas no § 1.º, no qual já se presume a vulnerabilidade da vítima.

5.3 Elemento subjetivo

É o dolo. Não há a forma culposa. Não há elemento subjetivo específico, pois o agente pode atuar por qualquer razão e visando a qualquer objetivo. A embriaguez do agente, por si só, não elimina a concretização do delito, pois o art. 28, II, do Código Penal, é claro ao indicar ser indiferente a ebriedade voluntária ou culposa. Excepcionalmente, a embriaguez fortuita pode levar à exclusão da culpabilidade (art. 28, § 1.º, CP); no entanto, se ela é fortuita, acontece uma só vez e o crime de perseguição demanda reiteração. Não é crível que alguém se embriague por caso fortuito inúmeras vezes e, a partir disso, persiga a vítima.

5.4 Objetos material e jurídico

O objeto material é a pessoa que sofre a conduta criminosa; o objeto jurídico é a liberdade pessoal, em sentido amplo, abrangendo a paz de espírito, a intimidade e a privacidade.

5.5 Classificação

Trata-se de crime comum (aquele que não demanda sujeito ativo qualificado ou especial); formal (delito que não exige resultado naturalístico, consistente na efetiva restrição à liberdade da vítima ou na prática de um dano efetivo, bastando a situação intimidatória); de forma livre (podendo ser cometido por qualquer meio eleito pelo agente); comissivo (*perseguir* e os outros verbos demonstram ações); habitual (pune-se um conjunto de atitudes do agente, de modo a configurar um cenário frequente de perseguição); unissubjetivo (que pode ser praticado por um só agente); plurissubsistente (é cometido por vários atos); não admite tentativa, pois é delito habitual. Um ato é atípico; dois podem ser igualmente atípicos. Quando ficar caracterizada a habitualidade, estará configurado o crime.

5.6 Causas de aumento de pena

Impõe-se uma elevação fixa, no montante de metade, para as hipóteses previstas nos incisos I a III do § 1.º. No inciso I, indica-se uma vítima particular, mais frágil e acessível: a) criança: menor de até 11 anos de idade completos (conforme previsão do Estatuto da Criança e do Adolescente); b) adolescente: menor de 12 a 17 anos completos (baseado no Estatuto da Criança e do Adolescente); c) idoso: maior de 60 anos (conforme Estatuto do Idoso). Os traumas gerados a essas vítimas são muito mais graves do que a adultos não idosos, pois estão em formação e maturação da sua personalidade (crianças e adolescentes) ou experimentam um envelhecimento capaz de lhes retirar a maior resistência física ou psicológica.

No inciso II, ingressa, justamente, a vítima mais frequente, que é a mulher, inserida no cenário da violência doméstica e familiar ou menosprezada ou discriminada por ser do gênero feminino. Verifica-se, igualmente, a fragilidade da vítima, como se pode observar nas pessoas elencadas no inciso I. É preciso registrar que, em momento algum, a Lei Maria da Penha (e os documentos internacionais que apontam medidas de combate à violência contra a mulher) menciona ter aplicabilidade os seus dispositivos *apenas* a mulheres *vulneráveis*, o que seria um contrassenso. Está mais do que provado e reconhecido pela ONU e pela OMS que a *mulher* – qualquer pessoa do gênero feminino – é presumidamente vulnerável, mormente diante do homem, fisicamente mais forte e dominador, em sociedade machista e patriarcal, como a maior parte delas mundo afora. Diante disso, o perseguidor da mulher, como regra, responde com a pena aumentada. Pode-se, naturalmente, encontrar a exceção, se, por exemplo, tratar-se de um homem apaixonado, de posto inferior na empresa, onde uma poderosa mulher chefia a firma e ele a persegue porque deseja envolver-se emocionalmente com ela. Não seria incluído na figura do art. 121, § 2.º-A, I e II, do CP. Mas esta é a exceção e não a regra. É preciso afastar o machismo na avaliação deste tipo penal, pretendendo sustentar que há *perfeita* igualdade de gêneros no plano da realidade, somente porque a Constituição assim prevê. Aliás, basta observar, no âmbito doméstico e familiar, o impressionante número de vítimas mulheres, totalmente dominadas pelos seus parceiros. Quanto à situação da transexual, torna-se necessário destacar que, para ser vítima de perseguição (*caput* do art. 147-A), isto não importa. Porém, pode-se debater a aplicação do aumento, caso a transexual se encontre em ambiente de violência doméstica e familiar ou cenário de menosprezo ou discriminação, exatamente como a mulher.

Tivemos a oportunidade de expor em outros escritos que o ideal seria a pessoa transexual requerer (o que, atualmente, é possível) a alteração de seus dados oficialmente, a fim de que seja, juridicamente, considerada mulher, para, então, ser tutelada como tal. Entretanto, é preciso sempre caminhar, evoluir e acompanhar a realidade à nossa volta. Muitas transexuais, mais abonadas financeiramente e instruídas, conseguem essa modificação legal; porém, outras, com imensas dificuldades de toda ordem, embora se sintam, ajam e *sejam mulheres* na sua vida, inclusive em uniões estáveis, podem ser vítimas da violência doméstica e familiar e da típica situação de menoscabo e discriminação à sua condição de *mulher*, parte mais frágil do relacionamento amoroso e familiar, não por conta de orientação sexual. Cremos que não se deve afastar essa hipótese de aumento de pena, devendo-se avaliar o caso concreto, pois a transexual que *seja mulher de fato*, faltando somente o reconhecimento do direito, pode preencher o tipo penal. Há posições extremadas a não admitir o tratamento de mulher à transexual, mesmo que ela obtenha, judicialmente, esse reconhecimento, com a formal alteração de seus documentos. Ora, se o Judiciário afirma o seu gênero feminino, não se pode questionar esse *status*, com fundamento em argumentos preconceituosos. No inciso III, envolve-se o meio utilizado, que dificulta a defesa da vítima, além de tornar mais perigoso o cenário, podendo evoluir para crimes mais graves. O concurso de duas ou mais pessoas dificulta a reação e facilita a execução. O emprego de arma (qualquer instrumento passível de lesionar, ou seja, armas próprias e impróprias) produz um quadro potencialmente danoso, pois, a qualquer momento, o que seria uma simples ameaça pode tornar-se um crime de dano.

5.7 Sistema da acumulação material

Adota-se a cumulatividade de pena para o delito de perseguição, associado a outro crime, quando houver emprego de violência contra a pessoa. Deve-se utilizar o concurso material de crimes, por força de lei (pena da perseguição + pena decorrente do crime violento). Pela descrição do tipo, a perseguição básica desenrola-se com ameaça à integridade física ou psicológica e não diretamente pela prática de lesão corporal. Se esta se efetivar, no contexto da perseguição, aplica-se, também, a sua pena. Aliás, nem precisaria existir o § 2.º do art. 147-A, pois o tipo penal (vide o *caput*) não menciona nenhuma ação violenta contra a vítima para o crime se consumar. Portanto, se não houvesse o referido § 2.º, empregando violência contra a vítima (como lesão corporal) seria aplicável o concurso de crimes. Possivelmente, o objetivo do legislador foi evitar a situação inversa de absorção, ou seja, considerar, na prática, o delito de perseguição absorvido pelo crime violento. Então, para deixar bem clara a cumulação das penas, inseriu-se o § 2.º. Além disso, acolher o sistema da acumulação material evidencia o concurso material, com a soma das penas.

Naturalmente, por se tratar de um delito contra a pessoa, não envolvendo o patrimônio, qualquer violência contra coisas e animais permite a configuração de outro tipo penal, em concurso de crimes, sem precisar se valer do disposto no § 2.º do art. 147-A. O perseguidor – algo que efetivamente acontece – pode investir contra coisas valiosas ou animais de estimação da vítima para atormentá-la e deve responder pelos crimes cometidos, independentemente da perseguição. Não há como sustentar a simples absorção do dano ou dos maus-tratos a animais, porque podem significar infrações penais graves, com penas superiores à da perseguição. Note-se o dano qualificado (art. 163, parágrafo único: "IV – por motivo egoístico ou com prejuízo considerável para a vítima", com pena de detenção, de seis meses a *três anos*, e multa) e os maus-tratos contra os animais de estimação mais comuns, que são os cães e os gatos (art. 32, § 1.º-A, com pena de reclusão de *dois* a *cinco* anos, multa e proibição da guarda).

5.8 Ação pública condicionada e benefícios processuais

O Ministério Público somente está autorizado a agir, ingressando com a ação penal (e a autoridade policial a atuar, investigando o delito), caso a vítima ofereça representação, o que reforça a ideia de que é preciso que a parte ofendida tenha, de fato, levado a sério a perseguição feita pelo agente, em qualquer das situações descritas no art. 147-A. Caso a pessoa ofendida seja criança ou adolescente, deve ser representada pelos pais ou responsáveis.

Como exposto anteriormente, a perseguição no cenário da violência doméstica e familiar, ou envolvendo menosprezo ou discriminação à mulher, preenche a figura do § 1.º, II, do art.

147-A e constitui cenário apto à aplicação da Lei Maria da Penha, pois se trata de uma forma de violência doméstica e familiar, conforme descrito pelo art. 7.º, II, da Lei 11.340/2006: "II – a violência psicológica, entendida como qualquer conduta que lhe cause *dano emocional* e diminuição da autoestima ou que lhe *prejudique e perturbe o pleno desenvolvimento* ou que vise degradar ou *controlar suas ações*, comportamentos, crenças e decisões, mediante *ameaça*, constrangimento, humilhação, manipulação, isolamento, *vigilância constante, perseguição contumaz*, insulto, chantagem, *violação de sua intimidade*, ridicularização, exploração e limitação do direito de ir e vir ou qualquer outro meio que lhe cause *prejuízo à saúde psicológica* e à autodeterminação" (grifamos).

Portanto, não se aplica qualquer benefício existente na Lei 9.099/1995 (art. 41, Lei 11.340/2006), o que exclui a suspensão condicional do processo (a transação já seria excluída pelo montante máximo da pena em face da causa de aumento). Sob outro aspecto, não se pode aplicar o acordo de não persecução penal para este crime, caso ocorra no cenário da violência doméstica e familiar ou contra a mulher por razão da condição de sexo feminino (art. 28-A, § 2.º, IV, CPP). Se houver grave ameaça do perseguidor, contra qualquer vítima, também não se aplica o acordo (art. 28-A, *caput*, CPP). O impedimento previsto no art. 28-A, § 2.º, II, CPP ("se o investigado for reincidente ou se houver elementos probatórios que indiquem conduta criminal *habitual, reiterada ou profissional*, exceto se insignificantes as infrações penais pretéritas") não se aplica ao crime de perseguição apenas pelo fato de o tipo penal indicar uma conduta reiterada. Isto porque essa reiteração somente é necessária para consumar o tipo penal. O disposto no inciso II do § 2.º supramencionado refere-se a crimes cometidos de forma habitual, reiterada ou profissional, querendo expressar a criminalidade por *profissão*.

5.9 Quadro-resumo

Previsão legal	**Perseguição** **Art. 147-A.** Perseguir alguém, reiteradamente e por qualquer meio, ameaçando-lhe a integridade física ou psicológica, restringindo-lhe a capacidade de locomoção ou, de qualquer forma, invadindo ou perturbando sua esfera de liberdade ou privacidade. Pena – reclusão, de 6 (seis) meses a 2 (dois) anos, e multa. § 1.º A pena é aumentada de metade se o crime é cometido: I – contra criança, adolescente ou idoso; II – contra mulher por razões da condição de sexo feminino, nos termos do § 2.º-A do art. 121 deste Código; III – mediante concurso de 2 (duas) ou mais pessoas ou com o emprego de arma. § 2.º As penas deste artigo são aplicáveis sem prejuízo das correspondentes à violência. § 3.º Somente se procede mediante representação.

Sujeito ativo	Qualquer pessoa
Sujeito passivo	Qualquer pessoa
Objeto material	Pessoa que sofre a conduta criminosa
Objeto jurídico	Liberdade pessoal, em sentido amplo, abrangendo a paz de espírito, a intimidade e a privacidade.
Elemento subjetivo	Dolo
Classificação	Comum Formal Forma livre Comissivo Habitual Unissubjetivo plurissubsistente
Tentativa	Não admite
Circunstâncias especiais	Causas de aumento de pena Sistema da acumulação material

6. VIOLÊNCIA PSICOLÓGICA CONTRA A MULHER

6.1 Estrutura do tipo incriminador

Causar é a conduta principal, significando a razão de ser de alguma coisa; gerar um efeito; provocar um resultado. Volta-se ao dano emocional (lesão sentimental de natureza psicológica) da mulher, prejudicando-a (qualquer tipo de transtorno ou dano) *e* perturbando-a (transtornar, gerando desequilíbrio ou tristeza), capaz de ferir o seu desenvolvimento (como pessoa) ou visando a degradar (rebaixar ou infirmar a dignidade) ou controlar (dominar, exercer poder sobre alguém) as suas condutas em sentido amplo (ações e comportamentos), as suas crenças (credulidade em alguma coisa, geralmente voltada à religião) e as suas decisões (resolução para fazer ou deixar de fazer algo).

Os meios eleitos pelo agente consistem em: ameaça (intimidação), constrangimento (forçar a fazer ou deixar de fazer alguma coisa), humilhação (usar de soberba para rebaixar alguém), manipulação (pressionar alguém a fazer algo que somente interessa ao manipulador), isolamento (tornar a pessoa inacessível a terceiros), chantagem (forma de ameaça ou coação para que alguém faça o que não deseja), ridicularização (zombar de alguém, tornando-o insignificante), limitação do direito de ir e vir (cerceamento da liberdade de locomoção). A partir disso, o tipo abre o método: "ou qualquer outro meio" causador de prejuízo à saúde psicológica e autodeterminação da vítima. Define-se o tipo como misto alternativo, como regra, quando há várias condutas (verbos) indicando alternância, de modo que o cometimento de uma ou de várias, no mesmo contexto, gera apenas um delito. Ilustra-se com um dos mais conhecidos tipos alternativos, que é o tráfico ilícito de drogas: art. 33 da Lei 11.343/2006: "importar, exportar, remeter, preparar, produzir, fabricar, adquirir, vender, expor à venda, oferecer, ter em depósito, transportar, trazer consigo, guardar, prescrever, ministrar, entregar a consumo ou fornecer drogas, ainda que gratuitamente, sem autorização ou em desacordo com determinação legal ou regulamentar".

No caso do art. 147-B, há um verbo principal (causar), mas ele pode ser associado com vários complementos, de modo que dá origem, também, a um tipo misto alternativo. O agente pode causar dano emocional à mulher prejudicando e perturbando seu pleno desenvolvimento *ou* visando à sua degradação ou controle das suas ações, comportamentos, crenças e decisões. Já existem aqui duas possibilidades e, quando no mesmo contexto, contra a mesma vítima, configura-se um só delito. Além disso, deve-se ter a cautela de compor a conduta principal – causar dano emocional à mulher – com oito complementos específicos (mediante ameaça, constrangimento, humilhação, manipulação, isolamento, chantagem, ridicularização, limitação do direito de ir e vir) e um complemento genérico (outro meio apto a causar prejuízo à sua saúde psicológica e autodeterminação). É possível que o agente opressor cause dano emocional à mulher valendo-se de vários meios empregados de maneira concomitante ou sequencial, embora se configure delito único. Por outro lado, se as condutas desenvolvidas pelo agente forem bem separadas na linha do tempo, torna-se viável apontar um concurso de crimes, inclusive se valendo do crime continuado.

Este tipo penal incriminador é outro mecanismo de fomento à erradicação da violência contra a mulher, tão necessário quanto vários outros tipos previstos na Lei Maria da Penha e os inseridos no Código Penal. Aliás, a leitura do relato feito pela própria inspiradora da lei de proteção às mulheres, Maria da Penha Maia Fernandes, na obra *Sobrevivi...posso contar* (Fortaleza: Armazém da Cultura, 2020) demonstra, ao longo do texto, exatamente, como funciona a violência psicológica contra a mulher, ora descrita neste tipo penal. Isto, por óbvio, sem contar as condutas mais graves e lesivas, das quais ela, também, foi vítima (tentativa de homicídio, cárcere privado e outras violências).

O delito exposto no art. 147-B, infelizmente, é uma realidade existente em sociedade machista e patriarcal, como ainda se percebe no Brasil. A opressão radical, realizada por homens contra mulheres, especialmente no contexto da violência doméstica e familiar, bem como no relacionamento amoroso, é frequente e todos os dias chegam aos juízos e tribunais. O crime de ameaça (art. 147, CP) precisa ser afastado, dando ensejo à aplicação deste novel tipo, que envolve ameaça e termina por perturbar psicologicamente a vítima. Em atividade, no Tribunal de Justiça de São Paulo, temos observado que o Ministério Público ainda não deu a expressão devida ao art. 147-B e continua a denunciar o agente por simples ameaça. O crime é de menor potencial ofensivo, mas, quando concretizado no cenário da violência doméstica e familiar (onde se detecta a maioria dos casos), não se aplica a Lei 9.099/1995, nos termos do art. 41 da Lei 11.340/2006. O dano emocional, diversamente da lesão física, não deixa vestígio material, razão pela qual é dispensável o exame pericial, bastando a avaliação do caso concreto, conforme relato da vítima e de testemunhas.

A pena é de reclusão, de 6 (seis) meses a 2 (dois) anos, e multa, desde que a conduta não constitua crime mais grave.

6.2 Sujeitos ativo e passivo

O sujeito ativo pode ser qualquer pessoa, embora, como regra, seja o homem e, particularmente, aquele que tenha uma ligação amorosa, doméstica ou familiar com a vítima. Não se pode impor como sujeito ativo apenas o homem, pois uma mãe, preceptora, tutora ou responsável do gênero feminino pode praticar as condutas descritas no tipo. Mas, sem dúvida, na prática, o agente será majoritariamente o homem. E, como regra, vinculado de algum modo à vítima. O sujeito passivo é somente a mulher de qualquer idade.

6.3 Elemento subjetivo

É o dolo. Não há a forma culposa. Parece-nos haver o elemento subjetivo específico, pois a conduta do agente deve voltar-se a prejudicar ou perturbar o desenvolvimento da mulher *ou* ter por alvo degradar ou controlar as ações, comportamentos, crenças e decisões da mulher.

Ofender a mulher pode constituir injúria (art. 140, CP), mas fazê-lo com o fim de controlar suas ações, dominando-a e causando-lhe dano emocional configura o crime do art. 147-B. São muitas condutas alternativas, que podem ser praticadas em brigas de casal, por exemplo, sem o intuito específico de dominar a vítima-mulher ou prejudicar o seu pleno desenvolvimento como pessoa.

Nesse contexto, a embriaguez do agente não afasta a viabilidade de criminalização da conduta, nos termos do art. 28, II, do Código Penal, a menos que se trate de ebriedade fortuita (art. 28, § 1.º, CP). Entretanto, seria rara a hipótese de alguém praticar a figura criminosa do art. 147-B em estado de embriaguez fortuita. O que se tem visto é o agente embriagado voluntariamente (de modo frequente) oprimir a mulher, em cenário doméstico ou familiar.

6.4 Objetos material e jurídico

O objeto material é a mulher que sofre a conduta criminosa; o objeto jurídico é a liberdade pessoal, envolvendo a paz de espírito, a autoestima, o amor-próprio e a honra. Conforme a idade da mulher, pode abranger a sua formação moral e sexual.

6.5 Classificação

Cuida-se de crime comum (aquele que não demanda sujeito ativo qualificado ou especial); material (delito que exige resultado naturalístico, consistente em efetivo dano emocional à vítima); de forma livre (o tipo permite o emprego de variados meios pelos quais se atinge o dano emocional à mulher); comissivo ("causar" implica ação); instantâneo (cujo resultado se dá de maneira instantânea, não se prolongando no tempo, pois aponta a causação de dano emocional, determinado na linha do tempo, embora as condutas que levem a isto possam ser dilatadas no espaço); unissubjetivo (que pode ser praticado por um só agente); plurissubsistente (pode ser cometido por vários atos); admite tentativa.

6.6 Delito subsidiário

Somente se aplica o tipo do art. 147-B, caso não se concretize delito mais grave. Afinal, todas as condutas descritas no tipo podem gerar infrações mais graves, como, por exemplo, lesão corporal grave ou gravíssima e até o homicídio.

6.7 Outras providências nesse contexto

A Lei 14.188/2021 apresentou outras providências para acompanhar a criação do tipo penal do art. 147-B. Consulte-se o disposto nos arts. 1.º, 2.º e 3.º.

Para facilitar o leitor, seguem: "art. 1.º Esta Lei define o programa de cooperação Sinal Vermelho contra a Violência Doméstica como uma das medidas de enfrentamento da violência doméstica e familiar contra a mulher previstas na Lei n.º 11.340, de 7 de agosto de 2006 (Lei Maria da Penha), e no Decreto-Lei n.º 2.848, de 7 de dezembro de 1940 (Código Penal), altera a modalidade da pena da lesão corporal simples cometida contra a mulher por razões da condição do sexo feminino e cria o tipo penal de violência psicológica contra a mulher; art. 2.º Fica autorizada a integração entre o Poder Executivo, o Poder Judiciário, o Ministério

Público, a Defensoria Pública, os órgãos de segurança pública e as entidades privadas, para a promoção e a realização do programa Sinal Vermelho contra a Violência Doméstica como medida de ajuda à mulher vítima de violência doméstica e familiar, conforme os incisos I, V e VII do *caput* do art. 8.º da Lei n.º 11.340, de 7 de agosto de 2006. Parágrafo único. Os órgãos mencionados no *caput* deste artigo deverão estabelecer um canal de comunicação imediata com as entidades privadas de todo o País participantes do programa, a fim de viabilizar assistência e segurança à vítima, a partir do momento em que houver sido efetuada a denúncia por meio do código 'sinal em formato de X', preferencialmente feito na mão e na cor vermelha; art. 3.º A identificação do código referido no parágrafo único do art. 2.º desta Lei poderá ser feita pela vítima pessoalmente em repartições públicas e entidades privadas de todo o País e, para isso, deverão ser realizadas campanha informativa e capacitação permanente dos profissionais pertencentes ao programa, conforme dispõe o inciso VII do *caput* do art. 8.º da Lei n.º 11.340, de 7 de agosto de 2006 (Lei Maria da Penha), para encaminhamento da vítima ao atendimento especializado na localidade".

6.8 Quadro-resumo

Previsão legal	**Violência psicológica contra a mulher** **Art. 147-B.** Causar dano emocional à mulher que a prejudique e perturbe seu pleno desenvolvimento ou que vise a degradar ou a controlar suas ações, comportamentos, crenças e decisões, mediante ameaça, constrangimento, humilhação, manipulação, isolamento, chantagem, ridicularização, limitação do direito de ir e vir ou qualquer outro meio que cause prejuízo à sua saúde psicológica e autodeterminação: Pena – reclusão, de 6 (seis) meses a 2 (dois) anos, e multa, se a conduta não constitui crime mais grave.
Sujeito ativo	Qualquer pessoa
Sujeito passivo	Somente a mulher de qualquer idade.
Objeto material	Mulher que sofre a conduta criminosa
Objeto jurídico	Liberdade pessoal, envolvendo a paz de espírito, a autoestima, o amor-próprio e a honra. Conforme a idade da mulher, pode abranger a sua formação moral e sexual.
Elemento subjetivo	Dolo
Classificação	Comum Material Forma livre Comissivo Instantâneo Unissubjetivo plurissubsistente
Tentativa	Admite

7. SEQUESTRO E CÁRCERE PRIVADO

7.1 Estrutura do tipo penal incriminador

Privar significa tolher, impedir, tirar o gozo, desapossar. Portanto, o núcleo do tipo refere-se à conduta de alguém que restringe a liberdade de outrem, entendida esta como o

230 Curso de Direito Penal – Parte Especial – Vol. 2 • Nucci

direito de ir e vir – portanto físico, e não intelectual. Aliás, tal sentido fica nítido quando o tipo penal utiliza, parecendo uma repetição gratuita, a expressão "mediante sequestro ou cárcere privado". É o teor do art. 148 do CP.

Há uma insistência proposital na construção deste tipo penal incriminador, pois *sequestrar* significa, por si só, retirar a liberdade de alguém, tanto assim que o legislador utilizou tal verbo na configuração do delito de extorsão mediante sequestro (art. 159), mencionando "sequestrar pessoa com o fim de...".

No caso do art. 148, pretendendo demonstrar que a privação da liberdade se dá na esfera do direito de ir e vir, e não se relaciona à privação de ideias ou da liberdade de expressão de pensamentos e opiniões, valeu-se o legislador do *bis in idem*, ao mencionar "privar a liberdade", mediante "sequestro" ou "cárcere privado". O sequestro não tem o significado de tolhimento de liberdade de expressão, o que tornou bem clara a primeira parte do dispositivo "privar alguém de sua liberdade".

A pena prevista no art. 148 do CP é de reclusão, de um a três anos. A pena para quem pratica crime que se enquadra em qualquer das hipóteses previstas nos incisos do § 1.º do art. 148 do CP é de reclusão, de dois a cinco anos. O § 2.º do art. 148 do CP dispõe que se resulta à vítima, em razão de maus-tratos ou da natureza da detenção, grave sofrimento físico ou moral, a pena será de reclusão, de dois a oito anos.

7.1.1 Diferença entre sequestro e cárcere privado

Sequestrar significa tolher a liberdade de alguém ou reter uma pessoa indevidamente em algum lugar, prejudicando-lhe a liberdade de ir e vir. É a conduta-gênero, da qual é espécie o cárcere privado. Manter alguém em *cárcere privado* é o mesmo que encerrar a pessoa em uma prisão ou cela – recinto fechado, sem amplitude de locomoção –, portanto de significado mais restrito que o primeiro.[7] Cremos que a simples menção a sequestro já era suficiente, dispensando-se o cárcere privado, que está inserido no primeiro contexto.

7.1.2 Situação de permanência

A privação da liberdade de alguém, mediante sequestro ou cárcere privado, exige permanência, isto é, deve perdurar no tempo por lapso razoável. Tanto assim que o crime é permanente, aquele cuja consumação se prolonga no tempo. Uma conduta instantânea de impedir que alguém faça alguma coisa que a lei lhe autoriza concretizar, segurando-a por alguns minutos, configura o delito de constrangimento ilegal. O fato de se exigir uma situação de permanência não significa que, para a consumação do crime do art. 148, haja necessidade de muito tempo. O importante é detectar a intenção do agente para a tipificação do delito correto: se o autor age com a intenção de reter a vítima por pouco tempo para que não pratique determinado ato, é constrangimento ilegal; se atua com a vontade de reter a vítima para cercear-lhe a liberdade de locomoção, é sequestro; se atua com a intenção de privar-lhe a liberdade para exigir alguma vantagem, trata-se de extorsão mediante sequestro.

7.1.3 Consentimento do ofendido

Cremos que elide o crime se a vítima concordar com a situação que lhe impõe a privação da liberdade. Não se trata de direito indisponível, salvo se ofender a ética e o bom senso,

---

[7] No mesmo prisma, ANÍBAL BRUNO, *Crimes contra a pessoa*, p. 358.

Cap. VI – Crimes contra a Liberdade Individual • Parte 1

como, por exemplo, colocar uma pessoa numa cela, no porão de uma casa, tratando-a como se prisioneira fosse. Nesta situação o consentimento da vítima não tem efeito.

Porém, quando se ingressa numa sala para fazer um exame, conhecendo-se as regras, no sentido de não poder sair em menos de duas horas, há um cárcere privado em relação ao qual houve consentimento. O mesmo se diga quando o sujeito é passageiro de um voo; não pode descer ou pedir para descer a hora que bem quiser; está sujeito a algumas horas de claustro naquela aeronave.

Pode-se até mesmo debater esses exemplos valendo-se do tipo formal e do tipo material; noutros termos, tanto na sala de aula quanto no avião o fato pode ser formalmente típico, mas não o é materialmente.

7.2 Sujeitos ativo e passivo

Qualquer pessoa humana pode cometer e sofrer esse delito. Quanto ao sujeito passivo, Aníbal Bruno ressalta não ser necessário que "a vítima tenha maturidade e normalidade de espírito e contemporaneamente com a ação esteja em condições de compreender o constrangimento que lhe é imposto o que permite ser sujeito passivo o indivíduo em estado de inconsciência ou de grave perturbação da mente. Nem precisa possuir as condições físicas necessárias à própria locomoção".[8] Isso nos permite incluir os bebês, que nem andam ou falam.

É exatamente a visão de Bitencourt, ao dizer que "pessoas impossibilitadas de locomover-se, como por exemplo, *paralíticos*, *aleijados*, *paraplégicos* ou *tetraplégicos* também podem ser sujeito passivo desse crime, pois a proteção legal garante o direito à locomoção, por qualquer meio, e nesse direito inclui-se o direito de ir, vir e ficar, livremente".[9]

7.3 Elemento subjetivo

É o dolo. Não há a forma culposa, tampouco se exige qualquer vontade específica. Entretanto, quando a vítima for detida por alguns instantes, é preciso checar a real intenção do agente: se um mero constrangimento ilegal ou se o sequestro.

7.4 Objetos material e jurídico

Quem sofre a conduta, com o cerceamento da liberdade, é o objeto material; o objeto jurídico é a liberdade de ir e vir, abrangendo, também, a paz interior.

7.5 Classificação

Trata-se de crime comum (aquele que não demanda sujeito ativo qualificado ou especial); material (delito que exige resultado naturalístico, consistente na privação da liberdade da vítima), mas formal (crime que não necessita alcançar a finalidade pretendida pelo agente para consumar-se), na modalidade qualificada do inciso V do § 1.º; de forma livre (podendo ser cometido por qualquer meio eleito pelo agente); comissivo ou omissivo, conforme o caso concreto; permanente (cujo resultado se prolonga no tempo, enquanto a liberdade estiver sendo cerceada); dano (fere a liberdade individual, quando concretizado); unissubjetivo (que pode ser praticado por um só agente); plurissubsistente, como regra, mas não afastando

---

8   *Crimes contra a pessoa*, p. 361.

9   *Tratado de direito penal*, v. 2, p. 450.

a possibilidade de ser cometido por um único ato (unissubsistente), na forma omissiva de não autorizar a soltura de quem legalmente merece; admite tentativa, na forma comissiva, embora de difícil configuração. Pouco tempo de privação de liberdade é suficiente para a configuração do tipo penal.

7.6 Figuras qualificadas

As hipóteses retratadas nos §§ 1.º e 2.º constituem qualificadoras, pois alteram o mínimo e o máximo para a fixação da pena, demonstrando maior reprovabilidade nessas condutas. Na essência, são qualificadoras as situações do § 1.º. Constitui crime qualificado pelo resultado a situação do § 2.º.

7.6.1 Relações familiares

Em várias oportunidades e conforme o tipo penal, quis o legislador aplicar pena mais grave ao agente que pratica crime contra seus familiares, uma vez que entre estes deve haver o dever de mútua assistência e amparo, jamais o cometimento de delitos (vide, também, a agravante do art. 61, II, e, CP).

O parentesco pode ser natural ou civil, pois a lei (art. 148, § 1.º, I, CP) não faz distinção. Descarta-se, entretanto, a relação de afinidade, como as figuras do *pai de criação* e afins de um modo geral.

Ampliando os direitos inerentes à família constituída pela união estável, constitucional-mente tutelada (art. 226, § 3.º), a Lei 11.106/2005 inseriu, dentre as possibilidades de agrava-mento da pena, a prática do delito contra companheiro ou companheira, o que é natural, pois já se encontravam, no contexto do sequestro ou cárcere privado qualificado, o ascendente, o descendente e o cônjuge.

Com o advento da Lei 10.741/2003 (Estatuto da Pessoa Idosa), inseriu-se também a figura da pessoa maior de 60 anos, embora não precise ser um familiar.

7.6.2 Internação fraudulenta

A maior reprovação que decorre dessa conduta situa-se na fraude com que atua o agente. Valendo-se de pretensa doença mental, por vezes até simulada através do emprego de substân-cias entorpecentes, consegue o autor que, oficialmente, a vítima seja internada para se tratar, quando, na realidade, não é enferma. Naturalmente, se o agente providencia a internação da própria mãe, por exemplo, há de ser considerada a presença de duas qualificadoras, produzindo efeito na aplicação da pena (incisos I e II do § 1.º do art. 148 do CP). Quando há mais de uma qualificadora configurada para o mesmo delito, a segunda passa a valer como circunstância legal (agravante), se houver, ou como circunstância judicial (art. 59, CP).

7.6.3 Privação da liberdade de longa duração

A liberdade, bem precioso e fundamental do ser humano, não deve ser cerceada uma hora sequer, caso a lei não autorize. Por isso, uma privação de liberdade que dure mais de 15 dias, na consideração do legislador, merece maior reprovação e, consequentemente, elevação da pena (art. 148, § 1.º, III, do CP). Aliás, quanto mais longa for a duração do tolhimento à liberdade de alguém, maiores são as chances de danos físicos e psíquicos para a vítima.

7.6.4 Ofendido menor de 18 anos

Finalmente, deve-se salientar um acerto do legislador, que inseriu, dentre as hipóteses de qualificação do delito, ser a vítima menor de 18 anos, portanto, adolescente ou criança (art. 148, § 1.º, IV, do CP). Há situações legais em que tal proteção, merecedora de existir, pois se cuida de pessoa ainda em formação física e mental, é voltada somente à criança – e não ao adolescente (como ocorre com o art. 61, II, *h*, CP); noutros casos, trata-se somente de parte da adolescência (como acontece com o art. 121, § 4.º, cujo aumento de pena se dá quando o homicídio é cometido contra menor de 14 anos). Esta forma do crime é hedionda.

7.6.4.1 Confronto com o art. 230 da Lei 8.069/1990 (Estatuto da Criança e do Adolescente)

Estabelece o referido art. 230: "privar a criança ou o adolescente de sua liberdade, procedendo à sua apreensão sem estar em flagrante de ato infracional ou inexistindo ordem escrita da autoridade judiciária competente: Pena – detenção de seis meses a dois anos. Parágrafo único. Incide na mesma pena aquele que procede à apreensão sem observância das formalidades legais".

Temos sustentado que este delito não se confunde com o previsto no art. 148 do Código Penal, em particular com a figura qualificada prevista no art. 148, § 1.º, IV. Cuida-se, na realidade, de figura mais branda que a prevista no Código Penal, envolvendo somente a apreensão de menor de 18 anos, sem flagrante ou ordem judicial. Apreender significa, neste caso, prender, mas não colocar em cárcere. Em outros termos, quem fizer a apreensão do menor, sem as formalidades legais (cf. art. 106 da Lei 8.069/1990), incide na figura do art. 230. Aquele que privar o menor de 18 anos de sua liberdade, inserindo-o em cárcere, deve responder pelo art. 148, § 1.º, IV, do Código Penal, com pena mais grave.

A mera apreensão (retenção, prisão por algumas horas, detenção para averiguação) configura o delito do art. 230; outras formas mais duradouras de privação de liberdade equivalem, em nosso entendimento, ao sequestro ou cárcere privado. Aliás, não teria o menor sentido uma lei de proteção à criança ou adolescente considerar infração de menor potencial ofensivo a privação ilegal e duradoura da liberdade do menor de 18 anos, prevendo pena de detenção, de seis meses a dois anos, enquanto o Código Penal comina pena de reclusão, de dois a cinco anos.

7.6.5 Finalidade libidinosa

Esta é outra modificação racional trazida pela Lei 11.106/2005, que aboliu o vetusto delito de rapto (arts. 219 e 220), incluindo, dentre as possibilidades de qualificação do sequestro ou cárcere privado, a finalidade libidinosa do agente (art. 148, § 1.º, V, do CP). Aliás, sempre defendemos a extinção do crime de rapto, pois não passava de um "sequestro para fim libidinoso". A correção foi feita pelo legislador. Portanto, na forma qualificada ("privar alguém de sua liberdade, mediante sequestro ou cárcere privado, para fins libidinosos"), temos um delito formal, que se materializa quando a liberdade for cerceada, independentemente de atingir o autor o fim objetivado.

7.6.6 Maus-tratos e natureza da detenção

Poder-se-ia dizer, num primeiro momento, tratar-se de resultado qualificador (crime qualificado pelo resultado), mas não é o caso. O tipo penal se alterou para serem incluídos os maus-tratos e a natureza da detenção (art. 148, § 2.º, do CP). Portanto, não é o grave sofrimento – físico ou moral – uma simples resultante do sequestro ou cárcere privado, mas sim de particular modo de praticar o crime. Assim, o agente que priva a liberdade de outrem e, além disso, submete a vítima a maus-tratos (ex.: espancando-a ou ameaçando-a constantemente, enquanto sua liberdade está tolhida) ou coloca-a em lugar imundo e infecto, causando-lhe, além da conta, particularizado sofrimento físico ou moral, deve responder mais gravemente. Havendo lesão corporal, não fica esta absorvida pelo crime de sequestro ou cárcere privado qualificado. Há concurso material, pois a ofensa à integridade física não é necessariamente o modo pelo qual se pratica a forma qualificada (§ 2.º) do delito do art. 148. Daí por que se deve levar em consideração o outro ânimo com que agiu o autor, que é o de ofender a integridade corporal ou a saúde da vítima.

7.7 Quadro-resumo

Previsão legal	**Sequestro e cárcere privado** **Art. 148.** Privar alguém de sua liberdade, mediante sequestro ou cárcere privado: Pena – reclusão, de um a três anos. § 1.º A pena é de reclusão, de dois a cinco anos: I – se a vítima é ascendente, descendente, cônjuge ou companheiro do agente ou maior de 60 (sessenta) anos; II – se o crime é praticado mediante internação da vítima em casa de saúde ou hospital; III – se a privação da liberdade dura mais de 15 (quinze) dias; IV – se o crime é praticado contra menor de 18 (dezoito) anos; V – se o crime é praticado com fins libidinosos. § 2.º Se resulta à vítima, em razão de maus-tratos ou da natureza da detenção, grave sofrimento físico ou moral: Pena – reclusão, de dois a oito anos.
Sujeito ativo	Qualquer pessoa
Sujeito passivo	Qualquer pessoa
Objeto material	Pessoa que tem a liberdade cerceada
Objeto jurídico	Liberdade física e psíquica
Elemento subjetivo	Dolo
Classificação	Comum Material ou formal Forma livre Comissivo ou omissivo Permanente Dano Unissubjetivo Plurissubsistente ou unissubsistente
Tentativa	Admite na forma comissiva
Circunstâncias especiais	Qualificadoras Qualificação pelo resultado

8. REDUÇÃO A CONDIÇÃO ANÁLOGA À DE ESCRAVO

8.1 Estrutura do tipo penal incriminador

Reduzir, no prisma deste tipo penal, significa subjugar, transformar à força, impelir a uma situação penosa. Antes da modificação introduzida pela Lei 10.803/2003, a previsão do art. 149 era apenas a seguinte: "reduzir alguém a condição análoga à de escravo", o que exigia a utilização, nem sempre recomendável, da analogia – embora nesse caso fosse opção do próprio legislador. Assim, reduzir uma pessoa à condição semelhante à de um escravo evidenciava um tipo específico de sequestro ou cárcere privado, pois os escravos não possuíam um dos bens mais sagrados dos seres humanos, que é a liberdade, associado à imposição de maus-tratos ou à prática da violência.

A alteração legislativa teve nitidamente por finalidade atacar o grave problema brasileiro do *trabalho escravo*, muito comum em fazendas e zonas afastadas dos centros urbanos, onde trabalhadores são submetidos a condições degradantes de sobrevivência e de atividade laborativa, muitos sem a remuneração mínima estipulada em lei, sem os benefícios da legislação trabalhista e, o que é pior, levados a viver em condições semelhantes às dos escravos, de triste memória na nossa história.

Na atual redação do tipo penal do art. 149 não mais se exige, em todas as suas formas, a união de tipos penais como sequestro ou cárcere privado com maus-tratos, bastando que se siga a orientação descritiva do preceito primário. Destarte, para reduzir uma pessoa a condição análoga à de escravo, pode bastar submetê-la a trabalhos forçados ou jornadas exaustivas, bem como a condições degradantes de trabalho. De resto, nas outras figuras, deve-se fazer algum tipo de associação à restrição à liberdade de locomoção, sob pena de se confundir este delito com as formas previstas no art. 203 deste Código. Mas, em suma, as situações descritas no art. 149 são alternativas e não cumulativas. Certamente a redação do tipo melhorou, pois trouxe mais segurança ao juiz, pautando-se pelo princípio da taxatividade.[10]

Destaque-se, ainda, o disposto pelo art. 243 da Constituição Federal, com a redação dada pela Emenda 81/2014: "as propriedades rurais e urbanas de qualquer região do País onde forem localizadas culturas ilegais de plantas psicotrópicas ou a exploração de trabalho escravo na forma da lei serão expropriadas e destinadas à reforma agrária e a programas de habitação popular, sem qualquer indenização ao proprietário e sem prejuízo de outras sanções previstas em lei, observado, no que couber, o disposto no art. 5.º. Parágrafo único. Todo e qualquer bem de valor econômico apreendido em decorrência do tráfico ilícito de entorpecentes e drogas afins e da exploração de trabalho escravo será confiscado e reverterá a fundo especial com destinação específica, na forma da lei".

O termo *escravo* continua a ser um elemento normativo do tipo, que depende da interpretação cultural do juiz. *Escravo*, em análise estrita, era aquele que, privado de sua liberdade,

---

[10] Concordando com a maior taxatividade adquirida desde a edição da Lei 10.803/2003, EDUARDO SAAD-DINIZ afirma: "mesmo com esta maior especificidade, que diferencia a escravidão moderna de práticas coloniais e procura dar maior precisão ao emprego do conceito de redução a condição análoga, sua interpretação jurisprudencial segue sendo duvidosa" (Tutela penal das liberdades pessoais: o tipo penal de redução a condição análoga à de escravo, In: RENATO DE MELLO JORGE SILVEIRA, *Direito penal na pós-modernidade*, p. 167).

não tinha mais vontade própria, submetendo-se a todos os desejos e caprichos do seu amo e senhor. Era uma hipótese de privação da liberdade em que imperava a sujeição absoluta de uma pessoa a outra.

Logicamente, agora, para a configuração do delito, não mais se necessita voltar ao passado, buscando como parâmetro o escravo que vivia acorrentado, levava chibatadas e podia ser aprisionado no pelourinho. É suficiente que exista uma submissão fora do comum,[11] como é o caso do trabalhador aprisionado em uma fazenda, com ou sem recebimento de salário, porém, sem conseguir dar rumo próprio à sua vida, porque impedido por seu pretenso patrão, que, em verdade, busca atuar como autêntico "dono" da vítima. O conceito de *escravo* deve ser analisado em sentido amplo, pois o crime pode configurar-se tanto na submissão de alguém a trabalhos forçados *ou* a jornadas exaustivas, como também no tocante à restrição da liberdade de locomoção.

"A sujeição completa de uma pessoa ao poder da outra suprime, de fato, o *status libertatis*, caracterizando a condição análoga à de escravo, embora o *status libertatis*, de direito, permaneça inalterado. Não se trata de simples encarceramento ou confinamento, que constituiriam crimes menos graves, já examinados nos artigos anteriores."[12] Por isso, deve-se analisar uma situação complexa, repleta de dados e requisitos para vislumbrar exatamente o que ocorre para a configuração deste delito.

EDUARDO SAAD-DINIZ faz uma interessante diferenciação entre os bens jurídicos tutelados a partir do constrangimento ilegal e outros tipos e o da redução a condição análoga à de escravo. Diz o autor: "desde esta formulação genérica, é possível reconhecer duas gradações distintas de incidência das normas penais no âmbito constitucional: (a) a proteção da liberdade constitucional de autodeterminação individual no âmbito da legalidade, 'ninguém será obrigado a fazer ou deixar de fazer alguma coisa senão em virtude de lei' (art. 5.º, II, CP), que adquire conteúdo material de norma penal nos delitos de constrangimento ilegal, ameaça e sequestro e cárcere privado (arts. 146, 147 e 148, CP). A sua vez, a (b) proteção constitucional contra o tratamento desumano ou degradante, 'ninguém será submetido a tratamento desumano ou degradante' (art. 5.º, III, CF), embora usualmente associada à tortura, encontra ressonância na tutela penal da redução a condição análoga à de escravo (art. 148, CP). Mais do que impedir a locomoção, a redução da subjetividade a um equivalente da escravidão definitivamente deve ser interpretada como tratamento desumano ou degradante. Na redução análoga à de escravo, como em poucos delitos do Código Penal, permite-se encontrar as condições de sistematizar práticas de reconhecimento voltadas à superação da noção de *objetos naturais* a serviço da *acumulação* – no máximo de egoísmo que pode alcançar a individualismo – de capital".[13]

A pena prevista no art. 149 do CP é de reclusão, de dois a oito anos, e multa, além da pena correspondente à violência.

---

[11] "O essencial é essa situação em que se aliena totalmente a liberdade da vítima, submetendo-a física e moralmente à posse e domínio do detentor. Não se trata de simples sujeição a regime de trabalho, embora o senhor de fato se utilize dos serviços da vítima sem conceder-lhe qualquer compensação direta por eles, nem possibilidade de resistência" (ANÍBAL BRUNO, *Crimes contra a pessoa*, p. 369).

[12] BITENCOURT, *Tratado de direito penal*, v. 2, p. 462.

[13] Tutela penal das liberdades pessoais: o tipo penal de redução a condição análoga à de escravo, In: RENATO DE MELLO JORGE SILVEIRA, *Direito penal na pós-modernidade*, p. 161.

8.1.1 Trabalhos forçados

É a atividade laborativa desenvolvida de maneira compulsória, sem voluntariedade, pois implica alguma forma de coerção caso não desempenhada a contento. Cumpre ressaltar que até mesmo aos condenados veda, a legislação brasileira, a imposição da pena de trabalhos forçados (art. 5.º, XLVII, *c*, CF), motivo pelo qual é inconcebível que qualquer pessoa seja submetida a essa forma de trabalho.

8.1.2 Jornada exaustiva

É o período de trabalho diário que foge às regras da legislação trabalhista, exaurindo o trabalhador, independentemente de pagamento de horas extras ou qualquer outro tipo de compensação. Entretanto, diversamente do contexto dos trabalhos forçados (que, pela sua própria natureza, são compulsoriamente exigidos), a jornada exaustiva pode ser buscada pelo próprio trabalhador, por vezes para aumentar sua remuneração ou conseguir algum outro tipo de vantagem. Para a configuração do crime do art. 149 é preciso que o patrão *submeta* (isto é, exija, subjugue, domine pela força) o seu empregado a tal situação. Se se cuidar de vontade própria do trabalhador, não se pode falar em concretização da figura típica.

8.1.3 Condições degradantes de trabalho

Degradação significa rebaixamento, indignidade ou aviltamento de algo. No sentido do texto, é preciso que o trabalhador seja submetido a um cenário humilhante de trabalho, mais compatível a um escravo do que a um ser humano livre e digno. Logo, apesar de se tratar de tipo aberto, dependente, pois, da interpretação do juiz, o bom senso está a indicar o caminho a ser percorrido, inclusive se valendo o magistrado da legislação trabalhista, que preserva as condições mínimas apropriadas do trabalho humano.

8.1.4 Restrição da liberdade de locomoção

É lógico supor que o cárcere privado seja medida ilustrativa da condição de escravo, mormente quando associada à perda da liberdade de ir e vir com o trabalho desgastante ou degradante. Entretanto, o tipo penal utilizou, como já exposto, a forma alternativa, bastando que o empregador submeta o trabalhador a trabalhos forçados *ou* a jornadas exaustivas *ou* a trabalho degradante *ou mesmo* a uma situação de vínculo obrigatório com o local de trabalho, através do artifício de constituir o trabalhador em eterno devedor, uma vez que o obriga a efetuar suas compras de caráter pessoal em loja ou equivalente pertencente ao próprio patrão, fazendo com que sua dívida nunca esteja quitada e, com isso, sua liberdade para deixar o emprego, manietada.

Assim, *qualquer que seja o meio empregado*, se a liberdade de ir e vir do trabalhador for cerceada *em função* de dívida contraída com o empregador ou preposto seu, configura-se o delito do art. 149. Caso o patrão proporcione ao empregado a oportunidade de adquirir bens em comércio de sua propriedade – o que não é por si só ilícito –, não pode jamais vincular a saída do empregado do seu posto em virtude da existência de dívida. Difere este delito do previsto no art. 203, § 1.º, I, do Código Penal, pelo fato de que, na redução à condição análoga à de escravo, o patrão restringe a liberdade de *locomoção* porque o empregado lhe deve algo em razão de dívida, logo, é o equivalente a impor um cárcere privado por conta de dívida não paga. Naquele delito contra a organização do trabalho (figura residual, porque mais branda), o empregador obriga o trabalhador a usar mercadoria de determinado estabelecimento com o fim de vinculá-lo, pela dívida contraída, ao seu posto de trabalho, mas sem afetar sua liberdade de locomoção. Assim, caso o trabalhador se sinta vinculado ao lugar de trabalho por conta de dívida, embora possa ir e vir, concretiza-se o tipo penal do art. 203, § 1.º, I, mas, se não puder locomover-se em face disso, o delito passa a ser o do art. 149. Ademais, o crime do art. 203, § 1.º, I, é formal, enquanto o do art. 149 é material (deve envolver sempre restrição efetiva à liberdade de ir e vir).

8.1.5 Cerceamento de meio de transporte

O disposto nos incisos I e II do § 1.º do art. 149 constitui tipos básicos autônomos, embora sujeitos às mesmas penas das condutas previstas no *caput*. São formas, portanto, de redução a condição análoga à de escravo: cerceamento de utilização de meio de transporte, objeto de análise desta nota, bem como manutenção de vigilância ostensiva no local de trabalho ou apossamento de documentos ou objetos pessoais do trabalhador. No caso do inciso I, a conduta típica prevê a restrição à livre opção do trabalhador de se ausentar do lugar de trabalho, valendo-se do meio de transporte que deseje e seja apto a tanto. Assim, qualquer método empregado pelo patrão para impedir que o trabalhador se afaste pode configurar o delito do art. 149. Note-se que a figura típica foi idealizada para as fazendas, distantes de centros urbanos, que possuem meios de transporte próprios para levar e buscar os trabalhadores às cidades e vilarejos próximos. Nesse contexto, não é incomum que o patrão, dono dos meios de transporte, com o fito de reter os empregados no lugar de trabalho, retire esse veículo, fazendo com que a locomoção para outro local deixe de ser viável. Nada impede, no entanto, que o crime se perfaça também em centros urbanos, pois a conduta típica admite o cerceamento do uso de *qualquer meio de transporte* e não somente os de propriedade do empregador.

A pena para quem comete o crime previsto no art. 149, § 1.º, I, do CP é de reclusão, de dois a oito anos, e multa, além da pena correspondente à violência.

8.1.6 Manutenção de vigilância ostensiva no lugar de trabalho

Manter, por si só, vigilância ostensiva, isto é, cuidados de proteção visíveis no local de trabalho, não configura o crime (é o que ocorre num banco, onde existe guarda armada), pois a finalidade do crime previsto no art. 149 é, através de vigilância aparente – armada ou não –, reter o empregado no lugar de trabalho. Há, pois, elemento subjetivo específico. É o que acontece, infelizmente com certa frequência, em fazendas, onde capangas armados não permitem que trabalhadores saiam dos seus postos, tal como se fazia no passado com os escravos.

A pena para quem comete o crime previsto no art. 149, § 1.º, II, do CP é de reclusão, de dois a oito anos, e multa, além da pena correspondente à violência.

8.1.7 Apossamento de documentos ou objetos pessoais

A figura é semelhante à existente no art. 203, § 1.º, II, do Código Penal, que é delito contra a organização do trabalho. A diferença consiste em que, no caso do art. 149, o apossamento dos documentos ou dos objetos pessoais do trabalhador impede que ele deixe o local de trabalho, caracterizando condição análoga à de escravo. No outro delito, o empregador retém documentos pessoais ou contratuais, sem afetar a liberdade de locomoção, com o fito de manter o vínculo com o empregado. Este, impossibilitado de apresentar documentos pessoais a outra empresa, por exemplo, acaba ficando no seu posto.

É preciso considerar que o tipo penal do art. 203 passa a ser subsidiário, ou seja, quando não configurada a hipótese de redução a condição análoga à de escravo, por meio da retenção deliberada dos documentos ou pertences do trabalhador, impedindo sua liberdade de ir e vir, resta a punição pelo impedimento à liberdade de escolha do seu posto de trabalho. O fator diferencial há de ser a liberdade de locomoção, associada, evidentemente, à duração da conduta. O crime do art. 149 é permanente, pois fere a liberdade individual, enquanto o do art. 203 é instantâneo, configurando-se numa única ação, sem necessário prolongamento, voltando-se à liberdade de escolha de trabalho.

A pena para quem comete o crime previsto no art. 149, § 1.º, II, do CP é de reclusão, de dois a oito anos, e multa, além da pena correspondente à violência.

8.1.8 Consentimento da vítima

Pode afastar a configuração do delito, desde que a situação na qual se veja envolvido o ofendido não ofenda a ética social e os bons costumes. A nova redação do tipo penal do art. 149 ficou muito detalhada, abrangendo situações que nem sempre representam a condição análoga à de escravo. Por isso, é importante confrontar a vontade de empregado diante do cenário por ele vivido.

8.2 Sujeitos ativo e passivo

O sujeito ativo pode ser qualquer pessoa, embora, como regra, seja o empregador e seus prepostos. O sujeito passivo, entretanto, somente pode ser a pessoa vinculada a uma relação de trabalho, formal ou informal. O tipo do art. 149, antes da modificação trazida pela Lei 10.803/2003, era amplo e colocava como sujeito passivo qualquer pessoa (alguém).

Atualmente, no entanto, embora tenha mantido a palavra "alguém" no tipo, em todas as descrições das condutas incriminadas faz referência a "empregador" ou "trabalhador", bem como a "trabalhos forçados" ou "jornadas exaustivas". Poder-se-ia até mesmo sustentar que o crime de redução a condição análoga à de escravo ficaria mais bem situado no contexto dos crimes contra a organização do trabalho, mas a razão de se cuidar dele no Capítulo VI da Seção I da Parte Especial é o envolvimento da liberdade individual de ir e vir.

8.3 Elemento subjetivo

É o dolo. Não existe a forma culposa. Não se exige elemento subjetivo específico, nas modalidades previstas no *caput*, mas, sim, nas formas do § 1.º: "com o fim de retê-lo no local de trabalho".

8.4 Objetos material e jurídico

O objeto material é a pessoa aprisionada como se escravo fosse; o objeto jurídico é a liberdade do indivíduo de ir, vir e querer.

8.5 Classificação

Trata-se de crime comum (aquele que não demanda sujeito ativo qualificado ou especial); material (delito que exige resultado naturalístico, consistente na privação da liberdade ou de qualquer situação degradante ou abusiva na atividade laborativa); de forma vinculada (podendo ser cometido pelos meios descritos no tipo); comissivo ("reduzir" implica ação);

permanente (cujo resultado se prolonga no tempo);[14] de dano (consuma-se com efetiva lesão ao bem jurídico tutelado, que é a liberdade em sentido amplo); unissubjetivo (que pode ser praticado por um só agente); plurissubsistente (em regra, vários atos integram a conduta); admite tentativa.

8.6 Acumulação material e multa

A pena do delito do art. 149 foi modificada, acrescentando-se a multa, o que é correto, uma vez que o empregador, ao reduzir alguém a condição análoga à de escravo, busca o lucro, bem como implementando-se o sistema da acumulação material, ou seja, além de responder por crime contra a liberdade individual, caso haja o emprego de violência (ex.: lesões corporais), responderá também por este delito, somando-se as penas.

8.7 Causas de aumento de pena

Impõe-se o aumento de metade (§ 2.º do art. 149) no processo de fixação da pena quando o agente se voltar contra criança (pessoa que tenha até onze anos completos) ou adolescente (pessoa que possua entre doze e dezoito anos), bem como quando o crime sustentar-se em motivo de preconceito de raça, cor, etnia, religião ou origem. Esta última situação não deixa de ser uma forma de *racismo*, por isso é imprescritível e inafiançável, conforme prevê a Constituição Federal (art. 5.º, XLII). Dessa maneira, quem cometer o delito de redução à condição análoga à de escravo motivado por razões de preconceito de raça, cor, etnia, religião ou origem será mais severamente apenado, além de não se submeter a pretensão punitiva estatal à prescrição.

8.8 Competência

O crime, na essência, tem por objeto jurídico a proteção à liberdade de ir, vir e querer da pessoa humana. Entretanto, após a modificação introduzida, no tipo penal, pela Lei 10.803/2003, descrevendo, pormenorizadamente, as condutas para a tipificação desta infração penal, verificou-se uma preocupação real com o direito ao livre trabalho. Em outras palavras, embora o crime continue inserido no capítulo pertinente à liberdade individual, há pinceladas sensíveis de proteção à organização do trabalho.

Em decorrência disso, o Supremo Tribunal Federal fixou como competente a Justiça Federal para apurar e julgar o crime previsto no art. 149 do Código Penal (redução a condição análoga à de escravo). Entretanto, o Pretório Excelso decidiu um caso concreto e deixou expresso que não se trata de um *leading case*, ou seja, uma posição permanente do STF, determinando ser da Justiça Federal a competência para todas as hipóteses de redução a condição análoga à de escravo. No fundo, vislumbrou-se na decisão tomada um forte conteúdo regional, que uniu uma situação de abuso contra a liberdade individual, direito humano fundamental, com o direito ao trabalho livre (organização do trabalho), envolvendo várias vítimas. Argumentou-se, inclusive, com o fato de se poder transferir à Justiça Federal qualquer delito que importe em grave violação dos direitos humanos (art. 109, § 5.º, CF). O precedente, no entanto, foi aberto. É possível haver crimes de redução a condição análoga à de escravo, unindo lesão à liberdade individual e direito ao livre trabalho, de interesse

---

[14] No mesmo prisma, Vicente Sabino Jr., *Direito penal*, v. 3, p. 706.

da União, logo, da Justiça Federal. Em suma, tudo a depender do caso concreto, embora a competência ordinária seja da Justiça Estadual.[15]

8.9 Quadro-resumo

Previsão legal	**Redução a condição análoga à de escravo** **Art. 149.** Reduzir alguém a condição análoga à de escravo, quer submetendo-o a trabalhos forçados ou a jornada exaustiva, quer sujeitando-o a condições degradantes de trabalho, quer restringindo, por qualquer meio, sua locomoção em razão de dívida contraída com o empregador ou preposto: Pena – reclusão, de dois a oito anos, e multa, além da pena correspondente à violência. § 1.º Nas mesmas penas incorre quem: I – cerceia o uso de qualquer meio de transporte por parte do trabalhador, com o fim de retê-lo no local de trabalho; II – mantém vigilância ostensiva no local de trabalho ou se apodera de documentos ou objetos pessoais do trabalhador, com o fim de retê-lo no local de trabalho. § 2.º A pena é aumentada de metade, se o crime é cometido: I – contra criança ou adolescente; II – por motivo de preconceito de raça, cor, etnia, religião ou origem.
Sujeito ativo	Qualquer pessoa
Sujeito passivo	Pessoa vinculada a uma atividade laboral, formal ou informal
Objeto material	Pessoa aprisionada
Objeto jurídico	Liberdade física e psíquica
Elemento subjetivo	Dolo Dolo + elemento subjetivo específico nos casos previstos no § 1.º
Classificação	Comum Material Forma vinculada Comissivo Permanente Dano Unissubjetivo Plurissubsistente
Tentativa	Admite
Circunstâncias especiais	Acumulação material Estrutura fechada em tipo aberto

9. TRÁFICO DE PESSOAS

Trata-se de tipo penal incriminador inédito em nossa legislação (da maneira como redigido), intitulado *tráfico de pessoas*, instituído pela Lei 13.344, de 06 de outubro de 2016, para entrar em vigor 45 dias depois. A mesma lei revogou os artigos 231 e 231-A, que tratavam do

---

[15] RE 398.041/PA, Pleno, rel. Joaquim Barbosa, 30.11.2006, m.v.

tráfico internacional e interno de pessoas *para fins sexuais*. Finalmente, uma lei mais racional e bem equilibrada do que outras, criando tipos penais novos.

Temos criticado em nossas obras, incluindo a monografia *Tratado de crimes sexuais*, que o referido tráfico não se concentra apenas no campo sexual, abrangendo um contingente muito maior e mais amplo. Portanto, os artigos 231 e 231-A eram, de fato, vetustos. Aliás, nasceram envelhecidos e mal redigidos. Precisavam mesmo de um reparo completo, o que foi feito diante da criação do art. 149-A, cuja pretensão punitiva é tão abrangente quanto necessária.

O tráfico de pessoas dá-se em todas as hipóteses descritas nos cinco incisos do novel artigo, além do que também criticávamos o uso do termo *prostituição*, como meta do traficante e da vítima. Foi alterado para a forma correta: exploração sexual. Nem sempre a prostituição é uma modalidade de exploração, tendo em vista a liberdade sexual das pessoas, quando adultas e praticantes de atos sexuais consentidos. Ademais, a prostituição individualizada não é crime no Brasil, de modo que muitas mulheres (e homens) seguem para o exterior justamente com esse propósito e não são vítimas de traficante algum. Em suma, a alteração é bem-vinda e, em nosso entendimento, quanto à parte penal, tecnicamente bem realizada.

 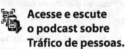 Acesse e escute o podcast sobre Tráfico de pessoas.
> http://uqr.to/1yog4

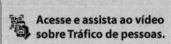 Acesse e assista ao vídeo sobre Tráfico de pessoas.
> http://uqr.to/1yog5

9.1 Estrutura do tipo penal incriminador

As condutas identificadas, no tipo, são alternativas (a prática de uma ou mais de uma gera somente um delito, quando no mesmo contexto fático): *agenciar* (tratar de algo como representante de outrem); *aliciar* (seduzir ou atrair alguém para alguma coisa); *recrutar* (atrair pessoas, formando um grupo, para determinada finalidade); *transportar* (levar alguém ou alguma coisa de um lugar para outro, valendo-se de um veículo qualquer); *transferir* (levar algo ou alguém de um lugar para outro); *comprar* (adquirir algo pagando um certo preço); *alojar* (dar abrigo a alguém); *acolher* (proporcionar hospedagem).

O objeto dessas condutas é a pessoa humana, sem qualquer distinção de gênero, orientação sexual, origem étnica ou social, procedência, nacionalidades, atuação profissional, raça, religião, faixa etária, situação migratória ou outro *status*, abrangendo, inclusive a transversalidade das dimensões de gênero (transexuais e travestis), conforme espelha o art. 2.º, IV e V, da própria Lei 13.344/2016.

A meta do agente pode ser variada: uma das opções descritas nos incisos I a V (remoção de órgãos, tecidos ou partes do corpo; submissão a trabalho em condições similares à de escravo; submissão a qualquer espécie de servidão; adoção ilegal e exploração sexual). Outro ponto importante, que também era objeto de nossas críticas ao antigo delito de tráfico de pessoas para fins sexuais (arts. 231 e 231-A, hoje revogados), concentrava-se justamente na ausência da descrição, no tipo penal, da *forma* pela qual o agente praticaria o crime.

O legislador atende, agora, o objetivo principal, não permitindo um tipo aberto em demasia. A sua atividade precisa dar-se no cenário da grave ameaça (realização de mal intenso à vítima; violência moral), violência (agressão física), coação (forma de constrangimento, que se dá por

Cap. VI – Crimes contra a Liberdade Individual • Parte 1

violência material ou moral, incluindo nesta última a chantagem), fraude (forma de colocar outrem em erro, enganando-o, para obter qualquer vantagem) ou abuso (excesso, que precisa ser interpretado na esfera do direito; portanto, quem vai além do exercício de um direito, exagerando).

A pena prevista é de reclusão, de quatro a oito anos, e multa.

O tráfico de pessoas, previsto no art. 149-A, *caput*, incisos I a V, bem como § 1.º, inciso I, constitui crime hediondo.

9.2 Sujeitos ativo e passivo

O sujeito ativo pode ser qualquer pessoa, assim como o sujeito passivo. Como já mencionado no item 6.1 *supra*, pouco importa a condição pessoal da vítima.

9.3 Elemento subjetivo

É o dolo. Não há a forma culposa. Exige-se o elemento subjetivo específico, consistente em atingir uma das cinco metas sugeridas pelos incisos I a V, que são alternativas, ou seja, o agente pode ter mais de uma finalidade, mas pelo menos uma delas. Sem o preenchimento da vontade específica, o crime pode transformar-se em outra figura, como o constrangimento ilegal (art. 146, CP), sequestro (art. 148, CP), extorsão (art. 158, CP) etc.

9.4 Objetos material e jurídico

O objeto material é a pessoa humana, submetida ao agente para as finalidades descritas nos incisos I a V deste artigo. O objeto jurídico é a liberdade individual (como se deduz pela inserção do tipo neste capítulo do Código Penal), mas, acima de tudo, cuida-se de um tipo de múltipla proteção, envolvendo a dignidade sexual, o estado de filiação, a integridade física, enfim, a própria vida. Pode-se, então, afirmar cuidar-se de uma tutela penal à dignidade da pessoa humana.

9.5 Classificação

Cuida-se de crime comum (pode ser cometido por qualquer pessoa humana, sem necessidade de qualificação especial); formal (não exige resultado naturalístico para se consumar, bastando a realização de uma das condutas alternativas do tipo); de forma livre (pode ser praticado por qualquer meio eleito pelo agente); comissivo (os verbos demonstram tratar-se de ação); instantâneo (a consumação se dá em momento determinado no tempo) nas formas *agenciar, aliciar, recrutar, comprar*, mas permanente (a consumação se arrasta no tempo, enquanto a conduta do agente se realizar) nas modalidades *transportar, transferir, alojar* e *acolher*; plurissubsistente (a ação desenvolve-se em vários atos). Admite tentativa, embora de difícil configuração.

9.6 Finalidades específicas

9.6.1 Remoção de órgãos, tecidos e partes do corpo

Remover significa retirar de um lugar para inserir em outro. *Órgãos* são formações orgânicas constituídas por tecidos, com particular função no corpo humano, tais como o coração, o rim, o estômago etc. *Tecidos* constituem o conjunto de células em disposição uniforme com o objetivo de realizar certas funções no organismo humano, tal como o tecido adiposo, que armazena gordura. *Partes do corpo* significam a parte residual, ou seja, quando não se encaixar nas figuras antecedentes, envolvendo todo o conjunto do corpo humano, como o dedo, o braço etc.

É importante frisar que a Lei 9.434/1997 (que comentamos em nosso *Leis penais e processuais penais comentadas*, v. 1) disciplina a remoção de órgãos, tecidos ou partes do corpo humano e, no seu art. 1.º, parágrafo único, exclui desse rol o sangue, o esperma e o óvulo. Além disso, é curial apontar a permissão dada pela legislação para que haja a *doação* de órgãos, tecidos e partes do corpo, desde que em conformidade com o texto da referida Lei 9.434/1997. Um dos pontos mais relevantes é a gratuidade da conduta, por parte de quem faz a doação, além de somente caber a remoção de órgão duplo (como o rim) ou que possa reconstituir-se (como alguns tecidos). Ademais, outro fator importante é o *consentimento válido* do doador, algo que o crime, ora previsto no art. 149-A do CP, não respeita, por óbvio (os métodos são violentos, constrangedores ou fraudulentos).

Reunindo-se as condições para a doação legal, nos arts. 9.º e 10 da Lei 9.434/1997, temos: a) consentimento da vítima, sujeita à retirada do tecido, órgão ou outra parte; b) capacidade de consentimento (maior de idade); c) disposição gratuita; d) finalidade terapêutica *comprovada* ou para transplantes *indispensáveis* ao receptor. Este requisito, quando a doação ocorrer entre pessoas estranhas, deve ser submetido à apreciação do Poder Judiciário, pois é necessário o alvará autorizando o transplante. Por isso, se a finalidade terapêutica for duvidosa, como no caso de incompatibilidade entre doador e receptor, nega-se a autorização; e) destinatário cônjuge ou parentes consanguíneos até o quarto grau inclusive; f) autorização dada preferencialmente por escrito, diante de pelo menos duas testemunhas, especificando o tecido, órgão ou parte do corpo a ser retirada; g) destinatário constituído por qualquer pessoa estranha, desde que haja autorização judicial (desnecessária esta tratando-se de medula óssea); h) disposição de órgão que se constituir em duplicidade (ex.: rins) ou partes do corpo humano que não impliquem cessação da atividade orgânica do doador, nem lhe acarretem prejuízo para a vida sem risco à integridade ou comprometimento da saúde mental. No caso de parte do fígado, embora se trate de órgão único, tem-se entendido haver possibilidade, pois não haveria prejuízo para o doador; i) retirada da parte do corpo humano sem causar mutilação (decepamento de qualquer membro) ou deformação inaceitável; j) consentimento expresso do receptor, com inscrição em lista de espera. Se o receptor for juridicamente incapaz (menor de 18, por exemplo), um de seus pais ou responsável legal pode suprir o consentimento. Em caso de menor de 18 anos, atuando como doador, torna-se indispensável a autorização de ambos os pais ou responsáveis legais, além da autorização judicial, desde que para transplante de medula óssea (art. 9.º, § 6.º, desta Lei).

Desse conjunto de regras específicas e rigorosas, capta-se o entendimento de que nem mesmo o simples consentimento da vítima autoriza a remoção de órgãos, tecidos e outras partes do corpo humano. Assim sendo, o consentimento da vítima, no caso do art. 149-A, igualmente, não produz efeito algum. Há, por trás da proteção individual, o nítido propósito de resguardar a dignidade humana nesse campo. O inciso I do mencionado art. 149-A enquadra-se, com perfeição, no triste cenário do tráfico de órgãos, que realmente ocorre mundo afora. Afinal, em face dos rigorosos procedimentos previstos em várias legislações (nacional e internacional), os traficantes vendem as partes do corpo humano por um valor elevado. Para isso, torna-se imperiosa a captura da vítima, surgindo, então, o tráfico de pessoas.

9.6.2 Submissão a trabalho em condições análogas à de escravo

Esta finalidade também compõe o cenário do tráfico de pessoas, em especial, infelizmente, dentro do próprio território nacional. Sob falsas promessas (fraude), na maioria das vezes, trabalhadores atravessam o país em busca de um trabalho honesto e bem remunerado, largando tudo para trás. Ao chegarem no local, onde estaria o posto prometido, percebem o logro e, a partir daí, veem-se limitados em seu direito de locomoção, bem como, para sobreviver, submetem-se ao trabalho em condições desumanas; por isso a referência legislativa às condições similares à de escravo. É preciso ressaltar a existência do tipo específico de *redução a condição análoga à de escravo*, previsto no artigo anterior (149, CP).

A pena deste último crime, sem causa de aumento, varia de dois a oito anos de reclusão, e multa, além da pena relativa à violência (leia-se, a outro delito cometido, como lesões corporais, para capturar ou manter a vítima em certo lugar). Quando há o tráfico (interno ou externo) para essa finalidade a pena aumenta, corretamente, para reclusão de quatro a oito anos, e multa.

9.6.3 Submissão a qualquer tipo de servidão

O termo *servidão* possui o significado de escravidão ou sujeição intensa de alguém em face de outrem. Parece incidir este inciso em duplicidade, já que no inciso II mencionou-se o trabalho em condições análogas à de escravo. No entanto, embora o tipo, neste caso, termine com uma abertura interpretativa considerável, abrange todas as formas de escravidão *diversas do trabalho*. Afinal, o art. 149, de fato, refere-se ao trabalhador, nas variadas maneiras de se tornar *escravo*. Pode haver o tráfico de pessoas para fins de subjugação humana envolvendo uma finalidade não incluída nos demais incisos (ex.: casar-se com uma mulher, contra a sua vontade, mantendo-a cativa).

9.6.4 Adoção ilegal

A *adoção*, como definimos em nossa obra *Estatuto da criança e do adolescente comentado*, é o estabelecimento do vínculo legal de paternidade e/ou maternidade a uma pessoa que, biologicamente, não é descendente, mas assim passa a ser considerada para todos os fins de direito. Há um procedimento judicial, previsto em lei (Lei 8.069/1990), para a constituição de uma família substituta à natural. Existe a previsão de adoção nacional e internacional. O que não se admite mais é aquela antiga concepção de *filho de criação* (ex.: um casal cuida de uma criança, sem qualquer laço jurídico, até que se torne adulta). Igualmente, protege-se o estado de filiação, fortalecendo a ideia de que o ser humano *deve* ter o direito de conhecer seus pais biológicos e, ainda que seja adotado, tudo se realiza legal e judicialmente.

A denominada *adoção à brasileira* não passa de um crime previsto no art. 242 do Código Penal, cuidando-se de situação muito comum no passado, mas ainda existente no presente, em particular no cenário do tráfico de crianças (ex.: uma pessoa *compra* um bebê, que foi sequestrado em outro Estado ou país, registrando-o diretamente em seu nome como filho).

Há, sem dúvida, importância na previsão formulada no novo tipo penal do art. 149-A, tutelando o tráfico de pessoas (neste contexto, crianças majoritariamente) para a finalidade de realizar uma adoção, sem conhecimento do Poder Judiciário. Note-se que, nesta hipótese, pode haver uma meta bondosa por parte de quem *adota* a criança (não por parte do traficante, que visa ao lucro; sem descartar que o próprio traficante seja também o adotante), pretendendo dar-lhe um lar, sem qualquer intento violento ou constrangedor. Não importa esse tipo de finalidade, pois, antes disso, protegem-se o estado de filiação e o controle estatal sobre o procedimento legal de adoção.

Pode o julgador, na aplicação da pena, verificar exatamente o contexto fático, a fim de, por exemplo, conferir uma pena menor a quem adota uma criança ilegalmente em comparação ao traficante de pessoa para fins de escravidão. Por isso, para haver *justa pena*, tornam-se fundamentais o conhecimento e a aplicação da individualização da pena, princípio constitucionalmente previsto.

9.6.5 Exploração sexual

O legislador, finalmente, acordou e refez o seu entendimento para o sentido correto, em nossa visão. As antigas figuras de tráfico de pessoas (arts. 231 e 231-A, revogados) envolviam a finalidade de exercício da prostituição *ou outra forma* de exploração sexual, dando a entender que a prostituição seria, sempre, uma maneira de explorar o ser humano. Em nossa monografia *Prostituição, lenocínio e tráfico de pessoas*, buscamos demonstrar o atraso desse ponto de vista, tendo em vista que inexiste a *autoexploração*, o que ocorre no tocante a vários profissionais do sexo, adultos, ganhando a vida pelo contato sexual com quem se disponha a pagar certa quantia.

Sob outro prisma, afirmar que todo o agenciador da prostituição deve ser punido é outro retardo, pois esse agenciador pode perfeitamente ser benéfico ao profissional do sexo, retirando-o das ruas para abrigá-lo em local específico. Falar, hoje em dia, em "casa de prostituição" como figura delituosa é uma hipocrisia, pois o comércio sexual se dá em vários locais, a olhos vistos, seja um caso especial para tanto, seja em locais denominados motéis, hotéis, bares etc. A Lei 13.344/2016 merece aplauso nesse prisma, pois já se estão debatendo a legalização e a regulamentação da atividade sexual de maiores de idade, quando não há violência, ameaça ou fraude.

Em suma, a finalidade de exploração sexual – sem menção à prostituição – é muito mais abrangente e pode, em certas situações até envolver a prostituição. Tudo depende do modo como esta é exercida, da idade do profissional do sexo e do seu consentimento. *Explorar* significa tirar proveito de algo ou enganar alguém para obter algo. Unindo esse verbo com a atividade sexual, visualiza-se o quadro de tirar proveito da sexualidade alheia, valendo-se de qualquer meio constrangedor, ou enganar alguém para atingir as práticas sexuais com lucro. Explora-se sexualmente outrem, a partir do momento em que este é ludibriado para qualquer relação sexual ou quando o ofendido propicia lucro somente a terceiro, em virtude de sua atividade sexual.

A expressão *exploração sexual* difere de *violência sexual*. Logo, o estuprador não é um *explorador sexual*. Por outro lado, exploração sexual não tem o mesmo sentido de *satisfação sexual*. Portanto, a relação sexual, em busca do prazer, entre pessoa maior de 18 anos com pessoa menor de 18 anos não configura exploração sexual.

9.6.6 Causas de aumento da pena

São as circunstâncias, que envolvem a prática do crime (tipo básico = *caput*), tornando-o mais grave. Por isso, aplica-se um aumento variável de um terço até a metade, na terceira fase da aplicação da pena, podendo, se for preciso, romper o teto da pena cominada (no caso, oito anos).

A primeira delas (inciso I) concerne ao cometimento do crime por parte do funcionário público no exercício da função ou a pretexto de exercê-la. Sobre o conceito de *funcionário público*, para fins penais, confira-se o disposto pelo art. 327 do Código Penal. Naturalmente, o tráfico de pessoas torna-se muito mais grave quando o servidor público o comete, visto que está atuando contra os interesses da própria Administração para a qual presta seu trabalho. Ademais, em muitos casos, quem pratica esse delito é um servidor encarregado da segurança pública, vale dizer, a pessoa responsável pela luta *contra* a criminalidade. É relevante anotar o seguinte: o funcionário pode estar em pleno exercício de sua função como também pode estar fora dela, mas valer-se disso para o cometimento do delito.

A segunda (inciso II) liga-se ao crime cometido contra criança, adolescente ou pessoa idosa ou com deficiência. O tráfico de pessoas torna-se mais grave, quando a vítima é vulnerável, pois a sua capacidade de defesa é diminuta. Além do trauma muito mais sério acarretado ao ofendido, evidencia-se uma negativa característica da personalidade do agente – a covardia.

Criança é a pessoa humana até 11 anos completos (seguindo-se a linha do Estatuto da Criança e do Adolescente; a partir dos doze, cuida-se de *adolescente*. *Idoso* é a pessoa com mais de 60 anos (Estatuto do Idoso). *Deficiente* é a pessoa com alguma limitação física, mental, intelectual ou sensorial. Nos termos do art. 2.º do Estatuto do Deficiente, "considera-se pessoa com deficiência aquela que tem impedimento de longo prazo de natureza física, mental, intelectual ou sensorial, o qual, em interação com uma ou mais barreiras, pode obstruir sua participação plena e efetiva na sociedade em igualdade de condições com as demais pessoas".

A terceira (inciso III) diz respeito ao agente se prevalecer de relações de parentesco, domésticas, de coabitação, de hospitalidade, de dependência econômica, de autoridade ou de superioridade hierárquica inerente ao exercício de emprego, cargo ou função.

No mesmo sentido que a causa de aumento do inciso anterior, busca-se agravar a pena do agente que abusa da confiança nele depositada, demonstrando lados negativos de sua personalidade, tanto a covardia quanto a ingratidão. O ofendido torna-se mais vulnerável nessas hipóteses.

Parentes são as pessoas que possuem laços de consanguinidade ou quando, juridicamente, tornam-se integrantes da mesma família (como o caso do adotado). Dispõe o Código Civil a respeito: "Art. 1.591. São parentes em linha reta as pessoas que estão umas para com as outras na relação de ascendentes e descendentes. Art. 1.592. São parentes em linha colateral ou transversal, até o quarto grau, as pessoas provenientes de um só tronco, sem descenderem uma da outra. Art. 1.593. O parentesco é natural ou civil, conforme resulte de consanguinidade ou outra origem. Art. 1.594. Contam-se, na linha reta, os graus de parentesco pelo número de gerações, e, na colateral, também pelo número delas, subindo de um dos parentes até ao ascendente comum, e descendo até encontrar o outro parente. Art. 1.595. Cada cônjuge ou companheiro é aliado aos parentes do outro pelo vínculo da afinidade. § 1.º O parentesco por afinidade limita-se aos ascendentes, aos descendentes e aos irmãos do cônjuge ou companheiro. § 2.º Na linha reta, a afinidade não se extingue com a dissolução do casamento ou da união estável".

Relações domésticas são as estabelecidas entre pessoas que comungam da mesma vida familiar, demonstrando intimidade e afeto, vivendo sob o mesmo teto (pode ser formada a relação doméstica entre amigos, entre parentes – o que já está incluído no aspecto anterior, enfim, entre quaisquer pessoas, entre casais – quando inexiste casamento).

Relações de coabitação dizem respeito aos liames estabelecidos entre pessoas que vivam sob o mesmo teto, independentemente de afeto ou intimidade (ex.: relação entre moradores de uma pensão).

Relações de hospitalidade são os laços firmados entre anfitrião e hóspede. Quem recebe uma visita expõe a sua vida doméstica e permite a entrada em seu domicílio, motivo pelo qual anfitrião e visitante devem mútua confiança e reciprocidade.

Relações de dependência econômica constituem uma definição nova em matéria de circunstância de aumento da pena. Significam os liames estabelecidos entre pessoas que se vinculem por meio da relação econômica: dependente (recebe ajuda financeira) e dominante (presta a ajuda financeira). Pode dar-se entre parentes ou não.

Relações de autoridade dizem respeito à autoridade civil, formando-se a partir do liame entre pessoas que se tornam dependentes de outra para conduzir a vida (ex.: tutor/tutelado; curador/curatelado; guardião/pupilo).

Relações de superioridade hierárquica constituem, também, circunstância de aumento de pena inédita, constituindo o laço firmado entre pessoas, no serviço público, demonstrativo de relação de mando e obediência. Eis o motivo pelo qual se menciona o exercício de emprego (público), cargo ou função. É preciso cuidado para não aplicar, ao mesmo fato, esta causa de aumento e, também, a prevista no inciso I (cometido por funcionário público), para evitar o *bis in idem*.

Finalmente, quando a vítima for retirada do território nacional (inciso IV). Embora o tipo penal básico (*caput*) não construa uma diferença entre o tráfico nacional e o internacional, vê-se, por meio desta causa de aumento que o internacional é considerado mais grave. Portanto, quando se atingir uma fase do exaurimento do delito (a retirada do território nacional não é necessária para a consumação), levando, com efetividade, a vítima para fora do país (o que torna mais difícil a sua localização, bem como o seu resgate pelas autoridades brasileiras), há o aumento da pena.

9.6.7 Causas de diminuição da pena

Nos termos já definidos para a causa de aumento, cuida-se de circunstância envolvente do tipo básico (*caput*), propiciando a redução da pena, mesmo que, quando necessário, seja preciso romper o piso (neste caso, quatro anos). Em nosso entendimento, este parágrafo é despropositado e ingressa na contramão do esforço para punir, efetivamente, o traficante de pessoas.

Ser *primário* é o oposto de ser *reincidente* (tornar a praticar um crime, depois de já ter sido definitivamente condenado por delito anterior, no prazo de cinco anos). Não se menciona possuir o agente *maus antecedentes*, o que nos parece uma falha grave. O traficante de pessoas pode ter múltiplas condenações; caso pratique o crime após cinco anos da extinção de punibilidade de sua última condenação, é primário; recebe um prêmio absurdo da legislação, consistente na diminuição de sua pena como se fosse uma mera tentativa (vide art. 14, II, CP). Se o piso da pena (quatro anos) já é brando para a gravidade do crime, imagine-se a aplicação da causa de diminuição, que é obrigatória e não fica a critério subjetivo do magistrado julgador.

A outra condição é não integrar organização criminosa. Esta, conforme dispõe o art. 1.º, § 1.º, da Lei 12.850/2013, significa: "considera-se organização criminosa a associação de 4 (quatro) ou mais pessoas estruturalmente ordenada e caracterizada pela divisão de tarefas, ainda que informalmente, com objetivo de obter, direta ou indiretamente, vantagem de qualquer natureza, mediante a prática de infrações penais cujas penas máximas sejam superiores a 4 (quatro) anos, ou que sejam de caráter transnacional". Desenvolvemos mais detalhes, acerca disso, em nossa obra *Organização criminosa*.

O critério para graduar o *quantum* de diminuição da pena deve acompanhar o grau atingido durante o percurso criminoso (*iter criminis*). Como o delito é formal, consuma-se diante da simples prática da conduta, independentemente de qualquer resultado naturalístico (ex.: basta recrutar pessoas para o fim de tráfico; o crime está consumado, ainda que qualquer das vítimas deixe de ingressar nas figuras dos incisos I a V do art. 149-A, ou seja, não é preciso, por ilustração, remover o órgão para a concretização, entre outros resultados). No entanto, se o traficante conseguir levar a pessoa para outro Estado ou país, removendo-lhe o órgão (como exemplo), o percurso criminoso foi muito além do necessário. Para a primeira hipótese, praticando a conduta, ficando *distante* da finalidade, pode-se diminuir a pena em dois terços. Para a segunda hipótese, atingindo a finalidade e exaurindo o delito, pode-se diminuir a pena em um terço.

9.7 Quadro-resumo

Previsão legal	**Tráfico de Pessoas** **Art. 149-A.** Agenciar, aliciar, recrutar, transportar, transferir, comprar, alojar ou acolher pessoa, mediante grave ameaça, violência, coação, fraude ou abuso, com a finalidade de: I – remover-lhe órgãos, tecidos ou partes do corpo; II – submetê-la a trabalho em condições análogas à de escravo; III – submetê-la a qualquer tipo de servidão; IV – adoção ilegal; ou V – exploração sexual. Pena – reclusão, de 4 (quatro) a 8 (oito) anos, e multa. § 1.º A pena é aumentada de um terço até a metade se: I – o crime for cometido por funcionário público no exercício de suas funções ou a pretexto de exercê-las; II – o crime for cometido contra criança, adolescente ou pessoa idosa ou com deficiência; III – o agente se prevalecer de relações de parentesco, domésticas, de coabitação, de hospitalidade, de dependência econômica, de autoridade ou de superioridade hierárquica inerente ao exercício de emprego, cargo ou função; ou IV – a vítima do tráfico de pessoas for retirada do território nacional. § 2.º A pena é reduzida de um a dois terços se o agente for primário e não integrar organização criminosa.
Sujeito ativo	Qualquer pessoa
Sujeito passivo	Qualquer pessoa
Objeto material	Pessoa humana
Objeto jurídico	Liberdade individual
Elemento subjetivo	Dolo + elemento subjetivo específico
Classificação	Comum Formal Forma livre Comissivo Instantâneo ou permanente Plurissubsistente
Tentativa	Admite

10. CRIMES CONTRA A INVIOLABILIDADE DO DOMICÍLIO

10.1 Proteção constitucional

Preceitua o art. 5.º, *caput*, da Constituição Federal, de modo genérico, que os indivíduos têm direito à segurança e à propriedade, o que se relaciona indiretamente com o tema; de modo específico, no inciso XI, garante a inviolabilidade de domicílio, salvo se houver consentimento do morador, flagrante delito, desastre ou necessidade de prestar socorro, ou, ainda, durante o dia, por determinação judicial.

10.2 Estrutura do tipo penal incriminador

Entrar significa a ação de ir de fora para dentro, de penetração, enquanto *permanecer* implica inação, ou seja, deixar de sair, fixando-se no lugar. Para a configuração do delito de invasão de domicílio, admite-se tanto a ação de ingresso no lar alheio, quanto a omissão de deixar de sair da casa estranha. É o teor do art. 150 do CP.

Ao fazer referência a *clandestinidade, astúcia* ou *ausência de vontade da vítima*, o tipo penal quer demonstrar o seguinte: a) invadir o domicílio de maneira clandestina significa fazê-lo às ocultas, sem se deixar notar; justamente por isso está-se pressupondo ser contra a vontade de quem de direito; b) invadir o domicílio de modo astucioso significa agir fraudulentamente, criando um subterfúgio para ingressar no lar alheio de má-fé, o que também pressupõe ausência de consentimento; c) contra a vontade de quem de direito: essa é a forma geral, que pode dar-se às claras ou de qualquer outro modo, logicamente abrangendo as maneiras clandestina e astuciosa. A vontade, no entanto, pode ser expressa (manifestada claramente) ou tácita (exposta de maneira implícita, mas compreensível). Exemplo deste último é o consentimento tácito que o hóspede dá à camareira para ingressar no quarto por ele ocupado a fim de proceder à limpeza, pelo simples fato de estar num hotel e conhecer as regras que o regem.

O tipo penal fornece o conceito de casa, para o fim de aplicação deste delito, nos §§ 4.º e 5.º, envolvendo qualquer lugar onde alguém habite, que, em regra, não é um local público. Qualquer habitação merece proteção, mesmo que seja de caráter eventual ou precário, como uma barraca de campista ou um barraco de favela. Cremos que uma casa desabitada não pode ser objeto material do delito, pois é nítida a exigência de que o lugar seja ocupado por alguém. Por outro lado, se o local é ocupado por alguém que, excepcionalmente, está ausente ou viajando, entendemos ser possível a configuração do crime de invasão de domicílio.

Nesta hipótese, vale mencionar a integralidade das normas explicativas, que são raras nos tipos penais incriminadores: "§ 4.º A expressão 'casa' compreende: I – qualquer compartimento habitado; II – aposento ocupado de habitação coletiva; III – compartimento não aberto ao público, onde alguém exerce profissão ou atividade. § 5.º Não se compreendem na expressão 'casa': I – hospedaria, estalagem ou qualquer outra habitação coletiva, enquanto aberta, salvo a restrição do n.º II do parágrafo anterior; II – taverna, casa de jogo e outras do mesmo gênero". Complementa ANÍBAL BRUNO: "não é preciso que se trate de construção fixada ao solo. Pode ser uma estrutura móvel, como um barco onde mora alguém, ou o camarote de um navio, ou um carro-habitação de saltimbancos ou excursionistas".[16]

---

[16] *Crimes contra a pessoa*, p. 375.

O compartimento habitado representa qualquer lugar, sujeito à ocupação do ser humano, e é, em regra, passível de divisão. O resultado dessa divisão é o compartimento. Portanto, compartimento habitado é o local específico de um contexto maior, devidamente ocupado por alguém para morar, viver ou usar. Assim, o quarto de um hotel é um compartimento habitado, como também o é o pequeno barraco construído na favela.

Quanto ao aposento ocupado de habitação coletiva, em que pese alguns acreditarem ser redundante este dispositivo, a lei penal tem por meta, em várias oportunidades, ser o mais clara possível. A fim de evitar qualquer tipo de malícia na interpretação do inciso anterior (qualquer compartimento habitado), dando a entender tratar-se de compartimento particular, quis o legislador demonstrar que também gozam de proteção os compartimentos de habitação coletiva (hotéis, motéis, flats, pensões, "repúblicas" etc.) que estejam ocupados por alguém. Assim, um quarto vazio de hotel pode ser invadido, pois é parte de habitação coletiva não ocupado, mas o crime existe quando o aposento estiver destinado a um hóspede.

No tocante ao compartimento fechado ao público, onde alguém exerce profissão ou atividade, supõe-se, de início, que o compartimento faz parte de um lugar público ou possua uma parte conjugada que seja aberta ao público, já que existe expressa menção a ser o local específico "não aberto ao público". Nesse caso, se alguém ali exerce profissão ou atividade, é natural considerar-se seu domicílio. Ex.: pode ser o camarim do artista no teatro, o escritório do advogado, o consultório do médico e até o quarto da prostituta num prostíbulo. Observe-se, ainda, que o quintal de uma casa ou a garagem externa da habitação, quando devidamente cercados, fazem parte do conceito de domicílio, penalmente protegido.

As habitações coletivas, abertas ao público, não gozam da proteção do art. 150, pois admitem a entrada e a permanência de variadas pessoas, sem necessidade de prévia autorização. Os termos são antiquados, embora possuam correspondentes na atualidade. Hospedaria é o local destinado a receber hóspedes que, pagando uma remuneração, têm o direito de ali permanecer por um tempo predeterminado – é o que hoje se conhece por hotel, motel, albergue ou flat. Assim, o ingresso no saguão de um hotel não depende de autorização, pois local aberto ao público, não se constituindo objeto da proteção penal. Estalagem é também lugar para o recebimento de hóspedes, mediante remuneração, embora em menor proporção do que a hospedaria, além de permitir a junção ao fornecimento de refeições. É o que, atualmente, se conhece por pensão, onde há quartos e refeições. A generalização que vem a seguir – "qualquer outra habitação coletiva" – significa qualquer outro lugar coletivo, aberto ao público, incluindo-se as áreas de lazer dos hotéis e motéis, *campings* (não incluídas as barracas), parques etc. Note-se que existe especial ressalva, para não parecer contraditório, do disposto no inciso II do parágrafo anterior, que menciona ser protegido o "aposento ocupado de habitação coletiva".

Finalmente, a taverna, casa de jogo e outras, da mesma forma que já comentamos anteriormente, são lugares tipicamente abertos ao público. Taverna é um termo antiquado que significa o lugar onde são servidas e vendidas bebidas e refeições. São os bares e restaurantes da atualidade. As casas de jogo são, normalmente, proibidas, pois não se aceitam cassinos no Brasil. Eventualmente, pode-se falar em fliperamas, que são jogos permitidos, mas não gozam da proteção penal de domicílio, pois são locais abertos ao público. A generalização se dá em torno dos demais lugares de diversão pública, tais como teatros, cinemas etc.

A pena prevista no art. *caput* do art. 150 do CP é de detenção, de um a três meses, ou multa.

10.3 Sujeitos ativo e passivo

O sujeito ativo pode ser qualquer pessoa, embora o passivo fique restrito à pessoa que tem direito sobre o lugar invadido. É preciso cautela para interpretar a expressão utilizada no tipo – "quem de direito" –, que envolve a pessoa que tem o poder legal de controlar a entrada e a saída do domicílio.

Ficou nítida a intenção do legislador de conferir a apenas determinadas pessoas a possibilidade de manter ou expulsar alguém do domicílio. Assim, quando se está diante de uma família, não são todos os que podem autorizar ou determinar a permanência ou entrada de terceiros no lar, mas somente o casal (pai e mãe) que, em igualdade de condições, administra os interesses familiares. Entretanto, quando se tratar de um aposento coletivo, qualquer um que tenha direito a ali permanecer pode autorizar a entrada de terceiro, desde que respeitada a individualidade dos demais. Se neste local, no entanto, houver um administrador, cabe a este controlar a entrada e a saída de visitantes (é o que pode ocorrer num condomínio, onde vige um regulamento, a ser controlado e fiscalizado pelo síndico, ao menos no que diz respeito às áreas comuns).

Em última análise, é natural supor, por exemplo, que um filho possa permitir o ingresso de alguém do seu interesse no lar comum da família, embora, se a pessoa for inconveniente, possa ser expulsa pelo pai ou pela mãe, ainda que a contragosto do filho. Há de prevalecer, no contexto do domicílio, certa relação de mando legal, vale dizer, abrigado pela lei. Do ponto de vista do sujeito ativo do delito, essa relação de mando e subordinação pode ser difícil de ser captada e compreendida, podendo, nesse caso, haver erro de tipo ou de proibição, conforme o caso.

10.4 Elemento subjetivo

É o dolo. Não há a forma culposa, tampouco elemento subjetivo específico. Entretanto, deve-se ressaltar que a existência no tipo da expressão "contra a vontade de quem de direito" faz com que o dolo eventual se torne figura incompatível. Não se pode assumir o risco de estar ingressando no lar alheio contra a vontade do morador: ou quem ingressa sabe que não pode fazê-lo ou tem dúvida, o que é suficiente para afastar o dolo.

10.5 Objetos material e jurídico

O objeto material é o domicílio invadido, que sofre a conduta de penetração ou permanência; o objeto jurídico é a segurança, a intimidade e a vida privada conferidas pelo domicílio, como refúgio, ao indivíduo.

10.6 Classificação

Trata-se de crime comum (aquele que não demanda sujeito ativo qualificado ou especial); de mera conduta (delito que exige apenas a conduta, sem qualquer resultado naturalístico); de forma livre (podendo ser cometido por qualquer meio eleito pelo agente); comissivo ou omissivo, conforme o caso; instantâneo, na forma "entrar" (cujo resultado se dá de maneira instantânea, não se prolongando no tempo), e permanente, na forma "permanecer" (cujo resultado se prolonga no tempo); unissubjetivo (que pode ser praticado por um só agente); unissubsistente ou plurissubsistente, conforme o caso (um ou vários atos integram a conduta); admite tentativa na forma comissiva.

10.7 Tipo qualificado

Estão presentes hipóteses que qualificam o crime, isto é, alteram o mínimo e o máximo no *quantum* abstrato da pena, por implicarem maior reprovação social da conduta. No § 1.º do art. 150 consta o aumento da pena para detenção, de seis meses a dois anos, além da pena correspondente à violência.

A qualificadora acumula quatro situações: a) cometer o delito durante a noite; b) praticar o crime em lugar ermo; c) agir com emprego de violência ou com arma; d) cometer a infração com duas ou mais pessoas.

O conceito de *noite* é o período que vai do anoitecer ao alvorecer, pouco importando o horário, bastando que o sol se ponha e depois se levante no horizonte. Há maior preocupação do legislador em punir com rigor a violação de domicílio durante a noite, pois é o período em que se está menos vigilante e em fase de descanso. Além disso, a própria Constituição preleciona que, à noite, o domicílio se torna asilo inviolável até mesmo às ordens judiciais, somente cedendo quando há flagrante delito, desastre ou dever de prestar socorro, hipóteses nitidamente excepcionais.

Lugar ermo é o local afastado de centros habitados, vale dizer, trata-se de um ponto desértico, descampado. Se, excepcionalmente, houver uma casa nesse lugar – o que, por si só, não o torna *habitado* como regra – e esta for invadida, a pena do agressor será maior, tendo em vista a maior dificuldade de defesa do morador.

Quanto ao emprego de violência ou arma, a violência deve ser física e exercida contra a pessoa, não contra a coisa (como arrombamento de portas, janelas etc.). A figura qualificada menciona, em dupla, o emprego de violência ou arma, demonstrando uma referência à pessoa, e não à coisa, pois a arma, no contexto da coisa, não teria sentido. É natural supor que a violência física contra a pessoa e o uso de qualquer tipo de arma (próprias – armas de fogo, punhais, entre outras – ou impróprias – facas de cozinha, canivetes, pedaços de pau, entre outros) causem maior intimidação e perigo para a vítima, merecendo maior rigor punitivo. De fato, tem razão DELMANTO quando diz que interpretação contrária a essa seria um contrassenso: "A entrada em domicílio forçando a fechadura (violência contra a coisa) qualificaria o comportamento, mas a mesma entrada mediante a ameaça de jogar o proprietário pela janela do sexto andar para baixo (grave ameaça) não tornaria qualificada a conduta".[17] Reconhece-se, entretanto, que há posição acolhendo a possibilidade de violência também contra a coisa.

Em relação ao concurso de duas ou mais pessoas, essa atuação conjunta torna mais dificultosa a defesa da vítima para impedir a entrada ou a permanência em seu domicílio, de forma que há maior rigor punitivo.

A dupla punição, quando houver violência (violação de domicílio e o resultado da violência empregada contra a pessoa), faz parte do sistema da acumulação material: somam-se as penas quando o legislador assim determinar no tipo penal (ou no art. 69, CP). Determina a lei que, havendo violência, deve o agente responder não somente pelo delito de invasão de domicílio qualificada, mas também pelo crime que resultou da sua conduta violenta. Não se trata de subsidiariedade, pois, se assim fosse, havendo violência, punir-se-ia somente esta, absorvendo-se o crime do art. 150. Mais uma vez, ousamos insistir que a violência é física e contra a pessoa, o que mostra bom senso do legislador em punir a invasão, acrescida do delito contra a pessoa.

---

[17] *Código Penal comentado*, p. 299.

O § 2.º do art. 150, que previa uma causa de aumento de um terço, se o crime fosse praticado por funcionário público ilegalmente ou com abuso de poder, foi revogado pela Lei 13.869/2019 (nova Lei de Abuso de Autoridade). Todos os abusos e ilegalidades de servidores públicos passam para a esfera da lei especial.

10.8 Causa excludente de ilicitude

Trata-se de uma excludente de antijuridicidade específica, embora desnecessária a prevista no § 3.º do art. 150. O que está mencionado neste parágrafo já está abrangido pelo art. 23, III, primeira parte, do Código Penal (estrito cumprimento do dever legal) e pela própria Constituição Federal (art. 5.º, XI), autorizando o ingresso, sem o consentimento do morador, para efetuar prisão em flagrante (dever das autoridades) ou para acudir desastre ou prestar socorro (dever das autoridades, também).

Sobre as formalidades legais para efetuar uma prisão, ver art. 293 do CPP: "se o executor do mandado verificar, com segurança, que o réu entrou ou se encontra em alguma casa, o morador será intimado a entregá-lo, à vista da ordem de prisão. Se não for obedecido imediatamente, o executor convocará duas testemunhas e, *sendo dia*, entrará à força na casa, arrombando as portas, se preciso; *sendo noite*, o executor, depois da intimação ao morador, se não for atendido, fará guardar todas as saídas, tornando a casa incomunicável, e, logo que amanheça, arrombará as portas e efetuará a prisão. Parágrafo único. O morador que se recusar a entregar o réu oculto em sua casa será levado à presença da autoridade, para que se proceda contra ele como for de direito" (grifamos). A norma processual está em sintonia com o art. 5.º, XI, da Constituição Federal.

No § 3.º, II, do art. 150 do CP menciona-se a viabilidade de ingresso na residência "a qualquer hora do dia ou da noite, quando algum crime está sendo ali praticado ou na iminência de o ser". Tratando-se de tipo penal permissivo, onde se lê "crime", leia-se, também, o concurso da "contravenção penal". A meta da lei, ao referir-se à palavra "crime", foi cuidar do injusto penal – fato típico e antijurídico – ou, na linguagem da doutrina tradicional, do delito *objetivamente* considerado – fato típico e antijurídico –, incluindo-se nitidamente a contravenção penal, que é apenas um "crime de menor gravidade", mas também uma infração penal, portanto, um injusto.

Quanto ao ingresso autorizado por flagrante delito, é preciso cautela na aplicação desta excludente de ilicitude, que menciona "iminência de ser praticado crime", porque está *derrogada* pela Constituição Federal. O art. 5.º, XI, é expresso ao autorizar o ingresso na casa de alguém, durante a noite, somente quando houver *flagrante delito ou desastre*, o que não estaria abrangendo a hipótese de *iminência de cometimento de crime*. As hipóteses de flagrante são claras: estar cometendo a infração penal; ter acabado de cometê-la; ser perseguido, logo após o cometimento do crime, pela autoridade, em situação de presunção de autoria; ser encontrado logo depois do cometimento do delito com instrumentos, armas, objetos ou papéis que façam presumir a autoria (art. 302, CPP). Logo, não se pode invadir o domicílio de alguém, à noite, para impedir um crime que está *prestes a ocorrer*. Entretanto, se houver vítima individualizada – o que pode não ocorrer em todos os tipos de delito (vide o caso dos crimes vagos) –, necessitando ela de socorro, pode

Cap. VI – Crimes contra a Liberdade Individual • Parte 1 255

valer-se o agente do dispositivo, quando invadir o domicílio a fim de *prestar socorro*, inserindo-se, portanto, na norma constitucional (art. 5.º, XI, que menciona a situação de "prestar socorro"). Fora dessa hipótese, é de se entender revogada a parte final do inciso II do § 3.º.

10.9 Quadro-resumo

Previsão legal	**Violação de domicílio** **Art. 150.** Entrar ou permanecer, clandestina ou astuciosamente, ou contra a vontade expressa ou tácita de quem de direito, em casa alheia ou em suas dependências: Pena – detenção, de um a três meses, ou multa. § 1.º Se o crime é cometido durante a noite, ou em lugar ermo, ou com o emprego de violência ou de arma, ou por duas ou mais pessoas: Pena – detenção, de seis meses a dois anos, além da pena correspondente à violência. § 2.º Revogado pela Lei 13.869/2019. § 3.º Não constitui crime a entrada ou permanência em casa alheia ou em suas dependências: I – durante o dia, com observância das formalidades legais, para efetuar prisão ou outra diligência; II – a qualquer hora do dia ou da noite, quando algum crime está sendo ali praticado ou na iminência de o ser. § 4.º A expressão "casa" compreende: I – qualquer compartimento habitado; II – aposento ocupado de habitação coletiva; III – compartimento não aberto ao público, onde alguém exerce profissão ou atividade. § 5.º Não se compreendem na expressão "casa": I – hospedaria, estalagem ou qualquer outra habitação coletiva, enquanto aberta, salvo a restrição do n.º II do parágrafo anterior; II – taverna, casa de jogo e outras do mesmo gênero.
Sujeito ativo	Qualquer pessoa
Sujeito passivo	Qualquer pessoa
Objeto material	Domicílio invadido
Objeto jurídico	Inviolabilidade de domicílio
Elemento subjetivo	Dolo
Classificação	Comum Mera conduta Forma livre Comissivo ou omissivo Instantâneo ou permanente Dano Unissubjetivo Unissubsistente ou plurissubsistente
Tentativa	Admite quando comissivo e plurissubsistente
Circunstâncias especiais	Qualificadora Causa de aumento Excludente de ilicitude Tipo explicativo

11. CRIMES CONTRA A INVIOLABILIDADE DE CORRESPONDÊNCIA

11.1 Proteção constitucional e inviolabilidade de correspondência

O art. 5.º, XII, da Constituição Federal preceitua que "é inviolável o sigilo da correspondência e das comunicações telegráficas, de dados e das comunicações telefônicas, salvo, no último caso, por ordem judicial, nas hipóteses e na forma que a lei estabelecer para fins de investigação criminal ou instrução processual penal".

11.2 Caráter relativo da proteção constitucional

Pela redação do art. 5.º, XII, da Constituição, chega-se, num primeiro instante, à conclusão de que o sigilo da correspondência é assegurado de modo absoluto, pois não há, no dispositivo constitucional, qualquer exceção. Ocorre que, como vem sendo defendido por grande parte da doutrina nacional, bem como pela jurisprudência, não há direitos absolutos, ainda que constitucionalmente previstos. Deve haver plena harmonia entre direitos e garantias fundamentais, a fim de que um não sobrepuje outro.

Assim, sustentamos, na esteira das lições de ADA PELLEGRINI GRINOVER, ALEXANDRE DE MORAES, LUIZ ALBERTO DAVID ARAÚJO, VIDAL SERRANO NUNES JÚNIOR e outros, que nenhuma liberdade pública é absoluta, devendo ceder em face do princípio da convivência das liberdades, nenhuma delas podendo lesar a ordem pública ou as liberdades alheias. Assim, quando a lei ordinária estabelecer proteção a determinados direitos, que também possuem fundamento constitucional (como vida, segurança, propriedade, entre outros), deve-se considerar possível a violação da correspondência. Não se poderia conceber, num Estado Democrático de Direito, que um criminoso utilizasse, como manto protetor, para a prática de seus delitos, o art. 5.º, XII, da Constituição Federal. Seria esdrúxulo o ordenamento jurídico que desse proteção ao crime em detrimento da segurança e da paz pública. Por isso, a correspondência de um preso, por exemplo, pode ser devassada, se for imprescindível à segurança do estabelecimento penal ou para evitar o cometimento de delitos (*v.g.*, tráfico de entorpecentes através do envio de correspondência).[18]

11.3 Derrogação do art. 151 do Código Penal

As figuras típicas previstas no *caput* e no § 1.º do art. 151 do CP foram substituídas pela lei que rege os serviços postais – especial e mais nova –, o que se pode constatar pela leitura do art. 40 da Lei 6.538/1978: "Devassar indevidamente o conteúdo de correspondência fechada dirigida a outrem: Pena – detenção, até seis meses, ou pagamento não excedente a vinte dias-multa. § 1.º Incorre nas mesmas penas quem se apossa indevidamente de correspondência alheia, embora não fechada, para sonegá-la ou destruí-la, no todo ou em parte. § 2.º As penas aumentam-se da metade se há dano para outrem". Tendo em vista que os tipos penais são

---

[18] Nesse prisma: STF: "Carta de presidiário interceptada pela administração penitenciária – Possibilidade excepcional e desde que respeitada a norma do art. 41, parágrafo único, da Lei 7.210/84 – Inviolabilidade do sigilo epistolar não pode constituir instrumento de salvaguarda de práticas ilícitas" (HC 70.814-5/SP, 1.ª T., rel. Celso de Mello, 01.03.1994, v.u., *DJ* 24.06.1994, *RT* 709/418). O acórdão é antigo, mas não houve nenhum indicativo de alteração de posição no STF nesse cenário. Ao contrário, decisões mais recentes confirmam esse entendimento.

Cap. VI – Crimes contra a Liberdade Individual • Parte 1

praticamente idênticos, os comentários feitos neste Código servem para a Lei 6.538/1978, que passou a cuidar do delito de violação de correspondência.

11.4 Pena atualizada pela nova lei

A Lei 6.538/1978 alterou a punição para o crime de violação de correspondência, antes integralmente disposta no art. 151, passando a prever uma pena de detenção de *até 6 meses* ou o pagamento de multa *não excedente a 20 dias-multa*. Não tendo o legislador fixado na lei especial a pena mínima para o crime, é preciso valer-se da regra geral: as menores penas possíveis no Código Penal são um dia de detenção ou de reclusão (art. 11, CP) e 10 dias-multa, quando se tratar de pena pecuniária (art. 49, CP).

11.5 Sonegação ou destruição de correspondência

11.5.1 Estrutura do tipo penal incriminador

Devassar significa penetrar e descobrir o conteúdo de algo, é ter vista do que está vedado. Portanto, a conduta proibida pelo tipo penal é descortinar, sem autorização legal, o conteúdo de uma correspondência, que é declarada inviolável por norma constitucional. Não significa necessariamente, embora seja o usual, abri-la, podendo-se violar o seu conteúdo por outros métodos, até singelos, como colocar a missiva contra a luz.

O termo *indevidamente*, que consta do *caput* do art. 151, trata-se de elemento normativo do tipo, que alguns costumavam considerar como o elemento subjetivo do ilícito, pois se trata de uma antecipação do juízo de antijuridicidade para dentro do tipo penal. Logicamente, se o conhecimento do conteúdo de uma correspondência for precedido de autorização do destinatário, por exemplo, deixa de ser *indevido*, razão pela qual não está preenchida a figura típica. O que a lei protege é o *sigilo* da correspondência, e não a mera devassa da correspondência. Se não há sigilo aplicável, a violação pode ser considerada devida ou lícita.

A correspondência fechada goza da proteção penal, mas a correspondência aberta, deixada ao acesso de terceiros, não.[19] Embora antiética a conduta de quem toma conhecimento, sem autorização, de correspondência alheia, ainda que aberta, não se pode considerar fato típico, diante da nítida disposição da norma. É o que ocorre, também, com muitos envelopes que contêm a expressão "este envelope pode ser aberto pela Empresa de Correios e Telégrafos", mostrando a renúncia do remetente ao sigilo do material que está enviando.

A pena prevista no *caput* do art. 151 do CP é de detenção, de um a seis meses, ou multa, mas por ter sido tal dispositivo derrogado pelo art. 40 da Lei 6.538/1978, a pena é de detenção, até seis meses, ou pagamento não excedente a vinte dias-multa.

No § 1.º, emerge o tipo equiparado de sonegação ou destruição de correspondência. É também uma forma de praticar crime contra a inviolabilidade da correspondência quem sonega – oculta ou esconde – ou destrói – faz desaparecer ou elimina – a correspondência alheia.

Apossar significa apoderar-se, tomar posse. Portanto, caso o agente tome da vítima a sua correspondência, ainda que aberta, para o fim de ocultá-la ou destruí-la, está cometendo o crime.

Neste caso, porque se trata de ocultação ou destruição, a correspondência pode estar fechada ou aberta.

---

[19] Igualmente, ANÍBAL BRUNO, *Crimes contra a pessoa*, p. 389.

Lembremos que o inciso I do § 1.º do art. 151 foi substituído pelo § 1.º do art. 40 da Lei 6.538/1978. A pena para quem comete crime previsto no art. 40, § 1.º, da Lei 6.538/1978 é de detenção, até seis meses, ou pagamento não excedente a vinte dias-multa.

A parte final do inciso II do § 1.º do art. 151 do CP não foi revogada pela Lei 9.296/1996, que disciplinou a interceptação telefônica e criou um tipo incriminador específico para a violação do sigilo telefônico. Preferimos seguir, nesse prisma, o magistério de Mirabete, que entende ainda viger o inciso II do § 1.º do art. 151, para aplicação ao terceiro que não participou na interceptação telefônica, mas divulgou-a a outras pessoas.[20]

É verdade que, se o terceiro auxiliar na interceptação indevida, será partícipe do crime previsto no art. 10 da Lei 9.296/1996. Mas, tomando contato com gravação feita por quem nem mesmo conhece, percebendo tratar-se de material confidencial, embora não abrangido por segredo de justiça, ao divulgá-lo, incide no tipo penal deste artigo: "quem indevidamente divulga (...) conversação telefônica entre outras pessoas". Por outro lado, a parte relativa às comunicações telegráficas e radioelétricas possui dupla previsão legal: quando a violação for realizada por pessoas comuns, incide o Código Penal; mas quando for feita por funcionário do governo encarregado da transmissão da mensagem, aplica-se o Código Brasileiro de Telecomunicações (Lei 4.117/1962, art. 56). Nesse ponto, acertada a lição de Delmanto, quando menciona o art. 58 da referida Lei (a pena aplicada é de um a dois anos de detenção *ou* perda do cargo ou emprego, com afastamento imediato do acusado até final decisão) como subsídio para a compreensão de que a referida lei especial somente se aplica aos crimes funcionais.[21] Finalmente, o inciso IV do § 1.º do art. 151 do CP foi integralmente substituído pelo art. 70 da Lei 4.117/1962.

Ainda tratando do inciso II do § 1.º do art. 151 do CP, *divulgar* significa tornar público, dar conhecimento a terceiro; *transmitir* quer dizer enviar de um lugar a outro e *utilizar* significa aproveitar-se, fazer uso. A lei veda que qualquer pessoa torne conhecido o conteúdo de uma mensagem telegráfica ou radioelétrica dirigida de "A" para "B". Assegura-se, também nesse contexto, o sigilo das comunicações.

Por outro lado, é vedado, ainda, o envio da mensagem a um terceiro que não o destinatário original. A divulgação é tornar conhecido o teor da mensagem, ou seja, pode representar a conduta de quem toma a mensagem que chegou para "B" e, em vez de entregá-la ao destinatário, torna-a conhecida de outras pessoas; a transmissão, por seu turno, representa o ato de enviar a mensagem a destinatário diverso do desejado por "A". Finalmente, na forma genérica, o tipo penal prevê a utilização abusiva da comunicação telegráfica ou radioelétrica, demonstrando que fazer uso da mensagem entre "A" e "B", para qualquer fim indevido, ainda que não haja divulgação ou transmissão, também é crime.

A despeito de o termo *abusivamente* circunscrever-se à utilização da mensagem, cremos que foi um cuidado exagerado do legislador inseri-lo no tipo penal, tendo em vista que a utilização indevida é também abusiva. O elemento normativo do tipo – *indevidamente* – já seria suficiente. A utilização da mensagem pode ser feita sem abuso pelo funcionário encarregado de transmiti-la, que toma conhecimento do seu conteúdo, mas não o divulga, nem o transmite a terceiro. Entretanto, caso esse sujeito tome nota da mensagem para utilização posterior, ainda que para fins particulares, abusará do uso permitido e cometerá o delito.

---

[20] *Código Penal interpretado*, p. 866.
[21] *Código Penal comentado*, p. 303.

A comunicação telegráfica é a transmissão de mensagens entre dois pontos distantes realizada através de um sistema de sinais e códigos, valendo-se de fios.

A comunicação radioelétrica é a transmissão de mensagens entre dois pontos distantes realizada através de um sistema de ondas, que dispensa a utilização de fios.

A pena para quem comete o crime previsto no inciso II do § 1.º do art. 150 do CP é de detenção, de um a seis meses, ou multa.

Quanto ao inciso III, do referido § 1.º do art. 151 do CP, *impedir* significa colocar obstáculo ou tornar impraticável. Assim, é punido igualmente o sujeito que obstrui a comunicação ou conversação alheia, sem autorização legal. A pena é, portanto, de detenção, de um a seis meses, ou multa.

Quanto à conversação telefônica, o art. 5.º, XII, da Constituição, na parte final, autoriza que, por ordem judicial, seja quebrado o sigilo da comunicação telefônica entre pessoas, desde que seja respeitada a forma legal e para fins de investigação criminal ou instrução processual penal. A norma que cuida do assunto é a Lei 9.296/1996, prevendo o procedimento para que tal violação do sigilo telefônico seja realizada. A figura típica que incrimina a violação indevida está prevista no art. 10: "Constitui crime realizar interceptação de comunicações telefônicas, de informática ou telemática, promover escuta ambiental ou quebrar segredo da Justiça, sem autorização judicial ou com objetivos não autorizados em lei: Pena – reclusão, de 2 (dois) a 4 (quatro) anos, e multa. Parágrafo único. Incorre na mesma pena a autoridade judicial que determina a execução de conduta prevista no *caput* deste artigo com objetivo não autorizado em lei". Note-se que a simples interceptação das comunicações telefônicas, abrangendo aquelas que são efetivadas por intermédio do uso integrado do computador e do telefone (como acontece quando se utiliza o *modem*), é suficiente para a configuração do delito, sendo desnecessária a divulgação, transmissão ou utilização abusiva da mensagem.

O inciso IV do § 1.º do art. 151 do CP foi substituído pelo art. 70 da Lei 4.117/1962. Diz a norma do Código Brasileiro de Telecomunicações: "Constitui crime punível com a pena de detenção de 1 (um) a 2 (dois) anos, aumentada da metade se houver dano a terceiro, a instalação ou utilização de telecomunicações, sem observância do disposto nesta Lei e nos regulamentos. Parágrafo único. Precedendo ao processo penal, para os efeitos referidos neste artigo, será liminarmente procedida a busca e apreensão da estação ou aparelho ilegal". A finalidade do tipo penal é impedir que qualquer pessoa tenha em seu poder um aparelho de telecomunicações clandestino, sem autorização do Estado, o que constitui crime. Ver a disciplina do assunto na Lei 9.472/1997.

Conforme dispõe o § 2.º do art. 151, a pena deverá ser aumentada da metade, quando o crime provocar dano a outrem. Entenda-se o dano na sua forma ampla: material ou moral. Note-se que a causação de dano é o exaurimento do crime, pois, majoritariamente, é delito formal. Ex.: a divulgação de mensagem telegráfica alheia é conduta delituosa; caso provoque dano (resultado naturalístico), ocorre o esgotamento do crime e há um aumento de pena.

11.5.2 Sujeitos ativo e passivo

O sujeito ativo pode ser qualquer pessoa (inclusive o cego, desde que *tome conhecimento* do conteúdo da correspondência de algum modo); o passivo, no entanto, é de dupla subjetividade, necessitando ser o remetente e o destinatário da correspondência. Faltando um deles, ou seja, se um dos dois autorizar a violação, não pode haver crime. Não teria cabimento punir o agente que tomou conhecimento do conteúdo de uma carta devidamente autorizado pelo destinatário, por exemplo.

No caso do § 1.º, I, do art. 151, o sujeito ativo pode ser qualquer pessoa, enquanto no polo passivo há dupla subjetividade: remetente e destinatário. Entendemos, no entanto, que, estando a correspondência em poder exclusivo do destinatário, que já a recebeu e leu, é apenas ele o sujeito passivo. Somente em trânsito é que há dois sujeitos passivos.

Quanto ao inciso II do § 1.º, o sujeito ativo pode ser qualquer pessoa; o sujeito passivo é de dupla subjetividade, pois envolve o remetente e o destinatário da mensagem telegráfica ou radioelétrica.

11.5.2.1 Falecimento do remetente ou do destinatário

O falecimento do remetente ou do destinatário, em tese, não exclui o delito, embora haja possibilidade legal de se devassar o conteúdo após a morte de um deles. Caso o remetente ainda não tenha colocado a carta no correio – o que a torna de sua propriedade exclusiva –, ocorrendo sua morte, os herdeiros têm direito de tomar conhecimento do conteúdo da correspondência, que agora lhes pertence. O mesmo ocorre com o destinatário que morre antes da carta chegar às suas mãos. Os herdeiros poderão devassar o seu conteúdo, pois não teria cabimento exigir que a correspondência fosse destruída como se não tivesse existido, já que ela pode conter material de interesse de todos.

O morto não é sujeito de direitos, de forma que o sigilo, para ele, terminou com a morte. Dir-se-ia que a correspondência também interessa a quem a remeteu, ainda vivo, por exemplo. Ocorre que é humanamente impossível diferençar uma carta de conteúdo particular, sem interesse para o espólio, daquela que contém dados indispensáveis para a localização de bens ou para o pagamento de dívidas. Por isso, ao enviar a carta, se puder ser interceptada pelo remetente a tempo, a correspondência lhe pertence, mas, se já chegou ao destino, passa a ser propriedade do destinatário que, estando morto, transmite seus valores aos herdeiros. Terceiros, no entanto, podem praticar o crime, caso não sejam os herdeiros legais e devassem a correspondência do falecido.

11.5.2.2 Marido e mulher

É difícil e complexa a questão da violação de correspondência praticada pelo marido com relação à mulher ou vice-versa. Há franca divergência doutrinária e jurisprudencial. Preferimos, no entanto, a posição daqueles que sustentam a licitude da conduta, pois o casamento traz para o casal direitos e deveres incompatíveis com o estado de solteiro, situação de maior isolamento e privacidade do ser humano.

É preciso considerar que determinadas regras, válidas para quem cuida da própria vida, sem dever satisfação a ninguém, não são aplicáveis para a vida em comum fixada pelo matrimônio. Não é cabível sustentar uma inviolabilidade total da correspondência, pois há situações que não podem aguardar, como o retorno de uma viagem, por exemplo. O casal pode receber, diariamente, correspondências que representem contas a pagar, carnês de colégios, lojas ou assemelhados, comunicações importantes referentes à vida doméstica e social, convites de toda ordem, enfim, um universo de cartas ou telegramas que interessam, quase sempre, a ambos.

É verdade que, em situações normais, ou seja, estando ambos presentes, a ética e a moral impõem o respeito à individualidade alheia, de modo que cada um deve abster-se de tomar conhecimento da correspondência do outro, por mais *comercial* que ela seja. Mas, não estando presente o cônjuge, por razões variadas (viagens, hospitalizações, entre outros motivos), entendemos possível a violação da correspondência, levando-se em conta o que a vida em comum necessariamente impõe (e nem se diga que, nesse caso, haveria estado de necessidade, pois pode não ser a hipótese fática). É, sim, um exercício regular de direito. Como colocada a excludente no tipo penal, através do elemento normativo "indevidamente", caso a violação seja lícita, a conduta é atípica.[22]

Defendemos, ainda, que a constante violação da correspondência de um cônjuge pelo outro, sem razão plausível, pode até constituir motivo para a separação, pois não é conduta regular, moralmente aceitável, a menos que conte com a expressa concordância de ambos, embora não se possa falar em crime. Seria paradoxal a conduta do cônjuge que, por exemplo, se abstivesse de abrir a correspondência do outro, em viagem de negócios, deixando vencer contas, sem o devido pagamento, ou provocando o perecimento de algum direito, esperando o seu retorno.

BITENCOURT, em posição similar, argumenta que não admite o direito de qualquer dos cônjuges de devassar a correspondência alheia, mas não chega ao extremo de considerar tal conduta criminosa. Acredita tratar-se de um desvio de ordem ético-social, censurável, mas que não chega a tipificar a infração penal.[23]

Somos mais simpáticos ao casal harmônico em seu matrimônio do que a manifestação de BITENCOURT, no sentido de constituir um "mau hábito de *bisbilhotar* a correspondência do outro cônjuge, nem mesmo em harmonia".[24] Uma vida em comum, vivida num casamento ou união estável, plenamente harmônica e feliz, estabelece regras que o direito, especialmente o penal, não tem razão para interferir. Aliás, nem mesmo um julgamento ético é cabível. Porém, quando o casamento é um fardo e há desarmonia, com certeza, a visão é de um *bisbilhota* a vida do outro. Quem vive bem, com o amor da sua vida, não tem segredos a ponto de justificar um "mau hábito".

Porém, por uma questão de individualidade e exemplo a ser dado aos filhos, por exemplo, devem as correspondências dos cônjuges ser entregues, para abertura, ao destinatário. Se não for possível, como expusemos linhas acima, a abertura da correspondência pode significar o pagamento das contas da casa e outros conhecimentos relevantes.

11.5.2.3 Correspondência destinada a filhos

Logicamente, se os filhos forem maiores, civilmente capazes, ainda morando com os pais, não há o menor cabimento em sustentar a possibilidade de violação da correspondência a eles destinada. Entretanto, o filho menor que, de algum modo, ainda depende dos pais pode ter a sua correspondência por eles violada.

Trata-se de uma decorrência natural do poder familiar – exercício regular de direito. Embora defendamos que os pais não devem fazê-lo, sem que exista um motivo muito sério e justo – como o envolvimento dos filhos menores com drogas ou com a criminalidade –, consistindo em atitude antiética devassar a correspondência gratuitamente, cremos não existir crime (não se trata de violação *indevida*).[25]

---

[22] É também o pensamento de ANDRÉ ESTEFAM, que não considera lícita a conduta de um cônjuge abrir a correspondência do outro, mas não há caráter criminoso nessa atitude (*Direito penal*, v. 2, p. 343).

[23] *Tratado de direito penal*, v. 2, p. 507.

[24] *Tratado de direito penal*, v. 2, p. 507.

[25] Igualmente, ANDRÉ ESTEFAM, *Direito penal*, v. 2, p. 343.

11.5.3 Excludentes de ilicitude específicas

A Lei 6.538/1978, no art. 10, preceitua: "Não constitui violação de sigilo da correspondência postal a abertura de carta: I – endereçada a homônimo, no mesmo endereço; II – que apresente indícios de conter objeto sujeito a pagamento de tributos; III – que apresente indícios de conter valor não declarado, objeto ou substância de expedição, uso ou entrega proibidos; IV – que deva ser inutilizada, na forma prevista em regulamento, em virtude de impossibilidade de sua entrega e restituição. Parágrafo único. Nos casos dos incisos II e III a abertura será feita obrigatoriamente na presença do remetente ou do destinatário". Cremos dispensável tal dispositivo legal. A primeira hipótese pode perfeitamente encaixar-se no art. 20 do CP (erro de tipo). Se o homônimo crê ser sua a correspondência, abrindo-a, incide no erro de tipo: exclui-se o dolo e não há crime (somente há a punição por dolo, não se admitindo a forma culposa). Se tiver certeza de que não é sua, é óbvio tratar-se de delito configurado, não se podendo considerar válida a hipótese do inciso I do art. 10 da Lei 6.538/1978, pois seria privilegiar a iniquidade. Os demais casos são formas do exercício regular de direito ou do estrito cumprimento de dever legal, de modo que já previstos no Código Penal.

11.5.4 Elemento subjetivo

É o dolo. Não há a forma culposa, nem se exige elemento subjetivo específico.

Quanto ao § 1.º, I, do art. 151, é o dolo, acrescido, no entanto, da finalidade específica de "sonegar" ou "destruir" a correspondência (elemento subjetivo específico). Não há a forma culposa.

No tocante ao inciso II do § 1.º, é o dolo, não havendo a forma culposa. Não se exige elemento subjetivo específico. Na realidade, o termo "abusivamente" é apenas um elemento normativo do tipo, que depende, do mesmo modo que "indevidamente", da valoração jurídica a ser dada pelo juiz. Enquanto "abusivamente" quer dizer de maneira inconveniente, exagerada, descomedida e, portanto, ilícita; "indevidamente" significa, também, um modo inconveniente, impróprio e incorreto, consequentemente, ilícito. Ora, o abuso de direito é ilícito, tanto quanto o uso indevido. Por isso, se o legislador inseriu no tipo um elemento pertinente à ilicitude, cremos tê-lo transformado em elemento normativo, e não subjetivo do tipo. O dolo é suficiente para abranger o abuso havido, vale dizer, a utilização indevida ou inconveniente da mensagem.

Aliás, é justamente por isso que consideramos excessiva a colocação dúplice dos termos "indevidamente" e "abusivamente". Poderia o agente fazer uso indevido e não abusivo? Se isso ocorresse, seria crime? Aceitando-se que os termos são diferenciados, um é objetivo e outro é subjetivo, a resposta deveria ser sim à primeira alternativa e não à segunda, o que não nos parece correto. Se alguém faz uso indevido de mensagem alheia, está, automaticamente, abusando, o que é crime. Por outro lado, poder-se-á sustentar que a palavra "indevidamente" refere-se apenas aos verbos "divulgar" e "transmitir", enquanto o termo "abusivamente" seria pertinente à utilização.

Em primeiro lugar, a redação do artigo assim não demonstra. Fala-se no sujeito que, indevidamente, comete três condutas alternativas: divulgar, transmitir *ou* utilizar. Portanto, o elemento normativo "indevido" há de valer para todas. E se assim é, não há necessidade de se reiterar a ilicitude da ação através do emprego do termo "abusivamente". Em segundo plano, ainda que se separem os termos, reservando-se o *indevido* para a divulgação e para a transmissão e o *abuso* para a utilização, cremos tratar-se de elemento normativo. Abusar, como já mencionado, é usar de modo inconveniente, impróprio e exorbitante, mas não uma finalidade em si mesma. Se fosse um elemento subjetivo específico, haveríamos de sustentar que alguém utiliza a mensagem alheia com a finalidade especial de abusar do uso, o que não nos parece correto. Quem usa a mensagem para fins diversos (quaisquer que sejam eles) do que seria conveniente e próprio (enviá-la ao destinatário) está *abusando*, o que é uma situação objetiva e indevida. Aliás, como exemplo de lei melhor redigida podemos citar o art. 56 da Lei 4.117/1962 (Código Brasileiro de Telecomunicações), que prevê: "pratica crime de violação de telecomunicação quem, *transgredindo lei ou regulamento*, exiba autógrafo ou qualquer documento do arquivo, divulgue ou comunique, informe ou capte, transmita a outrem ou utilize o conteúdo, resumo, significado, interpretação, indicação ou efeito de qualquer comunicação dirigida a terceiro. § 1.º Pratica, também, crime de violação de telecomunicações quem *ilegalmente* receber, divulgar ou utilizar, telecomunicação interceptada. § 2.º Somente os serviços fiscais das estações e postos oficiais poderão interceptar telecomunicação" (grifamos). Note-se que a "divulgação", a "transmissão" e a "utilização" são equiparadas para o fim de punição, incidindo sobre essas condutas um único elemento normativo: no *caput* lê-se "transgredindo lei ou regulamento"; no § 1.º lê-se "ilegalmente", o que é correto, uma vez que o indevido e ilegal é também abusivo.

11.5.5 Objetos material e jurídico

O objeto material é a correspondência que foi violada, não se exigindo que seja redigida em português. É preciso, entretanto, que se trate de idioma conhecido, pois, se for escrita em códigos indecifráveis, trata-se de crime impossível, por absoluta impropriedade do objeto. O objeto jurídico é o sigilo da correspondência.

Quanto ao § 1.º, I, do art. 151, objeto material é a correspondência extraviada do seu legítimo possuidor; o objeto jurídico é a inviolabilidade de correspondência, nesse sentido interpretada como a possibilidade de ser preservada até quando queira o seu legítimo detentor e na esfera de disponibilidade dele.

Quanto aos incisos II e III, o objeto material é a mensagem divulgada, transmitida ou abusivamente utilizada ou mesmo o aparelho de telefone que é interceptado; o objeto jurídico é a inviolabilidade das comunicações telegráficas, de dados e telefônicas.

11.5.6 Classificação

Trata-se de crime comum (aquele que não demanda sujeito ativo qualificado ou especial); de mera conduta (delito que não possui um resultado naturalístico, punindo somente a conduta do agente); de forma livre (podendo ser cometido por qualquer meio eleito pelo autor); comissivo ("devassar" implica ação); instantâneo (cujo resultado se dá de maneira instantânea, não se prolongando no tempo); unissubjetivo (que pode ser praticado por um só agente); plurissubsistente (em regra, vários atos integram a conduta); admite tentativa.

11.5.6.1 Classificação dos crimes previstos no § 1.º, inciso I

Trata-se de crime comum (aquele que não demanda sujeito ativo qualificado ou especial); formal (delito que pode ter resultado naturalístico, embora não seja exigível para a sua configuração); de forma livre (podendo ser cometido por qualquer meio eleito pelo agente); comissivo ("apossar" implica ação) e, excepcionalmente, comissivo por omissão (omissivo impróprio, ou seja, é a aplicação do art. 13, § 2.º, do Código Penal); instantâneo (cujo resultado se dá de maneira instantânea, não se prolongando no tempo); unissubjetivo (que pode ser praticado por um só agente); plurissubsistente (em regra, vários atos integram a conduta); admite tentativa.

11.5.6.2 Classificação dos crimes previstos no § 1.º, inciso II

Trata-se de crime comum (aquele que não demanda sujeito ativo qualificado ou especial); formal (delito que pode ou não ter resultado naturalístico), nas modalidades "divulgar", "transmitir" e "utilizar"; de mera conduta (delito que pune somente a conduta, não havendo resultado naturalístico), na situação de "interceptar"; de forma livre (podendo ser cometido por qualquer meio eleito pelo agente); comissivo (implica ação) e, excepcionalmente, comissivo por omissão (omissivo impróprio, ou seja, é a aplicação do art. 13, § 2.º, do Código Penal); instantâneo (cujo resultado se dá de maneira instantânea, não se prolongando no tempo); unissubjetivo (que pode ser praticado por um só agente); plurissubsistente (em regra, vários atos integram a conduta de violar); admite tentativa.

11.5.7 Figura qualificada

O § 3.º, do art. 151, aplica-se às hipóteses não revogadas pelo Código Brasileiro de Telecomunicações (Lei 4.117/1962) e pela Lei dos Serviços Postais (Lei 6.538/1978), como já analisado anteriormente. É o caso do inciso III do § 1.º do art. 151 do CP, que continua vigendo. Ressalve-se, no entanto, quando for o caso de aplicação da qualificadora, que o agente precisa exercer alguma função relativa ao serviço postal, telegráfico, radioelétrico ou telefônico, não sendo o caso de se considerar aquele que é empregado de uma agência de correios e telégrafos em atividade totalmente distinta, como é o caso do contador da empresa.

A pena para quem comete o crime previsto no § 3.º do art. 151 do CP é de detenção, de um a três anos.

11.5.8 Competência

É da Justiça Federal, quando a violação ou apossamento tiver ocorrido enquanto a carta estava em trânsito, portanto valendo-se do serviço postal; quando já estivesse na posse exclusiva do remetente ou do destinatário, é da Justiça Estadual.

11.5.9 Ação pública incondicionada e condicionada

Somente havendo representação da vítima pode o Ministério Público agir, ingressando com a ação penal, nos casos dos incisos II e III do § 1.º do art. 151 do CP, para os quais ainda se utiliza o Código Penal. Nos casos de crime cometido por quem instala ou utiliza estação ou aparelho radioelétrico, sem observância de disposição legal (§ 1.º, IV, do art. 151 do CP, substituído pelo art. 70 da Lei 4.117/1962), ou quando o agente abusa de sua função em serviço postal, telegráfico, radioelétrico ou telefônico (§ 3.º do art. 151 do CP), a ação é pública incondicionada, segundo o próprio Código Penal (art. 151, § 4.º).

Entretanto, as hipóteses do *caput* e do § 1.º, inciso I, do art. 151 do CP, substituídos pelo art. 40 da Lei 6.538/1978, tornaram-se de ação pública incondicionada, pois não há, nessa lei, previsão para a representação da vítima. O disposto no art. 45 da Lei 6.538/1978 é mera obrigação do agente postal de comunicar o crime ao Ministério Público Federal (*in verbis*: "A autoridade administrativa, a partir da data em que tiver ciência da prática de crime relacionado com o serviço postal ou com o serviço de telegrama, é obrigada a representar, no prazo de 10 (dez) dias, ao Ministério Público federal contra o autor ou autores do ilícito penal, sob pena de responsabilidade").

11.6 Quadro-resumo

Previsão legal	**Violação de correspondência** **Art. 151.** Devassar indevidamente o conteúdo de correspondência fechada, dirigida a outrem: Pena – detenção, de um a seis meses, ou multa. **Sonegação ou destruição de correspondência** § 1.º Na mesma pena incorre: I – quem se apossa indevidamente de correspondência alheia, embora não fechada e, no todo ou em parte, a sonega ou destrói; **Violação de comunicação telegráfica, radioelétrica ou telefônica** II – quem indevidamente divulga, transmite a outrem ou utiliza abusivamente comunicação telegráfica ou radioelétrica dirigida a terceiro, ou conversação telefônica entre outras pessoas; III – quem impede a comunicação ou a conversação referidas no número anterior; IV – quem instala ou utiliza estação ou aparelho radioelétrico, sem observância de disposição legal. § 2.º As penas aumentam-se de metade, se há dano para outrem. § 3.º Se o agente comete o crime, com abuso de função em serviço postal, telegráfico, radioelétrico ou telefônico: Pena – detenção, de 1 (um) a 3 (três) anos. § 4.º Somente se procede mediante representação, salvo nos casos do § 1.º, IV, e do § 3.º.
Sujeito ativo	Qualquer pessoa
Sujeito passivo	Remetente e destinatário
Objeto material	Correspondência violada
Objeto jurídico	Sigilo de correspondência
Elemento subjetivo	Dolo
Classificação	Comum Mera conduta Forma livre Comissivo Instantâneo Unissubjetivo Plurissubsistente
Tentativa	Admite

Circunstâncias especiais	Tipos correlatos
	Causa de aumento
	Qualificadora
	Ação condicionada
	Derrogação

12. CORRESPONDÊNCIA COMERCIAL

12.1 Conceito de correspondência comercial

É a troca de cartas, bilhetes e telegramas de natureza mercantil, ou seja, relativa à atividade de comércio (compra, venda ou troca de produtos com intuito negociável). Difere o art. 152 do crime de violação de correspondência, previsto no art. 151, tendo em vista a qualidade do sujeito ativo, mas não há propriamente alteração do objeto jurídico protegido, que continua sendo a inviolabilidade da correspondência, seja esta de que espécie for.

12.2 Estrutura do tipo penal incriminador

Abusar significa usar de modo inconveniente ou exorbitante, portanto, ilícito. Os sócios ou empregados de uma empresa possuem determinadas regalias, que lhes fornecem acesso a informações e correspondências do estabelecimento comercial ou industrial. Merecedora a pessoa jurídica de proteção legal, tal como o particular, para que suas correspondências não sejam violadas e transmitidas, indevidamente, a estranhos, criou-se este tipo penal. É o teor do art. 152 do CP.

Desviar significa afastar a correspondência do seu destino original. Se ela se destinava à empresa "X", o agente faz com que chegue à empresa "Y".

Sonegar quer dizer ocultar ou esconder, impedindo que a correspondência seja devidamente enviada a quem de direito.

Subtrair significa furtar ou fazer desaparecer a correspondência, também a retirando do lugar onde deveria estar ou para onde deveria ir.

Suprimir quer dizer destruir ou eliminar, para que a correspondência não chegue ao seu destino ou desapareça da empresa, para onde foi enviada.

Revelar tem o sentido de dar conhecimento ou descortinar o conteúdo da correspondência do estabelecimento comercial ou industrial a quem seja estranho aos seus quadros ou não mereça ter acesso ao seu conteúdo.

A pena é de detenção, de três meses a dois anos.

12.3 Sujeitos ativo e passivo

O sujeito ativo há de ser sócio ou empregado da empresa; o sujeito passivo é a pessoa jurídica que mantém o estabelecimento comercial ou industrial. Ambos são qualificados ou especiais.

12.4 Elemento subjetivo

É o dolo. O elemento subjetivo específico é a intenção de desviar, sonegar, subtrair ou suprimir correspondência, ou revelar seu conteúdo. Não existe a forma culposa.

12.5 Objetos material e jurídico

O objeto material é a correspondência que sofre a ação criminosa, que é alternativa; o objeto jurídico é a inviolabilidade da correspondência.

12.6 Classificação

Trata-se de crime próprio (aquele que demanda sujeito ativo qualificado ou especial), sendo, neste caso, exigível também sujeito passivo especial; formal (delito que não exige, necessariamente, resultado naturalístico, bastando a conduta proibida para se configurar); de forma livre (podendo ser cometido por qualquer meio eleito pelo agente); comissivo (implica ação), em regra, mas também pode ser cometido na forma omissiva, como "revelar" a estranho o conteúdo, deixando a correspondência confidencial propositadamente aberta em cima de uma mesa; instantâneo (cujo resultado se dá de maneira instantânea, não se prolongando no tempo); unissubjetivo (que pode ser praticado por um só agente); unissubsistente ou plurissubsistente (composto por um ou mais atos), conforme o caso; admite tentativa.

12.7 Princípio da insignificância

Tratando-se de correspondência comercial, que é diferenciada, por seu próprio conteúdo, das correspondências particulares, é possível inserir-se no contexto do princípio da insignificância, deixando de ser considerado fato típico quando o sócio ou empregado pratica qualquer verbo do tipo em relação a correspondência autenticamente inútil para a empresa, como um folheto de propaganda qualquer.

12.8 Ação pública condicionada

É preciso que a pessoa jurídica faça representação, autorizando o Ministério Público a agir (art. 152, parágrafo único, do CP).

12.9 Quadro-resumo

Previsão legal	**Correspondência comercial** **Art. 152.** Abusar da condição de sócio ou empregado de estabelecimento comercial ou industrial para, no todo ou em parte, desviar, sonegar, subtrair ou suprimir correspondência, ou revelar a estranho seu conteúdo: Pena – detenção, de três meses a dois anos. **Parágrafo único.** Somente se procede mediante representação.
Sujeito ativo	Sócio ou empregado da empresa
Sujeito passivo	Pessoa jurídica com estabelecimento comercial ou industrial
Objeto material	Correspondência que sofre a ação criminosa
Objeto jurídico	Inviolabilidade de correspondência
Elemento subjetivo	Dolo + elemento subjetivo específico

Classificação	Próprio
	Formal
	Forma livre
	Comissivo ou omissivo
	Instantâneo
	Dano
	Unissubjetivo
	Unissubsistente ou plurissubsistente
Tentativa	Admite quando plurissubsistente
Circunstâncias especiais	Ação pública condicionada

13. DIVULGAÇÃO DE SEGREDO

13.1 Proteção constitucional da divulgação de segredo

O objetivo dos crimes deste capítulo é a proteção da intimidade e da vida privada das pessoas, que possui guarida no art. 5.º, X, da Constituição Federal. Há uma diferença fundamental entre violar uma correspondência – que é singelamente conhecer o seu conteúdo sem autorização para tanto – e violar um segredo – que é contar a terceiros um fato contido numa correspondência, capaz de gerar dano a outrem: o objeto protegido em um crime é a inviolabilidade da correspondência, enquanto noutro é a inviolabilidade do segredo. Um tipo penal protege diretamente o sigilo da correspondência, enquanto o outro protege a intimidade e a vida privada. Este crime está previsto no art. 153 do Código Penal.

13.2 Estrutura do tipo penal incriminador

Divulgar é dar conhecimento a alguém ou tornar público. A finalidade do tipo penal é impedir que uma pessoa, legítima destinatária de uma correspondência ou de um documento, que contenha um conteúdo confidencial (segredo é o que não merece ser revelado a ninguém), possa transmiti-lo a terceiros, causando dano a alguém. É indispensável que o segredo esteja concretizado na forma escrita, e não oral. É o teor do art. 153 do CP.

O elemento normativo do tipo "sem justa causa" significa sem motivo lícito ou legítimo para fazê-lo. Portanto, não é qualquer divulgação que é criminosa, mas sim aquela que se encontra fora do amparo legal. Ex.: uma pessoa acusada de um crime, que entregue à autoridade policial uma carta que recebeu contendo a confissão da prática do delito pelo verdadeiro autor e remetente, não está divulgando, *sem justa causa*, o conteúdo da missiva. Essa autorização, aliás, é dada expressamente pelo art. 233, parágrafo único, do Código de Processo Penal.

Documento particular é o escrito que contém declarações de vontade ou a narrativa de qualquer fato, passível de produzir efeito no universo jurídico. Se for produzido por pessoa que não seja funcionária pública, é um documento particular.

Correspondência confidencial é o escrito na forma de carta, bilhete ou telegrama, que possui destinatário e cujo conteúdo não deve ser revelado a terceiros. O segredo pode ser estabelecido de modo expresso pelo remetente ou de maneira implícita, quando deixa claro que a divulgação pode causar dano a alguém.

A divulgação a uma só pessoa é suficiente para caracterizar o crime, ao tomar conhecimento do conteúdo sigiloso da correspondência ou de um documento particular, possibilitando a concretização de um dano a outrem.

Há quem sustente que "divulgar" implica narrar alguma coisa a várias pessoas. Ocorre que, muitas vezes, os mesmos que assim interpretam promovem nítida contradição na análise do mesmo verbo em outras figuras típicas, como, por exemplo, a do art. 151, § 1.º, II, quando se sustenta ser cabível a divulgação a uma só pessoa. Por isso, mantendo a coerência, cremos que *divulgar* é tornar público ou conhecido o conteúdo de algo, pouco importando que se faça isso por meio de uma só pessoa ou de um número indeterminado de pessoas.

A pena prevista no *caput* art. 153 do CP é de detenção, de um a seis meses, ou multa.

13.3 Sujeitos ativo e passivo

O sujeito ativo há de ser o destinatário ou o possuidor legítimo da correspondência, cujo conteúdo é sigiloso; o sujeito passivo é a pessoa que pode ser prejudicada pela divulgação do segredo, seja ele o remetente ou não.

BITENCOURT afirma que o sujeito passivo é o titular do segredo. Depois, menciona que o sujeito passivo nem sempre é quem transmite o segredo ao destinatário ou detentor. Exemplifica, citando MONTEIRO DE BARROS: "se, por exemplo, a esposa transmite ao médico a doença do marido, vindo aquele a revelá-la, este é quem figurará como sujeito passivo do delito".[26] O exemplo nos parece simplesmente confuso. O marido tem uma doença, que pretende ver escondida. A sua esposa tem acesso a algum documento revelando tal enfermidade. Ela revela ao médico. Este revela a sei-lá-quem. Ora, o sujeito passivo é o marido, sem dúvida. O sujeito ativo é a esposa (?!). Se o médico ouve o "segredo" e o transmite a outrem, também é sujeito ativo. A ilustração é incompleta, pois não se sabe se a esposa tinha conhecimento da enfermidade e foi autorizada pelo marido a narrar ao médico. Por outro lado, para quem o médico haveria de contar? Até por ética, o médico não faria isso à toa. Em suma, nada se encaixa nesse exemplo, com a devida vênia.

13.4 Elemento subjetivo

É o dolo. Não existe a forma culposa, nem se exige qualquer elemento subjetivo específico.

13.5 Objetos material e jurídico

O objeto material é o documento particular ou a correspondência que é divulgada; o objeto jurídico é a inviolabilidade da intimidade ou da vida privada.

13.6 Classificação

Trata-se de crime próprio (aquele que demanda sujeito ativo qualificado ou especial); formal (delito que não exige necessariamente resultado naturalístico: pode ou não haver dano a terceiro e, ainda assim, com a mera divulgação, o crime está consumado); de forma livre (podendo ser cometido por qualquer meio eleito pelo agente); comissivo (em regra, divulgar implica ação), podendo ser punida a forma omissiva (art. 13, § 2.º, CP); instantâneo (cujo resultado se dá de maneira instantânea, não se prolongando no tempo); unissubjetivo (que pode ser praticado por um só agente); unissubsistente ou plurissubsistente (um ou mais atos podem compor a conduta); admite tentativa.

---

[26] *Tratado de direito penal*, v. 2, p. 517.

13.7 Divulgação de segredo em figura similar

13.7.1 Estrutura do tipo penal incriminador

Divulgar é dar conhecimento de algo a alguém ou tornar algo público, nos termos do art. 153, § 1.º-A. O objetivo deste tipo penal é resguardar as informações sigilosas ou reservadas contidas em sistemas de informações ou banco de dados da Administração Pública. A informação deve estar guardada em sistema que contenha base material, isto é, não se configura o delito se a informação sigilosa ou reservada for unicamente verbal.

O elemento normativo do tipo, constituído pela expressão "sem justa causa", significa a ausência de motivo lícito ou legítimo para agir. Assim, somente a divulgação fora do amparo legal é objeto de punição.

As *informações* constituem dados sobre algum assunto, alguma coisa ou a respeito de alguém. Considera-se *sigiloso* o dado secreto, restrito a domínio reservado, confidencial, enquanto *reservado* é o dado que merece discrição e cautela com relação às pessoas que dele podem tomar conhecimento. Exemplifica-se com o processo administrativo envolvendo magistrado. Os autos referentes ao processo possuem conteúdo *reservado*, ou seja, somente algumas pessoas a ele têm acesso, enquanto a sessão que julga o caso e os debates travados pelos desembargadores ou ministros é sigilosa, isto é, com acesso permitido somente às partes envolvidas, nem mesmo podendo dela participar funcionários do tribunal.

O tipo menciona o sigilo definido em lei. Exige-se que a informação objeto de divulgação seja considerada sigilosa ou reservada porque a lei assim determina, embora se deva dar ao termo *lei* interpretação abrangente, envolvendo qualquer norma elaborada pelo Poder Legislativo.

Como exemplos, podemos mencionar os seguintes: a) o art. 202 da Lei de Execução Penal ("Cumprida ou extinta a pena, não constarão da folha corrida, atestados ou certidões fornecidas por autoridade policial ou por auxiliares da Justiça, qualquer notícia ou referência à condenação, salvo para instruir processo pela prática de nova infração penal ou outros casos expressos em lei") prevê o sigilo quanto aos dados da folha de antecedentes da pessoa que já cumpriu, ou teve extinta, sua pena, razão pela qual nenhuma pessoa que tenha acesso ao banco de dados do Instituto de Identificação, que concentra tais informações, poderá divulgá-los; b) o art. 76, § 4.º, da Lei 9.099/1995 ("Acolhendo a proposta do Ministério Público aceita pelo autor da infração, o juiz aplicará a pena restritiva de direitos ou multa, que não importará em reincidência, sendo registrada apenas para impedir novamente o mesmo benefício no prazo de cinco anos") estipula igual sigilo com referência aos antecedentes de quem for beneficiado pela transação; c) os arts. 27, §§ 2.º, 6.º e 7.º (tratando da perda do cargo na magistratura, que exige decisão proferida em "sessão secreta" do tribunal competente), 40 ("A atividade censória de Tribunais e Conselhos é exercida com o *resguardo devido* à dignidade e à independência do magistrado" – grifamos), 43 ("A pena de advertência aplicar-se-á *reservadamente*, por escrito, no caso de negligência no cumprimento dos deveres do cargo" – grifamos), 44 ("A pena de censura será aplicada *reservadamente*, por escrito, no caso de reiterada negligência no cumprimento dos deveres do cargo, ou no de procedimento incorreto, se a infração não justificar punição mais grave" – grifamos), 45 (dispondo sobre a remoção ou disponibilidade do juiz em "escrutínio secreto") e 48 (conferindo aos regimentos internos dos tribunais o procedimento para a apuração de faltas puníveis com advertência e censura) da Lei Complementar 35/1979 preveem procedimentos reservados e sessões secretas para a efetivação das punições concernentes aos magistrados. Quem divulgar informações referentes a tais procedimentos, constantes no prontuário do magistrado, responde pelo delito do art. 153 do Código Penal.

Cap. VI – Crimes contra a Liberdade Individual • Parte 1   271

No caso de ser o agente funcionário público, aplica-se o disposto no art. 325; d) o art. 20, *caput*, do Código de Processo Penal preceitua que "a autoridade assegurará no inquérito o sigilo necessário a elucidação do fato ou exigido pelo interesse da sociedade". Assim, quem divulgar informações contidas nesse inquérito, que tramita sob sigilo, pode responder pelo delito em questão. Em todas as hipóteses, havendo prejuízo para a Administração Pública, a ação é pública incondicionada, como já mencionado (art. 153, § 2.º, CP).

O sistema de informações consiste no conjunto de elementos materiais agrupados e estruturados visando ao fornecimento de dados ou instruções sobre algo. Embora se possa ter a impressão de se tratar de meio informatizado, cremos que pode ter maior abrangência, isto é, pode ser organizado por computadores ou não.

O banco de dados é a compilação organizada e inter-relacionada de informes, guardados em um meio físico, com o objetivo de servir de fonte de consulta para finalidades variadas, evitando-se a perda de informações. Pode ser organizado também de maneira informatizada.

A pena prevista no art. 153, § 1.º-A, do CP é de detenção, de 1 (um) a 4 (quatro) anos, e multa.

13.7.2 Sujeitos ativo e passivo

O sujeito ativo pode ser qualquer pessoa, desde que tenha acesso ou seja detentor da informação sigilosa ou reservada, de divulgação vedada. Sendo o agente funcionário público, responde pelo crime previsto no art. 325.

O sujeito passivo é tanto a pessoa que pode ser prejudicada pela divulgação da informação, quanto a Administração Pública, conforme o caso. Note-se que, sendo atingido somente o indivíduo, a ação é pública condicionada à representação da vítima, conforme estipula o § 1.º do art. 153 do CP, mas, se houver qualquer tipo de prejuízo para a Administração Pública, a ação é incondicionada, como está previsto no § 2.º do art. 153. O ideal seria a separação, em tipos autônomos, das duas modalidades de crimes: a violação de segredo que afeta a pessoa e a liberdade individual, a constar na Seção IV, do Capítulo VI, do Título I, da Parte Especial, ou seja, pode constar como art. 153, § 1.º-A, e a violação de segredo que afete a Administração Pública, atinja ou não qualquer indivíduo, a constar nos Capítulos I e II, conforme seja o autor funcionário público ou particular, do Título XI, da Parte Especial. Não é impossível que a divulgação de informação sigilosa ou reservada, constante ou não em sistema de informação ou banco de dados da Administração Pública, prejudique somente esta última (ex.: a divulgação de conteúdo de diligências contidas no inquérito policial, em que há sigilo legal, pode fazer com que o agente do crime promova o desaparecimento de provas, causando prejuízo para a Administração Pública), razão pela qual o melhor teria sido a previsão, em separado, de tipos incriminadores autônomos e não envolvendo o Capítulo da Parte Especial, que diz respeito aos crimes contra a liberdade individual.

13.7.3 Elemento subjetivo

É o dolo. Não se exige elemento subjetivo específico, nem se pune a forma culposa.

13.7.4 Objetos material e jurídico

O objeto material é a informação sigilosa ou reservada. O objeto jurídico é dúplice: a inviolabilidade da vida privada e da intimidade da pessoa, mas também o interesse da administração de resguardar o sigilo dos seus dados.

13.7.5 Classificação

Trata-se de crime comum (aquele que pode ser cometido por qualquer pessoa); formal (delito que não exige, para sua consumação, a ocorrência de resultado naturalístico. Tanto é verdade que no § 2.º do art. 153 do CP menciona-se que, "quando resultar prejuízo", a ação será incondicionada, demonstrando não ser da essência do delito o resultado); de forma livre (pode ser cometido por qualquer meio eleito pelo agente); comissivo (o verbo implica ação) e, excepcionalmente, omissivo impróprio ou comissivo por omissão (quando o agente tem o dever jurídico de evitar o resultado, nos termos do art. 13, § 2.º, do CP); instantâneo (cuja consumação não se prolonga no tempo, dando-se em momento determinado); unissubjetivo (aquele que pode ser cometido por um único sujeito); unissubsistente (praticado num único ato) ou plurissubsistente (delito cuja ação é composta por vários atos, permitindo-se o seu fracionamento), conforme o caso concreto; admite tentativa, na forma plurissubsistente.

13.7.6 Ação pública condicionada

Tratando-se de crime contra a pessoa, tendo por objeto a intimidade e a vida privada, exige-se a representação da vítima para legitimar o Ministério Público a agir. Deve-se ficar atento, no entanto, à peculiaridade do § 2.º, pois, envolvendo interesse da Administração Pública, a ação será sempre incondicionada.

13.7.7 Ação pública incondicionada

Quando a informação sigilosa ou reservada divulgada envolver somente uma pessoa determinada, não ultrapassando mais do que sua vida privada, aplica-se o disposto no § 1.º. Entretanto, se a informação divulgada envolver interesse da Administração Pública, é de se presumir o prejuízo, que não precisa ser concretamente demonstrado. Não haveria cabimento na divulgação do conteúdo, por exemplo, de um processo sigiloso contra magistrado, funcionário público que é para fins penais, com evidente interesse da Administração Pública em preservar a imagem do Poder Judiciário, calcada na imparcialidade de suas decisões, sem que se considerasse a existência natural de um prejuízo. Logo, nessa hipótese e em outras semelhantes, quando o interesse da Administração estiver evidente, há prejuízo presumido e a ação é pública incondicionada. Por outro lado, pode ocorrer a divulgação do conteúdo de uma folha de antecedentes de alguém, informe que é de caráter reservado, mas a pessoa envolvida não ter interesse em representar. Nessa situação, não havendo interesse público, a ação não terá início.

13.8 Quadro-resumo

	Divulgação de segredo
Previsão legal	**Art. 153.** Divulgar alguém, sem justa causa, conteúdo de documento particular ou de correspondência confidencial, de que é destinatário ou detentor, e cuja divulgação possa produzir dano a outrem: Pena – detenção, de um a seis meses, ou multa. § 1.º Somente se procede mediante representação. § 1.º-A. Divulgar, sem justa causa, informações sigilosas ou reservadas, assim definidas em lei, contidas ou não nos sistemas de informações ou banco de dados da Administração Pública:

Previsão legal	Pena – detenção, de 1 (um) a 4 (quatro) anos, e multa. § 2.º Quando resultar prejuízo para a Administração Pública, a ação penal será incondicionada.
Sujeito ativo	Destinatário ou legítimo possuidor da carta ou documento
Sujeito passivo	Pessoa prejudicada pela revelação do segredo
Objeto material	Documento particular ou a correspondência que é divulgada
Objeto jurídico	Inviolabilidade da intimidade ou da vida privada
Elemento subjetivo	Dolo
Classificação	Próprio Formal Forma livre Comissivo ou omissivo Instantâneo Unissubjetivo Unissubsistente ou plurissubsistente
Tentativa	Admite na forma plurissubsistente
Circunstâncias especiais	Forma qualificada Ação condicionada ou incondicionada

14. VIOLAÇÃO DO SEGREDO PROFISSIONAL

14.1 Estrutura do tipo penal incriminador

Revelar significa desvendar, contar a terceiro ou delatar, nos termos do art. 154. O objetivo do tipo penal é punir quem, em razão da atividade exercida, obtém um segredo e, em vez de guardá-lo, descortina-o a terceiros, possibilitando a ocorrência de dano a outrem. Neste tipo penal, diferentemente do que ocorre com o anterior, o segredo pode concretizar-se oralmente.

A expressão "sem justa causa" está a evidenciar que não é criminosa qualquer revelação de segredo, mas somente aquela que não possuir amparo legal. Ex.: o funcionário que, durante a condução de uma sindicância, toma conhecimento de um segredo, passível de incriminar outro servidor; revelando-o e dando margem a outro processo administrativo, está cumprindo seu dever, no interesse da Administração Pública. Por outro lado, é preciso destacar que há muitas profissões protegidas pelo sigilo, ou seja, estão impedidas legalmente de divulgar o segredo, mesmo que autorizado pelo interessado (como ocorre com médicos e advogados).

Segredo é todo assunto ou fato que não deve ser divulgado, tornado público ou conhecido de pessoas não autorizadas.

Função é a prática ou o exercício de uma atividade inerente a um cargo, que é todo emprego público ou particular. Ex.: a escrevente de sala de um juiz toma conhecimento, em razão de sua função, de segredos narrados durante uma audiência de divórcio, que corre em segredo de justiça, revelando-os a terceiros.

Ministério é o exercício de uma atividade religiosa. Ex.: é próprio do sacerdote ouvir a confissão de fiéis, devendo guardar segredo. A revelação do que lhe foi contado pode constituir crime.

Ofício é uma ocupação manual ou mecânica, que demanda habilidade, sendo útil a alguém. Ex.: a empregada doméstica que, tomando conhecimento de um segredo dos patrões, por trabalhar no interior da residência, revela-o a terceiros, comete o delito.

Profissão é uma atividade especializada que exige preparo. Ex.: o médico que, ouvindo segredo do paciente, revela-o a terceiros.

A pena prevista no art. 154 do CP é detenção, de três meses a um ano, ou multa.

14.2 Sujeitos ativo e passivo

O sujeito ativo é somente aquele que exerce uma função, ministério, ofício ou profissão, sendo detentor de um segredo; o sujeito passivo pode ser qualquer pessoa sujeita a sofrer um dano com a divulgação do segredo. Não concordamos com a terminologia utilizada por alguns doutrinadores de que os agentes deste delito são *sempre* chamados de "confidentes necessários", ou seja, pessoas que *recebem* o segredo em razão da sua atividade (função, ministério, ofício ou profissão).

Confidente é a pessoa a quem se confia um segredo e *necessário* é o que não se pode dispensar. É razoável supor que um médico, especialmente o psicanalista, seja um confidente necessário de seus pacientes, o que não ocorre, no entanto, com a empregada doméstica, que não é destinatária necessária dos segredos dos patrões. Caso seja enxerida e indiscreta, *poderá* tomar conhecimento de segredo alheio, mas não foi destinatária dele, razão pela qual não é "confidente". Para tornar-se sujeito ativo desse delito, basta o *nexo causal* entre o conhecimento do segredo e a atividade exercida pelo agente, sendo totalmente dispensável a intenção de alguém de *confidenciar-lhe* alguma coisa.

14.3 Elemento subjetivo

É o dolo, inexistindo a forma culposa. Não há, também, elemento subjetivo específico.

14.4 Objetos material e jurídico

O objeto material é o assunto transmitido em caráter sigiloso, que sofre a conduta criminosa; o objeto jurídico é a inviolabilidade da intimidade e da vida privada das pessoas.

14.5 Classificação

Trata-se de crime próprio (aquele que demanda sujeito ativo qualificado ou especial); formal (delito que não exige necessariamente resultado naturalístico – dano para a vítima –, embora possa ocorrer); de forma livre (podendo ser cometido por qualquer meio eleito pelo agente); comissivo ("revelar" implica ação) e, excepcionalmente, comissivo por omissão (omissivo impróprio, ou seja, é a aplicação do art. 13, § 2.º, do Código Penal); instantâneo (cujo resultado se dá de maneira instantânea, não se prolongando no tempo); unissubjetivo (que pode ser praticado por um só agente); unissubsistente ou plurissubsistente (pode constituir-se por um ou mais atos); admite tentativa.

14.6 Ação pública condicionada

Sem representação da vítima, o Ministério Público não pode ingressar com a ação penal (art. 154, parágrafo único, do CP).

14.7 Quadro-resumo

	Violação do segredo profissional
Previsão legal	**Art. 154.** Revelar alguém, sem justa causa, segredo, de que tem ciência em razão de função, ministério, ofício ou profissão, e cuja revelação possa produzir dano a outrem: Pena – detenção, de três meses a um ano, ou multa. **Parágrafo único.** Somente se procede mediante representação.
Sujeito ativo	Quem exerce função, ministério, ofício ou profissão
Sujeito passivo	Qualquer pessoa sujeita a sofrer um dano com a divulgação do segredo
Objeto material	Assunto sigiloso
Objeto jurídico	Inviolabilidade da intimidade e da vida privada das pessoas
Elemento subjetivo	Dolo
Classificação	Próprio Formal Forma livre Comissivo ou omissivo impróprio Instantâneo Unissubjetivo Unissubsistente ou plurissubsistente
Tentativa	Admite quando plurissubsistente
Circunstâncias especiais	Ação pública condicionada

15. INVASÃO DE DISPOSITIVO INFORMÁTICO

15.1 Bem jurídico mediato e imediato

Esta figura típica – invasão de dispositivo informático – insere-se no contexto dos crimes contra a liberdade individual, bem jurídico mediato a ser tutelado. Porém, de forma imediata, ingressou, com propriedade, no campo dos crimes contra a inviolabilidade dos segredos, cuja proteção se volta à intimidade, à vida privada, à honra, à inviolabilidade de comunicação e correspondência, enfim, à livre manifestação do pensamento, sem qualquer intromissão de terceiros.

Sabe-se, por certo, constituir a comunicação telemática o atual meio mais difundido de transmissão de mensagens de toda ordem entre pessoas físicas e jurídicas. O *e-mail* tornou-se uma forma padronizada de enviar informes e mensagens a profissionais e particulares, para fins comerciais e pessoais. As redes sociais criaram, também, mecanismos de comunicação, com dispositivos próprios de transmissão de mensagens. Torna-se cada vez mais rara a utilização de cartas e outras bases físicas, suportando escritos, para a comunicação de dados e informes. Diante disso, criou-se a figura típica incriminadora do art. 154-A, buscando punir quem viole não apenas a comunicação telemática, mas também os dispositivos informáticos, que mantêm dados relevantes do seu proprietário.

O tipo teve origem na Lei 12.737/2012, mas o incremento cada vez maior das comunicações pela internet, a evolução nefasta da atividade dos *hackers*, a confiabilidade depositada nos dispositivos informáticos para armazenar dados relevantes do usuário, a utilização de meios de pagamento e acesso a bancos *on-line*, enfim a crescente valorização da telemática proporcionou a modificação do tipo e a cominação de penas mais elevadas, por meio da Lei 14.155/2021. Como esclarecem Damásio de Jesus e José Antonio Milagre,[27] a invasão a um computador obedece a um procedimento que eles denominam de *anatomia de um ataque cibernético*. Inicia-se com a fase de *ganho de acesso*, que representa o princípio dos atos executórios referentes à invasão. Antes disso, as fases de *perfil*, *varredura* e *enumeração* constituem atos preparatórios. Denominam-se *crimes informáticos próprios* os que lesionam o bem jurídico consistente em *tecnologia da informação* em si; constituem *crimes informáticos impróprios* aqueles que ferem bens jurídicos – como o patrimônio – por meio da tecnologia da informação.

15.2 Estrutura do tipo penal incriminador

Invadir significa violar, transgredir, entrar à força em algum lugar, carregando o verbo nuclear do tipo um forte conteúdo normativo. Logo, a conduta do agente não é simplesmente entrar no dispositivo informático alheio, o que se pode dar por mero acidente, mas ocupar um espaço não permitido. O objeto da conduta é o dispositivo informático (qualquer mecanismo apto a concentrar informação por meio de computador ou equipamento similar).

São dispositivos informáticos: computador de mesa (*desktop*), *notebook*, *tablet* (*ipad* e outros), laptop, bem como os *smartphones*, que hoje constituem verdadeiros "minicomputadores", dentre outros a surgir com idêntica finalidade. Tal dispositivo informático há de ser alheio (pertencente a terceira pessoa), elemento normativo do tipo, tal como figura no furto (art. 155, CP). Faz-se menção expressa ao estado do dispositivo no tocante à rede de computadores, incluindo, por óbvio, a internet (rede mundial de computadores): é indiferente haja conexão ou não. E está correta tal medida, pois o agente pode invadir computadores desconectados de redes, conseguindo obter dados, adulterar ou destruir informes ali constantes.

Pode, ainda, instalar vulnerabilidades, que somente se manifestarão quando houver conexão futura à rede. Há finalidade específica para a conduta, como se verá em nota própria. Finalmente, a outra conduta é *instalar* (preparar algo para funcionar) vulnerabilidade (mecanismos aptos a gerar aberturas ou flancos em qualquer sistema). É de caráter alternativo (praticar a invasão ou a instalação constitui tipo misto alternativo, vale dizer, cometer uma ou as duas condutas implica crime único). Deve-se complementar o objeto dessa conduta, que é o dispositivo informático. Portanto, o propósito do agente é obter qualquer vantagem ilícita, tornando o dispositivo informático, como, por exemplo, o computador de alguém, acessível à violação.

Nota-se que a mera instalação de vulnerabilidade (ex.: *softwares* mal-intencionados, que permitem o acesso ao conteúdo do dispositivo informático tão logo seja conectado à rede) não causa a violação, mas é nitidamente o seu preparo. Optou o legislador por equiparar a preparação e a execução em igual quilate, para fins de criminalização. Assim, o autor pode apenas instalar vulnerabilidade no dispositivo informático para que, no futuro, outrem dele se valha, como também pode, ele mesmo, utilizar o mecanismo de espionagem para a violação de dados e informes. Se o mesmo agente instalar a vulnerabilidade e, depois, invadir o dispositivo informático cometerá um só crime. Caso ele instale, mas outro invada, cada qual cometerá o seu delito distinto, ambos tipificados no art. 154-A. Se duas pessoas, mancomunadas, dividem tarefas (um instala; outro invade), trata-se de crime único, em concurso de agentes (art. 29, CP).

Na redação anterior à Lei 14.155/2021, havia a expressão "mediante violação indevida de mecanismo de segurança", agora retirada. Fez bem o legislador em assim proceder, pois

---

[27] *Manual de crimes informáticos*, p. 33 e 52.

era um empecilho inserido no tipo penal, mas desnecessário. Afinal, indicava haver proteção somente para dispositivos informáticos que tivessem um sistema de proteção instalado; em tese, os que não possuíssem esse mecanismo de segurança ficariam ao largo da tutela deste dispositivo. A prova do delito não é simples, mas se admitem todos os meios lícitos possíveis. Quando a invasão estiver em andamento, a vítima pode comprovar o fato imaterial por meio de testemunhas e da *ata notarial* (documento produzido por tabelião de notas com fé pública, atestando o fato), além de fotos, filmagens, impressão da tela do computador etc.[28]

A expressão *sem autorização expressa ou tácita do usuário do dispositivo* contém o elemento do injusto, que não precisaria constar do tipo penal. Afinal, por óbvio, somente se pode falar em crime quando houver ingresso em dispositivo informático alheio *sem o consentimento* deste. Contudo, optou o legislador por incluir na descrição típica o elemento vinculado à ilicitude. Diante disso, havendo autorização, o fato é atípico. Outro aspecto a se ressaltar foi a cautela de se apontarem as modalidades de consentimento – o que não ocorre em vários outros dispositivos legais similares: pode ser expresso (visualizado facilmente por meio escrito ou falado) ou tácito (deduzido da ação do proprietário ou possuidor do dispositivo).

A pena prevista no *caput* do art. 154-A do CP é de reclusão, de 1 (um) a 4 (quatro) anos, e multa.

15.2.1 Infiltração de agentes

Para o combate a vários tipos penais relativos à tutela das crianças e adolescentes, no cenário da dignidade sexual, a Lei 13.441/2017 introduziu os arts. 190-A a 190-E no Estatuto da Criança e do Adolescente. Entretanto, disciplina, igualmente, a infiltração de agentes para investigar o crime previsto pelo art. 154-A.

O principal dos novos artigos preceitua que "a infiltração de agentes de polícia na internet com o fim de investigar os crimes previstos nos arts. 240, 241, 241-A, 241-B, 241-C e 241-D desta Lei e nos arts. 154-A, 217-A, 218, 218-A e 218-B do Decreto-Lei n.º 2.848, de 7 de dezembro de 1940 (Código Penal), obedecerá às seguintes regras: I – será precedida de autorização judicial devidamente circunstanciada e fundamentada, que estabelecerá os limites da infiltração para obtenção de prova, ouvido o Ministério Público; II – dar-se-á mediante requerimento do Ministério Público ou representação de delegado de polícia e conterá a demonstração de sua necessidade, o alcance das tarefas dos policiais, os nomes ou apelidos das pessoas investigadas e, quando possível, os dados de conexão ou cadastrais que permitam a identificação dessas pessoas; III – não poderá exceder o prazo de 90 (noventa) dias, sem prejuízo de eventuais renovações, desde que o total não exceda a 720 (setecentos e vinte) dias e seja demonstrada sua efetiva necessidade, a critério da autoridade judicial" (art. 190-A).

15.3 Sujeitos ativo e passivo

Podem ser quaisquer pessoas. Quanto ao sujeito ativo, não se demanda nenhuma qualidade especial, razão pela qual é indiferente seja um técnico em informática ou um aventureiro na área. No tocante ao sujeito passivo, o tipo, antes da Lei 14.155/2021, mencionava o *titular* do dispositivo informático, logo, apontava-se a propriedade ou posse. Na atual redação, fez-se a inserção do termo *usuário* desse dispositivo, razão pela qual passa-se a tutelar, igualmente, o detentor do aparelho. Nesse aspecto, JESUS e MILAGRE apontam que "a vítima pode se dar

---

[28] Nessa ótica: DAMÁSIO DE JESUS e JOSÉ ANTONIO MILAGRE, *Manual de crimes informáticos*, p. 104.

a um dispositivo com diversas contas de usuário, como, por exemplo, um computador com contas de todos os membros da família. Quem será vítima? Em nosso entendimento, aquele cuja conta foi usada poderá responsabilizar o agente, ainda que não seja proprietário do dispositivo. Igualmente, o proprietário do computador terá legitimidade ativa".[29]

15.4 Elemento subjetivo

É o dolo. Há elemento subjetivo do tipo específico para as duas condutas previstas no tipo. No tocante à invasão de dispositivo informático é o fim de obter, adulterar ou destruir dados ou informações. Focaliza-se a obtenção (ter acesso a algo), a adulteração (modificação do estado original) ou a destruição (eliminação total ou parcial) de dados (elementos apropriados à utilização de algo) ou informações (conhecimentos de algo em relação a pessoa, coisa ou situação).

Quanto à instalação de vulnerabilidade é a obtenção de vantagem ilícita (qualquer lucro ou proveito contrário ao ordenamento jurídico; não há necessidade de ser de natureza econômica). Pode ser, inclusive, a obtenção da invasão do dispositivo informático em momento posterior para obter dados e informações. Aliás, se houver prejuízo econômico, perfaz-se a causa de aumento do § 2.º. Não se pune a forma culposa. Entretanto, na prática, esta prática pode até ocorrer: "a invasão culposa tecnicamente pode ocorrer, por diversas formas, mas ela não será punida, como no caso do agente que, inexperiente e testando ferramenta de *pen test*, acaba por digitar um *host* alvo e acessá-lo, rompendo mecanismo de segurança (de forma automatizada) e recuperando dados do banco de dados".[30]

15.5 Objetos material e jurídico

O objeto material é o dispositivo informático; o objeto jurídico é múltiplo, envolvendo a inviolabilidade dos segredos, cuja proteção se volta à intimidade, à vida privada, à honra, à inviolabilidade de comunicação e correspondência e à livre manifestação do pensamento, sem qualquer intromissão de terceiros. Resguarda-se, também, o patrimônio da vítima, que pode ser afetado pelo agente invasor.

15.6 Classificação

Cuida-se de crime comum (pode ser cometido por qualquer pessoa); formal (delito que não exige resultado naturalístico, consistente na efetiva lesão aos bens tutelados, embora possa ocorrer); de forma livre (pode ser cometido por qualquer meio eleito pelo agente); comissivo (as condutas implicam ações); instantâneo (o resultado se dá de maneira determinada na linha do tempo), podendo assumir a forma de instantâneo de efeitos permanentes, quando a invasão ou a instalação de vulnerabilidade perpetua-se no tempo, como rastro da conduta; unissubjetivo (pode ser cometido por uma só pessoa); plurissubsistente (cometido por vários atos); admite tentativa.

15.7 Figura similar

15.7.1 Estrutura do tipo penal incriminador

A figura de equiparação, em verdade, tem a finalidade de punir os atos preparatórios do crime de invasão de dispositivo informático. Para que a violação se concretize, torna-se

---

[29] *Manual de crimes informáticos*, p. 108.

[30] DAMÁSIO DE JESUS e JOSÉ ANTONIO MILAGRE, *Manual de crimes informáticos*, p. 100.

fundamental existir mecanismo apto a viabilizá-la. Portanto, os verbos do tipo são: *produzir* (dar origem a algo, criar, fabricar); *oferecer* (apresentar algo a alguém para que seja aceito); *distribuir* (entregar a várias pessoas); *vender* (alienar mediante a entrega de certo preço); *difundir* (tornar algo conhecido, propagar).

São condutas alternativas, significando que a prática de uma ou várias delas provoca a concretização de crime único, quando no mesmo contexto. O objeto é o dispositivo (entendido, neste cenário, como mecanismo) ou programa (é o *software*, destinado a exercer funções preparadas a atingir certas finalidades) de computador (compreendido em sentido lato, abrangendo todas as espécies cabíveis, tais como *desktop, notebook, tablet, smartphone* etc.). Noutros termos, esta figura típica busca punir a preparação do crime descrito no *caput*, alcançando quem permite, de qualquer forma, o acesso a mecanismos ou programas específicos para a violação de dispositivo informático.

A pena é de reclusão, de 1 (um) a 4 (quatro) anos, e multa.

15.7.2 Sujeitos ativo e passivo

Podem ser quaisquer pessoas. Entretanto, há um problema no tocante ao sujeito passivo. A mera produção, oferecimento, distribuição, venda ou difusão de dispositivo ou programa de computador, que permita a prática do delito de invasão de dispositivo informático não possui nenhum sujeito passivo determinado. Afinal, consiste na preparação do delito do *caput*. Diante disso, o interesse punitivo estatal, nesta hipótese, volta-se à proteção da sociedade, em nítido crime vago. Não se quer a produção desse tipo de programa para que o crime de invasão de dispositivo informático não ocorra. Ora, se o sujeito passivo, na realidade, é a sociedade, este delito poderá não ser autonomamente punido, pois o art. 154-B estipula seja a ação pública condicionada à representação da vítima, salvo se o crime é cometido contra administração direta ou indireta.

Portanto, quando o agente produz *software* para invadir computador de pessoa física ou jurídica, não vinculada à administração, constitui-se crime de ação pública condicionada, motivo pelo qual não há quem possa representar, na exata medida em que o sujeito passivo é a sociedade. Inviável punir-se. Se o agente produz programa para invadir computador da administração pública, direta ou indireta, sendo ação pública incondicionada, há viabilidade de punição. Outra hipótese, para permitir a ação penal, advém da junção da figura prevista no § 1.º com a do *caput*. Se Fulano produz o *software* viabilizador da invasão, transmitindo-o a Beltrano, que o utiliza para violar o computador de Sicrano, pode-se dizer, em apuração conjunta, ter sido sujeito passivo de ambos os crimes Sicrano, que precisa representar contra Fulano e Beltrano. Entretanto, detectando-se somente Fulano e seu programa invasor, sem qualquer nexo com a invasão concretizada, inexiste quem possa contra ele representar.

15.7.3 Elemento subjetivo

É o dolo. Há elemento subjetivo específico, consistente no intuito de permitir a prática da conduta definida no *caput* (invasão de dispositivo informático). Não se pune a forma culposa.

15.7.4 Objetos material e jurídico

O objeto material é o dispositivo ou programa de computador. O objeto jurídico é múltiplo, envolvendo a inviolabilidade dos segredos, cuja proteção se volta à intimidade, à vida privada, à honra, à inviolabilidade de comunicação e correspondência e à livre manifestação do pensamento, sem qualquer intromissão de terceiros. Resguarda-se, também, o patrimônio da vítima, que pode ser afetado pelo agente invasor.

15.7.5 Classificação

Trata-se de crime comum (pode ser cometido por qualquer pessoa); formal (delito que não exige resultado naturalístico, consistente na efetiva lesão aos bens tutelados, embora possa ocorrer); de forma livre (pode ser cometido por qualquer meio eleito pelo agente); comissivo (as condutas implicam ações); instantâneo (o resultado se dá de maneira determinada na linha do tempo); unissubjetivo (pode ser cometido por uma só pessoa); plurissubsistente (cometido por vários atos); não admite tentativa por se tratar de figura típica de exceção, cuja finalidade é punir atos preparatórios do crime previsto no *caput*.

15.7.6 Causa de aumento e exaurimento

O delito é formal, bastando a invasão de dispositivo informático ou a instalação de vulnerabilidade para se consumar. Entretanto, é possível que, além da mera invasão de privacidade, ocorra prejuízo econômico para a vítima, constituindo o exaurimento do delito. O esgotamento da prática criminosa provoca o aumento da pena, graduável entre um terço a dois terços. O critério para a elevação deve cingir-se, apenas, ao grau de prejuízo havido. Quanto mais elevado, maior o aumento; quanto menos, menor o aumento.

15.7.7 Forma qualificada

Trata-se de uma figura típica peculiar. Pela redação conferida pelo legislador, num primeiro momento, poder-se-ia sustentar a existência de um crime qualificado pelo resultado, pois se menciona: "se da invasão resultar...". Imagina-se que, diante da invasão ao dispositivo informático, ocorreria um segundo resultado qualificador. Entretanto, tal avaliação é somente aparente.

Na essência, cuida-se de crime qualificado. O foco da qualificação é a valoração feita no tocante aos dados e informações obtidos. Quando o agente alcança qualquer dado ou informe, configura-se o *caput*. Porém, quando obtiver, como dado ou informe, o conteúdo de comunicação eletrônica privada (como o *e-mail* armazenado no disco rígido do computador), segredos comerciais ou industriais (informes sigilosos de interesse dos negócios comerciais ou da atividade produtiva da indústria), ou informações sigilosas, assim definidas em lei (consultar a nota 145 ao art. 153) qualifica-se o delito, elevando-se a faixa de cominação das penas.

A segunda parte do § 3.º espelha uma autêntica situação de qualificação pelo resultado, vale dizer, o agente obtém dados ou informes do computador da vítima e ainda mantém controle remoto do dispositivo invadido. O controle remoto significa instalar mecanismo apropriado para dominar o dispositivo informático à distância, sem autorização. Portanto, além de violar dados e informes da vítima, provoca o agente a possibilidade de controlar o aparelho quando bem quiser. O duplo resultado qualifica o crime, embora ambos continuem voltados à tutela da intimidade e da vida privada.

A pena prevista é de reclusão, de 2 (dois) a 5 (cinco) anos, e multa.

15.7.8 Causa de aumento e exaurimento sequencial

A preocupação legislativa em face da violação da intimidade, da vida privada, dos segredos comerciais e de outros dados sigilosos foi manifestada em quatro níveis: a) a singela invasão de dispositivo informático, com o fim de obter dados ou informações, mesmo que não as consiga (figura do *caput*); b) caso essa invasão provoque algum prejuízo econômico à vítima, aumenta-se a pena (§ 2.º); c) se a invasão permitir a obtenção de dados vindos de comunicações eletrônicas privadas, segredos comerciais ou industriais, informes sigilosos ou controle remoto, qualifica-se o crime (§ 3.º); d) se os referidos dados privados, secretos ou sigilosos forem divulgados (espalhados a terceiros), comercializados (objetos de alienação por certo preço) ou transmitidos a outros (passados ao conhecimento alheio), configura-se o máximo exaurimento, elevando-se a pena de um a dois terços em relação à figura qualificada (§ 4.º).

15.7.9 Transmissão de e-mail e suas peculiaridades

O tipo penal permite a punição de quem invade dispositivo informático alheio e toma conhecimento do conteúdo das comunicações eletrônicas privadas (onde se situa o *e-mail*, mas também outras formas, como *Facebook, Instagram* etc.). Em verdade, o cerne do delito é a invasão à intimidade e à privacidade alheias. Cria-se, entretanto, uma figura de aumento de pena, caso haja transmissão a terceiros, a qualquer título.

Logo, pouco importa tenha o agente a intenção de lucro ou não; é irrelevante se a divulgação ou transmissão se faz por utilidade pública ou social; desinteressante se o agente tem somente intuito de informar, sem prejudicar a imagem de qualquer pessoa. Afinal, houve invasão à privacidade alheia e, a partir disso, a divulgação do que era defeso. De outra parte, quem recebe um *e-mail*, mesmo que sigiloso, transmitindo-o a terceiros, não pode ser encaixado neste artigo, pois não se trata de invasão de dispositivo informático. Eventualmente, cuida-se da figura típica prevista no art. 153, pois o *e-mail* é equiparado a documento.

15.7.10 Causa de aumento em função da vítima

As pessoas enumeradas no § 5.º (Presidente da República, governadores e prefeitos; Presidente do Supremo Tribunal Federal; Presidente da Câmara dos Deputados, do Senado Federal, de Assembleia Legislativa de Estado, da Câmara Legislativa do Distrito Federal ou de Câmara Municipal; ou dirigente máximo da administração direta e indireta federal, estadual, municipal ou do Distrito Federal) representam maior gravidade para a infração penal, pois a violação à intimidade atinge interesses de governantes, o que, de certo modo, termina por afetar também a sociedade.

Determinados segredos ou informes sigilosos, quando detidos por chefes de Poderes da República, são mais relevantes, no interesse geral. Por isso, além do aumento da pena, a ação é pública incondicionada. Essa elevação é aplicável a qualquer das figuras do art. 154-A.

O § 5.º do art. 154-A do CP prevê aumento da pena de um terço à metade.

15.7.11 Ação penal

É pública condicionada à representação, como regra, conforme o art. 154-B. Entretanto, há figuras típicas inadequadas a tal disposição, como já mencionamos ao comentar o § 1.º do art. 154-A. A produção, oferecimento, distribuição, venda ou difusão de dispositivo ou programa de computador que possa permitir a invasão a dispositivo informático não tem vítima determinada. Interessa à sociedade a sua punição, impedindo-se que chegue a violar dados de alguém.

No entanto, constituindo crime de ação pública condicionada à representação, inexiste quem possa fazê-lo. A única hipótese viável seria encontrar a pessoa ofendida pela conduta do *caput*, que se seguiu à do § 1.º. De outra parte, se o crime for cometido contra a administração pública direta ou indireta de qualquer dos Poderes da República ou empresas concessionárias de serviços públicos, a ação é pública incondicionada.

15.8 Quadro-resumo

Previsão legal	**Invasão de dispositivo informático** **Art. 154-A.** Invadir dispositivo informático de uso alheio, conectado ou não à rede de computadores, com o fim de obter, adulterar ou destruir dados ou informações sem autorização expressa ou tácita do usuário do dispositivo ou de instalar vulnerabilidades para obter vantagem ilícita: Pena – reclusão, de 1 (um) a 4 (quatro) anos, e multa. § 1.º Na mesma pena incorre quem produz, oferece, distribui, vende ou difunde dispositivo ou programa de computador com o intuito de permitir a prática da conduta definida no *caput*. § 2.º Aumenta-se a pena de 1/3 (um terço) a 2/3 (dois terços) se da invasão resulta prejuízo econômico. § 3.º Se da invasão resultar a obtenção de conteúdo de comunicações eletrônicas privadas, segredos comerciais ou industriais, informações sigilosas, assim definidas em lei, ou o controle remoto não autorizado dispositivo invadido: Pena – reclusão, de 2 (dois) a 5 (cinco) anos, e multa. § 4.º Na hipótese do § 3.º, aumenta-se a pena de um a dois terços se houver divulgação, comercialização ou transmissão a terceiro, a qualquer título, dos dados ou informações obtidos. § 5.º Aumenta-se a pena de um terço à metade se o crime for praticado contra: I – Presidente da República, governadores e prefeitos; II – Presidente do Supremo Tribunal Federal; III – Presidente da Câmara dos Deputados, do Senado Federal, de Assembleia Legislativa de Estado, da Câmara Legislativa do Distrito Federal ou de Câmara Municipal; ou IV – dirigente máximo da administração direta e indireta federal, estadual, municipal ou do Distrito Federal. **Ação penal** **Art. 154-B.** Nos crimes definidos no art. 154-A, somente se procede mediante representação, salvo se o crime é cometido contra a administração pública direta ou indireta de qualquer dos Poderes da União, Estados, Distrito Federal ou Municípios ou contra empresas concessionárias de serviços públicos.
Sujeito ativo	Qualquer pessoa
Sujeito passivo	Pode ser qualquer pessoa
Objeto material	Dispositivo informático ou programa de computador
Objeto jurídico	Múltiplo – inviolabilidade dos segredos: intimidade, vida privada, honra, inviolabilidade de comunicação e correspondência, livre manifestação do pensamento; o patrimônio da vítima.
Elemento subjetivo	Dolo + elemento subjetivo específico
Classificação	Comum Formal Forma livre Comissivo Instantâneo Unissubjetivo Plurissubsistente
Tentativa	Não admite
Circunstâncias especiais	Causas de aumento e exaurimento Qualificadora Ação penal

RESUMO DO CAPÍTULO

	Constrangimento ilegal Art. 146	Intimidação sistemática (bullying) Art. 146-A	Ameaça Art. 147	Perseguição Art. 147-A	Violência psicológica contra a mulher Art. 147-B	Sequestro e cárcere privado Art. 148	Redução a condição análoga à de escravo Art. 149	Tráfico de Pessoas art. 149-A	Violação de domicílio Art. 150
Sujeito ativo	Qualquer pessoa	Qualquer pessoa	Qualquer pessoa	Qualquer pessoa	Qualquer pessoa	Qualquer pessoa	Qualquer pessoa	Qualquer pessoa	Qualquer pessoa
Sujeito passivo	Qualquer pessoa	Qualquer pessoa	Qualquer pessoa	Qualquer pessoa	Somente a mulher de qualquer idade.	Qualquer pessoa	Pessoa vinculada a uma atividade laboral, formal ou informal	Qualquer pessoa	Qualquer pessoa
Objeto material	Pessoa que sofre o constrangimento	Pessoa que sofre a intimidação	Pessoa que sofre a ameaça	Pessoa que sofre a conduta criminosa	Mulher que sofre a conduta criminosa	Pessoa que tem a liberdade cerceada	Pessoa aprisionada	Pessoa humana	Domicílio invadido
Objeto jurídico	Liberdade física e psíquica	Liberdade individual: paz de espírito, intimidade e privacidade	Liberdade psíquica	Liberdade pessoal: paz de espírito, intimidade e privacidade	Liberdade pessoal: paz de espírito, autoestima, amor-próprio e honra	Liberdade física e psíquica	Liberdade física e psíquica	Liberdade individual	Inviolabilidade de domicílio
Elemento subjetivo	Dolo	Dolo	Dolo	Dolo	Dolo	Dolo	Dolo / Dolo + elemento subjetivo específico nos casos previstos no § 1.º	Dolo + elemento subjetivo específico	Dolo
Classificação	Comum / Material / Forma livre / Comissivo / Instantâneo / Dano / Unissubjetivo / Plurissubsistente	Comum / Formal / Forma livre / Comissivo / Habitual / Unissubjetivo / Plurissubsistente	Comum / Formal / Forma livre / Comissivo / Instantâneo / Dano / Unissubjetivo / Unissubsistente ou plurissubsistente	Comum / Formal / Forma livre / Comissivo / Habitual / Unissubjetivo / plurissubsistente	Comum / Material / Forma livre / Comissivo / Instantâneo / Unissubjetivo / plurissubsistente	Comum / Material ou formal / Forma livre / Comissivo ou omissivo / Permanente / Dano / Unissubjetivo / Plurissubsistente ou unissubsistente	Comum / Material / Forma vinculada / Comissivo / Permanente / Dano / Unissubjetivo / Plurissubsistente	Comum / Formal / Forma livre / Comissivo / Instantâneo ou permanente / Plurissubsistente	Comum / Mera conduta / Forma livre / Comissivo ou omissivo / Instantâneo ou permanente / Dano / Unissubjetivo / Unissubsistente ou plurissubsistente
Tentativa	Admite	Não admite	Admite na forma plurissubsistente	Não admite	Admite	Admite na forma comissiva	Admite	Admite	Admite quando comissivo e plurissubsistente
Circunstâncias especiais	Causa de aumento de pena / Acumulação material / Excludentes de tipicidade	Forma qualificada – Intimidação sistemática virtual (cyberbullying)	Ameaça futura e grave / Embriaguez / Ameaça / Ação pública condicionada	Causas de aumento de pena / Sistema da acumulação material	—	Qualificadoras / Qualificação pelo resultado	Acumulação material / Estrutura fechada em tipo aberto	—	Qualificadora / Excludente de ilicitude / Tipo explicativo

	Violação de correspondência Art. 151	Correspondência comercial Art. 152	Divulgação de segredo Art. 153	Violação de segredo profissional Art. 154	Invasão de dispositivo informático Art. 154-A
Sujeito ativo	Qualquer pessoa	Sócio ou empregado da empresa	Destinatário ou legítimo possuidor da carta ou documento	Quem exerce função, ministério, ofício ou profissão	Qualquer pessoa
Sujeito passivo	Remetente e destinatário	Pessoa jurídica com estabelecimento comercial ou industrial	Pessoa prejudicada pela revelação do segredo	Qualquer pessoa sujeita a sofrer um dano com a divulgação do segredo	Pode ser qualquer pessoa
Objeto material	Correspondência violada	Correspondência que sofre a ação criminosa	Documento particular ou a correspondência que é divulgada	Assunto sigiloso	Dispositivo informático
Objeto jurídico	Sigilo de correspondência	Inviolabilidade de correspondência	Inviolabilidade da intimidade ou da vida privada	Inviolabilidade da intimidade e da vida privada das pessoas	Múltiplo – inviolabilidade dos segredos; o patrimônio da vítima.
Elemento subjetivo	Dolo	Dolo + elemento subjetivo específico	Dolo	Dolo	Dolo + elemento subjetivo específico
Classificação	Comum / Mera conduta / Forma livre / Comissivo / Instantâneo / Unissubjetivo / Plurissubsistente	Próprio / Formal / Forma livre / Comissivo ou omissivo / Instantâneo / Dano / Unissubjetivo / Unissubsistente ou plurissubsistente	Próprio / Formal / Forma livre / Comissivo ou omissivo / Instantâneo / Unissubjetivo / Unissubsistente ou plurissubsistente	Próprio / Formal / Forma livre / Comissivo omissivo impróprio / Instantâneo / Unissubjetivo / Unissubsistente ou plurissubsistente	Comum / Formal / Forma livre / Comissivo / Instantâneo / Unissubjetivo / Plurissubsistente
Tentativa	Admite	Admite quando plurissubsistente	Admite na forma plurissubsistente	Admite quando plurissubsistente	Não admite
Circunstâncias especiais	Tipos correlatos / Causa de aumento / Qualificadora / Ação condicionada / Derrogação	Ação pública condicionada	Forma qualificada / Ação condicionada ou incondicionada	Ação pública condicionada	Causas de aumento e exaurimento / Qualificadora / Ação penal

PARTE 2

CRIMES CONTRA O PATRIMÔNIO

Capítulo I

Furto

1. PROTEÇÃO CONSTITUCIONAL AO PATRIMÔNIO

Preceitua o art. 5.º, *caput*, da Constituição Federal que todos são iguais perante a lei, garantindo-se aos brasileiros e aos estrangeiros residentes no País a *inviolabilidade* do direito à *propriedade*, considerado, pois, um dos direitos humanos fundamentais. Por isso, o Código Penal tutela e protege o direito de propriedade especificamente neste Título II.

2. FURTO

2.1 Estrutura do tipo penal incriminador

Subtrair significa tirar, fazer desaparecer ou retirar e, somente em última análise, furtar (apoderar-se). É verdade que o verbo "furtar" tem um alcance mais amplo do que "subtrair", e justamente por isso o tipo penal preferiu identificar o crime como sendo *furto* e a conduta que o concretiza como *subtrair*, seguida, é lógico, de outros importantes elementos descritivos e normativos. Assim, o simples fato de alguém tirar coisa pertencente a outra pessoa não quer dizer, automaticamente, ter havido um furto, já que se exige, ainda, o ânimo fundamental, componente da conduta de *furtar*, que é assenhorear-se do que não lhe pertence. É o teor do art. 155 do CP.[1]

---

[1] Em Roma, a subtração da propriedade (*furtum*) envolvia também as distrações e as interceptações. Classes de furto: 1) Furto em geral e, sobretudo, de bens privados; 2) Furto entre cônjuges; 3) Furto de bens pertencentes aos deuses ou ao Estado; 4) Furto de colheitas; 5) Furto qualificado da época imperial; 6) Furto de heranças (MOMMSEN, *Derecho penal romano*, p. 199; tradução livre).

O elemento normativo do tipo *alheia* é toda coisa que pertence a outrem, seja a posse ou a propriedade. Quanto ao conceito de *móvel*, para os fins penais, é a coisa que se desloca de um lugar para outro. Trata-se do sentido real, e não jurídico. Assim, ainda que determinados bens possam ser considerados imóveis pelo direito civil, como é o caso dos materiais provisoriamente separados de um prédio (art. 81, II, CC: "Não perdem o caráter de imóveis: (...) II – os materiais provisoriamente separados de um prédio, para nele se reempregarem"), para o direito penal são considerados móveis, portanto, suscetíveis de serem objeto do delito de furto.[2]

Coisa é tudo aquilo que existe, podendo tratar-se de objetos inanimados ou de semoventes. Pode ser corpo sólido, líquido ou gasoso.[3] No contexto dos delitos contra o patrimônio (conjunto de bens suscetíveis de apreciação econômica), cremos ser imprescindível que a coisa tenha, para seu dono ou possuidor, algum valor econômico.

Trata-se da forma mais básica e comum dos crimes patrimoniais. Segundo GALDINO SIQUEIRA, "a elaboração jurídica, com reflexo nas legislações, veio dar uma acepção mais restrita ao termo, por ele se traduzindo o fazer próprio o que é alheio, por meio do ato material da *contrectatio*, segundo a técnica romana, ou da *subtração, tirada, apossamento* etc., da coisa, segundo a dicção dos códigos vigentes, por isso que o fazer próprio o alheio é nota comum dos delitos patrimoniais. Mesmo nessa acepção jurídica, duas variantes notam-se nas legislações, pois se, em umas, a *contrectatio*, com a violência à pessoa ou coisa, não muda o título dos delitos, tornando-o apenas qualificado, em outras, a figura delituosa passa a constituir outra espécie, isto é, o *roubo*".[4]

A pena prevista no *caput* do art. 155, *caput*, do CP é de reclusão, de um a quatro anos, e multa.

2.2 Sujeitos ativo e passivo

Podem ser qualquer pessoa. Nas palavras de LAJE ROS, "pode ser sujeito passivo, aquele que alugou a coisa móvel do proprietário, pode ser quem a tivesse recebido por comodato, ou por qualquer outro título, que o tivesse constituído efetivamente em detenção da coisa. Até mesmo por ter sido vítima de um delito contra a propriedade. Tampouco se requer que o ofendido seja um possuidor, no sentido de ter a coisa sob seu poder com intenção de submetê-la ao exercício de um direito de propriedade (...). É possível, ainda, que a vítima seja o ladrão que furtou a coisa e logo alguém a tenha subtraído dele. O contrário suporia que o ladrão que furtou o anterior ladrão deveria ficar impune, tão somente porque o último ladrão não furtou o proprietário ou o legítimo detentor".[5]

Discordamos de dois aspectos. O primeiro diz respeito ao mero detentor da coisa; se não é proprietário nem possuidor, não pode figurar como sujeito passivo de crime patrimonial, pois a *detenção* não possui valor econômico. Exemplo: o funcionário da empresa, ao levar o dinheiro ao banco para efetuar um pagamento referente ao empregador, caso tenha a quantia subtraída, o sujeito passivo é a empresa. O segundo refere-se ao caso do *ladrão que subtrai*

---

[2]   No mesmo sentido: "ainda que o Código Civil considere que as coisas móveis postas intencionalmente pelo proprietário, como acessórias de um imóvel, devem ser consideradas como tais, quem se apodera delas não comete usurpação de imóvel, mas furto" (LAJE ROS, *La interpretación penal en el hurto, el robo y la extorsión*, p. 111). E também ANTOLISEI, *Manuale di diritto penale – parte speciale*, t. I, p. 299.

[3]   VICENTE SABINO JR., *Direito penal*, v. 3, p. 728.

[4]   *Tratado de direito penal*, v. 4, p. 405.

[5]   *La interpretación penal en el hurto, el robo y la extorsión*, p. 87-88, traduzimos.

coisa já furtada de outro ladrão. Há crime de furto, embora a vítima seja o legítimo dono ou possuidor do objeto. Portanto, inexiste impunidade: o primeiro ladrão, bem como o segundo respondem por furto, tendo por sujeito passivo o proprietário da coisa.

Por outro lado, pode ser sujeito ativo do furto o proprietário da coisa, que se dispuser dela para lhe dar em garantia de uma obrigação, como o penhor.[6] Esse exemplo é bem explorado por Magalhães Noronha, dizendo: "não temos dúvida de que pratica um delito patrimonial. Há sujeito ativo (o dono), há passivo (o credor), há ação (o apoderamento), há objeto material (a coisa) e há lesão a um bem jurídico (o direito real de garantia do credor). Feito assim o que Ferri chamou *anatomia jurídica do crime*, conclui-se haver um delito e ser de natureza *patrimonial*, pois o penhor ficou sem objeto; houve dano patrimonial, visto que aquele direito real de garantia entrava na esfera do patrimônio do credor".[7]

2.3 Consumação do furto

Trata-se de tema polêmico e de difícil visualização na prática. Esclarece Laje Ros: "o furto consiste, de um ponto de vista material, em *apoderar-se da coisa alheia que se encontra em poder de outro, que, por apoderamento, resulta desapoderado daquela coisa.* Isso implica dizer que o objeto deixou de ser detido por este e que é detido pelo ladrão. Também importa entender que o apoderamento implica que o objeto deixou de pertencer a uma esfera de custódia e incorporou-se à de quem se apoderou".[8]

Há, basicamente, três teorias para fundamentar a consumação do furto:

a) o furto se consuma apenas com o toque na coisa móvel alheia para apoderar-se dela (teoria do contato);

b) distingue a remoção em dois momentos: a apreensão (*aprehensio*) e o traslado de um lugar a outro (*amotio de loco in locum*); para a consumação, requer-se que a coisa seja trasladada do lugar onde estava a outro local; somente assim se completa a subtração (*ablatio*). Há de sair da esfera de disponibilidade do dono;

c) o furto se consuma quando a coisa é transportada pelo agente ao lugar por ele pretendido (*eo loco quo destinaverat*) para colocá-la a salvo.[9]

Segundo nos parece, o furto está consumado tão logo a coisa subtraída saia da esfera de proteção e disponibilidade da vítima, ingressando na do agente.[10] Cuida-se da segunda teoria:

---

[6] Vicente Sabino Jr., *Direito penal*, v. 3, p. 727; Galdino Siqueira, *Tratado de direito penal*, v. 4, p. 420.

[7] *Direito penal*, v. 2, p. 248.

[8] *La interpretación penal en el hurto, el robo y la extorsión*, p. 97.

[9] Laje Ros, *La interpretación penal en el hurto, el robo y la extorsión*, p. 207-208.

[10] Assim também a lição de Noronha: "dá-se o furto pela subtração da coisa e sua consumação ocorre quando ela se acha fora da esfera de disponibilidade ou custódia do agente [penso que, neste ponto, quis-se dizer vítima]. A ação física importa mudança no mundo exterior em relação à coisa. É preciso que o agente a remova ou a subtraia. Tal ação não está adstrita à noção física do lugar, no sentido de que para se operar haja de ser transportada fora da casa ou do recinto onde se encontrava. Mesmo sem sair de onde se acha, pode o sujeito ativo remover a coisa, como se, por exemplo, numa joalheria, toma uma joia e a engole ou a oculta em qualquer parte do corpo" (*Direito penal*, v. 2, p. 253). Note-se que a coisa *some* das vistas da vítima. Esse é o ponto. Se não for assim, transforma-se o crime de furto em delito formal, embora seja unânime que ele é material (provoca um resultado naturalístico, que é a perda da coisa pela vítima).

apreender e retirar da esfera de proteção da vítima. Não se demanda a posse *mansa e pacífica*, mas, repita-se, a retirada do bem da esfera de disponibilidade do ofendido. Por vezes, utiliza-se o termo *vigilância* como equivalente à *proteção* e *disponibilidade*.

É imprescindível, por tratar-se de crime material (aquele que se consuma com o resultado naturalístico), que o bem seja tomado do ofendido, estando, ainda que por breve tempo, em poder do agente. Se houver perseguição e em momento algum conseguir o autor a livre disposição da coisa, trata-se de tentativa. Não se deve desprezar essa fase (retirada da esfera de proteção da vítima), sob pena de se transformar o furto em um crime formal, punindo-se unicamente a conduta, não se demandando o resultado naturalístico.

Na jurisprudência, há uma mescla de decisões que torna quase impossível atestar a teoria adotada, ficando, no entanto, concentrada na segunda (*amotio e ablatio*).

Observa-se, entretanto, uma complexa avaliação do momento consumativo na referida jurisprudência. Há vários julgados considerando consumado o furto desde que haja a simples tomada da coisa das mãos da vítima, independentemente de sair da sua esfera de vigilância. Essas decisões, na essência, têm adotado a primeira teoria (basta tocar a coisa), embora se diga que esse "toque" constitua "posse". Outras afirmam que é preciso tomar a coisa da vítima, mesmo que por alguns momentos. Contudo, tomando-se por base os julgados do STF, verifica-se a tendência de haver inversão de posse, ainda que por pouco tempo. Para análise, confira-se para ilustrar: STF: "O paciente retirou a coisa móvel da esfera de disponibilidade da vítima e, ainda que por um curto período, teve a livre disposição da coisa, moldura fática suficiente para, na linha de precedentes desta Corte, caracterizar o crime de furto na modalidade consumada".[11]

Em realidade, muitos julgados interpretam de maneira diversa, e até equívoca, o momento consumativo do furto, mencionando situações diferentes como se fossem a mesma coisa. Embora várias decisões indiquem não ser preciso retirar a coisa da esfera de vigilância do ofendido, ao mesmo tempo coloca-se a necessidade de ter o agente a *posse* do bem. Ora, como é possível, no plano fático, ter a posse de algo sem que outrem a perca? Duas pessoas não podem ter, com objetivos diversos, a posse de uma só coisa: ou bem a tem a vítima (dono da coisa ou seu possuidor) ou o ladrão. Sob outro prisma, não são sinônimos a *apprehensio* e a *amotio*; na realidade, são fases sequenciais e constituem a terceira teoria, como explicitado linhas acima. Primeiro, o agente apreende (*apprehensio*) e depois transfere de um lugar a outro (*amotio*), justamente o que retira o bem da esfera de proteção da vítima. Dando-se ambas as fases, atinge-se a *ablatio* (subtração). Entretanto, inexiste uniformidade nesse contexto.

Há julgados permitindo a consumação com o toque do ladrão na coisa visada – o que se nos afigura erro, pois seria transformar o furto em delito formal, sem qualquer resultado naturalístico; há decisões demandando a posse da coisa subtraída – o que, em nosso entendimento, faz par com a retirada da coisa da esfera de vigilância da vítima; há julgados apontando para a posse mansa e pacífica, permitindo que o agente tenha livre disposição do bem. Por vezes, pela simples leitura da ementa, não se consegue aferir qual das teorias realmente foi adotada, pois dependeria de saber exatamente como os fatos se deram. Sintetizando, no entanto, a maior parte dos julgados demanda a *inversão de posse*, mesmo que por curto espaço de tempo para atingir a consumação do furto (e do roubo), o que nos parece correto.

Consultar, ainda, a respeito do tema, a nota 1.6.5 ao crime de roubo (Cap. II), em que comentamos a Súmula 582 do STJ.

---

[11] HC 114.877/MG, 2.ª T., rel. Teori Zavascki, 18.03.2014, v.u.

2.4 Elemento subjetivo

Exige-se o dolo (vontade do agente de subtrair coisa alheia móvel), mas, além disso, reclama-se o elemento subjetivo específico, que é a vontade de apossamento do que não lhe pertence, consubstanciada na expressão "para si ou para outrem". Essa intenção deve espelhar um desejo do agente de apoderar-se, definitivamente, da coisa alheia. É o que se chama tradicionalmente de dolo específico. Não existe a forma culposa.

Como diz GALDINO SIQUEIRA, "o dolo está, pois, na intenção de apropriar-se de uma coisa que o agente sabe não ser sua, contra a vontade do dono. É nisso que está o *animus furandi*. Não há necessidade de indagar do móvel ou motivo, se fim de lucro ou proveito de outro".[12]

2.5 Objetos material e jurídico

O objeto material é a coisa sujeita à subtração, que sofre a conduta criminosa; o objeto jurídico é o patrimônio do indivíduo, que pode ser constituído de coisas de sua propriedade ou posse, desde que legítimas. A mera detenção, em nosso entender, não é protegida pelo direito penal, pois não integra o patrimônio da vítima.

Como menciona NORONHA, a lei protege o direito de propriedade, sem dúvida. Mas também o domínio encontra guarida no furto. "Ninguém negará, *v.g.*, que o possuidor de coisa dada em usufruto e que é furtada sofre violação patrimonial, acarretada pela subtração. Mas existe também ofensa ao direito de propriedade, pois é inegável sofrer o proprietário dano patrimonial com o desaparecimento da coisa, sobre a qual ele tinha a *posse indireta* (...) e poderia mais tarde ter o domínio pleno."[13]

Em visão mais ampla, o patrimônio é "um complexo de relações jurídicas de uma pessoa, com valor pecuniário. (...) Para o fim do direito penal, o patrimônio compreende, necessariamente, as coisas que, mesmo destituídas de valor de troca, têm para o sujeito passivo um valor afetivo".[14]

2.6 Classificação

Trata-se de crime comum (aquele que não demanda sujeito ativo qualificado ou especial); material (delito que exige resultado naturalístico, consistente na diminuição do patrimônio da vítima); de forma livre (podendo ser cometido por qualquer meio eleito pelo agente); comissivo ("subtrair" implica ação); instantâneo (cujo resultado se dá de maneira instantânea, não se prolongando no tempo), na maior parte dos casos, embora seja permanente na forma prevista no § 3.º (furto de energia); de dano (consuma-se apenas com efetiva lesão a um bem jurídico tutelado); unissubjetivo (que pode ser praticado por um só agente); plurissubsistente (em regra, vários atos integram a conduta); admite tentativa.

2.7 Particularidades do furto

2.7.1 Furto de coisa puramente de estimação

Entendemos não ser objeto material do crime de furto, pois é objeto sem qualquer valor econômico. Não se pode conceber seja passível de subtração, penalmente punível, por

---

12   *Tratado de direito penal*, v. 4, p. 419.

13   *Direito penal*, v. 2, p. 247.

14   VICENTE SABINO JR., *Direito penal*, v. 3, p. 722.

exemplo, uma caixa de fósforos vazia, desgastada, que a vítima possui somente porque lhe foi dada por uma namorada, no passado, símbolo de um amor antigo. Caso seja subtraída por alguém, cremos que a *dor moral* causada no ofendido deve ser resolvida na esfera civil, mas jamais na penal, que não se presta a esse tipo de reparação. Há posição em sentido contrário, afirmando que a lei não exige valor comercial ou de troca para a coisa subtraída, bastando ter alguma utilidade ou mesmo um valor afetivo. A lei propriamente não exige, pois se trata de um tipo penal incriminador, cuja taxatividade não demanda essa espécie de detalhe; porém, está-se no contexto dos crimes patrimoniais. O patrimônio é algo com valor econômico; não tem sentido punir alguém, criminalmente, que subtraiu a mencionada caixinha de fósforo porque possuía valor *estimativo*. O direito penal não se presta a isso; no mínimo, estar-se-ia diante de um delito de bagatela.

CLEBER MASSON, filiando-se à corrente que diz ser amplamente majoritária, de se punir o furto de coisas de estimação, cita o exemplo de furto de um porta-retratos de plástico, de ínfimo valor, que continha em seu interior a única fotografia em preto e branco que uma senhora de idade possuía do seu filho precocemente falecido.[15] Sem dúvida, é de se entristecer pela situação da senhora, mas, tecnicamente, o furto é um crime a ferir o *patrimônio*, significando algo com conteúdo econômico. Não sendo o filho dessa senhora o Duque de Caxias, quando menino, razão pela qual a foto teria valor no mercado, pelo conteúdo histórico, existe o direito civil para resolver esses problemas, como uma ação por dano moral.

Realmente, não conseguimos vislumbrar a utilização do direito penal para *punir com reclusão* a pessoa que subtrai *ninharias* (bagatelas), somente porque alguém elegeu aquela coisa como de valor sentimental.

Em tempos em que se discute a aplicação eficiente do princípio da intervenção mínima do direito penal, não há mais condições de se querer utilizar a *cadeia* para quem furta objetos que, se encontrados na rua, seriam simplesmente jogados no lixo.

Com todo respeito, muitos penalistas justificam a proteção das coisas de estimação com argumentos vetustos e fora de propósito nos dias atuais. NORONHA diz que essas coisas devem ser protegidas porque fazem parte de um *processo psíquico do indivíduo*.[16] É essa a correta utilização do direito penal? Prender alguém porque feriu a suscetibilidade alheia? O psiquismo de quem possui um cinzeiro velho e quebrado, porque lhe representa algo, que a humanidade não tem ideia do que seja, não pode ser considerado *patrimônio*.

2.7.2 Furto de cadáver

Pode ser objeto material do crime de furto caso tenha valor econômico e esteja na posse legítima de alguém (ex.: subtrair o corpo pertencente a um museu, que o exibe por motivos científicos ou didáticos). Não sendo esse o caso, a subtração do cadáver pode constituir crime contra o respeito aos mortos (art. 211, CP). "Os mortos são coisas, e são suscetíveis de ser levados de um lugar a outro. No entanto, não podem ser objeto de furto porque *não são coisas alheias*, e por isso não pertencem como coisas *próprias* a pessoa alguma. Não obstante, quem se apodera do corpo de um animal morto, em posse de outrem, comete furto, porque é uma coisa alheia."[17]

---

[15] *Direito penal*, v. 2, p. 361.

[16] *Direito penal*, v. 2, p. 259.

[17] LAJE ROS, *La interpretación penal en el hurto, el robo y la extorsión*, p. 115.

2.7.3 Furto de coisas abandonadas (res derelicta) não pertencentes a ninguém (res nullius) ou perdidas (res deperdita)

As duas primeiras situações não podem ser objeto do crime de furto, uma vez que não integram o patrimônio de outrem; a terceira hipótese também não se encaixa como objeto de furto, pois há tipo específico para tal caso, cuidando-se de apropriação indébita (art. 169, parágrafo único, II, CP).

2.7.4 Furto de coisas de ínfimo valor e princípio da insignificância

Em tese, as coisas de pequeno valor podem ser objetos do crime de furto, embora se deva agir com cautela nesse contexto, em face do princípio da insignificância (*crimes de bagatela*).

O direito penal não se ocupa de insignificâncias (aquilo que a própria sociedade concebe ser de somenos importância), deixando de se considerar fato típico a subtração de pequeninas coisas de valor nitidamente irrelevante. Ex.: o sujeito que leva do estabelecimento bancário, sem autorização, onde vai sacar uma determinada quantia, o clipe que está sobre o guichê do caixa, embora não lhe pertença.

Não se deve exagerar, no entanto, na aplicação do princípio da bagatela, pois o que é irrelevante para uns pode ser extremamente importante para outros. Ex.: subtrair um caderno de quem somente possui esse material para a escola é muito diferente de subtrair um caderno de uma imensa papelaria. É importante concentrar o valor da coisa não só no seu valor em geral, mas especificamente para a vítima. Por outro lado, deve-se analisar, cuidadosamente, a conduta do agente do furto, pois, assim fazendo, a insignificância pode ser afastada em face do caso concreto. Os tribunais têm afastado o crime de bagatela quando o furto é qualificado, por exemplo, demonstrando maior ousadia ou periculosidade do agente.

Além disso, há vários outros fatores a considerar, como as condições pessoais do réu (primário ou reincidente, bons ou maus antecedentes), bem como a situação fática concreta, não se admitindo a insignificância quando se trata de delito contra a administração pública.

O princípio da insignificância decorre da intervenção mínima, mas não se encontra previsto expressamente em lei; por isso, os tribunais – e principalmente o Supremo Tribunal Federal –, ao admiti-lo como causa de atipicidade da conduta, estabeleceram condições para o seu reconhecimento. A ideia principal é considerar o valor do bem de pouquíssimo relevo, mas, igualmente, não servir de incentivo para o cometimento de outros atos similares, motivo pelo qual se tem vedado o benefício ao reincidente ou possuidor de maus antecedentes. O ideal seria haver previsão legal, contendo os requisitos para a sua aplicação.

2.7.5 Furto de talão de cheques

Pode ser objeto do crime de furto, visto possuir nítido valor econômico, tanto para quem subtrai, que o vende a estelionatários, quanto para a vítima, que é obrigada a sustar os cheques, retirar outro talão, pagando ao estabelecimento bancário taxas elevadas e sofrendo prejuízo material. "É suficiente que tenham *um valor*, ou *algum valor*, sem importar que esse valor traduza sempre uma estrita referência ao econômico. O valor da coisa não equivale a que ela deva ser intrinsecamente valiosa para todos. Por isso é que pode ter um valor afetivo e pode ser furtada"[18].

---

[18] LAJE ROS, *La interpretación penal en el hurto, el robo y la extorsión*, p. 113.

2.7.6 Furto de uso

Não se trata de crime, pois há necessidade do ânimo de assenhoreamento. Se o agente retirar a coisa da posse da vítima apenas para usar por pouco tempo, devolvendo-a intacta, é de se considerar não ter havido crime.

Cremos ser indispensável, entretanto, para a caracterização do furto de uso, a devolução da coisa no estado original, sem perda ou destruição do todo ou de parte. Se houver a retirada de um veículo para dar uma volta, por exemplo, devolvendo-o com o para-lama batido, entendemos haver furto, pois houve perda patrimonial para a vítima. De modo indireto, o sujeito *apropriou-se* do bem de terceiro, causando-lhe prejuízo. Lembremos que a intenção de se apoderar implica, também, na possibilidade de dispor do que é do outro, justamente o que ocorre quando o agente trata a coisa como se sua fosse. Utilizar um automóvel para uma volta, provocando uma colisão e devolvendo-o danificado, é o modo que o autor possui de demonstrar a sua franca intenção de dispor da coisa como se não pertencesse a outrem. Além disso, é preciso haver imediata restituição, não se podendo aceitar lapsos temporais exagerados.

E, por fim, torna-se indispensável que a vítima não descubra a subtração antes da devolução do bem. Se constatou que o bem de sua propriedade foi levado, registrando a ocorrência, dá-se o furto por consumado. É que, nesse cenário, novamente o agente desprezou por completo a livre disposição da coisa pelo seu dono, estando a demonstrar o seu ânimo de apossamento ilegítimo.

Em síntese: admitimos o furto de uso desde que presentes os seguintes requisitos, demonstrativos da *total* ausência do ânimo de assenhoreamento: *1.º*) rápida devolução da coisa; *2.º*) restituição integral e sem qualquer dano do objeto subtraído; *3.º*) devolução antes que a vítima perceba a subtração, dando falta do bem. Na ótica de LAJE ROS, "não furta, embora use, porque *não pode apoderar-se do que tem em seu poder*, e não pode violar a propriedade alheia porque o objeto detido não se encontra na esfera de custódia distinta da sua. (...) Por constituir propriamente furto de coisa alheia, *não pode assimilar-se ao uso ilegítimo de coisa alheia*, o fato de apoderar-se da coisa, servir-se dela e logo restituí-la".[19]

Na legislação italiana, o furto de uso encontra-se expressamente previsto no art. 626, 1, do Código Penal, mencionando-se que o agente deve subtrair a coisa para uso momentâneo e, logo após, deve ser imediatamente restituída. Mesmo assim, é considerado um furto privilegiado, não dando ensejo à absolvição. A doutrina reconhece a inaplicação da regra se houver destruição ou consumo da coisa, total ou parcial, se não houver devolução imediata, o que precisa ser verificado caso a caso, se a coisa não for devolvida completa e de modo voluntário pelo agente. Havendo motivo de força maior, impedindo a devolução (como provocar uma batida com o carro da vítima), não se aplica o furto de uso.[20]

2.7.7 Furto em túmulos e sepulturas

Cremos haver, como regra, apenas o crime de *violação de sepultura* (art. 210, CP) ou, conforme o caso, *destruição, subtração ou ocultação de cadáver* (art. 211, CP), pois os objetos materiais que estão dentro da cova não pertencem a ninguém. Foram ali abandonados pela família. Entretanto, se o agente subtrai adornos ou bens que guarnecem o próprio túmulo,

---

[19] LAJE ROS, *La interpretación penal en el hurto, el robo y la extorsión*, p. 139.

[20] ANTOLISEI, *Manuale di diritto penale* – parte speciale, t. I, p. 321-322, tradução livre.

como castiçais ou estátuas de bronze, naturalmente há furto. Quanto à arcada dentária do defunto, não pertence a ninguém, logo, também não se presta a furto.

Algo mais polêmico é alguma joia deixada no corpo (aliança, broche, corrente de ouro etc.). Alguns sustentam que, se ali colocada, deve ali permanecer, como se *integrasse* a sepultura. Em nossa visão, trata-se de coisa abandonada. Independentemente do valor sentimental – volta-se à perspectiva das coisas de estimação, que não podem ser objeto de furto –, a joia colocada no cadáver foi *dispensada* em local inapropriado (dentro de uma cova) e não pertencem ao patrimônio de qualquer pessoa (fosse do morto e tivesse valor econômico deveria até constar de inventário). Ademais, imagine-se a cremação: não há o costume de largar objetos de valor com quem será cremado. Portanto, o abandono de coisas de valor em caixões, inseridos em covas, faz que tais coisas não pertençam mais ao patrimônio de alguém.

2.7.8 Furto sob vigilância

É possível ocorrer a hipótese descrita no art. 17 do Código Penal, ou seja, o sujeito eleger um meio absolutamente ineficaz ou voltar-se contra um objeto absolutamente impróprio no cometimento do furto. Haveria, nesse caso, um crime impossível (tentativa inidônea ou quase crime), que não é punido. O importante é analisar se o meio eleito é, de fato, *absolutamente* ineficaz para a prática do crime no caso concreto, e não simplesmente em tese. O mesmo se diga de ser o objeto *absolutamente* impróprio no caso concreto.

Se um indivíduo é vigiado num supermercado o tempo todo por seguranças e câmeras internas, de modo a tornar, *naquela situação concreta*, impossível a consumação do delito de furto, trata-se da hipótese do art. 17. Mas se a vigilância for falha ou incompleta, cremos ser cabível falar em tentativa.

O mesmo se diga de uma tentativa de furto de quem não possui bens economicamente viáveis. Se, de fato, nada puder ser levado, pois a vítima está completamente depauperada, pode ser crime impossível, embora, quando exista algo passível de se constituir objeto do furto – com algum valor, portanto –, cremos tratar-se de tentativa de furto.

No entanto, os dispositivos antifurto instalados em veículos ou outros bens quaisquer não tornam impossível o delito. Eles não funcionam, como regra, com 100% de chance de evitar a subtração.

Sobre o tema, o STJ editou a Súmula 567: "Sistema de vigilância realizado por monitoramento eletrônico ou por existência de segurança no interior de estabelecimento comercial, por si só, não torna impossível a configuração do crime de furto" (Súmula 567, 3.ª Seção, j. 24.02.2016, *DJe* 29.02.2016). Consultar o item 6.8.1 do Cap. XXV da Parte Geral (volume 1), no qual tecemos específicos comentários sobre a referida Súmula.

2.7.9 A questão da trombada

Cremos não se tratar de furto, mas de roubo. A violência utilizada na trombada, por menor que seja, é voltada contra a pessoa para arrancar-lhe a bolsa, a corrente, o relógio ou qualquer outro bem que possua, de forma que configurada está a figura do art. 157. Dizer que o ato violento tem por objetivo apenas a coisa é desconhecer o significado da "trombada", que inexoravelmente provoca o toque físico ao corpo da vítima, com uso da força bruta.

O furto deve prescindir de todo e qualquer tipo de violência contra a pessoa, não havendo lesão à integridade física do ofendido. Pode-se falar em furto – mas, nesse caso, não acreditamos tratar-se de "trombada" – quando o agente ludibria a vítima, retirando-lhe o

Curso de Direito Penal – Parte Especial – Vol. 2 • Nucci

bem que possui. Ex.: fingindo limpar o líquido que propositadamente derrubou na roupa do ofendido, o autor toma-lhe a carteira. Seria o emprego da destreza. Há toque físico no corpo da vítima, embora essa conduta seja típica do furto, porque não houve violência contra a pessoa.

2.7.10 Furto de cartão de crédito e bancário

A simples subtração do cartão de plástico pode ser considerada crime de bagatela, ou seja, fato atípico, em nossa visão. O cartão não tem valor algum e a administradora ou o estabelecimento bancário, comunicado o furto, repõe o mesmo ao cliente sem nenhum custo, como regra. Por isso, a situação é diversa daquela que apresenta o talão de cheques. Nesse caso, há a necessária e custosa sustação das folhas e o reenvio de outro talão, muitas vezes cobrado. Se o agente do furto utilizar o cartão para fazer saques ou comprar algum produto em lugar do titular da conta, configura-se o estelionato.

2.7.11 Furto de imagem

A coisa, objeto do delito, deve ser palpável, não podendo tratar-se de uma imagem, como a captada por meio de uma foto ou filme. Se uma pessoa invade um lugar para fotografar ou filmar alguma coisa, pode responder por violação de domicílio e até violação de direito autoral, no tocante ao uso da imagem, mas não por furto. "O furto deve ser furto de coisa, ou recair em uma coisa; a coisa mesma deve ser subtraída. É por isso que não cometeu furto o fotógrafo do Santo Sudário que, em 1898, em Turim, se limitou tão somente a fotografá-lo"[21].

2.7.12 Furto famélico

Pode, em tese, constituir estado de necessidade. É a hipótese de se subtrair alimento para saciar a fome. O art. 24 do Código Penal estabelece ser possível o perecimento de um direito (patrimônio) para salvaguardar outro de maior valor (vida, integridade física ou saúde humana), desde que o sacrifício seja indispensável e inevitável.

Atualmente, não é qualquer situação que pode configurar o furto famélico, tendo em vista o estado de pobreza que prevalece em muitas regiões de nosso País. Fosse ele admitido sempre e jamais se teria proteção segura ao patrimônio. Portanto, reserva-se tal hipótese a casos excepcionais, como, por exemplo, a mãe que, tendo o filho pequeno adoentado, subtrai um litro de leite ou um remédio, visto não ter condições materiais para adquirir o bem desejado e imprescindível para o momento.

Como menciona ANTOLISEI, a necessidade há de ser *grave* e *urgente*.[22] Naturalmente, não se devem admitir saques de outras mercadorias (sacos de cimento, material de construção em geral, material de limpeza, pilhas, objetos de lazer etc.), a não ser *alimentos*, que visem à satisfação da fome.

2.8 Causa específica de aumento de pena

Trata-se do furto cometido durante o repouso noturno – ou simplesmente *furto noturno* –, especial circunstância que torna mais grave o delito, tendo em vista a menor vigilância que,

---

[21] LAJE ROS, *La interpretación penal en el hurto, el robo y la extorsión*, p. 100.

[22] *Manuale di diritto penale* – parte speciale, t. I, p. 324, traduzimos.

durante a noite, as pessoas efetivamente exercem sobre os seus bens, seja porque estão repousando, seja porque há menor movimentação na comunidade, facilitando a perpetração do crime. O legislador, reconhecendo o maior gravame, impõe um aumento de um terço para a pena, em quantidade fixa e predeterminada (art. 155, § 1.º, CP).

Parcela da jurisprudência tem entendido que essa causa de aumento deve ser aplicada *somente* ao furto simples, isto é, à figura prevista no *caput*, tendo em vista a sua posição sistemática na construção do tipo penal. A pena do furto qualificado, já aumentada nas suas balizas mínima e máxima, não seria por esse aumento afetada. Ademais, as circunstâncias que envolvem o furto previsto no § 4.º já são graves o suficiente para determinar uma justa punição ao autor da infração penal. Era a nossa posição. Mais detidamente refletindo sobre o tema, verificamos o seu desacerto no processo de fixação da pena.

Ao redor do tipo básico (*caput*) giram várias circunstâncias, algumas gerando aumento de pena, outras, diminuição. As elevações são obtidas por meio de qualificadoras e causas de aumento; as diminuições, por meio de privilégios e causas de diminuição. A qualificadora, quando presente, altera a faixa de fixação abstrata da pena (no caso do furto, pode-se alterá-la para dois a oito anos e multa – conforme o § 4.º – ou para três a oito – conforme o § 5.º). Na concomitante presença de qualificadora do § 4.º e do § 5.º, somente se pode eleger uma faixa para a pena, logo, escolhe-se a mais grave: de três a oito anos.

A circunstância remanescente, pertencente à outra qualificadora do § 4.º (por exemplo, rompimento de obstáculo), deve ser levada em conta na aplicação da pena-base, como circunstância judicial. Entretanto, a incidência concomitante de causas de aumento e de diminuição, previstas no mesmo tipo penal, podem (e devem) ser aplicadas umas sobre as outras. Por isso, se houver furto noturno, cometido por primário, com coisa de pouco valor, pode-se fazer incidir os §§ 1.º e 2.º. Diante disso, presente apenas uma circunstância qualificadora do § 4.º (ilustrando, a escalada), além da causa de aumento de ter sido o crime cometido durante o repouso noturno, prevista no § 1.º, nada impede a aplicação de ambas. O juiz parte da faixa indicada pelo § 4.º, por conta da escalada, logo, dois a oito anos; fixa a pena-base, com fruto no art. 59 do CP; verifica se há agravantes ou atenuantes (arts. 61 a 66); finalmente, insere as causas de aumento, no caso, um terço a mais, por consideração ao § 1.º. A posição da causa de aumento no tipo penal, bem como da qualificadora, é completamente indiferente, levando-se em conta o processo trifásico de aplicação da pena. Outras considerações, para não aplicar o aumento do § 1.º às formas qualificadas (§ 4.º ou 5.º), constituem pura política criminal, visando à menor apenação ao acusado, embora distante da técnica de individualização da pena. Entretanto, o STF já adotou exatamente a nossa posição. Pela relevância do tema, eis a ementa do julgado: "Não convence a tese de que a majorante do repouso noturno seria incompatível com a forma qualificada do furto, a considerar, para tanto, que sua inserção pelo legislador antes das qualificadoras (critério topográfico) teria sido feita com intenção de não submetê-la às modalidades qualificadas do tipo penal incriminador. Se assim fosse, também estaria obstado, pela concepção topográfica do Código Penal, o reconhecimento do instituto do privilégio (CP, art. 155, § 2.º) no furto qualificado (CP, art. 155, § 4.º) – como se sabe o Supremo Tribunal Federal já reconheceu a compatibilidade desses dois institutos. Inexistindo vedação legal e contradição lógica, nada obsta a convivência harmônica entre a causa de aumento de pena do repouso noturno (CP, art. 155, § 1.º) e as qualificadoras do furto (CP, art. 155, § 4.º) quando perfeitamente compatíveis com a situação fática" (HC 130.952/MG, 2.ª T., rel. Dias Toffoli, 13.12.2016, v.u.). O Superior Tribunal de Justiça, igualmente, decidia do mesmo modo. Entretanto, essa Corte, em julgado da 3.ª Seção, alterou a visão acerca desse tema, retornando a uma posição antiga, já adotada no passado pelo extinto Tribunal de Alçada Criminal de S. Paulo: "1. Na formulação de precedente judicial, sobretudo diante de sua carga vinculatória, as orientações jurisprudenciais, ainda que reiteradas, devem ser reexaminadas para que se mantenham ou se adéquem à possibilidade de evolução de entendimento. 2. A interpretação sistemática pelo viés topográfico revela que a causa de aumento de pena relativa ao cometimento do crime de furto durante o repouso noturno, prevista no art. 155, § 1.º, do CP, não incide nas hipóteses de furto qualificado, previstas no art. 155, § 4.º, do CP. 3. A pena decorrente da incidência da causa de aumento relativa ao furto noturno nas hipóteses de furto qualificado resulta em quantitativo que não guarda correlação com a gravidade do crime cometido e, por conseguinte, com o princípio da proporcionalidade. 4. Tese jurídica: A causa de aumento prevista no § 1.º do art. 155 do Código Penal (prática do crime de furto no período noturno) não incide no crime de furto na sua forma qualificada (§ 4.º). 5. Recurso especial parcialmente provido" (REsp 1.891.007/RJ, 3.ª Seção, relator João Otávio de Noronha, 25.05.2022, *DJe* 27.06.2022). Não nos parece a mais adequada corrente, pois a *posição* da causa de aumento ou diminuição no tipo penal é irrelevante, como mencionamos linhas atrás. Note-se o que ocorre com a aplicação do art. 121, § 1.º (causas de diminuição), que se volta tanto à figura simples do *caput*, como também às figuras qualificadas. Outro ponto a observar é que o privilégio do § 2.º do art. 155, conforme posição *topográfica*, somente seria aplicável ao furto simples; entretanto, a jurisprudência tem aceitado a aplicação às figuras qualificadas.

2.8.1 Repouso noturno

Entende-se por repouso noturno, a fim de dar segurança à interpretação do tipo penal, uma vez que as pessoas podem dar início ao repouso noturno em variados horários, mormente em grandes cidades, o período que medeia entre o início da noite, com o pôr do sol, e o surgimento do dia, com o alvorecer. A vigilância tende a ser naturalmente dificultada quando a luz do dia é substituída pelas luzes artificiais da urbe, de modo que o objetivo do legislador foi justamente agravar a pena daquele que se utiliza desse período para praticar o delito contra o patrimônio.

Ensina JORGE ALBERTO ROMEIRO que ocorreu na Índia a primeira anotação encontrada na lei penal acerca da circunstância agravante de furto praticado durante a noite: "Se os ladrões, depois de haverem feito uma brecha num muro, cometem um roubo *durante a noite*, que o rei ordene a sua empalação em pontudo dardo, após a amputação das duas mãos" (parágrafo 276 do Código de Manu). Continua o mestre dizendo que Moisés já definia o período noturno "como o espaço de tempo que medeia entre o pôr e o nascer do sol".[23] Assim, no contexto desta causa de aumento, se a vítima dorme durante o dia – por ser vigilante noturno, por exemplo –, não incide a agravação da pena.

2.8.2 Condições para a aplicação do aumento

Há duas posições a respeito do tema:

a) é indispensável que o furto ocorra em casa habitada, com os moradores nela repousando. Justamente porque prevalecia esse entendimento, não se admitia a incidência do aumento quando o furto ocorresse em casa comercial. É posição ultrapassada na jurisprudência;

---

[23] A noite no direito e no processo penal, p. 181.

b) a causa de aumento está presente desde que a subtração ocorra durante o repouso noturno, ou seja, quando as pessoas, de um modo geral, estão menos atentas, com menor chance de vigilância dos seus e dos bens alheios, porque anoiteceu. Se um imóvel é invadido durante a noite, estando ou não habitado, com ou sem moradores no seu interior repousando, o furto merece pena mais severa. É a solução correta, pois sustentar o contrário faz com que a circunstância agravante se concentre no fato de haver maior perigo para a vítima – que está em casa dormindo – quando a subtração se realiza no mesmo local, o que não nos parece tenha sido o objetivo da lei.

2.9 Furto privilegiado

Difundiu-se o entendimento de a figura prevista no § 2.º tratar-se do *furto privilegiado*, em que pese ser somente uma causa de diminuição da pena. Poder-se-ia falar em *privilégio em sentido amplo*. A autêntica figura do privilégio haveria de representar uma nova faixa para a fixação da pena, diminuindo-se o mínimo e o máximo em abstrato, estabelecidos pelo legislador no preceito sancionador do tipo penal.

Entretanto, analisando-se a especial circunstância prevista, conclui-se significar uma causa obrigatória de diminuição da pena em limites variáveis entre um a dois terços e até mesmo a substituição da pena de reclusão pela de detenção e da pena privativa de liberdade pela de multa (aliás, nessa última hipótese, está-se diante de um autêntico privilégio, pois a pena em abstrato se altera completamente para menor).

Dispõe o § 2.º do art. 155 do CP que o juiz pode substituir a pena de reclusão pela de detenção, diminuí-la de um a dois terços, ou aplicar somente a pena de multa.

2.9.1 Diferença da insignificância

Esta gera a atipicidade da conduta, pois o bem subtraído possui ínfimo valor, incapaz de afetar o patrimônio da vítima. A figura do furto privilegiado permite a concretização do delito, embora com atenuação da pena. O valor do bem afetado foge da esfera da bagatela, permitindo, entretanto, a sua consideração como de pequena monta.

2.9.2 Primariedade

O primeiro requisito para o reconhecimento do furto privilegiado. A primariedade é um conceito negativo, ou seja, significa não ser reincidente. Portanto, quem não é reincidente, é primário. A reincidência ocorre quando o réu comete novo crime, após já ter sido condenado definitivamente, no Brasil ou no exterior (art. 63, CP). Lembremos, no entanto, que a condenação anterior somente surte efeito para provocar a reincidência desde que não tenha ocorrido o lapso temporal de cinco anos entre a data do cumprimento ou da extinção da pena e o cometimento da nova infração penal (art. 64, I, CP). É preciso anotar que a lei foi bem clara ao exigir somente a primariedade para a aplicação do benefício, de modo que descabe, em nosso entendimento, clamar também pela existência de bons antecedentes.

2.9.3 Pequeno valor

Não se trata de conceituação pacífica na doutrina e na jurisprudência, tendo em vista que se leva em conta ora o valor do prejuízo causado à vítima, ora o valor da coisa em si. Preferimos o entendimento que privilegia, nesse caso, a interpretação literal, ou seja, deve-se ponderar unicamente o valor da coisa, pouco interessando se, para a vítima, o prejuízo foi irrelevante. Afinal, quando o legislador quer considerar o montante do prejuízo, deixa isso bem claro, como o fez no caso do estelionato (art. 171, § 1.º, CP).

Por isso, concordamos plenamente com a corrente majoritária, que sustenta ser de pequeno valor a coisa que não ultrapassa quantia equivalente ao salário mínimo. De fato, seria por demais ousado defender a tese de que um objeto cujo valor seja superior ao do salário mínimo – auferido por grande parte da população – possa ser considerado de "pequeno valor".

2.9.4 Aplicação do privilégio à figura qualificada

Há polêmica quanto à possibilidade de aplicação do privilégio às figuras qualificadas previstas no § 4.º, prevalecendo o entendimento acerca da possibilidade. Assim, segundo a orientação hoje minoritária, o privilégio seria útil somente às figuras do *caput* e do § 1.º, mas não ao tipo qualificado. Discordamos desse posicionamento. No caso do homicídio, o § 1.º do art. 121, que é considerado o *homicídio privilegiado*, aplica-se, conforme doutrina e jurisprudência majoritárias, não somente ao *caput*, mas também ao § 2.º, que cuida das qualificadoras. Por que não fazer o mesmo com o furto? Inexistindo razão para dar tratamento desigual a situações semelhantes, cremos ser possível a aplicação da causa de diminuição da pena às hipóteses qualificadas do § 4.º.

Ademais, ao se cuidar do chamado privilégio, aponta-se, na realidade, uma causa de diminuição de pena incidindo sobre um tipo qualificado. Assim, não vemos razão para punir o réu primário, que subtraiu coisa de pequeno valor, valendo-se de escalada, com a mesma pena daquele que subtraiu coisas de elevado valor, utilizando o mesmo expediente. São situações diferentes, que merecem o cuidado de aplicações diferenciadas quanto à reprimenda: para um, a pena de dois anos, diminuída de um a dois terços; para o segundo, a pena de dois anos, sem qualquer diminuição. Devem-se incentivar, segundo cremos, as hipóteses de diminuição de pena – e não simplesmente de atenuantes – com possibilidade de fixação da pena abaixo do mínimo legal em casos nitidamente menos graves.[24]

O STJ editou a Súmula 511: "É possível o reconhecimento do privilégio previsto no § 2.º do art. 155 do CP nos casos de crime de furto qualificado, se estiverem presentes a primariedade do agente, o pequeno valor da coisa e a qualificadora for de ordem objetiva".

2.10 Aplicação dos §§ 1.º e 2.º concomitantemente

Há perfeita possibilidade. Trata-se de um concurso entre causa de aumento e causa de diminuição da pena, devendo o juiz aplicar as regras gerais para a fixação da pena. Assim, poderá aumentar de um terço a pena, por conta do furto praticado durante o repouso noturno, bem como, em seguida, compensar a elevação com a diminuição de um terço, por conta do disposto no § 2.º. Poderá, também, aumentar a pena em um terço (§ 1.º) e diminuí-la de dois terços (§ 2.º). Se preferir aplicar o privilégio, que é a substituição da pena privativa de liberdade pela multa, logicamente, o aumento do § 1.º deixará de ter importância. Enfim, conforme o

---

[24] Nesse prisma: STF: "*Habeas corpus*. Penal. Furto. Compatibilidade entre o privilégio e a qualificadora do crime de furto: possibilidade. Precedentes. *Habeas corpus* concedido. 1. As causas especiais de diminuição (privilégio) são compatíveis com as de aumento (qualificadora) de pena previstas, respectivamente, nos §§ 2.º e 4.º do artigo 155 do Código Penal. Precedentes. 2. *Habeas corpus* concedido" (HC 123.934/MG, 2.ª T., rel. Cármen Lúcia, 11.11.2014, v.u.).

caso, o § 1.º entra em sintonia com o § 2.º, cabendo a aplicação de ambos, mas pode o § 2.º suplantar o aumento do § 1.º, como já exposto.

2.11 Equiparação à coisa móvel

Para não haver qualquer dúvida, deixou o legislador expressa a intenção de equiparar a energia elétrica ou qualquer outra que possua valor econômico à coisa móvel, de modo que constitui furto a conduta de desvio de energia de sua fonte natural, conforme disposto no § 3.º do art. 155. Energia é a qualidade de um sistema que realiza trabalhos de variadas ordens, como elétrica, química, radiativa, genética, mecânica, entre outras. Assim, quem faz uma ligação clandestina, evitando o medidor de energia elétrica, por exemplo, está praticando furto. Nessa hipótese, realiza-se o crime na forma permanente, vale dizer, a consumação se prolonga no tempo. Enquanto o desvio estiver sendo feito, está-se consumando a subtração de energia elétrica.

2.11.1 Furto de sinal de TV a cabo e Internet

É válido para encaixar-se na figura prevista neste parágrafo, pois são formas de energia. Porém, a jurisprudência é dividida quanto a esse tema. A parcela dos julgados que não aceita o furto de energia, pune o agente por estelionato.

No entanto, VICENTE SABINO JR. defende que o conceito de coisa abrange a energia elétrica *e as energias naturais* que possam ter um valor econômico.[25] Ora, o sinal de TV a cabo ou de Internet é uma forma de energia, mesmo diversa da elétrica. Parece-nos que são formas naturais de energia.

2.11.2 Furto de esperma

Naturalmente, neste caso, não se trata de "energia elétrica ou qualquer outra que tenha valor econômico". Porém, pode ser coisa valiosa nos dias de hoje, se devidamente captado e inserido em bancos de sêmen – humanos e de animais. Portanto, o furto de sêmen, que possua valor econômico, seria preenchido pelo *caput*.

ROGÉRIO GRECO menciona a subtração de sêmen de um touro reprodutor com a finalidade de fertilizar vacas. "O crime praticado, nesse caso, seria o de *furto de energia genética* (...). Aqui, entretanto, nem haveria necessidade da ressalva, pois que o sêmen do reprodutor se amolda, perfeitamente, ao conceito de coisa, tal como seria a própria subtração do leite ordenhado".[26]

2.12 Furto qualificado

Convém relembrar que o crime é *qualificado* quando o tipo penal faz prever circunstâncias ao tipo derivado, tornando-o mais grave. O gravame é exposto na forma da alteração do mínimo e do máximo em abstrato das penas previstas para o delito. Assim, enquanto o furto simples (figura básica ou elementar) tem uma pena de reclusão de 1 a 4 anos e multa, o furto qualificado (contendo circunstâncias específicas) altera a pena para reclusão de 2 a 8 anos e multa. Há mais quatro qualificadoras nos §§ 4.º-A, 5.º, 6.º e 7.º, conforme analisaremos.

---

[25] *Direito penal*, v. 3, p. 723.

[26] *Curso de direito penal*, v. 2, p. 553.

São qualificadoras do furto: a) *agir com destruição* (conduta que provoca o aniquilamento ou faz desaparecer alguma coisa) *ou rompimento* (conduta que estraga ou faz em pedaços alguma coisa; o rompimento parcial da coisa é suficiente para configurar a qualificadora) *de obstáculo* (é o embaraço, a barreira ou a armadilha montada para dificultar ou impedir o acesso a alguma coisa); b) *atuar com abuso de confiança* (conduta de alguém que ludibria a confiança nele depositada); c) *atuar mediante fraude* (conduta de quem faz a vítima acreditar em algo não verdadeiro); d) *invadir o local onde a coisa se encontra mediante escalada* (significa ingressar por entrada pela qual somente se chega subindo em algo); e) *agir com destreza* (conduta de quem age com habilidade e rapidez de movimentos); f) *empregar chave falsa* (é o uso de instrumento para abrir fechaduras); g) *praticar a subtração em concurso de duas ou mais pessoas* (conduta que prejudica a defesa pelo número de infratores); h) *se houver emprego de explosivo ou artefato análogo, apto a causar perigo comum* (trata-se da conduta de explodir caixas eletrônicos e similares para tirar o dinheiro); i) *tratando-se de veículo automotor, levá-lo para outro Estado ou para o exterior* (o transporte a outro lugar distante impede a recuperação do bem pela vítima); j) *subtração for de semovente domesticável de produção, ainda que abatido ou dividido em partes no local da subtração* (trata-se do combate mais rígido ao furto de gado e outros rebanhos); k) *se o objeto da subtração for substância explosiva ou acessório que, conjunta ou isoladamente, permitam a sua fabricação, montagem ou emprego* (a coisa furtada é perigosa, pois apta a causar explosão).

Todas se encontram nos §§ 4.º, I a IV, 4.º-A, 4.º-B, 5.º, 6.º e 7.º do art. 155 do Código Penal.

2.12.1 Destruição ou rompimento da própria coisa furtada

Destruir significa demolir, devastar, causar danos a alguma coisa; *romper* é abrir algo à força ou arrombar. Nesse cenário, debatem-se alguns cenários específicos. Como diz GALDINO SIQUEIRA, é o *furto violento* (mesmo que, nesse caso, a violência seja exercida contra a coisa; afinal, se fosse contra pessoas, seria roubo).[27]

Há duas correntes, fundamentalmente, analisando o assunto:

a) não se aplica a qualificadora quando o agente atua contra a própria coisa. Assim, quem rompe o vidro do veículo para ter acesso ao seu interior, levando-o depois com uma "ligação direta", praticaria furto simples;

b) aplica-se a qualificadora quando a conduta do agente se volta contra obstáculo inerente à própria coisa. No exemplo supracitado, estaria presente a qualificadora.

Pensávamos, quando iniciamos o estudo do assunto, ser mais adequada a primeira posição, pela fiel leitura do tipo penal. Afinal, a norma estipula ser qualificado o furto quando o autor destrói (aniquila) ou rompe (faz em pedaços) uma barreira que impede a subtração da coisa. É razoável supor, portanto, que o agente, pretendendo subtrair joias de um cofre situado numa residência, seja levado a romper ou destruir obstáculos. Arrombando uma porta ou uma janela, ingressa no recinto. Depois, torna-se necessário romper ou destruir a porta do cofre. Com isso, tem acesso às joias. É um furto qualificado pela maior audácia e poder de destruição do autor da infração penal.

---

[27] *Comentários ao Código Penal brasileiro*, v. 4, p. 424.

No caso do ladrão que destrói o vidro de uma das janelas do carro, estaria ele, em verdade, estragando a própria coisa que pretende levar. Essa primeira impressão *cessa* quando percebemos que há coisas cujo obstáculo a sua subtração é inerente ao próprio objeto desejado. É o exemplo do veículo. O vidro de um carro não funciona exclusivamente como protetor do motorista contra chuva ou vento, mas também é um obstáculo *natural* aos que pretendem subtraí-lo. O dono, ao largar seu automóvel na rua, faz questão de trancá-lo, fechando bem os vidros, que podem, inclusive, estar conectados a alarmes e outros dispositivos de emergência. Portanto, acredita que está mais bem protegido do que se o largasse com os vidros abertos. O agente que destrói o vidro para ter acesso ao carro certamente está sendo mais audaz e causando mais danos do que aquele que encontra o veículo aberto, levando-o. Não se podem fechar os olhos para a realidade.

O proprietário de um automóvel sem capota, por exemplo, pode não o deixar na rua justamente porque sabe estar sem proteção alguma, mais sujeito ao furto, portanto. Aquele que possui o veículo protegido por portas e vidros não possui a mesma desconfiança. Sabe-se, aliás, ser mais dificultosa a subtração quando o carro está devidamente fechado do que quando está aberto, sem qualquer obstáculo. Uma árvore, noutro exemplo, pode estar sujeita a furto. O seu proprietário somente não colocou a planta sob maior proteção porque acredita que ela está naturalmente preservada pelas raízes grudadas ao chão. Assim, aquele que leva a árvore, arrancando-a do solo, estragando seu vínculo natural com a terra, deve responder por furto qualificado. Nem todos os obstáculos são *externos* à coisa. Cremos, pois, mais acertada a segunda posição. E mais: não vemos necessidade alguma de a subtração consumar-se para incidir a qualificadora. O sujeito que destrói o vidro do carro, sendo surpreendido quando fazia a "ligação direta", deve responder por tentativa de furto qualificado.

BENTO DE FARIA enumera obstáculos ativos e passivos: a) são ativos as armadilhas colocadas para impedir o próprio furto, como fios elétricos para denotar uma arma ou disparar um alarme; b) são passivos os muros, cercas, portas, trancas, vidros, cadeados, ferrolhos, fechaduras, cofres etc. Posiciona-se a favor da quebra de obstáculo à subtração da própria coisa: quebra o gargalo para beber o conteúdo de uma garrafa ou furar um tonel para o mesmo fim.[28]

2.12.1.1 Necessidade do exame de corpo de delito

Se o crime deixa vestígios, é indispensável o exame de corpo de delito (art. 158, CPP), não podendo supri-lo a prova testemunhal. Esta somente será admitida, em lugar do exame, caso os vestígios tenham desaparecido, conforme preceitua o art. 167 do Código de Processo Penal.

É sempre importante relembrar que o desaparecimento dos vestígios não pode ser imputado ao próprio Estado (por exemplo, por falta de peritos para fazer a vistoria), sob pena de se rechaçar a qualificadora. Afinal, se *sempre* pudesse ser suprido por testemunhas, seria muito mais simples *abandonar* de vez o exame pericial e qualquer declaração da vítima teria validade para confirmar uma qualificadora, o que fere o sistema probatório idealizado pelo Código de Processo Penal.

2.12.1.2 Utilização de destruição ou rompimento de obstáculo após a subtração

Debate-se a hipótese de o agente do furto destruir alguma coisa ou romper qualquer obstáculo *depois* de estar com o objeto da subtração em suas mãos. ROGÉRIO GRECO expõe a

---

[28] *Código Penal brasileiro comentado*, v. 5, p. 25.

questão, com a divisão de ideias de NORONHA, defendendo que somente *antes* da subtração tem validade a destruição ou rompimento de obstáculo, e HUNGRIA, sustentando que tanto faz, vale dizer, se antes ou depois da subtração. GRECO manifesta-se pela posição de HUNGRIA, afirmando ser indiferente o fato de que a violência tenha sido cometida antes ou depois de o agente ter a coisa em seu poder.[29]

De fato, em nosso entendimento, as posições de HUNGRIA e GRECO estão corretas, pois a lei menciona a destruição ou rompimento de obstáculo à subtração da coisa, noutros termos, para *garantir* que o furto se consume. Se o agente, com o objeto furtado em mãos, precisa escapar do lugar, arrebentando um cadeado, um trinco ou qualquer outra forma de obstáculo, é natural que preencha a qualificadora do inciso I do § 4.º do art. 155 do CP.

Vamos além, o mesmo se dá no roubo: se a violência é praticada antes da subtração, é o chamado roubo próprio; se a violência se dá após, para garantir a posse da coisa, denomina-se roubo impróprio. De todo modo, é sempre roubo.

2.12.1.3 Arrombamento externo e interno

Segundo GALDINO SIQUEIRA, deve-se diferenciar o arrombamento entre externo e interno. O externo ocorre nos edifícios ou construções, "como muros, paredes, cercas ou fechos de toda a espécie, tetos, pavimentos ou soalhos, fechaduras e quaisquer outras coisas que tenham por fim impedir a entrada em uma casa ou em lugar fechado ou dependência das habitações". É interno "quando se verifica no interior do edifício, em muros, paredes, portas, janelas, cercas divisórias, armários, gavetas, cofres e outros móveis fechados e servindo para pôr os efeitos em segurança".[30]

Na realidade, não é propriamente uma classificação, mas uma constatação fática. Se o arrombamento se dá fora ou dentro do local onde se encontra a coisa objetivada.

2.12.2 Abuso de confiança

Confiança é um sentimento interior de segurança em algo ou alguém; portanto, implica credibilidade. O abuso é sempre um excesso, um exagero, em regra, condenável. Portanto, aquele que viola a confiança, traindo-a, está abusando.

A qualificadora que diz respeito ao *abuso de confiança* pressupõe a existência prévia de credibilidade, rompida por aquele que violou o sentimento de segurança anteriormente estabelecido. Ex.: uma empregada doméstica que há anos goza da mais absoluta confiança dos patrões, que lhe entregam a chave da casa e várias outras atividades pessoais (como o pagamento de contas), caso pratique um furto, incidirá na figura qualificada. Por outro lado, a empregada doméstica recém-contratada, sem gozar da confiança plena dos patrões, cometendo furto, incide na figura simples.

Note-se que a simples relação de emprego entre funcionário e empregador não faz nascer a *confiança* entre as partes, que é um sentimento cultivado com o passar do tempo.[31] Pode aplicar-se, no entanto, a agravante de crime cometido valendo-se da relação doméstica ou de

---

[29] *Curso de direito penal*, v. 2, p. 556.

[30] *Tratado de direito penal*, v. 4, p. 424.

[31] BENTO DE FARIA indica que o serviçal precisa ter *entrada livre* nas dependências da casa pela pessoa encarregada de guardar coisas (*Código Penal brasileiro comentado*, v. 5, p. 25).

coabitação. Cabe, ainda, uma última análise, especialmente voltada à relação empregatícia. Não se deve excluir, automaticamente, a incidência da qualificadora quando um empregado qualquer, recém-contratado, praticar furto contra o patrão. Deve-se verificar a forma de contratação. É possível que o empregador tome todas as cautelas possíveis para contratar alguém, tomando referências e buscando uma relação de confiança acima de tudo. Encontrada a pessoa – algo que é atualmente típico no contexto da empregada doméstica –, instala o empregado no seu posto, já acreditando estar diante de uma pessoa de *confiança*.

Se for cometida a subtração, cremos estar configurada a qualificadora. De outra parte, há empregadores que não se preocupam, primordialmente, com a relação de confiança a ser estabelecida com o empregado. Contratam pessoas sem grande cautela. Nesse caso, sofrendo um furto, não há de incidir a figura qualificada. Entendemos que afastar a qualificadora do *abuso de confiança* unicamente porque o empregado é novel seria desconectar o direito penal da realidade, uma vez que se sabe a enorme diferença existente entre patrões que buscam estabelecer, logo de início e como pressuposto para a contratação, uma relação de confiança e segurança com a pessoa empregada e outros que não agem da mesma forma. Por isso, conforme o caso concreto, o abuso de confiança pode figurar como qualificadora no contexto do empregado que, recém-contratado, pratica furto contra o patrão.

2.12.3 Fraude

É uma manobra enganosa destinada a iludir alguém, configurando, também, uma forma de ludibriar a confiança que se estabelece naturalmente nas relações humanas. Assim, o agente que criar uma situação especial, voltada a gerar na vítima um engano, tendo por objetivo praticar uma subtração de coisa alheia móvel, incide da figura qualificada. Ex.: o funcionário de uma companhia aérea que, no aeroporto, a pretexto de prestar auxílio a um turista desorientado, prometendo tomar conta da bagagem da vítima, enquanto esta é enviada a outro balcão de informações, subtrai bens contidos nas malas, incide na figura qualificada.

A fraude está caracterizada pelo desapego que o proprietário teve diante de seus bens, uma vez que acreditou na *estratégia* criada pelo referido funcionário. Crendo ter os seus pertences guardados por pessoa credenciada por companhia aérea, deixou-os sem proteção e viu-se vítima de um furto. Foi enganado, logrado, ludibriado. Nota-se, pois, como a fraude implica num modo particularizado de *abuso de confiança*. Este, por si só, exige uma relação específica de segurança concretizada entre autor e vítima, enquanto a fraude requer, apenas, um plano ardiloso que supere a vigilância da vítima, fazendo com que deixe seus bens desprotegidos, facilitando a ação criminosa. A fraude é uma "relação de confiança instantânea", formada a partir de um ardil.

2.12.3.1 Furto com fraude *versus* estelionato

Eis polêmica estabelecida no caso concreto, provocando variadas posições na jurisprudência. O cerne da questão diz respeito ao modo de atuação da vítima, diante do engodo programado pelo agente. Se este consegue convencer o ofendido, fazendo-o incidir em erro, a *entregar*, voluntariamente, o que lhe pertence, trata-se de estelionato; porém, se o autor, em razão do quadro enganoso, ludibria a vigilância da vítima, retirando-lhe o bem, trata-se de furto com fraude.

No estelionato, a vítima entrega o bem ao agente, acreditando fazer o melhor para si; no furto com fraude, o ofendido não dispõe de seu bem, podendo até entregá-lo, momentaneamente, ao autor do delito, mas pensando em tê-lo de volta. Ilustrando: Fulano apresenta-se como comprador do carro anunciado no jornal por Beltrano; pede para dar uma volta; Beltrano entrega a chave do veículo para o "teste"; Fulano foge com o carro. Houve furto com fraude. Por outro lado, Fulano, apresentando-se como comprador, entrega cheque falsificado a Beltrano, que lhe passa a chave, o manual do carro, um recibo e pensa ter efetivamente vendido o veículo. O cheque, por óbvio, não é compensado. Houve estelionato.

2.12.4 Escalada

É a subida de alguém a algum lugar, valendo-se de escada. *Escalar* implica subir ou galgar. Portanto, torna-se fundamental que o sujeito suba a algum ponto mais alto do que o seu caminho natural, ou seja, é o ingresso anormal de alguém em algum lugar, implicando acesso por aclive. Ex.: subir no telhado para, removendo telhas, invadir uma casa.

Por outro lado, quando o agente ingressar no imóvel por uma janela que está próxima ao solo, não se configura a qualificadora, por não ter obrado ele com esforço incomum. Se houver arrombamento, pode-se falar na figura do inciso I; se a janela estiver aberta, há furto simples. Acrescentamos, no entanto, a posição de NÉLSON HUNGRIA, com a qual concordávamos, para incluir no contexto desta qualificadora outras possibilidades anormais de ingresso em algum lugar, mediante a utilização de meios artificiais não violentos ou contando com a própria agilidade. Dessa forma, poder-se-ia falar em escalada, quando o agente invadisse uma casa, por exemplo, através de uma via subterrânea, normalmente não transitável, como o túnel de um esgoto.[32]

A interpretação extensiva, firmada por HUNGRIA, é desnecessária para dar sentido à norma. Logo, torna-se inadequada em face do princípio da legalidade. Admitimos a utilização da interpretação extensiva, mas somente quando indispensável para conferir racionalidade à aplicação da lei penal, seja ela incriminadora ou não. Não é o caso. *Escalar* é subir por escada, galgar um obstáculo, mas não se aprofundar num porão ou num subterrâneo. Quisesse o legislador punir mais severamente, como furto qualificado, quem ingressa numa residência pelo túnel do esgoto, deveria ter usado outra fórmula, como, por exemplo, mediante *ingresso por meio anormal*.

No entanto, nada impede que o juiz, valendo-se das circunstâncias judiciais do art. 59, valore o ingresso em determinado lugar pelo porão ou subterrâneo, mas não como a qualificadora de escalada. Conferir ainda a lição de LAJE ROS: "o autor deve vencer as defesas que resguardam as coisas, e as deve vencer mediante *esforço*, toda vez que o obstáculo seja vencido sem aquela circunstância, a agravante não poderá ser aplicada, em razão de que o obstáculo não se apresentava como defesa, mas apenas como um puro e simples ornamento. (...) É preciso saber se o ingresso ou a entrada por um lugar não destinado a isso equivale à escalada. É evidente que o ladrão, ao escalar um muro, o faz por um lugar que não está destinado à entrada. O muro é o que impede a entrada. No entanto, pode o autor do delito ter acesso por um lugar não destinado a servir de entrada e o faça sem escalada. Neste sentido, uma janela de baixa altura não tem por fim servir de entrada. O ingresso por esse lugar, sem ser por escalada, não agrava a infração, porque a razão do maior aumento da pena não se funda na entrada

---

[32] *Comentários ao Código Penal*, v. 7, p. 44. Nesse prisma, também, BENTO DE FARIA, *Código Penal brasileiro comentado*, p. 26.

por um lugar não destinado a isso, mas no fato de que se deve vencer, ou superar algo que se apresenta como um obstáculo, e que tenha sido posto para dar maior proteção às coisas".[33]

2.12.4.1 Laudo pericial

Como regra, deve ser realizado, pois os vestígios são visíveis após a prática do crime. Excepcionalmente, pode ser substituído por testemunhas. O importante é não ter o Estado contribuído para a não realização do exame pericial.

2.12.5 Destreza

É a agilidade ímpar dos movimentos de alguém, configurando uma especial habilidade. O batedor de carteira (figura praticamente extinta diante da ousadia dos criminosos atuais) era o melhor exemplo. Por conta da agilidade de suas mãos, conseguia retirar a carteira de alguém sem que a vítima percebesse. Não se trata de "trombada" quando o agente investe contra a vítima, arrancando-lhe, com violência, os pertences. Como vimos, nessa hipótese trata-se de roubo.

"Essa habilidade e agilidade demonstrando um hábito ou a determinação de fazer do furto uma profissão constitui um dos índices de perigo grave para a sociedade."[34] Assim dizia Bento de Faria, pois década atrás a preocupação era com o *batedor de carteira*.

2.12.6 Chave falsa

É o instrumento destinado a abrir fechaduras ou fazer funcionar aparelhos. A chave original, subtraída sub-repticiamente, não provoca a configuração da qualificadora. Pode haver, nessa hipótese, conforme o caso concreto, abuso de confiança ou fraude. A mixa – ferro curvo destinado a abrir fechaduras –, segundo nos parece, pode configurar a qualificadora. Afinal, deve-se notar que, se a chave é *falsa*, não há de possuir o mesmo aspecto ou a mesma forma da chave original.

Na definição de Galdino Siqueira, "chave falsa diz-se de qualquer instrumento *apto para fazer funcionar uma fechadura, cadeado ou outro aparelho de segurança, abrindo-o sem inutilizá-lo e não sendo o mesmo de que se sirva o dono para tal fim*".[35]

Para o referido autor, a chave verdadeira, quando subtraída ou sub-repticiamente obtida, também deve ser considerada *chave falsa*. É também a posição de Bento de Faria.[36] Nesse ponto, parece-nos correta a posição de Rogério Greco: "interpretar a expressão *chave falsa* a fim de nela compreender também a *chave verdadeira* configura-se em gritante ofensa ao princípio da legalidade, negando-se inclusive a própria natureza das coisas".[37]

2.12.7 Concurso de duas ou mais pessoas

Quando mais de um agente se reúne para a prática do crime de furto, é natural que se torne mais acessível a concretização do delito. Por isso, configura-se a qualificadora. O apoio

---

[33] *La interpretación penal en el hurto, el robo y la extorsión*, p. 196-200.

[34] *Código Penal brasileiro comentado*, v. 5, p. 29.

[35] *Tratado de direito penal*, v. 4, p. 427.

[36] *Código Penal brasileiro comentado*, v. 5, p. 30.

[37] *Curso de direito penal*, v. 2, p. 562.

prestado, seja como coautor, seja como partícipe, segundo entendemos, pode servir para configurar a figura do inciso IV. O agente que furta uma casa, enquanto o comparsa, na rua, vigia o local, está praticando um furto qualificado. Inexiste, na lei, qualquer obrigatoriedade para que o concurso se dê exclusivamente na forma de coautoria (quem pratica o núcleo do tipo, *executando* o crime), podendo configurar-se na forma de participação (auxílio a quem pratica a ação de subtrair).

"Para constituir o número mínimo de pessoas estabelecido pela lei, podem entrar incapazes, mas um, pelo menos, deve ser imputável e punível, de outro modo não haveria agravante".[38]

2.12.8 *Emprego de explosivo ou de artefato análogo que cause perigo comum*

Esta qualificadora foi introduzida pela Lei 13.654/2018, com o objetivo de proporcionar um tratamento mais rigoroso à nova modalidade de furto a caixas eletrônicos, por meio da explosão do aparelho para, na sequência, haver a retirada do dinheiro. Menciona-se no § 4.º-A o uso de explosivo (substância inflamável, capaz de produzir explosão, isto é, um abalo seguido de forte ruído causado pelo surgimento repentino de uma energia física ou expansão de gás) ou artefato análogo (todos os produtos que possam produzir resultado similar, tal como o engenho de dinamite, que envolve explosivo à base de nitroglicerina), seguido da causação de perigo comum (probabilidade de dano a um número indeterminado de pessoas).

Quanto ao perigo envolvendo pessoas incertas, torna-se relevante verificar em qual local se deu a explosão. Como regra, tratando-se de caixas eletrônicos, eles estão em zonas urbanas, logo, habitadas, motivo pelo qual o perigo comum se torna evidente. Contudo, caso a explosão seja realizada num celeiro, para o furto de um cavalo, em sítio não habitado no momento, não se pode aplicar essa qualificadora. Resta ao juiz utilizar o rompimento de obstáculo para a subtração da coisa.

Realmente, era preciso tomar uma atitude para essa recente situação, embora o próprio julgador pudesse, valendo-se dos elementos do art. 59 do Código Penal, aplicar pena-base mais severa, justamente pelo emprego de explosão para atingir a coisa almejada. No entanto, preferiu o legislador tomar a dianteira e criou a qualificadora prevista no § 4.º-A. É preciso cautela para a composição de todas as qualificadoras do tipo do art. 155, pois elas merecem ser consideradas, embora em diversas fases da aplicação da pena.

Essa qualificadora indica uma pena de reclusão, de quatro a dez anos, e pena pecuniária (multa). É, pois, juntamente com a outra novel qualificadora do § 7.º, a que possui a maior sanção em abstrato. Supera, portanto, as qualificadoras dos §§ 4.º, 5.º e 6.º. Ilustrando, se o agente, em duas ou mais pessoas, explodir um caixa eletrônico, rompendo obstáculo para subtrair o dinheiro, deve o julgador eleger a qualificadora do § 4.º-A para começar o processo de individualização da pena. As duas outras circunstâncias qualificadoras (duas ou mais pessoas; rompimento de obstáculo), previstas no § 4.º, devem ser valoradas como circunstâncias judiciais (art. 59, CP), promovendo um aumento da pena-base.

A partir da edição da Lei 13.964/2019, passa a ser crime hediondo. Só poderá incidir a hediondez para os crimes cometidos após a vigência da referida lei, no final de janeiro de 2020, porque a lei prejudicial ao réu não pode retroagir (art. 5.º, XL, CF).

A pena é de reclusão, de 4 (quatro) a 10 (dez) anos, e multa.

---

[38] *Tratado de direito penal*, v. 4, p. 428.

2.12.8.1 Furto mediante fraude por meio de dispositivo eletrônico ou informático

Insere-se mais uma qualificadora neste tipo penal com a mesma faixa de cominação de penas do furto de substância explosiva ou empregando explosivos para a subtração de qualquer coisa, a partir da edição da Lei 14.155/2021.

Nesta figura, pune-se mais severamente quem se vale de fraude (engodo, cilada, ardil) para ludibriar a vítima e conseguir a coisa almejada, pelo uso de dispositivo eletrônico ou informático (todo aparelho apto a concentrar informação por meio de computador ou qualquer equipamento similar). Considera-se como dispositivo informático o computador de mesa (*desktop*), o computador portátil (*notebook*), o *tablet*, o *smartphone* (celular avançado) e inúmeros outros que são criados todos os dias, habilitados a se conectar à internet e a redes de comunicação móvel (3G, 4G e, agora, 5G), além de tudo o mais a ser inventado e implementado. Inclui-se a forma qualificada porque há um incremento evidente no número de subtrações de valores, por meio de fraude eletrônica, a partir da época em que as transações bancárias foram sendo transferidas para os dispositivos informáticos e as transferências de valores se fazem por essa via.

Deixa-se claro que o aparelho pode estar conectado à internet ou não, tendo em vista haver viabilidade de se dar desvio de valores sem esse meio. Prevê-se, igualmente, a possibilidade de ocorrer a fraude com ou sem mecanismo de segurança no dispositivo eletrônico ou informático para conferir maior proteção à vítima. Finalmente, o emprego do denominado programa malicioso (*malware*) faz parte da previsão, pois instalado à distância por invasão de computadores e celulares, por *hackers*. Em suma, termina-se a qualificadora ampliando a abrangência do tipo: qualquer outro meio fraudulento análogo. O furto, quando praticado, por meio eletrônico ou informático, retira valores da vítima sem que esta perceba ou consinta.

2.12.8.2 Causas de aumento da pena

Em relação à qualificadora do § 4.º-B, a pena deve ser aumentada de 1/3 a 2/3, se o delito for praticado mediante a utilização de servidor mantido fora do território nacional. Essa elevação fundamenta-se nos *ataques* a dispositivos alheios, quando hospedados em território fora do Brasil, porque dificulta muito a investigação e a descoberta da autoria. O aumento deve basear-se no grau de dificuldade da apuração do caso. Conforme a dificuldade de apuração, o aumento será maior ou menor.

Volta-se essa elevação da pena em 1/3 por conta de ser a pessoa ofendida uma pessoa mais frágil, de algum modo incapaz de entender exatamente o que se passa no campo da informática, como se pode apontar no tocante aos idosos – menos aptos a compreender as inovações tecnológicas – bem como a outros vulneráveis – pessoas muito jovens ou inexperientes e até mesmo algumas com retardos mentais ou outras deficiências.

2.12.9 *Transporte de veículo para outro Estado ou país*

Trata-se de outra figura de crime qualificado (§ 5.º). A pena aumenta ainda mais – nas faixas abstratas mínima e máxima –, para reclusão de 3 a 8 anos, quando o veículo automotor for transportado para outro Estado ou para o exterior.

Veículo automotor é todo veículo dotado de instrumentos de automovimentação. Há de ter um motor de propulsão, circulando por seus próprios meios. Pode ser um automóvel, um barco, uma moto, entre outros.

Esta qualificadora foi introduzida pela Lei 9.426/1996, depois de intensa pressão exercida pelas companhias de seguro, fartas de indenizar subtrações de veículos automotores, cujo destino, na maioria das vezes, era outro Estado da Federação ou mesmo outro país. Se a elevação da pena resolveu – ou não – o crescente furto e roubo de carros àquela época (1996) não se sabe, pois nenhuma pesquisa conhecida foi feita a respeito.

Não cabe tentativa, como regra: ou o agente leva o veículo para fora ou não leva. É também a posição de ROGÉRIO GRECO.[39] CEZAR BITENCOURT, no mesmo prisma, ressalta ser indispensável que o veículo siga para outro Estado ou para o exterior, "atividade que poderá caracterizar um *posterius* em relação ao crime anterior já consumado. Nessas circunstâncias é impossível, em regra, reconhecer a tentativa da figura qualificada quando, por exemplo, um indivíduo é preso, no mesmo Estado, dirigindo um veículo furtado".[40]

O tipo penal, quando foi modificado para receber mais uma qualificadora, teve um defeito: olvidou o legislador a pena de multa, típica sanção penal dos delitos contra o patrimônio.

2.12.9.1 Qualificadora material e condicionada

A expressão "venha a ser transportado" acabou configurando uma qualificação de conteúdo material, vale dizer, exige-se o resultado naturalístico previsto no tipo penal, sendo preciso que o veículo automotor efetivamente seja levado para outro Estado da Federação ou, ainda, a outro país. Se ficar na mesma unidade federativa, não há a incidência da qualificadora.

Portanto, cremos não haver tentativa de furto qualificado, como regra, se o ladrão está conduzindo o veículo para outro Estado ou país e é surpreendido pela polícia. Segundo a redação do tipo penal, trata-se de uma situação *mista*, abrangendo um crime qualificado pelo resultado (transpor as fronteiras do Estado ou do País) e uma finalidade específica de agir (ter o fim de transpor as fronteiras do Estado ou do País).

O ladrão, ao subtrair o veículo automotor, pode ou não ter o fim de conduzi-lo a outro Estado brasileiro ou a outro país, embora a qualificadora só se configure quando, realmente, essa finalidade se delinear na mente do agente, além de ser, de fato, atingida. O veículo que *efetivamente vai* para outro Estado ou país torna o delito mais grave, pois dificulta sobremaneira a recuperação do bem pela vítima.

2.12.9.2 Interpretação extensiva do termo Estado

Equiparado a Estado, para inúmeras finalidades, está o Distrito Federal. Veja-se o disposto nos arts. 32 e 34 da Constituição Federal. O Distrito Federal não poderá dividir-se em Municípios, mas tem a competência legislativa reservada aos Estados e Municípios, sendo dirigido por um Governador, contando com leis aprovadas por Deputados Distritais. Ademais, salvaguarda-se o Distrito Federal, tanto quanto o Estado, da intervenção federal da União, exceto em algumas situações, expressamente previstas na Constituição. E mais: muitas leis equiparam, para seus propósitos, o Distrito Federal ao Estado.

Como exemplo, pode-se mencionar o disposto no art. 1.º, § 3.º, II, da Lei Complementar 101/2000: "Nas referências: (...) a Estados entende-se considerado o Distrito Federal". Por isso, se o agente do furto encaminhar o veículo para o Distrito Federal, saindo de qualquer outro Estado da Federação, terá incidido na hipótese desta qualificadora.

---

[39] *Curso de direito penal*, v. 2, p. 565.

[40] *Tratado de direito penal*, v. 3, p. 83-84.

2.12.9.3 Conhecimento e adesão à qualificadora

É imperioso que o agente ou seus comparsas tenham perfeita noção de que o veículo foi subtraído com a finalidade de ser levado a outro Estado da Federação ou ao exterior, aceitando tal situação. Caso algum dos concorrentes para a prática do delito desconheça totalmente a remessa do automóvel para esses lugares, não pode incidir a qualificadora, por inexistência de dolo. Não se pune a forma culposa de furto em caso algum.

2.12.10 Subtração de animal domesticável de produção

A Lei 13.330/2016 introduziu o § 6.º no art. 155 do CP, nos seguintes termos: "a pena é de reclusão de 2 (dois) a 5 (cinco) anos se a subtração for de semovente domesticável de produção, ainda que abatido ou dividido em partes no local da subtração".

É evidente o propósito legislativo, embora tenha optado por um meio inadequado. O bem jurídico continua sendo o patrimônio da vítima, no entanto, enfocando os semoventes (são os animais, que sempre foram considerados, para efeito de furto, como *coisas*) domesticáveis (apto a se tornar manso, domado) de produção (situação decorrente do trabalho humano, com ou sem instrumentos específicos, para atingir larga escala de *produtos*, com o fim de comércio e lucro, em grande escala).

Visando à pormenorização dos animais domesticáveis de produção, acrescentou-se a parte final, até para tutelar o semovente morto: *ainda que abatido ou dividido em partes no local da subtração*. O abate significa a *matança de animais para servir de alimento* (no sentido específico desta qualificadora); essa ressalva faz com que o furtador não escape à punição se resolver matar um boi no pasto para depois subtraí-lo, por exemplo. Outra cautela legislativa, buscando evitar a tergiversação do intérprete no tocante à nova circunstância, fez inserir a viabilidade de matar o animal e separá-lo em pedaços no próprio lugar da subtração. Desse modo, seja para facilitar o transporte, seja para tentar a descaracterização de furto de animais (pois estes estariam abatidos e divididos em partes), o agente continua respondendo pela qualificadora.

Pode-se argumentar que encontrar o animal abatido, noutro local, distante do lugar de onde foi subtraído, cortado em pedaços, desfiguraria a qualificadora, pois ali se menciona *dividido em partes no local da subtração*. Seria uma interpretação literal e alheia aos princípios hermenêuticos básicos. Por óbvio, se o agente levou o animal inteiro, abatido ou vivo, para realizar a tarefa de dividi-lo em partes noutro local, a qualificadora já estava configurada. O ponto fundamental da circunstância de aumento de pena é a subtração de animal domesticável (excluindo-se, pois, todos os selvagens, como onças, leões, zebras, girafas etc.), que sirva à produção básica de alimentos e congêneres. Ex.: bois, vacas, porcos, galinhas, ovelhas etc. Deve-se evitar, por óbvio, o animal não domesticável, como o peixe, o jacaré, o camarão, entre outros, embora possam ser de produção.

Deveria ter optado o legislador por incluir uma causa de aumento de pena; assim, mesmo que houvesse a presença de qualificadoras do § 4.º ou do § 5.º, por exemplo, ela poderia incidir. Elegendo a figura qualificada, é de anotar ser inviável inserir-se *qualificadora sobre qualificadora*, ou seja, não se qualifica duas vezes um crime, quando as circunstâncias advêm de parágrafos diferentes. Resta, então, optar sempre pelo parágrafo que prevê a mais elevada qualificadora. Na ordem do furto: a) §§ 4.º-A e 7.º (pena de reclusão, de 4 a 10 anos); b) § 5.º (pena de reclusão, de 3 a 8 anos); c) § 4.º (pena de reclusão, de 2 a 8 anos); d) § 6.º (pena de reclusão, de 2 a 5 anos). Reitere-se, novamente, uma ilustração: o agente subtrai o caminhão, que transporta porcos, usando chave falsa, levando-o ao exterior. Responde por furto qualificado pelo § 5.º. Servem de circunstâncias judiciais o objeto do furto (porcos) e o instrumento (chave falsa) para elevar a pena-base.

2.12.11 Subtração de substâncias explosivas ou acessórios, que possibilitem sua fabricação, montagem ou emprego

Esta qualificadora (§ 7.º) se volta ao objeto da subtração: coisa considerada perigosa, possibilitando a explosão, situação geradora de perigo comum. Sob outro prisma, a qualificadora do § 4.º-A enfoca o modo de execução do crime de furto, visto que o agente se vale de explosão para atingir o objeto desejado. A geração potencial de danos consideráveis a pessoas impôs, para ambas, uma faixa de pena em abstrato bastante elevada: reclusão, de 4 a 10 anos, e multa.

O objeto material desta figura qualificada é qualquer substância explosiva (elemento inflamável, capaz de produzir explosão, isto é, um abalo seguido de forte ruído causado pelo surgimento repentino de uma energia física ou expansão de gás). Embora neste dispositivo não se tenha mencionado *artefato análogo*, como consta do § 4.º-A, nada impede que se use interpretação extensiva para incluí-lo nesse âmbito.

O cenário desta qualificadora prescinde da menção a *perigo comum*, pois não ocorre explosão, mas a subtração de coisa apta a produzir o engenho explosivo.

Da mesma forma como já mencionado em outros itens e também no próximo (item 2.12.12), esta qualificadora deve ser aplicada quando em concurso com outras de menor valor (§ 4.º, § 5.º, § 6.º). Pode ocorrer, entretanto, a subtração de substância explosiva, mediante o uso de explosivo detonado para romper obstáculo à retirada da coisa. Deve-se dar preferência à primeira conduta (explodir o local), aplicando-se o § 4.º-A. Depois, leva-se em consideração o fato do rompimento de obstáculo (§ 4.º, I) e de o objeto ser substância explosiva (§ 7.º) como circunstâncias judiciais, para elevar a pena-base, com fundamento no art. 59 do Código Penal.

2.12.12 Preponderância de qualificadora

Insiste-se nesse aspecto, para que não paire dúvida no processo de individualização da pena, já que o tipo penal agregou várias figuras qualificadas. Caso o agente furte um veículo, incidindo inicialmente na figura do *caput* (furto simples), e depois leve o objeto subtraído para fora do País, a figura é qualificada (§ 5.º). Se o autor do furto rompeu obstáculo para a subtração da coisa (figura do § 4.º, I, do art. 155) e, em seguida, levou o veículo automotor para fora do Estado ou do País, incide somente a qualificadora mais grave, que é a do § 5.º. Acrescente-se, ainda, se o agente subtrair um caminhão com porcos, levando-o a outro Estado ou para o exterior, deve responder apenas com base na qualificadora do § 5.º. A outra circunstância (subtração de semoventes domesticáveis de produção) pode ser usada na fase das circunstâncias judiciais para elevar a pena-base.

Atualmente, caso o agente empregue substância explosiva (§ 4.º-A) para romper um obstáculo à subtração da coisa, pretere-se a qualificadora do rompimento de obstáculo (§ 4.º, I), aplicando-se a mais grave, cuja pena é de reclusão de quatro a dez anos. Toda vez que o juiz utilizar uma qualificadora em detrimento de outra, poderá valer-se dos elementos restantes para aplicar em outra fase da aplicação da pena. No último exemplo, o magistrado considera a faixa de aplicação da pena de reclusão de quatro a dez anos, por conta do emprego de substância explosiva. A circunstância referente ao rompimento de obstáculo pode ser usada como circunstância judicial (art. 59, CP) para compor a pena-base.

2.13 Quadro-resumo

Previsão legal	**Furto** **Art. 155.** Subtrair, para si ou para outrem, coisa alheia móvel: Pena – reclusão, de um a quatro anos, e multa. § 1.º A pena aumenta-se de um terço, se o crime é praticado durante o repouso noturno. § 2.º Se o criminoso é primário, e é de pequeno valor a coisa furtada, o juiz pode substituir a pena de reclusão pela de detenção, diminuí-la de um a dois terços, ou aplicar somente a pena de multa. § 3.º Equipara-se à coisa móvel a energia elétrica ou qualquer outra que tenha valor econômico. **Furto qualificado** § 4.º A pena é de reclusão de dois a oito anos, e multa, se o crime é cometido: I – com destruição ou rompimento de obstáculo à subtração da coisa; II – com abuso de confiança, ou mediante fraude, escalada ou destreza; III – com emprego de chave falsa; IV – mediante concurso de duas ou mais pessoas. § 4.º-A. A pena é de reclusão de 4 (quatro) a 10 (dez) anos e multa, se houver emprego de explosivo ou de artefato análogo que cause perigo comum. § 4.º-B. A pena é de reclusão, de 4 (quatro) a 8 (oito) anos, e multa, se o furto mediante fraude é cometido por meio de dispositivo eletrônico ou informático, conectado ou não à rede de computadores, com ou sem a violação de mecanismo de segurança ou a utilização de programa malicioso, ou por qualquer outro meio fraudulento análogo. § 4.º-C. A pena prevista no § 4.º-B deste artigo, considerada a relevância do resultado gravoso: I – aumenta-se de 1/3 (um terço) a 2/3 (dois terços), se o crime é praticado mediante a utilização de servidor mantido fora do território nacional; II – aumenta-se de 1/3 (um terço) ao dobro, se o crime é praticado contra idoso ou vulnerável. § 5.º A pena é de reclusão de três a oito anos, se a subtração for de veículo automotor que venha a ser transportado para outro Estado ou para o exterior. § 6.º A pena é de reclusão de 2 (dois) a 5 (cinco) anos se a subtração for de semovente domesticável de produção, ainda que abatido ou dividido em partes no local da subtração. § 7.º A pena é de reclusão de 4 (quatro) a 10 (dez) anos e multa, se a subtração for de substâncias explosivas ou de acessórios que, conjunta ou isoladamente, possibilitem sua fabricação, montagem ou emprego.
Sujeito ativo	Qualquer pessoa
Sujeito passivo	Qualquer pessoa
Objeto material	Coisa subtraída
Objeto jurídico	Patrimônio

Elemento subjetivo	Dolo + elemento subjetivo específico
Classificação	Comum Material Forma livre Comissivo Instantâneo Dano Unissubjetivo Plurissubsistente
Tentativa	Admite
Circunstâncias especiais	Causa de aumento Privilégio Figura de equiparação Qualificadoras

3. FURTO DE COISA COMUM

3.1 Estrutura do tipo penal incriminador

Subtrair significa tirar, fazer desaparecer ou retirar e, somente em última análise, furtar (apoderar-se). É verdade que o verbo "furtar" tem um alcance mais amplo do que "subtrair", e justamente por isso o tipo penal preferiu identificar o crime como sendo *furto* e a conduta que o concretiza como *subtrair*, seguida, é lógico, de outros importantes elementos descritivos e normativos. Assim, o simples fato de alguém tirar coisa pertencente a outra pessoa não quer dizer, automaticamente, ter havido um furto, já que se exige, ainda, o ânimo fundamental, componente da conduta de *furtar*, que é assenhorear-se do que não lhe pertence. É o teor do art. 156 do CP.

Coisa é tudo aquilo que existe, podendo tratar-se de objetos inanimados ou de semoventes. No contexto dos delitos contra o patrimônio (conjunto de bens suscetíveis de apreciação econômica), cremos ser imprescindível que a coisa tenha, para seu dono ou possuidor, algum valor econômico.

Embora o tipo penal do art. 156 não mencione, como faz no anterior art. 155, ser a coisa *móvel*, naturalmente, cuidando-se de *furto*, não há como ser algo imóvel. Portanto, quanto ao conceito de *móvel*, para os fins penais, é a coisa que se desloca de um lugar para outro. Trata-se do sentido real, e não jurídico. Além disso, no tipo, consta o termo *comum*, vale dizer, uma coisa móvel que pertence a mais de uma pessoa.

O objetivo deste tipo é tutelar a coisa comum, quando se encontra *legitimamente* (leia-se: licitamente) em mãos de um dos condôminos, coerdeiros ou sócios. A denominada *detenção legítima* é a conservação em seu poder, conforme autoriza a lei, de alguma coisa. Assim, quando se inaugura um inventário, cabe ao inventariante administrar os bens do espólio até que a partilha seja feita. Se um dos coerdeiros resolve levar, indevidamente, para sua casa bem que pertence igualmente aos demais e está sob detenção legítima do inventariante, comete o crime previsto no art. 156.

A pena é de detenção, de seis meses a dois anos, ou multa.

3.1.1 Furto de sócio contra a sociedade

Se o bem furtado pertence à sociedade com personalidade jurídica, entendemos tratar-se da figura do art. 155, e não de furto de coisa comum. Afinal, o que pertence à pessoa jurídica não se confunde com os bens individuais do sócio.

3.2 Sujeitos ativo e passivo

O sujeito ativo é exclusivamente o condômino, o coerdeiro ou o sócio, conforme a situação; o sujeito passivo, de igual modo, só pode ser o condômino, o coerdeiro ou o sócio, acrescentando-se que deve estar na posse legítima da coisa. Nem todo condômino tem a posse do bem que lhe pertence. Por isso, quem detiver, licitamente, a coisa, pode ser sujeito passivo deste crime.

3.3 Elemento subjetivo

É o dolo. Não existe a forma culposa. Exige-se, ainda, a finalidade específica de agir ("para si ou para outrem"), que é o ânimo de assenhoreamento (elemento subjetivo específico ou dolo específico).

3.4 Objetos material e jurídico

O objeto material é a coisa subtraída; o objeto jurídico é o patrimônio, que pode ser a propriedade ou a posse, desde que legítimas.

3.5 Classificação

Trata-se de crime próprio (aquele que demanda sujeito ativo qualificado ou especial); material (delito que exige resultado naturalístico, consistente na diminuição do patrimônio da vítima); de forma livre (podendo ser cometido por qualquer meio eleito pelo agente); comissivo ("subtrair" implica ação); instantâneo (cujo resultado se dá de maneira instantânea, não se prolongando no tempo); de dano (consuma-se apenas com efetiva lesão a um bem jurídico tutelado); unissubjetivo (que pode ser praticado por um só agente); plurissubsistente (em regra, vários atos integram a conduta); admite tentativa.

3.6 Ação pública condicionada

Somente está legitimado a agir o Ministério Público caso haja representação de alguma vítima, nos termos do art. 156, § 1.º. Essa representação não precisa ser formal, bastando a clara intenção dos coerdeiros em processar o agente do crime.

3.7 Causa específica de exclusão da ilicitude

Se a coisa comum for fungível, isto é, substituível por outra da mesma espécie, quantidade e qualidade (como o dinheiro), e o agente subtrai uma parcela que não excede a cota a que tem direito, não há fato ilícito, conforme dispõe o art. 156, § 2.º.

Realmente, não teria cabimento punir, por exemplo, o coerdeiro que tomasse para si uma quantia em dinheiro encontrada no cofre do falecido, desde que tal valor seja exatamente aquilo a que ele teria direito caso aguardasse o término do inventário. Não cometeu crime algum, pois levou o que é somente seu. Entretanto, se o agente subtrai coisa infungível (como uma obra de arte, por exemplo), não está acobertado pela excludente, tendo em vista que o objeto do furto não pode ser substituído por outro de igual espécie e qualidade. Se é único, pertence a todos, até que se decida quem vai ficar, legitimamente, com o bem.

Acesse e escute o *podcast* sobre Pontos polêmicos do furto.
> http://uqr.to/1yog7

3.8 Quadro-resumo

Previsão legal	**Furto de coisa comum** **Art. 156.** Subtrair o condômino, coerdeiro ou sócio, para si ou para outrem, a quem legitimamente a detém, a coisa comum: Pena – detenção, de seis meses a dois anos, ou multa. § 1.º Somente se procede mediante representação. § 2.º Não é punível a subtração de coisa comum fungível, cujo valor não excede a quota a que tem direito o agente.
Sujeito ativo	Condômino, coerdeiro ou sócio
Sujeito passivo	Condômino, coerdeiro ou sócio que tenha a posse legítima do bem
Objeto material	Coisa subtraída
Objeto jurídico	Patrimônio
Elemento subjetivo	Dolo + elemento subjetivo específico
Classificação	Próprio Material Forma livre Comissivo Instantâneo Dano Unissubjetivo Plurissubsistente
Tentativa	Admite
Circunstâncias especiais	Ação pública condicionada Excludente de ilicitude

RESUMO DO CAPÍTULO

	Furto Art. 155	Furto de coisa comum Art. 156
Sujeito ativo	Qualquer pessoa	Condômino, coerdeiro ou sócio
Sujeito passivo	Qualquer pessoa	Condômino, coerdeiro ou sócio que tenha a posse legítima do bem
Objeto material	Coisa subtraída	Coisa subtraída
Objeto jurídico	Patrimônio	Patrimônio
Elemento subjetivo	Dolo + elemento subjetivo específico	Dolo + elemento subjetivo específico
Classificação	Comum Material Forma livre Comissivo Instantâneo Dano Unissubjetivo Plurissubsistente	Próprio Material Forma livre Comissivo Instantâneo Dano Unissubjetivo Plurissubsistente
Tentativa	Admite	Admite
Circunstâncias especiais	Causa de aumento Privilégio Figura de equiparação Qualificadoras	Ação pública condicionada Excludente de ilicitude

Capítulo II

Roubo e Extorsão

1. ROUBO

1.1 Estrutura do tipo penal incriminador

Tendo em vista que o roubo, como se mencionou, é um furto cometido com violência ou grave ameaça, tolhendo-se a liberdade de resistência da vítima, o tipo penal deriva-se do art. 155. Como define GALDINO SIQUEIRA, "o roubo, que, em essência, nada mais é do que um furto qualificado pela violência, assim considerado em certas legislações, e em outras qualificado distintamente, é uma das formas de chamada criminalidade selvagem que, pela sua quantidade política, tem reclamado, em geral, severa repressão".[1] É o teor do art. 157, *caput*, do CP.

Subtrair significa tirar, fazer desaparecer ou retirar e, somente em última análise, apoderar-se. O elemento normativo do tipo *alheia* é toda coisa que pertence a outrem, seja a posse ou a propriedade. Quanto ao conceito de *móvel*, para os fins penais, é a coisa que se desloca de um lugar para outro. Trata-se do sentido real, e não jurídico. Assim, ainda que determinados bens possam ser considerados imóveis pelo direito civil, como é o caso dos materiais provisoriamente separados de um prédio (art. 81, II, CC: "Não perdem o caráter de imóveis: (...) II – os materiais provisoriamente separados de um prédio, para nele se reempregarem"), para o direito penal são considerados móveis, portanto suscetíveis de serem objeto do delito de furto.[2]

---

[1] *Tratado de direito penal*, v. 4, p. 429.

[2] No mesmo sentido: "ainda que o Código Civil considere que as coisas móveis postas intencionalmente pelo proprietário, como acessórias de um imóvel, devem ser consideradas como tais, quem se apodera delas não comete usurpação de imóvel, mas furto" (LAJE ROS, *La interpretación penal en el hurto, el robo y la extorsión*, p. 111).

Coisa é tudo aquilo que existe, podendo tratar-se de objetos inanimados ou de semoventes. No contexto dos delitos contra o patrimônio (conjunto de bens suscetíveis de apreciação econômica), cremos ser imprescindível que a coisa tenha, para seu dono ou possuidor, algum valor econômico.

A grave ameaça é o prenúncio de um acontecimento desagradável, com força intimidativa, desde que importante e sério. O termo *violência*, quando mencionado nos tipos penais, como regra, é traduzido como toda forma de constrangimento físico voltado à pessoa humana. Lembremos, no entanto, que *violência*, na essência, é qualquer modo de constrangimento ou força, que pode ser física ou moral. Logo, bastaria mencionar nos tipos, quando fosse o caso, a palavra *violência*, para se considerar a física e a moral, que é a grave ameaça. Mas, por tradição, preferiu o legislador separá-las, citando a grave ameaça (violência moral) e a violência, esta considerada, então, a física ou real.

Após ter exemplificado como se obtém a redução da capacidade de resistência da vítima (com emprego de grave ameaça ou violência a pessoa), o tipo penal generaliza a forma de praticar o roubo, permitindo que o agente se valha de *qualquer outro meio* – além dos dois primeiros – para impedir a natural resistência do ofendido à perda dos seus bens. É o que se convencionou chamar de violência indireta ou imprópria.

Meditando sobre o tema, chegamos à conclusão de que a adjetivação da violência nesses termos é incorreta. A chamada violência *imprópria* não passa da conhecida violência *presumida* (não poder, por qualquer causa, oferecer resistência). Retirar a capacidade de resistência da pessoa ofendida é o mesmo que fisicamente dobrar o seu esforço, retirando-lhe o que não quer entregar espontaneamente. Não fosse assim e seria considerado induzimento ao suicídio, quando alguém convencesse menor de 14 anos a se matar (ou outra pessoa sem capacidade de resistência), quando, na realidade, afirma-se existir, no caso, homicídio.

Em suma: violência imprópria não existe, mas, sim, violência presumida, que é própria. Assim, aquele que droga a vítima para, enquanto ela está desacordada, levar-lhe os pertences está cometendo roubo, e não furto. Não se deve confundir essa prática com outras figuras do furto qualificado (fraude, abuso de confiança ou destreza). No caso do art. 155, § 4.º, II, a fraude é utilizada para ludibriar a vítima que não se programa para resistir, pois é enganada pelo ardil utilizado; não há abuso de confiança, pois nem a relação de confiança se estabeleceu entre agente e ofendido; inexiste destreza, pois não se trata de agilidade das mãos do autor para tomar os bens da vítima.

Nas palavras de Hungria, "o roubo é um crime complexo, isto é, crime que, embora juridicamente uno, apresenta na sua estrutura, como *essentialia* ou circunstâncias *qualificativas*, em relação de meio a fim, fatos vários, que, em si mesmos, constituem crimes. No seu tipo fundamental, o roubo encerra, fundidos em unidade jurídica, o *furto* (que é o crime-fim), o *constrangimento ilegal* e a *lesão corporal leve* (ou a *contravenção de vias de fato*, que, por sua vez, é absorvida pelo *constrangimento ilegal*), chamados *crimes famulativos* (secundários; acessórios). Por isso mesmo que entre os bens jurídicos que o roubo ofende figuram a *liberdade pessoal* e a *integridade física*, que são *eminentemente pessoais*, não admite ele a *continuação*, senão quando sucessivamente dirigido contra a *mesma pessoa*".[3] Esta última parte, referente à continuidade delitiva, é admissível hoje, em face da inserção do parágrafo único, do art. 71 do CP, após a reforma penal de 1984.

---

[3] *Comentários ao Código Penal*, v. 7, p. 57.

A pena prevista no *caput* do art. 157, *caput*, do CP é de reclusão, de quatro a dez anos, e multa.

1.1.1 Princípio da insignificância

Não pode ser aplicado no contexto do roubo. Trata-se de crime complexo, que protege outros bens além do patrimônio, de forma que a violência ou a grave ameaça não podem ser consideradas de menor relevância, configuradora do delito de bagatela.

1.2 Sujeitos ativo e passivo

Podem ser qualquer pessoa. É preciso ressaltar que também a vítima *somente* da violência, mas não da subtração, pode ser sujeito passivo. Isto se deve aos objetos jurídicos protegidos pelo roubo, que incluem, além do patrimônio, a integridade física e a liberdade do indivíduo.

Por isso, tratando-se o roubo de um crime complexo, aquele que tutela diversos bens jurídicos, consumada a agressão, mas não a subtração, já se pode cuidar da tentativa de roubo, pois a execução teve início pela porta da *agressão*.

1.3 Elemento subjetivo

É o dolo. Exige-se o elemento subjetivo específico, consistente em subtrair a coisa *para si ou para outrem*. No § 1.º, observa-se a seguinte finalidade específica: *assegurar a impunidade do crime ou a detenção da coisa para si ou para terceiro*. Não se pune a forma culposa.

1.3.1 Roubo de uso

Não existe tal forma em nosso entendimento, pois o agente, para roubar – diferentemente do que ocorre com o furto –, é levado a usar violência ou grave ameaça contra a pessoa, de forma que a vítima tem imediata ciência da conduta e de que seu bem foi levado embora. Logo, ainda que possa não existir, por parte do agente, a intenção de ficar com a coisa definitivamente (quer um carro somente para praticar um assalto, pretendendo depois devolvê-lo, por exemplo), consumou-se a infração penal.

Quando tratamos do *furto de uso*, defendemos a posição de que somente é possível afastar-se a tipificação do furto quando o agente devolve o bem no mesmo lugar e no mesmo estado antes mesmo que a vítima perceba, pois, do contrário, estará afrontando nitidamente a sua possibilidade de dispor do que lhe pertence. Se o dono de um carro, pretendendo vendê-lo, resolve mostrar o bem a um interessado, não o encontrando, perde o negócio. Se vê surgir, depois disso, na sua frente o veículo, trazido por alguém que pretendia apenas dar uma volta com ele, trata-se de furto consumado, pois a vítima perdeu a disponibilidade do bem antes que este pudesse ter sido devolvido. Sofreu, inclusive, prejuízo.

Não se deve, pois, dar uma interpretação agigantada à expressão configuradora do "elemento subjetivo específico" ("para si ou para outrem"), pretendendo dizer que, pelo simples fato de o agente querer "usar" o bem por algumas horas, está autorizado a fazê-lo, visto não ter agido com ânimo de apossamento definitivo. Com a devida vênia, "emprestar" o carro de outrem, sem autorização do dono, para dar umas voltas, é também vontade de se apossar do bem, correndo o risco, como já mencionamos, de perdê-lo por completo (definitivamente, portanto). Quando está "usando" o automóvel, este se encontra na esfera de disponibilidade de quem não é seu proprietário, o que afeta o patrimônio alheio do mesmo modo. Logo, não há roubo de uso, além do que o crime é complexo e há outros objetos jurídicos protegidos, como a integridade física ou a liberdade do indivíduo, já feridos quando da retirada do bem.

1.4 Objetos material e jurídico

O objeto material é a coisa subtraída pelo agente e também a pessoa que sofre a violência, direta ou indireta, ou a grave ameaça. Os objetos jurídicos são o patrimônio, a integridade física e a liberdade do indivíduo.

1.5 Classificação

Trata-se de crime comum (aquele que não demanda sujeito ativo qualificado ou especial); material (delito que exige resultado naturalístico, consistente na diminuição do patrimônio da vítima); de forma livre (podendo ser cometido por qualquer meio eleito pelo agente); comissivo ("subtrair" implica ação); instantâneo (cujo resultado se dá de maneira instantânea, não se prolongando no tempo); de dano (consuma-se apenas com efetiva lesão a um bem jurídico tutelado); unissubjetivo (que pode ser praticado por um só agente); plurissubsistente (em regra, vários atos integram a conduta); admite tentativa.

1.6 Particularidades do crime de roubo

1.6.1 Roubo contra várias pessoas através de uma ação

Trata-se de concurso formal. Como regra, a ação desencadeada pelo agente envolve uma única grave ameaça, voltada a determinados ofendidos, confinados num local. Eles se desfazem dos seus pertences, quase ao mesmo tempo, constituindo cenário único. Por isso, caracteriza-se a figura do art. 70 do Código Penal.

Ilustrando, o autor ingressa num ônibus, anuncia o assalto e pede que todos passem os bens. Concretiza-se o concurso formal perfeito, pois o agente não possui desígnios autônomos, vale dizer, dolo direto em relação a cada uma das vítimas, que nem mesmo conhece. Eventualmente, pode-se falar em concurso formal imperfeito (art. 70, *caput*, segunda parte, CP), desde que se prove o desígnio autônomo (dolo direto) do autor do crime no tocante a cada um dos ofendidos.

1.6.2 Roubo seguido de resistência

Trata-se de concurso material. Ambos os delitos tutelam bens jurídicos diversos: patrimônio e administração da justiça. Ademais, normalmente, quando a polícia chega, o roubo já se encontra consumado, momento em que o agente investe contra os policiais, agressivamente, para evitar a prisão. Vislumbramos crimes independentes, gerando a figura do art. 69 do CP.

1.6.3 Roubo e estado de necessidade

Embora a corrente majoritária na jurisprudência não aceite a possibilidade de se alegar estado de necessidade quando se pratica um roubo, não vemos óbice legal a tanto. É evidente que o que se pretende coibir é o abuso e a falsa alegação de necessidade.

Em casos excepcionais, no entanto, cremos possível haver a excludente de ilicitude, mesmo no contexto do roubo. Destaque-se que a excludente do art. 24 do Código Penal permite que, em situação de perigo não gerada pelo autor do fato necessário, pode-se até matar.

Vide o caso do náufrago que mata o outro para ficar com a boia somente para si, salvando-se. Assim, se alguém, necessitando de um carro com absoluta urgência para salvar seu pai, que está sofrendo um enfarte, utiliza de violência, retirando um motorista de dentro do seu veículo para dele fazer uso, pode-se perfeitamente configurar o estado de necessidade.

Recentemente, vários jornais brasileiros noticiaram o caso de uma vítima de sequestro que, conseguindo fugir do cativeiro, carregando consigo a arma do sequestrador, foi obrigada a levar o carro de terceiro – pois ninguém queria lhe dar carona na zona erma em que se encontrava – para poder fugir do bairro onde estava aprisionada. Assim que vislumbrou uma viatura da Polícia Militar, jogou o carro subtraído contra ela e se apresentou como vítima de sequestro em fuga. Esta é uma nítida hipótese de roubo por estado de necessidade.

1.6.4 Trombada

Como já tivemos oportunidade de analisar no contexto do furto, qualquer tipo de violência incidente sobre a pessoa humana, com a finalidade de levar-lhe os pertences, configura roubo, e não um simples furto. Ainda que a violência seja exercida contra a coisa, se de algum modo atingir a pessoa (lesionando-a ou não), existe roubo.

O tipo penal do furto é bem claro, prevendo conduta livre de qualquer violência (uso de força ou coação) contra a pessoa humana, enquanto o tipo do roubo inclui tal figura. Logo, não é possível dizer que um "singelo" empurrão no ofendido não é suficiente para concretizar a violência exigida pelo tipo legal de roubo. A violência não tem graus ou espécies: estando presente, transforma o crime patrimonial do art. 155 para o previsto no art. 157.

1.6.5 Consumação do crime de roubo

O roubo está consumado quando o agente retira o bem da esfera de disponibilidade e proteção da vítima. Não há necessidade de manter posse mansa e pacífica, que seria o equivalente a desfrutar da coisa como se sua fosse.

Eis o conteúdo da Súmula 582 do STJ: "Consuma-se o crime de roubo com a inversão da posse do bem mediante emprego de violência ou grave ameaça, ainda que por breve tempo e em seguida à perseguição imediata ao agente e recuperação da coisa roubada, sendo prescindível a posse mansa e pacífica ou desvigiada." Aponta-se, como fundamental, *retirar o bem da esfera de disponibilidade da vítima*, sem necessidade de se manter a posse mansa e pacífica. A súmula menciona a *inversão da posse*, que só pode significar passar o bem da esfera da vigilância da vítima para a esfera de disposição do autor da subtração. O único termo, constante da mencionada súmula, que pode dar ensejo à dúvida é a inexigência de posse *desvigiada*, afinal, ao expressar ser necessária a *inversão da posse*, torna-se natural a perda da disponibilidade. Ora, quem perde a disponibilidade do que é seu deixa de ter a coisa sob a sua esfera de proteção e vigilância. Por isso, o ideal teria sido evitar o emprego da parte final, ou seja, ser prescindível a posse desvigiada.

Entretanto, o mínimo que exige um delito, *classificado como material*, quanto à consumação, é atingir o bem jurídico por completo, no caso, misto (patrimônio + incolumidade física). Simplesmente tocar no bem não nos parece suficiente; retirá-lo das mãos da vítima, mas ser preso na frente desta, sem que o bem fuja ao controle de seu proprietário ou possuidor, também não.

Em nossa visão, torna-se indispensável a *inversão da posse*, retirando a coisa da esfera de disponibilidade da vítima. Entretanto, o que se tem observado nas Cortes é uma *confusão* terminológica. Alguns julgados mencionam ser desnecessária a posse "mansa e pacífica", mas exigem a "inversão da posse". É o que nos parece correto.

Outros, no entanto, fragilizam essa tese, afirmando bastar a "posse precária", sem, no entanto, esclarecer em detalhes o que isso significa na prática. Sob outro aspecto, há julgados defendendo a posse mansa e pacífica para a consumação. Enfim, as denominadas "correntes" na questão da consumação do roubo (e do furto) são relativas. Visualizando esse cenário, pode-se extrair que a maioria tende a demandar, pelo menos, a inversão da posse, dispensada a mansuetude e pacificidade.

Consultar, a respeito, a nota 2.3 ao crime de furto (art. 155, Capítulo I desta parte), pois trata-se da mesma situação.

1.6.6 Veículo com rastreador

A recuperação do carro, por dispor de rastreador, não influi na consumação do roubo, pois o agente teve a posse do automóvel, retirando-o da esfera de vigilância da vítima.

1.6.7 Concurso de roubo e extorsão

É possível haver concurso material, pois são crimes de espécies diferentes, cada qual previsto num tipo penal. Assim, o agente que ingressa numa residência, subtraindo coisas com violência ou grave ameaça, e, em seguida, delibera obrigar a vítima a dar-lhe a senha do caixa eletrônico ou faz com que o ofendido vá retirar o dinheiro, trazendo-o até o agente, comete roubo e extorsão, em concurso material.[4]

1.7 Roubo próprio e roubo impróprio

O modelo abstrato de conduta do *caput* configura o *roubo próprio*, isto é, a autêntica forma de realização do roubo. O agente usa a violência ou a grave ameaça para retirar os bens da vítima. Entretanto, existe uma segunda forma, prevista no § 1.º, denominada de *roubo impróprio*, que se realiza quando o autor da subtração conseguiu a coisa sem se valer dos típicos instrumentos para dobrar a resistência da vítima, mas é levado a empregar violência ou grave ameaça após ter o bem em suas mãos, tendo por finalidade assegurar a impunidade do crime ou a detenção da coisa definitivamente.

Há duas possibilidades para o emprego da violência ou da grave ameaça após a subtração ter-se efetivado: assegurar a impunidade, significando garantir que o agente não será preso

---

[4] Nesse caminho: STF: "Apesar da eventual dificuldade, em casos práticos, da distinção entre roubo e extorsão, havendo condutas autônomas, inviável o reconhecimento de crime único. 2. Não há como reconhecer a absorção de uma conduta pela outra, pois o roubo não constitui meio para a prática da extorsão ou vice-versa" (RHC 112.676/MG, 1.ª T., rel. Rosa Weber, j. 21.08.2012, v.u.).

Cap. II – Roubo e Extorsão • Parte 2   325

(ex.: dar o ladrão um soco na vítima, que tenta prendê-lo, após descobrir a subtração), ou assegurar a detenção da coisa para si ou para terceiro, querendo dizer que o objeto retirado do ofendido não deve voltar à sua esfera de disponibilidade (ex.: proferir o ladrão uma ameaça de morte, apontando o revólver, para que a vítima não se aproxime, tentando recuperar o bem que percebe estar sendo levado embora).

A pena para quem comete o crime previsto no art. 157, § 1.º, do CP é de reclusão, de quatro a dez anos, e multa.

1.7.1 Tentativa no roubo impróprio

Há duas posições a respeito:

a) pode haver tentativa de roubo impróprio, quando o agente, apesar de ter conseguido a subtração, é detido por terceiros no instante em que pretendia usar violência ou grave ameaça;

b) não é cabível. Se a subtração concretizou-se, não há que se falar em tentativa de roubo impróprio: ou o agente usa violência ou grave ameaça e está consumado o roubo impróprio, ou não a utiliza e mantém-se somente a figura do furto (simples ou qualificado).

A polêmica é de difícil solução, embora esteja concentrada no significado a ser dado à expressão "logo depois de *subtraída a coisa*". Se entendermos que tal expressão quer dizer o mesmo que *furto consumado*, naturalmente não se pode aceitar a ocorrência da tentativa de roubo impróprio, uma vez que a coisa já saiu da esfera de disponibilidade e vigilância da vítima. Não teria cabimento supor que, encontrado o autor bem longe do lugar da retirada do bem e ingressando em luta com o ofendido, a quem está agredindo quando é detido, está-se falando de tentativa de roubo impróprio. O que temos é um furto consumado em concurso com um crime violento contra a pessoa.

Entretanto, se dermos à expressão a simples conotação de "retirada da coisa" da vítima, sem necessidade de se exigir a consumação do furto, então podemos cuidar da tentativa de roubo impróprio. O ofendido, por exemplo, vendo que sua bicicleta está sendo levada por um ladrão, vai atrás deste que, para assegurar sua impunidade ou garantir a detenção da coisa, busca agredir a pessoa que o persegue, momento em que é detido por terceiros. Existe aí uma tentativa de roubo impróprio. Esta nos parece ser a melhor posição.

No § 1.º do art. 157 não se utilizou a expressão "subtraída a coisa" com o mesmo sentido amplo e firme da "consumação do crime de furto", vale dizer, exigindo-se a posse mansa e tranquila da coisa subtraída. O método de praticar o roubo é que varia. Enquanto no *caput* o agente usa a violência ou a grave ameaça para vencer a resistência da vítima, levando-lhe os bens, no § 1.º ele faz o mesmo, embora logo após ter conseguido, sozinho, tomar a coisa almejada.

Na primeira hipótese, que é a mais usual, aponta um revólver para a vítima, ameaçando-a de morte e, com isso, vencendo-lhe a resistência, para tomar-lhe a bicicleta. No segundo caso, toma-lhe a bicicleta e, quando pretende escapar, notando a aproximação da vítima, aponta-lhe a arma, ameaçando-a de morte. Se neste momento for preso, tentou praticar um roubo impróprio. Naturalmente, se o furto está consumado (o bem foi retirado da esfera de vigilância e disponibilidade da vítima) e o agente é encontrado, logo depois, em situação que faça presumir ser ele o autor da infração penal (art. 302, IV, CPP), ainda que possa haver flagrante pela

326 Curso de Direito Penal – Parte Especial – Vol. 2 • Nucci

prática do furto, caso haja o emprego de violência contra a pessoa ou grave ameaça, estamos diante de crime autônomo. E, finalmente, se o agente está subtraindo a coisa (não conseguiu fazê-lo ainda), quando a vítima se aproxima entrando em luta com o ladrão, que é preso em seguida, deve-se falar em tentativa de furto seguida de eventual crime contra a pessoa.

1.8 Causas de aumento da pena

Faz parte da tradição a denominação de *roubo qualificado* às formas de subtração previstas no § 2.º do art. 157 do CP, embora sejam apenas causas de aumento da pena. A existência de uma qualificadora, como acontece no furto (§ 4.º do art. 155, por exemplo), seria suficiente para alterar a faixa de aplicação da pena, aumentando-se, concomitantemente, o mínimo e o máximo. No caso presente, impõe a lei (art. 157, § 2.º) somente um aumento, que pode variar de um terço até a metade. Sobre a revogação da causa de aumento relacionada ao emprego de arma, conferir o item 1.9 *infra*.

1.8.1 Incidência de mais de uma causa de aumento

O art. 157, § 2.º, do CP prevê a incidência de seis causas de aumento. O que fazer quando forem detectadas duas ou mais? Como calcular o aumento justo?

Há quatro posições principais nesse contexto:

a) deve haver um único aumento, baseado em uma só das causas constatadas. Se houver mais de uma circunstância, as demais podem ser consideradas como circunstâncias judiciais (art. 59) para estabelecer a pena-base;

b) o aumento, que é variável (um terço até a metade), deve ser proporcional ao número de causas presentes. Assim, havendo uma única, cabe aumentar a pena em um terço. Se todas estiverem presentes, o juiz deve aumentar a pena da metade;

c) a existência de mais de uma causa de aumento por si só não significa a elevação necessária da pena. O juiz, se assim entender, ainda que presentes várias causas de aumento, poderia aplicar o acréscimo de apenas um terço, pois o que está em jogo é a gravidade do meio empregado, e não o número de incisos do § 2.º que estejam configurados;

d) deve haver a elevação necessária (entre um terço e metade) e suficiente para, no entendimento do julgador, punir de modo justo o crime, com as circunstâncias presentes, sem qualquer critério matemático fixo. A última posição é a correta e vem ganhando adeptos, inclusive nos Tribunais Superiores. A presença de uma só causa de aumento pode ser tão relevante e grave que justifique o aumento de metade da pena. Por outro lado, duas causas de aumento podem ser de mínima ofensividade, no caso concreto, determinando o aumento de apenas um terço. Em suma, não se deve aceitar um critério matemático para a fixação da pena.

1.8.2 Concurso de duas ou mais pessoas

Sempre mais perigosa a conduta daquele que age sob a proteção ou com o auxílio de outra pessoa. Assim, o autor de roubo, atuando com um ou mais comparsas, deve responder mais gravemente pelo que fez.

Entendemos, na esteira do ocorrido com o crime de furto, que basta haver o concurso de duas ou mais pessoas, sem necessidade de estarem todas presentes no local do crime. Afinal, não se pode esquecer a participação, moral ou material, também componente do quadro do concurso de agentes. Por derradeiro, vale lembrar que o concurso pode somar imputáveis com inimputáveis, configurando do mesmo modo a causa de aumento.

1.8.2.1 Concurso material entre roubo qualificado e associação criminosa armada

Há possibilidade, pois os bens jurídicos são diversos. Enquanto o tipo penal do roubo protege o patrimônio, o tipo penal da associação criminosa guarnece a paz pública.

1.8.2.2 Concurso formal entre roubo e corrupção de menores

O agente, maior de 18 anos, ao praticar o crime de roubo juntamente com o menor, preenche, por meio de uma só conduta, dois tipos penais. Aplica-se, então, o concurso formal. No entanto, se o autor do roubo tiver por finalidade, além da subtração patrimonial, conduzir o adolescente ao cometimento de várias infrações penais, corrompendo-o, atua com desígnios autônomos, respondendo por concurso formal imperfeito, somando-se as penas.

1.8.3 *Vítima a serviço de transporte de valores*

O roubo é mais grave quando o agente subtrai bens de quem está transportando valores pertencentes a terceiro. Essa atividade envolve, fundamentalmente, as empresas que se dedicam justamente a esse transporte, constituindo alvo identificável e atrativo aos assaltantes. Além disso, o prejuízo, nessas situações, costuma ser consideravelmente alto. Por tais causas, ocorre a maior reprovação da conduta.

1.8.3.1 Dolo direto

Exige o tipo penal que o agente *conheça* a circunstância referente ao transporte de valores de terceiros, razão pela qual não se configura a causa de aumento quando houve dolo indireto (assumir o risco de provocar o resultado).

1.8.4 *Veículo automotor levado a outro Estado ou para o exterior*

Trata-se de outra causa de aumento (§ 2.º, IV). A pena é aumentada de um terço até a metade.

Veículo automotor é todo veículo dotado de instrumentos de automovimentação. Há de ter um motor de propulsão, circulando por seus próprios meios. Pode ser um automóvel, um barco, uma moto, entre outros.

Esta causa de aumento foi introduzida pela Lei 9.426/1996, depois de intensa pressão exercida pelas companhias de seguro, fartas de indenizar subtrações de veículos automotores, cujo destino, na maioria das vezes, era outro Estado da Federação ou mesmo outro país. Se a elevação da pena resolveu – ou não – o crescente furto e roubo de carros àquela época (1996) não se sabe, pois nenhuma pesquisa conhecida foi feita a respeito.

Exige-se que o veículo seja levado para outro país ou Estado da Federação. Logo, não cabe tentativa neste caso. O resultado é naturalístico: ou vai para outro espaço ou não vai, sem existir meio-termo.

1.8.5 Vítima com a liberdade cerceada

Introduzida pela Lei 9.426/1996, teve o legislador por finalidade punir mais gravemente o autor do roubo que, além do mínimo indispensável para assegurar o produto da subtração, detém a vítima em seu poder. Entretanto, não houve interpretação pacífica desse novo dispositivo, tendo em vista que três situações podem surgir: *a)* o agente segura a vítima por brevíssimo tempo, o suficiente para tomar-lhe o bem almejado (ex.: disposto a tomar o veículo da vítima, o agente ingressa no automóvel unicamente para, alguns quarteirões depois, colocá-la para fora); *b)* o agente segura a vítima por tempo superior ao necessário ou valendo-se de forma anormal para garantir a subtração planejada (ex.: subjugando a vítima, o agente, pretendendo levar-lhe o veículo, manda que entre no porta-malas, rodando algum tempo pela cidade, até permitir que seja libertada ou o carro seja abandonado). A partir da edição da Lei 13.964/2019, esta figura passa a ser considerada crime hediondo (art. 1.º, II, *a*, Lei 8.072/1990). Só se poderá computar como hediondo quando o crime for cometido depois do início de vigência da referida Lei 13.964/2019 (final de janeiro de 2020). Afinal, lei penal mais rigorosa não pode retroagir para prejudicar o réu (art. 5.º, XL, da Constituição Federal).

1.8.6 Subtração de substâncias explosivas ou acessórios

Inserida pela Lei 13.654/2018, esta circunstância especifica o seguinte: "se a subtração for de substâncias explosivas ou de acessórios que, conjunta ou isoladamente, possibilitem sua fabricação, montagem ou emprego". Cuida-se de tratar de maneira mais rigorosa a *onda de subtração e uso de explosivos*, cuja finalidade principal é estourar caixas eletrônicos para captar o dinheiro. No entanto, acrescentar à já extensa lista de causas de aumento do § 2.º do art. 157 é uma enorme perda de espaço para, realmente, incrementar a pena. Deve o julgador elevar a pena entre 1/3 e metade, agora levando em conta a existência de *cinco* fatores; noutros termos, é muito pouco aumento para a quantidade de circunstâncias que podem envolver um roubo. Essa nova causa de exasperação da pena deveria ter recebido um tratamento específico, destacado do referido § 2.º.

1.8.7 Emprego de arma branca

Retornou ao art. 157, em face da reforma proporcionada pela Lei 13.964/2019, a causa de aumento referente ao cometimento de crime com arma branca. Sobre o conceito de arma, consultar o item 1.9.1 *infra*. De todo modo, a arma branca é todo instrumento que não tem poder de fogo (disparo de projéteis pela força da explosão da pólvora). As armas podem ser próprias, feitas para servir como instrumento vulnerante (punhal, espada etc.) ou impróprias, feitas para outros fins, que acabam usadas como instrumento de agressão (machado, faca de cozinha etc.).

1.9 Causa de aumento da pena em destaque

Por meio da Lei 13.654/2018, foram criadas duas causas de aumento da pena, destacadas das anteriores, pois a elevação, nessa hipótese, dá-se em quantidade fixa, no montante de 2/3.

São as seguintes: a) violência ou ameaça exercida com emprego de arma de fogo; b) destruição ou rompimento de obstáculo mediante o uso de explosivo ou artefato análogo, que cause perigo comum. Desde logo, deve-se salientar o seguinte ponto: a referida Lei 13.654/2018 revogou o inciso I do § 2.º do art. 157, que cuidava do emprego de *arma* para o exercício da violência ou ameaça. Na realidade, o legislador fez uma opção pela utilização da *arma de fogo*, abstraindo, como causa de aumento, outras espécies de arma (próprias ou impróprias).

Entretanto, ao eleger a *arma de fogo* (arma que funciona por meio da deflagração de carga explosiva, lançando ao ar um ou mais projéteis), tratou de inserir uma causa de aumento mais grave, com elevação da pena em 2/3. Por outro lado, afastou as demais armas (ver o próximo tópico sobre o seu conceito e alcance) do cenário das causas de aumento, o que não significa não possa o julgador levar em consideração o emprego de arma em geral para aumentar a pena-base, com fundamento no art. 59 do Código Penal, que cuida das circunstâncias judiciais.

A partir da edição da Lei 13.964/2019, a figura do emprego de arma de fogo passa a ser considerada crime hediondo (art. 1.º, II, *b*, Lei 8.072/1990). Só se poderá computar como hediondo quando o crime for cometido depois do início de vigência da referida Lei 13.964/2019 (final de janeiro de 2020). Afinal, lei penal mais rigorosa não pode retroagir para prejudicar o réu (art. 5.º, XL, da Constituição Federal).

1.9.1 Conceito de arma

Em primeiro lugar, vale destacar que este item é genérico, valendo para todos os tipos de armas. É certo que a nova causa de aumento de 2/3 refere-se somente à arma de fogo; no entanto, como já mencionamos, o julgador pode utilizar a existência de outras espécies de arma para aumentar a pena-base, com fundamento no art. 59 do Código Penal.

A *arma* é o instrumento utilizado para defesa ou ataque. Denomina-se *arma própria* a que é destinada, primordialmente, para ataque ou defesa (ex.: armas de fogo, punhal, espada, lança etc.). Logicamente, muitas outras coisas podem ser usadas como meios de defesa ou de ataque. Nesse caso, são as chamadas *armas impróprias* (ex.: uma foice atirada contra a vítima; um martelo utilizado para matar; uma ferramenta pontiaguda servindo para intimidar).

Para a análise de elevação da pena, há intensa polêmica, fruto de duas visões a respeito do tema:

a) *critério objetivo*: avalia o "emprego de arma" (inclusive a arma de fogo), segundo o efetivo perigo que ela possa trazer à vítima. Logo, para essa teoria, uma arma de brinquedo, embora seja útil para constituir a grave ameaça, não presta à finalidade do aumento, que é a sua potencialidade lesiva concreta à pessoa do ofendido;

b) *critério subjetivo*: analisa o "emprego de arma" (inclusive a arma de fogo), conforme a força intimidativa gerada na vítima. Sob esse prisma, uma arma de brinquedo é instrumento hábil à configuração da causa de aumento, uma vez que o temor provocado no ofendido é muito maior – diminuindo a sua capacidade de resistência consideravelmente – quando é utilizada.

Como explicamos, meditando sobre o assunto, preferimos a teoria objetiva, ou seja, respeitando-se o princípio da legalidade, deve-se considerar *arma* exatamente aquilo que pode ser usado como instrumento de ataque ou defesa – ainda que seja imprópria (como, *v.g.*, a utilização de um machado para intimidar o ofendido). É, sem dúvida, mais perigosa a exposição da vítima do roubo a quem possua objeto desse cabedal. Ao contrário, o sujeito que exerce a grave ameaça valendo-se de outros meios, como o emprego de sua própria força física, gera menor potencialidade lesiva ao ofendido, que, inclusive, pode sentir-se mais preparado a reagir. Por isso, não podemos aquiescer na consideração de *arma de brinquedo* como se arma fosse. Ela não é instrumento de ataque ou defesa, nem próprio, nem impróprio. Logo, nesse caso, não nos parece esteja configurada a circunstância apta a elevar a pena (mesmo a pena-base).

A despeito disso, o Superior Tribunal de Justiça já adotou, no passado, o critério subjetivo e entendeu configurar o aumento quando o agente atuasse valendo-se de arma de brinquedo. Era o conteúdo da Súmula 174: "No crime de roubo, a intimidação feita com arma de brinquedo autoriza o aumento da pena". Entretanto, na sessão de 24 de outubro de 2002, a Terceira Seção da Corte cancelou a referida Súmula, por maioria de votos (REsp 213.054/SP, rel. José Arnaldo da Fonseca, com voto vencedor. O único voto vencido foi proferido pelo Min. Edson Vidigal [já aposentado]).

Na doutrina, nos termos de LAJE ROS, "admitido que o roubo se pode cometer com violência ou com intimidação às pessoas, torna-se muito difícil ao proprietário ou ao detentor defender a propriedade, ou o que tem em seu poder, quando o autor se vale de armas para cometer o delito. Isso porque anula toda possibilidade de defesa, e já resulta impossível frente a um ladrão armado, opor qualquer tipo de resistência. Não é o mesmo à mão limpa que a mão armada".[5]

É preciso lembrar que não basta o agente armado, mas que *empregue efetivamente* a arma para realizar a violência ou grave ameaça.[6]

Reiteramos, então, a nova configuração do art. 157: o emprego de arma de fogo eleva a pena em 2/3; o emprego de outro tipo de arma deve ser levado em conta pelo juiz no âmbito da pena-base.

1.9.2 Utilização de arma própria e imprópria e sua influência na pena

Por certo, valer-se o agente de arma própria gera à vítima maior perigo, de modo que a pena deve ser exacerbada; o uso de arma imprópria, embora possa gerar temor e permitir a configuração do roubo, admite a aplicação de pena mais branda.

A arma própria, se for *de fogo*, como revólver, pistola, espingarda, pode levar a um acréscimo de 2/3; a arma própria, que *não é de fogo*, como espada, punhal, adaga, pode levar a uma elevação maior na pena-base; a arma imprópria, como um pedaço de pau, sugere a fixação de um menor aumento da pena-base.

1.9.3 Arma de brinquedo

Hoje, a jurisprudência majoritária acompanha a teoria objetiva; por isso, a arma de brinquedo não mais gera aumento ao crime de roubo.

Houve, inclusive, o cancelamento da Súmula 174 do Superior Tribunal de Justiça (teoria subjetiva).

É indiscutível que a arma de brinquedo pode gerar grave ameaça e, justamente por isso, ela serve para configurar o tipo penal do roubo, na figura simples (jamais a causa de aumento ou um aumento da pena-base). E mais: depende da arma de brinquedo. Se ela se constituir num aparente brinquedo (feita em plástico vermelho, por exemplo), nem para constituir o tipo penal servirá, uma vez que não é apta a gerar no ofendido qualquer poder intimidativo.

---

[5] *La interpretación penal en el hurto, el robo y la extorsión*, p. 288.

[6] Nesse prisma, BENTO DE FARIA, *Código Penal brasileiro comentado*, p. 49.

1.9.4 Arma defeituosa ou sem munição e a simulação

Na hipótese de arma defeituosa (arma de fogo), entendemos ser indispensável a análise do caso concreto. Caso a arma seja considerada pela perícia *absolutamente* ineficaz por causa do seu defeito, não se pode considerar ter havido maior potencialidade lesiva para a vítima (teoria objetiva do emprego de arma); logo, não se configura a causa de aumento de 2/3.

1.9.5 Desnecessidade da apreensão da arma e prova da causa de aumento

A materialidade do roubo independe da apreensão de qualquer instrumento, assim como a prova da autoria pode ser concretizada pela simples, mas verossímil, palavra da vítima. Por isso, igualmente, para a configuração da causa de aumento (utilização de arma, de qualquer espécie), bastam elementos convincentes extraídos dos autos, ainda que a arma não seja apreendida.

Afinal, somente é exigido laudo pericial caso o crime deixe vestígios materiais (art. 158, CPP). O uso da arma para concretizar a grave ameaça, por exemplo, é conduta independente, que não deixa rastro algum.[7]

1.9.6 Destruição ou rompimento de obstáculo mediante o uso de explosivo ou artefato análogo, que cause perigo comum

Destruir significa demolir, devastar, causar danos a alguma coisa; *romper* quer dizer abrir algo à força ou arrombar. As duas condutas alternativas são realizadas pelo uso de explosivo (substância inflamável, capaz de produzir explosão, isto é, um abalo seguido de forte ruído causado pelo surgimento repentino de uma energia física ou expansão de gás) ou artefato análogo (todos os produtos, que possam produzir resultado similar, tal como o engenho de dinamite, que envolve explosivo à base de nitroglicerina).

Contudo, somente isso não basta; é preciso gerar *perigo comum*, ou seja, a probabilidade de causar dano a um número indeterminado de pessoas. Como regra, a conduta retratada nesse caso ocorre em bancos ou caixas eletrônicos, que se situam em zona urbana, logo, próximo a residências ou estada de pessoas. Desse modo, é praticamente certa a aplicação dessa causa de aumento. Entretanto, pode-se argumentar com o uso de explosivos, durante um roubo, em zona rural, distante de qualquer comunidade. Seria inviável gerar perigo comum, motivo pelo qual a causa de aumento seria inaplicável.

Sobre as posições da doutrina e da jurisprudência em relação à destruição ou rompimento de obstáculo, consultar o item 2.12.1 do Capítulo I (furto).

1.9.7 Emprego de arma de fogo de uso restrito ou proibido

A Lei 13.964/2019 incluiu mais uma causa de aumento, no § 2.º-B do art. 157, que consiste no emprego, pelo agente do roubo, para ameaçar ou machucar a vítima, de arma de fogo de

---

[7] Conferir: STF: "Roubos qualificados pelo emprego de arma e pelo concurso de agentes, em concurso formal (CP, art. 157, § 2.º, I e II, por duas vezes, c/c o art. 70). Ausência de apreensão da arma de fogo e de sua submissão a perícia. Irrelevância. Emprego de arma demonstrado por outro meio de prova. Causa de aumento de pena mantida. Precedentes. Ilegalidade inexistente" (HC 125.769/SP, 2.ª T., rel. Dias Toffoli, 24.03.2015, v.u.).

uso restrito (exemplos: pistolas de calibre 9 mm, .40, .45) ou proibido (armas dissimuladas, aquelas cujo efeito primário seja ferir por meio de fragmentos que, no corpo humano, não são detectáveis por raios-X e as armas incendiárias), que é arma com maior poder de lesão. Essas armas constam de rol de decreto do Poder Executivo. Cabe o aumento referente ao dobro da pena. A partir da edição da Lei 13.964/2019, esta figura passa a ser considerada crime hediondo (art. 1.º, II, *b*, Lei 8.072/1990). Só se poderá computar como hediondo quando o crime for cometido depois do início de vigência da referida Lei 13.964/2019 (final de janeiro de 2020). Afinal, lei penal mais rigorosa não pode retroagir para prejudicar o réu (art. 5.º, XL, da Constituição Federal).

1.9.8 Concurso de causas de aumento previstas em incisos diferentes

Segundo a regra estabelecida pelo art. 68, parágrafo único, do Código Penal, o juiz pode aplicar todas elas ou fazer incidir somente uma, desde que seja a mais grave.

1.10 Crime qualificado pelo resultado lesões graves

É uma das hipóteses de delito qualificado pelo resultado, que se configura pela presença de dolo na conduta antecedente (roubo) e dolo ou culpa na conduta subsequente (lesões corporais graves – art. 129, §§ 1.º e 2.º, CP). Maiores detalhes podem ser obtidos nos comentários feitos ao capítulo, que cuida dos crimes qualificados pelo resultado.

Se da violência resulta lesão corporal grave, a pena é de reclusão, de sete a dezoito anos, além da multa; se resulta morte, a reclusão é de vinte a trinta anos, sem prejuízo da multa (art. 157, § 3.º, I e II, do CP).

1.10.1 Hipóteses quanto ao resultado mais grave

São os seguintes:

a) lesão grave consumada + roubo consumado = roubo qualificado pelo resultado lesão grave;

b) lesão grave consumada + tentativa de roubo = roubo qualificado pelo resultado lesão grave, dando-se a mesma solução do latrocínio (morte consumada + tentativa de roubo).

1.10.2 Crime qualificado pelo resultado morte

Trata-se da hipótese do latrocínio, quando também se exige dolo na conduta antecedente (roubo) e dolo ou culpa na conduta subsequente (morte). É considerado crime hediondo. Cuidou o legislador de explicitar que é preciso haver, anteriormente, *violência*, razão pela qual entendemos não estar configurada a hipótese do latrocínio se, da grave ameaça, resultar lesão grave ou morte. Deve haver nexo de causalidade entre a prática do roubo e o resultado *morte* de qualquer pessoa envolvida nesse cenário, ou seja, não necessariamente a vítima do delito patrimonial.

Há posição em sentido contrário, exigindo mero nexo de causalidade entre o roubo (com violência ou grave ameaça) e o resultado mais grave. Não se admitindo a aplicação do § 3.º quando houver grave ameaça, a única solução viável é o desdobramento das condutas em dois delitos em concurso: roubo + lesões graves ou roubo + homicídio. O segundo delito será punido dolosa ou culposamente, conforme o caso.

1.10.3 *Aspectos do resultado morte*

Cremos que a violência empregada para o roubo é apta a causar a morte de qualquer pessoa, e não somente da vítima. Assim, se um dos autores atira contra o ofendido, mas termina matando quem está passando pelo local, comete latrocínio. O mesmo se diga se o agente desfere tiros contra a polícia que chega no momento do assalto ou contra a vítima, matando um outro comparsa.

A violência empregada trouxe o resultado "morte", não necessariamente do ofendido, pois o direito protege a vida humana, e não somente a vida da vítima do crime patrimonial. É evidente que a morte do coautor ou de quem está passando precisa, de algum modo, estar conectada ao roubo, a fim de garantir o liame causal. Se o agente resolve matar o comparsa, durante um assalto, simplesmente porque este diverge de suas ordens, não se pode falar em latrocínio. Porém, a aplicação da teoria do erro quanto à pessoa é cabível.

1.10.3.1 Multiplicidade de vítimas

Tendo o legislador optado por inserir o latrocínio ou o roubo com lesões graves como delito qualificado pelo resultado, no contexto dos crimes contra o patrimônio, é preciso considerar que a morte de mais de uma pessoa (ou lesões graves), porém, voltando-se o agente contra um só patrimônio (ex.: matar marido e mulher para subtrair o veículo do casal), constitui crime único. Nesse caso, entretanto, deve o magistrado ponderar as *consequências do crime* (mais de uma morte) para majorar a pena, valendo-se do art. 59 do Código Penal. Essa tem sido a posição majoritária na jurisprudência.

1.10.3.2 As hipóteses possíveis

a) *Roubo consumado e homicídio tentado*: tentativa de latrocínio;

b) *Roubo consumado e homicídio consumado*: *latrocínio consumado*, inexistindo divergência na jurisprudência;

c) *Roubo tentado e homicídio tentado*: tentativa de latrocínio;

d) *Roubo tentado e homicídio consumado*: latrocínio consumado. Neste último caso, dever-se-ia falar, tecnicamente, em latrocínio tentado, pois o crime patrimonial não atingiu a concretização, embora da violência tenha resultado a morte. Entretanto, segundo a jurisprudência predominante, como a vida humana está acima dos interesses patrimoniais, soa mais justa a punição do agente por latrocínio consumado, até mesmo porque o tipo penal menciona "se da violência resulta morte", seja ela exercida numa tentativa ou num delito consumado anterior.

É a posição esposada pela Súmula 610 do Supremo Tribunal Federal ("Há crime de latrocínio, quando o homicídio se consuma, ainda que não realize o agente a subtração de bens da vítima") e da maioria da jurisprudência.

1.10.3.3 Inviabilidade de aplicação do art. 9.º da Lei 8.072/1990

A Lei dos Crimes Hediondos estabeleceu, no referido art. 9.º, que a pena do roubo qualificado pelo resultado (art. 157, § 3.º) deve ser acrescida da metade, respeitado o limite superior de 30 anos, se a vítima estiver em qualquer das hipóteses do art. 224 do Código Penal. Esse artigo, entretanto, foi revogado pela Lei 12.015/2009, pois enumerava as pessoas até 14 anos de idade, alienadas ou débeis mentais e que não pudessem opor resistência por qualquer motivo. Era a chamada *presunção de violência*.

Outros tipos penais foram criados pela referida Lei 12.015/2009, envolvendo essas pessoas mais vulneráveis a agressões sexuais. De todo modo, deixa de existir parâmetro válido para a aplicação do art. 9.º da Lei 8.072/1990, vez que a norma penal de referência (art. 224, CP) foi revogada. Em boa hora, pois se chegava ao absurdo de a pena mínima coincidir com a máxima. Assim, praticar latrocínio contra menor de 14 anos levava o juiz a fixar a pena mínima de 30 anos (20 anos + metade), que era também o máximo permitido. Em nosso entendimento, havia lesão ao princípio constitucional da individualização da pena (art. 5.º, XLVI, CF), tornando a aplicação do aumento inconstitucional. Entretanto, a questão está superada.

Acesse e escute o *podcast* sobre Aspectos polêmicos do roubo.
> http://uqr.to/1yog9

1.11 Quadro-resumo

Previsão legal	**Roubo** **Art. 157.** Subtrair coisa móvel alheia, para si ou para outrem, mediante grave ameaça ou violência à pessoa, ou depois de havê-la, por qualquer meio, reduzido à impossibilidade de resistência: Pena – reclusão, de quatro a dez anos, e multa. § 1.º Na mesma pena incorre quem, logo depois de subtraída a coisa, emprega violência contra pessoa ou grave ameaça, a fim de assegurar a impunidade do crime ou a detenção da coisa para si ou para terceiro. § 2.º A pena aumenta-se de 1/3 (um terço) até metade: I – (revogado) II – se há o concurso de duas ou mais pessoas; III – se a vítima está em serviço de transporte de valores e o agente conhece tal circunstância; IV – se a subtração for de veículo automotor que venha a ser transportado para outro Estado ou para o exterior; V – se o agente mantém a vítima em seu poder, restringindo sua liberdade; VI – se a subtração for de substâncias explosivas ou de acessórios que, conjunta ou isoladamente, possibilitem sua fabricação, montagem ou emprego. VII – se a violência ou grave ameaça é exercida com emprego de arma branca. § 2.º-A. A pena aumenta-se de 2/3 (dois terços): I – se a violência ou ameaça é exercida com emprego de arma de fogo; II – se há destruição ou rompimento de obstáculo mediante o emprego de explosivo ou de artefato análogo que cause perigo comum. § 2.º-B. Se a violência ou grave ameaça é exercida com emprego de arma de fogo de uso restrito ou proibido, aplica-se em dobro a pena prevista no *caput* deste artigo. § 3.º Se da violência resulta: I – lesão corporal grave, a pena é de reclusão de 7 (sete) a 18 (dezoito) anos, e multa; II – morte, a pena é de reclusão de 20 (vinte) a 30 (trinta) anos, e multa.

Sujeito ativo	Qualquer pessoa
Sujeito passivo	Qualquer pessoa
Objeto material	Coisa subtraída + pessoa que sofre violência ou grave ameaça
Objeto jurídico	Patrimônio + integridade física e liberdade
Elemento subjetivo	Dolo + elemento subjetivo específico
Classificação	Comum Material Forma livre Comissivo Instantâneo Dano Unissubjetivo Plurissubsistente
Tentativa	Admite
Circunstâncias especiais	Figura imprópria Causas de aumento Qualificação pelo resultado Insignificância e uso Consumação Mais de uma causa de aumento Arma branca

2. EXTORSÃO

2.1 Estrutura do tipo penal incriminador

Na lição de FRAGOSO, "a extorsão, como crime autônomo, aparece apenas nas legislações modernas, embora seja possível reconhecer como seus antecedentes históricos, no direito romano, o *crimen repetundarum*, que era a cobrança indevida, praticada mediante ameaça, por funcionário público ou magistrado (...) Ampliaram os práticos estes conceitos, para reconhecer o crime sempre que houvesse o emprego de ameaça para obtenção de vantagem, pelo temor infundido à vítima".[8]

Constranger significa tolher a liberdade, forçando alguém a fazer alguma coisa. É justamente a diferença do roubo, cujo núcleo é *subtrair*, demonstrando que o agente, neste caso, prescinde da colaboração da vítima, pois tem o bem ao seu alcance. É o teor do art. 158 do CP.

A extorsão é uma variante de crime patrimonial muito semelhante ao roubo, pois também implica a subtração violenta ou com grave ameaça de bens alheios. "Cria uma espécie de estado de necessidade, em razão de que quando a ordem se cumpre, quer-se evitar um mal maior".[9]

A diferença concentra-se no fato de a extorsão exigir a participação ativa da vítima *fazendo* alguma coisa, *tolerando que se faça* ou *deixando de fazer* algo em virtude da ameaça

---

[8] *Lições de direito penal* – Parte especial, v. 1, p. 205-206.

[9] LAJE ROS, *La interpretación penal en el hurto, el robo y la extorsión*, p. 348.

ou da violência sofrida.[10] Enquanto no roubo o agente atua sem a participação da vítima, na extorsão o ofendido colabora ativamente com o autor da infração penal. Assim, como exemplo: para roubar um carro, o agente aponta o revólver e retira a vítima do seu veículo contra a vontade desta.

No caso da extorsão, o autor aponta o revólver para o filho do ofendido, determinando que ele vá buscar o carro na garagem da sua residência, entregando-o em outro local predeterminado, onde se encontra um comparsa. Nota-se, pois, que na primeira situação o agente toma o veículo da vítima no ato da grave ameaça, sem que haja *ação* específica do ofendido, que simplesmente não resiste.[11]

Na segunda hipótese, a própria vítima busca o veículo, entregando-o, sob ameaça, a terceiro. E mais: no roubo a coisa desejada está à mão; na extorsão, a vantagem econômica almejada precisa ser alcançada, dependendo da colaboração da vítima. "O roubo se caracteriza porque o ladrão se apodera da coisa que a vítima tem em seu poder, o que não ocorre na extorsão, porque neste caso é a vítima que faz a entrega da coisa ao agente."[12]

É fundamental que a ameaça seja grave o bastante para *constranger*, de fato, a vítima, a ponto de vencer sua resistência, obrigando-a a fazer o que não quer. Do contrário, o delito não se configura.

O termo "indevida" demonstra a presença de um elemento normativo do tipo, de forma que, caso a vantagem exigida seja legítima, pode o agente responder por outro delito, como o exercício arbitrário das próprias razões (art. 345, CP). A vantagem *econômica* demonstra, nitidamente, ser um crime patrimonial.[13]

Sobre as condutas da vítima, *fazer, tolerar que se faça* ou *deixar de fazer* alguma coisa é precisamente a colaboração do ofendido para a configuração do crime de extorsão. É natural deduzir que somente tenha havido concordância porque existiu violência ou grave ameaça, embora seja indispensável que a vítima, de alguma forma, aquiesça ao propósito do autor. Na parte relativa ao "tolerar que se faça", conforme Noronha, "a lei indica o estado do sujeito passivo que admite a ação de outrem, não se opõe, suporta a atividade do agente ou de terceiro, cumprindo notar ser nosso estatuto, neste passo, a exemplo do Código alemão, mais perfeito que o diploma italiano que só usa a expressão 'a fare o ad omettere qualche cosa'".[14]

Muito da extorsão equivale à denominada chantagem. O agente possui algum material comprometedor em relação à vítima (ex.: fotos de um relacionamento extraconjugal) e exige dinheiro para não divulgar a terceiros. O que vulgarmente se chama *chantagem*, tecnicamente, é uma extorsão em grande parte dos casos.

A pena prevista no *caput* do art. 158 do CP é de reclusão, de quatro a dez anos, e multa.

---

[10] "Essa violência pode ser dirigida diretamente sobre a vítima (violência imediata) ou sobre terceira pessoa ou coisa, a que a vítima esteja de tal modo vinculada que sem uma ou outra fica tolhida na sua faculdade de ação (violência mediata)" (João Florêncio de Salles Gomes Junior, *O crime de extorsão no direito penal brasileiro*, p. 34).

[11] No mesmo sentido, Bento de Faria, *Código Penal brasileiro comentado*, v. 5, p. 58.

[12] Laje Ros, *La interpretación penal en el hurto, el robo y la extorsión*, p. 346.

[13] Igualmente, Bento de Faria, *Código Penal brasileiro comentado*, v. 5, p. 63.

[14] *Direito penal*, v. 2, p. 306.

2.1.1 Flanelinhas e similares

Os indivíduos, conhecidos por *flanelinhas*, são aqueles que, a pretexto de vigiar o carro de determinada pessoa, ao estacionar em plena via pública, *cobram* por isso. No entanto, não é uma simples cobrança, em várias oportunidades, mas uma ameaça – velada ou expressa – de que poderão danificar o veículo, caso não lhes seja paga determinada quantia, geralmente exorbitante.

Em primeiro lugar, a conduta é ilícita porque o carro está na rua, local público, o que independe de qualquer pagamento, como regra. Em segundo, pagar certa quantia depende da vontade exclusiva do proprietário do automóvel, não podendo haver qualquer espécie de coerção. Em suma, a conduta é, no mínimo, irregular. Outra modalidade de *flanelinha* é aquele que, no semáforo, constrange o motorista a lhe pagar certa quantia para *lavar* o para-brisa do carro.

Geralmente, o constrangimento é realizado por meio de súplicas sucessivas. Cuida-se de coerção emocional, não se podendo nem mesmo considerar ilícita, pois até mesmo a contravenção de mendicância não mais subsiste. Por outro lado, há quem exija o pagamento de qualquer valor, batendo no vidro e ameaçando o motorista. Como regra, no entanto, tais condutas não chegam a ponto de configurar o delito de extorsão, cuja pena é a mesma do roubo. Contudo, não se pode descartar completamente a tipificação no art. 158, pois o constrangimento pode ser efetivo e grave, com ameaça crível e virulenta, de modo a atemorizar a vítima, que outra alternativa não vê a não ser pagar o valor demandado. Portanto, depende-se da verificação de cada caso concreto.

2.1.2 Alegação de ingresso com ação judicial

Tal medida não configura ameaça ilícita a ponto de caracterizar o crime de extorsão (ou mesmo o delito de ameaça). Cuida-se de um *direito* de qualquer pessoa, previsto na Constituição Federal (nenhuma lesão de direito será excluída da apreciação do Judiciário). Portanto, quem afirma que, se tal medida ou conduta não for concretizada, ingressará em juízo, nada mais faz do que alertar sobre o exercício de um direito.

2.2 Sujeitos ativo e passivo

Podem ser qualquer pessoa. No tocante à atuação da vítima, quando é constrangida, pode haver tempo de chamar apoio policial. Essa intervenção de agentes estatais, para acompanhá-la na entrega do dinheiro, por exemplo, em local marcado com o extorsionário, não transforma o flagrante em preparado, constituindo crime impossível. Afinal, o crime já teve início de forma livre e está caracterizado.[15]

---

[15] No mesmo prisma, João Florêncio de Salles Gomes Junior, *O crime de extorsão no direito penal brasileiro*, p. 41.

2.3 Elemento subjetivo

Pune-se a extorsão quando houver dolo. Inexiste a forma culposa. Exige-se, ainda, o elemento subjetivo específico ou o dolo específico, consistente na expressão "com o intuito de obter...".

2.4 Consumação

Em que pese defendermos ser a extorsão um crime formal (não exige o resultado naturalístico consistente na redução do patrimônio da vítima),[16] ainda há alguns aspectos a considerar no tocante ao momento consumativo.

Ocorre que há, fundamentalmente, três estágios para o cometimento da extorsão: 1.º) o agente constrange a vítima, valendo-se de violência ou grave ameaça; 2.º) a vítima age, por conta disso, fazendo, tolerando que se faça ou deixando de fazer alguma coisa; 3.º) o agente obtém a vantagem econômica almejada.

Este último estágio é apenas configurador do seu objetivo ("com o intuito de..."), não sendo necessário estar presente para concretizar a extorsão. Entretanto, o simples constrangimento, sem que a vítima atue, não passa de uma tentativa. Para a consumação, portanto, cremos mais indicado atingir o segundo estágio, isto é, quando a vítima cede ao constrangimento imposto e faz ou deixa de fazer algo. Sobre o tema, conferir a Súmula 96 do STJ: "O crime de extorsão consuma-se independentemente da obtenção da vantagem indevida".

2.5 Objetos material e jurídico

O objeto material é a pessoa que sofre a violência ou a grave ameaça; os objetos jurídicos são o patrimônio da vítima, bem como a sua integridade física e a sua liberdade. "Diante da revelação dessa pluriofensividade, é de se notar que a invariável elementar do crime de extorsão nos será dado justamente pelas relações estabelecidas entre os seus dois sentidos complementares (ofensa ao patrimônio + ofensa à liberdade individual) de forma que, enquanto a finalidade do agente empresta à ação típica o seu sentido ofensivo ao patrimônio, esta, por sua vez, ao receber essa influência, transforma-se e assume uma feição especial, na qual a ofensa à liberdade individual se mostra, mais especificamente, como uma ofensa à liberdade de disposição patrimonial. Estabelece-se a própria identidade do crime de extorsão (...)."[17]

2.6 Classificação

Trata-se de crime comum (aquele que não demanda sujeito ativo qualificado ou especial); formal (delito que não exige resultado naturalístico necessário, configurando-se com o constrangimento imposto à vítima); de forma livre (podendo ser cometido por qualquer meio eleito pelo agente); comissivo ("constranger" implica ação); instantâneo (cujo resultado se dá de maneira instantânea, não se prolongando no tempo); de dano (consuma-se apenas

---

[16] Em sentido contrário: "em razão da própria natureza da conduta que o legislador foi descrever, o crime de extorsão mostra-se inequivocamente como um crime material que se consuma, em nosso ordenamento jurídico, no momento em que a vítima realiza a ação ou omissão que lhe fora imposta pelo agente" (João Florêncio de Salles Gomes Junior, *O crime de extorsão no direito penal brasileiro*, p. 62). Discordamos, pois quando a vítima cede ao constrangimento e principia a fazer o que a lei não manda, ou seja, segue a vontade do agente, consuma-se o delito. Se o ofendido entrega a vantagem, está-se na fase de exaurimento.

[17] *O crime de extorsão no direito penal brasileiro*, p. 38.

Cap. II – Roubo e Extorsão • Parte 2

com efetiva lesão a um bem jurídico tutelado); unissubjetivo (que pode ser praticado por um só agente); plurissubsistente (em regra, vários atos integram a conduta); admite tentativa.[18]

2.7 Causas de aumento de pena

Constitui causa de aumento de 1/3 até metade quando o crime for cometido por duas ou mais pessoas ou com emprego de arma, conforme dispõe o art. 158, § 1.º. A prática da extorsão por duas ou mais pessoas representa um meio de execução contra o qual a vítima tem menor possibilidade de resistência. Quanto ao emprego de arma, esta pode ser classificada em *própria* (instrumento destinado a ser usado apenas como arma ofensiva ou defensiva: revólver, pistola, espada, adaga etc.) e *imprópria* (instrumento que não é fabricado para se tornar arma, mas é possível que isso ocorra: faca de cozinha ou churrasco, machado, martelo, foice etc.). Não havendo nenhuma distinção apontada nesse tipo penal, valem ambas as espécies de armas para o emprego da causa de aumento. Afinal, a vítima corre maior perigo de se lesionar quando o agente utiliza uma arma para vencer a sua resistência. No crime de roubo, o legislador entendeu por bem afastar as armas impróprias e outras que não sejam *de fogo* do contexto das causas de aumento do § 2.º do art. 157; no entanto, criou o § 2.º-A, no qual indicou um aumento de 2/3 para quem usar arma de fogo (arma própria) ou explosivos para o cometimento do roubo.

2.7.1 Paralelo entre roubo com arma de fogo e extorsão com qualquer arma

Não existe nenhum empecilho que, por política criminal, o legislador eleja modificar o cenário de um dos crimes (roubo), deixando o outro (extorsão), embora similar, da maneira como sempre foi. Não cabe ao Judiciário intervir e tentar equiparar ambos *à força* de uma interpretação enganosa. É preciso lembrar que o roubo é muito mais frequente do que a prática da extorsão. E o roubo com emprego de arma de fogo, também, é o modo mais ofensivo e comum. Por isso, elevou-se o aumento para este último caso, acrescentando o uso de explosivos para romper obstáculos – fenômeno recente, utilizado para destruir caixas eletrônicos e cofres de banco. Da mesma maneira que o uso da arma de fogo na extorsão não elevará a pena em mais 2/3, o uso de qualquer arma (própria ou imprópria) serve para aumentar a pena em quantidade variável de 1/3 até metade.

2.8 Crime qualificado pelo resultado lesão grave ou morte (art. 158, § 2.º)

Ver comentários ao art. 157, § 3.º, pois o aumento previsto no art. 9.º da Lei 8.072/1990 também se tornou inviável para a hipótese de extorsão, com resultado morte.

2.9 Sequestro relâmpago

A Lei 11.923/2009 criou a figura típica do *sequestro relâmpago*, inserindo no art. 158, § 3.º, do Código Penal uma circunstância nova de execução do crime de extorsão, bem como a previsão da possibilidade de dois resultados qualificadores (lesão grave e morte).

No mesmo parágrafo, houve o aproveitamento para a inclusão de uma qualificadora (crime cometido mediante a restrição da liberdade da vítima, sendo essa a condição necessária para a obtenção da vantagem econômica), com pena de reclusão, de 6 a 12 anos, e multa,

---

[18] GOMES JUNIOR demonstra que FRAGOSO, BITENCOURT e ROGÉRIO GRECO admitem a hipótese da tentativa do crime de extorsão (*O crime de extorsão no direito penal brasileiro*, p. 66).

mas também trouxe a figura qualificada pelo resultado, ou seja, se do sequestro relâmpago advier lesão grave, a pena será de reclusão, de 16 a 24 anos; se ocorrer morte, a pena será de reclusão, de 24 a 30 anos.

Em primeiro lugar, convém destacar inexistir qualquer conflito aparente de normas ou confusão legislativa pela simples vigência do disposto no art. 157, § 2.º, V, do Código Penal ("se o agente mantém a vítima em seu poder, restringindo sua liberdade"). Já sustentávamos anteriormente, conforme se constata nos comentários a esse dispositivo, ser inaplicável a causa de aumento do art. 157, § 2.º, V, ao caso do sequestro relâmpago. Para tal situação, seria necessária a tipificação em roubo seguido de sequestro, por ausência de outra figura específica. A partir da inclusão do § 3.º ao art. 158, passa-se ao tipo preciso de extorsão, cujo constrangimento é voltado à restrição da liberdade da vítima como forma de pressão para a obtenção de vantagem econômica. Não mais se aplica o concurso de crimes (roubo + sequestro), inserindo-se o caso concreto, denominado vulgarmente de *sequestro relâmpago*, na figura nova. Jamais houve confusão entre roubo e extorsão. Quando o agente ameaça a vítima portando uma arma de fogo, exigindo a entrega do automóvel, por exemplo, cuida-se de roubo. A coisa desejada, afinal, está à vista e à disposição do autor do roubo.

Caso o ofendido se negue a entregar, pode sofrer violência, ceder e o agente leva o veículo do mesmo modo. Porém, no caso da extorsão, há um constrangimento, com violência ou grave ameaça, que *exige*, necessariamente, a colaboração da vítima. Sem essa colaboração, por maior que seja a violência efetivada, o autor da extorsão não obtém o almejado. Por isso, obrigar o ofendido a empreender saque em banco eletrônico é extorsão – e não roubo. Sem a participação da vítima, fornecendo a senha, a coisa objetivada (dinheiro) não é obtida. Logo, obrigar o ofendido, *restringindo-lhe* (limitar, estreitar) a liberdade, constituindo esta restrição o instrumento para exercer a grave ameaça e provocar a colaboração da vítima, é exatamente a figura do art. 158, § 3.º, do Código Penal. Permanece o art. 157, § 2.º, V, do Código Penal para a hipótese mais rara de o agente desejar o carro da vítima, ilustrando, levando-a consigo por um período razoável, de modo a se certificar da inexistência de alarme ou trava eletrônica. É um roubo, com restrição limitada da liberdade, de modo a garantir a posse da coisa, que *já tem em seu abrigo*. Entretanto, rodar com a vítima pela cidade, restringindo-lhe a liberdade, como forma de obter a coisa almejada, contando com a colaboração do ofendido, insere-se na extorsão mediante restrição à liberdade. Finalmente, a nova figura também não se confunde com a extorsão mediante sequestro, tendo em vista que, nesta última hipótese, a privação (destituir, tolher) da liberdade é mais que evidente, ingressando o ofendido em cárcere, até que haja a troca da vantagem como condição ou preço do resgate.

2.9.1 Proporcionalidade das penas

Pode-se dizer, em primeira análise, que as penas previstas para a nova figura típica são muito elevadas e não estariam em harmonia com outros delitos. Afinal, somente para o sequestro relâmpago, prevê-se sanção de reclusão de 6 a 12 anos. Porém, em nosso entendimento, há perfeita proporcionalidade. A extorsão cometida com emprego de arma ou por duas ou mais pessoas pode redundar na pena de 5 anos e 4 meses a 15 anos de reclusão. Ora, a extorsão com restrição à liberdade que, invariavelmente, é cometida com emprego de arma e mediante concurso de duas ou mais pessoas, atinge 6 a 12 anos.

Está aquém do mal cometido contra a vítima, que, além de sofrer o constrangimento mediante emprego de arma e concurso de pessoas, como regra, ainda tem a liberdade restringida, sofrendo trauma psicológico, em grande parte das vezes. O mesmo se diga do roubo com emprego de arma ou concurso de duas ou mais pessoas (reclusão, de 5 anos e 4 meses a 15 anos). Comparar a nova penalidade do sequestro relâmpago com crimes sexuais, por exemplo, afirmando que os seis anos de pena mínima do delito de estupro fere a proporcionalidade implica não analisar o contexto global. O fato de ser grave o delito de estupro não elimina, em hipótese alguma, a igual ou superior gravidade do sequestro relâmpago. Ademais, o que sempre nos pareceu lesão à proporcionalidade é o esquecimento do crime de homicídio, que fere o mais relevante bem jurídico – a vida humana.

Não se pode mais sustentar a pena do homicídio simples em singelos seis anos. Afinal, se o estupro e o sequestro relâmpago merecem, como pena mínima, seis anos, algo está errado. E o equívoco deve-se à mantença da pena do delito de homicídio em *apenas* seis anos. Se quisermos debater a proporcionalidade das penas eleitas pelo Legislativo, poderíamos começar com o crime previsto no art. 273 (falsificação, corrupção, adulteração ou alteração de produto destinado a fins terapêuticos ou medicinais), que é infração de perigo, com pena de reclusão de 10 a 15 anos *e considerado hediondo*. Se muitos erros existem na legislação penal brasileira, não nos parece seja no tocante à pena do sequestro relâmpago. Por derradeiro, se houver lesão grave ou morte à vítima, optou o legislador pela sanção prevista para a outra modalidade de extorsão, prevista no art. 159. Não fugiu, portanto, de um padrão de comparação. Estaria equivocada a previsão do art. 159, §§ 2.º e 3.º, do CP? Haveria lesão à proporcionalidade? Eis outro passo importante para debater a questão. No entanto, se essas penalidades forem consideradas justas, nada impede, por política criminal, a fixação de igualdade no tocante à outra modalidade de extorsão, que também fere o direito à liberdade, consistente no sequestro relâmpago.

Em contrário, consulte-se a posição de Cezar Roberto Bitencourt, sustentando a violação ao princípio da proporcionalidade e a inconstitucionalidade das penas cominadas.[19]

2.9.2 Tipo remissivo

Optou o legislador por criar uma forma de remissão no tocante às sanções previstas para os possíveis resultados qualificadores. Por isso, quando, da prática do sequestro relâmpago, ocorrer lesão grave, a pena será de reclusão, de 16 a 24 anos (cf. art. 159, § 2.º, CP); se ocorrer morte, a pena será de reclusão, de 24 a 30 anos (cf. art. 159, § 3.º, CP).

2.9.3 Ausência do rol dos crimes hediondos

Houve, em nossa visão, erro do legislador, ao não considerar como crime hediondo a forma qualificada, com resultado lesão grave ou morte. É impossível, por analogia in malam partem, corrigir o equívoco. A forma eleita para transformar delitos em hediondos é a inserção no rol do art. 1.º da Lei 8.072/1990.

A partir da edição da Lei 13.964/2019, esta figura está inserida na lista dos delitos hediondos. Somente se considerará a hediondez dos crimes de extorsão quando forem cometidos a partir do final de janeiro de 2020. A lei prejudicial ao réu não pode retroceder (art. 5.º, XL, CF).

---

[19] *Tratado de direito penal*, v. 3, p. 147-151.

2.10 Quadro-resumo

Previsão legal	**Extorsão** **Art. 158.** Constranger alguém, mediante violência ou grave ameaça, e com o intuito de obter para si ou para outrem indevida vantagem econômica, a fazer, tolerar que se faça ou deixar de fazer alguma coisa: Pena – reclusão, de quatro a dez anos, e multa. § 1.º Se o crime é cometido por duas ou mais pessoas, ou com emprego de arma, aumenta-se a pena de um terço até metade. § 2.º Aplica-se à extorsão praticada mediante violência o disposto no § 3.º do artigo anterior. § 3.º Se o crime é cometido mediante a restrição da liberdade da vítima, e essa condição é necessária para a obtenção da vantagem econômica, a pena é de reclusão, de 6 (seis) a 12 (doze) anos, além da multa; se resulta lesão corporal grave ou morte, aplicam-se as penas previstas no art. 159, §§ 2.º e 3.º, respectivamente. A partir da edição da Lei 13.964/2019, esta figura está inserida na lista dos delitos hediondos.
Sujeito ativo	Qualquer pessoa
Sujeito passivo	Qualquer pessoa
Objeto material	Pessoa que sofre a violência e grave ameaça
Objeto jurídico	Patrimônio + integridade física e liberdade
Elemento subjetivo	Dolo + elemento subjetivo específico
Classificação	Comum Formal Forma livre Comissivo Instantâneo Dano Unissubjetivo Plurissubsistente
Tentativa	Admite
Circunstâncias especiais	Sequestro relâmpago

3. EXTORSÃO MEDIANTE SEQUESTRO

3.1 Estrutura do tipo penal incriminador

Sequestrar significa tirar a liberdade, isolar, reter a pessoa. Tal fato constitui crime autônomo (art. 148, CP), quando a finalidade do agente é, realmente, insular a vítima. Entretanto, havendo finalidade específica, consistente na obtenção de vantagem patrimonial, torna-se uma modalidade de extorsão. É o previsto no art. 159 do CP.

A *condição* é uma obrigação que se impõe à(s) vítima(s) para que possa haver a libertação. O *preço* é a recompensa ou o prêmio que proporcionará a libertação.

Quanto à vantagem, há duas posições:

a) tendo em vista que o tipo penal menciona *qualquer* vantagem, não importa seja ela econômica ou não, devida ou indevida;

b) levando-se em conta que o tipo penal é uma extorsão cometida através de um sequestro, estando no contexto dos crimes patrimoniais, ela deve ser econômica.

Preferimos esta última corrente, pois o crime do art. 159 tem o mesmo *nomen juris* do anterior, ou seja, extorsão, que é nitidamente patrimonial, não só porque fala em obtenção de *vantagem econômica*, mas também porque é crime contra o patrimônio. Ora, a extorsão mediante sequestro é a maneira de se obter a vantagem econômica, valendo-se da privação da liberdade de uma pessoa.

O resgate tem um preço, que necessita da conotação patrimonial. Não vemos sentido algum em incluir um crime cujo resultado visado pode ser ofensivo a outros bens jurídicos, que não o patrimônio, neste cenário. Se o legislador olvidou, no tipo penal, a palavra "econômica", para designar a vantagem – erros, aliás, são bastante comuns na elaboração de leis –, não quer isso dizer que o intérprete deva ficar circunscrito à literalidade da norma. Ademais, para extrair o real significado e o alcance do tipo penal incriminador, deve-se, sempre, promover o seu confronto com os demais tipos que fazem parte do mesmo capítulo em que está situado no Código Penal. Por isso, cremos que a extorsão mediante sequestro não passa de uma extorsão, cujo objetivo é uma vantagem econômica, praticada por meio particularizado, que é a privação da liberdade da vítima.

Assim também a posição de MAGALHÃES NORONHA: "O Código fala em *qualquer* vantagem, não podendo o adjetivo referir-se à *natureza* desta, pois ainda aqui, evidentemente, ela há de ser, como no art. 158, *econômica*, sob pena de não haver razão para o delito ser classificado no presente título".[20] Por outro lado, acompanhamos a posição majoritária que defende ser necessário ser a vantagem *indevida*, pois, caso seja devida, a pena ficaria extremamente desproporcional. Assim, havendo sequestro para obtenção de vantagem devida, é mais justo punir por sequestro em concurso com exercício arbitrário das próprias razões.

A pena prevista no *caput* do art. 159 é de reclusão, de oito a quinze anos.

3.1.1 Consumação

Tratando-se de crime formal, pune-se a mera atividade de sequestrar pessoa, tendo a finalidade de obter resgate. Assim, embora o agente não consiga a vantagem almejada, o delito está consumado quando a liberdade da vítima é cerceada. Por outro lado, convém destacar que o crime de extorsão mediante sequestro está consumado, do mesmo modo, ainda que o agente, privando a liberdade da vítima, *com a intenção de pleitear resgate*, não tenha tempo para fazê-lo.

Imagine-se que tenha sido preso *antes* de concretizar a exigência para a libertação da vítima, porém fique, claramente, demonstrado, nos autos da investigação ou do processo, ter sido essa a sua intenção quando agiu contra o ofendido: o delito está finalizado, não se cuidando de mera tentativa.

3.2 Sujeitos ativo e passivo

Tanto o sujeito ativo quanto o passivo podem ser qualquer pessoa.

---

[20] *Direito penal*, v. 2, p. 320.

3.3 Elemento subjetivo

É o dolo, que deve abranger os elementos objetivos do tipo. Não há a forma culposa. Exige-se, ainda, o elemento subjetivo específico – "com o fim de obter, para si ou para outrem, qualquer vantagem, como condição ou preço do resgate".

É o dolo específico na doutrina tradicional.

3.4 Objetos material e jurídico

O objeto material é a pessoa privada da sua liberdade, bem como aquela que perde o patrimônio, e o objeto jurídico é tanto o patrimônio quanto a liberdade do indivíduo.

3.5 Classificação

Trata-se de crime comum (aquele que não demanda sujeito ativo qualificado ou especial); formal (delito cujo resultado naturalístico previsto no tipo penal – recebimento do resgate – pode não ocorrer, contentando-se, para a sua configuração, com a conduta de sequestrar); de forma livre (podendo ser cometido por qualquer meio eleito pelo agente); comissivo ("sequestrar" implica ação); dano (a consumação sempre lesa um bem jurídico tutelado); permanente (o resultado se prolonga no tempo); unissubjetivo (que pode ser praticado por um só agente); plurissubsistente (em regra, vários atos integram a conduta); admite tentativa. Trata-se de crime hediondo (Lei 8.072/1990).

3.6 Figuras qualificadas

As hipóteses do § 1.º constituem qualificadoras, pois são circunstâncias mais graves que servem para aumentar, abstratamente, o mínimo e o máximo previstos para a pena.

A pena é de reclusão, de doze a vinte anos.

3.6.1 Duração superior a 24 horas

Quando a privação da liberdade da vítima tiver prazo superior a 24 horas, o delito torna-se qualificado, tendo em vista o maior perigo gerado para o ofendido, inclusive à sua saúde, diante do estresse enfrentado.

3.6.2 Sequestro de menor de 18 anos

A proteção é maior às vítimas menores de 18 anos, mais frágeis e ainda em formação da personalidade, que podem sofrer abalos psicológicos gravíssimos pela privação arbitrária da sua liberdade.

3.6.3 Sequestro de idoso

Trata-se de introdução proporcionada pelo Estatuto do Idoso. Não há dúvida de que a pessoa maior de 60 anos, pela fragilidade natural de sua situação física e mental, pode sofrer um trauma inigualável se for vítima de um sequestro. Se o menor de 18 anos, que ainda está formando sua personalidade, pode sofrer abalo psicológico de monta (vide nota anterior), o maior de 60 anos encontra-se na plena maturidade de sua existência, merecendo respeito e tratamento digno. Envelhecer é processo natural da vida, devendo a sociedade zelar para o bem-estar da pessoa idosa, registrando-se o disposto no art. 8.º da Lei 10.741/2003: "O envelhecimento é um direito personalíssimo e a sua proteção um direito social, nos termos desta Lei e da legislação vigente".

3.6.4 Bando ou quadrilha

Valeu-se o tipo penal da figura específica prevista no art. 288 do Código Penal, atualmente modificado pela Lei 12.850/2013, intitulando-se *associação criminosa*. Desse modo, é necessária a prova de que três ou mais pessoas se associaram com a finalidade específica de cometer crimes. Não se trata, nesse caso, de uma mera associação eventual, pois, se assim fosse, deveria o legislador ter feito constar apenas o "concurso de mais de ... pessoas". Nessa hipótese, o crime de associação criminosa (art. 288, CP) resta absorvido pela figura qualificada da extorsão mediante sequestro.

3.7 Fato que dá margem ao resultado qualificador

Entende-se ser o sequestro, pois o núcleo do tipo é "sequestrar pessoa", sendo este o fato principal, nos termos do art. 159, § 2.º. A meta a ser atingida – obtenção do resgate – não é nem exigível para a consumação do delito.

Demanda-se, somente, se do fato resultar lesão grave à vítima (reclusão, de 16 a 24 anos).

3.8 Forma qualificada pelo resultado

Este próximo § 3.º constitui figura pertinente ao delito agravado pelo resultado. Se do fato resultar morte, a pena sofre a elevação para reclusão, de 24 a 30 anos. Diversamente do roubo (art. 157, § 3.º, CP), onde constou "se da *violência* resulta lesão grave ou morte", neste caso mencionou o tipo penal apenas "se do *fato* resulta lesão grave ou morte", o que significa, portanto, qualquer espécie de violência (física ou moral). Ex.: se durante um sequestro, em razão da forte pressão emocional exercida contra a vítima privada de sua liberdade, ela sofre um ataque cardíaco e morre, cuida-se da figura qualificada prevista no art. 159, § 3.º.

3.9 Inviabilidade de aplicação do art. 9.º da Lei 8.072/1990

A Lei dos Crimes Hediondos estabeleceu, no referido art. 9.º, que a pena da extorsão mediante sequestro (art. 159, *caput*, §§ 1.º, 2.º e 3.º) deve ser acrescida da metade, respeitado o limite superior de 30 anos, se a vítima estiver em qualquer das hipóteses do art. 224 do Código Penal. Esse artigo, entretanto, foi revogado pela Lei 12.015/2009, pois enumerava as pessoas até 14 anos de idade, alienadas ou débeis mentais e que não pudessem opor resistência por qualquer motivo. Era a chamada *presunção de violência*. Outros tipos penais foram criados pela referida Lei 12.015/2009, envolvendo essas pessoas mais vulneráveis a agressões sexuais. De todo modo, deixa de existir parâmetro válido para a aplicação do art. 9.º da Lei 8.072/1990, vez que a norma penal de referência (art. 224, CP) foi revogada.

Em boa hora, pois se chegava ao absurdo de a pena mínima coincidir com a máxima. Assim, praticar extorsão mediante sequestro com resultado morte contra menor de 14 anos levava o juiz a fixar a pena mínima de 30 anos (24 anos + metade, reduzida a 30), que era também o máximo permitido. Em nosso entendimento, havia lesão ao princípio constitucional da individualização da pena (art. 5.º, XLVI, CF), tornando a aplicação do aumento inconstitucional. Entretanto, a questão está superada.

3.10 Delação premiada

A Lei 8.072/1990, que instituiu os crimes hediondos, houve por bem criar, no Brasil, a delação premiada, que significa a possibilidade de se reduzir a pena do criminoso que entregar o(s) comparsa(s) (art. 159, § 4.º). É o "dedurismo" oficializado, que, apesar de moralmente criticável por alguns, deve ser incentivado em face do aumento contínuo do crime organizado. É um mal necessário, pois trata-se da forma mais eficaz de se quebrar a espinha dorsal das quadrilhas, permitindo que um de seus membros possa se arrepender, entregando a atividade dos demais e proporcionando ao Estado resultados positivos no combate à criminalidade.

A pena pode ser reduzida de um a dois terços.

3.10.1 Requisitos da delação premiada

Para a delação produzir a redução da pena do réu, é necessário que o delito tenha sido cometido por, pelo menos, duas pessoas, já que se fala em "concurso" e "concorrente". Logo, seja o denunciante coautor ou partícipe, poderá usufruir do benefício.

Qualquer autoridade capaz de levar o caso à solução almejada, causando a libertação da vítima (delegado, juiz, promotor, entre outros).

Observa-se ser requisito fundamental ocorrer a libertação da pessoa sequestrada. Sem esta, não há aplicação do prêmio para a delação, que, no caso presente, não se liga unicamente à identificação e à prisão dos responsáveis pelo crime. Por outro lado, é indispensável que a informação prestada pelo agente delator seja útil para a referida libertação (vide o emprego do verbo "facilitando"). Se a libertação for conseguida por outros meios, sem o uso da informação prestada pelo denunciante, não se aplica a redução da pena.

3.11 Quadro-resumo

Previsão legal	**Extorsão mediante sequestro**
	Art. 159. Sequestrar pessoa com o fim de obter, para si ou para outrem, qualquer vantagem, como condição ou preço do resgate:
	Pena – reclusão, de oito a quinze anos.
	§ 1.º Se o sequestro dura mais de 24 (vinte e quatro) horas, se o sequestrado é menor de 18 (dezoito) ou maior de 60 (sessenta) anos, ou se o crime é cometido por bando ou quadrilha:
	Pena – reclusão, de doze a vinte anos.
	§ 2.º Se do fato resulta lesão corporal de natureza grave:
	Pena – reclusão, de dezesseis a vinte e quatro anos.
	§ 3.º Se resulta a morte:
	Pena – reclusão, de vinte e quatro a trinta anos.
	§ 4.º Se o crime é cometido em concurso, o concorrente que o denunciar à autoridade, facilitando a libertação do sequestrado, terá sua pena reduzida de um a dois terços.
Sujeito ativo	Qualquer pessoa
Sujeito passivo	Qualquer pessoa
Objeto material	Pessoa privada da liberdade e quem perde o patrimônio
Objeto jurídico	Patrimônio + integridade física e liberdade

Elemento subjetivo	Dolo + elemento subjetivo específico
Classificação	Comum Formal Forma livre Comissivo Permanente Dano Unissubjetivo Plurissubsistente
Tentativa	Admite
Circunstâncias especiais	Qualificadoras Qualificação pelo resultado Delação premiada

4. EXTORSÃO INDIRETA

4.1 Estrutura do tipo penal incriminador

Exigir significa ordenar ou reclamar, enquanto *receber* quer dizer aceitar ou acolher. Portanto, a extorsão indireta ocorre quando o agente ordena ou aceita, como garantia de uma dívida, abusando da vítima, um documento passível de gerar um procedimento criminal contra alguém. Imagine-se a situação daquele que, necessitando muito de um empréstimo e pretendendo convencer a pessoa que lhe emprestará a quantia de que irá pagar, entrega, voluntariamente, nas mãos do credor um cheque sem suficiente provisão de fundos. O simples fato de o credor aceitar tal oferta já configura o delito, pois sabe que, no futuro, poderá apresentar o cheque e enquadrar o devedor na figura do estelionato. É o teor do art. 160 do CP.

A dívida existente entre autor e vítima pode ser resultante de contrato, título extrajudicial ou qualquer outra forma de obrigação. É possível que a dívida, conforme a sua constituição, seja ilícita, como a que decorre de um empréstimo a juros exorbitantes.

Abusar significa exagerar, usando de modo inconveniente alguma coisa. No caso presente, indica-se, claramente, que o credor, aproveitando-se da situação do devedor – que sempre é de inferioridade pelo simples fato de *dever* –, exige ou recebe algo indevido.

Segundo o disposto no Código de Processo Penal, considera-se documento "quaisquer escritos, instrumentos ou papéis, públicos ou particulares" (art. 232). Os relevantes para a composição deste tipo penal são aqueles que podem proporcionar a instauração de uma ação penal ou inquérito policial contra alguém, como o cheque sem fundos, a duplicata fria, a confissão da prática de um delito etc.

Quanto à potencialidade lesiva do documento, não se exige que o documento efetivamente cause a instauração de uma ação penal ou de um inquérito policial contra a vítima, mas simplesmente que *possa* provocar esse resultado.

Ao mencionar singelamente *procedimento criminal*, o tipo penal sinalizou tanto para a ação penal quanto para o inquérito policial, um de natureza jurisdicional e o outro de natureza administrativa. É natural supor, no entanto, que, em última análise, pensou-se na hipótese da ação penal, pois o inquérito é meramente preparatório desta.

Confira-se a ilustração dada por André Estefam: "imagine, por exemplo, uma pessoa que, em desesperadora situação financeira, entregue ao credor, como garantia de dívida, documento em que confessa ter praticado determinado delito. A extorsão indireta restará configurada, de vez o instrumento recebido pelo sujeito é hábil para iniciar procedimento investigatório criminal em face do ofendido, o qual poderá ser chantageado no futuro. Pode-se cogitar, ainda, do exemplo em que se dá a entrega de documento falsificado pelo devedor, o que, em poder do credor, poderá ser utilizado para dar ensejo à instauração de inquérito policial contra aquele".[21]

A pena prevista no art. 160 do CP é de reclusão, de um a três anos, e multa.

4.2 Sujeitos ativo e passivo

O sujeito ativo é o credor de uma dívida, enquanto o sujeito passivo é o devedor, que entrega o documento ao agente, ou terceira pessoa que pode ser prejudicada pela apresentação do documento às autoridades. Note-se que o tipo penal refere-se a "vítima", demonstrando, com nitidez, ser o devedor, que entregou peça importante para sua segurança nas mãos do algoz.

4.3 Elemento subjetivo

É o dolo, que envolve, inclusive, a noção de estar abusando da vítima. Não existe a forma culposa. Admite-se, ainda, o elemento subjetivo específico, consistente na finalidade de garantir uma dívida.[22]

4.4 Objetos material e jurídico

O objeto material é o documento que sofre a conduta criminosa, finalidade maior do autor; o objeto jurídico é tanto o patrimônio, quanto a liberdade da vítima.

4.5 Classificação

Trata-se de crime próprio (aquele que demanda sujeito ativo qualificado ou especial – no caso presente, é o credor da dívida); formal (delito que não exige resultado naturalístico, consistente no efetivo prejuízo para a vítima, seja pela diminuição do seu patrimônio, seja pelo perigo de sofrer um procedimento criminal); de forma vinculada (o tipo penal impõe o modo pelo qual a extorsão é praticada: exigindo-se ou recebendo-se documento); comissivo ("exigir" ou "receber" implicam ações); instantâneo (cujo resultado se dá de maneira instantânea, não se prolongando no tempo); dano (há lesão ao bem jurídico tutelado); unissubjetivo (que pode ser praticado por um só agente); plurissubsistente (em regra, vários atos integram a conduta); admite tentativa. Há quem defenda que na forma "exigir" o crime é formal e na forma "receber" é material, embora, com a devida vênia, não concordemos com tal posição. O crime é sempre formal. O resultado naturalístico previsto no tipo penal, que não se exige seja atingido, não é o mero recebimento do documento, mas sim a possibilidade de dar causa à instauração de um procedimento criminal. Assim, em ambas as formas o delito é formal.

---

[21] *Direito penal*, v. 2, p. 449.

[22] No mesmo sentido: Noronha, *Direito penal*, v. 2, p. 330.

4.6 Quadro-resumo

Previsão legal	**Extorsão indireta** **Art. 160.** Exigir ou receber, como garantia de dívida, abusando da situação de alguém, documento que pode dar causa a procedimento criminal contra a vítima ou contra terceiro: Pena – reclusão, de um a três anos, e multa.
Sujeito ativo	Credor da dívida
Sujeito passivo	Devedor
Objeto material	Documento que sofre a conduta criminosa
Objeto jurídico	Patrimônio + liberdade
Elemento subjetivo	Dolo + elemento subjetivo específico
Classificação	Próprio Formal Forma vinculada Comissivo Instantâneo Dano Unissubjetivo Plurissubsistente
Tentativa	Admite

RESUMO DO CAPÍTULO

	Roubo Art. 157	Extorsão Art. 158	Extorsão mediante sequestro Art. 159	Extorsão indireta Art. 160
Sujeito ativo	Qualquer pessoa	Qualquer pessoa	Qualquer pessoa	Credor da dívida
Sujeito passivo	Qualquer pessoa	Qualquer pessoa	Qualquer pessoa	Devedor
Objeto material	Coisa subtraída + pessoa que sofre violência ou grave ameaça	Pessoa que sofre a violência e grave ameaça	Pessoa privada da liberdade e quem perde o patrimônio	Documento que sofre a conduta criminosa
Objeto jurídico	Patrimônio + integridade física e liberdade	Patrimônio + integridade física e liberdade	Patrimônio + integridade física e liberdade	Patrimônio + liberdade
Elemento subjetivo	Dolo + elemento subjetivo específico	Dolo + elemento subjetivo específico	Dolo + elemento subjetivo específico	Dolo + elemento subjetivo específico

	Roubo Art. 157	Extorsão Art. 158	Extorsão mediante sequestro Art. 159	Extorsão indireta Art. 160
Classificação	Comum Material Forma livre Comissivo Instantâneo Dano Unissubjetivo Plurissubsistente	Comum Formal Forma livre Comissivo Instantâneo Dano Unissubjetivo Plurissubsistente	Comum Formal Forma livre Comissivo Permanente Dano Unissubjetivo Plurissubsistente	Próprio Formal Forma vinculada Comissivo Instantâneo Dano Unissubjetivo Plurissubsistente
Tentativa	Admite	Admite	Admite	Admite
Circunstâncias especiais	Figura imprópria Causas de aumento Qualificação pelo resultado Insignificância e uso Consumação Mais de uma causa de aumento	Sequestro relâmpago	Qualificadoras Qualificação pelo resultado Delação premiada	

Capítulo III

Usurpação

1. PROTEÇÃO CONSTITUCIONAL

Este capítulo protege o patrimônio no que concerne aos bens imóveis, como regra, de forma que também encontra respaldo na Constituição Federal, no art. 5.º, *caput* (todos têm direito à propriedade). Na impossibilidade real de se *furtar* um imóvel, que não é sujeito a remoção, tampouco foge totalmente à esfera de vigilância da vítima, utilizou-se o termo *usurpação*, significativo da conduta de quem adquire alguma coisa com fraude ou indevidamente. Assim, aplica-se a usurpação ao contexto dos bens imóveis, exceto no tocante ao delito previsto no art. 162, que cuida de gado ou rebanho. Aliás, o ideal seria deslocar o disposto neste artigo para outro capítulo, reservando este exclusivamente para os imóveis.

2. ALTERAÇÃO DE LIMITES

Nos termos do art. 161, *caput*, do Código Penal, *suprimir* significa eliminar ou fazer desaparecer e *deslocar* quer dizer mudar do local onde se encontrava originalmente. O delito tem em vista punir a conduta daquele que se apropria de bem imóvel alheio eliminando ou mudando o local de marcas divisórias.

Tapume é uma cerca ou uma vedação feita com tábuas ou outro material, utilizada, sobretudo, para separar propriedades imóveis.

Marco é qualquer tipo de sinal demarcatório, natural ou artificial. Nas palavras de HUNGRIA, é "toda coisa corpórea (pedras, piquetes, postes, árvores, tocos de madeira, padrões etc.) que, artificialmente colocada ou naturalmente existente em *pontos* da linha divisória de imóveis, serve, também, ao fim de atestá-la *permanentemente* (ainda que não *perpetuamente*)".[1]

Sinal indicativo de linha divisória é qualquer símbolo ou expediente destinado a servir de advertência ou reconhecimento. Quando inserido no contexto da linha divisória, quer dizer um símbolo objetivando demonstrar a fronteira existente entre bens imóveis.

A pena prevista no art. 161 do CP é de detenção, de um a seis meses, e multa.

2.1 Sujeitos ativo e passivo

O sujeito ativo é o dono do imóvel ao lado daquele que terá a linha divisória alterada; o sujeito passivo é o proprietário do imóvel que teve a linha divisória modificada.

2.2 Elemento subjetivo

É o dolo. Não existe a forma culposa. Há, no entanto, o elemento subjetivo específico, consistente em suprimir ou deslocar o sinal da linha divisória *com a finalidade de apropriar-se da coisa alheia imóvel.*

2.3 Objetos material e jurídico

O objeto material é o imóvel que teve suas metragens alteradas; o objeto jurídico é o patrimônio.

2.4 Classificação

Trata-se de crime próprio (aquele que demanda sujeito ativo qualificado ou especial); formal (delito que não exige a produção do resultado naturalístico previsto no tipo penal, consistente na apropriação de coisa alheia imóvel); de forma vinculada (pode ser cometido através das formas previstas no tipo); comissivo ("suprimir" e "deslocar" implicam ação); dano (o delito implica lesão ao bem jurídico tutelado); instantâneo (cujo resultado se dá de maneira instantânea, não se prolongando no tempo); unissubjetivo (que pode ser praticado por um só agente); plurissubsistente (em regra, vários atos integram a conduta); admite tentativa.

2.5 Quadro-resumo

Previsão legal	**Alteração de limites**
	Art. 161. Suprimir ou deslocar tapume, marco, ou qualquer outro sinal indicativo de linha divisória, para apropriar-se, no todo ou em parte, de coisa imóvel alheia:
	Pena – detenção, de um a seis meses, e multa.
	§ 1.º Na mesma pena incorre quem:
	Usurpação de águas
	I – desvia ou represa, em proveito próprio ou de outrem, águas alheias;
	Esbulho possessório
	II – invade, com violência à pessoa ou grave ameaça, ou mediante concurso de mais de duas pessoas, terreno ou edifício alheio, para o fim de esbulho possessório.
	§ 2.º Se o agente usa de violência, incorre também na pena a esta cominada.
	§ 3.º Se a propriedade é particular, e não há emprego de violência, somente se procede mediante queixa.

---

[1] *Comentários ao Código Penal*, v. 7, p. 86.

Sujeito ativo	Dono do imóvel ao lado daquele que terá a linha divisória alterada
Sujeito passivo	Proprietário do imóvel que teve a linha divisória modificada
Objeto material	Imóvel com metragens alteradas
Objeto jurídico	Patrimônio
Elemento subjetivo	Dolo + elemento subjetivo específico
Classificação	Próprio Formal Forma vinculada Comissivo Instantâneo Dano Unissubjetivo Plurissubsistente
Tentativa	Admite

3. USURPAÇÃO DE ÁGUAS

3.1 Estrutura do tipo penal incriminador

Desviar significa mudar a direção ou o destino de algo e *represar* quer dizer deter o curso das águas. A pena deste delito é muito menor do que a prevista para o furto, o que não deixa de ser incongruente. Se o agente subtrai uma caixa contendo uma dúzia de garrafas de água mineral, comete furto, mas se desvia o curso de um rio, prejudicando a vítima, tem uma punição bem mais leve. É o teor do art. 161, § 1.º, I, do CP.

A explicação plausível para tal situação é a possibilidade de recuperação do patrimônio pelo ofendido, situação mais fácil de ocorrer neste caso do que no furto. Tendo em vista que, no delito de usurpação de águas, trata-se de coisa imóvel, a sua localização e recuperação são facilitadas, ao passo que, no furto, há menor possibilidade de encontrar a *res furtiva*.

O termo *alheias*, como ocorre no furto, é o elemento normativo, de valoração jurídica, pois fornece a conotação de coisa não pertencente ao agente, mas a terceiro. Não é, pois, qualquer "água" que pode ser objeto material desse delito, e, sim, a pertencente a uma pessoa determinada. Sobre o tema relativo às águas e sua propriedade, consultar os arts. 1.288 a 1.296 do Código Civil e o art. 8.º do Decreto 24.643/34.

A pena é de detenção, de um a seis meses, e multa.

3.2 Sujeitos ativo e passivo

O sujeito ativo é qualquer pessoa; o passivo é o proprietário de algum leito ou curso de água.

3.3 Elemento subjetivo

É o dolo, acrescido do elemento subjetivo específico (tradicionalmente conhecido por dolo específico), consistente em agir "em proveito próprio ou de outrem". Não há forma culposa.

3.4 Objetos material e jurídico

O objeto material é a água alheia; o jurídico é o patrimônio.

3.5 Classificação

Trata-se de crime comum (aquele que não demanda sujeito ativo qualificado ou especial); formal (delito que não exige o resultado naturalístico, consistente na efetiva diminuição do patrimônio da vítima e proveito do agente); de forma livre (podendo ser cometido por qualquer meio eleito pelo agente); comissivo (os verbos indicam ação) e, excepcionalmente, comissivo por omissão (omissivo impróprio, ou seja, é a aplicação do art. 13, § 2.º, do Código Penal); instantâneo (cujo resultado se dá de maneira instantânea, não se prolongando no tempo); unissubjetivo (que pode ser praticado por um só agente); plurissubsistente (em regra, vários atos integram a conduta); admite tentativa.

3.6 Quadro-resumo

Previsão legal	**Art. 161.** (...) **Usurpação de águas** I – desvia ou represa, em proveito próprio ou de outrem, águas alheias; (...)
Sujeito ativo	Qualquer pessoa
Sujeito passivo	Proprietário de algum leito ou curso de água
Objeto material	Água alheia
Objeto jurídico	Patrimônio
Elemento subjetivo	Dolo
Classificação	Comum Formal Forma livre Comissivo ou comissivo por omissão Instantâneo Unissubjetivo Plurissubsistente
Tentativa	Admite

4. ESBULHO POSSESSÓRIO

4.1 Estrutura do tipo penal incriminador

Esbulhar é privar alguém de alguma coisa, indevidamente, valendo-se de fraude ou violência. No caso presente, tem por fim o tipo penal punir aquele que toma a posse de um imóvel de outra pessoa. *Invadir*, nesse contexto, significa entrar à força, visando à dominação. É o teor do art. 161, § 1.º, II, do CP.

Terreno é a porção de terra sem construção, enquanto *edifício* é a construção feita de alvenaria, madeira ou outro material, que se destina normalmente à ocupação do ser humano, podendo ser um prédio, uma casa ou algo semelhante.

Alheio é o elemento que demonstra ser o imóvel pertencente (posse ou propriedade) a outra pessoa.

Melhor seria esta redação (violência ou grave ameaça a pessoa), em lugar da escolhida pelo tipo penal, que menciona "violência a pessoa" e "grave ameaça", como se esta última pudesse ser dirigida a algo que não fosse uma pessoa. O esbulho configura-se quando a invasão a um imóvel ocorre com violência física desferida contra uma pessoa ou quando houver grave ameaça.

O concurso de mais de duas pessoas não se trata de uma circunstância qualificadora ou agravante, mas inerente ao próprio tipo básico. No caso presente, somente se configura o esbulho possessório quando o agente ingressa no imóvel à força ou valendo-se do concurso de *mais de duas pessoas*, o que, na prática, significa, também, uma invasão forçada. É muito mais difícil para o possuidor resistir ao ingresso de três ou mais pessoas do que quando o invasor é um só.

Quanto ao *número mínimo* de agentes para configurar o crime de esbulho possessório, há duas posições:

a) é preciso, pelo menos, quatro pessoas – aquele que invade, acompanhado de mais de duas pessoas. Ensina NORONHA ser tal interpretação *inquestionável*;[2]

b) é necessária a existência de, pelo menos, três pessoas. HUNGRIA demonstra que a circunstância modal de execução é a mesma que há no roubo especialmente agravado (concurso de agentes), com a única diferença de, neste caso, exigirem-se pelo menos três pessoas.[3]

Reconhecemos que a doutrina majoritária se inclina pela primeira tese, embora prefiramos acompanhar HUNGRIA. O tipo penal insere-se no contexto dos crimes contra o patrimônio, tanto quanto o furto e o roubo. Nesses dois casos, agrava-se especialmente a pena – qualificando-se o crime na primeira hipótese (art. 155, § 4.º, IV, CP) e aumentando-se a pena na segunda (art. 157, § 2.º, II, CP) – quando houver o concurso de duas ou mais pessoas. Portanto, o furto ou o roubo cometido por, no mínimo, duas pessoas é mais severamente punido, justamente porque se torna mais fácil a subtração e mais custosa a resistência da vítima.

Ora, no caso do esbulho possessório ocorre o mesmo. Quem invade o terreno acompanhado de outras duas pessoas promove um esbulho mediante o concurso de *mais de duas pessoas*. A regra é idêntica e a interpretação não pode variar. A justificativa aventada para, no caso do esbulho possessório, permitir-se a existência do agente invasor, acompanhado de, no mínimo, três pessoas, com a devida vênia, não convence. Dizer, valendo-se da mera redação, numa suposta interpretação literal, "quem (...) invade (...) mediante concurso de mais de duas pessoas" significaria a presença do agente principal ("quem") associado a outras três pessoas ("mais de duas").

Na realidade, a mesma situação não acontece no furto ou no roubo porque, naqueles casos, não se está cuidando de vários crimes num único tipo penal, como ocorre com o esbulho. O furto descreve a forma simples no *caput* e a qualificada no § 4.º, enquanto o roubo faz a construção da forma simples no *caput* e a circunstância de aumento de pena no § 2.º, o que não é a situação do

---

2   *Direito penal*, v. 2, p. 350.
3   *Comentários ao Código Penal*, v. 7, p. 92-93.

esbulho possessório, um delito previsto no § 1.º, II, do crime de alteração de limites (figura do *caput*). Por estar tratando de três delitos diferentes (alteração de limites, usurpação de águas e esbulho possessório), o tipo penal utilizou a fórmula de equiparação, dizendo, no art. 161, § 1.º: "Na mesma pena incorre *quem*: (...) II – invade (...) mediante concurso de mais de duas pessoas...". O sujeito ("quem") ficou valendo para os outros dois delitos (usurpação e esbulho), que possuem a mesma pena do primeiro (alteração de limites). Nessa concepção, o que importa é ter sido o esbulho cometido através do concurso de mais de duas pessoas. No furto e no roubo não foi necessário usar novamente o sujeito ("quem"), porque os §§ 4.º do art. 155 (furto) e 2.º do art. 157 (roubo) continuam a tratar do mesmo crime. Seria mesmo estranho, por exemplo, dizer, no caso do furto: "§ 4.º Incorre na pena de reclusão de 2 a 8 anos e multa quem: (...) IV – mediante o concurso de duas ou mais pessoas". Haveria o sujeito, mas não teria sentido a construção, por ausência de conduta. Esse o fundamento de ter havido redação diferenciada entre o furto e o roubo em confronto com o esbulho possessório. Não cremos, pois, que isso seja suficiente para aumentar em uma pessoa os agentes necessários para cometer o delito.

A pena para quem comete crime previsto no art. 161, § 1.º, II, do CP é de detenção, de um a seis meses, e multa.

4.2 Sujeitos ativo e passivo

O sujeito ativo é qualquer pessoa; o passivo é a pessoa que detém a posse de um imóvel.

4.3 Elemento subjetivo

É o dolo, acompanhado da finalidade específica de agir ("para o fim de esbulho possessório"), que é o elemento subjetivo específico (dolo específico para a doutrina tradicional). Não existe a forma culposa. Note-se que a intenção de "turbar a posse" não possibilita a concretização do tipo penal.

4.4 Objetos material e jurídico

O objeto material é tanto o imóvel invadido, quanto a pessoa que sofreu a violência ou a grave ameaça. O objeto jurídico é o patrimônio e também a incolumidade física, bem como a liberdade do indivíduo.

4.5 Classificação

Trata-se de crime comum (aquele que não demanda sujeito ativo qualificado ou especial); formal (delito que não exige o resultado naturalístico, consistente na efetiva perda da posse); de forma livre (podendo ser cometido por qualquer meio eleito pelo agente); comissivo ("invadir" implica ação) e, excepcionalmente, comissivo por omissão (omissivo impróprio, ou seja, é a aplicação do art. 13, § 2.º, do Código Penal); instantâneo (cujo resultado se dá de maneira instantânea, não se prolongando no tempo); unissubjetivo (que pode ser praticado por um só agente, quando este utilizar violência ou grave ameaça) ou plurissubjetivo (quando se valer o agente do concurso de mais duas pessoas, pelo menos); plurissubsistente (em regra, vários atos integram a conduta); admite tentativa.

4.6 Concurso com o crime violento

Os delitos de alteração de limites, usurpação de águas e esbulho possessório, quando praticados com violência (*vis corporalis*) contra a pessoa, devem ser punidos em concurso com o delito correspondente à violência cometida (art. 161, § 2.º, do CP). Assim, por exemplo, esbulho possessório e homicídio. Há três formas de cometimento do esbulho, de modo que duas delas não se somam a outros crimes, enquanto noutra – violência contra a pessoa – exige-se, expressamente, a punição também do delito violento contra alguém.

4.7 Ação pública incondicionada ou privada

Nas três hipóteses (alteração de limites, usurpação de águas e esbulho possessório) a ação será pública incondicionada. Entretanto, quando a propriedade, sujeita à alteração dos limites, as águas, objeto de desvio ou represamento, e a propriedade, sujeita à invasão, forem *privadas*, não tendo o crime sido cometido com *violência*, a ação será privada (art. 161, § 3.º, do CP). O interesse público, portanto, limita-se à propriedade pública ou à forma violenta de cometimento do delito.

4.8 Quadro-resumo

Previsão legal	**Art. 161. (...)** **Esbulho possessório** II – invade, com violência à pessoa ou grave ameaça, ou mediante concurso de mais de duas pessoas, terreno ou edifício alheio, para o fim de esbulho possessório. § 2.º Se o agente usa de violência, incorre também na pena a esta cominada. § 3.º Se a propriedade é particular, e não há emprego de violência, somente se procede mediante queixa.
Sujeito ativo	Qualquer pessoa
Sujeito passivo	Pessoa que detém a posse de um imóvel
Objeto material	Imóvel invadido e pessoa que sofreu a violência ou grave ameaça
Objeto jurídico	Patrimônio e incolumidade pública
Elemento subjetivo	Dolo + elemento subjetivo específico
Classificação	Comum Formal Forma livre Comissivo ou comissivo por omissão Instantâneo Unissubjetivo ou plurissubjetivo Plurissubsistente
Tentativa	Admite

5. SUPRESSÃO OU ALTERAÇÃO DE MARCA EM ANIMAIS

5.1 Estrutura do tipo penal incriminador

Suprimir significa fazer desaparecer ou eliminar; *alterar* quer dizer transformar ou modificar. Implica na indispensável existência de sinal ou marca previamente colocados nos animais. Se o rebanho não está marcado, aquele que o fizer não responde por esta figura típica. É o teor do art. 162 do CP.

A conduta do agente necessita ser *indevida*, ou seja, ilícita. Se houver modificação da marca de um rebanho porque existe autorização judicial ou alteração de propriedade, é natural que o tipo penal não se configure.

Alheio significa um demonstrativo de que a propriedade ou a posse dos animais pertence a sujeito determinado, que não é o agente.

Marca é um desenho, um emblema ou um escrito qualquer que serve para identificar alguma coisa ou algum trabalho; *sinal* é o expediente usado, através de meios visíveis ou auditivos, para dar alerta sobre alguma coisa. No caso desse tipo penal, existe ainda um complemento *indicativo de propriedade,* significando, pois, que a marca ou o sinal tem por finalidade avisar aos que tomarem contato com o gado ou com o rebanho que se trata de propriedade de alguém determinado.

A pena é de detenção, de seis meses a três anos, e multa.

5.2 Sujeitos ativo e passivo

O sujeito ativo é qualquer pessoa, enquanto o passivo é o proprietário das reses.

5.3 Elemento subjetivo

É o dolo. Não se pune a forma culposa. Inexiste elemento subjetivo específico. O elemento normativo "indevidamente" deve ser abrangido pelo dolo, não significando um elemento subjetivo específico.

5.4 Objetos material e jurídico

O objeto material do crime é o gado ou o rebanho. *Gado* e *rebanho* são sinônimos, embora, no tipo, estejam significando coletivos diferenciados. Enquanto gado serve para animais de grande porte, rebanho fica reservado para os de pequeno ou médio porte. O objeto jurídico é o patrimônio. Ressalte-se que o crime somente se configura se a alteração ou supressão abranger mais de um animal, pois o objeto material é coletivo.

5.5 Classificação

Trata-se de crime comum (aquele que não demanda sujeito ativo qualificado ou especial); formal (delito que não exige resultado naturalístico, consistente na diminuição do patrimônio da vítima); de forma livre (podendo ser cometido por qualquer meio eleito pelo agente); comissivo ("suprimir" e "alterar" implicam ação); instantâneo (cujo resultado se dá de maneira instantânea, não se prolongando no tempo); dano (objeto da conduta é lesionar o bem protegido); unissubjetivo (que pode ser praticado por um só agente); plurissubsistente (em regra, vários atos integram a conduta); admite tentativa.

5.6 Quadro-resumo

	Supressão ou alteração de marca em animais
Previsão legal	**Art. 162.** Suprimir ou alterar, indevidamente, em gado ou rebanho alheio, marca ou sinal indicativo de propriedade: Pena – detenção, de seis meses a três anos, e multa.
Sujeito ativo	Qualquer pessoa
Sujeito passivo	Proprietário das reses
Objeto material	Gado ou rebanho

Objeto jurídico	Patrimônio
Elemento subjetivo	Dolo
Classificação	Comum Formal Forma livre Comissivo Instantâneo Dano Unissubjetivo Plurissubsistente
Tentativa	Admite

RESUMO DO CAPÍTULO

	Alteração de limites Art. 161, *caput*	Usurpação de águas Art. 161, § 1.º, I	Esbulho possessório Art. 161, § 1.º, II	Supressão ou alteração de marca em animais Art. 162
Sujeito ativo	Dono do imóvel ao lado daquele que terá a linha divisória alterada	Qualquer pessoa	Qualquer pessoa	Qualquer pessoa
Sujeito passivo	Proprietário do imóvel que teve a linha divisória modificada	Proprietário de algum leito ou curso de água	Pessoa que detém a posse de um imóvel	Proprietário das reses
Objeto material	Imóvel com metragens alteradas	Água alheia	Imóvel invadido e pessoa que sofreu a violência ou grave ameaça	Gado ou rebanho
Objeto jurídico	Patrimônio	Patrimônio	Patrimônio e incolumidade pública	Patrimônio
Elemento subjetivo	Dolo + elemento subjetivo específico	Dolo	Dolo + Elemento subjetivo específico	Dolo
Classificação	Próprio Formal Forma vinculada Comissivo Instantâneo Dano Unissubjetivo Plurissubsistente	Comum Formal Forma livre Comissivo ou comissivo por omissão Instantâneo Unissubjetivo Plurissubsistente	Comum Formal Forma livre Comissivo ou comissivo por omissão Instantâneo Unissubjetivo ou Plurissubjetivo Plurissubsistente	Comum Formal Forma livre Comissivo Dano Unissubjetivo Plurissubsistente
Tentativa	Admite	Admite	Admite	Admite

Capítulo IV

Dano

1. DANO E PROTEÇÃO CONSTITUCIONAL

É o prejuízo material ou moral causado a alguém por conta da deterioração ou estrago de seus bens. A Constituição Federal expressamente dá proteção ao indivíduo que sofre o dano, ao preceituar que é assegurada a indenização por dano material, moral ou à imagem (art. 5.º, V). Nesse contexto, entretanto, é o dano referente à pessoa, não à coisa. O Código Penal, por sua vez, cuidando da proteção ao patrimônio – bem constitucionalmente protegido também –, tipificou a conduta de quem destrói, inutiliza ou deteriora coisa alheia.

1.1 Estrutura do tipo penal incriminador

Segundo FRAGOSO, o dano é incriminado desde as mais antigas legislações, quando causado dolosamente e também quando advinha de culpa.[1]

Destruir quer dizer arruinar, extinguir ou eliminar; *inutilizar* significa tornar inútil ou imprestável alguma coisa aos fins para os quais se destina; *deteriorar* é a conduta de quem estraga ou corrompe alguma coisa parcialmente. É o disposto pelo art. 163 do CP.

Quem desaparece com coisa alheia, lamentavelmente, não pratica crime algum. Alia-mo-nos à doutrina majoritária no sentido de que *desaparecer* não significa destruir, inutilizar ou deteriorar a coisa alheia, tendo havido uma falha na lei penal. Por furto também não há razão para punir o agente, tendo em vista que não houve o ânimo de apropriação. Assim, aquele que faz sumir coisa de seu desafeto, somente para que este fique desesperado

---

[1] *Lições de direito penal* – parte especial, v. 1, p. 231.

a sua procura, responderá civilmente pelo seu ato. Por certo, tudo é uma questão de prova, pois se ficar provada a autoria de quem *desapareceu* com o objeto, cabe-lhe dar uma boa explicação e, dificilmente, não será acusado de furto. Tecnicamente, no entanto, o verbo não comporta sinonímia.

Coisa é tudo aquilo que existe, podendo tratar-se de objetos inanimados ou de semoventes. No contexto dos delitos contra o patrimônio (conjunto de bens suscetíveis de apreciação econômica), cremos ser imprescindível que a coisa tenha, para seu dono ou possuidor, algum valor econômico. Por isso, é razoável o entendimento daqueles que sustentam ser possível a configuração do crime de dano quando houver pichação de propriedade alheia, uma vez que isso significa a "deterioração" do bem, que fatalmente necessitará ser recuperado, causando prejuízo ao seu dono.

O elemento normativo do tipo *alheia* quer dizer pertencente a outra pessoa (posse ou propriedade) que não é o agente.

A pena prevista no *caput* do art. 163 do CP é de detenção, de um a seis meses, ou multa.

1.2 Sujeitos ativo e passivo

Tanto o ativo quanto o passivo podem ser qualquer pessoa.

1.3 Elemento subjetivo

É o dolo. Não há forma culposa, nem se exige qualquer elemento subjetivo específico (dolo específico). O simples fato de destruir, inutilizar ou deteriorar coisa alheia implica vontade de causar prejuízo, logo, abrangido pelo dolo.

1.4 Objetos material e jurídico

O objeto material é a coisa que sofre a conduta criminosa do agente; o objeto jurídico é o patrimônio.

1.5 Classificação

Trata-se de crime comum (aquele que não demanda sujeito ativo qualificado ou especial); material (delito que exige resultado naturalístico, consistente na diminuição do patrimônio da vítima); de forma livre (podendo ser cometido por qualquer meio eleito pelo agente); comissivo (os verbos implicam ação); instantâneo (cujo resultado se dá de maneira instantânea, não se prolongando no tempo); de dano (consuma-se apenas com efetiva lesão a um bem jurídico tutelado); unissubjetivo (que pode ser praticado por um só agente); plurissubsistente (em regra, vários atos integram a conduta); admite tentativa.

1.6 Dano qualificado

Conforme previsão feita no art. 163, parágrafo único, do Código Penal, há quatro qualificadoras para o dano:

a) agir com violência ou grave ameaça à pessoa: a forma correta de redação deveria ser esta (violência ou grave ameaça à pessoa), e não como consta no tipo (violência à pessoa e grave ameaça), já que ambas as circunstâncias são dirigidas à pessoa humana. Trata-se da violência física ou da ameaça séria voltada contra a pessoa, e não contra a coisa, pois a destruição, inutilização ou deterioração, previstas no *caput*, já abrangem violência contra a coisa;

b) empregar substância inflamável ou explosiva; a utilização de material que se converte em chamas com facilidade ou de material provocador de explosão pode qualificar o dano, *se não se constituir em crime mais grave*. Esta é a natureza nitidamente subsidiária da qualificadora. Assim, se alguém explodir o veículo da vítima em um descampado, longe de outras pessoas, comete dano qualificado. Entretanto, se o fizer em zona urbana, colocando em risco a segurança alheia, comete outro delito mais grave (explosão – art. 251, CP);

c) atingir o patrimônio da União, de Estado, do Distrito Federal, de Município ou de autarquia, fundação pública, empresa pública, sociedade de economia mista ou empresa concessionária de serviços públicos; afinal, quem danifica bem público deve responder mais gravemente, pois o prejuízo é coletivo, e não individual. Logo, mais pessoas são atingidas pela conduta criminosa. Na lição de MAGALHÃES NORONHA, "à expressão *patrimônio*, usada no dispositivo, não se pode dar o sentido restrito do inciso III do art. 66 do Código Civil [atual art. 99, III]. Se assim fosse, excluir-se-iam do gravame bens como as ruas, praças e edifícios, que são de uso comum do povo e de uso especial, para os quais, entretanto, milita a mesma razão de maior tutela. O vocábulo *patrimônio* tem, portanto, acepção ampla, abrangendo não só os *dominiais* como os de *uso comum do povo* e os de *uso especial* (CC, art. 66, I e II) [atual art. 99, I e II]"[2];

d) atuar por motivo egoístico, que não deixa de ser um particular motivo torpe. Quem danifica patrimônio alheio somente para satisfazer um capricho ou incentivar um desejo de vingança ou ódio pela vítima deve responder mais gravemente pelo que faz. Ex.: o agente destrói a motocicleta do colega de classe somente para ser o único da sua turma a ter aquele tipo de veículo. Há quem sustente que um mero "sentimento pessoal de vingança" não serve para qualificar o delito, havendo necessidade de existir um objetivo posterior de ordem econômica, com o que não concordamos. A motivação *egoística* liga-se exclusivamente ao excessivo amor-próprio do agente, ainda que ele não possua interesse econômico envolvido. Outra circunstância, prevista no mesmo inciso IV do parágrafo único do art. 163, é gerar prejuízo considerável à vítima. Sendo essa a intenção do agente, é preciso puni-lo mais gravemente. Assim, por exemplo, é a conduta daquele que destrói a casa do inimigo, causando-lhe imenso transtorno e vultosa diminuição patrimonial.

O art. 161, parágrafo único, do CP dispõe que a pena é de detenção, de seis meses a três anos, e multa, além da pena correspondente à violência.

1.6.1 *Preso que danifica a cadeia para fugir*

Entendemos que deve responder por crime de dano qualificado, pois não se exige, no tipo penal, qualquer elemento subjetivo específico, consistente na *intenção de causar prejuízo*. Logo, se destruir ou deteriorar a cela para escapar, merece responder pelo que fez. Aliás, o

---

[2] *Direito penal*, v. 2, p. 368.

Curso de Direito Penal – Parte Especial – Vol. 2 • Nucci

preso fugitivo, se o fizer sem violência contra a pessoa, nem por crime responde, mas somente por falta grave. Portanto, não vemos sentido em *aboná-lo* dos prejuízos causados a patrimônio estatal.

1.7 Quadro-resumo

Previsão legal	**Dano** **Art. 163.** Destruir, inutilizar ou deteriorar coisa alheia: Pena – detenção, de um a seis meses, ou multa. **Dano qualificado** **Parágrafo único.** Se o crime é cometido: I – com violência à pessoa ou grave ameaça; II – com emprego de substância inflamável ou explosiva, se o fato não constitui crime mais grave; III – contra o patrimônio da União, de Estado, do Distrito Federal, de Município ou de autarquia, fundação pública, empresa pública, sociedade de economia mista ou empresa concessionária de serviços públicos; IV – por motivo egoístico ou com prejuízo considerável para a vítima: Pena – detenção, de seis meses a três anos, e multa, além da pena correspondente à violência.
Sujeito ativo	Qualquer pessoa
Sujeito passivo	Qualquer pessoa
Objeto material	Coisa que sofre a conduta criminosa do agente
Objeto jurídico	Patrimônio
Elemento subjetivo	Dolo
Classificação	Comum Material Forma livre Comissivo Instantâneo Dano Unissubjetivo Plurissubsistente
Tentativa	Admite
Circunstâncias especiais	Ação privada nos casos do art. 163, parágrafo único, IV (art. 167)

2. INTRODUÇÃO OU ABANDONO DE ANIMAIS EM PROPRIEDADE ALHEIA

2.1 Estrutura do tipo penal incriminador

Introduzir significa fazer entrar e *deixar*, nesse contexto, quer dizer largar ou soltar. O objeto da conduta é o *animal*. Entendemos que a menção feita no tipo penal (*animais*, no plural) quer dizer apenas o gênero daquilo que não deve ser introduzido ou largado em propriedade alheia, sob pena de se constituir delito. É o teor do art. 164 do CP.

Assim, quis o tipo penal mencionar que qualquer animal pode ser componente da conduta do agente, valendo-se do gênero: "animais". Se o sujeito deixar um único cavalo pastando em propriedade alheia, é isso suficiente para configurar o tipo penal. Alguns autores argumentam que um único animal não seria suficiente para causar prejuízo ao patrimônio alheio, o que se pode objetar tendo em vista que somente a situação concreta poderia dizer se a afirmativa é verdadeira. Um cavalo, como se disse, numa pequenina propriedade, pode causar imenso estrago num jardim. Por outro lado, dois pôneis colocados num imenso pasto podem não provocar dano algum. Enfim, o prejuízo é exigido pelo próprio tipo, de forma que um ou mais animais podem ser capazes de causá-lo.

O elemento normativo do tipo *alheia* é o demonstrativo de que a propriedade precisa pertencer a outra pessoa que não o agente.

Outro elemento normativo do tipo *sem consentimento de quem de direito*, trata-se de indicativo do ilícito. Não somente a propriedade deve pertencer a outra pessoa, mas também não pode ter havido qualquer tipo de autorização para a introdução ou abandono de animal dentro dela. Ao mencionar "quem de direito", está o tipo penal prevendo a possibilidade de alguém, que não é o proprietário – sujeito passivo do crime –, conceder a permissão para a conduta do agente. Portanto, o administrador da fazenda pode permitir que o gado do vizinho ingresse no pasto por alguns dias. Mesmo não sendo o proprietário, tem possibilidade jurídica de dar o consentimento para que tal ocorra. Tal postura afasta a tipicidade do crime – e não a ilicitude –, pois o consentimento foi introduzido na descrição abstrata da conduta proibida.

A pena é de detenção, de quinze dias a seis meses, ou multa.

2.2   Sujeitos ativo e passivo

O sujeito ativo pode ser qualquer pessoa e o passivo necessita ser o proprietário do lugar onde os animais foram introduzidos.

2.3   Elemento subjetivo

É o dolo. Não existe a forma culposa, nem se exige elemento subjetivo específico.

2.4   Objetos material e jurídico

O objeto material é a propriedade onde os animais foram introduzidos; o objeto jurídico é o patrimônio.

2.5   Classificação

Trata-se de crime comum (aquele que não demanda sujeito ativo qualificado ou especial); material (delito que exige resultado naturalístico, consistente na diminuição do patrimônio da vítima); de forma livre (podendo ser cometido por qualquer meio eleito pelo agente); comissivo ou omissivo ("introduzir" implica ação e "deixar", em omissão); instantâneo (cujo resultado se dá de maneira instantânea, não se prolongando no tempo, na forma "introduzir") ou permanente (cuja consumação se arrasta no tempo, na forma "deixar"); de dano (consuma-se apenas com efetiva lesão a um bem jurídico tutelado); unissubjetivo (que pode ser praticado por um só agente); plurissubsistente (em regra, vários atos integram a conduta); não admite tentativa, por ser crime *condicionado* – só há conduta punível se o fato trouxer prejuízo.

2.6 Quadro-resumo

Previsão legal	**Introdução ou abandono de animais em propriedade alheia** **Art. 164.** Introduzir ou deixar animais em propriedade alheia, sem consentimento de quem de direito, desde que o fato resulte prejuízo: Pena – detenção, de quinze dias a seis meses, ou multa.
Sujeito ativo	Qualquer pessoa
Sujeito passivo	Proprietário do lugar onde os animais foram introduzidos
Objeto material	Propriedade onde os animais foram introduzidos
Objeto jurídico	Patrimônio
Elemento subjetivo	Dolo
Classificação	Comum Material Forma livre Comissivo ou omissivo, conforme o caso Instantâneo ou permanente Dano Unissubjetivo Plurissubsistente
Tentativa	Não admite
Circunstâncias especiais	Crime condicionado Ação privada (art. 167)

3. DANO EM COISA DE VALOR ARTÍSTICO, ARQUEOLÓGICO OU HISTÓRICO

3.1 Revogação deste tipo penal pelo art. 62 da Lei 9.605/1998

Preceitua o art. 62 o seguinte: "Destruir, inutilizar ou deteriorar: I – bem especialmente protegido por lei, ato administrativo ou decisão judicial; II – arquivo, registro, museu, biblioteca, pinacoteca, instalação científica ou similar protegido por lei, ato administrativo ou decisão judicial: Pena – reclusão, de um a três anos, e multa. Parágrafo único. Se o crime for culposo, a pena é de seis meses a um ano de detenção, sem prejuízo da multa". Ver os comentários ao mencionado art. 62 da Lei 9.605/1998 em nosso livro *Leis penais e processuais penais comentadas* – vol. 2.

3.2 Quadro-resumo

Previsão legal	**Dano em coisa de valor artístico, arqueológico ou histórico** **Art. 165.** Destruir, inutilizar ou deteriorar coisa tombada pela autoridade competente em virtude de valor artístico, arqueológico ou histórico: Pena – detenção, de seis meses a dois anos, e multa.
Sujeito ativo	
Sujeito passivo	
Objeto material	
Objeto jurídico	Revogado pelo art. 62 da Lei 9.605/1998
Elemento subjetivo	
Classificação	
Tentativa	

4. ALTERAÇÃO DE LOCAL ESPECIALMENTE PROTEGIDO

4.1 Revogação tácita deste delito, por disciplinar integralmente a matéria nele tratada

Há lei especial que revogou, tacitamente, este delito, por disciplinar integralmente a matéria. Ver art. 63 da Lei 9.605/1998: "Alterar o aspecto ou estrutura de edificação ou local especialmente protegido por lei, ato administrativo ou decisão judicial, em razão de seu valor paisagístico, ecológico, turístico, artístico, histórico, cultural, religioso, arqueológico, etnográfico ou monumental, sem autorização da autoridade competente ou em desacordo com a concedida: Pena – reclusão, de um a três anos, e multa".

5. AÇÃO PENAL

5.1 Casos de ação penal privada

Cuida-se das hipóteses do dano simples (art. 163), do dano qualificado pelo motivo egoístico ou com prejuízo considerável para a vítima (art. 163, parágrafo único, IV) e da introdução ou abandono de animais em propriedade alheia (art. 164).

5.2 Quadro-resumo

Previsão legal	**Ação penal** **Art. 167.** Nos casos do artigo 163, do inciso IV do seu parágrafo e do artigo 164, somente se procede mediante queixa.

RESUMO DO CAPÍTULO

	Dano Art. 163	Introdução ou abandono de animais em propriedade alheia Art. 164	Dano artístico, arqueológico ou histórico Art. 165
Sujeito ativo	Qualquer pessoa	Qualquer pessoa	
Sujeito passivo	Qualquer pessoa	Proprietário do lugar onde os animais foram introduzidos	
Objeto material	Coisa que sofre a conduta criminosa do agente	Propriedade onde os animais foram introduzidos	
Objeto jurídico	Patrimônio	Patrimônio	
Elemento subjetivo	Dolo	Dolo	
Classificação	Comum Material Forma livre Comissivo Instantâneo Dano Unissubjetivo Plurissubsistente	Comum Material Forma livre Comissivo ou omissivo, conforme o caso Instantâneo ou permanente Dano Unissubjetivo Plurissubsistente	Revogado pelo art. 62 da Lei 9.605/1998
Tentativa	Admite	Não admite	
Circunstâncias especiais	Ação privada nos casos do art. 163, parágrafo único, IV (art. 167)	Crime condicionado Ação privada (art. 167)	

Capítulo V

Apropriação Indébita

1. APROPRIAÇÃO INDÉBITA

1.1 Estrutura do tipo penal incriminador

A origem histórica comum da apropriação indébita, do estelionato e do furto torna, por vezes, difícil delimitar qual tipo penal mais se adapta à situação fática. A diferença com o estelionato é de "tipo morfológico e comissivo", pois na apropriação não existe a fraude prévia que, para o estelionato, é fundamental. Na apropriação, o agente detém a coisa licitamente; depois, quando instado a devolvê-la, torna-se ilícito. No caso do estelionato, desde o princípio, a coisa se transmite ao agente por meios ilícitos, embora a vítima possa nem perceber num primeiro momento. Por vezes, é justamente a prova da fraude que permite a clara distinção entre os dois delitos. Entre o furto e a apropriação, a diferença é ainda mais simples. No furto, o agente não detém a coisa e vai ao seu encalço, subtraindo-a da vítima, contra a sua vontade; na apropriação, o agente já detém a coisa, que lhe foi entregue pela própria vítima, tornando-se ilícito posteriormente, quando resolve não a devolver. Em ambas as situações não há fraude; na apropriação, existe abuso de confiança.[1]

Apropriar-se significa apossar-se ou tomar como sua coisa que pertence a outra pessoa. Cremos que a intenção é proteger tanto a propriedade, quanto a posse, conforme o caso. Num primeiro momento, há a confiança do proprietário ou possuidor, entregando algo para a guarda ou uso do agente; no exato momento em que este é chamado a devolver o bem confiado, negando-se, provoca a inversão da posse e a consumação do delito. É o teor do art. 168 do CP.

O tipo menciona, como objeto da conduta, coisa alheia móvel. *Coisa* é tudo aquilo que existe, podendo tratar-se de objetos inanimados ou de semoventes. No contexto dos delitos

---

[1] Cf. MUÑOZ CONDE, *Derecho penal* – Parte especial, p. 384.

contra o patrimônio (conjunto de bens suscetíveis de apreciação econômica), cremos ser imprescindível que a coisa tenha, para seu dono ou possuidor, algum valor econômico. O elemento normativo *alheia* aponta pertencer a outra pessoa que não o agente da conduta. Móvel é o conceito penal, aplicável a tudo que, efetivamente, é passível de mobilidade.

A única cautela que se deve ter neste caso é quanto à coisa fungível (substituível por outra da mesma espécie, qualidade e quantidade), uma vez que não pode haver apropriação quando ela for dada em empréstimo ou em depósito. Está-se, nessa situação, transferindo o domínio. Ex.: se *A* entrega a *B* uma quantia em dinheiro para que guarde por algum tempo, ainda que *B* consuma o referido montante, poderá repor com outra quantia, tão logo *A* a exija de volta. Entretanto, se a quantia for dada para a entrega a terceira pessoa, caso *B* dela se aposse, naturalmente pode-se falar em apropriação indébita.

A coisa precisa ter sido dada ao agente para que dela usufruísse, tirando alguma vantagem e exercitando a posse direta, ou pode ter sido dada para que fosse utilizada em nome de quem a deu, ou seja, sob instruções ou ordens suas. A posse ou a detenção devem existir previamente ao crime e precisam ser legítimas.

Em conformidade com a doutrina majoritária, ANTOLISEI ensina que a figura jurídica da apropriação indébita apresenta uma notável afinidade com a do furto. Os dois tipos penais são contíguos e se completam. Ambos resguardam as coisas móveis. No entanto, enquanto o furto demanda que o autor *não possua* a coisa em seu poder antes da conduta típica (subtrair), a apropriação indébita pressupõe que o agente já a tenha sob seu poder. Quando o réu não tem a posse, não pode cometer apropriação indébita; quando a possui, não pode ser responsabilizado por furto.[2]

NORONHA propõe uma síntese dos elementos integrantes da apropriação indébita: "a) a apropriação de coisa móvel; b) que esteja na posse ou detenção do agente; c) que haja dolo. Consequentemente, a apropriação indébita é a lesão de um direito patrimonial sobre coisa móvel, mediante abuso da posse ou da detenção não criminosamente conseguida".[3]

A pena prevista no caput do art. 168, *caput*, do CP é de reclusão, de um a quatro anos, e multa.

1.2 Sujeitos ativo e passivo

O sujeito ativo é a pessoa que tem a posse ou a detenção de coisa alheia; o sujeito passivo é o senhor da coisa dada ao sujeito ativo.

1.3 Elemento subjetivo

É o dolo. Não existe a forma culposa. Entendemos não haver, também, elemento subjetivo do tipo específico. A vontade específica de se *apossar* de coisa pertencente a outra pessoa está ínsita no verbo *apropriar-se*. Portanto, incidindo o dolo sobre o núcleo do tipo, é isso suficiente para configurar o crime de apropriação indébita.

Além disso, é preciso destacar que o dolo é sempre atual, ou seja, ocorre no momento da conduta *apropriar-se*, inexistindo a figura por alguns apregoada do *dolo subsequente*. Imagine-se que alguém receba uma joia para guardar e usar, enquanto o proprietário dela não se utiliza. Somente ocorrerá o delito de apropriação indébita no momento em que o dono pedir de volta a joia e o possuidor resolver dela apropriar-se, não mais devolvendo o que recebeu em confiança.

---

[2] *Manuale di diritto penale* – parte speciale, t. I, p. 329, tradução livre.

[3] *Direito penal*, v. 2, p. 385.

Quando a não devolução decorrer de outro elemento subjetivo, tal como a negligência ou o esquecimento, não está caracterizada a infração penal. É também a posição de ROGÉRIO GRECO, ao mencionar que, "no caso concreto, deve ficar completamente demonstrada a intenção do agente em se apropriar da coisa alheia móvel, não se podendo cogitar, por exemplo, no delito em estudo, quando o agente, depois de solicitada a coisa pelo seu dono, demora em devolvê-la, não agindo, pois, com a finalidade de inverter o título da posse".[4] Aliás, quando o autor quer usar um pouco mais a coisa, sem o ânimo de detê-la para si, pode-se até falar em *apropriação indébita de uso*.[5]

1.4 Objetos material e jurídico

O objeto material é a coisa alheia móvel; o objeto jurídico é o patrimônio. Há quem sustente ser, ainda, a violação de confiança; no direito penal brasileiro, inexiste esse bem jurídico, lastreado na ética, tipicamente previsto. Portanto, o bem tutelado é mesmo o patrimônio.

O imóvel não pode ser objeto de apropriação indébita, porque se transmite por transcrição, via escritura, registrada e não pela simples tradição ou entrega do bem a terceiro.

Questão interessante é proposta do MAYRINK DA COSTA, dizendo que alguém aluga um imóvel e nele há uma estátua; arrancando-a do chão e levando-a embora ao final da locação, comete apropriação indébita? Certo que não, pois a apropriação não lida com violência contra a coisa; ademais, a estátua faz parte do bem imóvel, tanto que grudada ao solo. Seria o caso de furto qualificado pelo rompimento de obstáculo.[6]

1.5 Classificação

Trata-se de crime próprio (aquele que demanda sujeito ativo qualificado ou especial, no caso o indivíduo que recebeu a coisa em confiança); material (delito que exige resultado naturalístico, consistente na diminuição do patrimônio da vítima); de forma livre (podendo ser cometido por qualquer meio eleito pelo agente); comissivo ou omissivo ("apropriar-se" pode implicar ação ou omissão); instantâneo (cujo resultado se dá de maneira instantânea, não se prolongando no tempo); de dano (consuma-se apenas com efetiva lesão a um bem jurídico tutelado); unissubjetivo (que pode ser praticado por um só agente); unissubsistente ou plurissubsistente (pode haver um único ato ou vários atos integrando a conduta); admite tentativa, conforme o meio eleito pelo agente. Como bem lembra MUÑOZ CONDE, "normalmente apropriação e prejuízo costumam coincidir, no entanto, se, apesar dos atos dispositivos não se atinge o prejuízo patrimonial para a vítima, o delito não se consuma e cabe a tentativa".[7] Funciona como uma espécie de desistência voluntária para haver a restituição e não haver prejuízo. O exemplo real citado por MUÑOZ CONDE é o do agente que possuía um quadro, que lhe fora confiado; quando instado a devolver, levou ao ofendido uma cópia. A vítima logo percebeu e exigiu o original, momento em que o agente desistiu de prosseguir e entregou-lhe o original. Pode-se sustentar a tentativa de apropriação. Na prática, é muito difícil encontrar uma situação semelhante, até porque, no caso retratado, a vítima, como regra, dá-se por satisfeita e nem registra a ocorrência.

---

4   *Curso de direito penal*, v. 2, p. 739.
5   ROGÉRIO GRECO, *Curso de direito penal*, v. 2, p. 745.
6   *Direito penal* – Parte especial, v. 2, t. II, p. 302.
7   *Derecho penal* – Parte especial, p. 389.

1.6 Reparação do dano

O Código Penal não elegeu a reparação do dano, nos delitos patrimoniais, como causa que pudesse afastar a punibilidade do agente, devendo-se aplicar o art. 16 (arrependimento posterior), que é somente causa de redução da pena, dentro das condições ali especificadas.

Entretanto, é lógico que, havendo reparação integral do dano, logo após a negativa de restituição da coisa dada ao agente, é possível excluir o dolo, ou seja, a vontade de se apropriar de coisa alheia. Conforme o caso concreto, portanto, cremos ser curial a análise da tipicidade, verificando-se se, de fato, o sujeito queria se apossar da coisa alheia.

Entretanto, a mera devolução da coisa, antes do recebimento da denúncia, não afasta o crime.

1.7 Causas de aumento da pena

Não se trata de § 1.º, como aponta o art. 168 do Código Penal, pois só há um; logo, é um autêntico parágrafo único. Houve, na realidade, um lapso do legislador na enumeração do art. 168. Quando estiver presente alguma dessas três causas, deve o agente responder por uma pena mais grave, concretizada pelo aumento de um terço. São elas:

a) se o agente recebeu a coisa em depósito necessário, pois está a demonstrar que o sujeito passivo não tinha outra opção a não ser confiar a coisa ao autor. Por isso, se sua confiança é atraiçoada, deve o sujeito ativo responder mais gravemente pelo que fez.

Entende, majoritariamente, a doutrina ser *depósito necessário*, para configurar esta causa de aumento, o depósito miserável, previsto no art. 647, II, do Código Civil, ou seja, o depósito que se efetua por ocasião de calamidade (incêndio, inundação, naufrágio ou saque). Nas outras hipóteses de depósito necessário (arts. 647, I, e 649 do Código Civil), que tratam dos casos de desempenho de obrigação legal ou depósito de bagagens dos viajantes, hóspedes ou fregueses em casas de hospedagem, resolve-se com outras figuras típicas: peculato (quando for funcionário público o sujeito ativo), apropriação qualificada pela qualidade de depositário judicial ou apropriação qualificada em razão de ofício, emprego ou profissão;

b) se o autor recebeu a coisa na qualidade de tutor, curador, síndico, liquidatário, inventariante, testamenteiro e depositário judicial; afinal, são pessoas que, como regra, recebem coisas de outrem para guardar consigo, necessariamente, até que seja o momento de devolver. Por isso, devem responder mais gravemente pela apropriação. O rol não pode ser ampliado;

c) se recebeu a coisa em razão de ofício, emprego ou profissão. A apropriação, quando cometida por pessoas que, por conta das suas atividades profissionais de um modo geral, terminam recebendo coisas, através de posse ou detenção, para devolução futura, é mais grave. Por isso, merece o autor pena mais severa.

Não vemos necessidade, nesta hipótese, de haver relação de confiança entre o autor e a vítima, pois o tipo penal não a exige – diferentemente do que ocorre no caso do furto qualificado (art. 155, § 4.º, II). Nesse caso, encaixa-se o advogado, ao receber ou levantar dinheiro em nome do cliente, não lhe repassando.

1.8 Apropriação indébita contra idoso

A Lei 10.741/2003 criou a seguinte figura típica, no art. 102: "Apropriar-se de ou desviar bens, proventos, pensão ou qualquer outro rendimento da pessoa idosa, dando-lhes aplicação diversa da de sua finalidade: Pena – reclusão de 1 (um) a 4 (quatro) anos e multa".

Portanto, havendo apropriação de coisa alheia móvel de pessoa maior de 60 anos, segue-se o disposto na lei especial e não mais o preceituado no art. 168 do Código Penal, embora a pena seja a mesma.

Uma crítica merece ser feita, no entanto. As figuras de aumento de um terço, previstas no § 1.º do art. 168, não mais podem ser utilizadas para o crime contra o idoso. Assim, ilustrando, caso um advogado se aproprie do dinheiro do cliente com mais de 60 anos, a pena será fixada entre 1 e 4 anos de reclusão e multa, mas sem o aumento de crime praticado em razão de ofício, emprego ou profissão, pois forma não prevista no Estatuto da Pessoa Idosa.

No mais, a alteração deu-se no tocante à maior extensão da figura típica da apropriação criada pelo Estatuto do Idoso, que não menciona somente coisa móvel, mas fala genericamente de bens, proventos, pensão ou qualquer outro rendimento e não exige que estejam eles na posse ou detenção do autor do crime. É natural que, no tocante ao verbo *apropriar-se* (tomar posse de algo que pertence a outra pessoa), como regra, o objeto do delito esteja na posse ou detenção de quem o retira da esfera de disponibilidade do idoso. Excepcionalmente, pode o agente apossar-se daquilo que não detinha antes, quase equiparando a figura da *apropriação* ao furto.

Por outro lado, na modalidade *desviar* (alterar o destino, afastar ou desencaminhar), a figura da lei especial possibilita a configuração do crime ainda que o agente não retenha para si o valor retirado da esfera de disponibilidade do idoso, podendo, por exemplo, encaminhar a terceiro. Consultar, ainda, a modificação ocorrida no art. 183, introduzindo o inciso III, que não mais permite a aplicação da imunidade a parentes que cometam delito patrimonial quando envolver o idoso.

1.9 Apropriação indébita de uso

Não existe tal possibilidade, como há no furto, pois, na apropriação, o agente já se encontra usando a coisa que lhe foi confiada pela vítima.[8] Portanto, quando esta pede o que é seu de volta, deve ser imediatamente restituído, nos termos do acordo que ambos fizeram.

O furto de uso é viável, pois a vítima nada emprestou ao agente, que "concede a si mesmo" um tempo de uso da coisa, devendo devolvê-la em perfeitas condições tal como a encontrou.

1.10 Quadro-resumo

Previsão legal	**Apropriação indébita** **Art. 168.** Apropriar-se de coisa alheia móvel, de que tem a posse ou a detenção: Pena – reclusão, de um a quatro anos, e multa. **Aumento de pena** § 1.º A pena é aumentada de um terço, quando o agente recebeu a coisa: I – em depósito necessário; II – na qualidade de tutor, curador, síndico, liquidatário, inventariante, testamenteiro ou depositário judicial; III – em razão de ofício, emprego ou profissão.
Sujeito ativo	Pessoa com posse ou detenção de coisa alheia
Sujeito passivo	Senhor da coisa dada ao sujeito ativo
Objeto material	Coisa alheia móvel
Objeto jurídico	Patrimônio

---

[8] No mesmo sentido, MUÑOZ CONDE, *Derecho penal* – Parte especial, p. 386.

Elemento subjetivo	Dolo
Classificação	Próprio
	Material
	Forma livre
	Comissivo ou omissivo
	Instantâneo
	Dano
	Unissubjetivo
	Unissubsistente ou plurissubsistente
Tentativa	Admite, conforme o meio eleito pelo agente
Circunstâncias especiais	Apropriação indébita contra pessoa idosa: art. 102 da Lei 10.741/2003
	Causas de aumento de pena
	Admite privilégio do art. 155, § 2.º

2. APROPRIAÇÃO INDÉBITA PREVIDENCIÁRIA

2.1 Fundamento constitucional

Preceitua o art. 194, *caput*, da Constituição Federal que "a seguridade social compreende um conjunto integrado de ações de iniciativa dos Poderes Públicos e da sociedade, destinadas a assegurar os direitos relativos à saúde, à previdência e à assistência social". E, no art. 195, estabelece que "a seguridade social será financiada por toda a sociedade, de forma direta e indireta, nos termos da lei, mediante recursos provenientes dos orçamentos da União, dos Estados, do Distrito Federal e dos Municípios, e das seguintes contribuições sociais: I – do empregador, da empresa e da entidade a ela equiparada na forma da lei, incidentes sobre: *a)* a folha de salários e demais rendimentos do trabalho pagos ou creditados, a qualquer título, à pessoa física que lhe preste serviço, mesmo sem vínculo empregatício; *b)* a receita ou o faturamento; *c)* o lucro; II – do trabalhador e dos demais segurados da previdência social, podendo ser adotadas alíquotas progressivas de acordo com o valor do salário de contribuição, não incidindo contribuição sobre aposentadoria e pensão concedidas pelo Regime Geral de Previdência Social; III – sobre a receita de concursos de prognósticos; IV – do importador de bens ou serviços do exterior, ou de quem a lei a ele equiparar". Por isso, as figuras típicas incriminadoras estabelecidas pelo art. 168-A, acrescentado pela Lei 9.983/2000, têm por finalidade proteger a fonte de custeio da seguridade social, em especial a previdência social.

2.2 Conceito de seguridade social e diferença da previdência social

Ensina Celso Barroso Leite que "a seguridade social deve ser entendida e conceituada como o conjunto das medidas com as quais o Estado, agente da sociedade, procura atender à necessidade que o ser humano tem de segurança na adversidade, de tranquilidade quanto ao dia de amanhã. A capacidade de pensar é uma das características mais marcantes do homem; e pensar no futuro é uma forma ao mesmo tempo natural e avançada de exercer essa capacidade. (...) As necessidades essenciais de cada indivíduo, a que a sociedade deve atender, tornam-se na realidade necessidades sociais, pois quando não são atendidas repercutem sobre os demais indivíduos e sobre a sociedade inteira".[9]

---

[9] *Apud* Wagner Balera, *Curso de direito previdenciário*, p. 20.

Há diferença entre seguridade social e previdência social. A primeira é o gênero do qual é espécie a segunda. Explica, ainda, CELSO BARROSO LEITE que "a previdência social é o mais importante dos programas de seguridade social; a tal ponto que essa predominância chega a concorrer para certa confusão entre as duas expressões. Sabe-se igualmente que a previdência social se destina à população economicamente ativa, ou seja, a quem exerce atividade remunerada – no fundo a garantia primeira pelo menos dos recursos essenciais à subsistência. Poderia, então, parecer pouco coerente, para não dizer contraditório, o fato de a seguridade social começar pela parte da população que em tese menos necessita dela. (...) Seja como for, repito, a Constituição caracterizou bem cada coisa e distinguiu o todo das partes e estas uma das outras. Assim, não há como confundir seguridade social e previdência social. Já apontei uma das possíveis causas dessa confusão: a terminologia estrangeira e internacional. Outra, também já mencionada, é a especificidade e o maior porte da previdência social, cujas despesas com o pagamento dos benefícios superam com folga as dos demais programas".[10]

A Lei 8.212/1991, que continha os crimes previdenciários, utilizava a expressão "seguridade social", enquanto a atual previsão, trazida pela Lei 9.983/2000, vale-se de "previdência social". Embora creiamos que deveria ter sido mantida a anterior expressão – seguridade social, que é mais abrangente –, é bem verdade que a contribuição previdenciária diz respeito, diretamente, ao custeio da previdência social, razão pela qual optou o legislador por substituir o gênero pela espécie na redação dos novos tipos penais.

2.3 Estrutura do tipo penal incriminador

Deixar de repassar significa não transferir quantia à unidade administrativa cabível. O objeto da conduta omissiva é a contribuição recolhida dos contribuintes. É o teor do art. 168-A do CP.

O título escolhido para esse crime é *apropriação indébita previdenciária*, porque quem tem por lei o dever de recolher a contribuição de terceiros para o devido repasse não o faz, apropriando-se do montante.

Trata-se de norma penal em branco, merecendo o complemento de outras leis e regulamentos. Especialmente, deve-se consultar a Lei 8.212/1991, que traz os prazos e as formas legais para o repasse ser feito.

Nas palavras de ALEXANDRE BARBOSA LEMES, "os crimes do art. 168-A são crimes omissivos próprios, que se consumam com a simples omissão no recolhimento das contribuições recolhidas e não repassadas à Previdência Social. Desta forma, melhor seria a denominação 'omissão de recolhimento aos cofres públicos das contribuições sociais descontadas dos contribuintes'".[11]

A pena prevista no *caput* do art. 168-A é de reclusão, de 2 (dois) a 5 (cinco) anos, e multa.

2.4 Sujeitos ativo e passivo

O sujeito ativo é o substituto tributário, que tem, por lei, o dever de recolher determinada quantia, também legalmente prevista, do contribuinte e repassá-la à previdência social. Há posição que não permite figurar como sujeito ativo representante de pessoa jurídica de direito público. O sujeito passivo é o INSS (Instituto Nacional do Seguro Social).

---

[10] *Apud* WAGNER BALERA, *Curso de direito previdenciário*, p. 27.

[11] *Tutela penal da previdência social*, p. 74.

2.5 Elemento subjetivo do tipo

É o dolo. Não se pune a forma culposa. Cremos existir elemento subjetivo do tipo específico, consubstanciado na vontade de fraudar a previdência, apossando-se, indevidamente, de quantias não pertencentes ao agente. Aliás, não foi à toa que o legislador utilizou, para denominar os crimes previstos neste artigo, de apropriação indébita previdenciária. É controversa essa posição. O STF tem-se posicionado pela exigência somente do dolo genérico, assim como os Tribunais Regionais Federais das 3.ª e 4.ª Regiões, enquanto o STJ e o TRF da 5.ª Região têm demandado o dolo específico, como demonstra José Paulo Baltazar Júnior.[12] É também a posição de Cezar Roberto Bitencourt.[13]

2.5.1 Exigência do elemento subjetivo específico (dolo específico)

A polêmica em torno dessa exigência teve início por ocasião da criação do tipo penal incriminador previsto no art. 95, *d*, da Lei 8.212/1991 (revogado pela Lei 9.983/2000), que estabeleceu o tipo omissivo próprio consistente em deixar de recolher contribuição devida à Seguridade Social. Primeiramente, pretendeu-se equiparar o referido delito do art. 95, *d*, ao crime de apropriação, previsto no art. 168 do Código Penal. Fazendo-se tal equiparação, seria natural exigir, para a configuração do delito previdenciário, elemento subjetivo do tipo específico (dolo específico), que é ínsito à conduta de "apropriar-se", como se explicou nos comentários formulados ao art. 168 *supra*.

A apropriação significa a pretensão de apossar-se de coisa pertencente a outra pessoa, o que não era, em tese, exigido no crime previsto no art. 95, *d*. Era a posição adotada por Roque Antônio Carrazza.[14]

Em oposição, havia o entendimento daqueles que defendiam a não equiparação da figura criminosa previdenciária à apropriação indébita. Nesse sentido, menciona o Juiz Federal Celso Kipper: "Sendo estruturalmente diferentes os tipos da apropriação indébita e do crime de não recolhimento das contribuições arrecadadas dos segurados, não há equiparação possível entre os dois delitos no tocante às condutas descritas nos tipos penais. O crime de não recolhimento, na época própria, da contribuição devida à Previdência e arrecadada de terceiros não é, portanto, crime de apropriação. Deste, as leis previdenciárias anteriores à Lei 8.137/1990 só haviam aproveitado a pena (equiparação *quoad poenam*). A primeira consequência da estrutura omissiva do tipo do delito de não recolhimento das contribuições arrecadadas dos segurados, e da não equiparação ao crime de apropriação indébita, é a de que não se exige para a consumação do primeiro o *animus rem sibi habendi*, ou seja, o propósito de inverter o título da posse passando a possuir a coisa como se fosse sua, com a deliberada intenção de não restituir, própria da acepção do vocábulo apropriar-se, elemento integrativo do tipo penal do segundo delito. Havendo o desconto dos empregados das quantias relativas à contribuição previdenciária, e a posterior omissão no seu recolhimento aos cofres da Seguridade Social, consuma-se o delito, sem que seja preciso investigar, no *animus* do agente, a intenção de restituir ou não as quantias descontadas. O dolo necessário é o genérico, consistente na intenção

---

[12] Aspectos penais, In: Vladimir Passos de Freitas, *Direito previdenciário* – aspectos materiais, processuais e penais, p. 333-334.

[13] *Tratado de direito penal*, v. 3, p. 258.

[14] *Apud* Clèmerson Merlin Clève, Contribuições previdenciárias. Não recolhimento. Art. 95, *d*, da Lei 8.212/91. Inconstitucionalidade, p. 507.

de descontar do salário dos empregados as quantias referentes e de deixar de repassá-las à Seguridade Social".[15]

A posição intermediária, com a qual concordamos plenamente, terminou prevalecendo, isto é, não há equiparação entre o crime previdenciário, que prevê uma figura omissiva própria, e a apropriação indébita. Entretanto, não se pode admitir que inexista elemento subjetivo do tipo específico, consistente na especial vontade de se apossar de quantia pertencente ao INSS. Transformar o crime previdenciário num delito de mera conduta, sem qualquer finalidade especial, seria indevido, porque transformaria a lei penal num instrumento de cobrança.

Assim, o devedor que, mesmo sem intenção de se apropriar da contribuição, deixasse de recolhê-la a tempo, em vez de ser executado pelas vias cabíveis, terminaria criminalmente processado e condenado. Haveria nítida inconstitucionalidade da figura típica, pois a Constituição veda prisão civil por dívida, e o legislador, criando um modelo legal de conduta proibida sem qualquer *animus rem sibi habendi*, estaria buscando a cobrança de uma dívida civil através da ameaça de sancionar penalmente o devedor. Entretanto, demandando-se o dolo específico – a vontade de fraudar a previdência, apossando-se do que não lhe pertence –, deixa de existir mera cobrança de dívida, surgindo o elemento indispensável para configurar o delito previdenciário.

2.6 Diversidade da figura do *caput* e da prevista no § 1.º

Aparentemente, deixar de repassar à previdência social as contribuições recolhidas seria o mesmo que deixar de recolher contribuição destinada à previdência social que tenha sido descontada de pagamento efetuado a segurados, a terceiros ou arrecadada do público, o que não corresponde à realidade. A figura do *caput* tem por fim punir o substituto tributário que deve recolher o que arrecadou do contribuinte à previdência social e não o faz. É a aplicação do art. 31 da Lei 8.212/1991: "A empresa contratante de serviços executados mediante cessão de mão de obra, inclusive em regime de trabalho temporário, deverá reter 11% (onze por cento) do valor bruto da nota fiscal ou fatura de prestação de serviços e recolher, em nome da empresa cedente da mão de obra, a importância retida até o dia 20 (vinte) do mês subsequente ao da emissão da respectiva nota fiscal ou fatura, ou até o dia útil imediatamente anterior se não houver expediente bancário naquele dia, observado o disposto no § 5.º do art. 33 desta Lei" (redação dada pela Lei 11.933/2009). A outra figura típica, como será visto, volta-se diretamente ao contribuinte-empresário que deve recolher a contribuição arrecadada dos seus funcionários.

2.7 Objetos material e jurídico

O objeto material é a contribuição recolhida do contribuinte. O objeto jurídico é a seguridade social. É a tutela da subsistência financeira da previdência social, como afirma o Supremo Tribunal Federal.[16]

2.8 Classificação

Trata-se de crime próprio (aquele que só pode ser cometido por sujeito qualificado, que é o substituto tributário); formal (delito que não exige, para sua consumação, a ocorrência de

---

[15] *Apud* Clèmerson Merlin Clève, Contribuições previdenciárias. Não recolhimento. Art. 95, *d*, da Lei 8.212/91. Inconstitucionalidade, p. 505-506.

[16] HC 76.978/RS, 2.ª T., rel. Maurício Correa, v.u., *DJU* 19.02.1999, p. 27, *apud* José Paulo Baltazar Júnior, Aspectos penais, In: Vladimir Passos de Freitas, *Direito previdenciário* – aspectos materiais, processuais e penais, p. 323.

resultado naturalístico). Cremos ser formal e não simplesmente de mera conduta, pois a falta de repasse, conforme o montante e a frequência, pode causar autênticos "rombos" nas contas da previdência social, que constituem nítido e visível prejuízo para a Administração Pública. É crime de forma livre (pode ser cometido por qualquer meio eleito pelo agente); dano (pode haver prejuízos concretos aos cofres públicos); omissivo (o verbo implica abstenção); instantâneo (cuja consumação não se prolonga no tempo, dando-se em momento determinado); unissubjetivo (aquele que pode ser cometido por um único sujeito); unissubsistente (praticado num único ato); não admite tentativa.

2.9 Competência e ação penal

É da Justiça Federal em todos os casos do art. 168-A e a ação é pública incondicionada.

2.10 Condição objetiva de punibilidade

É fundamental que a apuração do débito, na esfera administrativa, tenha sido concluída. Do contrário, torna-se inviável o ajuizamento de ação penal por apropriação indébita de contribuição previdenciária. Esta é uma das situações nas quais, além de condição objetiva de punibilidade, o fechamento do débito na esfera administrativa funciona igualmente como condição de procedibilidade.

2.11 Não recolhimento de contribuição ou outra importância destinada à previdência social

2.11.1 Estrutura do tipo penal incriminador

Deixar de recolher significa não arrecadar ou não entregar à previdência social o que lhe é devido, conforme art. 168-A, § 1.º, I, do CP. O objeto é a contribuição ou outra importância destinada à previdência. A figura corresponde ao antigo art. 95, *d*, da Lei 8.212/1991.

É norma penal em branco, necessitando de complemento. Ver art. 30 da Lei 8.212/1991.

No caso deste delito – diversamente da figura do *caput*, que somente menciona a contribuição previdenciária – aponta-se *outra importância* (juntamente com a contribuição). Estipula o art. 195, § 4.º, da CF que "a lei poderá instituir outras fontes destinadas a garantir a manutenção ou expansão da seguridade social, obedecido o disposto no art. 154, I". Logo, além das contribuições previdenciárias, "considerada a magnitude do sistema de seguridade social que o constituinte pretende ver implantado no Brasil, é certo que a criação, majoração e extensão dos benefícios e serviços configurará, em breve, uma exigência social e política da sociedade", como esclarece WAGNER BALERA.[17] E continua o autor, demonstrando que tal já ocorreu com a edição da Lei Complementar 84/1996 (revogada pela Lei 9.876/1999), que instituiu outras fontes de custeio para a manutenção da seguridade social. Portanto, deixar de recolhê-la, como determinava a lei, configurava o crime de apropriação indébita previdenciária.

Consta do tipo agora a expressão *desconto concretizado de pagamento feito*; essa foi uma modificação positiva trazida pela Lei 9.983/2000. A antiga figura típica (art. 95, *d*, da Lei 8.212/1991) não mencionava expressamente que o desconto tivesse sido feito, embora a doutrina e a jurisprudência já viessem exigindo tal situação. Logo, somente se concretiza o tipo penal da apropriação indébita previdenciária caso o empregador desconte a contribuição do segurado e não a repasse à previdência.

---

[17] *Curso de direito previdenciário*, p. 63.

A pena para quem comete crime previsto no art. 168-A, § 1.º, I, do CP é de reclusão, de 2 (dois) a 5 (cinco) anos, e multa.

2.11.2 Sujeitos ativo e passivo

O sujeito ativo é o empresário, além de seus funcionários encarregados de realizar o recolhimento mensal à Previdência. O sujeito passivo é o Estado, especificamente o INSS.

2.11.3 Elemento subjetivo do tipo

É o dolo. Não se pune a forma culposa. Cremos existir elemento subjetivo do tipo específico, consubstanciado na vontade de fraudar a previdência, apossando-se, indevidamente, de quantias não pertencentes ao agente. Aliás, não foi à toa que o legislador utilizou, para denominar os crimes previstos no art. 168-A, de *apropriação* indébita previdenciária.

2.11.4 Objetos material e jurídico

O objeto material é a contribuição ou outra importância recolhida do contribuinte. O objeto jurídico é a seguridade social.

2.11.5 Classificação

Trata-se de crime próprio (aquele que só pode ser cometido por sujeito qualificado, como mencionado *supra*); formal (delito que não exige, para sua consumação, a ocorrência de resultado naturalístico). Cremos ser formal e não simplesmente de mera conduta, pois a falta de repasse, conforme o montante e a frequência, pode causar autênticos "rombos" nas contas da previdência social, que constituem nítido e visível prejuízo para a Administração Pública. É crime de forma livre (pode ser cometido por qualquer meio eleito pelo agente); omissivo (o verbo implica abstenção); instantâneo (cuja consumação não se prolonga no tempo, dando-se em momento determinado); unissubjetivo (aquele que pode ser cometido por um único sujeito); unissubsistente (praticado num único ato); não admite tentativa.

2.12 Não recolhimento de contribuições integrantes de despesas contábeis ou custos relativos a produtos ou serviços

2.12.1 Estrutura do tipo penal incriminador, sujeitos ativo e passivo e elemento subjetivo

Consultar os tópicos 2.3 e 2.11.1 *supra*. Essa figura guarda correspondência com o antigo art. 95, *e*, da Lei 8.212/1991.

2.12.1.1 Despesas contábeis ou custos relativos à venda de produtos ou à prestação de serviços

Este tipo, previsto no art. 168-A, § 1.º, II, do CP, insere como objeto da conduta *deixar de recolher* as contribuições, que tenham integrado despesas contábeis ou custos relativos à venda de produtos ou à prestação de serviços. Como explica ODONEL URBANO GONÇALES, "significa a apropriação de despesas para cálculo da fixação do preço da mercadoria. Noutras palavras, a contribuição devida pelo empregador (20% sobre a folha de remuneração, acrescidos do percentual relativo ao seguro acidente de trabalho) é levada em consideração no cálculo para a fixação de preço do produto, uma vez que se constitui em despesa operacional.

O não recolhimento dessa contribuição, devida pelo empregador, desde que tenha integrado os custos (o que em regra ocorre), constitui o procedimento delituoso previsto na letra *e* do artigo focalizado".[18]

Na letra de WLADIMIR NOVAES MARTINEZ, complementando, *despesas contábeis* "são as consumidas com o pagamento dos serviços de contabilidade, mas não é disso que cuida o legislador e sim de desembolsos de gastos contabilizados, de modo geral. Custos têm semelhança com despesas, no segmento das atividades-meio da empresa, pagamentos feitos para a aquisição de meios que tornam possível a comercialização de produtos ou a prestação de serviços. Produtos devem ser entendidos por mercadorias ou bens, distinguindo-se de mão de obra. Prestação de serviços é atividade econômica ou profissional de grande alcance, abrangendo toda sorte de atendimentos pessoais ou não. Ambas as inserções, despesas ou custos, dizem respeito ao fornecimento de produtos ou à prestação de serviços. Declaradamente, não inclui a cessão de mão de obra ou a empreitada (Lei n. 9.711/98)".[19]

A pena para quem comete crime previsto no art. 168-A, § 1.º, II, do CP é de reclusão, de 2 (dois) a 5 (cinco) anos, e multa.

2.12.2 Objetos material e jurídico

O objeto material é a contribuição ou outra importância recolhida do contribuinte. O objeto jurídico é a seguridade social.

2.12.3 Classificação

Trata-se de crime próprio (aquele que só pode ser cometido por sujeito qualificado, como mencionado *supra*); formal (delito que não exige, para sua consumação, a ocorrência de resultado naturalístico). Cremos ser formal e não simplesmente de mera conduta, pois a falta de repasse, conforme o montante e a frequência, pode causar autênticos "rombos" nas contas da previdência social, que constituem nítido e visível prejuízo para a Administração Pública. É crime de forma livre (pode ser cometido por qualquer meio eleito pelo agente); omissivo (o verbo implica abstenção); instantâneo (cuja consumação não se prolonga no tempo, dando-se em momento determinado); unissubjetivo (aquele que pode ser cometido por um único sujeito); unissubsistente (praticado num único ato); não admite tentativa.

2.13 Não pagamento de benefício devido a segurado

2.13.1 Estrutura do tipo penal incriminador

Deixar de pagar significa não satisfazer encargo devido. O objeto é o benefício devido a segurado, já reembolsado pela previdência social. É o previsto no art. 168-A, § 1.º, III, do CP. É figura equivalente ao antigo delito previsto no art. 95, *f*, da Lei 8.212/1991. O objeto da conduta omissiva é o benefício devido a segurado, vale dizer, o ganho pago pela previdência social ao segurado, através da empresa. Normalmente é adiantado pela empresa, que depois termina compensando os valores com as contribuições devidas pela folha salarial. Exemplo de benefício: salário-família. Para a configuração do crime omissivo ("deixar de pagar") é preciso

---

[18] *Seguridade social comentada*, p. 74.

[19] *Os crimes previdenciários no Código Penal*, p. 40.

que a previdência social tenha efetuado o pagamento à empresa e esta não o tenha repassado ao segurado. É lógico que assim seja, pois, do contrário, não seria *apropriação indébita*.

"Caso a empresa tenha apropriado-se de valor (que deveria ser reembolsado) e não faça a transferência ao trabalhador, incidirá no crime estudado. A lei não fala até que momento, mas entender-se-á quando devida a quitação. O salário-família deve ser pago junto com a remuneração (PBPS art. 68), o mesmo valendo para o salário-maternidade (PBPS, art. 72)."[20]

A pena para quem comete crime previsto no art. 168-A, § 1.º, II, do CP é de reclusão, de 2 (dois) a 5 (cinco) anos, e multa.

2.13.2 Sujeitos ativo e passivo e elemento subjetivo

Consultar os tópicos 2.11 e 2.12 *supra*. Essa figura guarda correspondência com o antigo art. 95, *f*, da Lei 8.212/1991.

2.13.3 Objetos material e jurídico

O objeto material é o benefício devido ao segurado. O objeto jurídico é a seguridade social.

2.13.4 Classificação

Trata-se de crime próprio (aquele que só pode ser cometido por sujeito qualificado, como mencionado *supra*); formal (delito que não exige, para sua consumação, a ocorrência de resultado naturalístico). Cremos ser formal e não simplesmente de mera conduta, pois a falta de repasse, conforme o montante e a frequência, pode causar autênticos "rombos" nas contas da previdência social, que constituem nítido e visível prejuízo para a Administração Pública. É crime de forma livre (pode ser cometido por qualquer meio eleito pelo agente); omissivo (o verbo implica abstenção); instantâneo (cuja consumação não se prolonga no tempo, dando-se em momento determinado); unissubjetivo (aquele que pode ser cometido por um único sujeito); unissubsistente (praticado num único ato); não admite tentativa.

2.14 Causa de extinção da punibilidade (art. 168-A, § 2.º, do CP)

Proporcionam-se situações para a extinção da punibilidade do agente quanto às figuras delitivas previstas do art. 168-A. Exigem-se, para que a punibilidade do agente da apropriação indébita previdenciária seja afastada, os seguintes requisitos:

a) declaração do valor devido (demonstrar à previdência o montante arrecadado ou recolhido de contribuinte ou segurado e não repassado);

b) confissão da prática delituosa, isto é, a admissão de não ter feito o recolhimento ou o repasse na época e da forma previstas em lei. Em verdade, o termo usado não é o mais adequado, pois *confessar* significa admitir contra si, por quem seja suspeito ou acusado de um crime, tendo pleno discernimento, voluntária, expressa e pessoalmente, diante da autoridade competente, em ato solene e público, reduzido a termo, a prática de algum fato criminoso. Não é isso o que sempre ocorre, pois, para a existência da confissão, pede-se que o indivíduo já seja considerado suspeito ou acusado pelo Estado da prática de um crime. Ora, o próprio parágrafo prevê que a

---

[20] Wladimir Novaes Martinez, *Os crimes previdenciários no Código Penal*, p. 41.

"confissão" necessita ser feita *antes do início da ação fiscal*, logo, antes de o Estado ter ajuizado ação de execução da dívida previdenciária, mas sem fazer qualquer referência à existência de um inquérito ou processo criminal a respeito. Assim, é possível que o sujeito não tenha recolhido a contribuição, apropriando-se dela, e esteja em vias de sofrer uma ação fiscal, sem que a conduta tenha resvalado na esfera penal. Enfim, o que se quis efetivamente dizer – e seria o termo mais apropriado – é haver "autodenúncia", isto é, a admissão do cometimento de um fato criminoso (o não recolhimento da contribuição devida na época oportuna), sem que o Estado já tenha elegido o sujeito como suspeito ou acusado;

c) efetuar o pagamento (recolher o devido com todos os encargos, visto que o parágrafo menciona que tudo deve ser realizado "na forma definida em lei ou regulamento", implicando nos acréscimos);

d) prestar as informações devidas (além de declarar o devido, precisa esclarecer a previdência social a respeito da sua real situação, para que os próximos recolhimentos sejam corretamente efetuados. Assim, deverá narrar as despesas contábeis ou custos relativos à venda de produtos ou prestação de serviços que tem empreendido);

e) espontaneidade (sinceridade na declaração, demonstrando arrependimento, agindo sem subterfúgios). Em direito penal, como já foi visto por ocasião do estudo da desistência voluntária e da atenuante da confissão espontânea, o termo *espontaneidade* é diferente de *voluntariedade*. Significa arrependimento, vontade de efetivamente colaborar com o Estado para sanar o desvio cometido. Outra interpretação seria ilógica, ou seja, dizer que *espontâneo* é o mesmo que *voluntário* seria negar o próprio conteúdo das condutas "declarar", "confessar" e "efetuar" o pagamento. Ora, a pessoa que declara, confessa e paga o devido naturalmente o faz de maneira voluntária, sem coação. Se for coagida a fazê-lo, não está confessando, pois a admissão de culpa involuntária não pode ser ato considerado juridicamente válido. E mais: a confissão somente pode ser voluntária, pois, não fosse assim, estaria o direito aceitando a admissão de culpa sob tortura, por exemplo, o que é uma inconsequência. Pode-se até dizer que, vulgarmente, confissão é o simples reconhecimento da culpa, em qualquer circunstância, mas não para provocar efeito jurídico. Porém, para efeitos deste artigo, que cuida de uma infração tributária, pode-se aceitar a *voluntariedade* para os fins da extinção da punibilidade, visto que ao Estado interessa mesmo a arrecadação;

f) agir antes do início da ação fiscal, entendida esta como o efetivo ajuizamento de ação de execução pelo órgão competente. Não cremos caber, nesse caso, a simples investigação administrativa, pois *ação fiscal* deve ser expressão paralela a *ação penal*, que não abrange, certamente, o inquérito. Logo, não se vincula esta causa de extinção da punibilidade à instauração de inquérito policial, nem há referência ao oferecimento de denúncia, mas sim à atuação do Fisco. Não há óbice a tal condição, eleita pelo legislador, embora não deixe de ser estranha. Se o devedor já está sob investigação policial, por apropriação indébita previdenciária, em vez de ter por parâmetro, para saldar sua dívida, o oferecimento da denúncia, passa a levar em conta a ação fiscal. Imagine-se a hipótese de o agente ser denunciado, mas não ter havido, ainda, ação de execução, seja porque o INSS, ou os órgãos fiscais de arrecadação da União, andou mais lentamente, seja porque foi inepto. Aplicando-se literalmente a letra do artigo

Cap. V – Apropriação Indébita • Parte 2   383

acrescentado pela Lei 9.983/2000, caberia a extinção de punibilidade, o que se torna contraditório com o art. 168-A, § 3.º, I, do CP que prevê a aplicação do perdão ou do privilégio se a ação fiscal já se iniciou, mas antes de oferecida a denúncia. Portanto, sendo necessária a interpretação sistemática para dar sentido à contradição criada pelo legislador, parece-nos curial manter o seguinte quadro: a) *se o Estado não ajuizou ação fiscal, tampouco ação penal*: pago o débito integral, julga-se extinta a punibilidade do agente (§ 2.º do art. 168-A); b) *se o Estado já ajuizou ação fiscal, mas não a ação penal*: cabe perdão judicial ou a aplicação do privilégio (§ 3.º, I); c) *se o Estado não ajuizou ação fiscal, mas sim ação penal*: não cabe a extinção da punibilidade, pois seria o maior dos contrassensos exterminar a pretensão punitiva do Estado quando ele agiu a tempo, na esfera penal, sem ter havido boa vontade do devedor para saldar o devido à previdência, além do que o § 3.º, I, veda a aplicação do perdão e do privilégio – favores legais menores em comparação à extinção da punibilidade – quando a ação penal já foi iniciada. Seria privilegiar a ilogicidade declarar a extinção da punibilidade para quem já é réu em ação penal, sem que possa o juiz, por expressa vedação legal, no mesmo caso, conceder um mero privilégio. Logo, o que naturalmente pretende a lei, embora tenha o preceito sido redigido de modo inadequado, é garantir a extinção da punibilidade antes da ação do Estado para cobrar a dívida, imaginando que, nesse estágio, não haveria ainda ação penal, já que nem a ação fiscal existe. Por outro lado, quando houver ação de cobrança, mas ainda não houver denúncia, pode-se conceder perdão ou privilégio, desde que satisfeito o débito; d) *se o Estado já ajuizou tanto a ação fiscal, quanto a ação penal*: cabe apenas, em caso de pagamento, a atenuante genérica prevista no art. 65, III, *b*, do Código Penal.

Há entendimentos mais restritos. WLADIMIR NOVAES MARTINEZ demonstra que "ação fiscal é o ato administrativo por meio do qual o INSS verifica o recolhimento das contribuições (art. 33 e seus §§ do PCSS). Ela tem início com a emissão e a entrega do TIAF – Termo de Início de Ação Fiscal (ODS INSS/DAF n. 198/98). Luiz Flávio Gomes entende que o prazo em tela é o fim de ação fiscal, quando da lavratura da NFLD. Argumenta que não cabe interpretação literal. Entretanto, estender esse prazo significa beneficiar ainda mais o infrator".[21]

2.15 Não aplicação do art. 34 da Lei 9.249/1995

O Supremo Tribunal Federal considerava aplicável à hipótese do não recolhimento de contribuições previdenciárias a causa de extinção da punibilidade prevista na referida lei. Entretanto, naquela hipótese, era preciso pagar toda a dívida antes do recebimento da denúncia. Ora, existindo causa específica para o crime previdenciário, não mais tem cabimento a aplicação do mencionado art. 34, em nosso entendimento. Portanto, deixando de pagar o devido até a ação fiscal ter início, já não se deve considerar extinta a punibilidade caso o recolhimento seja efetuado antes da denúncia.[22]

---

[21] *Os crimes previdenciários no Código Penal*, p. 45.

[22] Em contrário: STJ: "Parcelamento do débito. Extinção da punibilidade. Lei 9.249/95, art. 34. 1. Pacificou-se no Superior Tribunal de Justiça a compreensão segundo a qual, no crime de apropriação indébita de contribuições previdenciárias, o parcelamento antecedente à denúncia extingue a punibilidade" (RO em HC 13.047/SP, 6.ª T., rel. Paulo Gallotti, 06.02.2003, v.u., *Bol. AASP* 2.422).

2.16 Parcelamento do débito administrativamente

Se houver o deferimento, na órbita administrativa, do parcelamento do débito, autorizando-se o devedor a efetuar o pagamento, não há razão para deixar de excluir a sua punibilidade no campo penal. Afinal, o Estado aceitou receber o que lhe era devido e empreendeu um acordo com a parte devedora. Não haveria sentido algum em se aplicar qualquer punição. Por outro lado, há situações, previstas em lei, em que o parcelamento do débito suspende a pretensão punitiva do Estado, até que se constate o pagamento integral da dívida.

2.17 Perdão judicial ou figura privilegiada

Criou-se, com o § 3.º do art. 168-A do CP, uma hipótese alternativa de perdão judicial ("deixar de aplicar a pena") ou de privilégio (aplicação somente da multa). Mas há requisitos gerais e específicos. Os gerais, válidos para qualquer hipótese, são: a) primariedade; b) bons antecedentes. *Primário* é a pessoa não reincidente (art. 63, CP), logo, faz-se a definição pelo inverso do que representa a reincidência. Possui *bons antecedentes* quem nunca foi condenado anteriormente com trânsito em julgado, ou seja, uma condenação definitiva.

Os específicos estão previstos nos incisos I e II do § 3.º do art. 168-A do CP: a) deve o agente efetuar o pagamento de todo o montante devido à previdência social (contribuição previdenciária + acessórios) *antes* do oferecimento da denúncia e *depois* do início da ação fiscal. Como já mencionado, deve-se deixar de aplicar o art. 34 da Lei 9.249/1995, pois há hipótese nova criada pela Lei 9.983/2000. Caso a atuação do Fisco tenha início, já não existe possibilidade de a punibilidade ser extinta, embora subsista a alternativa de conseguir o agente o perdão judicial ou a substancial redução da pena, trocando-se a pena privativa de liberdade pela exclusiva aplicação de multa; b) a segunda hipótese para a aplicação do perdão judicial ou do privilégio é ser o montante devido aos cofres previdenciários igual ou inferior ao estabelecido pela própria previdência, *administrativamente* (o que prescinde de lei), para justificar uma execução fiscal. Se o Fisco não tem interesse em cobrar judicialmente o valor, não há cabimento para a atribuição de penalidades severas ao agente. Houve época em que o Fisco considerou como valor inócuo para a execução fiscal o montante de R$ 1.000,00 (art. 1.º da Lei 9.441/1997). Esse valor vai crescendo, ano após ano, chegando a R$ 20.000,00. Em nossa concepção, não se deve confundir, no entanto, pequeno valor, não justificador da ação fiscal do Estado, com *valor ínfimo*. Este último permite a configuração do crime de bagatela, isto é, a aplicação do princípio da insignificância, que torna atípica a conduta de não recolher ou repassar quantia ínfima à previdência social. Noutro sentido têm decidido os tribunais, afirmando que, se à Previdência não importa cobrar os valores *supra*, logo, trata-se de bagatela, representando um fato atípico.

Para a concessão do perdão ou do privilégio, a Lei 13.606/2018 acrescentou o seguinte: "A faculdade prevista no § 3.º deste artigo não se aplica aos casos de parcelamento de contribuições cujo valor, inclusive dos acessórios, seja superior àquele estabelecido, administrativamente, como sendo o mínimo para o ajuizamento de suas execuções fiscais". Evita-se a discussão a respeito do montante a constituir o impedimento ao uso do benefício do § 3.º. Não é porque a dívida é parcelada que se pode tomar como referência parcela individualmente considerada para efeito de perdão. Por isso, havendo o parcelamento da dívida previdenciária, computa-se o montante total, com acessórios, para se encaixar no inciso II do § 3.º do art. 168.

2.18 Critério para a escolha do juiz

Tendo em vista que o legislador previu hipóteses alternativas, mas impôs condições cumulativas para as duas, é preciso distinguir quando o magistrado deve aplicar o perdão judicial e quando deve aplicar somente a multa. Assim, para um ou para outro benefício demanda-se primariedade, bons antecedentes e pagamento integral da dívida ou pequeno valor das contribuições devidas.

Parece-nos que a escolha deve se fundar nos demais elementos norteadores, sempre, da análise do agente do crime, que são as circunstâncias judiciais do art. 59. Dessa forma, a verificação da personalidade e da conduta social do autor, dos motivos do delito e das circunstâncias e consequências da infração penal, que constituem a culpabilidade, maior ou menor reprovação social do que foi feito, levará o juiz à decisão mais justa: perdão ou multa.

2.19 Quadro-resumo

Previsão legal	**Apropriação indébita previdenciária** **Art. 168-A.** Deixar de repassar à previdência social as contribuições recolhidas dos contribuintes, no prazo e forma legal ou convencional: Pena – reclusão, de 2 (dois) a 5 (cinco) anos, e multa. § 1.º Nas mesmas penas incorre quem deixar de: I – recolher, no prazo legal, contribuição ou outra importância destinada à previdência social que tenha sido descontada de pagamento efetuado a segurados, a terceiros ou arrecadada do público; II – recolher contribuições devidas à previdência social que tenham integrado despesas contábeis ou custos relativos à venda de produtos ou à prestação de serviços; III – pagar benefício devido a segurado, quando as respectivas cotas ou valores já tiverem sido reembolsados à empresa pela previdência social. § 2.º É extinta a punibilidade se o agente, espontaneamente, declara, confessa e efetua o pagamento das contribuições, importâncias ou valores e presta as informações devidas à previdência social, na forma definida em lei ou regulamento, antes do início da ação fiscal. § 3.º É facultado ao juiz deixar de aplicar a pena ou aplicar somente a de multa se o agente for primário e de bons antecedentes, desde que: I – tenha promovido, após o início da ação fiscal e antes de oferecida a denúncia, o pagamento da contribuição social previdenciária, inclusive acessórios; ou II – o valor das contribuições devidas, inclusive acessórios, seja igual ou inferior àquele estabelecido pela previdência social, administrativamente, como sendo o mínimo para o ajuizamento de suas execuções fiscais. § 4.º A faculdade prevista no § 3.º deste artigo não se aplica aos casos de parcelamento de contribuições cujo valor, inclusive dos acessórios, seja superior àquele estabelecido, administrativamente, como sendo o mínimo para o ajuizamento de suas execuções fiscais.
Sujeito ativo	Substituto tributário, que deve arrecadar e repassar a contribuição
Sujeito passivo	Estado (INSS)
Objeto material	Contribuição recolhida
Objeto jurídico	Seguridade social
Elemento subjetivo	Dolo + elemento subjetivo específico

Classificação	Próprio Formal Forma livre Omissivo Instantâneo Dano Unissubjetivo Unissubsistente
Tentativa	Não admite
Circunstâncias especiais	Tipos correlatos
	Extinção da punibilidade

3. APROPRIAÇÃO DE COISA HAVIDA POR ERRO, CASO FORTUITO OU FORÇA DA NATUREZA

3.1 Estrutura do tipo penal incriminador

Apropriar-se significa apossar-se ou tomar como sua coisa que pertence a outra pessoa. Cremos que a intenção é proteger tanto a propriedade, quanto a posse, conforme o caso. Nessa hipótese, a coisa alheia cai em mãos do agente por erro, caso fortuito ou força da natureza. A lei, lastreada na moral, obriga-o a devolver; não o fazendo, caracteriza-se a apropriação criminosa. É o teor do art. 169 do CP.

Coisa é tudo aquilo que existe, podendo tratar-se de objetos inanimados ou de semoventes. No contexto dos delitos contra o patrimônio (conjunto de bens suscetíveis de apreciação econômica), cremos ser imprescindível que a coisa tenha, para seu dono ou possuidor, algum valor econômico. O elemento normativo *alheia* aponta pertencer a outra pessoa que não o agente da conduta. Móvel é o conceito penal, aplicável a tudo que, efetivamente, é passível de mobilidade. Embora esse tipo não mencione, há de se tratar de objeto *móvel*, pela própria lógica de como se dá a apropriação.

Erro é a falsa percepção da realidade, que leva alguém a entregar ao agente coisa pertencente a outrem. Ex.: um entregador, confundindo o destinatário, passa às mãos do apropriador algo que não lhe cabe, havendo, então, o apossamento.

Caso fortuito é o evento acidental, que faz com que um objeto termine em mãos erradas. Abrange, naturalmente, a força maior ou forças da natureza. Estamos, nesse prisma, com a lição de NÉLSON HUNGRIA: "O dispositivo legal menciona o *caso fortuito* e a *força da natureza*, fazendo, a exemplo, aliás, do Código suíço, uma distinção que se pode dizer desnecessária, pois o caso fortuito abrange todo e qualquer acontecimento estranho, na espécie, à vontade do agente e do *dominus*. Tanto é caso fortuito se a coisa alheia vem ao meu poder em consequência da queda de um avião em meu terreno, quanto se foi trazida pela correnteza de uma enchente. Se bois alheios, por mero instinto de vagueação ou acossados pelo fogo de uma queimada, entram nas minhas terras, ou se peças de roupa no coradouro do meu vizinho são impelidas por um tufão até o meu quintal, tudo é caso fortuito".[23]

---

[23] *Comentários ao Código Penal*, v. 7, p. 151.

Cap. V – Apropriação Indébita • **Parte 2**

Força da natureza é a energia física e ativa que provoca o ordenamento natural das coisas (ex.: uma tempestade, que tem energia para destruir casas e veículos, provocando a diminuição do patrimônio alheio). Conforme mencionamos no item anterior, está incluída no caso fortuito. Assim, se, durante uma enchente, um automóvel cai na propriedade de outrem, fica este obrigado a devolvê-lo. Não o fazendo, configura-se o delito de apropriação.

A pena é de detenção, de um mês a um ano, ou multa.

3.2 Sujeitos ativo e passivo

O sujeito ativo pode ser qualquer pessoa. No caso do sujeito passivo, é o proprietário da coisa desviada ou perdida por erro ou acidente.

3.3 Elemento subjetivo

É o dolo. Não há elemento subjetivo do tipo específico, nem a forma culposa.

3.4 Objetos material e jurídico

O objeto material é a coisa desviada acidentalmente; o objeto jurídico é o patrimônio.

3.5 Classificação

Trata-se de crime comum (aquele que não demanda sujeito ativo qualificado ou especial); material (delito que exige resultado naturalístico, consistente na diminuição do patrimônio da vítima); de forma livre (podendo ser cometido por qualquer meio eleito pelo agente); comissivo ou omissivo, conforme o caso; instantâneo (cujo resultado se dá de maneira instantânea, não se prolongando no tempo); de dano (consuma-se apenas com efetiva lesão a um bem jurídico tutelado); unissubjetivo (que pode ser praticado por um só agente); unissubsistente ou plurissubsistente (em regra, vários atos integram a conduta); admite tentativa, quando na forma comissiva.

3.6 Quadro-resumo

Previsão legal	**Apropriação de coisa havida por erro, caso fortuito ou força da natureza** **Art. 169.** Apropriar-se alguém de coisa alheia vinda ao seu poder por erro, caso fortuito ou força da natureza: Pena – detenção, de um mês a um ano, ou multa. **Parágrafo único.** Na mesma pena incorre: **Apropriação de tesouro** I – quem acha tesouro em prédio alheio e se apropria, no todo ou em parte, da quota a que tem direito o proprietário do prédio; **Apropriação de coisa achada** II – quem acha coisa alheia perdida e dela se apropria, total ou parcialmente, deixando de restituí-la ao dono ou legítimo possuidor ou de entregá-la à autoridade competente, dentro no prazo de quinze dias.
Sujeito ativo	Qualquer pessoa
Sujeito passivo	Proprietário da coisa desviada ou perdida por erro ou acidente
Objeto material	Coisa desviada acidentalmente

Objeto jurídico	Patrimônio
Elemento subjetivo	Dolo
Classificação	Comum Material Forma livre Comissivo ou omissivo Instantâneo Dano Unissubjetivo Unissubsistente ou plurissubsistente
Tentativa	Admite quando comissivo e plurissubsistente
Circunstâncias especiais	Admite privilégio do art. 155, § 2.º

4. APROPRIAÇÃO DE TESOURO

4.1 Estrutura do tipo penal incriminador

A conduta principal é *apropriar-se* – que já foi definida em tópicos anteriores – de tesouro achado em prédio alheio. *Achar tesouro* significa encontrar um conjunto de coisas preciosas ou valiosas. É indispensável que o local onde o tesouro foi encontrado pertença a terceira pessoa. Preceitua o Código Civil (art. 1.264) dever existir a divisão, em partes iguais, de tesouro encontrado por acaso, que não possua dono conhecido, com o proprietário do lugar onde ele foi achado.

A pena para o crime previsto no art. 169, parágrafo único, I, do CP é de detenção, de um mês a um ano, ou multa.

4.2 Sujeitos ativo e passivo

Qualquer pessoa pode cometer o delito; o sujeito passivo há de ser o proprietário do prédio onde o tesouro foi achado.

4.3 Elemento subjetivo

É o dolo. Não há elemento subjetivo do tipo específico, nem a forma culposa.

4.4 Objetos material e jurídico

O objeto material é o tesouro visado; o objeto jurídico é o patrimônio do proprietário do prédio.

4.5 Classificação

Trata-se de crime comum (aquele que não demanda sujeito ativo qualificado ou especial); material (delito que exige resultado naturalístico, consistente na diminuição do patrimônio da vítima); de forma livre (podendo ser cometido por qualquer meio eleito pelo agente); comissivo ou omissivo, conforme o caso; instantâneo (cujo resultado se dá de maneira instantânea, não se prolongando no tempo); de dano (consuma-se apenas com efetiva lesão a um bem

Cap. V – Apropriação Indébita • Parte 2   389

jurídico tutelado); unissubjetivo (que pode ser praticado por um só agente); unissubsistente ou plurissubsistente (em regra, vários atos integram a conduta); admite tentativa, quando na forma comissiva.

4.6   Quadro-resumo

Previsão legal	Art. 169. (...) **Apropriação de tesouro** I – quem acha tesouro em prédio alheio e se apropria, no todo ou em parte, da quota a que tem direito o proprietário do prédio; (...)
Sujeito ativo	Qualquer pessoa
Sujeito passivo	Proprietário do prédio onde o tesouro foi achado
Objeto material	Tesouro
Objeto jurídico	Patrimônio
Elemento subjetivo	Dolo
Classificação	Comum Material Forma livre Comissivo ou omissivo, conforme o caso Instantâneo Dano Unissubjetivo Unissubsistente ou plurissubsistente
Tentativa	Admite na forma comissiva

5.   APROPRIAÇÃO DE COISA ACHADA

5.1   Estrutura do tipo penal incriminador

O tipo torna a mencionar a conduta de *apropriar-se* (assenhorear-se do que pertence a terceiro). Nesta hipótese, cuida-se de coisa (tudo aquilo que existe, podendo tratar-se de objetos inanimados ou de semoventes) alheia (pertencente a outra pessoa que não o agente da conduta) perdida. É o disposto no art. 169, parágrafo único, II, do CP.

Coisa perdida e coisa esquecida não se confundem, por certo. A perdida sumiu por causa estranha à vontade do proprietário ou possuidor, que não mais a encontra; a esquecida saiu da sua esfera de vigilância e disponibilidade por simples lapso de memória, embora o dono saiba onde encontrá-la. Ex.: saindo à rua, o indivíduo deixa cair sua carteira e continua caminhando sem perceber: trata-se de coisa perdida; saindo de um restaurante, esquece o casaco sobre a cadeira: trata-se de coisa esquecida, pois terá chance de voltar para pegá-lo. Assim, quem se apropria de coisa esquecida, disso tendo conhecimento, comete furto, e não apropriação.

O tipo menciona dono ou legítimo possuidor, evidenciando a proteção estendida, nos crimes patrimoniais, não somente ao dono da coisa, mas também a quem a possui legitimamente.

A obrigação imposta pela lei, portanto, é a pronta restituição do bem sumido a quem o está procurando. Essa devolução pode efetivar-se diretamente a quem de direito ou à autoridade competente.

Quanto ao elemento temporal (15 dias), raramente, o tipo penal prevê um prazo para o crime se consumar. No caso presente, houve por bem o legislador conferir ao agente o período de quinze dias para encontrar a vítima, devolvendo-lhe a coisa achada.

Cremos não haver razão para isso. Se o indivíduo quer apropriar-se do que não lhe pertence, ou seja, de coisa alheia perdida, pode evidenciar seu ânimo no exato momento em que se apossa do bem. Permitir que exista um prazo para a configuração do crime é o mesmo que estabelecer, dentro do próprio tipo, uma excludente. Assim, a apropriação estaria configurada, subjetivamente, no momento em que o autor demonstra a inequívoca vontade de se apropriar da coisa encontrada. Mas se, no decurso dos quinze dias, arrepender-se, pode devolvê-la à vítima e não há mais fato típico. *Seria* uma excludente de tipicidade se estivesse fora do tipo penal. Entretanto, como foi prevista dentro da figura típica, entendemos tratar-se de um delito condicionado.

A apropriação somente ganha relevo jurídico-penal se houver o transcurso do período fixado no próprio tipo. Assim, não cabe tentativa: ou o agente fica com a coisa após o 15.º dia e o crime está consumado ou a devolve e não há ilícito penal. Há quem sustente que, no caso de cheque encontrado, se o agente deposita o título em sua conta, o crime está consumado.

Ora, qual a diferença entre o sujeito encontrar um objeto de arte, como um quadro, dependurando-o na parede de sua casa no primeiro dia, com a intenção de se apropriar do bem, e o caso do cheque? Em ambas as hipóteses o autor está se apropriando de coisa alheia perdida *antes dos 15 dias*. Seria crime consumado em ambos os casos? Se a resposta for positiva, perde o sentido o prazo de 15 dias colocado no tipo penal, circunstância objetiva, que precisa ser respeitada. Se a resposta fosse negativa com relação ao quadro, mas positiva com relação ao cheque, estar-se-ia transformando o período de quinze dias em um "elemento subjetivo específico", o que é ilógico. Dessa maneira, caso o agente fique com a coisa alheia durante quinze dias sem *dar demonstração ostensiva* de que vai dela se apossar, o crime inexiste. Porém, se der tal demonstração, o crime se consuma de imediato. Não nos parece seja assim. O tipo penal prevê um prazo que integra a descrição abstrata da conduta, *condicionando* a concretização do delito à sua ocorrência, pouco interessando o que o agente faz com o bem nesse período.

É evidente que não é direito do sujeito que encontrou o bem dele usufruir por 15 dias, já que não lhe pertence. Cabe a apreensão se for encontrado em seu poder, embora não se possa falar em crime de apropriação, pois o legislador foi claro: *apropriar-se* de coisa alheia perdida exige o expresso prazo de 15 dias, período no qual pode haver a devolução, não se configurando ilícito penal.

A pena é detenção, de um mês a um ano, ou multa.

5.2 Sujeitos ativo e passivo

O sujeito ativo pode ser qualquer pessoa; o sujeito passivo é o proprietário ou legítimo possuidor da coisa perdida.

5.3 Elemento subjetivo

É o dolo. Não há elemento subjetivo do tipo específico, nem a forma culposa.

5.4 Objetos material e jurídico

O objeto material é a coisa alheia perdida; o objeto jurídico é o patrimônio do proprietário.

5.5 Classificação

Trata-se de crime comum (aquele que não demanda sujeito ativo qualificado ou especial); material (delito que exige resultado naturalístico, consistente na diminuição do patrimônio da vítima); de forma livre (podendo ser cometido por qualquer meio eleito pelo agente); comissivo ou omissivo, conforme o caso; instantâneo (cujo resultado se dá de maneira instantânea, não se prolongando no tempo); de dano (consuma-se apenas com efetiva lesão a um bem jurídico tutelado); unissubjetivo (que pode ser praticado por um só agente); unissubsistente ou plurissubsistente (em regra, vários atos integram a conduta); não admite tentativa, pois crime condicionado.

5.6 Quadro-resumo

Previsão legal	**Art. 169. (...)** **Apropriação de coisa achada** II – quem acha coisa alheia perdida e dela se apropria, total ou parcialmente, deixando de restituí-la ao dono ou legítimo possuidor ou de entregá-la à autoridade competente, dentro no prazo de quinze dias.
Sujeito ativo	Qualquer pessoa
Sujeito passivo	Proprietário ou legítimo possuidor da coisa perdida
Objeto material	Coisa alheia perdida
Objeto jurídico	Patrimônio
Elemento subjetivo	Dolo
Classificação	Comum Material Forma livre Comissivo ou omissivo, conforme o caso Instantâneo Dano Unissubjetivo Unissubsistente ou plurissubsistente
Tentativa	Não admite

6. APROPRIAÇÃO PRIVILEGIADA (ART. 170 DO CP)

Segue as mesmas regras do furto privilegiado. Ver comentários ao furto (art. 155, § 2.º).

RESUMO DO CAPÍTULO

	Apropriação indébita Art. 168	Apropriação indébita previdenciária Art. 168-A	Apropriação de coisa havida por erro, fortuito ou força maior Art. 169	Apropriação de tesouro Art. 169, I	Apropriação de coisa achada Art. 169, II
Sujeito ativo	Pessoa com posse ou detenção de coisa alheia	Substituto tributário, que deve arrecadar e repassar a contribuição	Qualquer pessoa	Qualquer pessoa	Qualquer pessoa

	Apropriação indébita Art. 168	Apropriação indébita previdenciária Art. 168-A	Apropriação de coisa havida por erro, fortuito ou força maior Art. 169	Apropriação de tesouro Art. 169, I	Apropriação de coisa achada Art. 169, II
Sujeito passivo	Senhor da coisa dada ao sujeito ativo	Estado (INSS)	Proprietário da coisa desviada ou perdida por erro ou acidente	Proprietário do prédio onde o tesouro foi achado	Proprietário ou legítimo possuidor da coisa perdida
Objeto material	Coisa alheia móvel	Contribuição recolhida	Coisa desviada acidentalmente	Tesouro	Coisa alheia perdida
Objeto jurídico	Patrimônio	Seguridade social	Patrimônio	Patrimônio	Patrimônio
Elemento subjetivo	Dolo	Dolo + elemento subjetivo específico	Dolo	Dolo	Dolo
Classificação	Próprio Material Forma livre Comissivo ou omissivo Instantâneo Dano Unissubjetivo Unissubsistente ou plurissubsistente	Próprio Formal Forma livre Omissivo Instantâneo Dano Unissubjetivo Unissubsistente	Comum Material Forma livre Comissivo ou omissivo Instantâneo Dano Unissubjetivo Unissubsistente ou plurissubsistente	Comum Material Forma livre Comissivo ou omissivo, conforme o caso Instantâneo Dano Unissubjetivo Unissubsistente ou plurissubsistente	Comum Material Forma livre Comissivo ou omissivo, conforme o caso Instantâneo Dano Unissubjetivo Unissubsistente ou plurissubsistente
Tentativa	Admite, conforme o meio eleito pelo agente	Não admite	Admite quando comissivo e plurissubsistente	Admite na forma comissiva	Não admite
Circunstâncias especiais	Apropriação indébita contra idoso: art. 102 da Lei 10.741/2003 Causas de aumento de pena Admite privilégio do art. 155, § 2.º	Tipos correlatos Extinção da punibilidade	Admite privilégio do art. 155, § 2.º	——	——

Capítulo VI

Estelionato e Outras Fraudes

1. ESTELIONATO

1.1 Estrutura do tipo penal incriminador

O estelionato[1] é um crime *artístico*, pois implica representação, convencimento, falas decoradas, cenários montados, figurantes e todos os aparatos necessários para enganar alguém com uma história; a única diferença de uma peça teatral bem produzida, que também conta uma história fictícia ou inspirada em fatos reais, é que o estelionatário, ao final, não recebe aplausos, mas ganha uma vantagem ilícita em detrimento da vítima, que se deixou iludir.

Como bem lembra NORONHA, "não é mais a violência a coisa ou a pessoa o meio de ataque ao patrimônio, porém, é a astúcia, o engodo, que, sem alarde e estrépito, fere também, envolvendo a vítima em suas malhas, lesando-a de maneira sutil, mas segura. Ela é forma criminal do civilizado, daquele a quem repugna o sangue alheio. É um dos índices de que o homem mais e mais se afasta de sua origem animal e selvagem (...)".[2] Assim também se pronuncia NÉLSON HUNGRIA, nos idos dos anos 1950: "o ladrão violento, tão comum em outras épocas, é, atualmente, um retardatário ou um fenômeno esporádico. (...) O expoente da improbidade,

---

[1] "A expressão *estelionato* foi evidentemente adotada tendo em vista a aparência proteica da prática delituosa, inspirando-se, assim, na denominação *stellio*, espécie de lagarto que apresenta, por igual, aspectos mutáveis e cambiantes" (BENTO DE FARIA, *Código Penal brasileiro comentado*, v. 5, p. 134).

[2] NORONHA, *Direito penal*, v. 2, p. 424.

operador da hora, o *architectus falacciarum*, o *scroc*, o burlão, o *cavalheiro de indústria*".[3] A arma foi substituída pela inteligência. Enfim, se fosse verdade que o crime de sangue ficou para trás na história, já seria um ganho. No entanto, produzir um estelionato requer talento e habilidade, o que muitos infratores não possuem. Por isso, continuam elevados os índices de furtos, roubos, extorsões, dentre outros. O estelionato não os substituiu, apenas ingressou no conjunto de delitos contra o patrimônio, com o diferencial de ser um crime não violento.

A conduta é sempre composta. *Obter* vantagem indevida *induzindo* ou *mantendo* alguém em erro. Significa conseguir um benefício ou um lucro ilícito em razão do engano provocado na vítima. Esta colabora com o agente sem perceber que está se despojando de seus pertencentes.[4] É o teor do art. 171 do CP.

Aliás, a principal diferença entre o estelionato e outros crimes patrimoniais é justamente o *engano*. Diz GALDINO SIQUEIRA que, "se, no furto, há a tirada às mais das vezes, oculta e sempre *invito domino*; se, no roubo e na extorsão, há o emprego de violência ou de meio intimidativo, no estelionato, o engano é o meio empregado pelo agente para determinar, em seu proveito que, outro, em prejuízo próprio, lhe transfira a coisa. Por isso mesmo que o engano é preordenadamente empregado para conseguir a disposição patrimonial, é um engano *artificioso*, engendrado e *causativo* da mesma disposição".[5]

Induzir quer dizer incutir ou persuadir e *manter* significa fazer permanecer ou conservar. Portanto, a obtenção da vantagem indevida deve-se ao fato de o agente conduzir o ofendido ao engano ou quando deixa que a vítima permaneça na situação de erro na qual se envolveu sozinha. É possível, pois, que o autor do estelionato provoque a situação de engano ou apenas dela se aproveite. De qualquer modo, comete a conduta proibida.

O tipo menciona vantagem ilícita, diversamente do objeto material do crime de furto – que menciona *coisa alheia* –, neste caso basta que o agente obtenha *vantagem*, isto é, qualquer benefício, ganho ou lucro, de modo *indevido*, ou seja, ilícito. Logicamente, trata-se de vantagem de natureza econômica, uma vez que se cuida de crime patrimonial.

Os mecanismos para a prática do delito são os seguintes: a) *erro*: é a falsa percepção da realidade. O agente coloca – ou mantém – a vítima numa situação enganosa, fazendo parecer realidade o que efetivamente não é. Ex.: o autor finge manter uma agência de venda de carros, recolhe o dinheiro da vítima, prometendo-lhe entregar o bem almejado, e desaparece; b) *artifício*: é astúcia, esperteza, manobra que implica engenhosidade. Ex.: o sujeito, dizendo-se representante de uma instituição de caridade conhecida, fazendo referência ao nome de pessoas conhecidas que, de fato, dirigem a mencionada instituição, consegue coletar contribuição da vítima, embolsando-a; c) *ardil*: é também artifício, esperteza, embora na forma de *armadilha*, cilada ou estratagema. No exemplo dado anteriormente, o agente prepara um local com a aparência de ser uma agência de venda de veículos, recebe o cliente (vítima), oferece-lhe o carro, recebe o dinheiro e, depois, desaparece. Trata-se de um ardil; d) *qualquer outro meio fraudulento*: trata-se de interpretação analógica, ou seja, após ter mencionado duas modalidades de meios enganosos, o tipo penal faz referência a qualquer outro semelhante ao

---

[3] HUNGRIA, *Comentários ao Código Penal*, v. 7, p. 164-165.

[4] Na definição de JOSÉ ANTÓN ONECA, cuida-se da "conduta enganosa, com ânimo de lucro ilícito, próprio ou alheio que, determinando um erro em uma ou mais pessoas, as induz a realizar um ato de disposição, em consequência do qual é um prejuízo em seu patrimônio ou no de terceiro" (Las estafas y otros engaños, in: *Obras*, t. III, p. 70).

[5] GALDINO SIQUEIRA, *Tratado de direito penal*, v. 4, p. 464.

artifício e ao ardil, que possa, igualmente, ludibriar a vítima. Na realidade, todos os métodos implicam *fraude*, que significa engano, logro. Nesse ponto, HUNGRIA cita, como ilustração a *outro meio fraudulento*, a mentira verbal, que, conforme o modo pronunciado e o número de vezes, tende a caracterizar a fraude.[6]

Para demonstrar o dano que uma mentira prolongada pode causar no cenário, gerando o crime de estelionato, ele narra um caso, que investigou, quando ainda era delegado de polícia no Rio de Janeiro. Em síntese, um espanhol, consertador de pianos, conseguiu fazer uma boa poupança. Um dia, passeando de barco com o casal "B" e "C", demonstrou estar impressionado por uma moça. "C", esperta e já vendo a oportunidade de tirar dinheiro do espanhol, disse-lhe que faria amizade com a moça para depois introduzi-la a ele. Inventou um nome para ela e, depois, disse que não seria boa a aproximação breve, pois a moça tinha um amante muito ciumento e irascível. O espanhol, então, não teve contato com a moça. Enquanto isso, "C" chegou a arranjar o casamento do espanhol com a tal moça e, aproveitando, pediu-lhe dinheiro para dar a ela presentes. Um após outro, ao final, o espanhol já tinha gastado oito contos em presentes. "C", finalmente, marcou um encontro do espanhol com sua "noiva" em local distante. O espanhol para lá foi e nada encontrou. Somente nesse momento começou a notar ter sido enganado e resolveu ir à polícia.[7] Na verdade, eram outros tempos e a confiança era um valor muito estimado em sociedade. No entanto, o estelionato foi praticado por meio de mentiras, que, no conjunto, formaram uma fraude para obter vantagem ilícita.

Há elementos normativos: a) *prejuízo* (perda ou dano); b) *alheio* (pertencente a outrem). Portanto, a vantagem auferida pelo agente deve implicar em perda, de caráter econômico, ainda que indireto, para outra pessoa.

Quando a falsidade for veículo para o cometimento do estelionato, aplica-se, como regra, a Súmula 17 do Superior Tribunal de Justiça: "Quando o falso se exaure no estelionato, sem mais potencialidade lesiva, é por este absorvido". Trata-se da aplicação da regra de que o crime-fim absorve o crime-meio.

A pena para quem comete o crime do art. 171 é de reclusão, de 1 (um) a 5 (cinco) anos, e multa. Se o criminoso é primário, e é de pequeno valor o prejuízo, o juiz pode aplicar a pena conforme o disposto no art. 155, § 2.º.

Nas hipóteses do § 2.º o agente incorrerá na mesma pena do *caput*.

Aumenta-se de 1/3 (um terço), se o crime é cometido em detrimento de entidade de direito público ou de instituto de economia popular, assistência social ou beneficência.

Por fim, aplica-se a pena em dobro se o crime for cometido contra idoso.

1.2 Sujeitos ativo e passivo

Podem ser qualquer pessoa. O sujeito ativo pode destruir seu próprio bem ou machucar a si mesmo e, ainda assim, ele será apenas objeto material do crime; o sujeito passivo será a seguradora que deveria arcar com esse dano (ver o inciso V do § 2.º do art. 171).

---

[6] HUNGRIA, *Comentários ao Código Penal*, v. 7, p. 204-205. BENTO DE FARIA rebate, dizendo que a mentira, por si só, embora censurável, não pode gerar o delito (*Código Penal brasileiro comentado*, v. 5, p. 141). Sem dúvida, quando se trata de uma mentira ou outra. Porém, o caso narrado por HUNGRIA foi formado graças a várias mentiras seguidas que, em conjunto, constituem a fraude.

[7] HUNGRIA, *Comentários ao Código Penal*, v. 7, p. 205-206.

O sujeito passivo pode ser pessoa diversa da que foi enganada, ou seja, quem perde o patrimônio pode ser o empregador, porque seu empregado foi ludibriado pelo estelionatário. Por outro lado, se a pessoa enganada for incapaz de entender o que se passa (enfermo mental, criança, idoso senil, por exemplo), não se trata de estelionato, mas de furto.

1.3 Elemento subjetivo

É o dolo. Inexiste a forma culposa. Além disso, existe o elemento subjetivo específico (ou dolo específico), que é a vontade de obter lucro indevido, destinando-o para si ou para outrem; o ânimo de provocar uma situação fraudulenta.

1.4 Objetos material e jurídico

O objeto material é tanto a pessoa enganada, quanto o bem obtido indevidamente, que sofrem a conduta criminosa. O objeto jurídico é o patrimônio. Para ANTÓN ONECA, além do patrimônio, deve-se incluir a boa-fé no sistema jurídico.[8]

1.5 Classificação

Trata-se de crime comum (aquele que não demanda sujeito ativo qualificado ou especial); material (delito que exige resultado naturalístico, consistente na diminuição do patrimônio da vítima); de forma livre (podendo ser cometido por qualquer meio eleito pelo agente); comissivo ("obter", "induzir" e "manter" implicam ações); instantâneo (cujo resultado se dá de maneira instantânea, não se prolongando no tempo). Sobre a possibilidade de reconhecimento da permanência, ver a nota 13; de dano (consuma-se apenas com efetiva lesão a um bem jurídico tutelado); unissubjetivo (que pode ser praticado por um só agente); plurissubsistente (em regra, vários atos integram a conduta); admite tentativa.

1.6 Particularidades do estelionato

1.6.1 Crime de bagatela

É admissível no contexto do estelionato, tanto quanto nos demais delitos patrimoniais sem violência ou grave ameaça. Se o bem jurídico da vítima for minimamente afetado, não se há que falar em crime configurado. Certamente, respeitam-se todas as demais condições para o acolhimento da tese do delito insignificante, como primariedade, bons antecedentes, objeto tutelado de interesse individual, valor do dano causado etc.

Acesse e escute o *podcast* sobre Crime de bagatela.

> http://uqr.to/1yogb

---

[8] JOSÉ ANTÓN ONECA, Las estafas y otros engaños, in: *Obras*, t. III, p. 71.

1.6.2 Trabalho espiritual

Denominado, também, cartomancia, passes espirituais, bruxaria, macumba, entre outros, quando se tratar de atividade gratuita, bem como se referir a algum tipo de credo ou religião, não se pode punir, pois a Constituição Federal assegura liberdade de crença e culto.

Nem mesmo quando atividade paga consolida o estelionato. Tratando-se de situações ligadas a qualquer religião, ingressa a liberdade de crença e culto. Cuidando-se de outras atividades, como cartomancia, bruxaria etc., também não, pois a figura típica que as previa foi revogada.

Não se pode mais falar na contravenção penal da exploração da credulidade pública, pois o art. 27 ("explorar a credulidade pública mediante sortilégios, predição do futuro, explicação de sonho, ou práticas congêneres") da Lei das Contravenções Penais foi revogado pela Lei 9.521/1997.

Aliás, muito interessante é o comentário de Nélson Hungria sobre essas práticas em geral, independentemente de se acreditar ou ter fé no ato. Diz ele que foi contra a criminalização das *mancias* em geral (cartomancia, quiromancia, oniromancia etc.) [hoje, descriminalizadas ante a revogação do art. 27 da Lei das Contravenções Penais]. Pode-se acrescentar, na mesma ideia, trabalhos da umbanda, passes dos espíritas, dentre outras formas de conforto dado pelas igrejas e religiões.

O teor da sua manifestação merece transcrição: "quando o agente da fraude se limita, em troca de módicos proventos, a incutir ilusões benfazejas ou a renovar esperanças alentadoras, o que se apresenta, ao invés de um crime, é uma ação meritória. A ilusão, que nos reabastece de coragem é utilidade moral. A esperança, que dá ao homem, como diz o poeta, 'o dom de suportar o mundo', é uma necessidade da vida terrena. Nada demais, portanto, que uma e outra tenham o seu preço, ainda quando provocadas pela fraude".[9]

Por certo, vemos ocorrer alguns exageros. Há quem doe tudo o que tem para a sua igreja, seja ela qual for. Depois, arrependido, diz-se enganado e quer de volta. Pode-se até discutir a questão na esfera civil, mas não é crime.

1.6.3 Mecanismos grosseiros de engodo

Inexiste crime, pois é exigível que o artifício, ardil ou outro meio fraudulento seja apto a ludibriar alguém. Afinal, esse é o cerne do estelionato: a potencialidade para enganar. Utiliza-se, como regra geral, o critério do *homem médio*, ou seja, a pessoa comum. Excepcionalmente, cremos ser cabível analisar, ainda, as condições pessoais da vítima, isto é, se for pessoa muito simples, colhida de surpresa, sem condições de se informar devidamente, portanto vítima que está abaixo da média da sociedade, é possível se configurar o estelionato através de meio fraudulento facilmente detectável pelo *homem médio*.

De outra parte, quando o ofendido for pessoa extremamente esclarecida e especialista em determinada matéria, de onde proveio o seu logro, o critério do *homem médio* também pode falhar. Assim, o agente que conseguiria enganar a pessoa comum, valendo-se de determinado artifício, não o faria com a vítima preparada. Se esta se deixar envolver, por mera desatenção de sua parte, entendemos não configurado o delito.

---

[9] Hungria, *Comentários ao Código Penal*, v. 7, p. 224.

1.6.4 Esperteza nas atividades comerciais

Não configura o delito de estelionato, resolvendo-se, se for o caso, na esfera civil. É natural, no âmbito do comércio, o enaltecimento dos produtos colocados à venda, mesmo que sejam de qualidade duvidosa. Cabe ao consumidor ater-se às marcas de confiança, à tradição da empresa e à informação captada. Por outro lado, pode dar margem ao estelionato quando a propaganda chega a extrapolar os limites do razoável, afirmando situações inexistentes, negando garantia outrora prometida, tudo a demonstrar o ânimo de fraude por parte do vendedor ou fornecedor do produto ou serviço.

1.6.5 Torpeza bilateral

Cuida-se da situação em que se vislumbra a mesma ânsia de levar indevida vantagem tanto do fornecedor/vendedor quanto do adquirente/comprador. Seria um cenário no qual ambos querem *enganar*, dependendo, pois, de sorte para tanto. Se essa ambição desmedida invadir o campo da fraude (ex.: vende-se um carro alheio, recebendo-se com cheque furtado), parece-nos que o fato é atípico, não se podendo eleger, aleatoriamente, quem punir. Por outro lado, não soa racional sustentar a ideia de ser o estelionato um crime de ação pública, logo, ambos devem ser punidos. Ora, o bem jurídico (patrimônio) não foi afetado, nem para quem vende bem alheio, nem para quem paga com título igualmente alheio.

HUNGRIA é bastante direto e prolixo ao tratar do tema, aventando como *torpeza bilateral* a situação das partes que praticam um negócio espúrio, totalmente imoral e não garantido pelo direito para ambos. Exemplo: alguém se apresenta como *matador profissional* e outro o contrata para fazer um serviço, pagando-lhe determinada quantia; o primeiro não era matador e foge com o dinheiro. Esse é um típico caso de torpeza bilateral e o fato é atípico. Nenhum dos dois pode reclamar de nada, pois se envolveram num contrato ilícito e imoral. Diz o mestre: "não há violação da ordem jurídica quando o interesse individual lesado se achava comprometido numa ilicitude ou imoralidade".[10]

No entanto, o crime persiste, na hipótese de uma das partes agir com fraude, em conduta nitidamente ilícita, atingindo o patrimônio da outra que atuou apenas de forma imoral ou antiética. Nessas situações, a vítima pode ter sido gananciosa, ambiciosa ou insensata, desvios de personalidade, sem dúvida, mas não chegam a ingressar no universo do ilícito. Se agisse dentro de regras morais e éticas, não procuraria *levar vantagem* sobre outra pessoa e não cairia no golpe.

Assim, no conhecido golpe do *bilhete premiado*, o agente cerca a vítima, contando-lhe uma mirabolante história de necessidade (como ter de socorrer, urgentemente, sua mãe à beira da morte no interior), propõe a troca de um bilhete *premiado,* que possui, por uma determinada quantia em dinheiro. Acompanhando o ofendido até uma casa lotérica, de posse de um bilhete *falsificado*, demonstra que, realmente, o referido bilhete foi premiado naquela semana. A vítima, por sua vez, pretendendo valer-se de boa oportunidade para auferir um lucro, aceita o negócio. Fica com o bilhete falsamente premiado e entrega uma soma ao agente. Existiu, nessa avença, torpeza bilateral, sob o ponto de vista moral: o agente enganou o ofendido, mostrando-lhe um bilhete falso; a vítima, por sua vez, em vez de auxiliar quem

---

[10] HUNGRIA, *Comentários ao Código Penal*, v. 7, p. 192-193.

estaria precisando de apoio em momento tão crucial, resolve levar vantagem e adquire o *bilhete premiado* a baixo custo.

Outro exemplo que merece ser mencionado, até porque configurou caso concreto, noticiado pela imprensa, é o caso dos alunos que, efetuando o pagamento de determinada quantia exigida, disseram-se lesados por determinado estabelecimento de ensino superior, tendo em vista que lhes foi prometido um curso rápido e compacto de uma semana para que obtivessem diploma universitário. O intuito de levar vantagem, com nítida torpeza, pois é do senso comum que tal situação está fora da realidade nacional, ficou patenteado em cada uma das "vítimas" desse golpe. Esta última situação pode afastar o conteúdo primordial do estelionato, que é potencialidade para enganar a vítima. Desse modo, quem se arriscar a *tirar um diploma* em uma semana está ingressando num jogo torpe desde o início. Observe-se que, neste exemplo, ambas as partes se envolveram em negócio ilícito. Devem ser punidos o expedidor do diploma (pessoa física que coordenou o tal curso) e o aluno.[11]

Outras hipóteses não faltam para exemplificar a participação do ofendido no contexto do estelionato, quase que "pedindo" para ser enganado. Golpe comum é o do "carro barato". Anúncios são publicados em classificados de jornais de grande circulação, oferecendo veículos a preços bem abaixo do mercado. Os telefones de contato normalmente são celulares ou linhas de telefone fixo comunitário. A pessoa que atende se identifica como funcionário ou representante de uma montadora e passa a solicitar dados pessoais do interessado (nome, endereço, número dos documentos), enviando-lhe, por fax, uma ficha cadastral. Em algumas situações exige-se um valor simbólico para essa ficha cadastral, a ser depositado na conta da própria montadora (os números das contas são obtidos ilegalmente). Em seguida, o estelionatário pede um depósito com o valor total ou parcial do veículo em nome de um terceiro (diz que é carro de frota, por exemplo). Quando a vítima faz o pagamento, recebe em casa, por fax, uma nota fiscal falsa, com logotipo do fabricante e dados do veículo. Posteriormente, agendada a data para pegar o carro, o comprador vai direto à fábrica para, então, descobrir-se vítima da fraude. Essa hipótese configura estelionato, porque o cenário montado para o logro da vítima é bem elaborado. O ofendido, por sua vez, pode ser ganancioso, mas não chega a atingir a torpeza, logo, há estelionato.

1.6.6 Reparação do dano

Não afasta a concretização do estelionato, pois inexiste previsão legal a tanto. É preciso destacar que, havendo desistência voluntária ou arrependimento eficaz (art. 15, CP), pode-se sair do âmbito do estelionato, respondendo o agente somente pelo que já realizou.

Outra hipótese é o arrependimento posterior (art. 16, CP), que permite a reparação do dano, antes do recebimento da denúncia, dando ensejo a uma causa de diminuição da pena. Finalmente, a reparação do dano, antes da sentença, permite a aplicação de atenuante (art. 65, III, *b*, CP). Quanto à reparação do dano, no caso de cheque sem fundos, confira-se o item 7.4.1 *infra*.

---

[11] BENTO DE FARIA sustenta o mesmo, chamando de *fraude acadêmica*: "a expedição de diplomas de institutos superiores de ensino, sem seriedade e desacreditados, quando por esse meio consegue o agente [o aluno] uma vantagem ilícita, ainda quando ocorra a ratificação do interessado [estabelecimento de ensino]" (*Código Penal brasileiro comentado*, v. 5, p. 153).

1.6.7 Estelionato judiciário

Denomina-se como tal a manobra, o ardil ou o engodo, utilizado no processo, de forma a ludibriar o juízo ou a parte contrária, podendo alcançar provimento favorável à sua pretensão. Entretanto, não nos parece possa subsistir tal figura em plena demanda, quando provas podem ser produzidas e há contraditório, justamente para evitar esse tipo de fraude. Ademais, se houver uso de documento falso, há crime específico para isso; o mesmo se pode dizer de eventual falso testemunho ou patrocínio infiel. No mais, quando a parte não litigar com ética, configura-se infração profissional, a ser apurada pelo seu órgão de classe.

1.6.8 Estelionato como delito instantâneo de efeitos permanentes ou crime permanente

Em nossa visão, o crime é sempre instantâneo, podendo, por vezes, configurar o chamado delito instantâneo de efeitos permanentes. Entretanto, há controvérsia a esse respeito.

Ocorreria o estelionato instantâneo de efeitos permanentes quando alguém falsificasse certidão de nascimento para que outrem conseguisse receber do INSS, por vários meses, um valor indevido. Analisando a questão, pronunciou-se para esse tipo de crime o Ministro Marco Aurélio do Supremo Tribunal Federal: "Ora, a fraude verificada, com a adulteração da certidão de nascimento da segurada, mostrou-se crime instantâneo, muito embora vindo a repercutir no tempo, no que logrou ela o benefício da aposentadoria e a satisfação de prestações periódicas". E arrematou o Ministro Maurício Correa, considerando ser possível a configuração do estelionato na forma permanente, mas não no caso de quem falsificou a certidão para ser usada contra a Previdência Social e sim por parte da segurada, que dela fez uso (HC 80.349-SC, 2.ª T., rel. Marco Aurélio, 18.12.2000, v.u., *DJ* 04.05.2001, *Ementário* 2.029-3).

Ousamos sustentar que, em qualquer hipótese, o crime de estelionato é instantâneo, podendo produzir efeitos permanentes, no tocante ao agente que falsificou a certidão para ser usada contra o INSS, bem como pode adquirir a feição de crime continuado, quanto à pessoa do segurado que, mensalmente, recebe o valor indevido, valendo-se da fraude.

Tem prevalecido, no entanto, a corrente jurisprudencial considerando o estelionato contra a Previdência como crime permanente, enquanto o agente obtiver o benefício ilegal.[12]

Com a devida vênia, não vemos sentido nessa posição. O próprio beneficiário, a cada mês que faz o saque indevido, comete um crime de estelionato. Como faz isso todos os meses, surge o rastro do delito, que nada mais é do que o denominado *efeito permanente*. Se for terceiro, que se vale de documento falso, para todo mês retirar uma quantia indevida, da mesma forma, consuma o crime de estelionato a cada retirada. Como faz isso incessantemente, deixa o rastro, que significa o *efeito permanente*.

---

[12] STF: "O crime de estelionato previdenciário, quando praticado pelo próprio favorecido pelas prestações, tem caráter permanente, cessando a atividade delitiva apenas com o fim de sua percepção, termo *a quo* do prazo prescricional. Precedentes. 3. Iniciado o prazo prescricional com a cessação da atividade delitiva, não é cabível o reconhecimento da extinção da punibilidade no caso concreto. Inocorrência da prescrição. 4. *Habeas corpus* extinto sem resolução de mérito" (HC 121.390-MG, 1.ª T., rel. Rosa Weber, 24.02.2015, v.u.).

1.6.9 Estelionato sentimental

Cuida-se da denominação do estelionato quando cometido por *mecanismos sentimentais*, vale dizer, os meios fraudulentos ou enganosos utilizados são variados, compondo um cenário de ardil ou artifício, inserindo as vítimas em erro (falsa percepção da realidade), obtendo-se, então, vantagens indevidas. Por certo, pode-se imaginar que as relações sentimentais entre adultos capazes não deveriam ser da alçada de órgãos estatais, em especial, os policiais e judiciários, na órbita criminal. No entanto, o crime de estelionato é de índole patrimonial e equivale ao furto, pois ambos não são cometidos com o emprego de violência ou grave ameaça. Mas precisam ser punidos, visto que retiram das vítimas coisas integrantes de seu patrimônio contra a sua vontade, cada qual se valendo de um instrumental diferente.

O estelionato faz com que a pessoa ofendida, iludida por um contexto fraudulento, entregue voluntariamente os seus pertences, pois acredita no retorno de algum benefício prometido pelo agente, enquanto, no caso de furto, o autor retira a coisa móvel da vítima sem que ela perceba, portanto, contra a sua vontade. O estelionatário sentimental vale-se de diversos instrumentos, como locais de encontros para chegar a namoro ou casamento, bem como para relacionamentos sexuais, situações perfeitamente amoldáveis, na atualidade, à Internet, em particular por meio de redes sociais. Há, ainda, aplicativos atraentes para uso facilitado em celulares, o que permite o acesso a incontáveis vítimas.

Quando o criminoso atinge a pessoa visada, por meio das redes sociais ou de aplicativos de encontros, pode dar-se um encontro perigoso, envolvendo violência sexual ou agressividade física ou moral para a prática de estupro, roubo ou extorsão, e até mesmo homicídio. Não sendo assim, o agente envolve a vítima em cenário fraudulento, passando-se por um pretendente amoroso, elogiando a pessoa com quem se encontrou e criando laços afetivos artificiais imediatos, tudo para formar o ardil apto a começar o desfalque patrimonial. O envolvimento amoroso pode representar um mecanismo extremamente fácil para enganar a vítima, podendo abranger namoros firmes, noivados e até promessas de uniões estáveis. A partir daí, o autor simula necessidades financeiras, solicitando empréstimos, bem como pode atuar como uma pessoa economicamente abonada e, com isso, demandar valores para investimentos, que poderão render elevados ganhos, tudo fictício.

Em suma, os mecanismos são variados, mas a maioria é eficiente, apta a provocar a fragilidade emocional da pessoa escolhida como alvo, de quem o estelionatário consegue retirar elevados valores patrimoniais. Trata-se de autêntica forma de estelionato, justificadora da adequação fática ao tipo previsto no art. 171 do Código Penal. Em muitos casos, chegam a ser crimes com a causa de aumento do § 4.º, envolvendo idosos.

1.7 Estelionato privilegiado (§ 1.º do art. 171)

Como no caso do furto e da apropriação indébita, é possível haver substituição ou diminuição da pena (art. 155, § 2.º). Exige-se primariedade para o réu (não ser reincidente – art. 63, CP), embora não se fale em *antecedentes*. Portanto, somos da opinião de que o juiz, para aplicar este benefício, não deve exigir *bons* antecedentes.

Diferentemente do que ocorre com o furto, neste caso não se refere o tipo penal ao pequeno *valor da coisa*, e sim à *perda sofrida* pela vítima. Essa perda, segundo entendimento que tem predominado, não pode ser superior a um salário mínimo.

Quanto ao momento de verificação da ocorrência do dano ao ofendido, cremos dever-se considerar o instante da consumação. Inexiste razão para ser feita a análise posteriormente, pois o benefício refere-se ao crime cometido e não às consequências do delito. Não fosse assim e poderia o estelionatário valer-se da sorte. Imagine-se que tenha provocado um imenso prejuízo à vítima. Quando esta recorre à polícia e o crime é descoberto, já que não pode evitar a punição, busca devolver o máximo que puder, visando à transformação do tipo penal simples para a figura privilegiada. Seria a utilização casuística do benefício legal. Ainda assim, há posição em sentido contrário, sustentando dever o juiz verificar o valor do prejuízo mesmo em data posterior à consumação do delito.

1.7.1 Faculdade ou obrigação do juiz

Toda vez que o tipo penal se refere ao "poder" do juiz de aplicar algum benefício surge o debate acerca da sua facultatividade ou obrigatoriedade. Nessas hipóteses, defendemos existir, sempre, uma posição intermediária, ou seja, na avaliação dos requisitos do benefício, muitos deles de caráter nitidamente subjetivo, o magistrado é livre, não podendo ser obrigado a dar interpretação em favor do réu; porém, reconhecendo existentes todos os requisitos, é natural que tenha a obrigação de conceder o benefício, pois a lei não deve ser utilizada como objeto do capricho do seu aplicador.

1.8 Crime de ação pública condicionada à representação da vítima

A Lei 13.964/2019 inseriu o § 5.º: "Somente se procede mediante reapresentação, salvo se a vítima for: I – a Administração Pública, direta ou indireta; II – criança ou adolescente; III – pessoa com deficiência mental; ou IV – maior de 70 (setenta) anos de idade ou incapaz".

O estelionato é um crime contra o patrimônio, baseado no emprego de artifício, ardil ou outro meio fraudulento para gerar na vítima um erro, que seja suficiente para ela entregar seu patrimônio ao agente (art. 171 do Código Penal). Era de ação pública incondicionada. Passa a ser de ação pública condicionada à representação da vítima, com algumas exceções. O fato é que a medida nos parece válida, em relação à política criminal calcada no emprego do direito penal mínimo. Para que se possa processar e punir o estelionatário, passa-se a demanda ao interesse da vítima. Aliás, algo que já deveria estar previsto também quanto ao delito de furto (e outros similares). Afinal, há diversos crimes patrimoniais cometidos *sem violência* contra a pessoa.

As exceções, bem colocadas, mantendo o estelionato como crime de ação pública incondicionada, no tocante à vítima, são: a) administração pública, direta ou indireta; b) criança ou adolescente; c) pessoa com deficiência mental; d) maior de 70 anos de idade ou incapaz. Neste ponto, vale ressaltar como o Estatuto do Idoso está defasado; não se pode mais considerar idoso quem tenha 60 anos. Em vários países a idade cronológica para apontar a velhice vem sendo revista. Neste caso, o estelionato contra idoso somente é de ação pública incondicionada quando a vítima tiver *mais de 70 anos*. Portanto, surge o contrassenso: o idoso com mais de 60 anos é considerado capaz o suficiente para optar entre processar ou não o agente estelionatário; porém, o idoso com mais de 70 anos é equiparado ao incapaz e o processo-crime contra o estelionatário se impõe. No entanto, para vários outros fatores e hipóteses, o indivíduo com mais de 60 anos é hipossuficiente e precisa de tutela especial. Uma contradição evidente.

2. DISPOSIÇÃO DE COISA ALHEIA COMO PRÓPRIA

2.1 Estrutura do tipo penal incriminador

Vender (alienar mediante determinado preço), *permutar* (trocar) ou dar em pagamento, locação ou garantia (esta última: hipoteca, penhor, anticrese) coisa que não lhe pertence é uma das modalidades de estelionato, prevista no art. 171, § 2.º, I, do Código Penal.

Diversamente do furto, nesse caso podem incluir-se móveis e imóveis, não sendo necessária a tradição ou a realização completa e formal do negócio, como a transcrição no registro de imóveis, por exemplo. Inclui-se, nesse caso, a venda de coisa adquirida com reserva de domínio, bem como a realização do negócio por meio de compromisso de venda e compra.

Porém, BENTO DE FARIA faz um alerta importante, demonstrando que muitos fazem vendas de produtos que ainda não são seus, mas estão em vias de receber; no comércio, é comum. Portanto, não se deve partir da interpretação literal deste inciso, vale dizer, basta vender o que não é seu e, automaticamente, dá-se o estelionato. É preciso que venda o alheio e não entregue nada ao comprador, que terá prejuízo. Diz o autor: "a lei penal, sem cogitar de outra circunstância além da de ser a coisa alheia vendida como própria faz incidir na sua sanção quem contrata sobre bens alheios como se fossem próprios, podendo, entretanto, ser o ato revalidado, com o que não ocorrerá dano algum e conseguintemente também não se verificará o delito".[13]

2.2 Sujeitos ativo e passivo

Qualquer pessoa pode ser sujeito ativo ou passivo, desde que envolvida no negócio.

2.3 Elemento subjetivo

É o dolo. Inexiste a forma culposa. Embora não esteja expresso, a figura típica é um complemento do *caput*, de forma que se exige o elemento subjetivo específico ("obter lucro indevido para si ou para outrem") – ou dolo específico.

2.4 Objetos material e jurídico

O objeto material é a coisa alheia vendida, permutada ou dada em pagamento; o objeto jurídico é o patrimônio.

2.5 Classificação

Trata-se de crime comum (aquele que não demanda sujeito ativo qualificado ou especial); material (delito que exige resultado naturalístico, consistente na diminuição do patrimônio da vítima); de forma livre (podendo ser cometido por qualquer meio eleito pelo agente); comissivo ("vender", "permutar" e "dar" implicam ações); instantâneo (cujo resultado se dá de maneira instantânea, não se prolongando no tempo); de dano (consuma-se apenas com efetiva lesão a um bem jurídico tutelado); unissubjetivo (que pode ser praticado por um só agente); plurissubsistente (em regra, vários atos integram a conduta); admite tentativa.

2.6 Furto e disposição de coisa alheia como própria

Trata-se de hipótese em que se devem punir os dois crimes praticados, em concurso material, porque os bens jurídicos protegidos pertencem a pessoas diversas; logo, não cabe falar

---

[13] BENTO DE FARIA, *Código Penal brasileiro comentado*, p. 155.

em *post factum* não punível. O furto prejudicou o proprietário da coisa levada; o estelionato provoca dano no patrimônio de quem adquire a coisa não pertencente ao agente. Há posição em sentido contrário, acolhendo a tese da ocorrência de crime único quando o autor furta e, em seguida, vende como sua coisa alheia.

3. ALIENAÇÃO OU ONERAÇÃO FRAUDULENTA DE COISA PRÓPRIA

3.1 Estrutura do tipo penal incriminador

Vender (alienar mediante determinado preço), *permutar* (trocar) ou dar em pagamento, locação ou garantia (esta última: hipoteca, penhor, anticrese) coisa que lhe pertence, mas não pode ser alienada ou disposta de qualquer modo, é uma das modalidades de estelionato, prevista no art. 171, § 2.º, II, do Código Penal.

Coisa própria inalienável, gravada de ônus ou litigiosa, na hipótese deste inciso II, é coisa pertencente ao próprio agente que, no entanto, está impedido – por lei, por contrato ou por testamento – de aliená-la. Pode, também, ser coisa impedida de alienação porque gravada de ônus (ver Código Civil: "Art. 1.225. São direitos reais: I – a propriedade; II – a superfície; III – as servidões; IV – o usufruto; V – o uso; VI – a habitação; VII – o direito do promitente comprador do imóvel; VIII – o penhor; IX – a hipoteca; X – a anticrese; XI – a concessão de uso especial para fins de moradia; XII – a concessão de direito real de uso; XIII – a laje"). Além disso, podem ser consideradas as coisas que estão em litígio, impossíveis de serem vendidas, licitamente, até que haja uma decisão judicial a respeito da propriedade. Não se configura o crime, caso a promessa de venda e compra seja feita, embora sujeita à cláusula resolutiva de o inquilino exercer o seu direito de preferência.

Imóvel prometido à venda, mediante pagamento de prestações, é o caso do agente que, tendo compromissado seu imóvel, prometendo vendê-lo a terceiro, em vez de honrar o pacto, vende-o a outra pessoa, silenciando sobre a existência do compromisso anterior. Ressalte-se que o compromisso precisa contar com pagamento *em prestações*, conforme exige o tipo penal, não valendo, pois, o pagamento à vista.

Atualmente, essa forma de estelionato encontra mais dificuldades de se concretizar, pois imóveis contendo restrição estão marcados e à disposição para consulta no Registro de Imóveis; móveis (muitos, como veículos, barcos etc.) também têm registro, facilmente consultado. Na década de 1940, quando surgiu o Código Penal, sem dúvida, era muito mais difícil fazer esse controle.

Outro lembrete, alienar a coisa, antes de se tornar oficialmente inalienável, não configura o estelionato, podendo verificar-se, se o caso, a fraude à execução. Ou somente fraude contra credores, um problema civil.

3.2 Sujeitos ativo e passivo

O sujeito ativo é o dono da coisa inalienável, gravada de ônus ou litigiosa; o sujeito passivo é qualquer pessoa, que tenha adquirido, feito a permuta ou recebido o bem em pagamento ou garantia.

3.3 Elemento subjetivo

É o dolo. Não há a forma culposa. Exige-se o elemento subjetivo específico, previsto no *caput*: *obter lucro indevido para si ou para outrem* (ou dolo específico).

3.4 Objetos material e jurídico

O objeto material, neste caso, é que muda: em vez de ser coisa alheia, é coisa própria não passível de alienação; o objeto jurídico é o patrimônio. Noronha adverte que "o domínio é um complexo de vários direitos (*jus utendi, fruendi et abutendi*). Quando todos se reúnem na pessoa do proprietário, diz-se *pleno* (*dominium plenum*). Nem sempre, porém, quem é dono de uma coisa tem a *proprietas* plena".[14]

3.5 Classificação

Trata-se de crime próprio (aquele que demanda sujeito ativo qualificado ou especial); material (delito que exige resultado naturalístico, consistente na diminuição do patrimônio da vítima); de forma livre (podendo ser cometido por qualquer meio eleito pelo agente); comissivo (os verbos implicam ações); instantâneo (cujo resultado se dá de maneira instantânea, não se prolongando no tempo); de dano (consuma-se apenas com efetiva lesão a um bem jurídico tutelado); unissubjetivo (que pode ser praticado por um só agente); plurissubsistente (em regra, vários atos integram a conduta); admite tentativa.

4. DEFRAUDAÇÃO DE PENHOR

4.1 Estrutura do tipo penal incriminador

Defraudar significa lesar, privar ou tomar um bem de outrem. O tipo penal (art. 171, § 2.º, III, CP) indica que a defraudação pode se dar através de alienação do bem ou de *qualquer outro modo*, desde que seja suficiente para privar o credor do seu direito sobre a garantia pignoratícia. Penhor não se confunde com penhora. Esta é determinada pelo juiz para garantir o crédito da parte interessada. O outro significa dar como garantia algum bem, recebendo em troca uma soma em dinheiro. Ou ainda "direito real e acessório que vincula uma coisa móvel ou mobilizável ao pagamento de uma obrigação".[15]

O elemento normativo do tipo consistente na falta de consentimento do credor refere-se à ilicitude da conduta do agente e, tendo sido colocada no tipo penal, torna-se elemento de valoração jurídica.

O objeto empenhado é constituído somente de coisas móveis que foram dadas em garantia ao credor.

Divergem Noronha e Hungria acerca da avaliação – ou não – pela Justiça Criminal sobre a defraudação do penhor mercantil, quando o devedor conservou a posse natural da coisa, por meio da qual defraudou a garantia. Diante disso, para Noronha, não cabe à Justiça Criminal examinar se era válido ou não aquele penhor. Para Hungria, deve, sim, o juiz criminal examinar a questão, pois disso depende a existência de uma infração penal. Diz ele que "o conteúdo de fato do crime de que ora se trata é a *defraudação da garantia pignoratícia*, quer pela arbitrária alienação (sem prévio assentimento do credor), quer por *outro modo*, como pela substituição da coisa empenhada por outra de inferior qualidade (salvo nos casos permitidos em lei), pelo desfalque de sua substância ou quantidade, pelo seu encondimento

---

[14] Noronha, *Direito penal*, v. 2, p. 459.

[15] Noronha, *Direito penal*, v. 2, p. 465.

[*sic*], pelo consumo ou dissipação dela, enfim: por qualquer ato que importe burla ao direito do credor e *correspondente vantagem ilícita do agente*".[16]

Parece-nos que a razão se encontra com HUNGRIA. O juiz criminal pode até, quando for possível, levantar uma questão prejudicial (art. 93, CPP) e suspender o feito até que se decida o ponto controverso na órbita civil. Mas, fora essa possibilidade jurídica, deve ele resolver se houve ou não defraudação da garantia dada conforme a ação tomada pelo devedor.

4.2 Sujeitos ativo e passivo

O sujeito ativo é o devedor, que está com a coisa empenhada; o passivo é o credor pignoratício.

4.3 Elemento subjetivo

É o dolo. Não há a forma culposa. Exige-se, como no *caput*, o elemento subjetivo específico – "para si ou para outrem" – em relação à vantagem indevida auferida (ou dolo específico).

4.4 Objetos material e jurídico

O material é o objeto empenhado; o jurídico é o patrimônio.

4.5 Classificação

Trata-se de crime próprio (aquele que demanda sujeito ativo qualificado ou especial); material (delito que exige resultado naturalístico, consistente na diminuição do patrimônio da vítima); de forma livre (podendo ser cometido por qualquer meio eleito pelo agente); comissivo ("defraudar" implica ação); instantâneo (cujo resultado se dá de maneira instantânea, não se prolongando no tempo); de dano (consuma-se apenas com efetiva lesão a um bem jurídico tutelado); unissubjetivo (que pode ser praticado por um só agente); plurissubsistente (em regra, vários atos integram a conduta); admite tentativa.

5. FRAUDE NA ENTREGA DA COISA

5.1 Estrutura do tipo penal incriminador

Defraudar significa lesar, privar ou tomar um bem de outrem. O tipo penal (art. 171, § 2.º, IV, CP) indica que a defraudação se volta aos atributos de certa coisa a ser entregue a outrem.

Substância, qualidade e quantidade de coisa: *substância* é a matéria que compõe alguma coisa (ex.: substituir uma joia de diamante por uma de zircônio); *qualidade* significa a propriedade ou atributo que algo possui (ex.: substituir uma pedra preciosa pura por outra, contendo impurezas); *quantidade* é a medida em unidades de alguma coisa (ex.: entregar um colar de pérolas, faltando alguns glóbulos).

O *dever de entrega* é sujeito à valoração jurídica, configurando hipótese de uma obrigação decorrente de lei, contrato ou acordo.

---

[16] HUNGRIA, *Comentários ao Código Penal*, v. 7, p. 239.

Lembra, com razão, BENTO DE FARIA que "na venda de um todo indeterminado quanto a quantidade ou medida, a obrigação do vendedor se limita a entregar o corpo vendido, não sendo responsável por falta que for verificada".[17]

5.2 Sujeitos ativo e passivo

O sujeito ativo é a pessoa que esteja na posse da coisa a ser entregue – e com a obrigação de fazê-lo; o passivo é o destinatário da coisa.

5.3 Elemento subjetivo

É o dolo. Não se admite a forma culposa. Como decorrência do *caput*, exige-se o elemento subjetivo específico, que é a obtenção de lucro para si ou para outrem (ou dolo específico). Conferir a importância do elemento subjetivo na análise do tipo incriminador, de modo a diferenciá-lo da malícia ou intenção de lucro das avenças civis.

5.4 Objetos material e jurídico

O objeto material é a coisa a ser entregue; o jurídico é patrimônio.

5.5 Classificação

Trata-se de crime próprio (aquele que demanda sujeito ativo qualificado ou especial); material (delito que exige resultado naturalístico, consistente na diminuição do patrimônio da vítima); de forma livre (podendo ser cometido por qualquer meio eleito pelo agente); comissivo ("defraudar" implica ação); instantâneo (cujo resultado se dá de maneira instantânea, não se prolongando no tempo); de dano (consuma-se apenas com efetiva lesão a um bem jurídico tutelado); unissubjetivo (que pode ser praticado por um só agente); plurissubsistente (em regra, vários atos integram a conduta); admite tentativa.

6. FRAUDE PARA RECEBIMENTO DE INDENIZAÇÃO OU VALOR DE SEGURO

6.1 Estrutura do tipo penal incriminador

Destruir significa fazer desaparecer, aniquilar ou extinguir; *ocultar* quer dizer encobrir ou esconder; *lesar* significa ofender fisicamente; *agravar* quer dizer aumentar ou piorar. O tipo é misto alternativo, ou seja, o autor pode destruir, ocultar, lesar *ou* agravar, além de poder também praticar mais de uma das condutas típicas, como ocultar coisa própria, destruindo-a, em seguida, redundando num único delito. É o teor do art. 171, § 2.º, V do CP.

Diversamente do furto, neste caso é preciso que o agente se volte contra coisa que lhe pertence. A razão é simples: o sujeito passivo não é o proprietário do bem, mas sim a companhia seguradora, que haveria de ressarcir o dano. Quando se tratar de destruição, pode-se falar de bens móveis ou imóveis, mas, no caso da ocultação, somente de bens móveis.

A autolesão não é punida. O sujeito passivo é a seguradora que deveria pagar pelo dano propositadamente causado.

---

[17] BENTO DE FARIA, *Código Penal brasileiro comentado*, v. 5, p. 156.

Vale destacar o alerta feito por HUNGRIA: "em princípio, aquele que destrói ou oculta a própria coisa ou em seu próprio corpo pratica uma lesão, ou agrava lesão que acidentalmente recebeu, não incide na reprovação jurídica; entretanto, se, pelo *modus faciendi* ou pelo fim de colimar tais atos envolvem injusto dano, efetivo ou potencial, a interesses de outrem ou da coletividade, tutelados pela ordem jurídica, sua ilicitude é incontestável. Assim, ninguém pode destruir a coisa própria por meio que acarrete *perigo comum* (incêndio, explosão, inundação, desastre ferroviário, naufrágio, quando atentam contra a incolumidade pública), ou lesar a própria integridade física ou saúde para eximir-se ao serviço militar (...) ou praticar qualquer desses atos, bem como o de ocultar a coisa própria ou agravar uma lesão acidentalmente sofrida, para o fim de auferir vantagem injusta em detrimento de outrem".[18] A última hipótese é o caso deste inciso V, mas não se pode perder de vista outras condutas acarretando perigo comum, que podem ser crimes inseridos nesse cenário.

6.2   Sujeitos ativo e passivo

O sujeito ativo é a pessoa que possui coisa ou o próprio corpo segurado. O sujeito passivo é a seguradora. Em qualquer das hipóteses previstas no tipo penal, é possível a colaboração ativa de terceiro, provocando a destruição, a ocultação, a lesão ou a agravação. Responde, ainda, o terceiro – se lesionar ou agravar a lesão – pelo crime contra a pessoa, segundo doutrina majoritária. Cremos, no entanto, possível de ser aplicada, neste caso, a causa supralegal de exclusão da ilicitude, consistente no consentimento do ofendido. Quem se deixa lesionar para receber valor do seguro torna lícita a conduta do autor, já não se podendo sustentar, na atualidade, a absoluta indisponibilidade da integridade física.

6.3   Elemento subjetivo

É o dolo. Não há a forma culposa. Exige-se o elemento subjetivo específico, que é o *intuito de* receber indenização ou valor de seguro, lucrando indevidamente (ou dolo específico).

6.4   Objetos material e jurídico

O objeto material pode ser a coisa pertencente ao agente ou seu próprio corpo ou saúde. O objeto jurídico é o patrimônio do sujeito passivo.

6.5   Classificação

Trata-se de crime próprio (aquele que demanda sujeito ativo qualificado ou especial); formal (delito que não exige necessariamente resultado naturalístico, consistente na diminuição do patrimônio da vítima, para estar consumado, bastando a prática da conduta prevista no tipo); de forma livre (podendo ser cometido por qualquer meio eleito pelo agente); comissivo ou omissivo (as condutas típicas implicam, de regra, em ações; quanto à conduta de *agravar*, pode ser realizada na forma omissiva); instantâneo (cujo resultado se dá de maneira instantânea, não se prolongando no tempo), salvo na forma "ocultar", que é permanente (delito de consumação prolongada no tempo); unissubjetivo (que pode ser praticado por um só agente); plurissubsistente (em regra, vários atos integram a conduta); admite tentativa na forma comissiva.

---

[18]   HUNGRIA, *Comentários ao Código Penal*, v. 7, p. 241-242.

7. FRAUDE NO PAGAMENTO POR MEIO DE CHEQUE

7.1 Estrutura do tipo penal incriminador

Emitir cheque significa pôr em circulação o título de crédito; *frustrar* o pagamento quer dizer iludir ou enganar o credor, evitando a sua remuneração. Esta última conduta pode se realizar de variadas formas: desde a retirada dos fundos existentes na conta, passando pelo encerramento da conta antes da apresentação do cheque até chegar ao ponto de determinar a sustação do título de crédito. Note-se que *emitir* não é equivalente a endossar. Portanto, o beneficiário que, ciente da ausência de fundos, passa adiante o cheque, deve responder por estelionato na modalidade prevista no *caput* do art. 171. Entretanto, se desde o início estão em conluio emitente e tomador, é natural que haja, nesse caso, concurso de pessoas, e ambos responderão pela figura do inciso VI. O avalista, por sua vez, responde como partícipe, se obrar com má-fé.[19]

Cheque é um título de crédito, que consubstancia uma ordem de pagamento à vista, cujo conceito deve ser obtido no direito comercial; portanto, depende de valoração jurídica.

Consta do tipo a expressão *sem suficiente provisão de fundos em poder do sacado* no momento da emissão do cheque – que não significa simplesmente o seu preenchimento, mas a entrega a terceiro; portanto, é preciso que o estabelecimento bancário, encarregado da compensação, já não possua fundo suficiente para cobrir o pagamento.

Se possuir a provisão de fundos, mas esta for alterada antes da apresentação do título, recorre-se à segunda figura (frustrar o pagamento). Por outro lado, se o agente possuir cheque especial, é natural que o pagamento feito pelo banco, ainda que resulte em saldo negativo, não configure o delito. E mais: contando o emitente com seu limite de cheque especial – e emitindo o cheque com valor que não ultrapasse o referido limite –, caso o banco recuse o pagamento, por razões de política institucional, o crime também não se configura.

Por outro lado, pode ocorrer o arrependimento eficaz nesta figura (art. 15, CP). O agente emite hoje um cheque, sem suficiente provisão de fundos, o que ele sabe. Porém, o banco já fechou. No dia seguinte, ele vai ao banco e deposita a quantia necessária para a compensação. Qual o crime? Nenhum, pois houve arrependimento eficaz e nada restou a ser punido.[20]

7.2 Sujeitos ativo e passivo

O sujeito ativo somente pode ser o emitente do cheque (caso o título pertença a terceiro, ingressa-se na figura do *caput*). Não se inclui, também, o endossante, que não *emite* o título de crédito. Esta pessoa pode responder como partícipe do crime ou por estelionato na forma simples. O sujeito passivo é qualquer pessoa que receba o título para pagamento de dívida.

7.3 Elemento subjetivo

Exige-se o dolo. Não há a forma culposa. Pede-se, ainda, a existência do elemento subjetivo específico – não explícito no tipo, mas somente no *nomen juris* –, que é a vontade de *fraudar* (ou dolo específico).

---

[19] Dirceu de Mello, *Aspectos penais do cheque*, p. 122-123 e 125.

[20] Essa também é a posição de Magalhães Noronha (*Direito penal*, v. 2, p. 486).

Como ensina Hungria, é o *animus lucri faciendi* ou a intenção de defraudar.[21] Justamente por isso, não configura o crime a conduta de quem emite o cheque sem fundos acreditando que, até a apresentação do título, conseguirá suprir a deficiência de sua conta bancária. Não tendo sido possível o suprimento, apressa-se em saldar o débito antes de o título ser compensado pelo banco. Não houve, nesse caso, vontade de "fraudar" o credor.

Importante a distinção entre dolo genérico e dolo específico (ou elemento subjetivo específico) feita por Dirceu de Mello: "Dolo genérico, no saque sem fundos, [é] a vontade de emitir o cheque, sabendo que ele não será pago; dolo genérico, na frustração do pagamento, [é] a vontade da retirada ou bloqueio, com consciência da ilicitude do comportamento; dolo específico, nas duas situações, [é] o *animus lucri faciendi* ou intenção de fraudar".[22]

7.4 Particularidades do estelionato por meio de cheque

7.4.1 Análise das Súmulas 246 e 554 do Supremo Tribunal Federal

Dizem as súmulas que, "comprovado não ter havido fraude, não se configura o crime de emissão de cheques sem fundos" (246) e "o pagamento de cheque emitido sem provisão de fundos, após o recebimento da denúncia, não obsta ao prosseguimento da ação penal" (554).

Cremos ser necessário distinguir duas situações:

a) o sujeito, como narrado em nota anterior, logo que emite o título, apesar de saber não possuir fundos suficientes, imagina poder cobrir o déficit, demonstrando não ter a intenção de fraudar o tomador. Inexistindo o elemento subjetivo específico, não há crime. É a aplicação da Súmula 246;

b) o sujeito sabe não possuir fundos suficientes, mas, ainda assim, emite o título e tem a intenção de fraudar o tomador. Quando percebe que pode ser denunciado por isso, apressa-se em pagar. Nesta hipótese, delito houve, não havendo razão plausível para afastar a ação penal.

A Súmula 554, no entanto, por não distinguir as situações, acabou permitindo que o pagamento do cheque, antes do recebimento da denúncia, impeça a ação penal. Teoricamente, neste último caso, no máximo, poder-se-ia falar em causa de redução da pena (art. 16, CP). Criticando, com razão, o tratamento benigno dado às fraudes praticadas por meio da emissão de cheque, confira-se a opinião de Dirceu de Mello: "É verdade que, no plano inclinado das liberalidades, entre nós pelo menos, se acabou indo muito longe. De franquia em franquia, uma mais avançada que a outra, terminou advindo o quadro, afora antijurídico, injusto por excelência, que presentemente emoldura as situações de emissão sem fundos: o resgate do cheque, antes de iniciada a ação penal, extingue a punibilidade do agente. A solução é injurídica porque estabelecida à margem da lei, para não se dizer em oposição a ela".[23]

---

[21] Hungria, *Comentários ao Código Penal*, v. 7, p. 246.

[22] Dirceu de Mello, *Aspectos penais do cheque*, p. 92.

[23] Dirceu de Mello, *Aspectos penais do cheque*, p. 114.

Cap. VI – Estelionato e Outras Fraudes • Parte 2

7.4.2 Cheque pré-datado (pós-datado) ou dado como garantia de pagamento

O título de crédito tem por característica principal ser uma ordem de pagamento à vista. Por isso, quando alguém aceita o cheque para ser apresentado futuramente, em data posterior à da emissão, está recebendo o título como mera *promessa de pagamento*. Caso não seja compensado, por falta de suficiente provisão de fundos, é apenas um ilícito civil, mas não um crime. É posição atualmente tranquila na doutrina e na jurisprudência.

7.4.3 Sustação do cheque

Quando indevida, porque sem motivo justo, pode configurar a modalidade prevista na segunda parte do inciso: *frustrar o pagamento*.

7.4.4 Cheque sem fundos emitido para pagar dívida de jogo

Não configura o crime, pois é inexigível judicialmente a dívida proveniente de jogo ilícito (art. 814, Código Civil: "As dívidas de jogo ou de aposta não obrigam a pagamento; mas não se pode recobrar a quantia, que voluntariamente se pagou, salvo se foi ganha por dolo, ou se o perdente é menor ou interdito").

Assim, o título emitido para pagamento de dívida não exigível, caso não seja compensado, deixa de configurar o delito, por ausência da intenção de fraudar. Não se pode lesionar o credor que não tem possibilidade jurídica de exigir o pagamento. Nesse prisma está a posição de NORONHA,[24] acrescentando, no entanto, que, "se o cheque é transmitido a terceiro de boa-fé, por simples tradição ou endosso, ocorre a responsabilidade penal, pois a ilicitude da causa que o originou não pode ser oposta ao terceiro que a ignora; ela vigora apenas entre as partes primitivamente em contato".

Com a devida vênia, não concordamos com essa postura. Deve-se verificar o dolo e o elemento subjetivo específico, para efeito de configuração do crime, no instante da emissão do cheque, e não posteriormente. Se o cheque foi emitido para "pagamento" de dívida de jogo, certo o emitente de que não possuía suficiente provisão de fundos, mas também de que a dívida não era exigível, uma vez que ilícito o jogo, não se pode falar na intenção de *fraudar* o credor. Como dissemos, *credor* essa pessoa não pode ser considerada, porque não pode proceder juridicamente à cobrança. Assim, não havendo *obrigação de pagamento*, inexiste o crime. E se assim é, ou seja, se a *emissão* do cheque deixa de ser considerada delito porque feita para "cobrir" dívida ilegal de jogo, não se pode sustentar que, passado o título adiante, torne-se crime simplesmente porque outra pessoa apresentou o título.

Afinal, o ânimo do agente é um só e a emissão tem sempre uma finalidade bem clara, de forma que o rumo do título de crédito é irrelevante. Se um terceiro de boa-fé aceitou o cheque, que lhe foi passado por um jogador, deixando de receber o montante por falta de provisão de fundos, trata-se de um ilícito civil, que deve ser resolvido fora da esfera penal. No sentido que defendemos, a lição de DIRCEU DE MELLO: "Nem alteraria o panorama o eventual endosso do cheque a terceiro de boa-fé. Por ausência do *animus lucri faciendi*, continuaria, em casos assim, não criminosa a frustração levada a cabo pelo emitente, de quem apenas a

---

[24] NORONHA, *Direito penal*, v. 2, p. 496.

responsabilidade civil se poderia discutir".[25] Em sentido contrário, afirmando que a emissão de cheque sem fundos, ainda que feita para pagar dívida de jogo, é crime, está a posição de NÉLSON HUNGRIA.[26]

7.4.5 Cheque sem fundos emitido para pagar atividade de prostituição

Configura o crime. Adotávamos posição diversa, pela não tipificação, quando envolvesse a prostituição. Alteramos o nosso entendimento após escrevermos o livro *Prostituição, lenocínio e tráfico de pessoas. Aspectos constitucionais e penais*.

Percebemos que a prostituição é atividade lícita no Brasil, embora não seja regulamentada por lei. Em primeiro lugar, a prostituição individual é fato atípico. Em segundo, o Ministério do Trabalho (atual Ministério da Economia) já lhe concedeu, oficialmente, o código necessário para figurar entre as profissões regulares, permitindo o recolhimento de contribuição previdenciária. Em terceiro, sabe-se que empresas de cartões de crédito ofertam máquinas para que profissionais do sexo aceitem cartões de crédito de seus clientes. Em quarto, não há absolutamente nenhuma linha, no Código Civil, vedando a prostituição ou considerando-a, expressamente, como ilícita. Ademais, não há mais espaço, nos tempos de hoje, para afirmar ser atividade imoral ou contrária aos *bons costumes*, pois tudo isso evoluiu, não mais simbolizando o preconceito que se tinha em face dessa atividade sexual remunerada. Finalmente, trata-se de um contrato de prestação de serviços como outro qualquer, merecendo a proteção do Direito em caso de não pagamento, mormente pela emissão de cheque sem fundos.[27]

7.4.6 Cheque sem fundos emitido em substituição de outro título de crédito

Não configura crime, pois o credor aceitou um título em substituição a outro, não pago. Jamais pode alegar que foi ludibriado, uma vez que confiou no emitente do cheque, já devedor de outro título de crédito. É apenas um ilícito civil. Entretanto, se o cheque foi emitido para o *pagamento* de um outro título de crédito, como uma duplicata, cremos existir o delito, pois o credor pode ser perfeitamente enganado. Crê estar recebendo o valor, dá quitação e vê frustrado o pagamento.

7.5 Objetos material e jurídico

O objeto material é o cheque emitido sem fundos ou cujo pagamento foi frustrado; o objeto jurídico é o patrimônio.

7.6 Classificação

Trata-se de crime próprio (aquele que demanda sujeito ativo qualificado ou especial); material (delito que exige resultado naturalístico, consistente na diminuição do patrimônio da vítima). A despeito de existirem alguns posicionamentos defendendo a natureza formal do delito, é certo que, exigindo-se o elemento subjetivo específico (vontade de fraudar),

---

[25] DIRCEU DE MELLO, *Aspectos penais do cheque*, p. 106.

[26] HUNGRIA, *Comentários ao Código Penal*, v. 7, p. 250.

[27] O STJ já teve a oportunidade de considerar lícita a prostituição, razão pela qual é possível cobrar a dívida daí advinda (HC 211.888-TO, 6.ª T., rel. Rogério Schietti Cruz, v.u.).

não há possibilidade de se aceitar tal corrente. O crime é, majoritariamente, considerado material.[28] Em contrário: "Trata-se *in casu* de crime formal, que se consuma, pois, no ato da entrega do título ao tomador. Esse momento, repita-se, é que se liga imediatamente à conduta do agente. Irrelevante é o que assinala a rubrica do texto, não servindo como elemento de caracterização da natureza do crime";[29] de forma livre (podendo ser cometido por qualquer meio eleito pelo agente); comissivo ("emitir" e "frustrar" implicam ações); instantâneo (cujo resultado se dá de maneira instantânea, não se prolongando no tempo); de dano (consuma-se apenas com efetiva lesão a um bem jurídico tutelado); unissubjetivo (que pode ser praticado por um só agente); plurissubsistente (em regra, vários atos integram a conduta); admite tentativa, embora seja rara. Nesse caso, como explica DIRCEU DE MELLO, seria a "emissão sem fundos, já no ato doloso da feitura e entrega do cheque ao beneficiário, que, por motivos alheios à vontade do agente, não evoluísse para o aperfeiçoamento do delito, com a recusa do pagamento pelo sacado".[30]

7.7 Fraude eletrônica

Tratando-se de estelionato, a utilização da fraude (ardil, cilada, engano) envolve a vítima de tal forma que ela acredita estar dispondo de algum valor porque realiza um negócio promissor ou qualquer atividade de seu interesse. Por isso, a norma estabelece que a pessoa ofendida, por erro, entrega o montante sugerido pelo agente do crime. O meio utilizado é a informação fornecida pela própria vítima ou terceiro enganado, valendo-se de redes sociais, contatos feitos por telefone ou envio de *e-mails* fraudulentos. Amplia-se ao final, prevendo *qualquer outro mecanismo fraudulento análogo*. Esta previsão, incluída pela Lei 14.155/2021, veio de encontro ao incremento das fraudes cometidas por diversos meios eletrônicos e informáticos, gerando novos e variados mecanismos capazes de armar ciladas para ludibriar as pessoas, cada vez mais levadas a esse cenário pelas inovações tecnológicas. É preciso lembrar que as transações bancárias têm sido promovidas pela internet e outros meios de comunicação, sem a presença do cliente na agência. Vários negócios são celebrados exclusivamente por meio eletrônico e isso fez com que os estelionatários migrassem para novas modalidades de fraude.

A pena é de reclusão, de 4 (quatro) e 8 (oito) anos e multa, caso a fraude seja cometida com o uso de informes fornecidos pela vítima ou terceiro induzido a erro por meio de redes sociais, contatos telefônicos ou remessa de correio eletrônico fraudulento, ou qualquer outro meio fraudulento análogo.

Especificamente em relação a esta qualificadora, estipulou-se uma causa de aumento, prevista no § 2.º-B: "a pena prevista no § 2.º-A deste artigo, considerada a relevância do resultado gravoso, aumenta-se de 1/3 (um terço) a 2/3 (dois terços), se o crime é praticado mediante a utilização de servidor mantido fora do território nacional".

Essa elevação ocorre porque a origem dos ataques é hospedada no exterior, dificultando muito a investigação e a descoberta da autoria do delito. O aumento deve basear-se no grau de dificuldade da apuração do caso.

---

[28] DIRCEU DE MELLO, *Aspectos penais do cheque*, p. 98-102.

[29] WALTER VIEIRA DO NASCIMENTO, *A embriaguez e outras questões penais*, p. 65.

[30] DIRCEU DE MELLO, *Aspectos penais do cheque*, p. 59.

8. CAUSAS DE AUMENTO DE PENA

O tipo penal do art. 171, § 3.º, do CP prevê um aumento definido por uma cota única (um terço), configurando uma causa de aumento da pena. No entanto, costuma-se chamar tal hipótese de *estelionato qualificado*, visto ser a causa de aumento uma *qualificadora em sentido amplo*.

8.1 Princípio da insignificância no estelionato contra entidade pública

Por se tratar de patrimônio público, tem-se entendido, como regra, não ser cabível o crime de bagatela. Entretanto, segundo cremos, depende do caso concreto. Por vezes, a ínfima quantia desviada ou obtida irregularmente justifica o reconhecimento da insignificância. Não se pode descartar tal hipótese.

Além disso, vale ressaltar que o STF tem entendido cuidar-se de fato atípico, por conta da insignificância, determinadas sonegações de tributos, baseado na posição do Estado em não manifestar interesse na cobrança dessas quantias, que podem atingir até R$ 20.000,00.

8.2 Entidade de direito público

Consoante preceitua o art. 1.º, § 2.º, II, da Lei 9.784/1999, entidade é "a unidade de atuação dotada de personalidade jurídica". Portanto, o universo das entidades de direito público é constituído das pessoas políticas (União, Estados, Municípios e Distrito Federal), assim como das autarquias e fundações públicas.

8.3 Súmula 24 do Superior Tribunal de Justiça

"Aplica-se ao crime de estelionato, em que figure como vítima entidade autárquica da Previdência Social, a qualificadora do § 3.º do art. 171 do Código Penal".

8.4 Instituto de economia popular, assistência social ou beneficência

São as entidades de direito privado, não abrangidas pela primeira parte, que têm fins beneméritos e, consequentemente, merecem maior proteção.

8.5 Estelionato contra idoso ou vulnerável

A Lei 10.741/2003 criou algumas figuras de proteção ao patrimônio da pessoa idosa, tal como a apropriação indébita (art. 102), bem como um particular tipo de estelionato (art. 104) "reter o cartão magnético de conta bancária relativa a benefícios, proventos ou pensão do idoso, bem como qualquer outro documento com objetivo de assegurar recebimento ou ressarcimento de dívida: Pena – detenção de 6 (seis) meses a 2 (dois) anos e multa").

Não havia uma figura genérica de fraude contra os interesses do idoso (pessoa maior de 60 anos), tal como previsto no art. 171 deste Código, com a pena aumentada em 1/3. Qualquer forma de estelionato cometido contra pessoa idosa, em lugar da agravante, deve ser substituída pela causa de aumento prevista no § 4.º do art. 171.

A Lei 14.155/2021 incluiu o vulnerável, qualquer pessoa que tenha dificuldade de se defender (muito embriagado, deficiente mental ou criança, dentre outros similares).

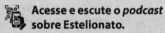

Acesse e escute o *podcast* sobre Estelionato.
> http://uqr.to/1yogc

8.6 Quadro-resumo

Previsão legal	**Estelionato** **Art. 171.** Obter, para si ou para outrem, vantagem ilícita, em prejuízo alheio, induzindo ou mantendo alguém em erro, mediante artifício, ardil, ou qualquer outro meio fraudulento: Pena – reclusão, de 1 (um) a 5 (cinco) anos, e multa. § 1.º Se o criminoso é primário, e é de pequeno valor o prejuízo, o juiz pode aplicar a pena conforme o disposto no artigo 155, § 2.º. § 2.º Nas mesmas penas incorre quem: **Disposição de coisa alheia como própria** I – vende, permuta, dá em pagamento, em locação ou em garantia coisa alheia como própria; **Alienação ou oneração fraudulenta de coisa própria** II – vende, permuta, dá em pagamento ou em garantia coisa própria inalienável, gravada de ônus ou litigiosa, ou imóvel que prometeu vender a terceiro, mediante pagamento em prestações, silenciando sobre qualquer dessas circunstâncias; **Defraudação de penhor** III – defrauda, mediante alienação não consentida pelo credor ou por outro modo, a garantia pignoratícia, quando tem a posse do objeto empenhado; **Fraude na entrega de coisa** IV – defrauda substância, qualidade ou quantidade de coisa que deve entregar a alguém; **Fraude para recebimento de indenização ou valor de seguro** V – destrói, total ou parcialmente, ou oculta coisa própria, ou lesa o próprio corpo ou a saúde, ou agrava as consequências da lesão ou doença, com o intuito de haver indenização ou valor de seguro; **Fraude no pagamento por meio de cheque** VI – emite cheque, sem suficiente provisão de fundos em poder do sacado, ou lhe frustra o pagamento. **Fraude eletrônica** § 2.º-A. A pena é de reclusão, de 4 (quatro) a 8 (oito) anos, e multa, se a fraude é cometida com a utilização de informações fornecidas pela vítima ou por terceiro induzido a erro por meio de redes sociais, contatos telefônicos ou envio de correio eletrônico fraudulento, ou por qualquer outro meio fraudulento análogo. § 2.º-B. A pena prevista no § 2.º-A deste artigo, considerada a relevância do resultado gravoso, aumenta-se de 1/3 (um terço) a 2/3 (dois terços), se o crime é praticado mediante a utilização de servidor mantido fora do território nacional. § 3.º A pena aumenta-se de um terço, se o crime é cometido em detrimento de entidade de direito público ou de instituto de economia popular, assistência social ou beneficência.

Previsão legal	**Estelionato contra idoso ou vulnerável** § 4.º A pena aumenta-se de 1/3 (um terço) ao dobro, se o crime é cometido contra idoso ou vulnerável, considerada a relevância do resultado gravoso. § 5.º Somente se procede mediante representação, salvo se a vítima for: I – a Administração Pública, direta ou indireta; II – criança ou adolescente; III – pessoa com deficiência mental; ou IV – maior de 70 (setenta) anos de idade ou incapaz.
Sujeito ativo	Qualquer pessoa
Sujeito passivo	Qualquer pessoa
Objeto material	Pessoa enganada e bem obtido
Objeto jurídico	Patrimônio
Elemento subjetivo	Dolo + elemento subjetivo específico
Classificação	Comum Material Forma livre Comissivo Instantâneo Dano Unissubjetivo Plurissubsistente
Tentativa	Admite

9. ESTELIONATO DIGITAL

9.1 Estrutura do tipo penal incriminador

Cuida-se de outra modalidade de estelionato cometido por meio eletrônico, concentrado no mercado de capitais. *Organizar* (reunir pessoas para atingir um objetivo, compondo uma estrutura previamente iniciada, aproximar coisas ou pessoas para uma finalidade), *gerir* (administrar, comandar ou dirigir), *distribuir* (repartir algo entre várias pessoas, dividir em partes), *intermediar* (servir de contato entre partes, entremear) são os verbos constitutivos da conduta típica, cujo objeto pode ser *carteira* (setores ou partes de instituições financeiras, conjunto de aplicações para obtenção de lucro, apontamentos financeiros) ou *operação* (prática de um conjunto de atos aptos a atingir uma meta). Nesta última hipótese, a operação se volta a *ativos virtuais* (valores representados por uma moeda digital, cujo mecanismo de armazenamento e transferência se dá por meio eletrônico), *valores mobiliários* (títulos ou contratos de investimento coletivo) e outros *ativos financeiros* (algo que pode ser convertido em dinheiro, representando o patrimônio ou capital da pessoa, como o depósito bancário).

Trata-se de tipo penal voltado a punir o *estelionato digital* ou o *criptoestelionato*, razão pela qual se exige o cenário dessa espécie de delito, envolvendo a obtenção de uma *vantagem ilícita* (qualquer benefício, ganho ou lucro auferido de modo *indevido*, ou seja, contrário às regras do ordenamento jurídico. Logicamente, trata-se de vantagem de natureza econômica, uma vez que se cuida de crime patrimonial), em detrimento do patrimônio da vítima.

Não basta visualizar apenas o ganho ilícito, pois ele precisa originar-se de um cenário de erro (falsa percepção da realidade) provocado em que perde o seu bem jurídico, erro este causado pelo emprego de artifício (astúcia, esperteza, manobra que implica engenhosidade), ardil (também é um artifício, embora na forma de *armadilha*, cilada ou estratagema) ou outro meio fraudulento (trata-se de interpretação analógica, ou seja, após ter mencionado duas modalidades de meios enganosos, o tipo penal faz referência a qualquer outro semelhante ao artifício e ao ardil, que possa, igualmente, ludibriar a vítima). Em verdade, a fraude é o gênero, que abrange o artifício e o ardil, significando a trapaça, urdida de má-fé, envolvendo a desonestidade para iludir alguém.

Nos termos da Lei 14.478/2022, "considera-se ativo virtual a representação digital de valor que pode ser negociada ou transferida por meios eletrônicos e utilizada para realização de pagamentos ou com propósito de investimento, não incluídos: I – moeda nacional e moedas estrangeiras; II – moeda eletrônica, nos termos da Lei n.º 12.865, de 9 de outubro de 2013 [art. 6.º, VI: "moeda eletrônica – recursos armazenados em dispositivo ou sistema eletrônico que permitem ao usuário final efetuar transação de pagamento"]; III – instrumentos que provejam ao seu titular acesso a produtos ou serviços especificados ou a benefício proveniente desses produtos ou serviços, a exemplo de pontos e recompensas de programas de fidelidade; e IV – representações de ativos cuja emissão, escrituração, negociação ou liquidação esteja prevista em lei ou regulamento, a exemplo de valores mobiliários e de ativos financeiros. Parágrafo único. Competirá a órgão ou entidade da Administração Pública federal definido em ato do Poder Executivo estabelecer quais serão os ativos financeiros regulados, para fins desta Lei". Destaque-se que o art. 1.º, parágrafo único, da Lei 14.478/2022 exclui deste âmbito os valores mobiliários, regidos, ainda, pela Lei 6.385/1976.

Com origem na Medida Provisória 1.637, de 8 de janeiro de 1998, são valores mobiliários, "quando ofertados publicamente, quaisquer títulos ou contratos de investimento coletivo que gerem direito de participação, de parceria ou remuneração, inclusive resultante da prestação de serviços, cujos rendimentos advêm do esforço do empreendedor ou de terceiros" (disponível em: <https://www.gov.br/investidor/pt-br/investir/como-investir/conheca-o-mercado-de-capitais/o-que-sao-valores-mobiliarios>, acesso em: 26 dez. 2022).

Conforme dispõe o art. 2.º da referida Lei 6.385/1976, são valores mobiliários: "I – as ações, debêntures e bônus de subscrição; II – os cupons, direitos, recibos de subscrição e certificados de desdobramento relativos aos valores mobiliários referidos no inciso II; III – os certificados de depósito de valores mobiliários; IV – as cédulas de debêntures; V – as cotas de fundos de investimento em valores mobiliários ou de clubes de investimento em quaisquer ativos; VI – as notas comerciais; VII – os contratos futuros, de opções e outros derivativos, cujos ativos subjacentes sejam valores mobiliários; VIII – outros contratos derivativos, independentemente dos ativos subjacentes; e IX – quando ofertados publicamente, quaisquer outros títulos ou contratos de investimento coletivo, que gerem direito de participação, de parceria ou de remuneração, inclusive resultante de prestação de serviços, cujos rendimentos advêm do esforço do empreendedor ou de terceiros". São excluídos da referida Lei: "I – os títulos da dívida pública federal, estadual ou municipal; II – os títulos cambiais de responsabilidade de instituição financeira, exceto as debêntures" (§ 1.º).

Pode-se obter vasta quantidade de informações, navegando pela Internet, a respeito de moeda virtual ou digital, denominada *criptomoeda*, pois se trata de um dinheiro virtual, vale dizer, não existe fisicamente. Surge, então, um novo vocabulário a ser dominado com o passar do tempo não somente pelos investidores desse mercado, mas, igualmente, pelos operadores do Direito, visto que, onde há circulação de valores passíveis de gerar riqueza, encontra-se o criminoso valendo-se da novidade para, também, inaugurar uma fatia de delinquência inovadora. Os agentes estatais devem lidar com esses golpes, que representam formatos de delitos contra o patrimônio tecnologicamente mais avançados.

Diante disso, a Lei 14.478/2022 foi editada para dispor sobre as diretrizes da prestação de serviços relativos a ativos virtuais, regulamentando as prestadoras desses serviços. Não é a primeira nem será a derradeira a abordar essa temática, cada vez mais presente no cotidiano de todos. Em verdade, a era do dinheiro fisicamente existente já passou há muito, pois a confiança no mercado digital cresce a cada dia não somente porque as pessoas apreciam essa inovação, mas pelo fato de haver a imposição das instituições financeiras de um modo geral. Lembre-se do fechamento gradual das agências bancárias, onde havia atendimento pessoal por diversos funcionários, surgindo, em seu lugar, postos de atendimento e, muito mais, pontos eletrônicos para transações ou retirada de papel-moeda. Não se guarda mais o dinheiro no cofre, esperando que ele valorize com o passar do tempo (considerando-se uma moeda forte, como o dólar ou o euro), desaparecendo, quase por completo, a era do *dinheiro guardado no colchão* (exceto para alguns corruptos que conseguem preencher um apartamento inteiro com papel-moeda espalhado pelos cômodos).

Na atualidade, o cidadão comum é conduzido a promover transações por meio de aplicativos e, cada vez mais (por enquanto), por intermédio do celular, a ponto de se poder imaginar que a perda desse aparelho pode significar o desaparecimento de documentos digitais, contendo dados pessoais (CNH, RG, CPF, título de eleitor, entre outros, em formato digital), aplicativos de bancos, onde se encontram dados financeiros detalhados e a viabilidade de se fazer transferências de quantias para outras contas (*vide* o incremento do PIX, utilizado, hoje, até para pessoas carentes solicitarem ajuda nos semáforos de grandes cidades), aplicativos de estabelecimentos comerciais, que podem ser usados para fazer compras *on-line*, além de uma infinidade de outras situações similares. Enfim, goste-se ou não, o cenário virtual já atinge a sociedade de modo definitivo e o papel-moeda perdeu seu *status* no meio econômico-financeiro, embora seja relevante para representar a riqueza de alguém, de uma empresa e até mesmo de um país. O dinheiro digital, criado por meio de *software* de criptografia, ocupa um espaço relevante nas aplicações e nos investimentos, de modo que se tornou um alvo dos criminosos, em particular, dos estelionatários. Torna-se impossível furtar um *bitcoin*, que não é uma *coisa móvel*, embora seja perfeitamente viável administrar uma carteira de investimentos de ativos virtuais fraudulenta, captando recursos, enganando várias pessoas e amealhando o patrimônio de terceiros.

O cenário é propício ao *estelionato digital*. O ambiente da criptomoeda se alicerça na *confiança*, razão pela qual alguns a denominam de *moeda fiduciária*, embora não se possa distanciar tanto, no efeito prático, do uso do cartão de crédito – um "dinheiro de plástico" –, que pode fazer compras e, com isso, pagamentos *on-line*, sem que se tenha em mãos um único centavo de dinheiro físico. Por certo, há uma década, mencionar qualquer transação em ativo virtual levantaria uma dúvida instransponível para a maioria das pessoas, inclusive porque muitos esperavam que a criptomoeda não fosse reconhecida oficialmente pelos governos mundo afora. Tal previsão não se concretizou e há o reconhecimento da moeda digital por meio da legislação brasileira e de vários outros países. Admite-se ser muito difícil rastrear transações de criptomoedas, além do que duas pessoas podem fazer uma compra e venda pela internet sem o apoio de qualquer instituição financeira.

O Direito Penal precisa ingressar nesse campo, indiscutivelmente, respeitando-se o princípio da intervenção mínima, pois o estelionato digital é uma realidade e os criminosos não podem ficar impunes pela ausência de tipicidade específica para tanto. Ademais, todos os investimentos em ativos virtuais concentram-se em carteiras administradas por terceiros – e não se encontram no computador do investidor, facilitando a atuação dos golpistas, que podem promover diversificados meios de fraude, lesando o patrimônio alheio. Embora ainda existente, o famoso golpe do *bilhete premiado* tende a ser varrido da história, conforme a sociedade avance na busca e no implemento de outras formas de captação de dinheiro ou riqueza, como ocorre nitidamente com o contexto dos ativos virtuais. Pode-se até inventar o golpe do *bitcoin premiado*, mas haverá de ser por mecanismos totalmente diferentes do vetusto bilhete de loteria falsificado.

Em suma, a lei penal precisa adaptar-se à necessidade contemporânea para preencher os campos surgidos em outras áreas do ordenamento jurídico, conferindo a tutela indispensável para os bens jurídicos relevantes. Ilustrando a questão da fraude produzida por meio da criptomoeda, a imprensa divulgou a prisão do multibilionário Sam Bankman-Fried, da plataforma FTX, que teria causado cerca de U$ 1,8 bilhão de prejuízo aos seus clientes, investidores em moeda digital, porque teria desaparecido com os fundos de vários deles. Tudo não teria passado de um "castelo de cartas" baseado em fraudes, numa imensa corrente especulativa (*Folha de S. Paulo*, A24, 15.12.2022).

9.2 Sujeitos ativo e passivo

Podem ser qualquer pessoa. Operar licitamente no mercado financeiro pode exigir requisitos específicos; entretanto, o estelionatário não o faz desse modo, passando-se por quem pode realmente administrar uma carteira de investimento ou realizar operações envolvendo ativos virtuais, valores mobiliários e outros ativos financeiros.

9.3 Elemento subjetivo

É o dolo, inexistindo a forma culposa. Além disso, há o elemento subjetivo do tipo específico (ou dolo específico), que é a vontade de obter lucro indevido, destinando-o para si ou para outrem. Nessa perspectiva, essa particular vontade de ganho ilícito igualmente abrange a intenção de gerar erro a outrem, por meios fraudulentos.

Dessa forma, o agente desse delito não é um operador incauto ou desastrado, sem a habilidade necessária para produzir lucro aos seus clientes, visto que a forma culposa não é admissível.

9.4 Objetos material e jurídico

O objeto material pode ser a carteira de investimento ou a operação envolvendo ativos virtuais, valores mobiliários ou outros ativos financeiros.

O objetivo jurídico é o patrimônio. Não se trata de proteger o mercado de capitais, que já possui as figuras típicas adequadas a esse propósito na Lei 6.385/1976.

9.5 Classificação

Trata-se de crime comum (aquele que não demanda sujeito ativo qualificado ou especial); material (delito que exige resultado naturalístico, consistente na diminuição do patrimônio da vítima); de forma livre (podendo ser cometido por qualquer meio eleito pelo agente); comissivo (as condutas típicas demandam a prática de ações); instantâneo (o resultado se dá de maneira determinada, não se prolongando no tempo); de dano (consuma-se apenas com efetiva lesão ao bem jurídico tutelado); unissubjetivo (que pode ser praticado por um só agente); plurissubsistente (como regra, vários atos integram a conduta); admite tentativa.

9.6 Ação penal

A Lei 13.964/2019 introduziu o § 5.º no art. 171 do Código Penal, inserindo a necessidade de representação da vítima para que se possa processar o estelionatário, exceto nas hipóteses descritas pelos incisos I a IV. No entanto, com a criação do estelionato digital, o art. 171-A nada menciona quanto à ação penal.

Respeitando-se literalmente a regra de que a ausência de menção específica acerca da indisponibilidade ou disponibilidade da ação gera o entendimento de se tratar de ação pública incondicionada, esse seria o panorama do *criptoestelionato*.

Mas esse caminho tornaria ilógica a aplicação da norma penal, pois o estelionato cometido por meio de fraude eletrônica (§ 2.º-A), igualmente com sanção de reclusão, de quatro a oito anos, e multa, submete-se ao critério da ação pública condicionada previsto no § 5.º.

Não há nenhum fundamento lógico-sistemático para que o estelionato digital possa adotar a ação pública incondicionada, de modo que nos parece perfeitamente aplicável a regra do mencionado § 5.º do art. 171 ao art. 171-A, com as exceções ali delineadas.

9.7 Quadro-resumo

Previsão legal	**Estelionato digital*** **Art. 171-A.** Organizar, gerir, ofertar ou distribuir carteiras ou intermediar operações que envolvam ativos virtuais, valores mobiliários ou quaisquer ativos financeiros com o fim de obter vantagem ilícita, em prejuízo alheio, induzindo ou mantendo alguém em erro, mediante artifício, ardil ou qualquer outro meio fraudulento. Pena – reclusão, de 4 (quatro) a 8 (oito) anos, e multa. *Artigo acrescentado pela Lei 14.478/2022 (DOU 22.12.2022), em vigor após 180 dias de sua publicação oficial.
Sujeito ativo	Qualquer pessoa
Sujeito passivo	Qualquer pessoa
Objeto material	Carteira de investimento, ativos virtuais, valores mobiliários ou outros ativos financeiros
Objeto jurídico	Patrimônio
Elemento subjetivo	Dolo + elemento subjetivo específico
Classificação	Comum Material Forma livre Comissivo Instantâneo Dano Unissubjetivo Plurissubsistente
Tentativa	Admite

10. DUPLICATA SIMULADA

10.1 Estrutura do tipo penal incriminador

Emitir significa colocar em circulação. Os objetos são a fatura, a duplicata e a nota de venda. *Fatura* é "a escrita unilateral do vendedor e acompanha as mercadorias, objeto do contrato, ao serem entregues ou expedidas. Ela não é mais do que a nota descritiva dessas mercadorias, com indicação da qualidade, quantidade, preço e outras circunstâncias de acordo com os usos da praça. Não é título representativo da mercadoria".[31] *Duplicata* é o título de crédito sacado com correspondência à fatura, visando à circulação, espelhando uma compra e venda mercantil. *Nota de venda* é o documento emitido por comerciantes para atender ao fisco, especificando a quantidade, a qualidade, a procedência e o preço das mercadorias que foram objeto de transação mercantil.

Emite-se a chamada *triplicata* em substituição à duplicata que tenha sido extraviada ou subtraída. Cremos, pois, que se trata de uma "duplicata em 2.ª via", o que permite a configuração do delito. Há posição em contrário, não aceitando a triplicata como objeto material do crime do art. 172.

O crime previsto no art. 172, que cuida da duplicata simulada, é infração que deixa vestígios materiais, motivo pelo qual não prescinde da apresentação do título, que constitui o elemento indispensável para a formação do corpo de delito.

A pena para quem emite fatura, duplicata ou nota de venda que não corresponda à mercadoria vendida, em quantidade ou qualidade, ou ao serviço prestado é de detenção, de 2 (dois) a 4 (quatro) anos, e multa.

10.1.1 Não correspondência à mercadoria vendida em quantidade ou qualidade ou ao serviço prestado

A situação narrada pelo tipo penal espelha uma falta de sintonia entre a venda efetivamente realizada e aquela que se estampa na fatura, duplicata ou nota de venda. Assim, pode o comerciante alterar os dados quantitativa (ex.: vende um objeto e faz inscrever ter vendido dois) ou qualitativamente (ex.: vende cobre e faz constar ter vendido ouro).

O mesmo pode ser feito pelo prestador de serviços, que altera significativamente o que fez. Ocorre que, por uma imprecisão lamentável, deixou-se de constar expressamente no tipo que a emissão de fatura, duplicata ou nota por venda ou serviço inexistente também é crime. Mencionou-se a emissão que não corresponda à mercadoria vendida ou ao serviço prestado, como se efetivamente uma venda ou um serviço tivesse sido realizado.

Não faria sentido, no entanto, punir o emitente por alterar a quantidade ou a qualidade da venda feita e não punir o comerciante que nenhuma venda fez, emitindo a duplicata, a fatura ou a nota assim mesmo. Portanto, é de se incluir nesse contexto a "venda inexistente" ou o "serviço não prestado". Trata-se de decorrência natural da interpretação extensiva que se pode – e deve – fazer do tipo penal.

É o mesmo pensamento de Noronha: "por outro lado, quem expede duplicata sem que corresponda a contrato de compra e venda, em que a mercadoria foi entregue, afirmando,

---

[31] Carvalho de Mendonça, citado por Rubens Requião, *Curso de direito comercial*, v. 2, p. 430.

entretanto, essas circunstâncias no título, com o objetivo de conseguir desconto, age fraudulentamente, ilaqueando o tomador na sua boa-fé".[32]

10.1.2 Não pagamento da duplicata é questão puramente civil

Não se deve confundir a emissão de título comercial sem causa ou com fundamento alterado com o simples inadimplemento, que é matéria civil e nesta órbita deve ser resolvida.

10.2 Sujeitos ativo e passivo

O sujeito ativo é quem expede a fatura, duplicata ou nota de venda; o sujeito passivo é o recebedor, seja ele quem desconta a duplicata ou a pessoa contra a qual se saca a duplicata, fatura ou nota de venda. Não se incluem, conforme doutrina majoritária, nem o avalista, nem o endossatário.

10.3 Elemento subjetivo

É o dolo. Não se pune a forma culposa, nem se exige elemento subjetivo específico.

10.4 Objetos material e jurídico

O objeto material é a fatura, duplicata ou nota sem correspondência à venda ou ao serviço; o objeto jurídico é o patrimônio.

10.5 Classificação

Trata-se de crime próprio (aquele que demanda sujeito ativo qualificado ou especial); formal (delito que não exige resultado naturalístico, consistente na diminuição do patrimônio da vítima); de forma livre (podendo ser cometido por qualquer meio eleito pelo agente); comissivo ("emitir" implica ação); instantâneo (cujo resultado se dá de maneira instantânea, não se prolongando no tempo); dano (o objeto jurídico tutelado pode ser lesionado com a concretização do crime); unissubjetivo (que pode ser praticado por um só agente); unissubsistente (um único ato é suficiente para colocar o título em circulação, não se exigindo outro resultado além deste); não admite tentativa.

10.6 Figura equiparada (parágrafo único do art. 172)

Falsificar significa alterar ou modificar fraudulentamente. É a falsidade ideológica neste contexto, ou seja, inscrevem-se no livro dados não correspondentes à realidade. *Adulterar* quer dizer viciar ou mudar o conteúdo, valendo o paralelo com a falsidade material, ou seja, modifica-se o dado correto, substituindo-o pelo incorreto.

O objeto das condutas é o *Livro de Registros de Duplicatas* (livro obrigatório do comerciante, onde deve escriturar em ordem cronológica as duplicatas emitidas, contendo todos os dados que as possam identificar com perfeição).

---

[32] NORONHA, *Direito penal*, v. 2, p. 504.

10.7 Quadro-resumo

Previsão legal	**Duplicata simulada** **Art. 172.** Emitir fatura, duplicata ou nota de venda que não corresponda à mercadoria vendida, em quantidade ou qualidade, ou ao serviço prestado. Pena – detenção, de 2 (dois) a 4 (quatro) anos, e multa. **Parágrafo único.** Nas mesmas penas incorrerá aquele que falsificar ou adulterar a escrituração do Livro de Registro de Duplicatas.
Sujeito ativo	Expedidor da fatura, duplicata ou nota de venda
Sujeito passivo	Recebedor do título
Objeto material	Fatura, duplicata ou nota de venda
Objeto jurídico	Patrimônio
Elemento subjetivo	Dolo
Classificação	Próprio Formal Forma livre Comissivo Instantâneo Dano Unissubjetivo Unissubsistente
Tentativa	Não admite
Circunstâncias especiais	Interpretação extensiva

11. ABUSO DE INCAPAZES

11.1 Estrutura do tipo penal incriminador

Há duas condutas, que devem estar unidas: *abusar* (exorbitar, exagerar ou utilizar de modo inconveniente) e *induzir* (dar a ideia, inspirar). O objeto pode ser o menor (aquele que ainda não completou 18 anos) ou alienado ou débil mental (são incapazes de compreender o caráter ilícito do fato ou de comportar-se conforme esse entendimento). Trata-se do disposto no art. 173 do CP.

O tipo menciona a *necessidade* (aquilo que não se pode dispensar, que é essencial para a pessoa); a *paixão* (emoção exacerbada, que termina por suplantar a própria razão); a *inexperiência* (falta de prática de vida ou de habilidade em determinada função), relativas ao sujeito passivo, como pontos do abuso.

Assim sendo, o abuso consiste em levar a vítima a ato suscetível de produzir efeito jurídico, ou seja, significa a prática de qualquer conduta suficiente para gerar efeitos danosos ao patrimônio da vítima (menor, alienado ou débil mental). Ex.: convencer o menor a adquirir um bem inexistente. Diante da sua nítida inexperiência de vida, além de estar ciente de que os desejos de uma pessoa imatura são muito mais fortes do que a razão recomenda, o agente consegue auferir vantagem indevida (é o *efeito jurídico*), causando *prejuízo próprio* ou *a terceiro*.

Quanto à última parte (ato suscetível de produzir efeito jurídico), BENTO DE FARIA especifica que "não satisfaria aquela exigência o ato radicalmente nulo na substância ou na forma, visto como, por ser inexistente, não seria suscetível da produção de qualquer efeito jurídico. Conseguintemente, se o ato for nulo por outras causas, *além da incapacidade relativa de quem o subscrever*, desaparece o seu poder *de prejudicar*, não podendo, portanto, constituir meio idôneo".[33]

A pena para quem comete o crime de abuso de incapazes é de reclusão, de 2 (dois) a 6 (seis) anos, e multa.

11.2 Sujeitos ativo e passivo

O sujeito ativo pode ser qualquer pessoa; o sujeito passivo é somente o menor, o alienado ou o débil mental.

11.3 Elemento subjetivo

É o dolo. Não existe a forma culposa. Exige-se o elemento subjetivo específico, consistente em agir para *proveito próprio ou alheio*.

11.4 Objetos material e jurídico

O objeto material é a pessoa ludibriada; o objeto jurídico é o patrimônio.

11.5 Classificação

Trata-se de crime comum (aquele que não demanda sujeito ativo qualificado ou especial); formal (delito que não exige resultado naturalístico, consistente na diminuição do patrimônio da vítima, embora seja possível isso ocorrer); de forma livre (podendo ser cometido por qualquer meio eleito pelo agente); comissivo ("abusar" e "induzir" implicam ações); instantâneo (cujo resultado se dá de maneira instantânea, não se prolongando no tempo); dano (o objeto jurídico pode ser atingido com a conduta do agente); unissubjetivo (que pode ser praticado por um só agente); plurissubsistente (em regra, vários atos integram a conduta); admite tentativa.

11.6 Quadro-resumo

	Abuso de incapazes
Previsão legal	**Art. 173.** Abusar, em proveito próprio ou alheio, de necessidade, paixão ou inexperiência de menor, ou da alienação ou debilidade mental de outrem, induzindo qualquer deles à prática de ato suscetível de produzir efeito jurídico, em prejuízo próprio ou de terceiro. Pena – reclusão, de 2 (dois) a 6 (seis) anos, e multa.
Sujeito ativo	Qualquer pessoa
Sujeito passivo	Menor, alienado ou débil mental
Objeto material	Pessoa ludibriada

---

[33] BENTO DE FARIA, *Código Penal brasileiro comentado*, v. 5, p. 172.

Objeto jurídico	Patrimônio
Elemento subjetivo	Dolo + elemento subjetivo específico
Classificação	Comum
	Formal
	Forma livre
	Comissivo
	Instantâneo
	Dano
	Unissubjetivo
	Plurissubsistente
Tentativa	Admite

12. INDUZIMENTO À ESPECULAÇÃO

12.1 Estrutura do tipo penal incriminador

Abusar (exorbitar, exagerar ou utilizar de modo inconveniente) é a conduta cujo objeto é a *inexperiência* (caracterizada pela falta de vivência, própria das pessoas de pouca idade ou ingênuas), a *simplicidade* (fundamenta-se pela franqueza, sinceridade e falta de afetação ou malícia nas atitudes, o que é típico de pessoas crédulas e confiantes no bom caráter alheio) ou a *inferioridade mental* (deve ser interpretada, nos dias atuais, simplesmente como a situação de pessoas portadoras de doenças mentais ou algum tipo de desenvolvimento mental incompleto ou retardado). É o teor do art. 174 do CP.

Outras formas de inferioridade mental devem ser incluídas na inexperiência ou na simplicidade. Cremos que alargar o conceito de *inferioridade mental*, quando se defende a igualdade e o respeito às pessoas, é discriminatório. Noronha sustentava, à sua época, ser possível encaixar a mulher nessa situação, pois ela "frequentemente não é aparelhada contra a astúcia ou a *manha* dos espertalhões e sabidos".[34] Talvez assim fosse, o que não mais se justifica na atualidade. Inexiste, para os padrões de sociedade globalizada, pessoa mentalmente inferior que se possa identificar pelo sexo, pela idade, pela raça, pela religião, entre outros. Insistir nessa avaliação do tipo penal é resvalar no preconceito e na discriminação.

Uma das condutas principais, previstas no tipo penal, é *induzir* (dar a ideia, incentivar) o inexperiente, o simplório e o mentalmente inferiorizado a praticar jogos ou apostas. Sabe-se que os jogos são, na sua grande maioria, atividades físicas ou mentais organizadas por um sistema de regras que privilegiam sorte ou azar. Não se está falando, é óbvio, dos jogos esportivos, em que prevalecem a habilidade, o treino e a capacidade individual. O mesmo se diga das apostas, que beiram o mero desafio, também calcado na sorte ou no azar em grande parte. O Estado deveria, se quisesse de fato resolver essas situações de risco para o sujeito inexperiente, simplório ou mentalmente inferiorizado, proibir o jogo que não lhe interessar de maneira *severa e efetiva*, fiscalizando devidamente.

Seria, pois, desnecessário um tipo penal de *induzimento à especulação*, pois toda pessoa que jogasse, apostasse ou simplesmente participasse, de qualquer modo, de jogos ou apostas de

---

[34] Noronha, *Direito penal*, v. 2, p. 519.

azar estaria incursa no tipo penal. Mas o próprio Estado incentiva o jogo de azar e apostas em várias modalidades, desde que oficiais, o que torna mais difícil qualquer atuação nesse âmbito. Assim, deve-se compreender o crime de *induzimento à especulação* como um mal necessário, ou seja, já que não se consegue coibir o jogo ou a aposta, pelo menos se busca preservar o patrimônio daqueles que, por si sós, não conseguem distinguir o risco que correm ao jogar ou apostar.

Outra conduta típica é *especular* (explorar ou auferir vantagens aproveitando-se de determinada condição ou posição). Não é atividade lucrativa, na grande maioria dos casos, para pessoas inexperientes, simplórias ou mentalmente inferiorizadas, de forma que a lei busca protegê-las dos inescrupulosos. Note-se que, no caso presente, é preciso que o agente saiba ou deva saber que está lançando a vítima em operação ruinosa. Entretanto, se, por mero acaso, a operação, que era para ser ruinosa, termina lucrativa, o delito não está afastado, pois se trata de crime formal. Consuma-se com a prática da conduta, independentemente do resultado naturalístico que possa ocorrer. Assim, se o sujeito passivo experimentar prejuízo efetivo, trata-se de mero exaurimento.

A pena prevista para esse crime é de reclusão, de 1 (um) a 3 (três) anos, e multa.

12.1.1 Jogo de tampinhas

Uma modalidade de jogo de azar, embora manipulado, na verdade, pela destreza de seu operador (numa mesa, colocam-se três tampinhas de garrafa; abaixo delas uma pequenina bola; o agente manipula as tampinhas, mudando-as de lugar e pede para o apostador adivinhar onde está a bolinha; invariavelmente, o apostador perde). Trata-se de conduta que pode encaixar-se neste artigo.

12.2 Sujeitos ativo e passivo

O sujeito ativo pode ser qualquer pessoa; o passivo há de ser pessoa inexperiente, simples ou mentalmente inferiorizada. Diz HUNGRIA que, como regra, "o agente não passa de um *intermediário* ou *agenciador* de outrem, limitando-se a auferir uma comissão percentual, e pode mesmo acontecer que aquele que *monta* o jogo, aceita a aposta ou contrata com o sujeito passivo jamais se tenha avistado com este e ignore, portanto, a sua condição pessoal".[35]

12.3 Elemento subjetivo

É o dolo. Não há a forma culposa. Exigem-se, no entanto, duas outras formas de elementos subjetivos do tipo específico, que são o "abusar *em proveito próprio ou alheio*" e "sabendo ou devendo saber que a operação é ruinosa".

Neste último caso, cremos tratar-se de uma nítida sinalização para a ocorrência tanto do dolo direto ("sabe") como do dolo eventual ("deve saber"). No caso da interpretação da expressão "deve saber" – toda vez que surge num tipo penal –, há muita polêmica. Muitos se posicionam pela adoção do dolo indireto ou eventual – o que achamos mais coerente, visto que a culpa deve ser *expressa*, e não presumida –, enquanto outros preferem dizer tratar-se de culpa (tendência adotada por HUNGRIA, NORONHA, entre outros).

Ocorre que, a despeito disso, no caso presente, tornar-se-ia uma grave contradição afirmar a existência de um crime de *fraude culposa*. Ao mesmo tempo em que se exige o dolo de *abusar, em proveito próprio ou alheio*, estar-se-ia permitindo a invasão no tipo nitidamente

---

[35] HUNGRIA, *Comentários ao Código Penal*, v. 7, p. 270.

Cap. VI – Estelionato e Outras Fraudes • Parte 2

doloso de um elemento estranho, que é a culpa, caso fosse interpretada como tal a expressão "devendo saber". Assim, posiciona-se a doutrina de forma praticamente unânime, neste tipo penal, pela aceitação das formas direta e eventual do dolo, mas não da culpa. Torna-se, pois, mais um dado relevante para sustentar o desapego com a técnica que possui a expressão "deve saber" (ou "devendo saber"), razão pela qual preferimos, sempre, dar-lhe o significado de dolo eventual, mas jamais de culpa.

12.4 Objetos material e jurídico

O objeto material é a pessoa inexperiente, simples ou mentalmente inferiorizada que sofre a conduta criminosa; o objeto jurídico é o patrimônio dessa pessoa.

12.5 Classificação

Trata-se de crime comum (aquele que não demanda sujeito ativo qualificado ou especial); formal (delito que não exige resultado naturalístico, consistente na diminuição do patrimônio da vítima); de forma vinculada (o abuso é restrito ao induzimento ao jogo ou aposta e à especulação com títulos ou mercadorias); comissivo ("induzir" implica ação); instantâneo (cujo resultado se dá de maneira instantânea, não se prolongando no tempo); dano (a conduta do agente pode atingir o bem jurídico tutelado, lesando-o); unissubjetivo (que pode ser praticado por um só agente); plurissubsistente (em regra, vários atos integram a conduta); admite tentativa.

12.6 Quadro-resumo

	Induzimento à especulação
Previsão legal	**Art. 174.** Abusar, em proveito próprio ou alheio, da inexperiência ou da simplicidade ou inferioridade mental de outrem, induzindo-o à prática de jogo ou aposta ou à especulação com títulos ou mercadorias, sabendo ou devendo saber que a operação é ruinosa: Pena – reclusão, de 1 (um) a 3 (três) anos, e multa.
Sujeito ativo	Qualquer pessoa
Sujeito passivo	Pessoa inexperiente, simples ou inferiorizada
Objeto material	Pessoa inexperiente, simples ou inferiorizada
Objeto jurídico	Patrimônio
Elemento subjetivo	Dolo + elemento subjetivo específico
Classificação	Comum Formal Forma vinculada Comissivo Instantâneo Dano Unissubjetivo Plurissubsistente
Tentativa	Admite
Circunstâncias especiais	Sabendo ou devendo saber

13. FRAUDE NO COMÉRCIO

13.1 Estrutura do tipo penal incriminador

Enganar significa induzir em erro, disfarçar ou esconder. Trata este tipo penal de crime de estelionato próprio do comerciante. Há, ainda, o complemento do verbo principal, previsto no *caput*, nas modalidades "vender" e "entregar", estampadas nos incisos. Trata-se do art. 175 do CP.

Constam no tipo as condutas de venda de mercadoria falsa, como verdadeira, e de mercadoria deteriorada, como perfeita. Note-se que a simples venda de uma mercadoria falsificada, crendo o comerciante que está alienando algo verdadeiro, não serve para configurar o delito, uma vez que o verbo "enganar" exige a vontade de ludibriar o comprador, configurando figura semelhante ao estelionato. O mesmo se diga do comerciante que vende mercadoria deteriorada, pensando estar em perfeitas condições.

Quanto ao objeto material, é preciso lembrar que nem toda mercadoria se encaixa neste tipo penal, estando excluídas as que possuírem tipificação especial, como os delitos contra a saúde pública (ex.: art. 272, § 1.º-A, que cuida da venda de substância alimentícia adulterada).

Por outro lado, embora parte da doutrina entenda que o inciso I do art. 175 foi revogado pelo art. 7.º, III, da Lei 8.137/1990 (Crimes contra as relações de consumo), cremos que ele continua em vigor. O inciso I trata da venda de uma mercadoria falsificada como se fosse verdadeira e de uma mercadoria deteriorada como se fosse perfeita, ou seja, é uma autêntica *substituição* de uma coisa por outra, enquanto o inciso III do art. 7.º da referida lei cuida da mistura de "gêneros e mercadorias de espécies diferentes, para vendê-los ou expô-los à venda como puros", bem como da mistura de "gêneros e mercadorias de qualidades desiguais para vendê-los ou expô-los à venda por preço estabelecido para os de mais alto custo". Com a devida vênia, substituir uma coisa por outra é diferente de misturar coisas. Assim, quem vende uma seda misturada a outro tecido menos nobre praticaria a conduta da lei especial, enquanto quem substituísse a seda pelo tecido menos nobre responderia pelo Código Penal. Ainda que sutil a diferença, cremos persistir o tipo penal do art. 175, I.

A entrega de uma mercadoria por outra (inciso II) é a substituição maliciosa de uma determinada mercadoria pelo comerciante, provavelmente de maior valor, por outra de menor valor, causando prejuízo patrimonial ao adquirente.

No tocante ao § 1.º, prevê-se outra figura típica de fraude no comércio, que não se confunde com a prevista no *caput*, embora guarde a mesma raiz, que é ludibriar o adquirente ou consumidor. Refere-se o tipo a *alterar* (modificar ou transformar), *substituir* (trocar um por outro) e *vender* (alienar por um preço), quando se tratar dos seguintes casos: a) *alterar, em obra encomendada – o que é, em regra, atividade típica de joalheiros –, a qualidade ou o peso de um metal*: assim, o agente modifica a qualidade do metal, retirando a parte valiosa, para inserir material menos valioso, causando prejuízo ao ofendido, ou retira, em seu benefício, do material originalmente entregue pela vítima para o trabalho, parte do seu peso, provocando, também, prejuízo patrimonial; b) *substituir, em obra encomendada, pedra verdadeira por falsa ou por outra de menor valor*: leva-se em conta, naturalmente, o trabalho do agente que lida com pedras preciosas, tal como o joalheiro, que recebe a incumbência de realizar alguma tarefa específica com joia alheia e termina por prejudicar o proprietário da pedra, porque a substitui por uma falsa ou por outra menos valiosa; c) *vender pedra falsa por verdadeira*: é a conduta do comerciante de joias que, por exemplo, aliena uma pedra brilhante e bem lapidada, mas sem valor, como se fosse diamante; d) *vender como precioso metal de outra qualidade*: trata-se da substituição, para venda específica, de metal precioso por outro de qualidade inferior e sem o mesmo valor.

A pena prevista para quem comete umas das condutas do art. 175, *caput*, é de detenção, de 6 (seis) meses a 2 (dois) anos, ou multa. Nas hipóteses do § 1.º, a pena é de reclusão, de 1 (um) a 5 (cinco) anos, e multa. É aplicável o disposto no art. 155, § 2.º.

13.2 Sujeitos ativo e passivo

O sujeito ativo somente pode ser o comerciante, que esteja na sua atividade de comércio, não sendo cabível a aplicação do tipo quando o indivíduo atuar em relações particulares, fora do âmbito profissional. O sujeito passivo só pode ser o adquirente ou o consumidor.

13.3 Elemento subjetivo

É o dolo. Não existe a forma culposa, nem se exige elemento subjetivo específico.

13.4 Objetos material e jurídico

O objeto material é a mercadoria falsificada, deteriorada ou substituída. No caso do § 1.º, é a pedra ou o metal modificado. O objeto jurídico é o patrimônio.

13.5 Classificação

Trata-se de crime próprio (aquele que demanda sujeito ativo qualificado ou especial); material (delito que exige resultado naturalístico, consistente na diminuição do patrimônio da vítima); de forma livre (podendo ser cometido por qualquer meio eleito pelo agente); comissivo (os verbos implicam ações); instantâneo (cujo resultado se dá de maneira instantânea, não se prolongando no tempo); de dano (consuma-se apenas com efetiva lesão a um bem jurídico tutelado); unissubjetivo (que pode ser praticado por um só agente); plurissubsistente (em regra, vários atos integram a conduta); admite tentativa.

13.6 Figura privilegiada

Segue o critério do furto privilegiado. Ver o tópico pertinente ao art. 155, § 2.º.

13.7 Quadro-resumo

Previsão legal	**Fraude no comércio** **Art. 175.** Enganar, no exercício de atividade comercial, o adquirente ou consumidor: I – vendendo, como verdadeira ou perfeita, mercadoria falsificada ou deteriorada; II – entregando uma mercadoria por outra: Pena – detenção, de 6 (seis) meses a 2 (dois) anos, ou multa. § 1.º Alterar em obra que lhe é encomendada a qualidade ou o peso de metal ou substituir, no mesmo caso, pedra verdadeira por falsa ou por outra de menor valor; vender pedra falsa por verdadeira; vender, como precioso, metal de outra qualidade: Pena – reclusão, de 1 (um) a 5 (cinco) anos, e multa. § 2.º É aplicável o disposto no artigo 155, § 2.º.
Sujeito ativo	Comerciante

Sujeito passivo	Adquirente ou consumidor
Objeto material	Mercadoria falsificada, deteriorada ou substituída
Objeto jurídico	Patrimônio
Elemento subjetivo	Dolo
Classificação	Próprio Material Forma livre Comissivo Instantâneo Dano Unissubjetivo Plurissubsistente
Tentativa	Admite

14. OUTRAS FRAUDES

14.1 Estrutura do tipo penal incriminador

Há três crimes previstos neste tipo penal (art. 176, CP):

a) *tomar* refeição significa comer ou beber em restaurante, almoçando, jantando ou somente lanchando;

b) *alojar-se* em hotel quer dizer hospedar-se, sujeito ao pagamento de um preço, normalmente calculado em diárias;

c) *utilizar-se* de meio de transporte é empregar um meio de transporte pago para deslocar-se de um lugar para outro (ex.: táxi, ônibus, carro de aluguel, entre outros).

A descrição típica, ao valer-se da fórmula alternativa (tomar refeição, alojar-se em hotel *ou* utilizar-se de meio de transporte), parece indicar um tipo misto alternativo, ou seja, seria irrelevante que o agente praticasse uma ou mais condutas, pois o crime seria sempre único.

Não pode ser desse modo interpretado o tipo penal do art. 176, sob pena de se favorecer, desmedidamente, a fraude. Se o agente se alojar em um hotel de determinada cidade, tomar refeição em um restaurante estranho ao hotel e valer-se de um táxi para o seu deslocamento, sem recursos para efetuar o pagamento, estará prejudicando três vítimas diferentes, portanto, três patrimônios diversos terão sido ofendidos. Assim, cremos configurados três delitos, em concurso material.

Exige o tipo penal ocorra a *refeição em restaurante* (local onde se servem comida e bebida) e, em tese, não seria possível estender o conceito para lugares diversos, como bares, cantinas de escolas, estações de trem ou quartéis, boates, entre outros. Se a fraude fosse cometida nesses estabelecimentos, seria aplicável a forma fundamental do estelionato (art. 171, *caput*). Ocorre que a pena do estelionato é muito maior do que a prevista no tipo do art. 176, de forma que não teria cabimento o sujeito tomar refeição num restaurante, sem recursos para pagar, e receber apenas uma multa (a pena é alternativa: detenção ou multa) e aquele que fizer o mesmo numa cantina de escola receber uma pena de reclusão e multa. Portanto, parece-nos perfeitamente possível interpretar *extensivamente* o conceito de restaurante, abrangendo todos os estabelecimentos que servirem comida e bebida. Não se pode admitir, no entanto, o próprio domicílio do agente, onde, atualmente, é possível haver a entrega de refeição produzida por restaurante.

No tocante a hotel, trata-se, também, em tese, de um conceito restrito, pois no tipo penal não se fala em estabelecimento análogo. Portanto, seria o local onde se alugam quartos por períodos predeterminados, normalmente estabelecidos pelo mínimo de um dia. Ocorre que não tem cabimento algum punir quem se aloja num hotel, por um dia, não dispondo de recursos para pagar, com uma simples multa (ou até perdoando a pena, como diz o parágrafo único do art. 176), aplicando-se a pena de reclusão e multa ao outro que se hospeda num motel, para um período de algumas horas. Assim, o conceito de hotel é *extensivo*, abrangendo motel, pensão, hospedaria, albergue, entre outros.

O meio de transporte é todo aquele utilizado, normalmente, para conduzir pessoas de um determinado local a outro, mediante remuneração. Aliás, por uma questão de bom senso, é preciso que o transportador exija o pagamento depois do serviço efetuado, pois, caso contrário, não teria havido ilusão à boa-fé do ofendido. Uma pessoa que pague a passagem de avião (que sempre é adquirida antes de a viagem efetuar-se) com um cheque sem fundos, por exemplo, não responde por este tipo penal, e sim por outro delito. Entretanto, no caso do sujeito que, servindo-se de um táxi, ao final da corrida pague com cheque sem suficiente provisão de fundos, a questão é polêmica: há quem sustente haver o crime do art. 176, embora prefiramos a segunda posição, que o faz responder pelo delito de emitir cheque sem suficiente provisão de fundos (art. 171, § 2.º, VI). O pagamento foi feito, embora com título de crédito imprestável para solver o débito, de forma que o delito é muito mais grave do que simplesmente dizer ao taxista que não tem dinheiro para pagar. A fraude foi mais séria, porque a ilusão perpetuou-se. Se dissesse não ter dinheiro, poderia imediatamente ser levado a uma delegacia de polícia, para as providências legais. Fazendo o pagamento com um cheque sem fundos, iludiu-se a vítima de tal maneira que ela acreditou estar recebendo o valor do serviço, sem qualquer ação imediata de sua parte. O ardil é mais grave naquele (art. 171, § 2.º, VI) do que neste (art. 176).

Valendo para as três figuras, é curial, para a configuração do tipo penal, que o agente *não possua* recursos suficientes para efetuar o pagamento. Qualquer outro tipo de divergência deve ser resolvido na esfera civil. Assim é o caso do cliente que discorda da conta que lhe foi apresentada ou que acreditou na possibilidade de pagar a conta com cartão ou com cheque, o que é refutado pelo estabelecimento. Enfim, toda vez que a polêmica envolver questões diversas da insuficiência de recursos para o pagamento, não há o crime do art. 176. É preciso, no entanto, verificar com o devido zelo se o agente, apesar de estar alegando não concordar com a conta apresentada, na realidade, não está escondendo a sua fraude de ter tomado refeição sem dispor de recursos para o pagamento.

A pena prevista para o crime do art. 176 é de detenção, de 15 (quinze) dias a 2 (dois) meses, ou multa. Somente se procede mediante representação, e o juiz pode, conforme as circunstâncias, deixar de aplicar a pena.

14.2 Sujeitos ativo e passivo

O sujeito ativo pode ser qualquer pessoa; o sujeito passivo necessita ser o prestador do serviço.

14.3 Elemento subjetivo

É o dolo. Não se pune a forma culposa, nem se exige o elemento subjetivo específico, consistente no ânimo de fraudar a vítima.

14.4 Objetos material e jurídico

O objeto material é a pessoa que presta o serviço e deixa de receber a remuneração devida; o objeto jurídico é o patrimônio. Mais detalhado, quanto ao tema, NORONHA demonstra ser a objetividade jurídica a "inviolabilidade patrimonial do bem tutelado e por isso a lei classifica o delito como contra o patrimônio. (...) Protege consequentemente a lei os interesses de determinadas pessoas, cujo gênero de atividade as coloca facilmente à mercê da fraude de outrem. Ao lado desse interesse privado, existe, bem é de ver, como em qualquer outro crime, o interesse público, relativo à harmonia e estabilidade de ordem jurídica".[36]

14.5 Classificação

Trata-se de crime comum (aquele que não demanda sujeito ativo qualificado ou especial); material (delito que exige resultado naturalístico, consistente na diminuição do patrimônio da vítima). Há quem sustente, como MAGALHÃES NORONHA,[37] ser o delito formal (mera atividade) e inadmissível a tentativa. Com a devida vênia, os verbos utilizados dão clara mostra de que não se trata de uma simples conduta, implicando sempre num resultado material. Tomar refeição é servir-se de alimento ou bebida, ingerindo-os; alojar-se em hotel significa a hospedagem e utilização efetiva do cômodo; utilizar meio de transporte é valer-se de um serviço de deslocamento qualquer. Portanto, sempre implica num uso de serviços ou bens alheios, o que, associado à falta de recursos para pagar, que também está no tipo expressamente, faz com que se deva classificar o delito como material. É, ainda, de forma livre (podendo ser cometido por qualquer meio eleito pelo agente); comissivo (os verbos implicam ações); instantâneo (cujo resultado se dá de maneira instantânea, não se prolongando no tempo); de dano (consuma-se apenas com efetiva lesão a um bem jurídico tutelado); unissubjetivo (que pode ser praticado por um só agente); plurissubsistente (como regra, vários atos integram a conduta); admite tentativa.

14.6 Pendura

Por força da tradição, acadêmicos de direito costumam, como forma de comemorar a instalação dos cursos jurídicos no Brasil (11 de agosto), dar penduras em restaurantes, tomando refeições sem efetuar o devido pagamento. Tem entendido a jurisprudência, neste caso, não estar configurada a hipótese do art. 176, pois, na sua grande maioria, são pessoas que têm dinheiro para quitar a conta, embora não queiram fazê-lo, alegando "tradição". Tratar-se-ia, pois, de um ilícito meramente civil. A esse respeito, confira-se: TACRIM-SP (atual TJSP): "É que a conta importou em Cz$ 2.740,00 e a cada um dos pacientes caberia a importância de Cz$ 62,27, quantia ínfima para a condição pessoal dos pacientes, todos estudantes de direito ou bacharéis, e que, portanto, caso inexistisse com um deles o numerário, poderiam assistir-se solidariamente, com grande facilidade. (...) Ora, como os pacientes tinham recursos para

---

[36] NORONHA, *Direito penal*, v. 2, p. 532.

[37] NORONHA, *Direito penal*, v. 2, p. 538.

pagar a conta, o que houve foi calote e dano em nível de ilícito civil, como se sabe, que deve ser cobrado pelas vias comuns em ação competente. O propalado *animus jocandi* não é sequer questionado, porque, antes dele, a inexistência objetiva da figura típica do art. 176 exclui qualquer cogitação quanto à existência de materialidade criminal, sem, todavia, confrontar com o calote, que, evidentemente, ocorreu e que deve ser ressarcido pelas vias civis, juntamente com o dano" (RHC 456.609-9, São Paulo, rel. Fortes Barbosa, 13.11.1986, v.u., *Lex* 90/82). E também: TJSP: "Percebe-se com nitidez que os recorrentes foram unicamente movidos pelo *animus jocandi*. Não houve dolo, consistente na consciência e vontade de praticar a ação sabendo que não dispunham de recursos para efetuar o pagamento. Não houve fraude, no sentido de ludibriar o comerciante, gerando nele a crença de uma situação financeira diversa da real. Simplesmente quiseram brincar, seguindo secular tradição dos estudantes do Largo de São Francisco, e não causar prejuízo a terceiro em proveito próprio. Brincadeira. Sem dúvida, reprovável, verdadeiro calote, que causou prejuízo ao comerciante. Dano, porém, reparável, através da competente ação civil, aliás já proposta pela vítima (fls.)" (RHC 426.297-9, São Paulo, rel. Gonzaga Franceschini, 14.04.1986, v.u.).

Ocorre que, na atualidade (tanto que os acórdãos são antigos), o número dos estudantes de direito aumentou sensivelmente, provocando uma pesada carga para vários comerciantes do ramo de restaurantes, até porque alguns estabelecimentos, pela excelência dos seus serviços, são os mais procurados. Assim, conforme a situação aventada pelos estudantes, o grau do ardil utilizado (nem toda pendura é "diplomática", ou seja, previamente declarada ao comerciante) e, principalmente, o prejuízo causado, pode-se até situar a questão no contexto do estelionato (art. 171, *caput*).

Os costumes gerados pela força da tradição não podem olvidar a mudança dos tempos e a nova realidade social e econômica que o País atravessa, pois os hábitos, de um modo geral, não são permanentes e definitivos. Portanto, cremos que o comerciante ludibriado por estudantes que não desejem simplesmente comemorar o dia 11 de agosto, através de pedidos singelos e de valor razoável, mas sim causar um prejuízo de monta, como forma de dar demonstração de poder ou esperteza nos meios acadêmicos, deve ser considerado uma vítima do crime previsto no art. 171. Não é possível sustentar-se, eternamente, uma "tradição" que somente beneficia estudantes de direito, autorizando-os a tomar refeição em restaurantes, pouco importando o montante da conta, pretendendo desconhecer que o universo das faculdades de direito é outro, assim como a situação econômica geral. É evidente que, no estelionato, busca-se o nítido intuito de fraudar, de obter vantagem indevida em prejuízo alheio, o que pode não estar presente na conduta de alguns estudantes ao comemorar a data mencionada. Entretanto, é perfeitamente possível que a intenção seja outra, menos de comemoração de uma data e mais de animação pela fraude a ser perpetrada. Assim, conforme o caso, parece-nos razoável a concretização do crime de estelionato.

14.7 Ação penal pública condicionada

Somente se a vítima oferecer representação está o Ministério Público autorizado a agir.

14.8 Perdão judicial

Trata-se de uma hipótese específica de clemência do Estado, aplicável *conforme as circunstâncias*. Não tendo o legislador fornecido os requisitos para a concessão do perdão, resta à doutrina e à jurisprudência a tarefa de fazê-lo. Atualmente, considera-se que é preciso comprovar o seguinte: a) ser diminuto o valor do prejuízo sofrido pela vítima; b) ser o réu primário e ter bons antecedentes; c) ter personalidade positivamente avaliada; d) estar em *estado de penúria*, que significa ser pessoa pobre, mas isso não se confunde com o estado de necessidade, causa excludente de ilicitude. Naquele, a pessoa, embora de parcos recursos, não está em situação de extrema necessidade.

14.9 Quadro-resumo

Previsão legal	**Outras fraudes** **Art. 176.** Tomar refeição em restaurante, alojar-se em hotel ou utilizar-se de meio de transporte sem dispor de recursos para efetuar o pagamento: Pena – detenção, de 15 (quinze) dias a 2 (dois) meses, ou multa. **Parágrafo único.** Somente se procede mediante representação, e o juiz pode, conforme as circunstâncias, deixar de aplicar a pena.
Sujeito ativo	Qualquer pessoa
Sujeito passivo	Prestador de serviços
Objeto material	Pessoa que deixa de receber pelo serviço
Objeto jurídico	Patrimônio
Elemento subjetivo	Dolo
Classificação	Comum Material Forma livre Comissivo Instantâneo Dano Unissubjetivo Plurissubsistente
Tentativa	Admite
Circunstâncias especiais	Pendura Ação pública condicionada Perdão judicial

15. FRAUDES E ABUSOS NA FUNDAÇÃO OU ADMINISTRAÇÃO DE SOCIEDADE POR AÇÕES

15.1 Análise do núcleo do tipo

Promover significa gerar, provocar ou originar. Trata-se do crime cometido por quem constitui uma sociedade de ações fraudulentamente, omitindo dados relevantes sobre a sua criação, sobre o capital, sobre os recursos técnicos que possui, enfim, sobre qualquer elemento fundamental para a detecção da real *saúde* financeira da empresa, com suas perspectivas de sucesso ou insucesso. A formação da sociedade pode se dar de forma simultânea (a subscrição é particular e os fundadores são os primeiros subscritores do seu capital, com qualquer número[38]) ou sucessiva (quando os fundadores lideram a constituição da sociedade, fazendo apelo público aos subscritores do capital[39]).

---

[38] Rubens Requião, *Curso de direito comercial*, v. 2, p. 105.

[39] Rubens Requião, *Curso de direito comercial*, v. 2, p. 105.

A sociedade por ações é a sociedade "cujo capital é dividido em frações, representadas por títulos chamados *ações*". Há duas espécies: sociedade anônima e sociedade em comandita por ações.[40]

Prospecto é o material impresso e *comunicação* é qualquer forma de transmitir uma mensagem, usando o meio escrito ou falado, conforme constantes do *caput* do art. 177 do CP.

O público é constituído das pessoas que poderão subscrever o capital social, enquanto a assembleia é o agrupamento que está formando a sociedade.

A pena prevista para o crime em análise é de reclusão, de 1 (um) a 4 (quatro) anos, e multa, se o fato não constitui crime contra a economia popular. É aplicada a mesma pena, nas hipóteses do § 1.º. Incorre na pena de detenção, de 6 (seis) meses a 2 (dois) anos, e multa, o acionista que, a fim de obter vantagem para si ou para outrem, negocia o voto nas deliberações de assembleia geral.

15.2 Sujeitos ativo e passivo

O sujeito ativo é o fundador da sociedade por ações; o sujeito passivo é qualquer pessoa que subscreva o capital.

15.3 Elemento subjetivo

É o dolo. Não se pune a forma culposa, nem se exige elemento subjetivo específico. Há posição contrária, exigindo o dolo específico, consistente no "intuito de constituir a sociedade".[41] Não se pode concordar com tal concepção, pois o mencionado *intuito de constituir a sociedade* é conduta ínsita ao verbo do tipo "promover", ou seja, gerar. Basta, pois, o dolo.[42]

15.4 Objetos material e jurídico

O objeto material é o prospecto ou a comunicação que contém a afirmação falsa ou a omissão fraudulenta; o objeto jurídico é o patrimônio.

15.5 Classificação

Trata-se de crime próprio (aquele que demanda sujeito ativo qualificado ou especial); formal (delito que não exige resultado naturalístico, consistente na diminuição do patrimônio da vítima); de forma livre (podendo ser cometido por qualquer meio eleito pelo agente); comissivo ("fazer afirmação" implica ação) ou omissivo ("ocultar fato" é omissão); instantâneo (cujo resultado se dá de maneira instantânea, não se prolongando no tempo); unissubjetivo (que pode ser praticado por um só agente); plurissubsistente (vários atos integram a conduta); admite tentativa na modalidade comissiva.

---

[40] RUBENS REQUIÃO, *Curso de direito comercial*, v. 2, p. 1.

[41] MIRABETE, *Manual de direito penal*, v. 2, p. 319; DAMÁSIO, *Código Penal anotado*, p. 619.

[42] No sentido que defendemos: DELMANTO, *Código Penal comentado*, p. 379.

16. TIPOS PENAIS SUBSIDIÁRIOS DO ART. 177

Estipula-se que o crime do art. 177, *caput*, somente deve ser considerado se não se configurar delito contra a economia popular. Tendo em vista que os crimes contra a sociedade por ações são, em regra, infrações penais contra a economia do povo, surge um impasse.

A solução pode ser encontrada na lição de MAGALHÃES NORONHA: "Em se tratando de sociedade por ações, parece-nos necessário o exame de que o fato tenha lesado ou posto em perigo as *pequenas economias de um grande, extenso e indefinido número de pessoas*. Assim, se o fato é enquadrável no art. 177 do Código e em dispositivos da Lei 1.521, de 1951, que substituiu o Decreto-lei 869, de 1938, mas se a lesão real ou potencial atinge apenas a uma ou duas dezenas de pessoas ricas ou de magnatas que subscreveram *todo* o capital social, cremos que muito mal o delito poderia ser considerado contra a *economia do povo*. Ao contrário, se a subscrição fosse feita por avultado e extenso número de pessoas que, com seus minguados recursos, subscreveram uma ou outra ação, a ofensa patrimonial seria dirigida contra a economia popular. Numa hipótese, temos pequeno grupo de pessoas prejudicado, noutra é, a bem dizer, o *povo*, tal o número de lesados que sofre o dano".[43]

16.1 Falsa cotação das ações da sociedade

16.1.1 Estrutura do tipo penal incriminador

O art. 177 possui vários delitos agrupados. O primeiro, constante no *caput*, diz respeito à formação fraudulenta da sociedade por ações, enquanto no § 1.º, através de vários incisos, há outras figuras típicas. A prevista no inciso I concerne ao delito de falsa cotação das ações da sociedade. Prevê duas condutas: *fazer afirmação falsa* (mentir, iludir) e *ocultar fraudulentamente* (esconder com a intenção de iludir) dados relevantes relativos às condições econômicas da sociedade. Assim agindo, continua a sociedade a captar recursos em prejuízo alheio.

Como instrumento de execução o tipo indica o *prospecto* (material impresso), o *relatório* (narração, verbal ou escrita, pormenorizada, daquilo que se observa), o *parecer* (opinião, geralmente técnica, de alguém), o *balanço* (resumo de contas, contendo receita e despesa) ou a *comunicação* (transmissão de uma mensagem por meio escrito ou falado) como mecanismos válidos para a configuração do tipo penal.

16.1.2 Sujeitos ativo e passivo

O sujeito ativo somente pode ser o diretor, o gerente ou o fiscal da sociedade por ações. O sujeito passivo é qualquer pessoa, no caso do art. 177, § 1.º, I, do CP.

16.1.3 Elemento subjetivo

É o dolo. Não se pune a forma culposa, nem se exige elemento subjetivo específico.

16.1.4 Objetos material e jurídico

O objeto material é o prospecto, o relatório, o parecer, o balanço ou a comunicação que contém a falsidade ou a omissão fraudulenta. O objeto jurídico é o patrimônio.

---

[43] NORONHA, *Direito penal*, v. 2, p. 540-541.

16.1.5 Classificação

Trata-se de crime próprio (aquele que demanda sujeito ativo qualificado ou especial); formal (delito que não exige resultado naturalístico, consistente na diminuição do patrimônio da vítima); de forma livre (podendo ser cometido por qualquer meio eleito pelo agente); comissivo ("fazer afirmação" implica ação) ou omissivo ("ocultar fato" é omissão); instantâneo (cujo resultado se dá de maneira instantânea, não se prolongando no tempo); unissubjetivo (que pode ser praticado por um só agente); plurissubsistente (vários atos integram a conduta); admite tentativa na modalidade comissiva.

16.2 Falsa cotação das ações ou de outros títulos da sociedade

16.2.1 Estrutura do tipo penal incriminador

Promover, como já vimos, é gerar ou dar causa. No caso presente (inciso II, § 1.º, art. 177, CP), a conduta volta-se à falsa cotação das ações ou de outros títulos da sociedade (como as debêntures, que são títulos de crédito representativos de frações do valor de contrato de mútuo gerado no mercado de capitais), fazendo com que exista uma irreal visualização do seu preço.

A expressão *qualquer artifício* se trata de um meio de execução genérico. Pode o sujeito agir de qualquer maneira, desde que se sirva de um recurso engenhoso e hábil a enganar outrem.

16.2.2 Sujeitos ativo e passivo

O sujeito ativo só pode ser o diretor, o gerente ou o fiscal da sociedade por ações. O sujeito passivo é o sócio ou qualquer outra pessoa que possa subscrever ações.

16.2.3 Elemento subjetivo

É o dolo. Não há a forma culposa, nem se exige elemento subjetivo específico.

16.2.4 Objetos material e jurídico

O objeto material são as ações ou outros títulos societários. O objeto jurídico é o patrimônio.

16.2.5 Classificação

Trata-se de crime próprio (aquele que demanda sujeito ativo qualificado ou especial); formal (delito que não exige resultado naturalístico, consistente na diminuição do patrimônio da vítima); de forma livre (podendo ser cometido por qualquer meio eleito pelo agente); comissivo ("fazer afirmação" implica ação) ou omissivo ("ocultar fato" é omissão); instantâneo (cujo resultado se dá de maneira instantânea, não se prolongando no tempo); unissubjetivo (que pode ser praticado por um só agente); plurissubsistente (vários atos integram a conduta); admite tentativa na modalidade comissiva.

16.3 Empréstimo sem autorização

16.3.1 Estrutura do tipo penal incriminador

Tomar empréstimo (conseguir de alguém coisa em confiança, usando-a por um tempo, para depois restituí-la) sem autorização da sociedade é a primeira conduta típica; *usar* (servir-se de algum modo) os bens ou haveres sociais para seu proveito ou de outrem, sem autorização societária, é a segunda conduta (art. 177, § 1.º, III, CP).

Bens ou haveres sociais significa tudo o que compõe o patrimônio da sociedade, incluindo-se móveis e imóveis.

O que é fundamental neste tipo penal é o elemento diferenciador constituído pela *falta de autorização prévia* da assembleia geral. Portanto, tomar empréstimo ou usar bens ou haveres sociais, por si só, não é crime, desde que haja autorização para tanto.

16.3.2 Sujeitos ativo e passivo

O sujeito ativo é o diretor ou o gerente da sociedade por ações. Os sujeitos passivos são a sociedade por ações e seus acionistas.

16.3.3 Elemento subjetivo

É o dolo, inexistindo a forma culposa. Exige-se, ainda, o elemento subjetivo específico, consistente no intuito de agir "em proveito próprio ou de terceiro".

16.3.4 Objetos material e jurídico

O objeto material é o empréstimo tomado à sociedade ou os bens ou haveres sociais; o jurídico é o patrimônio societário.

16.3.5 Classificação

Vale o que foi exposto no tópico 14.5, com as seguintes adaptações: na forma *usar* o crime pode ser unissubsistente (praticado num único ato), de modo que não comporta tentativa.

16.4 Compra ou venda de ações por conta da sociedade

16.4.1 Estrutura do tipo penal incriminador

Comprar (adquirir por certo preço) ou *vender* (alienar mediante o recebimento de determinado preço) ações emitidas pela sociedade são as formas típicas possíveis (art. 177, § 1.º, IV, CP).

A compra e venda de ações, por si só, não constitui fato penalmente relevante, mas poderá tornar-se crime se "a lei não autorizar". Este é o elemento de destaque da figura típica. Ver, ainda, o art. 30 da Lei 6.404/1976: "A companhia não poderá negociar com as próprias ações. § 1.º Nessa proibição não se compreendem: *a*) as operações de resgate, reembolso ou amortização previstas em lei; *b*) a aquisição, para permanência em tesouraria ou cancelamento, desde que até o valor do saldo de lucros ou reservas, exceto a legal, e sem diminuição do capital social ou por doação; *c*) a alienação das ações adquiridas nos termos da alínea *b* e mantidas em tesouraria; *d*) a compra quando, resolvida a redução do capital mediante restituição, em dinheiro, de parte do valor das ações o preço destas em bolsa for inferior ou igual à importância que deve ser restituída. § 2.º A

Cap. VI – Estelionato e Outras Fraudes • **Parte 2**

439

aquisição das próprias ações pela companhia aberta obedecerá, sob pena de nulidade, às normas expedidas pela Comissão de Valores Mobiliários, que poderá subordiná-la a prévia autorização em cada caso. § 3.º A companhia não poderá receber em garantia as próprias ações, salvo para assegurar a gestão dos seus administradores. § 4.º As ações adquiridas nos termos da alínea *b* do § 1.º, enquanto mantidas em tesouraria, não terão direito a dividendo nem a voto. § 5.º No caso da alínea *d* do § 1.º, as ações adquiridas serão retiradas definitivamente de circulação".

Quando o tipo faz referência a *por conta da sociedade*, significa que a compra e venda é feita em nome da sociedade e não em nome de terceiro, vale dizer, o que é vedado é a transação feita pela sociedade com vista às suas próprias ações.

16.4.2 Sujeitos ativo e passivo

O sujeito ativo é o diretor ou o gerente da sociedade por ações; os sujeitos passivos são a sociedade e os acionistas.

16.4.3 Elemento subjetivo

É o dolo. Não existe a forma culposa, nem se exige elemento subjetivo específico.

16.4.4 Objetos material e jurídico

O objeto material são as ações emitidas pela sociedade; o objeto jurídico é o patrimônio societário.

16.4.5 Classificação

Trata-se de crime próprio (aquele que demanda sujeito ativo qualificado ou especial); formal (delito que não exige resultado naturalístico, consistente na diminuição do patrimônio da vítima); de forma livre (podendo ser cometido por qualquer meio eleito pelo agente); comissivo ("comprar" e "vender" implicam ações); instantâneo (cujo resultado se dá de maneira instantânea, não se prolongando no tempo); unissubjetivo (que pode ser praticado por um só agente); plurissubsistente (vários atos integram a conduta).

16.5 Penhor ou caução de ações da sociedade

16.5.1 Estrutura do tipo penal incriminador

Aceitar significa estar de acordo em receber ações da sociedade, como garantia de penhor ou caução (art. 177, § 1.º, V, CP). Torna-se imprescindível que a sociedade tenha a receber um crédito de terceiro, ainda que acionista. Logo, aceitar as ações da própria sociedade para a garantia desse direito de receber determinada soma é nitidamente fraudulento, pois a pessoa não pode ser, ao mesmo tempo, credora e garantidora do crédito.

Penhor é um direito real que vincula uma coisa a uma dívida, tornando-se sua garantia; *caução* é o depósito efetivado como garantia de uma obrigação assumida.

16.5.2 Sujeitos ativo e passivo

O sujeito ativo é o diretor ou o gerente da sociedade. Os sujeitos passivos são a sociedade e os acionistas.

16.5.3 Elemento subjetivo

É o dolo. Não há a forma culposa, nem elemento subjetivo específico.

16.5.4 Objetos material e jurídico

O objeto material são as ações da sociedade aceitas em penhor ou caução; o jurídico é patrimônio societário.

16.5.5 Classificação

Trata-se de crime próprio (aquele que demanda sujeito ativo qualificado ou especial); formal (delito que não exige resultado naturalístico, consistente na diminuição do patrimônio da vítima); de forma livre (podendo ser cometido por qualquer meio eleito pelo agente); comissivo ("aceitar" implica ação); instantâneo (cujo resultado se dá de maneira instantânea, não se prolongando no tempo); unissubjetivo (que pode ser praticado por um só agente); plurissubsistente (vários atos integram a conduta); admite tentativa.

16.6 Lucros ou dividendos fictícios

16.6.1 Estrutura do tipo penal incriminador

Distribuir é entregar, atribuir, colocar à disposição. Nota-se, pois, que não há necessidade de haver real prejuízo para a empresa, mas sim a mera probabilidade de isso ocorrer (art. 177, § 1.º, VI, CP).

Há três mecanismos de execução: a) haver falta de balanço; b) haver balanço, mas não ser respeitado no momento da distribuição dos lucros e dividendos; c) haver balanço falso. O cerne da conduta é proceder à distribuição dos lucros ou dos dividendos *fictícios*, ou seja, não correspondentes à realidade do caixa da sociedade.

16.6.2 Sujeitos ativo e passivo

O sujeito ativo é o diretor ou o gerente da sociedade; os passivos são a sociedade e os acionistas.

16.6.3 Elemento subjetivo

É o dolo. Não se pune a forma culposa, nem se exige elemento subjetivo específico.

16.6.4 Objetos material e jurídico

O objeto material são os lucros ou dividendos fictícios; o objeto jurídico é o patrimônio da sociedade ou dos acionistas.

16.6.5 Classificação

Trata-se de crime próprio (aquele que demanda sujeito ativo qualificado ou especial); formal (delito que não exige resultado naturalístico, consistente na diminuição do patrimônio da vítima); de forma livre (podendo ser cometido por qualquer meio eleito pelo agente);

comissivo ("distribuir" implica ação); instantâneo (cujo resultado se dá de maneira instantânea, não se prolongando no tempo); unissubjetivo (que pode ser praticado por um só agente); plurissubsistente (vários atos integram a conduta); admite tentativa.

16.7 Aprovação de contas ou pareceres por meio de fraudes em assembleias

16.7.1 Estrutura do tipo penal incriminador

Conseguir (obter, alcançar) a aprovação de contas ou pareceres, através de votações fraudulentas na assembleia. Para configurar a fraude, exige-se que o que foi aprovado esteja em desacordo com a realidade (art. 177, § 1.º, VII, CP).

O acionista comete o delito por *interposta pessoa*, sujeito que surge na assembleia, onde se dá a aprovação das contas ou pareceres, para votar, embora não seja acionista habilitado a fazê-lo. É preciso que a interposta pessoa esteja vinculada ao diretor, gerente ou fiscal.

Pode também praticá-lo em conluio com acionista, que é a participação expressamente prevista no tipo. Nesse caso, a pessoa que vota e aprova as contas é, realmente, acionista, embora esteja mancomunada com o diretor, gerente ou fiscal para prejudicar a sociedade ou os demais acionistas.

16.7.2 Sujeitos ativo e passivo

O sujeito ativo somente pode ser o diretor, o gerente ou o fiscal da sociedade por ações. Admite-se, no entanto, expressamente no tipo, a participação de acionista. Os sujeitos passivos são a sociedade e os acionistas.

16.7.3 Elemento subjetivo

É o dolo. Não se pune a forma culposa, nem se exige o elemento subjetivo específico.

16.7.4 Objetos material ou jurídico

O objeto material é a conta ou o parecer fraudulentamente aprovado; o objeto jurídico é o patrimônio societário.

16.7.5 Classificação

Trata-se de crime próprio (aquele que demanda sujeito ativo qualificado ou especial); formal (delito que não exige resultado naturalístico, consistente na diminuição do patrimônio da vítima); de forma livre (podendo ser cometido por qualquer meio eleito pelo agente); comissivo ("conseguir" implica ação); instantâneo (cujo resultado se dá de maneira instantânea, não se prolongando no tempo); unissubjetivo (que pode ser praticado por um só agente); plurissubsistente (vários atos integram a conduta); admite tentativa.

16.8 Crimes cometidos pelo liquidante da sociedade

16.8.1 Estrutura do tipo penal incriminador

O art. 171, § 1.º, VIII, do CP aplica todas as anteriores figuras delituosas dos incisos I, II, III, IV, V e VII ao liquidante da sociedade por ações.

442 Curso de Direito Penal – Parte Especial – Vol. 2 • Nucci

16.8.2 Sujeitos ativo e passivo

O sujeito ativo é o liquidante da sociedade por ações. Os sujeitos passivos são a sociedade e os acionistas.

16.8.3 Tipo penal remetido

Trata-se do tipo penal que faz remissão a outros, de modo que, para conhecer o seu conteúdo, torna-se indispensável verificar outras condutas típicas. Valem, portanto, as mesmas observações já realizadas para os incisos anteriores.

16.9 Falsa informação ao Governo

16.9.1 Estrutura do tipo penal incriminador

Dar (fornecer, prestar ou emitir) informação não correspondente à realidade ao Governo, com a finalidade de fraudar a fiscalização ou algum interesse do Estado. *É o que dispõe o art.* 177, § 1.º, IX do CP.

16.9.2 Sujeitos ativo e passivo

O sujeito ativo somente pode ser o representante de sociedade anônima estrangeira, em funcionamento no País. Os sujeitos passivos podem ser a sociedade, os acionistas (nos casos dos incisos I e II) ou o Estado (na conduta de "falsa informação ao Governo").

16.9.3 Elemento subjetivo

É o dolo. Não existe a forma culposa, nem se exige elemento subjetivo específico.

16.9.4 Objetos material e jurídico

Nos casos dos incisos I e II, vide os tópicos 15.4 e 16.2.4. Quanto à outra conduta (falsa informação), é objeto material a informação falsa prestada; os objetos jurídicos são o patrimônio societário e também a credibilidade das informações que interessam ao Estado.

16.9.5 Classificação

Trata-se de crime próprio (aquele que demanda sujeito ativo qualificado ou especial); formal (delito que não exige resultado naturalístico, consistente na diminuição do patrimônio da vítima); de forma livre (podendo ser cometido por qualquer meio eleito pelo agente); comissivo ("praticar" implica ação); instantâneo (cujo resultado se dá de maneira instantânea, não se prolongando no tempo); unissubjetivo (que pode ser praticado por um só agente); plurissubsistente (vários atos integram a conduta); admite tentativa.

16.10 Negociação de votos

16.10.1 Estrutura do tipo penal incriminador

Negociar significa comerciar, fazer negócio ou ajuste, tendo por objeto o voto a ser dado em deliberações da assembleia geral. Pressupõe-se uma troca: o voto dado num ou noutro sentido para receber em retorno uma vantagem qualquer. O crime é formal, de modo que não exige resultado naturalístico, ou seja, o voto não precisa efetivamente prejudicar a sociedade, mas é indispensável que haja o intuito de lucro por parte do sujeito ativo. É o disposto no art. 177, § 2.º, em forma privilegiada, com pena menor.

Sobre a vigência do crime de negociação de voto, o atualizador da obra de Noronha, Adalberto Camargo Aranha sustenta que a Lei 6.404/1976 revogou o disposto no § 2.º do art. 177, tendo em vista que tratou, expressamente, do *abuso* do direito de votar. O art. 115 teria disciplinado, no § 3.º ("O acionista responde pelos danos causados pelo exercício abusivo do direito de voto, ainda que seu voto não haja prevalecido"), a forma pela qual o acionista deve responder caso extrapole o seu direito. Além disso, o art. 118 prevê, expressamente, o direito de os acionistas negociarem o exercício do direito de voto – o chamado "acordo de acionistas".[44] Assim não nos parece, pois o *acordo de acionistas* e a punição civil estabelecida para quem abusar do direito de votar são insuficientes para revogar uma lei penal. Esta somente é considerada revogada de maneira expressa ou quando outra lei penal discipline inteiramente a matéria. O fato de haver possibilidade de o acionista ser responsável, respondendo pelos danos causados, pelo voto abusivo ou poder fazer acordos *lícitos* com outros acionistas não elide o delito, que tem por finalidade punir aquele que, fraudulentamente, busca obter vantagem para si ou para outrem em detrimento dos demais acionistas e da sociedade.

Vale ressaltar, no entanto, o alerta feito por Mirabete: "O alcance do dispositivo restou diminuído com a Lei 6.404, que permite o acordo de acionistas, inclusive quanto ao exercício do direito de voto (art. 118). Restará a incriminação quando a negociação não estiver revestida das formalidades legais ou contrariar dispositivo expresso da lei".[45]

16.10.2 Sujeitos ativo e passivo

O sujeito ativo somente pode ser o acionista. Os sujeitos passivos são a sociedade e os demais acionistas.

16.10.3 Elemento subjetivo

É o dolo. Não há a forma culposa. Exige-se elemento subjetivo específico, consistente na finalidade de obter *vantagem para si ou para outrem.*

16.10.4 Objetos material e jurídico

O objeto material é o voto negociado; o objeto jurídico é o patrimônio da sociedade e dos acionistas, pois a votação cabalada pode vir a prejudicar o futuro e a existência da sociedade. Há quem sustente ser a "lisura das assembleias gerais".[46]

16.10.5 Classificação

Trata-se de crime próprio (aquele que demanda sujeito ativo qualificado ou especial); formal (delito que não exige resultado naturalístico, consistente na diminuição do patrimônio

---

44 Noronha, *Direito penal*, v. 2, p. 480-481, edição de 1996.

45 Mirabete, *Manual de direito penal*, v. 2, p. 325.

46 Damásio, *Código Penal anotado*, p. 625.

da vítima); de forma livre (podendo ser cometido por qualquer meio eleito pelo agente); comissivo ("negociar" implica ação); instantâneo (cujo resultado se dá de maneira instantânea, não se prolongando no tempo); unissubjetivo (que pode ser praticado por um só agente); plurissubsistente (vários atos integram a conduta); admite tentativa.

16.11 Causa de extinção da punibilidade, prevista em norma especial

O art. 3.º do Decreto-lei 697/1969 preceitua: "Extingue-se a punibilidade dos crimes previstos no art. 177 do Código Penal para as omissões contábeis relativas a títulos registrados na forma do Dec.-lei 286, de 28 de fevereiro de 1967, ficando também assegurada a isenção das penalidades fiscais e cambiais decorrentes. Parágrafo único. Os benefícios previstos neste artigo não se aplicam aos diretores das empresas que não cumprirem, dentro do prazo fixado, as determinações do artigo anterior".

16.12 Quadro-resumo

Previsão legal	**Fraudes e abusos na fundação ou administração de sociedade por ações**
	Art. 177. Promover a fundação de sociedade por ações, fazendo, em prospecto ou em comunicação ao público ou à assembleia, afirmação falsa sobre a constituição da sociedade, ou ocultando fraudulentamente fato a ela relativo:
	Pena – reclusão, de 1 (um) a 4 (quatro) anos, e multa, se o fato não constitui crime contra a economia popular.
	§ 1.º Incorrem na mesma pena, se o fato não constitui crime contra a economia popular:
	I – o diretor, o gerente ou o fiscal de sociedade por ações, que, em prospecto, relatório, parecer, balanço ou comunicação ao público ou à assembleia, faz afirmação falsa sobre as condições econômicas da sociedade, ou oculta fraudulentamente, no todo ou em parte, fato a elas relativo;
	II – o diretor, o gerente ou o fiscal que promove, por qualquer artifício, falsa cotação das ações ou de outros títulos da sociedade;
	III – o diretor ou o gerente que toma empréstimo à sociedade ou usa, em proveito próprio ou de terceiro, dos bens ou haveres sociais, sem prévia autorização da assembleia geral;
	IV – o diretor ou o gerente que compra ou vende, por conta da sociedade, ações por ela emitidas, salvo quando a lei o permite;
	V – o diretor ou o gerente que, como garantia de crédito social, aceita em penhor ou em caução ações da própria sociedade;
	VI – o diretor ou o gerente que, na falta de balanço, em desacordo com este, ou mediante balanço falso, distribui lucros ou dividendos fictícios;
	VII – o diretor, o gerente ou o fiscal que, por interposta pessoa, ou concluiado com acionista, consegue a aprovação de conta ou parecer;
	VIII – o liquidante, nos casos dos nos. I, II, III, IV, V e VII;
	IX – o representante da sociedade anônima estrangeira, autorizada a funcionar no País, que pratica os atos mencionados nos nos I e II, ou dá falsa informação ao Governo.
	§ 2.º Incorre na pena de detenção, de 6 (seis) meses a 2 (dois) anos, e multa, o acionista que, a fim de obter vantagem para si ou para outrem, negocia o voto nas deliberações de assembleia geral.
Sujeito ativo	Fundador, diretor, gerente
Sujeito passivo	Sociedade e seus acionistas

Objeto material	Prospecto, relatório e similar, empréstimo, informação, parecer, voto
Objeto jurídico	Patrimônio societário
Elemento subjetivo	Dolo
Classificação	Próprio Formal Forma livre Comissivo ou omissivo Instantâneo Unissubjetivo Plurissubsistente
Tentativa	Admite na forma comissiva e plurissubsistente
Circunstâncias especiais	Causa de extinção da punibilidade, prevista em norma especial

17. EMISSÃO IRREGULAR DE CONHECIMENTO DE DEPÓSITO OU *WARRANT*

17.1 Estrutura do tipo penal incriminador

Emitir significa colocar em circulação. Assim, quando os títulos de crédito referidos neste tipo penal (conhecimento de depósito e *warrant*) forem endossados e passem a circular, caso haja ofensa a dispositivo legal, configura-se o crime (art. 178, CP).

Conhecimento de depósito e warrant constituem, na lição de WALDEMAR FERREIRA, os chamados "*títulos armazeneiros*, que são emitidos pelas empresas de Armazéns Gerais e entregues ao depositante, que com eles fica habilitado a negociar as mercadorias em depósito, passando assim a circular, não as mercadorias, mas os títulos que as representam".[47]

O conhecimento de depósito "é um título de representação e legitimação. Representa a mercadoria e legitima o seu portador como proprietário da mesma". O *warrant*, por sua vez, é um "título de crédito causal, constituindo, como pensam Hamel, Lagarde e Jauffret, uma promessa de pagamento. O subscritor, de fato, ao mesmo tempo em que se obriga a pagar uma certa soma em dinheiro no vencimento, confere ao beneficiário e aos seus portadores sucessivos um penhor sobre mercadorias depositadas".[48] Portanto, em regra, os títulos devem andar juntos, mas nada impede que sejam negociados separadamente (art. 15 do Decreto 1.102, de 1903). Com o conhecimento de depósito em mãos, o depositante de mercadorias em um armazém pode negociá-las livremente, bastando endossar o título. Caso queira um financiamento, no entanto, pode dar as mercadorias depositadas como garantia, de forma que endossa, nesta hipótese, o *warrant*.

Esse tipo é uma norma penal em branco, pois necessita de um complemento para poder ser aplicada. Assim, para saber se o crime do art. 178 está configurado, é indispensável consultar a legislação aplicável ao conhecimento de depósito e ao *warrant*, a fim de saber se foram regular e licitamente emitidos.

No caso, trata-se do Decreto 1.102, de 21 de novembro de 1903. O art. 15, por exemplo, cuida dos requisitos para a emissão dos títulos, que, infringidos, podem levar à concretização do delito: "Os armazéns gerais emitirão, quando lhes for pedido pelo depositante, dois títulos unidos, mas separáveis à vontade, denominados – conhecimento de depósito e *warrant*. § 1.º Cada um

---

[47] Citação de WALDIRIO BULGARELLI, *Títulos de crédito*, p. 339.

[48] RUBENS REQUIÃO, *Curso de direito comercial*, v. 2, p. 456.

destes títulos deve ter a ordem e conter, além da sua designação particular: 1) a denominação da empresa do armazém geral e sua sede; 2) o nome, profissão e domicílio do depositante ou de terceiro por este indicado; 3) o lugar e o prazo do depósito, facultado aos interessados acordarem, entre si, na transferência posterior das mesmas mercadorias de um para outro armazém da emitente, ainda que se encontrem em localidade diversa da em que foi feito o depósito inicial. Em tais casos, far-se-ão, nos conhecimentos e *warrants* respectivos, as seguintes anotações: a) local para onde se transferirá a mercadoria em depósito; b) para os fins do art. 26, § 2.º, as despesas decorrentes da transferência, inclusive as de seguro por todos os riscos; 4) a natureza e quantidade das mercadorias em depósito, designadas pelos nomes mais usados no comércio, seu peso, o estado dos envoltórios e todas as marcas e indicações próprias para estabelecerem a sua identidade, ressalvadas as peculiaridades das mercadorias depositadas a granel; 5) a qualidade da mercadoria, tratando-se daquelas a que se refere o art. 12; 6) a indicação do segurador da mercadoria e o valor do seguro (art. 16); 7) a declaração dos impostos e direitos fiscais, dos encargos e despesas a que a mercadoria está sujeita, e do dia em que começaram a correr as armazenagens (art. 26, § 2.º); 8) a data da emissão dos títulos e a assinatura do empresário ou pessoa devidamente habilitada por este. § 2.º Os referidos títulos serão extraídos de um livro de talão, o qual conterá todas as declarações acima mencionadas e o número de ordem correspondente. No verso do respectivo talão o depositante, ou terceiro por este autorizado, passará recibo dos títulos. Se a empresa, a pedido do depositante, os expedir pelo Correio, mencionará esta circunstância e o número e data do certificado do registro postal. Anotar-se-ão também no verso do talão as ocorrências que se derem com os títulos dele extraídos, como substituição, restituição, perda, roubo etc. § 3.º Os armazéns gerais são responsáveis para com terceiros pelas irregularidades e inexatidões encontradas nos títulos que emitirem, relativamente à quantidade, natureza e peso da mercadoria".

A pena prevista para o crime do art. 178 é de reclusão, de 1 (um) a 4 (quatro) anos, e multa.

17.2 Sujeitos ativo e passivo

O sujeito ativo é o depositário da mercadoria, obrigado a emitir os títulos de crédito, respeitadas as normas legais. O sujeito passivo é a pessoa detentora do título (endossatário ou portador), que foi lesada por conta da emissão irregular.

17.3 Elemento subjetivo

É o dolo. Inexiste a forma culposa. Não se exige elemento subjetivo específico.

17.4 Objetos material e jurídico

O objeto material é o título de crédito emitido irregularmente; o objeto jurídico é o patrimônio.

17.5 Classificação

Trata-se de crime próprio (aquele que demanda sujeito ativo qualificado ou especial); formal (delito que não exige resultado naturalístico, consistente na diminuição do patrimônio da vítima); de forma livre (podendo ser cometido por qualquer meio eleito pelo agente); comissivo ("emitir" implica ação) e, excepcionalmente, comissivo por omissão (omissivo impróprio, ou seja, é a aplicação do art. 13, § 2.º, do Código Penal); instantâneo (cujo resultado se dá de maneira instantânea, não se prolongando no tempo); unissubjetivo (que pode ser praticado por um só agente); unissubsistente (a emissão comporta um único ato); não admite tentativa.

17.6 Quadro-resumo

	Emissão irregular de conhecimento de depósito ou *warrant*
Previsão legal	**Art. 178.** Emitir conhecimento de depósito ou *warrant*, em desacordo com disposição legal: Pena – reclusão, de 1 (um) a 4 (quatro) anos, e multa.
Sujeito ativo	Depositário da mercadoria
Sujeito passivo	Detentor do título, lesado pela emissão
Objeto material	Título emitido irregularmente
Objeto jurídico	Patrimônio
Elemento subjetivo	Dolo
Classificação	Próprio Formal Forma livre Comissivo Instantâneo Unissubjetivo Unissubsistente
Tentativa	Não admite
Circunstâncias especiais	Norma penal em branco

18. FRAUDE À EXECUÇÃO

18.1 Estrutura do tipo penal incriminador

Fraudar significa lesar ou enganar com o fito de obter proveito. O verbo principal chama outros, formando cinco figuras compostas: a) fraudar alienando bens; b) fraudar desviando bens; c) fraudar destruindo bens; d) fraudar danificando bens; e) fraudar simulando dívidas. Note-se, pois, estar presente a fraude, quando o devedor aliena seus bens durante um processo de execução. Porém, se restar bens suficientes para satisfazer seu débito, não se configura o crime. É o disposto no art. 179 do CP.

Execução é o processo instaurado para fazer cumprir, compulsoriamente, uma sentença condenatória. Na visão de CÂNDIDO RANGEL DINAMARCO, o processo de execução é, do mesmo modo que o processo cognitivo, um "complexo de posições jurídicas ativas e passivas que se sucedem dialeticamente através dos atos do procedimento".[49]

Na execução, em especial, o juiz tem o poder de mandar citar o executado para pagar o devido, de ordenar a ampliação da penhora, de fiscalizar a administração dos bens penhorados, de emitir provimentos satisfativos ao exequente ou ao executado. Enfim, trata-se de um processo em que se busca, através da penhora de bens do executado, a satisfação da dívida do exequente.

Portanto, a figura típica em questão tem por fim impedir que o devedor, através de atos fraudulentos, fuja à sua obrigação de pagar. Há posição, no entanto, com a qual não podemos concordar, sustentando ser possível a configuração do crime desde que exista processo

---

[49] DINAMARCO, *Execução civil*, v. 1, p. 100.

de conhecimento instaurado e o réu já tenha sido citado. Dessa forma, se ele aliena, destrói, desvia ou danifica os bens, evitando, no futuro, pagar o que deve, cometeria o crime. Essa corrente não é a mais acertada, pois o tipo penal é bem claro: é preciso haver *execução*, o que não acontece no caso do processo cognitivo.

Por outro lado, "existe fraude contra credores e fraude à execução. O *momento* em que o ato fraudulento se realiza é que caracterizará uma ou outra fraude".[50]

A pena para esse crime, é de detenção, de 6 (seis) meses a 2 (dois) anos, ou multa.

18.2 Sujeitos ativo e passivo

O sujeito ativo é o devedor (executado); o sujeito passivo é o credor (exequente).

18.3 Elemento subjetivo

É o dolo. Não existe a forma culposa, nem se exige elemento subjetivo específico. Há posição em sentido contrário, sustentando existir o elemento subjetivo específico, consistente na *vontade de fraudar a execução*.[51] Ora, não podemos concordar, pois o verbo principal do tipo é *fraudar*, que, abrangido pelo dolo, configura, naturalmente, a vontade de enganar o credor.

Exigir o elemento subjetivo específico (dolo específico) é o mesmo que demandar a existência concomitante de duas vontades sobre o mesmo objeto, algo ilógico. Fraudar já é a intenção de iludir alguém, de modo que prescinde de elemento subjetivo específico.

18.4 Objetos material e jurídico

O objeto material são tanto os bens alienados, desviados, destruídos ou danificados, como o processo de execução; o objeto jurídico é o patrimônio.

18.5 Classificação

Trata-se de crime próprio (aquele que demanda sujeito ativo qualificado ou especial); material (delito que exige resultado naturalístico, consistente na diminuição do patrimônio da vítima); de forma livre (podendo ser cometido por qualquer meio eleito pelo agente); comissivo (os verbos implicam ações) e, excepcionalmente, comissivo por omissão (omissivo impróprio, ou seja, é a aplicação do art. 13, § 2.º, do Código Penal); instantâneo (cujo resultado se dá de maneira instantânea, não se prolongando no tempo); de dano (consuma-se apenas com efetiva lesão a um bem jurídico tutelado); unissubjetivo (que pode ser praticado por um só agente); plurissubsistente (em regra, vários atos integram a conduta); admite tentativa.

18.6 Ação penal privada

A vítima deve ajuizar ação penal privada através da queixa-crime. Entretanto, a ação penal será pública incondicionada se a vítima for a União, o Estado ou o Município (art. 24, § 2.º, CPP).

---

[50] NORONHA, *Direito penal*, v. 2, p. 557.
[51] DELMANTO, *Código Penal comentado*, p. 383.

18.7 Quadro-resumo

Previsão legal	**Fraude à execução** **Art. 179.** Fraudar execução, alienando, desviando, destruindo ou danificando bens, ou simulando dívidas: Pena – detenção, de 6 (seis) meses a 2 (dois) anos, ou multa. **Parágrafo único.** Somente se procede mediante queixa.
Sujeito ativo	Devedor
Sujeito passivo	Credor
Objeto material	Bens alienados, desviados, destruídos ou danificados e o processo de execução
Objeto jurídico	Patrimônio
Elemento subjetivo	Dolo
Classificação	Próprio Material Forma livre Comissivo Instantâneo Dano Unissubjetivo Plurissubsistente
Tentativa	Admite
Circunstâncias especiais	Ação penal privada. Pública incondicionada se vítima for União, Estado ou Município

RESUMO DO CAPÍTULO

	Estelionato Art. 171	Estelionato digital Art. 171-A	Duplicata simulada Art. 172	Abuso de incapazes Art. 173	Induzimento à especulação Art. 174	Fraude no comércio Art. 175
Sujeito ativo	Qualquer pessoa	Qualquer pessoa	Expedidor da fatura, duplicata ou nota de venda	Qualquer pessoa	Qualquer pessoa	Comerciante
Sujeito passivo	Qualquer pessoa	Qualquer pessoa	Recebedor do título	Menor, alienado ou débil mental	Pessoa inexperiente, simples ou inferiorizada	Adquirente ou consumidor
Objeto material	Pessoa enganada e bem obtido	Carteira de investimento, ativos virtuais, valores mobiliários ou outros ativos financeiros	Fatura, duplicata ou nota de venda	Pessoa ludibriada	Pessoa inexperiente, simples ou inferiorizada	Mercadoria falsificada, deteriorada ou substituída
Objeto jurídico	Patrimônio	Patrimônio	Patrimônio	Patrimônio	Patrimônio	Patrimônio

	Estelionato Art. 171	Estelionato digital Art. 171-A	Duplicata simulada Art. 172	Abuso de incapazes Art. 173	Induzimento à especulação Art. 174	Fraude no comércio Art. 175
Elemento subjetivo	Dolo + elemento subjetivo específico	Dolo + elemento subjetivo específico	Dolo	Dolo + elemento subjetivo específico	Dolo + elemento subjetivo específico	Dolo
Classificação	Comum Material Forma livre Comissivo Instantâneo Dano Unissubjetivo Plurissubsistente	Comum Material Forma livre Comissivo Instantâneo Dano Unissubjetivo Plurissubsistente	Próprio Formal Forma livre Comissivo Instantâneo Dano Unissubjetivo Unissubsistente	Comum Formal Forma livre Comissivo Instantâneo Dano Unissubjetivo Plurissubsistente	Comum Formal Forma vinculada Comissivo Instantâneo Dano Unissubjetivo Plurissubsistente	Próprio Material Forma livre Comissivo Instantâneo Dano Unissubjetivo Plurissubsistente
Tentativa	Admite	Admite	Não admite	Admite	Admite	Admite
Circunstâncias especiais	Ver quadro próprio	Ver quadro próprio	Interpretação extensiva		Sabendo ou devendo saber	

	Outras fraudes Art. 176	Fraudes e abusos na fundação de S.A. Art. 177 (*caput*)	Emissão irregular de conhecimento de depósito Art. 178	Fraude à execução Art. 179
Sujeito ativo	Qualquer pessoa	Fundador, diretor, gerente	Depositário da mercadoria	Devedor
Sujeito passivo	Prestador de serviços	Sociedade e seus acionistas	Detentor do título, lesado pela emissão	Credor
Objeto material	Pessoa que deixa de receber pelo serviço	Prospecto, relatório e similar, empréstimo, informação, parecer, voto	Título emitido irregularmente	Bens alienados, desviados, destruídos ou danificados e o processo de execução
Objeto jurídico	Patrimônio	Patrimônio societário	Patrimônio	Patrimônio
Elemento subjetivo	Dolo	Dolo	Dolo	Dolo

	Outras fraudes Art. 176	Fraudes e abusos na fundação de S.A. Art. 177 (*caput*)	Emissão irregular de conhecimento de depósito Art. 178	Fraude à execução Art. 179
Classificação	Comum Material Forma livre Comissivo Instantâneo Dano Unissubjetivo Plurissubsistente	Próprio Formal Forma livre Comissivo ou omissivo Instantâneo Unissubjetivo Plurissubsistente	Próprio Formal Forma livre Comissivo Instantâneo Unissubjetivo Unissubsistente	Próprio Material Forma livre Comissivo Instantâneo Dano Unissubjetivo Plurissubsistente
Tentativa	Admite	Admite na forma comissiva e plurissubsistente	Não admite	Admite
Circunstâncias especiais	Pendura Ação pública condicionada Perdão judicial	Causa de extinção da punibilidade, prevista em norma especial	Norma penal em branco	Ação penal privada. Pública incondicionada se vítima for União, Estado ou Município

Capítulo VII

Receptação

1. RECEPTAÇÃO

1.1 Estrutura do tipo penal incriminador e aspectos históricos

A receptação era punida no direito romano; continuou a ser punida na Idade Média, ora com maior rigor, ora menor, ultrapassou todas as fases até a atualidade considerada crime. Era denominada *favorecimento*, entre os italianos, mas nunca se abandonou o termo *receptação*. Segundo BELING, um dos erros cometidos pela doutrina foi a colocação do debate acerca da terminologia em primeiro lugar, acima de sua natureza. Alguns continuavam a denominar *favorecimento* a receptação autêntica, e receptação ao favorecimento pessoal. De qualquer modo, observa-se a íntima vinculação entre a figura do receptador e do agente do favorecimento pessoal ou real: ambos prestam auxílio aos autores de crimes (receptação, aos patrimoniais) cometidos anteriormente.[1]

Em primeiro plano, é importante frisar o relevo do crime de receptação, no cenário dos crimes contra o patrimônio. Afinal, é o receptador quem recebe de todos os autores de furtos, roubos e extorsões os produtos de suas infrações penais. É ele a fonte de alimentação do mercado clandestino de bens subtraídos. Esse é o motivo pelo qual muitos magistrados chegam a expressar, em suas decisões condenatórias, essa repugnância pela figura do receptador. Sem ele, possivelmente, furtos, roubos e extorsões diminuiriam. No entanto, não se pode cair na ficção de que o crime será eliminado integralmente deste Planeta; ao menos, nesta faixa de evolução que atravessamos, a resposta é negativa. Diante disso, tratar o receptador com maior rigor pode ser a trilha mais correta a seguir. É o previsto pelo art. 180 do CP.

---

[1] Cf. SOARES DE MELLO, *Da receptação*, p. 49-55.

O crime de receptação simples é constituído de dois blocos, com duas condutas autonomamente puníveis (art. 180, *caput*, CP). A primeira – denominada *receptação própria* – é formada pela aplicação alternativa dos verbos *adquirir* (obter, comprar), *receber* (aceitar em pagamento ou simplesmente aceitar), *transportar* (levar de um lugar a outro), *conduzir* (tornar-se condutor, guiar), *ocultar* (encobrir ou disfarçar), tendo por objeto material coisa produto de crime. Nesse caso, tanto faz o autor praticar uma ou mais condutas, pois responde por crime único (ex.: aquele que adquire e transporta coisa produto de delito comete uma receptação).

A segunda – denominada *receptação imprópria* – é formada pela associação da conduta de *influir* (inspirar ou insuflar) alguém de boa-fé a *adquirir* (obter ou comprar), *receber* (aceitar em pagamento ou aceitar) ou *ocultar* (encobrir ou disfarçar) coisa produto de crime. Nessa hipótese, se o sujeito influir para que a vítima adquira e oculte a coisa produto de delito, estará cometendo uma única receptação.

Ocorre que a receptação, tal como descrita no *caput* do art. 180, é um tipo misto alternativo e, ao mesmo tempo, cumulativo. Assim, adquirir, receber, transportar, conduzir ou ocultar coisa originária de crime são condutas alternativas, o mesmo ocorrendo com a influência sobre terceiro para que adquira, receba ou oculte produto de crime. Mas se o agente praticar condutas dos dois blocos fundamentais do tipo, estará cometendo dois delitos (ex.: o agente adquire coisa produto de crime e depois ainda influencia para que terceiro de boa-fé também o faça).

Segundo GALDINO SIQUEIRA, "a receptação é um crime *sucessivo* e *conexo materialmente com outro precedente crime*. Essa a natureza jurídica da incriminação. Este crime *precedente* vem a ser um *pressuposto necessário* e daí por que, no conceito, se fala em coisa que o agente sabe ser *produto de crime*".[2]

A pena prevista no art. 180, *caput*, do CP é de reclusão, de um a quatro anos, e multa.

A Lei 13.804/2019 introduziu o art. 278-A ao Código de Trânsito Brasileiro, prevendo o seguinte: "O condutor que se utilize de veículo para a prática do crime de receptação, descaminho, contrabando, previstos nos arts. 180, 334 e 334-A do Decreto-Lei 2.848, de 7 de dezembro de 1940 (Código Penal), condenado por um desses crimes em decisão judicial transitada em julgado, terá *cassado seu documento de habilitação ou será proibido de obter a habilitação para dirigir veículo automotor pelo prazo de 5 (cinco) anos*. § 1.º O condutor condenado poderá requerer sua reabilitação, submetendo-se a todos os exames necessários à habilitação, na forma deste Código. § 2.º No caso do condutor preso em flagrante na prática dos crimes de que trata o *caput* deste artigo, poderá o juiz, em qualquer fase da investigação ou da ação penal, se houver necessidade para a garantia da ordem pública, como medida cautelar, de ofício, ou a requerimento do Ministério Público ou ainda mediante representação da autoridade policial, decretar, em decisão motivada, a suspensão da permissão ou da habilitação para dirigir veículo automotor, ou a proibição de sua obtenção" (grifamos).

Acesse e escute o *podcast* sobre Receptação.
> http://uqr.to/1yogd

---

[2] *Tratado de direito penal*, v. 4, p. 484. Como diz YOLANDA MENDONÇA, é um delito de consequência (*O crime de receptação*, p. 5).

1.1.1 Conceito de coisa

Entendemos não diferir da definição extraída no crime de furto, acrescendo-se ser *produto de crime*. A coisa há de ser *alheia* e *móvel*, pela própria singularidade do tipo penal. Não haveria sentido em se punir a receptação de coisa própria, tampouco em se considerar presente a receptação de bem imóvel.

No primeiro caso, deve-se destacar que o tipo penal protege o patrimônio, e não a boa-fé ou a integridade moral das pessoas. Portanto, adquirir, receber, transportar, conduzir ou ocultar um bem móvel de sua propriedade, que foi anteriormente furtado, não pode ser considerado crime, sob pena de se invadir a seara da ilogicidade (ex.: o agente identifica numa feira de antiguidades uma peça sua que foi anteriormente subtraída de sua residência, adquirindo-a. Ainda que compre diretamente do ladrão uma coisa que lhe pertence, não cometerá crime). E mais: admitamos que o proprietário da coisa anteriormente subtraída vislumbre o objeto que lhe pertence sendo vendido na mesma feira de antiguidades e influa para que terceiro de boa-fé a adquira. Nesse caso, estará dispondo do que é seu (consentimento da vítima), não se configurando figura criminosa.

É a posição majoritária na doutrina. Em sentido contrário, admitindo ser sujeito ativo de receptação o proprietário da coisa produto de crime, está a linha de DAMÁSIO.[3] No tocante aos bens imóveis, bem esclarece HUNGRIA que "um imóvel não pode ser receptado, pois a receptação pressupõe um *deslocamento da 'res'*, do poder de quem ilegitimamente a detém para o do receptador, de modo a tornar mais difícil a sua recuperação por quem de direito".[4]

1.1.2 Produto de crime

É preciso ter havido, anteriormente, um delito, não se admitindo a *contravenção penal*. Independe, no entanto, de prévia condenação pelo crime anteriormente praticado, bastando comprovar a sua existência, o que pode ser feito no processo que apura a receptação. Aliás, se por alguma razão o primeiro delito não for punido, permanece a possibilidade de se condenar o receptador.

É o disposto expressamente no art. 108 do Código Penal (ex.: prescrito o furto, continua punível a receptação da coisa subtraída). No mesmo caminho, tratando o tipo penal somente de *crime*, não se exige seja delito antecedente contra o patrimônio.

1.1.3 Receptação de receptação

É perfeitamente admissível, pois a lei exige, unicamente, ser a coisa produto de *crime*, pouco importando qual seja. Trata-se da denominada *receptação em cadeia* ou *receptações sucessivas*.[5]

1.1.4 Receptação de coisa insignificante

Gera atipicidade. Se o crime anterior for considerado delito de bagatela, por exemplo, não há como permitir a configuração da receptação, por duas razões: a) não houve crime anterior, como exige o tipo do art. 180; b) não há coisa com valor econômico.

---

[3] *Código Penal anotado*, p. 631.

[4] *Comentários ao Código Penal*, v. 7, p. 304.

[5] LUCIANO ANDERSON DE SOUZA, Considerações dogmáticas quanto ao crime de receptação, In: RENATO DE MELLO JORGE SILVEIRA, *Direito penal na pós-modernidade*, p. 293.

1.1.5 Antecedentes históricos

"Inicialmente, a ideia de receptação confundia-se com a de furto, mesclando-se as figuras, por exemplo, no direito romano antigo, no Código de Manu ou na Lei das XII Tábuas. Foi no período de Justiniano que se instituiu com nitidez o crime de receptação (*crimen extraordinarium receptatorum*), o que era considerado cumplicidade subsequente e dividido entre receptação pessoal e real. (...) O sistema adotado pelo legislador de 1940, inspirado no Código Penal italiano de 1930, foi, todavia, o da autonomia (art. 180), incluindo-se a receptação nos crimes contra o patrimônio, ampliando, demais, a noção de favorecimento e incluindo este entre os delitos contra a administração da justiça."[6]

1.2 Sujeitos ativo e passivo

O sujeito ativo pode ser qualquer pessoa. O sujeito passivo necessita ser o proprietário ou possuidor da coisa produto de crime. Note-se que o sujeito que foi coautor ou partícipe do delito antecedente, por meio do qual obteve a coisa, não responde por receptação, mas somente pelo que anteriormente cometeu.

1.3 Elemento subjetivo

É o dolo. A forma culposa possui previsão específica no § 3.º. Exige-se elemento subjetivo específico, que é a nítida intenção de tomar, para si ou para outrem, coisa alheia originária da prática de um delito.

Além disso, deve-se destacar outra particularidade deste tipo penal: no contexto das duas condutas criminosas alternativas ("adquirir, receber, transportar, conduzir ou ocultar" e "influir para que terceiro a adquira, receba ou oculte") somente pode incidir o *dolo direto*, evidenciado pela expressão "que *sabe ser* produto de crime".

Por outro lado, é de se frisar ser indispensável que o dolo, como urge sempre ocorrer, seja detectado concomitantemente à conduta, não se admitindo o chamado "dolo subsequente". É a posição majoritária da doutrina.[7] Em voz destoante, admitindo a existência do dolo subsequente está a posição de HUNGRIA.[8]

Há, ainda, uma dissidência no tocante à avaliação do dolo. NORONHA defende – seguido por alguns – a possibilidade de existir o "dolo antecedente" e fornece a seguinte hipótese: "Alguém pode, por exemplo, receber para guardar uma coisa, desconhecendo ser produto de crime; entretanto, vem a saber que foi furtada e agora combina com o ladrão vendê-la a outrem, ou somente agir junto a este para que a compre. Nesta hipótese, há receptação. Mas não se constitui pelo recebimento em *boa-fé* e sim pela *intervenção dolosa* para que terceiro a adquira etc. O dolo é ainda anterior à ação criminosa".[9]

---

[6] LUCIANO ANDERSON DE SOUZA, Considerações dogmáticas quanto ao crime de receptação, In: RENATO DE MELLO JORGE SILVEIRA, *Direito penal na pós-modernidade*, p. 289.

[7] NORONHA (*Direito penal*, v. 2, p. 578), MIRABETE (*Código Penal interpretado*, p. 1.179), DAMÁSIO (*Código Penal anotado*, p. 633), MAYRINK DA COSTA (*Direito penal*, v. 2, t. II, p. 573), DELMANTO (*Código Penal comentado*, p. 386), entre outros.

[8] *Comentários ao Código Penal*, v. 7, p. 307.

[9] *Direito penal*, v. 2, p. 578.

Com isso não podemos concordar. Nesse caso, o dolo também é concomitante à conduta. Se vem a saber que a coisa é produto de crime e influi para que terceiro a adquira, o dolo configura-se exatamente no momento em que existe a conduta de insuflar outrem a comprar a coisa produto de delito.[10]

1.4 Objetos material e jurídico

O objeto material é a coisa móvel produto de crime. Não se inclui nesse conceito o instrumento utilizado para a prática do crime. Se alguém ocultar, por exemplo, um revólver para proteger o criminoso, responde por favorecimento real, e não por receptação. O objeto jurídico é o patrimônio.

Não é possível a receptação de bens imóveis, "pois apesar de não haver ressalva no tipo, a receptação atrela-se à noção de tutela de bens de seu distanciamento do proprietário, o que somente pode se dar com coisas móveis. Receptar significa abrigar, esconder. A ideia subjacente aos imóveis é a de que esses bens se autoprotegem, no sentido de que não são capazes de remoção, não podendo ser afastados dos locais onde se encontram".[11]

1.5 Classificação

Trata-se de crime comum (aquele que não demanda sujeito ativo qualificado ou especial); material (delito que exige resultado naturalístico, consistente na diminuição do patrimônio da vítima), quanto à receptação própria, e formal (delito que não exige resultado naturalístico), no tocante à receptação imprópria; de forma livre (podendo ser cometido por qualquer meio eleito pelo agente); comissivo (as condutas implicam ações) e, excepcionalmente, comissivo por omissão (omissivo impróprio, ou seja, é a aplicação do art. 13, § 2.º, do Código Penal); instantâneo (cujo resultado se dá de maneira instantânea, não se prolongando no tempo), salvo na modalidade "ocultar", que é permanente (delito de consumação prolongada). A ocultação tem a peculiaridade de significar o disfarce para algo não ser visto, sem haver a destruição. Por isso, enquanto o agente estiver escondendo a coisa que sabe ser produto de crime, consuma-se a infração penal.

É unissubjetivo (que pode ser praticado por um só agente); plurissubsistente (em regra, vários atos integram a conduta). Há quem sustente ser o crime unissubsistente na modalidade imprópria, ou seja, possível de se consumar num único ato, o que não permitiria a tentativa. Assim, ou o agente influencia o terceiro a comprar, receber ou ocultar a coisa produto de crime ou não o faz, inexistindo delito. Não nos convence essa ideia, uma vez que o fator distintivo do crime plurissubsistente para o unissubsistente é a possibilidade de o *iter criminis* poder ser fracionado no primeiro caso. O unissubsistente, consubstanciado num único ato, não admite essa divisão, o que não nos parece ocorrer com a conduta de *influir*. É possível imaginar alguém insuflando outrem a adquirir coisa produto de crime, valendo-se de vários atos para isso, razão pela qual pode ser interrompido no curso da ação.

Cremos possível a "tentativa de influenciação". É certo que a maioria da doutrina rejeita essa linha, crendo que a "influência" dá-se num único ato idôneo, sendo irrelevante que o terceiro aja conforme a sugestão. Ora, tal postura reduz – e muito – a importância da conduta

---

[10] No prisma que sustentamos, está a posição de Mayrink da Costa (*Direito penal*, v. 2, t. II, p. 573).

[11] Luciano Anderson de Souza, Considerações dogmáticas quanto ao crime de receptação, In: Renato de Mello Jorge Silveira, *Direito penal na pós-modernidade*, p. 294.

"influir", ampliando em demasia a possibilidade de punição. Pode-se imaginar a conduta de uma pessoa que, ciente de estar diante de uma coisa produto de crime, sugere a outra, de boa-fé, que a adquira (possivelmente, pensando em, posteriormente, ficar com ela para si, sem levantar qualquer suspeita). O simples fato de o agente dizer para o outro comprar a mercadoria não pode ser, automaticamente, um crime de receptação consumado. E se o terceiro rejeitar de imediato a sugestão, não demonstrando o menor interesse na coisa? Ainda assim dar-se-ia uma pena de, no mínimo, um ano de reclusão e multa para o autor do estímulo? Entendemos que isso não é cabível, podendo configurar-se, no máximo, uma tentativa. Não se pode, também, dizer que um mero palpite, sem influenciar o terceiro, seria um irrelevante penal.

É a inadequada posição oposta, partindo-se para o tudo ou nada. "Influir", para nós, significa algo mais complexo do que um mero palpite, que invade o campo do convencimento, repleto de atos: excitando, animando, inspirando o terceiro a adquirir, receber ou ocultar. Dessa forma, ainda que o terceiro não adquira, receba ou oculte, é preciso, no mínimo, para a consumação do crime, que esteja inspirado a fazê-lo, influenciado a tanto, por ter sido verdadeiramente animado pelo agente. E se este for surpreendido pela polícia no momento em que está quase convencendo o outro, de boa-fé, a comprar coisa produto de crime? Por que não haver tentativa nessa hipótese? O fato de ser um crime formal, que não necessita do resultado naturalístico (adquirir, receber ou ocultar coisa produto de delito), não elimina a possibilidade de ser realizado em vários atos, o que, por si só, permite o fracionamento do *iter criminis*, tornando plausível a tentativa e não sendo um crime unissubsistente.

Em síntese: se o agente conseguir influenciar o terceiro num único ato, é evidente ser unissubsistente a conduta, não admitindo tentativa; entretanto, se utilizar vários atos para inspirar o terceiro à prática das condutas de adquirir, receber ou ocultar, pode dar-se a forma plurissubsistente e, consequentemente, haver tentativa. A caracterização de uma conduta como unissubsistente não parece autorizar, invariavelmente, a conclusão de que ela não possa ocorrer, em outra situação fática, através de mais de um ato. É o que nos parece ocorrer com a conduta de "influir". Registre-se que Nélson Hungria, apesar de defender a impossibilidade de tentativa no caso da receptação imprópria, sustentando que basta um "ato idôneo de mediação" para o crime se consumar, chega a afirmar que a conduta de "influir" consiste em praticar o agente *atos de mediação*, ou seja, mais de um ato.[12] Logo, se a ação pode ser dividida em *atos*, não se pode afirmar ser o delito unissubsistente, o que possibilita, em tese, defender a existência de um *iter criminis* mais longo, passível de interrupção, concretizando a tentativa.

1.6 Receptação qualificada

A Lei 9.426/1996 introduziu a figura típica do § 1.º do art. 180, tendo por finalidade atingir os comerciantes e industriais que, pela facilidade com que atuam no comércio, podem prestar maior auxílio à receptação de bens de origem criminosa.

Note-se que a introdução de alguns novos verbos como "desmontar", "montar" e "remontar" está a demonstrar a clara intenção de abranger alguns "desmanches" de carros que tanto auxiliam a atividade dos ladrões de veículos. Em que pese parte da doutrina ter feito restrição à consideração desse parágrafo como figura qualificada da receptação, seja porque ingressaram novas condutas, seja pelo fato de se criar um delito próprio, cujo sujeito ativo é especial, cremos que houve acerto do legislador.

---

[12] *Comentários ao Código Penal*, v. 7, p. 304 e 307.

Na essência, a figura do § 1.º é, sem dúvida, uma receptação – dar abrigo a produto de crime –, embora com algumas modificações estruturais. Portanto, a simples introdução de condutas novas, aliás típicas do comércio clandestino de automóveis, não tem o condão de romper o objetivo do legislador de qualificar a receptação, alterando as penas mínima e máxima, que saltaram da faixa de 1 a 4 anos para 3 a 8 anos.

1.6.1 Estrutura do tipo penal incriminador

As condutas *adquirir, receber, transportar, conduzir* e *ocultar* já foram analisadas no primeiro tópico deste capítulo. *Ter em depósito* (colocar algo em lugar seguro), *desmontar* (arruinar ou desarrumar peças de alguma coisa, tornando-a inútil à sua finalidade original), *montar* (ajuntar peças constituindo alguma coisa distinta das partes individualmente conside-radas, encaixar ou arrumar algo para funcionar), *remontar* (montar novamente ou consertar), *vender* (alienar por determinado preço) ou *expor à venda* (colocar em exposição para atrair comprador) e *utilizar* (fazer uso, empregar de qualquer modo) compõem a novidade no tipo qualificado, embora o objeto material seja o mesmo: coisa produto de crime.

A pena prevista no art. 180, § 1.º, do CP é de reclusão, de três a oito anos, e multa.

1.6.2 Sujeitos ativo e passivo

O sujeito ativo somente pode ser o comerciante ou o industrial; o sujeito passivo é o proprietário ou possuidor legítimo da coisa produto de crime.

1.6.3 Elemento subjetivo e aplicação da pena

Exige-se o dolo, nas modalidades direta ou eventual. A forma culposa está prevista no § 3.º, exigindo-se, ainda, o elemento subjetivo específico, consistente em agir com a nítida vontade de se apossar de coisa alheia ("proveito próprio ou alheio").

É verdade que se instaurou, após a criação desta figura típica qualificada (Lei 9.426/1996), intensa polêmica para interpretar e aplicar a receptação qualificada do § 1.º, quando colo-cada em confronto com o *caput* do art. 180. A controvérsia cinge-se ao seguinte ponto: no *caput*, exige o tipo penal a ocorrência do dolo direto, o que é evidenciado pelo emprego da expressão "que sabe ser produto de crime", prevendo-se uma pena de reclusão de 1 a 4 anos e multa; no § 1.º, que é um crime próprio, mais grave porque praticado pelo comerciante ou industrial, mais bem aparelhado a se tornar empresário do crime, pelas facilidades que possui na atividade natural de negociação que o envolve no cotidiano – veja-se o exemplo de alguns "desmanches", que camuflam quadrilhas de receptadores por meio do manto protetor da atividade comercial –, fala-se em "coisa que deve saber ser produto de crime", expressão que consagra o dolo eventual (nem se argumente ser conduta culposa, pois há o tipo específico da receptação culposa no § 3.º), prevendo-se uma pena de reclusão de 3 a 8 anos e multa.

Assim, a contradição seria a seguinte: analisando-se somente o elemento subjetivo, sem levar em conta os demais elementos típicos como um todo, para o crime mais grave (*caput*), por tratar do dolo direto, a pena é menor; para o crime mais leve (§ 1.º), por levar em conta o dolo eventual, a pena é maior. Ora, sustentam alguns que não teria cabimento aplicar ao comerciante que adquire determinada coisa na dúvida, assumindo o risco de ser produto de crime, uma pena bem maior do que a prevista para o cidadão não comerciante, nem industrial, que adquire certo bem, sabendo ser produto de delito.

A sugestão oferecida, pois, é a desconsideração da pena do § 1.º, assumindo-se aquela prevista no *caput*. Diz DAMÁSIO ser a solução "menos pior": "O preceito secundário do § 1.º deve ser desconsiderado, uma vez que ofende os princípios constitucionais da proporcionalidade e da individualização legal da pena. Realmente, nos termos das novas redações, literalmente interpretadas, se o comerciante devia saber da proveniência ilícita do objeto material, a pena é de reclusão, de três a oito anos (§ 1.º); se sabia, só pode subsistir o *caput*, reclusão de um a quatro anos. A imposição de pena maior ao fato de menor gravidade é inconstitucional, desrespeitando os princípios da harmonia e da proporcionalidade".[13]

Ver crítica feita por DAVID TEIXEIRA DE AZEVEDO a essa posição no final deste tópico, com fundamento no respeito ao princípio da legalidade. De nossa parte, também não concordamos com a postura de adotar a pena do *caput* ao tipo previsto no § 1.º. Se – e somente se – interpretássemos *literalmente* as referidas figuras típicas (*caput* e § 1.º), poderíamos chegar a tal conclusão: quando se exige o dolo direto, pune-se o agente mais levemente do que quando se exige o dolo eventual. Ocorre que, a despeito do princípio da reserva legal, não se proíbe no direito penal o emprego da interpretação extensiva, tampouco da interpretação teleológica.

O que se vê na *aparente* contradição existente entre o *caput* e o § 1.º do art. 180 é a mesma situação ocorrente com inúmeros outros dispositivos que contam com a imprecisão técnica do legislador. É evidente que a conduta mais grave é a do § 1.º, que é uma autêntica receptação qualificada, alterando-se o mínimo e o máximo abstratamente fixados para a pena. Quando o delito for cometido por um comerciante ou por um industrial, possuidor de maior facilidade para cometer receptações, diante da sua própria atividade profissional, que lhe fornece infraestrutura (como o mencionado caso dos "desmanches"), tanto que o tipo penal, no caso do § 1.º, usa os verbos "ter em depósito", "desmontar", "montar", "remontar", "vender", "expor à venda", não elencados no *caput*, é lógico que é *muito mais grave* do que a receptação simples.

Houve um lapso na redação da figura qualificada, que merecia, explicitamente, a expressão "que sabe ou deve saber ser produto de crime". Entretanto, não cremos ser suficiente tal omissão para haver total desprezo à pena fixada no preceito secundário. Lembremos que também a pena obedece ao princípio da legalidade, bem como ao princípio da indeclinabilidade, não podendo deixar de ser aplicada por conta da vontade do juiz.

Assim, pensamos ser o caminho mais adequado interpretar com lógica o pretendido pelo legislador. Os tipos penais valem-se das expressões "sabe" ou "deve saber" para ressaltar, quando é o caso, a possibilidade de punir o crime tanto por dolo direto, quanto por dolo indireto, embora não nos pareça ser esta a melhor solução, pois bastaria ao legislador servir-se de fórmula mais objetiva, dizendo em um parágrafo, se desejasse, que o crime somente é punido por dolo direto. E, inexistindo tal advertência, presumem-se naturalmente as duas formas do dolo. Se assim não fez, é óbvio supor que o dolo direto, quando está no tipo sozinho e expresso, como ocorre no *caput* do art. 180, exclui o dolo indireto, menos grave.

No entanto, se o tipo traz a forma mais branda de dolo no tipo penal, de modo expresso e solitário, como ocorre no § 1.º, é de se supor que o dolo direto está implicitamente previsto. O mais chama o menos, e não o contrário. Logo, o agente comerciante ou industrial, atuando com dolo eventual (devendo saber que a coisa é produto de crime), responde pela figura qualificada do § 1.º, com pena de reclusão de 3 a 8 anos e multa. Caso aja com dolo direto (sabendo que a coisa é produto de crime), com maior razão ainda deve ser punido pela figura do mencionado § 1.º. Se o dolo eventual está presente no tipo, é natural que o direto também

---

[13] *Código Penal anotado*, p. 637. A mesma linha adota DELMANTO (*Código Penal comentado*, p. 388).

esteja. Se quem *deve saber* ser a coisa adquirida produto de delito merece uma pena de 3 a 8 anos, com maior justiça aquele que *sabe* ser a coisa produto criminoso.

O legislador pode excluir o *menos* grave – que é o dolo indireto –, como o fez no *caput*, mas não pode incluir o menos grave, excluindo o *mais* grave – que é o dolo direto, como aparentemente o fez no § 1.º, sendo tarefa do intérprete extrair da lei o seu real significado, estendendo-se o conteúdo da expressão "deve saber" para abranger o "sabe". Se o fato de *assumir o risco* é suficiente para configurar o tipo qualificado, naturalmente, o fato de *ter plena consciência* também o é. Não vemos razão para afastar a pena mais grave idealizada para esse tipo de receptação, simplesmente porque houve uma falha do legislador.[14]

Embora adotando postura diversa da nossa – entende o autor que é possível praticar qualquer crime com dolo direto ou eventual, independentemente da inclusão, no tipo, dos elementos "sabe" e "deve saber" –, DAVID TEIXEIRA DE AZEVEDO critica, com razão, a posição assumida por parte da doutrina de utilizar a sanção prevista no *caput* do art. 180, associada à descrição típica feita no § 1.º: "Sob o pretexto de derrogação do princípio da proporcionalidade viola-se outro de maior gravidade: o princípio da legalidade dos delitos e das penas, na vertente da anterioridade e taxatividade da lei penal. Tanto o fato quanto a sanção jurídica hão de estar prévia e claramente escritos e previstos em lei. A conduta típica deve vir emoldurada anteriormente ao fato, de forma precisa, clara e taxativa, não se tolerando no seio do direito penal a analogia senão *in bonam partem*. Igualmente, a sanção penal deve ser disposta no preceito sancionador de forma clara e expressa com plena correspondência ao tipo incriminador, não se permitindo no direito penal penas genéricas estatuídas na parte geral a que recorrente o aplicador da lei. (...) E sob o falso argumento e a equivocada disposição de uma interpretação favorável quebra-se o equilíbrio democrático e viola-se a segurança jurídica. Perde-se de vista que nem sempre a interpretação que resulte na imposição de uma sanção aparentemente menos grave, porque de menor quantitativo, significará melhor solução normativa para o acusado".[15]

1.6.4 Objetos material e jurídico

O objeto material é a coisa produto de crime. O objeto jurídico é o patrimônio.

1.6.5 Classificação

Trata-se de crime qualificado próprio (aquele que demanda sujeito ativo qualificado ou especial); material (delito que exige resultado naturalístico, consistente na diminuição do patrimônio da vítima); de forma livre (podendo ser cometido por qualquer meio eleito pelo

---

[14] Adotando a posição que sustentamos: STF: "É constitucional o § 1.º do art. 180 do CP, que versa sobre o delito de receptação qualificada ('§ 1.º – Adquirir, receber, transportar, conduzir, ocultar, ter em depósito, desmontar, montar, remontar, vender, expor à venda, ou de qualquer forma utilizar, em proveito próprio ou alheio, no exercício de atividade comercial ou industrial, coisa que deve saber ser produto de crime'). Com fundamento nessa orientação, a 1.ª Turma negou provimento a recurso ordinário em *habeas corpus*. A recorrente reiterava alegação de inconstitucionalidade do referido preceito, sob a assertiva de que ofenderia o princípio da culpabilidade ao consagrar espécie de responsabilidade penal objetiva. Reportou-se a julgados nos quais, ao apreciar o tema, o STF teria asseverado a constitucionalidade do dispositivo em comento. Precedentes citados: RE 443.388/SP (*DJe* de 11.09.2009); HC 109.012/PR (*DJe* de 1.º.04.2013)" (RHC 117.143/RS, 1.ª T., rel. Min. Rosa Weber, 25.06.2013, v.u., *Informativo* 712).

[15] O crime de receptação e formas de execução dolosa, In: DAVID TEIXEIRA DE AZEVEDO, *Atualidades no direito e processo penal*, p. 52-55.

462 Curso de Direito Penal – Parte Especial – Vol. 2 • Nucci

agente); comissivo (as condutas implicam ações); instantâneo (cujo resultado se dá de maneira instantânea, não se prolongando no tempo) e permanente nas modalidades "ter em depósito", "expor à venda" e "ocultar" (a consumação pode prolongar-se no tempo); de dano (consuma-se apenas com efetiva lesão a um bem jurídico tutelado); unissubjetivo (que pode ser praticado por um só agente); plurissubsistente (em regra, vários atos integram a conduta); admite tentativa.

1.7 Norma penal explicativa

Mais uma vez, demonstra o legislador a intenção de atingir os "desmanches" de carros, que, funcionando na clandestinidade, não costumam se apresentar como autênticas empresas. Assim, ainda que a atividade se desenvolva no domicílio do agente receptador, de modo informal, configura-se o delito. Trata-se de uma figura de *equiparação*. *In verbis*: "§ 2.º Equipara-se à atividade comercial, para efeito do parágrafo anterior, qualquer forma de comércio irregular ou clandestino, inclusive o exercício em residência".

1.8 Receptação culposa

1.8.1 Estrutura do tipo penal incriminador

Trata-se da modalidade culposa da receptação (art. 180, § 3.º, CP). Os verbos *adquirir* e *receber* já foram analisados no primeiro tópico, comentando o *caput*. Frise-se que essas condutas desencadeiam seis hipóteses alternativas: *a)* adquirir coisa que, pela sua natureza, deve presumir-se obtida por meio criminoso; *b)* receber coisa que, pela sua natureza, deve presumir-se obtida por meio criminoso; *c)* adquirir coisa que, pela desproporção entre o seu valor e o preço pago, deve presumir-se obtida por meio criminoso; *d)* receber coisa que, pela desproporção entre o seu valor e o preço pago, deve presumir-se obtida por meio criminoso; *e)* adquirir coisa que, pela condição de quem a oferece, deve presumir-se obtida por meio criminoso; *f)* receber coisa que, pela condição de quem a oferece, deve presumir-se obtida por meio criminoso.

A presença de mais de uma dessas situações, num mesmo contexto fático, faz incidir apenas um crime de receptação culposa. Normalmente, o legislador menciona apenas que o crime pode ser punido na modalidade culposa, mas, no caso da receptação, optou por descrever o tipo, transformando-o de aberto em fechado.

Nem sempre o preenchimento desse tipo configura a receptação. YOLANDA MENDONÇA narra que "a desproporção do valor entre o preço comanda a significação criminosa que o receptador culposo deveria compreender. Há inúmeras hipóteses de receptação culposa, que o receptador será isento de culpa. Um indivíduo está faminto, sem dinheiro para comer, vende um relógio de ouro por preço insignificante ao receptador. Não houve crime do vendedor miserável nem do receptador".[16] Essa *receptação* representou muito mais *força maior* do que *culpa*.

A pena prevista no art. 180, § 3.º, do CP é de detenção, de um mês a um ano, ou multa, ou ambas as penas.

1.8.2 Sujeitos ativo e passivo

O sujeito ativo pode ser qualquer pessoa. O sujeito passivo necessita ser o proprietário ou possuidor da coisa produto de crime. Note-se que o sujeito que foi coautor ou partícipe

---

[16] *Do crime de receptação*, p. 16.

do delito antecedente, por meio do qual obteve a coisa, não responde por receptação, mas somente pelo que anteriormente cometeu.

1.8.3 Objetos material e jurídico

O objeto material é a coisa produto de crime. O objeto jurídico é o patrimônio.

1.8.4 Natureza do objeto ou desproporção entre o valor e o preço

A *natureza* do objeto é a sua qualidade intrínseca (ex.: algumas pedras são chamadas de preciosas conforme sua própria natureza. Uma esmeralda é preciosa, mas a pedra-sabão não o é). Por isso, quem adquire esmeraldas de alto valor – objeto que, por sua natureza, é sempre vendido cercado de cautelas, em joalherias ou estabelecimento similar – no meio da rua, de uma pessoa qualquer, deve presumir tratar-se de coisa produto de crime. Por outro lado, YOLANDA MENDONÇA demonstra que a coisa pode ser rara e o preço pode estar barato. Entretanto, a raridade nem é conhecida por parte de quem a vende (um vendedor ambulante). O receptador, por sua vez, comprou a coisa rara justamente porque estava barata e vendida pelo ambulante.[17]

É a imprudência que se afigura incontestável, por nítida infração ao dever de cuidado objetivo. Por outro lado, a *desproporção* (falta de correspondência ou relação entre coisas) entre o valor do objeto e o preço pago é outro indicativo de que deveria o agente ter agido com cautela. Ele pode adquirir coisa produto de crime quando o faz por menos da metade do seu preço, embora esteja em perfeitas condições de uso. Mais uma vez, está presente a imprudência. A despeito disso, admite-se prova em contrário por parte do agente receptador, demonstrando não ter agido com culpa.

1.8.5 Condição de quem a oferece

É outro indicativo da imprudência do agente receptador. Utilizando, ainda, o exemplo das pedras preciosas, imagine-se a empregada doméstica buscando vender à sua patroa uma joia de muito valor. Ainda que peça o preço de mercado, pela sua condição de pessoa humilde, não afeita ao comércio, muito menos de joias, é natural provocar a suspeita de ser coisa produto de crime. Admite-se, no entanto, prova em sentido contrário, por parte do agente receptador, demonstrando não ter agido com culpa no caso concreto.

1.8.6 Deve presumir-se

É o indicativo da culpa, na modalidade imprudência. Não se valeu o legislador da expressão "deve saber", que é, para nós, indicativa do dolo eventual, mas sim da *presunção*. Presumir é suspeitar, desconfiar, conjeturar ou imaginar, tornando a figura compatível com a falta do dever de cuidado objetivo, caracterizador da imprudência. O agente que, sem cautela ou atenção, adquire coisa produto de crime é punido por receptação culposa, pois *deveria ter imaginado* – o que não fez por ter sido imprudente – a origem ilícita do bem. Enquanto "deve saber" indica a posição daquele que está assumindo o risco (dolo eventual), "deve presumir" liga-se àquele que age desatentamente. Ressalte-se, mais uma vez, que não se trata de *presunção absoluta*, admitindo prova em contrário visando à demonstração de não ter havido culpa.

---

[17] *O crime de receptação*, p. 18.

1.8.7 Classificação

Trata-se de crime comum (aquele que não demanda sujeito ativo qualificado ou especial); material (delito que exige resultado naturalístico, consistente na diminuição do patrimônio da vítima); de forma livre (podendo ser cometido por qualquer meio eleito pelo agente); comissivo (os verbos implicam ações); instantâneo (cujo resultado se dá de maneira instantânea, não se prolongando no tempo); de dano (consuma-se apenas com efetiva lesão a um bem jurídico tutelado); unissubjetivo (que pode ser praticado por um só agente); plurissubsistente (em regra, vários atos integram a conduta); *não* admite tentativa, por ser culposo.

1.9 Receptação punível autonomamente

O crime de receptação é autônomo, não dependendo, para sua concretização, de anterior condenação do autor do crime que deu origem à coisa adquirida (art. 180, § 4.º, CP). Portanto, não há necessidade de que o delito antecedente, seja de que espécie for, tenha sido objeto de apuração em processo próprio, havendo o trânsito em julgado de sentença condenatória.

Entretanto, como faz parte do tipo penal da receptação ser a coisa *produto de crime*, é necessário evidenciar-se, no processo em que se apura o delito do art. 180, a *existência* do crime anterior.

Diz o parágrafo que a receptação é punível mesmo que *desconhecido ou isento de pena* o autor do crime, significando que o autor do delito anterior, que fez surgir a coisa de origem ilícita, pode ser desconhecido, provando-se, tão somente, a *existência* do fato criminoso. Além disso, é possível que o autor do crime antecedente seja conhecido, mas não ocorra sua punição, por razões variadas: houve prescrição, ele era menor de 18 anos ou doente mental, entre outras causas.

1.10 Autor de crime

Essa expressão utilizada no tipo penal da receptação dá margem a intenso debate doutrinário, especialmente por parte daqueles que sustentam ser o crime apenas um fato típico e antijurídico.

Dizem que culpabilidade é pressuposto de aplicação da pena, invocando, como prova disso, a redação do art. 180, § 4.º, ao mencionar que o *autor de crime* pode ficar isento de pena. Assim, o menor de 18 anos, não culpável, poderia subtrair alguma coisa e depois passá-la adiante, o que tornaria a pessoa que adquire o objeto passível de punição pelo delito de receptação. Estaria evidenciado, então, que o não culpável pode cometer *crime*, sendo culpabilidade pressuposto somente da pena.

Pensamos haver um equívoco nessa interpretação. Em primeiro lugar, deve-se destacar que a redação desse parágrafo sempre foi feita dessa forma, desde 1940 (antes da Reforma Penal de 1984), quando a doutrina tradicional colocava o dolo e a culpa na culpabilidade. Basta ver, nesse sentido, a posição doutrinária à época, bem como a Exposição de Motivos do Código Penal de 1940. Dessa forma, seria impossível considerar que há *crime* única e tão somente com a ocorrência de tipicidade e antijuridicidade, pois os elementos subjetivos do delito – dolo e culpa –, incluídos na culpabilidade, jamais poderiam ser considerados "pressupostos de aplicação da pena", o que seria um enorme contrassenso. Se assim é, a expressão "isento de pena o autor de crime" não prova nada, ao menos não evidencia que culpabilidade é pressuposto de aplicação da pena. Há explicação mais do que plausível para tanto. FREDERICO

MARQUES, que considera o crime um fato típico, antijurídico e *culpável*, deixando isso bem claro em várias passagens da sua obra,[18] afirma: "Na legislação brasileira encontra-se bem clara essa noção tripartida do delito, no contexto legal do Código vigente, e também cânones de outros diplomas legislativos".[19]

Mais adiante, para justificar a razão pela qual o legislador valeu-se das expressões "não há crime" (excludentes de antijuridicidade) e "é isento de pena" (excludentes de culpabilidade), ensina: "Entende assim o Código pátrio que, havendo fato típico e antijurídico, configurado se encontra o ilícito penal. A punibilidade deste resultará, a seguir, do juízo de culpabilidade com que se liga o fato antijurídico ao agente. O legislador penal separou, assim, de forma bem patente, a ilicitude, a *parte objecti*, da culpabilidade, a antijuridicidade objetiva da relação subjetiva com o fato, isto é, do juízo de valor sobre a culpa em sentido lato. Se um louco comete um furto, a ilicitude criminal do fato não o torna passível de pena porque a inimputabilidade impede a aplicação de *sanctio juris* dessa natureza. Mas se o louco vender a coisa furtada a um terceiro, esta será considerada produto de crime para caracterizar-se o delito de receptação descrito no art. 180, do Código Penal".[20]

Ora, para a doutrina da época – e que conta com inúmeros adeptos até hoje –, quando dolo e culpa (elementos subjetivos do crime) estavam, incontestavelmente, incluídos na culpabilidade, podiam-se ver no crime duas partes: a objetiva (fato típico e antijurídico) e a subjetiva (culpabilidade). O *todo*, portanto, era composto das duas faces. Pode-se afirmar, para quem é adepto da teoria clássica do crime, que, objetivamente, delito é um fato típico e antijurídico, mas, subjetivamente, é um ilícito *culpável*. Assim, concretamente, para os clássicos do direito penal, crime, numa visão completa (objetiva e subjetiva), exige três elementos: tipicidade, antijuridicidade e culpabilidade. No caso da receptação e de outros crimes, o legislador, ao lançar no tipo a palavra "crime", usou-a com o significado objetivo, vale dizer, um fato típico e antijurídico, ou seja, um ilícito penal a *parte objecti*. O menor de 18 anos, portanto, pode perfeitamente praticar um ilícito penal, embora não seja punível, por lhe faltar culpabilidade. O art. 180, § 4.º, utiliza a palavra "crime" apenas para *destacar* que a infração penal anteriormente cometida e exigida para configurar a receptação não pode ser uma contravenção penal. Anote-se a lição de NORONHA nesse contexto: "Confirma o legislador que, nesta, a coisa obtida por *meio delituoso* é a conseguida por meio de *crime*, não se compreendendo a originada de contravenção ou outro ato ilícito".[21]

Vale-se do termo "crime" com o sentido puramente objetivo. Outros argumentos interessantes são enumerados por CEZAR ROBERTO BITENCOURT: "Ao contrário do que imaginam, essa *política criminal* adotada pelo Código de 1940 tem outros fundamentos: 1.º) de um lado, representa a adoção dos postulados da 'teoria da acessoriedade limitada', que também foi adotada pelo direito penal alemão em 1943, segundo a qual, para punir o partícipe, é suficiente que a ação praticada pelo autor principal seja típica e antijurídica, sendo indiferente a sua culpabilidade; 2.º) de outro lado, representa a consagração da prevenção, na medida em que pior que o ladrão é o receptador, posto que a ausência deste enfraquece o estímulo daquele; 3.º) finalmente, o fato de o nosso Código prever a possibilidade de punição do receptador, mesmo que o autor do crime anterior seja *isento de pena*, não quer dizer que esteja referindo-se, *ipso*

---

[18]   *Tratado de direito penal*, v. 2, p. 28, item 2, 32, entre outras.

[19]   FREDERICO MARQUES, *Tratado de direito penal*, v. 2, p. 29.

[20]   FREDERICO MARQUES, *Tratado de direito penal*, v. 2, p. 138-139.

[21]   *Direito penal*, v. 2, p. 567.

facto, ao inimputável. O agente imputável, por inúmeras razões, como, por exemplo, coação moral irresistível, erro de proibição, erro provocado por terceiro, pode ser isento de pena".[22]

Conferir, nessa esteira, o argumento de Nilo Batista: "Sem embargo do aprimoramento técnico da reforma de 1984, neste particular a conclusão é a mesma que se poderia extrair do texto de 1940: a *vox crime*, no Código Penal brasileiro, significa conduta típica e antijurídica. Está excluída, portanto, a acessoriedade mínima; como a regra do art. 30, que será oportunamente examinada, exclui a hiperacessoriedade, resta-nos decidir entre a limitada e a máxima. O reiterado emprego da expressão *crime* na disciplina do concurso de pessoas (arts. 29, seu § 2.º, 30, 31, 62 e seus incisos) não permite a menor dúvida: prevalece, no direito brasileiro, uma *acessoriedade limitada*".[23]

Alegam alguns que a doutrina clássica estaria superada após a Reforma Penal de 1984, sendo cabível considerar que, tendo sido adotada a teoria finalista, o dolo e a culpa passaram a integrar a conduta típica, razão pela qual a culpabilidade transformou-se em mero pressuposto de aplicação da pena. Continua, segundo pensamos, inconsistente tal postura.

Em primeiro lugar, apesar de a reforma mencionada possuir contornos nitidamente finalistas, não foram eles suficientes para transformar a Parte Geral do Código Penal em finalista. Além disso, nenhuma modificação foi feita na estrutura do crime, como se pode observar na Exposição de Motivos de 1984. Em segundo lugar, há muitos finalistas que continuam vendo o crime como fato típico, antijurídico e culpável.[24]

Na ótica finalista, portanto, a interpretação que se faz da palavra "crime", colocada no art. 180, § 4.º, é apenas de um injusto, ou seja, algo que não nos é permitido praticar. O injusto abrange o fato típico e antijurídico, embora não culpável. O injusto é uma conduta ilícita; para aperfeiçoar-se como *crime* genuíno necessita da culpabilidade.[25]

No mesmo prisma está a lição do idealizador maior do finalismo, Hans Welzel, afirmando ser crime a ação típica, antijurídica e culpável.[26] Em síntese: onde se lê *crime*, no texto do art. 180, § 4.º (e em outros tipos penais), leia-se apenas "*crime* objetivamente considerado" (doutrina clássica) ou "*injusto penal*" (doutrina finalista). Logo, culpabilidade continua sendo, contenha ou não dolo e culpa, elemento indissociável da visão *completa* de *crime*.

1.11 Perdão judicial

Trata-se de mais uma hipótese de perdão judicial criada para atender somente a receptação culposa (art. 180, § 5.º). Quanto ao conceito de perdão, ver nota ao art. 107, IX. No caso presente, estabelece a lei a condição expressa de o réu ser primário, além de deixar em aberto outras *circunstâncias* ao critério do juiz. Assim, fixaram a doutrina e a jurisprudência que, além da primariedade, deve-se exigir o seguinte: a) diminuto valor da coisa objeto da receptação; b) bons antecedentes; c) ter o agente atuado com culpa levíssima.

---

[22] *Erro de tipo e erro de proibição*, p. 54.

[23] *Concurso de agentes*, p. 165.

[24] Por todos, ver Francisco de Assis Toledo, *Princípios básicos de direito penal*, p. 82.

[25] Francisco de Assis Toledo, *Princípios básicos de direito penal*, p. 119.

[26] A tipicidade, a antijuridicidade e a culpabilidade são os três elementos que convertem uma ação em um delito, In: Hans Welzel, *Derecho penal alemán – parte general*, 11. ed., p. 57; Hans Welzel, *El nuevo sistema del derecho penal – una introducción a la doctrina de la acción finalista*, p. 43.

1.12 Figura privilegiada (§ 5.º)

Segue os mesmos requisitos do furto privilegiado (art. 155, § 2.º). Cremos, como já defendemos no caso do furto privilegiado, existir a possibilidade de aplicação do disposto neste parágrafo a todas as formas de receptação dolosa (*caput* e § 1.º). Aliás, nenhuma distinção fez o legislador ao determinar a aplicação do privilégio.

1.13 Tipo qualificado

Trata-se de outro tipo qualificado (art. 180, § 6.º), possibilitando a aplicação da pena em dobro, o que significa um aumento do mínimo e do máximo abstratamente previstos para a receptação simples (*caput*): de 1 a 4 anos passaria a punição para a faixa de 2 a 8 anos.

Leva-se em conta essa qualificadora quando o produto de crime, referido no tipo penal, pertencer à União, ao Estado, ao Distrito Federal, a Município ou à autarquia, fundação pública, empresa pública, sociedade de economia mista ou empresa concessionária de serviços públicos. Exige-se, no entanto, que o agente tenha conhecimento disso, pois não se trata da aplicação puramente objetiva do aumento.

1.14 Quadro-resumo

Previsão legal	**Receptação**
	Art. 180. Adquirir, receber, transportar, conduzir ou ocultar, em proveito próprio ou alheio, coisa que sabe ser produto de crime, ou influir para que terceiro, de boa-fé, a adquira, receba ou oculte:
	Pena – reclusão, de um a quatro anos, e multa.
	Receptação qualificada
	§ 1.º Adquirir, receber, transportar, conduzir, ocultar, ter em depósito, desmontar, montar, remontar, vender, expor à venda, ou de qualquer forma utilizar, em proveito próprio ou alheio, no exercício de atividade comercial ou industrial, coisa que deve saber ser produto de crime:
	Pena – reclusão, de três a oito anos, e multa.
	§ 2.º Equipara-se à atividade comercial, para efeito do parágrafo anterior, qualquer forma de comércio irregular ou clandestino, inclusive o exercido em residência.
	§ 3.º Adquirir ou receber coisa que, por sua natureza ou pela desproporção entre o valor e o preço, ou pela condição de quem a oferece, deve presumir-se obtida por meio criminoso:
	Pena – detenção, de um mês a um ano, ou multa, ou ambas as penas.
	§ 4.º A receptação é punível, ainda que desconhecido ou isento de pena o autor do crime de que proveio a coisa.
	§ 5.º Na hipótese do § 3.º, se o criminoso é primário, pode o juiz, tendo em consideração as circunstâncias, deixar de aplicar a pena. Na receptação dolosa aplica-se o disposto no § 2.º do art. 155.
	§ 6.º Tratando-se de bens do patrimônio da União, de Estado, do Distrito Federal, de Município ou de autarquia, fundação pública, empresa pública, sociedade de economia mista ou empresa concessionária de serviços públicos, aplica-se em dobro a pena prevista no *caput* deste artigo.
Sujeito ativo	Qualquer pessoa
Sujeito passivo	Proprietário ou possuidor de coisa produto de crime

Objeto material	Coisa móvel produto de crime
Objeto jurídico	Patrimônio
Elemento subjetivo	Dolo + elemento subjetivo específico ou culpa
Classificação	Comum Material ou formal Forma livre Comissivo ou omissivo impróprio Instantâneo ou permanente Dano Unissubjetivo Plurissubsistente
Tentativa	Admite na forma dolosa
Circunstâncias especiais	Existe a forma culposa (§ 3.º)

2. RECEPTAÇÃO DE ANIMAL

2.1 Estrutura do tipo incriminador

A Lei 13.330/2016 criou este tipo penal (art. 180-A), bem como a qualificadora do § 6.º do art. 155 do CP, com a finalidade de punir mais gravemente o furto e a receptação de animais domesticáveis de produção.

As condutas incriminadas e alternativas são: *adquirir* (obter, comprar), *receber* (aceitar em pagamento ou simplesmente aceitar), *transportar* (levar de um lugar a outro), *conduzir* (tornar-se condutor, guiar), *ocultar* (encobrir ou disfarçar), *ter em depósito* (colocar algo em lugar seguro) ou *vender* (alienar por determinado preço). O objeto das condutas é o semovente (animal) domesticável (apto a se tornar caseiro, domado, manso, como é o caso do cachorro, há muito tempo) de produção (atividade decorrente do trabalho humano, com ou sem instrumentos específicos, para atingir larga escala de *produtos*, com o fim de comércio e lucro).

Visando à pormenorização dos animais domesticáveis de produção, acrescentou-se outra parte, até para tutelar o semovente morto: *ainda que abatido ou dividido em partes*. O abate significa a *matança de animais para servir de alimento* (no sentido específico desta qualificadora); essa ressalva faz com que o receptador não escape à punição se adquirir o semovente inteiro ou em partes.

A última parte – outro equívoco do legislador, já cometido quando inseriu o § 1.º no art. 180 (receptação qualificada) – é parte do elemento subjetivo: *que deve saber ser produto de crime*. Analisaremos no tópico *infra*.

A pena é de reclusão, de 2 a 5 anos, e multa.

2.2 Sujeitos ativo e passivo

O sujeito ativo pode ser qualquer pessoa. O sujeito passivo necessita ser o proprietário ou possuidor do animal produto do crime. Note-se que o sujeito que foi coautor ou partícipe do delito antecedente, por meio do qual obteve a coisa, não responde por receptação, mas somente pelo que anteriormente cometeu.

Outro ponto importante é que, embora criada a qualificadora do furto para casos de subtração de animais para abate, se houver roubo, extorsão ou outro delito para retirar o semovente de seu proprietário, para o efeito da receptação do art. 180-A, continua valendo, pois o tipo menciona somente *produto de crime.*

2.3 Elemento subjetivo

É o dolo, podendo tratar-se tanto do dolo direto quanto do eventual. Existe o elemento subjetivo específico, consistente na *finalidade de produção ou de comercialização.* Inexiste a forma culposa.

Não deixa de ser outro problema criado pelo legislador na redação deste tipo, pois se valeu somente da expressão *que deve saber ser produto de crime;* noutros termos, o *deve saber* pressupõe o dolo eventual. Quando é caso de dolo direito (como na receptação prevista no *caput* do art. 180 do CP), usa-se *que sabe ser produto de crime.*

A polêmica surgiu no momento em que se criou a receptação qualificada do § 1.º do art. 180 do CP, em que se utilizou apenas da expressão *que deve saber* (e não *que sabe*). Muitos autores argumentaram que a receptação qualificada, mais grave, poderia ocorrer com um *dolo mais brando,* enquanto a figura simples exigia o *dolo mais intenso.* Alegações de lesão à proporcionalidade ou à legalidade foram expostas.

O fato é que, desde aquela época, posicionamo-nos pela validade do § 1.º tal como foi redigido. O argumento é simples: quem pode o mais, pode o menos. Se a receptação qualificada pode existir com o dolo eventual, é mais que lógico poder configurar-se, igualmente, com o dolo direto. Essa foi a posição que predominou. Consultar o item 1.9 *supra.*

Sob outro prisma, o dolo é atual à conduta e não existem dolo antecedente nem dolo subsequente na receptação. Consultar o item 1.3 *supra.*

Outro problema que se pode levantar é a subtração de semoventes para proveito próprio ou alheio – e não para fins de comercialização ou de produção. O tipo exige este último objetivo; do contrário, inexiste receptação de animal (art. 180-A). Portanto, subtrair bois, repassando-os a quem queira criá-los para deles se alimentar não constitui receptação de animal. Pode ingressar na figura do art. 180, *caput,* mas, nesta hipótese, demanda-se o dolo direto. Ou até na figura da receptação culposa, também do art. 180, § 3.º.

2.4 Objetos material e jurídico

O objeto material é o semovente domesticável de produção (abatido ou não; inteiro ou em partes). O objeto jurídico é o patrimônio.

2.5 Classificação

Trata-se de crime comum (aquele que qualquer pessoa pode praticar); material (delito que exige resultado naturalístico, consistente na diminuição do patrimônio da vítima); de forma livre (podendo ser cometido por qualquer meio eleito pelo agente); comissivo (as condutas implicam ações); instantâneo (cujo resultado se dá de maneira instantânea, não se prolongando no tempo), nas formas "adquirir", "receber", "transportar", "conduzir" e "vender", e permanente, nas modalidades "ter em depósito" e "ocultar" (a consumação pode prolongar-se no tempo); de dano (consuma-se apenas com efetiva lesão a um bem jurídico tutelado); unissubjetivo (que pode ser praticado por um só agente); plurissubsistente (em regra, vários atos integram a conduta); admite tentativa.

2.6 Quadro-resumo

Previsão legal	**Art. 180-A.** Adquirir, receber, transportar, conduzir, ocultar, ter em depósito ou vender, com a finalidade de produção ou de comercialização, semovente domesticável de produção, ainda que abatido ou dividido em partes, que deve saber ser produto de crime: **Pena** – reclusão, de 2 (dois) a 5 (cinco) anos, e multa.
Sujeito ativo	Qualquer pessoa
Sujeito passivo	Proprietário ou possuidor legítimo do animal produto de crime
Objeto material	Semovente domesticável de produção
Objeto jurídico	Patrimônio
Elemento subjetivo	Dolo + elemento subjetivo específico
Classificação	Comum Material Forma livre Instantâneo ou permanente Dano Unissubjetivo Plurissubsistente
Tentativa	Admite

RESUMO DO CAPÍTULO

	Receptação Art. 180 (*caput*)	Receptação de animal Art. 180-A
Sujeito ativo	Qualquer pessoa	Qualquer pessoa
Sujeito passivo	Proprietário ou possuidor de coisa produto de crime	Proprietário ou possuidor legítimo do animal produto de crime
Objeto material	Coisa móvel produto de crime	Semovente domesticável de produção
Objeto jurídico	Patrimônio	Patrimônio
Elemento subjetivo	Dolo + elemento subjetivo específico ou culpa	Dolo + elemento subjetivo específico
Classificação	Comum Material ou formal Forma livre Comissivo ou omissivo impróprio Instantâneo ou permanente Dano Unissubjetivo Plurissubsistente	Comum Material Forma livre Instantâneo ou permanente Dano Unissubjetivo Plurissubsistente
Tentativa	Admite na forma dolosa	Admite
Circunstâncias especiais	Existe a forma culposa (§ 3.º)	

Capítulo VIII
Imunidades

1. IMUNIDADE PENAL ABSOLUTA OU IMPUNIBILIDADE ABSOLUTA

Imunidade é um privilégio de natureza pessoal, desfrutado por alguém em razão do cargo ou da função exercida, bem como por conta de alguma condição ou circunstância de caráter pessoal.

No âmbito penal, trata-se (art. 181, CP) de uma escusa absolutória, condição negativa de punibilidade ou causa pessoal de exclusão da pena. Assim, por razões de política criminal, levando em conta motivos de ordem utilitária e baseando-se na circunstância de existirem laços familiares ou afetivos entre os envolvidos, o legislador houve por bem afastar a punibilidade de determinadas pessoas. O crime – fato típico, antijurídico e culpável – está presente, embora não seja punível.

Cuida-se de imunidade *absoluta*, porque não admite prova em contrário, nem possibilidade de se renunciar à sua incidência. Nos crimes patrimoniais, não violentos e sem grave ameaça, os cônjuges, entre si, os ascendentes e os descendentes, entre si, ainda que cometam delitos, não são punidos. Ensina NÉLSON HUNGRIA que a razão dessa imunidade nasceu, no direito romano, fundada na *copropriedade familiar*. Posteriormente, vieram outros argumentos: a) evitar a cizânia entre os membros da família; b) proteger a intimidade familiar; c) não dar cabo do prestígio auferido pela família. Um furto, por exemplo, ocorrido no seio familiar deve ser absorvido pelos próprios cônjuges ou parentes, afastando-se escândalos lesivos à sua honorabilidade.[1] Ressalte-se que, havendo terceiro estranho à família, envolvido em qualquer dos delitos previstos neste título, figurando como sujeito passivo, deixa de haver a incidência da escusa absolutória.

---

[1] *Comentários ao Código Penal*, v. 7, p. 324. Ver, ainda, FERNANDO MANTOVANI, *Diritto penale* – parte speciale, p. 55.

1.1 Impossibilidade de instauração de inquérito policial

Se a imunidade é absoluta e conhecida pela autoridade policial, desde a prática do fato, não se admite o indiciamento de quem a possui. No máximo, instaura-se o inquérito para apurar os acontecimentos e detectar a referida imunidade. Com maior razão, é vedada a propositura de ação penal.

1.2 Crimes que admitem a incidência da imunidade penal absoluta

São os seguintes: furto (art. 155), furto de coisa comum (art. 156), alteração de limites, usurpação de águas e esbulho possessório (art. 161), supressão ou alteração de marca em animais (art. 162), dano (art. 163), introdução ou abandono de animais em propriedade alheia (art. 164), apropriação indébita (art. 168), apropriação por erro, caso fortuito ou força da natureza, apropriação de tesouro, apropriação de coisa achada (art. 169), estelionato, disposição de coisa alheia como própria, defraudação de penhor, fraude na entrega da coisa, fraude para recebimento de indenização ou valor de seguro, fraude no pagamento por meio de cheque (art. 171), duplicata simulada (art. 172), abuso de incapazes (art. 173), induzimento à especulação (art. 174), fraude no comércio (art. 175), fraude em restaurante, hotel ou meio de transporte (art. 176), fraude e abuso na fundação ou administração de sociedade por ações (art. 177), emissão irregular de conhecimento de depósito ou *warrant* (art. 178), fraude à execução (art. 179), receptação (art. 180). Excluem-se, desde logo, os delitos de dano em coisa de valor artístico, arqueológico ou histórico (art. 165) e alteração de local especialmente protegido (art. 166), porque o sujeito passivo primordial é o Estado. Os demais crimes somente podem ser atingidos pela imunidade penal caso os sujeitos passivos sejam exclusivamente as pessoas enumeradas, taxativamente, no art. 181, sem qualquer possibilidade de ampliação.

1.3 Erro quanto à propriedade do objeto material

Entendemos que há crime. É preciso ressaltar, mais uma vez, que o fato praticado pelo agente é típico, antijurídico e culpável, mas não punível, exatamente como ocorre com as causas extintivas da punibilidade. Portanto, se o agente acredita que o veículo furtado pertence ao seu pai, mas, em verdade, é de propriedade de estranho, deve responder pelo delito de furto. O seu erro foi de punibilidade, ou seja, acreditou que não seria sancionado, mas enganou-se, não quanto à ilicitude da conduta, mas quanto às consequências do seu ato.

Cremos aplicável, neste caso, a lição de ASSIS TOLEDO: "Erro de punibilidade – inescusável – o agente sabe que faz algo proibido, ou devia e podia sabê-lo, mas supõe inexistir pena criminal para a conduta que realiza, desconhece a punibilidade do fato".[2] Não tem cabimento utilizar a imunidade para socorrer o agente quando a vítima, na realidade, não é parente seu. Ele furtou o carro de um estranho e não seria punido por exclusão da culpabilidade? O erro de proibição não nos parece aplicável a este caso, pois a imunidade penal tem por finalidade evitar a cizânia na família e as consequências nefastas que o processo pode gerar para os envolvidos, quando exclusivamente são autor e vítima as pessoas enumeradas no art. 181.

O ilícito penal está concretizado, deixando de ser punido *por razões de política criminal*, que desaparecem totalmente quando o ofendido é estranho. Não há, também, erro de tipo, pois o agente sabe que a coisa subtraída é *alheia*, estando nitidamente presente o dolo. Por outro lado, defendemos a postura inversa: se o agente subtrai o carro do seu pai, pensando

---

[2] *Princípios básicos de direito penal*, p. 271.

tratar-se do veículo de um estranho, não deve ser punido. Nessa hipótese, a vítima real é seu genitor, encaixando-se com perfeição à figura do art. 181, II.

Sustentamos que a imunidade penal é de caráter objetivo e assim deve ser aplicada. Nessa visão, está a lição de NÉLSON HUNGRIA: "A *pertinência* da *res* ao cônjuge ou parente deve ser apreciada *objetivamente*, nada importando a errônea *opinião* ou *suposição* do agente a respeito".[3] O crime não deixa de ser punido por razões ontológicas, mas por mera política criminal. No mesmo sentido, confira-se a lição de HIGUERA GUIMERA: "A opinião majoritária na Alemanha e na Espanha, assim como a jurisprudência de ambos os países, considera que é irrelevante o erro sobre a punibilidade, e em nosso caso o erro sobre os pressupostos que servem de fundamento às escusas absolutórias. (...) Argumenta-se que esses casos de erro têm que ser irrelevantes porque nessas hipóteses está plenamente constituído o tipo, a antijuridicidade e a culpabilidade".[4] Há posição em sentido contrário, admitindo a aplicação do erro de proibição.[5]

1.4 Cônjuge na constância da sociedade conjugal (art. 181, I, do CP)

A expressão cônjuge sempre foi de interpretação restritiva, não se ampliando para companheiro(a) ou concubino(a). Por outro lado, tratando a lei da *constância da sociedade conjugal*, incide a imunidade ainda quando os cônjuges estejam separados de fato, pois o casamento não foi desfeito. Há quem sustente ser admissível a incidência da imunidade quando houver união estável, invocando o dispositivo constitucional que trata do tema: "Para efeito da proteção do Estado, é reconhecida a união estável entre o homem e a mulher como entidade familiar, devendo a lei facilitar sua conversão em casamento" (art. 226, § 3.º, CF).[6]

Para nós, havia indevida ampliação do conteúdo do art. 181, que já seria uma exceção controversa. Percebemos, agora, que o texto constitucional menciona nitidamente ser união estável algo diverso do casamento, mas ambas as relações formam igualmente uma *família*. Além disso, o fato de o Estado, pela via constitucional, reconhecer na união estável a existência de uma família, para efeito de lhe conferir proteção, deve ser estendido ao direito penal. O próprio STF tem sido liberal nesse cenário, reconhecendo a união estável de casal homoafetivo. Alguns Estados têm permitido o casamento de casal homoafetivo. Enfim, privilegiar a família é mais importante que o título assumido pela união do casal, se união estável ou casamento.

Alteramos a nossa posição, aceitando a união estável como prova suficiente para a imunidade.

1.5 Delito cometido durante o noivado, com posterior casamento

Não afasta o crime. A Corte de Cassação de Roma, mencionada por HOEPPNER DUTRA, já teve oportunidade de salientar que a razão da impunidade depende da subsistência do vínculo conjugal ou do parentesco no momento da consumação do crime, bem como da intimidade e solidariedade proporcionadas pela família. Não havendo vínculo entre agente e

---

3   *Comentários ao Código Penal*, v. 7, p. 327.

4   *Las excusas absolutorias*, p. 155.

5   DAMÁSIO, *Código Penal anotado*, p. 645.

6   Essas são as posições de MIRABETE (*Código Penal interpretado*, p. 1.192) e DAMÁSIO (*Código Penal anotado*, p. 645).

vítima ao tempo da consumação, não há como pretender-se que o casamento posterior faça retroagir a imunidade, afastando-se a punição.[7]

1.6 Crime cometido durante casamento depois constatado nulo

Depende do caso concreto. Resolve bem a questão BASILEU GARCIA: "A imunidade absoluta não ocorre se se trata de casamento nulo, não contraído de boa-fé por nenhum dos cônjuges; é aceitável a imunidade absoluta se ambos os cônjuges o tiverem contraído de boa-fé; e será admitida, ainda, se um dos cônjuges o tiver contraído de boa-fé, mas agora restrita a este a imunidade".[8]

1.7 Ascendente e descendente (art. 181, II, do CP)

Cuida o artigo apenas dos ascendentes e descendentes em linha reta (pais, mães, avós, filhos, netos, bisnetos etc.). Não se incluem, pois, os parentes por afinidade e na linha transversal (sogro, genro, nora, cunhado, padrasto, madrasta, enteado, tio, sobrinho, primo etc.).

O tipo penal é claro quanto ao parentesco: admite tanto o legítimo (originário no casamento), quanto o ilegítimo (originário fora do casamento), sem fazer qualquer diferença, o que se tornou vedado pela lei civil. Aliás, de acordo com o preceituado na Constituição Federal (art. 227, § 6.º). Acolhe, ainda, tanto o parentesco natural (laços de sangue), quanto o civil (adoção). Uma decisão da Suprema Corte de Justiça da Colômbia considerou que a imunidade decorrente dos laços entre pai e filho justifica-se porque o pai, quando furtado pelo filho, por arcar com os gastos da família, tem autorização legal para reclamar o bem subtraído de quem o possua indevidamente.[9]

1.8 Prova do parentesco

Entendemos cabível a aplicação por analogia da Súmula 74 do Superior Tribunal de Justiça ("Para efeitos penais, o reconhecimento da menoridade do réu requer prova por documento hábil"), ou seja, prova-se por qualquer documento hábil (certidão de nascimento, de casamento, cédula de identidade, carteira profissional etc.).

1.9 Crime de ação pública condicionada

O art. 182 do Código Penal trata da imunidade relativa e exige que a vítima do crime apresente representação, legitimando o Ministério Público a agir, ingressando com ação penal, ou mesmo autorizando a mera instauração de inquérito policial pelo delegado. Somente não se aplica o disposto neste artigo quando o crime contra o patrimônio já exigir, por si só, representação ou for de ação privada, sendo cabível a queixa.

Há quem defenda não se tratar de imunidade alguma, mas tão somente de "alteração da espécie de ação penal, condicionando-a à *representação* do ofendido".[10]

---

[7] *O furto e o roubo em face do Código Penal brasileiro*, p. 263.

[8] *Crimes patrimoniais entre cônjuges e parentes*, p. 35.

[9] BARRERA DOMINGUEZ, *Delitos contra el patrimonio económico*, p. 348.

[10] BITENCOURT, *Código Penal anotado e legislação complementar*, p. 653.

1.10 Erro quanto à propriedade do objeto material

Da mesma forma defendida no tópico 1.3 *supra* ao art. 181, entendemos haver crime. Exemplificando: se o agente subtrai o veículo de estranho, pensando tratar-se de propriedade de seu irmão, sabe perfeitamente estar cometendo um ilícito penal, razão pela qual não pode beneficiar-se da imunidade relativa. O estranho, que teve seu automóvel furtado, pode apresentar a *notitia criminis*, exigindo a punição do agente.

1.11 Cônjuge separado judicialmente (art. 182, I, do CP)

Quando houver separação decretada pela Justiça, seja a separação judicial ou a separação de corpos, aplica-se o art. 182, procedendo-se mediante representação, e não há a imunidade absoluta do art. 181. É natural supor que, tendo havido divórcio, já não subsiste qualquer tipo de imunidade.

1.12 Irmãos, legítimos ou ilegítimos (art. 182, II, do CP)

A previsão legal abrange tanto o irmão havido legitimamente (dentro do casamento), como o havido ilegitimamente (fora do casamento, embora o atual Código Civil já não utilize tal distinção). Inserem-se no dispositivo os filhos dos mesmos pais (bilaterais ou germanos), como os filhos do mesmo pai (unilaterais consanguíneos) ou da mesma mãe (unilaterais uterinos).

1.13 Tio ou sobrinho, havendo coabitação (art. 182, III, do CP)

O tio ou o sobrinho que cometam crime patrimonial um contra o outro podem ser inseridos neste dispositivo caso vivam sob o mesmo teto (coabitação). Assim, apesar de ser um caso de parentesco colateral, é possível aplicar a imunidade relativa.

1.14 Afastamento das imunidades (art. 183 do CP)

1.14.1 Roubo, extorsão ou qualquer crime em que haja violência ou grave ameaça

Não tem cabimento sustentar a imunidade, seja absoluta ou relativa, quando os crimes forem de tal ordem que transponham os limites da intimidade familiar. Afinal, a política criminal de proteção à entidade familiar cede espaço para o interesse maior da sociedade em punir o agente de crime violento, venha de onde vier.

Quanto à inclusão ou não da extorsão indireta, há duas posições: a) não se inclui neste inciso;[11] b) inclui-se.[12] Preferimos a segunda posição, pois, de fato, o Código fala apenas em *extorsão*, cabendo a inclusão das três formas de extorsão previstas: arts. 158, 159 e 160. Havendo ou não violência ou grave ameaça, a extorsão deve ficar fora da abrangência da imunidade penal.

1.14.2 Estranho que participa do crime

Trata-se de expressa menção à afastabilidade da comunicação das imunidades a terceiros estranhos às relações familiares, o que é natural. Se o intuito é preservar a intimidade da

---

[11] NORONHA, *Direito penal*, v. 2, p. 592.

[12] DAMÁSIO, *Código Penal anotado*, p. 647.

Curso de Direito Penal – Parte Especial – Vol. 2 • Nucci

família, evitando-se o ódio entre seus membros, que se acirraria em caso de processo criminal, tal medida não tem nenhum liame com o terceiro partícipe do delito.

1.14.3 Pessoa idosa

Cuida-se de modificação introduzida pela Lei 10.741/2003, visando a conferir maior proteção ao idoso e maior punição a quem o eleger como vítima. Neste capítulo estão previstas as denominadas imunidades absolutas e relativas, ou seja, crimes patrimoniais, cometidos sem violência ou grave ameaça, quando praticados entre parentes ou no contexto familiar, não davam ensejo, necessariamente, à punição, conforme o disposto nos arts. 181 e 182.

Entretanto, quando o ofendido for idoso, pessoa maior de 60 anos, não haverá imunidade alguma. Assim, se o filho subtrair bens pertencentes ao pai, que possua mais de 60 anos, poderá ser punido, não valendo invocar a imunidade do art. 181, II.

A medida é salutar, pois é notória a atuação de muitos descendentes que se apropriam de pensões ou outros bens de seus pais idosos, largando-os à própria sorte. Todavia, não deixa de se criar uma situação peculiar, caso o descendente pratique delito patrimonial, sem violência ou grave ameaça, contra ascendente que possua, por exemplo, 59 anos – nesta hipótese, haverá imunidade absoluta.

1.15 Causa de aumento de pena

Dispõe o art. 1.º da Lei 14.967/2024 o seguinte: "Esta Lei institui o Estatuto da Segurança Privada e da Segurança das Instituições Financeiras, para dispor sobre os serviços de *segurança de caráter privado*, exercidos por pessoas jurídicas e, excepcionalmente, por pessoas físicas, em âmbito nacional, e para estabelecer as regras gerais para a segurança das instituições financeiras autorizadas a funcionar no País. Parágrafo único. A segurança privada e a segurança das dependências das instituições financeiras são *matérias de interesse nacional*" (grifamos).

A importância da segurança privada cresceu nos últimos anos, em especial, por conta da terceirização de serviços realizada por órgãos públicos transferindo a segurança de seus prédios, de seus valores, das autoridades e dos servidores públicos para agentes de segurança não vinculados à administração pública. Ilustrando, inúmeros prédios dos tribunais, interna e externamente, contam com segurança privada, que substituiu, em grande parte, a presença de policiais militares. Do mesmo modo, as instituições financeiras contam com a segurança privada há muito mais tempo.

Um dos fatores principais justificador dessa causa de aumento de pena diz respeito à guarda e depósito, nas sedes das empresas de segurança privada, de várias armas de fogo e munição, sujeitas à subtração para emprego em atividades ilícitas. Outro fator diz respeito à mantença, vigilância e transporte de elevadas quantias em dinheiro e outros valores, igualmente alvo preferencial de criminosos. Note-se que, no roubo (art. 157, § 2.º, III, CP), incide causa de aumento "se a vítima está em serviço de transporte de valores e o agente conhece tal circunstância". Portanto, uma cautela se impõe desde logo: evitar o *bis in idem* (dupla apenação pelo mesmo fato), quando houver um roubo envolvendo empresa de transporte de valores. Parece-nos que deva prevalecer a causa de aumento do art. 183-A em prejuízo do art. 157, § 2.º, III, pelo princípio da sucessividade (lei mais recente afasta a mais antiga).

RESUMO DO CAPÍTULO

	Previsão legal
Isenção de pena	**Art. 181.** É isento de pena quem comete qualquer dos crimes previstos neste título, em prejuízo: I – do cônjuge, na constância da sociedade conjugal; II – de ascendente ou descendente, seja o parentesco legítimo ou ilegítimo, seja civil ou natural.
Ação pública condicionada	**Art. 182.** Somente se procede mediante representação, se o crime previsto neste título é cometido em prejuízo: I – do cônjuge desquitado ou judicialmente separado; II – de irmão, legítimo ou ilegítimo; III – de tio ou sobrinho, com quem o agente coabita.
Exclusão da isenção, ação condicionada e causa de aumento	**Art. 183.** Não se aplica o disposto nos dois artigos anteriores: I – se o crime é de roubo ou de extorsão, ou, em geral, quando haja emprego de grave ameaça ou violência à pessoa; II – ao estranho que participa do crime; III – se o crime é praticado contra pessoa com idade igual ou superior a 60 (sessenta) anos. **Art. 183-A.** Nos crimes de que trata este Título, quando cometidos contra as instituições financeiras e os prestadores de serviço de segurança privada, de que trata o Estatuto da Segurança Privada e da Segurança das Instituições Financeiras, as penas serão aumentadas de 1/3 (um terço) até o dobro.

PARTE 3

CRIMES CONTRA A PROPRIEDADE IMATERIAL

Capítulo I

Crimes contra a
Propriedade Intelectual

1. PROTEÇÃO CONSTITUCIONAL

Preceitua o art. 216 da Constituição Federal que "constituem patrimônio cultural brasileiro os bens de natureza material e imaterial, tomados individualmente ou em conjunto, portadores de referência à identidade, à ação, à memória dos diferentes grupos formadores da sociedade brasileira, nos quais se incluem: I – as formas de expressão; II – os modos de criar, fazer e viver; III – as criações científicas, artísticas e tecnológicas; IV – as obras, objetos, documentos, edificações e demais espaços destinados às manifestações artístico-culturais; V – os conjuntos urbanos e sítios de valor histórico, paisagístico, artístico, arqueológico, paleontológico, ecológico e científico", enquanto o art. 5.º, IX, assegura "livre a expressão da atividade intelectual, artística, científica e de comunicação, independentemente de censura ou licença", bem como prevê, no inciso XXVII, que "aos autores pertence o direito exclusivo de utilização, publicação ou reprodução de suas obras, transmissível aos herdeiros pelo tempo que a lei fixar".

Reconhecidas constitucionalmente a existência e a possibilidade de amparo da propriedade imaterial, é natural que a legislação ordinária lhe confira a devida proteção. Os bens imateriais são impalpáveis, pois fazem parte do produto da atividade intelectual do ser humano, mas nem por isso deixam de ter considerável valor econômico. Na realidade, eles alcançam a proteção do direito quando se materializam através de obras literárias, científicas ou artísticas e invenções de um modo geral.

2. VIOLAÇÃO DE DIREITO AUTORAL

2.1 Direitos de autor

Ensina CARLOS ALBERTO BITTAR que o direito autoral "é o ramo do Direito Privado que regula as relações jurídicas, advindas da criação e da utilização econômica de obras intelectuais estéticas e compreendidas na literatura, nas artes e nas ciências. (...) As relações regidas por esse Direito nascem com a criação da obra, exsurgindo, do próprio ato criador, direitos respeitantes à sua face pessoal (como os direitos de paternidade, de nominação, de integridade da obra) e, de outro lado, com sua comunicação ao público, os direitos patrimoniais (distribuídos por dois grupos de processos, a saber, os de representação e os de reprodução da obra, como, por exemplo, para as músicas, os direitos de fixação gráfica, de gravação, de inserção em fita, de inserção em filme, de execução e outros)".[1]

O universo dos direitos de autor compõe-se dos seguintes: I) *direitos morais*: a) paternidade do autor sobre sua obra; b) indicação do nome do autor (ou intérprete) na utilização de sua obra; c) conservação da obra inédita; d) garantia da integridade da obra; e) modificação da obra; f) retirada da obra de circulação ou suspensão da utilização já autorizada; g) acesso a exemplar único e raro da obra que esteja, legitimamente, em poder de terceiro; II) *direitos patrimoniais*: a) gravação ou fixação; b) extração de cópias para comercialização; c) sincronização ou inserção em filmes em geral; d) tradução, adaptação e outras transformações; e) execução pública.[2]

2.1.1 Direitos conexos aos de autor

Acrescentou-se à redação do *caput* do art. 184 a proteção não somente aos direitos de autor, mas também aos "que lhe são conexos". Ensina CARLOS ALBERTO BITTAR que "direitos conexos são os direitos reconhecidos, no plano dos de autor, a determinadas categorias que auxiliam na criação ou na produção ou, ainda, na difusão da obra intelectual. São os denominados direitos 'análogos' aos de autor, 'afins', 'vizinhos', ou, ainda, 'parautorais', também consagrados universalmente".[3] E ainda se confira em ELIANE Y. ABRÃO: "Os chamados direitos conexos aos de autor, conhecidos como direitos vizinhos (*neighbouring rights, droits voisins*) na terminologia estrangeira, estão assentados em um tripé: artistas, gravadoras de discos e emissoras de rádio e televisão. À parte os artistas, os dois outros titulares desses direitos exercem o papel de multiplicadores e difusores das obras, encarregando-se de distribuí-las através de canais de venda, ou outro modo qualquer de acesso à obra intelectual. O mesmo papel é exercido pelas editoras gráficas e musicais, às quais, no entanto, coube tratamento diverso reservado pelo legislador, que sempre as igualou aos próprios autores, equiparando-os no processo criativo".[4]

A inserção guarda sintonia e coerência com as modificações introduzidas pelos §§ 1.º a 3.º, uma vez que se faz expressa menção não apenas ao autor de obra intelectual, como, *v. g.*, da letra de uma música, mas também ao artista intérprete (cantor) ou executante (músico) e ao produtor (pessoas físicas ou jurídicas que custeiam a realização da obra), que são as figuras

---

[1] *Direito de autor*, p. 8.

[2] JOSÉ CARLOS COSTA NETTO, *Direito autoral no Brasil*, p. 179.

[3] *Direito de autor*, p. 152.

[4] *Direitos de autor e direitos conexos*, p. 193-194.

auxiliares na concretização e divulgação da obra. No caso de um livro, detentora do direito conexo é a editora que produz, divulga e distribui a obra. Entretanto, cumpre destacar que, mesmo antes do advento da Lei 10.695/2003, grande parte da doutrina incluía no contexto de proteção ao direito de autor os direitos que lhe são conexos. Confira-se em Álvaro Mayrink da Costa: "O direito autoral, que engloba o direito de autor e os chamados direitos conexos do direito de autor (direito dos artistas, intérpretes ou executantes, dos produtores de fonogramas e dos organismos de radiodifusão), disciplina a atribuição de direitos relativos às obras literárias, científicas e artísticas".[5]

2.2 Estrutura do tipo penal incriminador

Violar significa ofender ou transgredir, tendo por objeto o direito de autor à sua produção intelectual (art. 184, *caput*, CP). O tipo é uma norma penal em branco, necessitando, pois, de vinculação com as leis que protegem o direito de autor (consultar as Leis 9.609/1998 e 9.610/1998), bem como se usando a interpretação do juiz para que possa ter real alcance e sentido.

A transgressão ao direito autoral pode dar-se de variadas formas, desde a simples reprodução não autorizada de um livro por fotocópias até a comercialização de obras originais, sem a permissão do autor. Uma das mais conhecidas formas de violação do direito de autor é o *plágio*, que significa tanto assinar como sua obra alheia, como também imitar o que outra pessoa produziu. O plágio pode dar-se de maneira total (copiar ou assinar como sua toda a obra de terceiro) ou parcial (copiar ou dar como seus apenas trechos da obra de outro autor). São condutas igualmente repugnantes, uma vez que o agente do crime se apropria sorrateiramente de criação intelectual de outrem, o que nem sempre é fácil de ser detectado pela vítima.

Diversamente dos delitos patrimoniais comuns, em que o proprietário sente a falta de seu bem tão logo ele sai da sua esfera de proteção e vigilância, no caso da violação de direito de autor, torna-se complexo e dificultoso o processo de verificação do plágio ou mesmo da simples utilização não autorizada de obra intelectual, sem a devida remuneração, na forma da lei civil, ao seu autor. Registre-se, desde logo, que a *autorização* dada no § 4.º do art. 184, para que o copista de um único exemplar de obra intelectual ou fonograma, para uso privado, escape à punição, não se relaciona com o *caput*, tendo em vista que somente o disposto nos §§ 1.º, 2.º e 3.º ao copista não se aplicam.

Entretanto, pode-se continuar utilizando o disposto na Lei 9.610/1998, que prevê exceções e limitações ao direito autoral, não visando punir aquele que reproduz trechos de obras, indicando a fonte, bem como o executor de fonogramas no recinto doméstico, por exemplo. No mais, também podem ser resolvidas algumas situações peculiares por outros mecanismos, como ocorre, *v.g.*, no caso de reprodução de um livro esgotado, para uso privado do copista, até porque o direito autoral estaria preservado, pois o exemplar está fora do comércio, o que caracterizaria fato atípico. Em outras hipóteses, pode-se levantar a tese do crime de bagatela quando alguém copia um CD musical de um amigo para uso doméstico e exclusivo seu, sem qualquer ânimo de lucro. Sob outro prisma, a violação de direito autoral constitui uma forma de corrupção, em sentido lato, pois despreza direitos, regras e normas, pretendendo o agente levar vantagem sobre o patrimônio alheio e, além disso, sobre a tributação do Estado.

---

[5] *Direito penal* – Parte especial, v. 2, t. II, p. 670-671. Assim também: Mirabete, *Manual de direito penal*, v. 2, p. 347; Paulo José da Costa Júnior, *Comentários ao Código Penal*, p. 629.

Vale o registro feito por Márcia Regina Silveira Bicudo e Airton Coelho: "a reprodução de obras musicais sem autorização do titular de direitos autorais ou de seu representante é violação igualmente punível, assim definida: contrafação é a cópia não autorizada de uma obra. Sendo assim, toda reprodução é uma cópia, e cópia sem autorização do titular dos direitos autorais e/ou detentor dos direitos de reprodução ou fora das estipulações legais constitui contrafação, ato ilícito cível, passível de indenização, e penal".[6]

A pena prevista no *caput* do art. 184 do CP é de detenção, de 3 (três) meses a 1 (um) ano, ou multa.

2.3 Sujeitos ativo e passivo

O sujeito ativo pode ser qualquer pessoa; o sujeito passivo é qualificado, só podendo ser o autor de obra intelectual ou o titular do direito sobre a produção intelectual de outrem, bem como seus herdeiros e sucessores.

2.4 Elemento subjetivo

É o dolo. Não existe a forma culposa, tampouco exige-se o elemento subjetivo específico.

2.5 Excludentes de tipicidade

São as limitações aos direitos autorais, previstas na Lei 9.610/1998, nos seguintes termos:

a) "Art. 46. Não constitui ofensa aos direitos autorais: I – a reprodução: *a)* na imprensa diária ou periódica, de notícia ou de artigo informativo, publicado em diários ou periódicos, com a menção do nome do autor, se assinados, e da publicação de onde foram transcritos; *b)* em diários ou periódicos, de discursos pronunciados em reuniões públicas de qualquer natureza; *c)* de retratos, ou de outra forma de representação da imagem, feitos sob encomenda, quando realizada pelo proprietário do objeto encomendado, não havendo a oposição da pessoa neles representada ou de seus herdeiros; *d)* de obras literárias, artísticas ou científicas, para uso exclusivo de deficientes visuais, sempre que a reprodução, sem fins comerciais, seja feita mediante o sistema Braille ou outro procedimento em qualquer suporte para esses destinatários; II – a reprodução, em um só exemplar de pequenos trechos, para uso privado do copista, desde que feita por este, sem intuito de lucro; III – a citação em livros, jornais, revistas ou qualquer outro meio de comunicação, de passagens de qualquer obra, para fins de estudo, crítica ou polêmica, na medida justificada para o fim a atingir, indicando-se o nome do autor e a origem da obra; IV – o apanhado de lições em estabelecimentos de ensino por aqueles a quem elas se dirigem, vedada sua publicação, integral ou parcial, sem autorização prévia e expressa de quem as ministrou; V – a utilização de obras literárias, artísticas ou científicas, fonogramas e transmissão de rádio e televisão em estabelecimentos comerciais, exclusivamente para demonstração à clientela, desde que esses estabelecimentos comercializem os suportes ou equipamentos que permitam a sua utilização; VI – a representação teatral e a execução musical, quando realizadas

---

[6] Márcia Regina Silveira Bicudo e Airton Coelho Direitos conexos de empresas fonográficas, in: Abrão, *Propriedade imaterial*, p. 174.

no recesso familiar ou, para fins exclusivamente didáticos, nos estabelecimentos de ensino, não havendo em qualquer caso intuito de lucro; VII – a utilização de obras literárias, artísticas ou científicas para produzir prova judiciária ou administrativa; VIII – a reprodução, em quaisquer obras, de pequenos trechos de obras preexistentes, de qualquer natureza, ou de obra integral, quando de artes plásticas, sempre que a reprodução em si não seja o objetivo principal da obra nova e que não prejudique a exploração normal da obra reproduzida nem cause um prejuízo injustificado aos legítimos interesses dos autores";

b) "Art. 47. São livres as paráfrases e paródias que não forem verdadeiras reproduções da obra originária nem lhe implicarem descrédito." "Art. 48. As obras situadas permanentemente em logradouros públicos podem ser representadas livremente, por meio de pinturas, desenhos, fotografias e procedimentos audiovisuais."

2.6 Excludentes supralegais de tipicidade

Costuma-se aventar a aplicação da insignificância ou da adequação social no contexto dos crimes contra a propriedade imaterial. Aponta-se o estudante, que tira fotocópia do livro, bem como o camelô a vender CDs e DVDs falsificados. Seriam bagatelas, que pouco atingiriam o bem jurídico tutelado. Por outro lado, poder-se-ia dizer tratar-se de condutas socialmente adequadas. Assim não pensamos, como regra. Admitimos o uso da insignificância, para afastar a tipicidade material, quando realmente se cuidar de mínima ofensividade. O sujeito que falsifica e vende um DVD, por certo, ingressa no cenário da bagatela. Porém, o camelô que expõe à venda centenas de CDs e DVDs pirateados está longe de configurar conduta insignificante.

Sob outro aspecto, embora muitos adquiram esses produtos falsificados, não se pode sustentar que, para a sociedade em geral, trata-se de algo adequado. Ora, o socialmente adequado implica consensual aceitação, sem causar constrangimento às pessoas, ou seja, algo praticamente ignorado. Tal medida não ocorre no cenário da pirataria, que vários males espalha no campo dos direitos autorais. Ademais, a compra de CDs e DVDs piratas por autoridades, inclusive, tanto policiais quanto judiciárias, faz com que muitos considerem uma atividade "normal". Logo, camelôs agem livremente; quando chegam a julgamento, terminam absolvidos sob os mais toscos argumentos. Mas é puro fruto da corrupção, do desrespeito ao trabalho alheio, da ignorância da arrecadação de tributos, enfim, do mero interesse pessoal. Afora esse dado, alegar que, "pelo menos, o 'pirata' não está assaltando" é o argumento definitivo para demonstrar que há complacência com a corrupção no Brasil. É melhor traficar drogas, comercializar produtos piratas, comprar autoridades, entre outras condutas não violentas, do que seguir a lei e respeitar a postura ética que o País atual exige. Há que se mudar o comportamento nesse campo.

A jurisprudência, hoje, em sua maioria, tem condenado os comerciantes pequenos, médios ou grandes de produtos piratas.

Confira-se a Súmula 502 do STJ: "Presentes a materialidade e a autoria, afigura-se típica, em relação ao crime previsto no art. 184, § 2.º, do CP, a conduta de expor à venda CDs e DVDs piratas". O objetivo da referida súmula é *ratificar* o entendimento predominante na Corte no sentido de combater a pirataria, com o que concordamos plenamente. Portanto, não se pode simplesmente ignorar o camelô, que vende material falsificado, afirmando, sempre, tratar-se de insignificância. Essa tese somente tem sentido em casos excepcionais.

2.7 Objetos material e jurídico

O objeto material é a obra violada, desde que inédita, justamente o que lhe confere o caráter de individualizada; o objeto jurídico é a propriedade intelectual. No campo específico do direito de autor, CARLOS ALBERTO BITTAR aponta como sendo o objetivo desse ramo da propriedade intelectual "a disciplinação das relações jurídicas entre o criador e sua obra, desde que de caráter estético, em função, seja da criação (direitos morais), seja da respectiva inserção em circulação (direitos patrimoniais), e frente a todos os que, no circuito correspondente, vierem a ingressar (o Estado, a coletividade como um todo, o explorador econômico, o usuário, o adquirente de exemplar)".[7]

2.8 Classificação

Trata-se de crime comum (aquele que não demanda sujeito ativo qualificado ou especial), embora com sujeito passivo qualificado; formal (delito que não exige resultado naturalístico, consistente na diminuição do patrimônio da vítima); de forma livre (podendo ser cometido por qualquer meio eleito pelo agente); comissivo ("violar" implica ação); instantâneo (cujo resultado se dá de maneira instantânea, não se prolongando no tempo); unissubjetivo (que pode ser praticado por um só agente); plurissubsistente (em regra, vários atos integram a conduta); admite tentativa.

2.9 Materialidade do crime

Muitas violações de direito autoral deixam vestígios, como ocorre, por exemplo, nos casos de CDs e DVDs falsificados. Por isso, demanda-se, necessariamente, a prova pericial. Na prática, o que se tem verificado é a realização de laudos vazios de conteúdo, indicando, apenas, que houve falsificação, mas sem a indispensável indicação dos autores e empresas prejudicadas. A prova da existência do delito há de ser completa, sem que se possam aceitar exames malfeitos e incompletos. Confira-se o teor da Súmula 574 do STJ: "Para a configuração do delito de violação de direito autoral e a comprovação de sua materialidade, é suficiente a perícia realizada por amostragem do produto apreendido, nos aspectos externos do material, e é desnecessária a identificação dos titulares dos direitos autorais violados ou daqueles que os representem".

Parece-nos que a realização do laudo por amostragem do produto apreendido é razoável, visto que certas apreensões alcançam números exorbitantes de DVDs, CDs, livros etc. Por isso, o uso da amostragem. No entanto, é preciso analisar o conteúdo do produto e não somente a capa, pois o seu interior pode ser vazio. Não concordamos com a referida súmula ao dizer que é dispensável a identificação dos titulares dos direitos autorais violados ou daqueles que os representem. Ora, se não se aponta nenhum cantor, autor, compositor, músico, dentre outros, como certificar ter havido *falsificação* de um produto e violação de *direito* autoral? Não é preciso a autorização dos detentores do direito autoral para a tomada de providências, e tampouco indicar *todos* os autores envolvidos; porém é fundamental dar nomes. Ex.: trata-se de um CD de música do cantor X. Trata-se de um DVD com o filme Y. Se não for assim, o laudo pericial torna-se inútil, ao dizer simplesmente: "houve violação de direito autoral", sem nenhum outro dado.

---

[7] *Direito de autor*, p. 19.

2.10 Elementos da figura qualificada

Trata-se de autêntica qualificadora que, tomando por base o núcleo do tipo anterior (*violar*), acrescenta circunstâncias especiais de transgressão ao direito autoral (art. 184, § 1.º). A pena, por sua vez, aumenta o mínimo e o máximo, abstratamente previstos para o crime.

É uma conjugação da *violação* (ofensa ou transgressão) ao direito autoral associada a uma particular maneira de empreendê-la, ou seja, através da *reprodução* (retirada de cópia ou imitação de obra) de obra intelectual ou de fonograma ou videofonograma.

A pena é de reclusão, de 2 (dois) a 4 (quatro) anos, e multa.

2.11 Elemento subjetivo específico da qualificadora

Além do dolo, presente na violação de direito autoral, exige-se o elemento subjetivo específico, consistente no "intuito de lucro", que pode ser direto (quando o agente obtém ganho, sem rodeios ou intermediários, na violação do direito de autor; por exemplo, seria o caso de cobrar ingresso para reproduzir, em determinado local, fita de vídeo ou DVD, contendo filme para uso doméstico) ou indireto (quando o agente se vale de interposta pessoa ou situação para atingir o ganho, fruto da violação do direito de autor, como ocorreria, *v.g.*, na conduta do sujeito que reproduz em seu restaurante, para atrair clientela, fitas de vídeo ou DVD, contendo filme destinado a uso doméstico).

Essa finalidade específica liga-se à reprodução de obra intelectual, interpretação, execução ou fonograma, sem autorização do autor, do intérprete, do executor, do produtor ou de quem o represente. Tem sido posição da jurisprudência não considerar violação de direito autoral a postura de clubes e associações, sem finalidades *lucrativas*, que tocam fonogramas em bailes ou encontros para animar os sócios. Realmente, nesses casos, pode-se até equiparar o clube à situação do recesso familiar (figura atípica, conforme art. 46, VI, da Lei 9.610/1998), em que algumas pessoas usufruem da música sem qualquer intenção de lucrar e transgredir direito autoral.

Introduziu-se um elemento pertinente à antijuridicidade no tipo, tornando-o um elemento normativo. Assim, havendo "autorização do produtor ou do seu representante", o fato torna-se atípico.

2.12 Meio ou processo de execução

Meio é um recurso empregado para atingir um determinado objetivo, com um significado mais restrito e menos extenso na linha do tempo; *processo* é uma sequência de atos ou estágios com a finalidade de atingir certa meta, possuindo uma noção mais ampla e extensa na linha do tempo. Logo, para a reprodução não autorizada de obra intelectual de um modo geral, tanto faz que o agente utilize um método singular (meio) ou uma sequência deles (processo).

2.13 Fonograma ou videofonograma

Fonograma é todo som gravado, como os contidos em CDs, fitas cassete, discos, DVDs, MP3, *pen drives*, formatos digitais disponíveis para *download* ou via tecnologia *streaming* etc. *Videofonograma* é toda forma de imagem e som gravados em suporte material, tais como fitas de videocassete, CDs, DVDs, discos laser, MP3, *pen drives*, formatos digitais disponíveis para *download* ou via tecnologia *streaming* etc. Quer-se crer que a figura qualificada foi eleita pela maior facilidade de violação do direito autoral ao ser utilizada a via das gravações de um modo geral, que permitem pronta divulgação a longas distâncias para o grande público.

É preciso lembrar da excludente de tipicidade, contida no art. 46, V e VI, da Lei 9.610/1998, permissiva da reprodução de fonogramas ou videofonogramas no recesso familiar ou para fins didáticos, sem intuito de lucro, ou em estabelecimentos comerciais para exibição à clientela.

Lamentavelmente, na nova redação do § 1.º (o mesmo valendo para os tipos previstos nos §§ 2.º e 3.º), deixou-se de mencionar o videofonograma, que é a forma específica dos suportes materiais de imagem e som, como ocorre com as fitas de vídeo, DVDs, discos laser, MP3, *pen drives*, formatos digitais disponíveis para *download* ou via tecnologia *streaming*, entre outros. Mencionou-se apenas o fonograma, onde se grava apenas o som. Entretanto, tal supressão não deve ser obstáculo à continuidade da criminalização da conduta daqueles que reproduzirem videofonogramas indevidamente.

Em primeiro lugar, fonogramas e videofonogramas são apenas espécies de obras intelectuais. Afinal, o autor da letra e da música, quando as tem reproduzidas indevidamente em qualquer tipo de base material, é vítima de violação de obra produzida pelo seu intelecto. O mesmo se dá com o autor de filme, sujeito à gravação em outro tipo de suporte, porém similar, que também concretiza obra que é fruto de seu intelecto. Em segundo lugar, se os fonogramas são expressamente mencionados, não se pode deixar de dar a eles a indispensável interpretação extensiva, para dar lógica e sentido à nova norma editada, que busca maior – e não menor – proteção ao direito de autor, salientando-se, ainda, que videofonogramas não deixam de ser fonogramas, pois contêm o som da obra produzida (músicas ou diálogos criados pelo autor da obra). A omissão ao termo *videofonograma* não encontra justificativa, até porque a Exposição de Motivos 596, que encaminhou o Projeto da atual Lei 10.695/2003, fez sempre menção a esse tipo de obra e não somente ao fonograma.

2.14 Autor, artista intérprete ou executante e produtor

Falava-se anteriormente apenas no autor (criador da obra intelectual) e no produtor (pessoa física ou jurídica que viabilizou, dando suporte material, a sua concretização). A Lei 10.695/2003 ampliou, para tornar mais clara, embora em nosso entender fosse desnecessário, visto que estava protegida pela lei civil, que é o complemento desta norma penal, a posição dos artistas intérpretes, que são os cantores da música criada pelo autor ou os atores da peça teatral escrita por alguém, bem como a dos executantes, que constituem os músicos da orquestra ou banda.

2.15 Observação sobre a multa

A modificação trazida pela Lei 10.695/2003 fez ressurgir a multa no contexto dos crimes tipificados nos parágrafos deste artigo. Isso porque, anteriormente, tendo em vista que os §§ 1.º e 2.º tiveram suas redações determinadas pela Lei 8.635/1993, fixando esta que o valor da multa fosse estabelecido em *cruzeiros*, ao arrepio do sistema adotado em 1984, consistente no dia-multa, variável e passível de atualização pela correção monetária, devia-se respeitar a lei mais recente, de modo que a multa era inexistente. Retomou-se, no entanto, a disciplina regular dos demais crimes da Parte Especial do Código Penal, com a mera referência à multa no preceito sancionador. Sua fixação se faz observados os critérios estabelecidos na Parte Geral (art. 49).

2.16 A qualificadora e a pena mínima

Possivelmente com a finalidade de evitar a aplicação do disposto na Lei 9.099/1995 (suspensão condicional do processo para crimes cuja pena mínima não ultrapasse um ano), para as figuras qualificadas do crime de violação de direito autoral, houve o aumento

Cap. I – Crimes contra a Propriedade Intelectual • **Parte 3** 489

da pena mínima para dois anos, o que demonstra tratamento mais rigoroso com o delito em questão. Não significa, naturalmente, que esse incremento da pena acarrete o cumprimento da pena em regime carcerário. Pode o juiz aplicar tanto o *sursis* (quando a fixação da pena se der no patamar de dois anos) quanto as penas alternativas (que preveem um teto de quatro anos).

2.17 Comercialização do produto

Trata o § 2.º de tipo misto alternativo, isto é, caso o agente pratique uma ou mais condutas, cometerá um único delito. Ex.: se adquirir e, em seguida, expuser à venda um fonograma qualquer, sem autorização legal, pratica um único delito. *Distribuir* (entregar a várias pessoas em diversos locais), *vender* (alienar por um preço determinado), *expor à venda* (exibir para atrair compradores), *alugar* (ceder o objeto por tempo determinado mediante o pagamento de certo preço), *introduzir* no País (fazer ingressar), *adquirir* (obter ou conseguir), *ocultar* (esconder ou disfarçar), *ter em depósito* (manter alojado ou guardado) constituem as condutas alternativas que o agente pode concretizar. O objeto, neste caso, é a obra intelectual, o fonograma ou o videofonograma.

O tipo menciona os termos *original* ou *cópia*. O primeiro é a obra primeira, enquanto a cópia se trata da reprodução da primitiva.

Lembrar que a utilização de marca legítima de outrem trata-se de crime previsto em lei especial, não se enquadrando no tipo penal do art. 184, § 2.º (ver arts. 190 e 194 da Lei 9.279/1996).

Outra vez, utiliza-se o legislador, na construção do tipo, de elementos pertinentes à ilicitude. Assim, introduzido no tipo "com violação do direito de autor", na primeira parte, e "sem a expressa autorização dos titulares dos direitos ou de quem os represente", na segunda, tornam-se elementos normativos do tipo. A autorização do autor, portanto, torna o fato atípico.

Na norma anterior à modificação trazida pela Lei 10.695/2003, previa-se somente a conduta de quem vendia, expunha à venda, alugava, introduzia no País, adquiria, ocultava, emprestava, trocava ou tinha em depósito original ou cópia de obra intelectual, fonograma e videofonograma, *produzidos ou reproduzidos com violação de direito autoral*, acrescentando-se, agora, também a conduta de quem *aluga original ou cópia* de obra intelectual, fonograma ou videofonograma (este último por interpretação extensiva dos primeiros), produzidas ou reproduzidas legitimamente, porém *sem a expressa autorização dos titulares dos direitos ou de quem os represente* para a locação.

A intenção foi nítida: atingir as locadoras de vídeo ou DVD, que se servem, muitas vezes, de material produzido licitamente (não são "cópias piratas"), mas que não possuem autorização para esse tipo de comércio, isto é, embora sejam fitas ou DVDs originais, seu destino seria o uso doméstico. Aliás, note-se que, sem a inclusão dos videofonogramas (termo extirpado do tipo por descuido), ficaria sem sentido essa nova previsão, pois não se costuma, como regra, fazer locação de livros ou CDs de música, mas sim de fitas de vídeo e DVDs.

2.18 Sujeitos ativo e passivo

O sujeito ativo pode ser qualquer pessoa; o sujeito passivo é qualificado, só podendo ser o autor de obra intelectual ou o titular do direito sobre a produção intelectual de outrem, bem como seus herdeiros e sucessores.

2.19 Elemento subjetivo específico

Além do dolo, exige-se o especial "intuito de lucro", direto ou indireto. Conferir: TRF, 4.ª Região: "O crime previsto no artigo 184, § 2.º, do CP, violação de direito autoral, encerra uma norma penal em branco e para a sua configuração é imprescindível que haja, além do dolo genérico – vontade de praticar a ação incriminada –, ciente o agente de que o original ou cópia foi produzido ou reproduzido com violação de direito autoral –, um especial fim de agir do sujeito ativo, que é o 'intuito de lucro direto ou indireto'" (ACR 2006.71.03.002762-2/RS, 8.ª T., rel. Paulo Afonso Brum Vaz, 02.06.2010, v.u.).

2.20 Confronto entre violação de direitos autorais e descaminho

Inexiste dupla punição pelo mesmo fato, pois são objetos jurídicos diversos e vítimas, igualmente, diferentes. A competência federal, imposta pelo descaminho, atrai o julgamento do outro delito.

2.21 Classificação

Mantém-se a mesma classificação feita no tópico 2.8 *supra*, acrescentando-se somente que o crime é permanente (a consumação se prolonga no tempo) nas formas "expor à venda", "ocultar" e "ter em depósito".

2.22 Violação do direito de autor por outros meios (cabo, fibra ótica, satélite, ondas)

O incremento da tecnologia, proporcionando formas cada vez mais céleres e facilitadas de acesso a obras intelectuais de um modo geral, obrigou a inclusão do § 3.º ao art. 184.

É perfeitamente possível a violação do direito de autor através da Internet, por exemplo, valendo-se o agente do crime do oferecimento ao público, com intuito de lucro, de músicas, filmes, livros e outras obras, proporcionando ao usuário que as retire da rede, pela via de cabo ou fibra ótica, conforme o caso, instalando-as em seu computador. O destinatário da obra (lembremos que há livros inteiros que podem ser captados na Internet, instalando-os no disco rígido do computador para leitura) paga pelo produto, mas o valor jamais chega ao autor.

Assim, o fornecedor não promove a venda direta ao consumidor do produto (que seria figura do parágrafo anterior), mas coloca em seu *site*, à disposição de quem desejar, para *download*, as obras que o autor não autorizou expressamente que fossem por esse meio utilizadas ou comercializadas. Lembremos que, atualmente, até mesmo por satélite ou ondas torna-se possível a recepção de obras em geral, sendo útil para a recepção um simples aparelho celular ou, como é mais comum, através da televisão por assinatura (TV a cabo ou por ondas).

Nesse prisma, garantindo a aplicação da lei de proteção aos direitos autorais – consequentemente deste tipo penal –, em relação à TV por assinatura, explica CARLOS ALBERTO BITTAR que o "uso novo representa processo autônomo e distinto de utilização de obra intelectual (Lei 9.610, de 19.02.1998, art. 31), de sorte que se encarta, perfeitamente, ao regime autoral, dependendo a exploração da obra, no sistema, de autorização autoral e da correspondente remuneração do criador, incluída também a defesa dos sinais quanto aos direitos da empresa emissora".[8] A norma incriminadora, no entanto, não contempla a figura do oferecimento ao

---

[8] *Contornos atuais do direito de autor*, p. 200.

Cap. I – Crimes contra a Propriedade Intelectual • Parte 3

público de obras em geral, sem intuito de lucro. Portanto, nessa hipótese, caso haja discordância do autor, pode-se usar a figura do *caput*.

2.22.1 Determinação para a destruição da produção ou reprodução criminosa

Foi suprimido do § 3.º o texto que impunha ao juiz, em caso de condenação, dar a ordem para a destruição da produção ou reprodução delituosa. Em seu lugar, introduziu-se novo tipo penal, como visto no tópico anterior.

Entretanto, a possibilidade de destruição da produção ou reprodução apreendida encontra guarida no art. 530-F do Código de Processo Penal ("Ressalvada a possibilidade de se preservar o corpo de delito, o juiz poderá determinar, a requerimento da vítima, a destruição da produção ou reprodução apreendida quando não houver impugnação quanto à sua ilicitude ou quando a ação penal não puder ser iniciada por falta de determinação de quem seja o autor do ilícito"). Consta, ainda, no art. 530-G, que "o juiz, ao prolatar a sentença condenatória, poderá determinar a destruição dos bens ilicitamente produzidos ou reproduzidos e o perdimento dos equipamentos apreendidos, desde que precipuamente destinados à produção e reprodução dos bens, em favor da Fazenda Nacional, que deverá destruí-los ou doá-los aos Estados, Municípios e Distrito Federal, a instituições públicas de ensino e pesquisa ou de assistência social, bem como incorporá-los, por economia ou interesse público, ao patrimônio da União, que não poderão retorná-los aos canais de comércio".

Nota-se, pois, que, durante o processo, somente poderá o magistrado determinar a destruição das produções ou reproduções apreendidas caso não mais interessem à formação do corpo de delito (prova da existência do crime), desde que haja requerimento da vítima nesse sentido. Logo, não pode o juiz atuar de ofício. Por outro lado, quando há condenação, o julgador *poderá* (o antigo § 3.º do art. 184 valia-se do verbo "determinará", que significava imposição) determinar a destruição dos bens ilicitamente produzidos ou reproduzidos. Trata-se, nesse prisma, de ato facultativo. A segunda parte do art. 530-G do Código de Processo Penal prevê a possibilidade de haver o confisco dos equipamentos utilizados para a produção ou reprodução ilícita dos referidos bens. Estes poderão ser destruídos ou doados aos Estados, Municípios, Distrito Federal e instituições públicas em geral, bem como poderá haver a sua incorporação ao patrimônio da União. Em suma, os objetos apreendidos *poderão* ser destruídos. Mas se a destruição é facultativa, embora certamente haja o confisco do mesmo modo, a teor do preceituado pelo art. 91, II, *b*, do Código Penal, o que a União faria, por exemplo, com pilhas de CDs apreendidos? Devolveria à vítima? E se esta não os quiser? Certamente que outro caminho não poderá haver senão o da destruição, visto que os objetos ilicitamente produzidos ou reproduzidos não podem ser doados, como se permitiu aos equipamentos que os fabricaram.

2.23 Crime de violação de direito do autor de programas produzidos para computador (*softwares*)

Conferir o art. 12 da Lei 9.609/1998: "Violar direitos de autor de programa de computador: Pena – detenção, de seis meses a dois anos, ou multa. § 1.º Se a violação consistir na reprodução, por qualquer meio, de programa de computador, no todo ou em parte, para fins de comércio, sem autorização expressa do autor ou de quem o represente: Pena – reclusão, de um a quatro anos, e multa. § 2.º Na mesma pena do parágrafo anterior incorre quem vende, expõe à venda, introduz no País, adquire, oculta ou tem em depósito, para fins de comércio, original ou cópia de programa de computador, produzido com violação de direito autoral. § 3.º Nos crimes previstos neste artigo, somente se procede mediante queixa, salvo: I – quando praticados em prejuízo de entidade de direito público, autarquia, empresa pública, sociedade de economia mista ou fundação instituída pelo poder público; II – quando, em decorrência de ato delituoso, resultar sonegação fiscal, perda de arrecadação tributária ou prática de quaisquer dos crimes contra a ordem tributária ou contra as relações de consumo. § 4.º No caso do inciso II do parágrafo anterior, a exigibilidade do tributo, ou contribuição social e qualquer acessório, processar-se-á independentemente de representação". O referido artigo foi analisado em nosso livro *Leis penais e processuais penais comentadas* – vol. 1.

2.24 Exceções ou limitações ao direito de autor

O disposto no § 4.º do art. 184 pode ser considerado inútil, porque supérfluo. Note-se que, na primeira parte, menciona-se não ser aplicável o disposto nos tipos penais previstos nos §§ 1.º, 2.º e 3.º, reiterando autêntica excludente de tipicidade, às situações de exceção ou limitação de direito autoral previstas expressamente na Lei 9.610/1998.

Ocorre que, ainda que nada fosse mencionado, continuaria a vigorar o disposto nesta última lei, em especial no art. 46, que traz um rol de situações excepcionais e limitativas do direito de autor. Assim, nada mudou, uma vez que se sabe que excludentes de tipicidade ou de ilicitude podem estar dispostas em leis extrapenais. Era e continua sendo justamente o caso da Lei 9.610/1998. Logo, não tem utilidade prática este dispositivo.

Aliás, o parágrafo em comento menciona somente as hipóteses dos §§ 1.º, 2.º e 3.º do art. 184. E quanto ao disposto no *caput*? Não se aplicaria, também a ele, eventual exceção ou limitação encontrada na referida Lei 9.610/1998? Cremos que sim, ainda que o § 4.º não lhe faça qualquer referência. Quanto à segunda parte do artigo, observa-se que o legislador pretendeu *autorizar* a cópia de obra intelectual ou fonograma, quando feita em um só exemplar, para uso privado do copista, desde que não haja *intuito de lucro*. Ora, todos os tipos incriminadores previstos nos §§ 1.º, 2.º e 3.º, para se tornarem aplicáveis a fatos concretos, exigem a presença do *intuito de lucro direto ou indireto*. Logo, não havendo o elemento subjetivo específico, o fato é atípico. Por isso, o disposto no § 4.º deste artigo é desnecessário.

Acesse e escute o *podcast* sobre Crime de violação de direito autoral.

> http://uqr.to/1yoge

2.25 Quadro-resumo

	Violação de direito autoral
Previsão legal	**Art. 184.** Violar direitos de autor e os que lhe são conexos: Pena – detenção, de 3 (três) meses a 1 (um) ano, ou multa. § 1.º Se a violação consistir em reprodução total ou parcial, com intuito de lucro direto ou indireto, por qualquer meio ou processo, de obra intelectual, interpretação, execução ou fonograma, sem autorização expressa do autor, do artista intérprete ou executante, do produtor, conforme o caso, ou de quem os represente:

Previsão legal	Pena – reclusão, de 2 (dois) a 4 (quatro) anos, e multa. § 2.º Na mesma pena do § 1.º incorre quem, com o intuito de lucro direto ou indireto, distribui, vende, expõe à venda, aluga, introduz no País, adquire, oculta, tem em depósito, original ou cópia de obra intelectual ou fonograma reproduzido com violação do direito de autor, do direito de artista intérprete ou executante ou do direito do produtor de fonograma, ou, ainda, aluga original ou cópia de obra intelectual ou fonograma, sem a expressa autorização dos titulares dos direitos ou de quem os represente. § 3.º Se a violação consistir no oferecimento ao público, mediante cabo, fibra ótica, satélite, ondas ou qualquer outro sistema que permita ao usuário realizar a seleção da obra ou produção para recebê-la em um tempo e lugar previamente determinados por quem formula a demanda, com intuito de lucro, direto ou indireto, sem autorização expressa, conforme o caso, do autor, do artista intérprete ou executante, do produtor de fonograma, ou de quem os represente: Pena – reclusão, de 2 (dois) a 4 (quatro) anos, e multa. § 4.º O disposto nos §§ 1.º, 2.º e 3.º não se aplica quando se tratar de exceção ou limitação ao direito de autor ou os que lhe são conexos, em conformidade com o previsto na Lei 9.610, de 19 de fevereiro de 1998, nem a cópia de obra intelectual ou fonograma, em um só exemplar, para uso privado do copista, sem intuito de lucro direto ou indireto.
Sujeito ativo	Qualquer pessoa
Sujeito passivo	Autor de obra intelectual ou titular de direito sobre produção de outrem
Objeto material	Obra violada
Objeto jurídico	Propriedade intelectual
Elemento subjetivo	Dolo
Classificação	Comum Formal Forma livre Comissivo Instantâneo Unissubjetivo Plurissubsistente
Tentativa	Admite
Circunstâncias especiais	Qualificadoras Excludente de tipicidade

3. AÇÃO PENAL

3.1 Ação penal privada (art. 186, I, do CP)

Somente a vítima tem legitimidade para dar início à ação penal, por meio da queixa-crime, quando se tratar de violação de direito de autor na forma simples, ou seja, a forma prevista no *caput* do art. 184. Nessa hipótese, continuam a ser utilizados os arts. 524 a 530 do Código de Processo Penal, que prevê procedimento especial prévio para o início da ação penal.

Assim, é necessário que o ofendido apresente um requerimento ao juiz para que seja expedido um mandado de busca e apreensão do material objeto da violação. Após, realizar-se-á perícia para que se comprove a materialidade da infração penal, o que viabilizará o ajuizamento da ação penal.

3.2 Ação pública incondicionada quando houver intuito de lucro (art. 186, II, do CP)

Sabe-se que a violação do direito de autor propaga-se em ritmo acelerado, justificando, de fato, a mudança da lei, para conferir maior autonomia e liberdade de ação à autoridade policial e ao Ministério Público.

Enquanto se previa a ação privada como regra e a pública como exceção, ainda que o infrator se movesse com o nítido intuito de lucro, era muito mais difícil controlar a *pirataria*. Não poderia o delegado de polícia, por exemplo, agir de ofício, caso encontrasse um depósito de CDs, de variados conteúdos musicais, pois dependeria de provocação da vítima. E onde seria ela encontrada? Com que rapidez antes que a materialidade se perdesse? Logicamente, terminava sem qualquer punição a infração penal. Artistas e intelectuais de um modo geral não têm tempo nem condições de fiscalizar a utilização de suas obras, além de ser um trabalho quase impossível, motivo pelo qual a autoridade pública deve ocupar seu lugar.

Transformando os crimes previstos nos §§ 1.º e 2.º do art. 184 do Código Penal em delitos de ação pública incondicionada, o trabalho policial recebeu um voto de confiança, com o aval da classe artística e intelectual. A alteração já produz resultados práticos positivos.

3.3 Ação pública condicionada à representação (art. 186, IV, do CP)

No caso do § 3.º do art. 184, a ação é pública condicionada, isto é, há necessidade de se colher a concordância da vítima para que o Estado (polícia e Ministério Público) possa agir. Segundo nosso entendimento, essa hipótese deveria estar no mesmo contexto das anteriores, ou seja, ser de ação pública incondicionada. A vantagem, no entanto, é que, havendo a representação, segue-se o disposto no art. 530-B e seguintes do CPP e não nos arts. 525 a 530 do CPP, que possuem maiores restrições ao exercício do direito de ação.

3.4 Facilitação do procedimento

A modificação do Código de Processo Penal também foi salutar. O art. 530-B estipula que, "nos casos das infrações previstas nos §§ 1.º, 2.º e 3.º do art. 184 do Código Penal, a autoridade policial procederá à apreensão dos bens ilicitamente produzidos ou reproduzidos, em sua totalidade, juntamente com os equipamentos, suportes e materiais que possibilitaram a sua existência, desde que estes se destinem precipuamente à prática do ilícito". Após, sem necessidade de ser a perícia conduzida por peritos do juiz (como prevê o art. 527, CPP), basta que a análise do material apreendido seja feita por perito oficial, ou, na sua falta, por pessoa tecnicamente habilitada (art. 530-D).

3.5 Proteção especial às entidades de direito público (art. 186, III, do CP)

Permanece o desiderato de proteger, de modo mais amplo e eficaz, as entidades de direito público, as autarquias, as empresas públicas, as sociedades de economia mista e as fundações instituídas pelo Poder Público, considerando de ação pública incondicionada qualquer delito de violação de direito de autor.

RESUMO DO CAPÍTULO

Ação penal	**Art. 186.** Procede-se mediante: I – queixa, nos crimes previstos no *caput* do art. 184; II – ação penal pública incondicionada, nos crimes previstos nos §§ 1.º e 2.º do art. 184; III – ação penal pública incondicionada, nos crimes cometidos em desfavor de entidades de direito público, autarquia, empresa pública, sociedade de economia mista ou fundação instituída pelo Poder Público; IV – ação penal pública condicionada à representação, nos crimes previstos no § 3.º do art. 184.
Procedimento	Ver o procedimento nos arts. 524 a 530-I do CPP.

PARTE 4

CRIMES CONTRA A ORGANIZAÇÃO DO TRABALHO

Capítulo I

Crimes contra a
Organização do Trabalho

1. PROTEÇÃO CONSTITUCIONAL

A Constituição Federal protege os direitos dos trabalhadores urbanos e rurais, bem como o direito de greve, portanto, a organização do trabalho (arts. 7.º, 8.º e 9.º). Por outro lado, estabelece que cabe aos juízes federais processar e julgar os crimes contra a organização do trabalho (art. 109, VI).

Entretanto, nesse aspecto, o Supremo Tribunal Federal tem posição firmada de que, a despeito de o texto expresso da Constituição dar a entender que todos os delitos previstos no Título IV do Código Penal devem ser da competência da Justiça Federal, somente os crimes que ofendem interesses coletivos do trabalho pertencem à esfera federal; os demais devem ser processados e julgados pela Justiça Estadual. Lembremos que a Justiça do Trabalho não julga nenhum tipo de causa criminal, nem mesmo os delitos contra a organização do trabalho.

2. CRÍTICA AO TÍTULO *ORGANIZAÇÃO DO TRABALHO*

Parece-nos pertinente a alteração do bem jurídico protegido pelas figuras típicas deste Título, como pondera JOÃO MARCELLO DE ARAÚJO JÚNIOR, ao dizer que há uma ideia autoritária por trás da *organização do trabalho*, devendo-se falar em proteção à dignidade, liberdade, segurança e higiene do trabalho, valores históricos dos trabalhadores assalariados, além de suas reivindicações na defesa de seus interesses.[1]

---

[1] *Dos crimes contra a ordem econômica*, p. 91.

3. ATENTADO CONTRA A LIBERDADE DE TRABALHO

3.1 Estrutura do tipo penal incriminador

Constranger significa tolher a liberdade ou coagir. A conduta incriminada é o constrangimento exercido contra trabalhador, valendo-se de violência ou grave ameaça, para que faça o que a lei não manda ou deixe de fazer o que a lei permite, conforme dispõe o art. 197 do Código Penal.

Violência e grave ameaça são as formas eleitas pelo tipo penal para a prática do crime. A violência é o emprego de força física para dobrar a resistência de alguém, enquanto a grave ameaça é a violência moral, intimidando-se a pessoa para que atue conforme quer o agente.

No inciso I do art. 197, o constrangimento se volta às condutas de *não exercer* ou *exercer*. Esta significa desempenhar ou praticar, implicando habitualidade. De fato, é preciso que o constrangimento impeça o trabalhador de *exercer* o seu mister ou atuar para que *exerça* o que *não* deseja; assim fazendo, estar-se-á atentando contra a liberdade de trabalho. Note-se a ambiguidade trazida pelas condutas de constranger e exercer. Embora exercer represente habitualidade, junto com a conduta constranger forma um delito permanente.

O mesmo se diga para as demais formas de conduta: *trabalhar* implica habitualidade. O constrangimento exercido para impedir ou obrigar ao trabalho também é permanente. No tocante a abrir ou fechar, voltamos à conjugação com o núcleo principal, que é constranger. Enquanto o trabalhador for obrigado a manter fechado ou aberto o seu estabelecimento, contra sua vontade, está se consumando o delito. E, finalmente, o mesmo vale para a obrigação contínua de *participar* de paralisação da atividade laborativa.

O objeto do exercício (ou não) é a arte, ofício, profissão ou indústria. *Arte* é atividade manual, implicando habilidade, aptidão e técnica; *ofício* é habilidade manual ou mecânica, socialmente útil. Ambas podem ser remuneradas ou não. *Profissão* é atividade especializada, material ou intelectual, exercida, em regra, mediante remuneração, demanda preparo e devida regulamentação. *Indústria* é atividade de transformação de materiais, conforme as necessidades humanas – implica destreza e aptidão.

Prevê o preceito secundário do tipo que o agente responderá, quando utilizar violência contra a pessoa, não somente pelo crime do art. 197, mas também pela figura típica correspondente à violência utilizada.

No inciso II do art. 197, cuida-se de impedir a abertura ou o fechamento do estabelecimento comercial, volta-se à paralisação do trabalho e à participação em *parede*, que é o abandono coletivo do trabalho, ou seja, é a greve. Para melhor compreender o alcance do tipo, é preciso analisar o conteúdo da Lei 7.783/1989, que disciplina o direito de greve. Em vários dispositivos, menciona-se estar assegurado o *direito de greve*, embora a paralisação deva ser, sempre, *pacífica*, assegurando-se aos grevistas o emprego de meios *pacíficos* para persuadir outros trabalhadores à adesão ao movimento, vedando-se o uso de qualquer tipo de constrangimento (arts. 1.º, 2.º e 6.º). Justamente por isso é cabível punir aqueles que impedirem, com violência ou grave ameaça, o direito de trabalhar.

Como já ressaltado, prevê o preceito secundário do tipo que o agente responderá, quando utilizar violência contra a pessoa, não somente pelo crime do art. 197, mas também pela figura típica correspondente à violência utilizada.

A pena prevista no art. 197, I, do CP é de detenção, de um mês a um ano, e multa, além da pena correspondente à violência. O inciso II do mesmo dispositivo dispõe que a pena é de detenção, de três meses a um ano, e multa, além da pena correspondente à violência.

3.2 Sujeitos ativo e passivo

O sujeito ativo é qualquer pessoa; o sujeito passivo pode ser qualquer pessoa, desde que na condição de trabalhador – empregado ou patrão, conforme o caso. Cremos que a pessoa jurídica não pode ser sujeito passivo deste crime, porque o tipo penal é apenas uma forma específica de cercear a liberdade da pessoa humana ao seu legítimo direito ao trabalho. Como diz Hungria, "é o crime de *constrangimento ilegal* especialmente considerado quando lesivo da liberdade de trabalho".[2] A letra da lei é clara em todos os incisos e situações: *a)* constranger pessoa – que somente pode ser humana – a exercer ou não exercer arte, ofício, profissão ou indústria; *b)* constranger pessoa – também somente a humana – a trabalhar ou não trabalhar em certos períodos ou dias; *c)* constranger pessoa humana a abrir ou fechar o *seu* estabelecimento de trabalho.

Note-se que a coação deve voltar-se contra *alguém* que possa *abrir* ou *fechar* o *seu* estabelecimento. Ora, somente o ser humano pode ser vítima da violência ou da grave ameaça, abrindo ou fechando o que lhe pertence. Não tem cabimento dizer, por exemplo, que a loja fechada pelo empregado, que sofreu a violência, tem por sujeito passivo a pessoa jurídica, uma vez que foi o vendedor que *fechou* o estabelecimento e este não lhe pertence. Eis por que é inadequado dizer que a pessoa jurídica é o sujeito passivo. No exemplo citado, se o constrangimento se voltou somente contra o empregado, incide a hipótese do inciso I. Se foi contra o dono da loja (pessoa humana), incide o inciso II. Assim, também, a posição de Mirabete.[3]

Em sentido contrário há a lição de Noronha, para quem o pronome indefinido "alguém" pode compreender a pessoa jurídica, embora reconheça que o constrangimento há de recair sobre a pessoa física que a dirige.[4]

3.3 Elemento subjetivo

É o dolo. Não existe a forma culposa, nem se exige elemento subjetivo específico.

3.4 Objetos material e jurídico

O objeto material é a pessoa que sofre a conduta criminosa; o objeto jurídico é a liberdade de trabalho.

3.5 Classificação

Trata-se de crime comum (aquele que não demanda sujeito ativo qualificado ou especial); material (delito que exige resultado naturalístico, consistente no efetivo tolhimento da liberdade de trabalho); de forma livre (podendo ser cometido por qualquer meio eleito pelo agente); comissivo (os verbos implicam ações); instantâneo (cuja consumação não se arrasta no tempo) ou permanente (cujo resultado se prolonga no tempo), conforme o caso concreto; de dano (consuma-se apenas com a efetiva lesão ao bem jurídico tutelado); unissubjetivo (que pode ser praticado por um só agente); plurissubsistente (em regra, vários atos integram a conduta); admite tentativa.

---

[2] *Comentários ao Código Penal*, v. 8, p. 30.

[3] *Manual de direito penal*, v. 2, p. 390.

[4] *Direito penal*, v. 3, p. 55. No mesmo sentido: Mayrink da Costa, *Direito penal* – Parte especial, v. 2, t. II, p. 837.

3.6 Competência

É da Justiça Estadual (objeto protegido: interesse individual do trabalhador). Eventualmente, pode ser da Justiça Federal, se vários forem os trabalhadores atingidos.

3.7 Quadro-resumo

Previsão legal	**Atentado contra a liberdade de trabalho**
	Art. 197. Constranger alguém, mediante violência ou grave ameaça:
	I – a exercer ou não exercer arte, ofício, profissão ou indústria, ou a trabalhar ou não trabalhar durante certo período ou em determinados dias:
	Pena – detenção, de um mês a um ano, e multa, além da pena correspondente à violência;
	II – a abrir ou fechar o seu estabelecimento de trabalho, ou a participar de parede ou paralisação de atividade econômica:
	Pena – detenção, de três meses a um ano, e multa, além da pena correspondente à violência.
Sujeito ativo	Qualquer pessoa
Sujeito passivo	Qualquer pessoa, desde que trabalhador
Objeto material	Pessoa que sofre a conduta criminosa
Objeto jurídico	Liberdade de trabalho
Elemento subjetivo	Dolo
Classificação	Comum
	Material
	Forma livre
	Comissivo
	Instantâneo ou permanente
	Dano
	Unissubjetivo
	Plurissubsistente
Tentativa	Admite
Circunstâncias especiais	Sistema da acumulação material
	Forma qualificada no inciso II
	Justiça Estadual, como regra

4. ATENTADO CONTRA A LIBERDADE DE CONTRATO DE TRABALHO E BOICOTAGEM VIOLENTA

4.1 Estrutura do tipo penal incriminador

Constranger significa tolher a liberdade ou coagir. A conduta incriminada é o constrangimento exercido contra trabalhador, valendo-se de violência ou grave ameaça, para que celebre contrato de trabalho ou não forneça a outrem (ou não adquira de outrem) matéria-prima (substância bruta da qual se extrai alguma coisa) ou produto industrial ou agrícola (resultado da atividade agrícola ou industrial), como preceitua o art. 198 do CP.

Violência e grave ameaça são as formas eleitas pelo tipo penal para a prática do crime. A violência é o emprego de força física para dobrar a resistência de alguém, enquanto a grave ameaça é a violência moral, intimidando-se a pessoa para que atue conforme quer o agente.

O contrato de trabalho é o "acordo tácito ou expresso, correspondente à relação de emprego" (definição de contrato individual dada pelo art. 442 da CLT) ou o "acordo de caráter normativo, pelo qual dois ou mais sindicatos representativos de categorias econômicas e profissionais estipulam condições de trabalho aplicáveis, no âmbito das respectivas representações, às relações individuais de trabalho" (definição de convenção ou contrato coletivo dada pelo art. 611, *caput*, da CLT). Como bem lembra NORONHA, "embora a coação, no contrato coletivo, seja mais difícil, pelas exigências legais quanto à sua conclusão e validade, não é impossível de ser exercida sobre componentes de sindicatos, em número suficiente para a aprovação contratual".[5]

Sobre o constrangimento contra o fornecimento, há de se especificar que *fornecer* significa abastecer, prover ou proporcionar. A figura incriminada ("não fornecer" ou "não adquirir") é a chamada *boicotagem violenta*, que está estampada na rubrica do tipo penal. Valendo-nos do ensinamento de HUNGRIA, "*boicotagem* vem do nome de um administrador agrícola, na Irlanda, James *Boycott*, com quem os camponeses e fornecedores da região romperam relações (forçando-o a emigrar para a América), em represália à sua atuação vexatória. Trata-se de uma espécie de *ostracismo econômico*: a pessoa atingida pela boicotagem é posta à margem do círculo econômico a que pertence, vendo-se na contingência de cessar sua atividade, porque ninguém lhe fornece os elementos indispensáveis a ela, nem lhe adquire os produtos".[6]

Prevê o preceito secundário do tipo que o agente responderá, quando utilizar violência contra a pessoa, não somente pelo crime do art. 198, mas também pela figura típica correspondente à violência utilizada.

A pena é de detenção, de um mês a um ano, e multa, além da pena correspondente à violência.

4.2 Sujeitos ativo e passivo

Podem ser qualquer pessoa. Registre-se que o constrangimento exercido contra uma ou mais de uma pessoa importa sempre crime único.

4.3 Elemento subjetivo

É o dolo. Não existe a forma culposa, nem se exige elemento subjetivo específico.

4.4 Objetos material e jurídico

O objeto material é a pessoa que sofre o constrangimento; o objeto jurídico é a liberdade de trabalho.

4.5 Classificação

Trata-se de crime comum (aquele que não demanda sujeito ativo qualificado ou especial); material (delito que exige resultado naturalístico, consistente no tolhimento efetivo da liberdade de trabalho da vítima); de forma livre (podendo ser cometido por qualquer meio eleito pelo agente); comissivo (os verbos implicam ações); instantâneo (cujo resultado se dá de maneira instantânea, não se prolongando no tempo) ou permanente (cuja consumação se prolonga no tempo), conforme o caso concreto; de dano (consuma-se apenas com efetiva lesão a um bem jurídico tutelado); unissubjetivo (que pode ser praticado por um só agente); plurissubsistente (em regra, vários atos integram a conduta); admite tentativa.

---

5   *Direito penal*, v. 3, p. 60.
6   *Comentários ao Código Penal*, v. 8, p. 41.

4.6 Competência

É da Justiça Estadual (objeto protegido: interesse individual do trabalhador). Pode ser da Justiça Federal, caso o contrato seja coletivo.

4.7 Quadro-resumo

Previsão legal	**Atentado contra a liberdade de contrato de trabalho e boicotagem violenta** **Art. 198.** Constranger alguém, mediante violência ou grave ameaça, a celebrar contrato de trabalho, ou a não fornecer a outrem ou não adquirir de outrem matéria-prima ou produto industrial ou agrícola: Pena – detenção, de um mês a um ano, e multa, além da pena correspondente à violência.
Sujeito ativo	Qualquer pessoa
Sujeito passivo	Qualquer pessoa
Objeto material	Pessoa constrangida
Objeto jurídico	Liberdade de trabalho
Elemento subjetivo	Dolo
Classificação	Comum Material Forma livre Comissivo Instantâneo ou permanente Dano Unissubjetivo Plurissubsistente
Tentativa	Admite
Circunstâncias especiais	Sistema da acumulação material Justiça Estadual, como regra

5. ATENTADO CONTRA A LIBERDADE DE ASSOCIAÇÃO

5.1 Estrutura do tipo penal incriminador

Constranger significa tolher a liberdade ou coagir. A conduta incriminada é o constrangimento exercido contra trabalhador, valendo-se de violência ou grave ameaça, para participar ou deixar de participar de sindicato ou associação profissional, nos termos do art. 199 do CP.

Violência e grave ameaça são as formas eleitas pelo tipo penal para a prática do crime. A violência é o emprego de força física para dobrar a resistência de alguém, enquanto a grave ameaça é a violência moral, intimidando-se a pessoa para que atue conforme quer o agente.

Participar é tomar parte ou associar-se. O constrangimento, nesse caso, tem por meta obrigar alguém a tomar parte (ação) ou a não se associar (omissão) a um sindicato ou associação profissional.

A associação profissional é o agrupamento de empregadores, empregados, trabalhadores, intelectuais, técnicos ou manuais, exercendo a mesma profissão ou profissões similares ou conexas, para fins de estudo, defesa e coordenação dos seus interesses profissionais (art. 1.º do Decreto-lei 1.402/1939 e art. 511 do Decreto-lei 5.452/1943 – CLT). Sindicato é a associação

Cap. I – Crimes contra a Organização do Trabalho • Parte 4   505

profissional reconhecida por lei (art. 50 do Decreto-lei 1.402/1939 e art. 561 do Decreto-lei 5.452/1943 – CLT).

Prevê o preceito secundário do tipo que o agente responderá, quando utilizar violência contra a pessoa, não somente pelo crime do art. 199, mas também pela figura típica correspondente à violência utilizada.

A pena é de detenção, de um mês a um ano, e multa, além da pena correspondente à violência.

5.2 Sujeitos ativo e passivo

Podem ser qualquer pessoa. No caso do sujeito passivo, exige-se que seja trabalhador ou profissional, passível de tomar parte em sindicato ou associação.

5.3 Elemento subjetivo

É o dolo. Não existe a forma culposa, nem se exige elemento subjetivo específico.

5.4 Objetos material e jurídico

O objeto material é a pessoa constrangida; o objeto jurídico é a liberdade de associação e filiação a sindicato, constitucionalmente garantida (arts. 5.º, XVII, e 8.º, V, CF).

5.5 Classificação

Trata-se de crime comum (aquele que não demanda sujeito ativo qualificado ou especial); material (delito que exige resultado naturalístico, consistente no tolhimento à liberdade de filiação ou associação da vítima); de forma livre (podendo ser cometido por qualquer meio eleito pelo agente); comissivo ("constranger" implica ação); instantâneo (cujo resultado se dá de maneira instantânea, não se prolongando no tempo) ou permanente (a consumação prolonga-se no tempo), conforme o caso concreto; unissubjetivo (que pode ser praticado por um só agente); plurissubsistente (em regra, vários atos integram a conduta); admite tentativa.

5.6 Competência

É da Justiça Federal (se afetar a existência da associação ou do sindicato, que é interesse coletivo do trabalhador) ou da Justiça Estadual (se atingir somente o interesse individual do trabalhador).

5.7 Quadro-resumo

	Atentado contra a liberdade de associação
Previsão legal	**Art. 199.** Constranger alguém, mediante violência ou grave ameaça, a participar ou deixar de participar de determinado sindicato ou associação profissional: Pena – detenção, de um mês a um ano, e multa, além da pena correspondente à violência.
Sujeito ativo	Qualquer pessoa
Sujeito passivo	Qualquer pessoa, desde que trabalhador ou profissional, passível de tomar parte em sindicato ou associação
Objeto material	Pessoa constrangida
Objeto jurídico	Liberdade de associação e filiação a sindicato

Elemento subjetivo	Dolo
Classificação	Comum
	Material
	Forma livre
	Comissivo
	Instantâneo ou permanente
	Unissubjetivo
	Plurissubsistente
Tentativa	Admite
Circunstâncias especiais	Sistema da acumulação material
	Justiça Federal

6. PARALISAÇÃO DE TRABALHO, SEGUIDA DE VIOLÊNCIA OU PERTURBAÇÃO DA ORDEM

6.1 Estrutura do tipo penal incriminador

Participar refere-se a tomar parte ou associar-se. Exige, nesse caso, a existência de uma multiplicidade de pessoas que paralisam o trabalho, pois somente se pode *tomar parte* quando há várias pessoas agrupadas (três pelo menos) para qualquer fim.

A suspensão do trabalho é a paralisação promovida pelos empregadores (*lockout*), ou seja, a greve patronal. O abandono coletivo do trabalho é a paralisação efetuada pelos empregados (greve).

Nesta figura típica do art. 200 do Código Penal, o legislador deixa claro ser punida a paralisação violenta do trabalho, podendo a força física voltar-se contra pessoas ou contra coisas. Portanto, a greve, em si mesma, não é crime. Fazê-lo com violência, ferindo pessoas ou destruindo coisas – evidentemente alheias –, é que tipifica a infração penal.

Prevê o preceito secundário do tipo que o agente responderá, quando utilizar violência contra a pessoa, não somente pelo crime do art. 200, mas também pela figura típica correspondente à violência utilizada.

No parágrafo único, fixou-se o número mínimo de três empregados para se considerar coletivo o abandono de trabalho. Não se trata de um delito de concurso necessário, isto é, aquele que somente pode ser praticado por mais de uma pessoa. O que pretende o legislador com esta norma explicativa é proporcionar um adequado entendimento do tipo, evidenciando que o abandono coletivo necessita de, no mínimo, três empregados agrupados. No caso da suspensão, nada se mencionou, de modo que não cabe dizer que se exigem, no mínimo, três patrões, embora, por conta do verbo ("participar"), se deva buscar o agrupamento de pelo menos três pessoas, podendo ser um empregador e dois empregados, por exemplo.

A pena prevista no art. 200 do CP é de detenção, de um mês a um ano, e multa, além da pena correspondente à violência.

6.2 Sujeitos ativo e passivo

Podem ser qualquer pessoa, com a ressalva de que o sujeito ativo deve ser empregado ou empregador, pois o tipo exige a paralisação *do trabalho*. No tocante ao sujeito ativo, pelo menos três.

6.3 Elemento subjetivo

É o dolo. Não existe a forma culposa, nem se exige elemento subjetivo específico.

6.4 Objetos material e jurídico

O objeto material é a pessoa ou coisa que sofre a violência. O objeto jurídico é a liberdade de trabalho.

6.5 Classificação

Trata-se de crime próprio (aquele que demanda sujeito ativo qualificado ou especial, isto é, empregado); material (delito que exige resultado naturalístico, consistente na ofensa à integridade física ou destruição do patrimônio alheio); de forma livre (podendo ser cometido por qualquer meio eleito pelo agente); comissivo (os verbos indicam ações); instantâneo (cujo resultado se dá de maneira instantânea, não se prolongando no tempo); de dano (consuma-se apenas com efetiva lesão a um bem jurídico tutelado); plurissubjetivo (que pode ser praticado por mais de um agente); plurissubsistente (em regra, vários atos integram a conduta); admite tentativa.

6.6 Competência

É da Justiça Federal, pois o abandono de trabalho é coletivo.

6.7 Quadro-resumo

Previsão legal	**Paralisação de trabalho, seguida de violência ou perturbação da ordem** **Art. 200.** Participar de suspensão ou abandono coletivo de trabalho, praticando violência contra pessoa ou contra coisa: Pena – detenção, de um mês a um ano, e multa, além da pena correspondente à violência. **Parágrafo único.** Para que se considere coletivo o abandono de trabalho é indispensável o concurso de, pelo menos, três empregados.
Sujeito ativo	Qualquer pessoa, desde que empregado ou empregador
Sujeito passivo	Qualquer pessoa
Objeto material	Pessoa ou coisa que sofre a violência
Objeto jurídico	Liberdade de trabalho
Elemento subjetivo	Dolo
Classificação	Próprio Material Forma livre Comissivo Instantâneo Dano Plurissubjetivo Plurissubsistente
Tentativa	Admite
Circunstâncias especiais	Sistema da acumulação material Justiça Federal

7. PARALISAÇÃO DE TRABALHO DE INTERESSE COLETIVO

7.1 Estrutura do tipo penal incriminador

Participar, como já mencionado, refere-se a tomar parte ou associar-se. Exige, nesse caso, a existência de uma multiplicidade de pessoas que suspendem ou paralisam o trabalho, causando a interrupção de obra pública ou serviço de interesse coletivo.

Cumpre ressaltar, no entanto, que o art. 201 sofreu séria limitação após a edição da Constituição Federal de 1988 e da Lei 7.783/1989 (sobre o direito de greve). Enquanto o art. 9.º da Constituição preceitua ser *direito* do trabalhador promover e participar de greve, sem limitações, a lei supramencionada disciplina os serviços e atividades de natureza essencial, onde deve haver cautela na paralisação, a fim de atender às necessidades inadiáveis da comunidade. E mais: estabeleceu, nitidamente, que "os abusos cometidos sujeitam os responsáveis às penas da lei" (art. 9.º, § 2.º, CF).

Portanto, para compreender o alcance do ainda vigente art. 201, torna-se indispensável consultar a legislação ordinária, especificamente a Lei 7.783/1989. Entendemos que o direito de greve no setor não essencial é ilimitado, razão pela qual não mais tem aplicação a figura típica do art. 201. Entretanto, como nos setores essenciais o direito não é ilimitado, mas controlado por lei, pode haver abuso. Nesse prisma, ainda há possibilidade de punição.

Consultem-se, a respeito, os arts. 11, 14 e 15 da Lei de Greve: "Art. 11. Nos serviços ou atividades essenciais, os sindicatos, os empregadores e os trabalhadores ficam obrigados, de comum acordo, a garantir, durante a greve, a prestação dos serviços indispensáveis ao atendimento das necessidades inadiáveis da comunidade. Parágrafo único. São necessidades inadiáveis da comunidade aquelas que, não atendidas, coloquem em perigo iminente a sobrevivência, a saúde ou a segurança da população". "Art. 14. Constitui abuso do direito de greve a inobservância das normas contidas na presente Lei, bem como a manutenção da paralisação após a celebração de acordo, convenção ou decisão da Justiça do Trabalho. Parágrafo único. Na vigência de acordo, convenção ou sentença normativa não constitui abuso do exercício do direito de greve a paralisação que: I – tenha por objetivo exigir o cumprimento de cláusula ou condição; II – seja motivada pela superveniência de fato novo ou acontecimento imprevisto que modifique substancialmente a relação de trabalho". "Art. 15. A responsabilidade pelos atos praticados, ilícitos ou crimes cometidos, no curso da greve, será apurada, conforme o caso, segundo a legislação trabalhista, civil ou penal. Parágrafo único. Deverá o Ministério Público, de ofício, requisitar a abertura do competente inquérito e oferecer denúncia quando houver indício da prática de delito."

A pena prevista no art. 201 do CP é de detenção, de seis meses a dois anos, e multa.

7.2 Sujeitos ativo e passivo

O sujeito ativo pode ser qualquer pessoa, desde que seja empregado ou empregador, tendo em vista que se trata de paralisação *de trabalho*. O sujeito passivo é a coletividade.

7.3 Elemento subjetivo

É o dolo. Não existe a forma culposa. Cremos ser necessário o elemento subjetivo específico, consistente na vontade de tomar parte de uma paralisação *para interromper obra pública ou serviço de interesse coletivo*.

7.4 Objetos material e jurídico

O objeto material é o trabalho paralisado. O objeto jurídico é o interesse da sociedade na manutenção dos serviços.

7.5 Classificação

Trata-se de crime próprio (aquele que demanda sujeito ativo qualificado ou especial, que é a condição de empregado); material (delito que exige resultado naturalístico, consistente na efetiva paralisação do serviço de interesse coletivo); de forma livre (podendo ser cometido por qualquer meio eleito pelo agente); comissivo (embora o tipo seja concernente à paralisação de serviços, dando a ideia de uma omissão, o núcleo é de ação: "tomar parte"); instantâneo (cujo resultado se dá de maneira instantânea, não se prolongando no tempo); plurissubjetivo (que somente pode ser praticado por mais de uma pessoa, visto não ter cabimento falar em cessação de serviço público por um único agente); plurissubsistente (em regra, vários atos integram a conduta); admite tentativa.

7.6 Competência

É da Justiça Federal (o interesse no trabalho é coletivo).

7.7 Quadro-resumo

Previsão legal	**Paralisação de trabalho de interesse coletivo** **Art. 201.** Participar de suspensão ou abandono coletivo de trabalho, provocando a interrupção de obra pública ou serviço de interesse coletivo: Pena – detenção, de seis meses a dois anos, e multa.
Sujeito ativo	Qualquer pessoa, desde que empregado ou empregador
Sujeito passivo	Coletividade
Objeto material	Trabalho paralisado
Objeto jurídico	Interesse da sociedade na manutenção do serviço
Elemento subjetivo	Dolo + elemento subjetivo específico
Classificação	Próprio Material Forma livre Comissivo Instantâneo Plurissubjetivo Plurissubsistente
Tentativa	Admite
Circunstâncias especiais	Justiça Federal

8. INVASÃO DE ESTABELECIMENTO INDUSTRIAL, COMERCIAL OU AGRÍCOLA. SABOTAGEM

8.1 Estrutura do tipo penal incriminador

Invadir (entrar ou ocupar usando a força) e *ocupar* (entrar na posse) são as condutas incriminadas no tipo do art. 202 do CP, tendo por objeto um estabelecimento industrial, comercial ou agrícola, com o fim de impedir (paralisar) ou embaraçar (atrapalhar) o normal curso do trabalho. A segunda proposta é a invasão ou ocupação para sabotar o estabelecimento, danificando-o ou as coisas nele existentes.

Estabelecimento é o lugar onde se desenvolve um determinado tipo de atividade. No caso presente, ele deve ser industrial, comercial ou agrícola.

Sabotagem é o nome dado para a invasão ou ocupação de estabelecimento com o fim de destruir ou estragar o local ou os objetos nele constantes.

A pena é de reclusão, de um a três anos, e multa.

8.2 Sujeitos ativo e passivo

O sujeito ativo pode ser qualquer pessoa, desde que pelo menos três. O sujeito passivo é o proprietário do estabelecimento, em primeiro lugar, podendo-se falar na coletividade, em segundo plano, se ela foi privada de serviço essencial.

8.3 Elemento subjetivo

É o dolo. Não há a forma culposa. Exige-se elemento subjetivo específico alternativo, consistente no intuito de *impedir* (impossibilitar a execução, estorvar) ou *embaraçar* (colocar impedimento ou tolher) o curso do trabalho ou mesmo com a finalidade de *danificar* (estragar, deteriorar) o estabelecimento ou suas coisas, podendo delas dispor.

8.4 Objetos material e jurídico

O objeto material é o estabelecimento industrial, comercial ou agrícola ou as coisas nele existentes. Os objetos jurídicos são a liberdade de trabalho e o patrimônio do proprietário.

8.5 Classificação

Trata-se de crime comum (aquele que não demanda sujeito ativo qualificado ou especial); formal (delito que não exige resultado naturalístico, consistente no impedimento ao curso do trabalho ou na destruição das coisas do estabelecimento); de forma livre (podendo ser cometido por qualquer meio eleito pelo agente); comissivo (os verbos indicam ações); permanente (cujo resultado se dá de maneira prolongada, já que as ações são *invadir* e *ocupar*, implicando continuidade); unissubjetivo (que pode ser praticado por um só agente); plurissubsistente (em regra, vários atos integram a conduta); admite tentativa.

8.6 Competência

É da Justiça Federal (o interesse é coletivo).

8.7 Quadro-resumo

Previsão legal	**Invasão de estabelecimento industrial, comercial ou agrícola. Sabotagem** **Art. 202.** Invadir ou ocupar estabelecimento industrial, comercial ou agrícola, com o intuito de impedir ou embaraçar o curso normal do trabalho, ou com o mesmo fim danificar o estabelecimento ou as coisas nele existentes ou delas dispor: Pena – reclusão, de um a três anos, e multa.
Sujeito ativo	Qualquer pessoa
Sujeito passivo	Proprietário do estabelecimento e a sociedade
Objetivo material	Estabelecimento industrial, comercial ou agrícola ou as coisas nele existentes
Objetivo jurídico	Liberdade de trabalho e patrimônio
Elemento subjetivo	Dolo + elemento subjetivo específico
Classificação	Comum Formal Forma livre Comissivo Permanente Unissubjetivo Plurissubsistente
Tentativa	Admite
Circunstâncias especiais	Justiça Federal

9. FRUSTRAÇÃO DE DIREITO ASSEGURADO POR LEI TRABALHISTA

9.1 Estrutura do tipo penal incriminador

Frustrar implica enganar ou iludir. O objeto é o direito trabalhista, fazendo, pois, com que o trabalhador corra o risco de experimentar perdas ilegais. Na hipótese do art. 203, não se vale o legislador da *grave ameaça*, contentando-se com a violência (força física) ou com a fraude (ação praticada com má-fé). Deveria ter inserido igualmente a grave ameaça.

Trata-se de norma penal em branco, pois é indispensável consultar a legislação trabalhista a fim de saber quais são os direitos assegurados ao trabalhador.

As condutas incriminadoras previstas no § 1.º, incisos I e II, são mais graves, pois envolvem a coação para que o trabalhador use mercadorias de certo estabelecimento, a ponto de se endividar e não poder desligar-se do serviço (inciso I), e o impedimento do desligamento do serviço, por coação ou retenção dos documentos pessoais ou contratuais (inciso II).

Prevê o preceito secundário do tipo que o agente responderá, quando utilizar violência contra a pessoa, não somente pelo crime do art. 203, mas também pela figura típica correspondente à violência utilizada.

Quanto ao inciso I, *obrigar* significa forçar, constranger ou impelir; *coagir* quer dizer constranger com força física ou ameaças. Compõem-se essas condutas com a ação de *usar* (empregar com habitualidade) mercadorias de determinado estabelecimento. A intenção legislativa é coibir aqueles que forçam trabalhadores a contrair dívidas em estabelecimentos do patrão, impossibilitando-os, portanto, de deixar o serviço. Note-se, entretanto, que este delito passa a ser subsidiário em relação ao previsto no art. 149 do Código Penal (redução à condição análoga à de escravo). Assim, o empregador que cerceia a liberdade de locomoção do empregado em virtude de dívida responde pelo delito do art. 149. Para incidir na figura do art. 203, § 1.º, I, é preciso que a conduta não envolva restrição à liberdade de ir e vir do trabalhador. Em verdade, neste caso (art. 203), há uma restrição moral ao empregado, enquanto naquele (art. 149) a restrição é física.

Na hipótese do inciso II do art. 203, *impedir* significa obstaculizar ou opor-se, tendo por objeto o trabalhador que pretende desligar-se do serviço. *Coação* é a violência física ou moral.

A retenção de documentos é a conduta daquele que detém em seu poder ou sob sua guarda os documentos pessoais (RG, CPF etc.) ou contratuais (carteira de trabalho), de forma a impedir que o trabalhador arranje outro emprego, mas sem implicar cerceamento da liberdade de locomoção, que caracterizaria o crime do art. 149.

A pena prevista no art. 203 do CP é de detenção de um ano a dois anos, e multa, além da pena correspondente à violência.

9.2 Sujeitos ativo e passivo

O sujeito ativo pode ser qualquer pessoa. O sujeito passivo há de ser o titular do direito que foi frustrado (empregado ou empregador). No caso do § 1.º, inciso I, o sujeito passivo é o trabalhador impedido de se desligar do serviço. Na situação do § 1.º, inciso II, o sujeito passivo é o trabalhador prejudicado pela coação ou retenção.

9.3 Elemento subjetivo

É o dolo. Não existe a forma culposa, nem se exige elemento subjetivo específico. No inciso I do § 1.º, exige-se o elemento subjetivo específico, que é a vontade de impedir o desligamento do trabalhador em virtude de dívida. O mesmo fim específico vem implícito no inciso II.

9.4 Objetos material e jurídico

O objeto material é o direito trabalhista. O objeto jurídico é a organização do trabalho e sua legislação. No § 1.º, inciso I, o objeto material é o empregado constrangido; o objeto jurídico é a liberdade de trabalho. No inciso II, aplica-se o mesmo que ao inciso I.

9.5 Classificação

Trata-se de crime comum (aquele que não demanda sujeito ativo qualificado ou especial); material (delito que exige resultado naturalístico, consistente na efetiva frustração do direito); de forma livre (podendo ser cometido por qualquer meio eleito pelo agente); comissivo ("frustrar" implica ação); instantâneo (cujo resultado se dá de maneira instantânea, não se prolongando no tempo) ou permanente (cuja consumação se prolonga no tempo), conforme o caso concreto; unissubjetivo (que pode ser praticado por um só agente); plurissubsistente (em regra, vários atos integram a conduta); admite tentativa.

No caso do § 1.º, I, o crime é formal (delito que não exige resultado naturalístico, consistente na efetiva vinculação do trabalhador ao emprego por conta da dívida); parece-nos, ainda, poder constituir-se na forma permanente, a depender do caso concreto.

Cap. I – Crimes contra a Organização do Trabalho • Parte 4   513

9.6 Competência

É da Justiça Federal (quando o interesse em questão afeta órgãos coletivos do trabalho) ou da Justiça Estadual (quando o interesse é individual).

9.7 Causa de aumento

Prevê-se o aumento variável de um sexto a um terço, quando a vítima for menor de 18 anos, idosa, gestante, indígena ou deficiente física ou mental (art. 203, § 2.º, do CP).

Pessoa idosa, antes mesmo do advento da Lei 10.741/2003, que substituiu o termo *velho* na agravante prevista no art. 61, II, *h*, por *maior de 60 anos*, já defendíamos que a não utilização, neste artigo, da denominação *velho* era suficiente para conceituarmos idoso como a pessoa com mais de 60 anos, em virtude do disposto no art. 2.º da Lei 8.842/1994.

Atualmente, no entanto, uniformizou-se a terminologia, prevalecendo o correto: *idoso* em lugar de *velho*. Note-se, ainda, o disposto nos arts. 1.º e 3.º da referida Lei: "Art. 1.º A política nacional do idoso tem por objetivo *assegurar os direitos sociais do idoso*, criando condições para promover sua autonomia, integração e participação efetiva na sociedade". "Art. 3.º A política nacional do idoso reger-se-á pelos seguintes princípios: I – a família, a sociedade e o Estado têm o dever de assegurar ao idoso todos os *direitos da cidadania*, garantindo sua participação na comunidade, defendendo sua dignidade, bem-estar e o direito à vida; II – o processo de envelhecimento *diz respeito à sociedade em geral*, devendo ser objeto de conhecimento e informação para todos; III – o idoso *não deve sofrer discriminação* de qualquer natureza; IV – o idoso deve ser o principal agente e o destinatário das transformações a serem efetivadas através desta política; V – as diferenças econômicas, sociais, regionais e, particularmente, as contradições entre o meio rural e o urbano do Brasil deverão ser observadas pelos poderes públicos e pela sociedade em geral, na aplicação desta Lei" (grifamos).

Mais amplos direitos estão previstos no Estatuto do Idoso, afinal o maior de 60 anos precisa ser bem tratado, sem discriminação, tendo todos os seus direitos respeitados, especialmente os sociais, nos quais estão os trabalhistas. Ora, o empregador ou outra pessoa que obriga, coage, impede ou frustra direitos trabalhistas da pessoa idosa está em frontal oposição à política do Estado de proteção aos maiores de 60 anos. Por isso, estando em jogo a liberdade de trabalho, está configurada a causa de aumento para aqueles que já passaram dessa idade, anotando-se, ainda, a visão constitucional de proteção ao idoso: "Art. 230. A família, a sociedade e o Estado têm o dever de amparar as pessoas idosas, assegurando sua participação na comunidade, defendendo sua dignidade e bem-estar e garantindo-lhes o direito à vida". E, por derradeiro, vale destacar que a Lei 10.741/2003 criou figura típica específica, referindo-se à proteção do direito de acesso ao trabalho, ao instituir, no art. 100, o seguinte: "Constitui crime punível com reclusão de 6 (seis) meses a 1 (um) ano e multa: I – obstar o acesso de alguém a qualquer cargo público por motivo de idade; II – negar a alguém, por motivo de idade, emprego ou trabalho (...)".

Gestante é a mulher grávida, sendo, no entanto, indispensável que o autor do crime tenha consciência desse estado.

Quanto ao *indígena*, a meta da União, constitucionalmente assegurada, é dar proteção aos índios e fazer respeitar os seus bens (art. 231, CF). Nessa esteira, o Estatuto do Índio (Lei 6.001/1973) determina competir à União, aos Estados e aos Municípios, bem como aos órgãos das respectivas administrações indiretas, estender à comunidade indígena os benefícios da legislação comum, sempre que possível, dar assistência aos índios não integrados à comunhão nacional, promover-lhes o desenvolvimento, assegurar-lhes a possibilidade de escolha do seu meio de vida, garantir-lhes o pleno exercício dos direitos civis e políticos que lhes couberem, entre outros princípios (art. 2.º).

Define o índio ou silvícola como o "indivíduo de origem e ascendência pré-colombiana que se identifica e é identificado como pertencente a um grupo étnico cujas características culturais o distinguem da sociedade nacional", e a comunidade indígena ou grupo tribal como o "conjunto de famílias ou comunidades índias, quer vivendo em estado de completo isolamento em relação aos outros setores da comunhão nacional, quer em contatos intermitentes ou permanentes, sem contudo estarem neles integrados" (art. 3.º).

Dividem-se os índios, ainda, em *isolados* (os que vivem em grupos desconhecidos, dos quais se tem pouca informação); *em vias de integração* (os que possuem maior contato com grupos estranhos, mas mantêm parte das suas condições de vida nativa) e os *integrados* (os que estão incorporados à comunhão nacional, no pleno gozo de seus direitos civis, conservando apenas seus usos, costumes e tradições), conforme o art. 4.º. O art. 203 do Código Penal tem por finalidade tutelar os direitos assegurados pela legislação trabalhista e a liberdade de trabalho, pressupondo, pois, um contrato de trabalho existente, ao menos, no tocante à vítima. O índio em processo de integração não pode celebrar contrato de trabalho, sem a assistência do órgão tutelar competente, salvo se ele revelar consciência e conhecimento suficiente do ato praticado, não lhe sendo de alguma forma prejudicial. Note-se, ainda, que o Estatuto do Índio prevê formas de alteração do reconhecimento da capacidade do silvícola, passando-o de sua situação de semi-incapacidade para a de plena capacidade, desde que requeira ao juiz a sua liberação do regime tutelar previsto em lei.

Para tanto, deve preencher os seguintes requisitos, conforme o art. 9.º: idade mínima de 21 anos, conhecimento da língua portuguesa, habilitação para o exercício de atividade útil na comunhão nacional e razoável compreensão dos usos e costumes da comunhão nacional. Além disso, dispõe o Estatuto não dever existir qualquer discriminação entre trabalhadores indígenas e os demais trabalhadores, aplicando-se-lhes todos os direitos e garantias das leis trabalhistas e da previdência social (art. 14). E, expressamente, proíbe a celebração de contrato de trabalho com o índio isolado (art. 15), autorizando-a a partir da sua condição de silvícola em processo de integração, ainda assim com fiscalização do órgão próprio (art. 16). Portanto, em síntese, pode-se concluir o seguinte: a) o índio isolado está proibido de celebrar contrato de trabalho. Se alguém o empregar, contra o mandamento legal, explorando-o, poderá responder por outras figuras típicas, inclusive a do art. 149 do CP (redução de alguém à condição análoga à de escravo), visto que ele não tem o menor entendimento do que se passa no seio da sociedade civilizada. Em qualquer caso, haverá a incidência da causa de aumento genérica de crime praticado contra índio (art. 59 da Lei 6.001/1973); b) o índio não integrado pode celebrar contrato de trabalho, sob autorização e fiscalização do órgão tutelar competente (FUNAI). Naturalmente, pode ser vítima do crime previsto no art. 203, valendo, no caso, a causa de aumento do § 2.º; c) o índio integrado também pode celebrar contrato de trabalho e já está no gozo de todos os seus direitos civis. Liberou-se, por decisão judicial, de seu órgão tutelar, por preencher os requisitos legais, e não pode mais ser considerado relativamente incapaz. Estando integrado completamente, não tem cabimento incidir a causa de aumento do § 2.º, pois o próprio Estado lhe reconhece integral autonomia e capacidade de se autodeterminar. Afinal, o objetivo da figura típica agravada é proteger os hipossuficientes que estiverem inseridos no mercado de trabalho.

Portador de deficiência física ou mental, na lição de Luiz Alberto David Araujo sobre o assunto: "o conceito de deficiência reside na incapacidade do indivíduo para certas tarefas, não na falta de qualquer capacidade física ou mental. A análise isolada não poderá

Cap. I – Crimes contra a Organização do Trabalho • Parte 4   515

ser feita; pelo contrário, a deficiência deve ser sempre correlacionada a tarefa ou atividade. (...) As deficiências não se restringem, apenas, aos sentidos (visual, auditiva ou da fala), nem aos membros (locomoção ou movimentação) ou, ainda, às faculdades mentais (deficiência mental), mas também alcançam situações decorrentes das mais variadas causas (fenilcetonúria, esclerose múltipla, talassemia, doenças renais crônicas, entre outras, inclusive AIDS). As pessoas portadoras de deficiência apresentam graus de dificuldade de integração, com uma multiplicidade de situações que devem ser objeto de atenção rigorosa, tanto do legislador infraconstitucional, como do administrador e do juiz".[7] No caso dessas pessoas, quando celebrarem contratos de trabalho, sofrendo algum prejuízo, conforme preceituado pela figura típica do art. 203, incide a causa de aumento do § 2.º. Ressalte-se que a Constituição Federal concedeu especial atenção às pessoas portadoras de deficiência, como se pode observar nos arts. 23, II, 24, XIV, 37, VIII, 203, IV, 208, III, 227, § 1.º, II, § 2.º, e 244. Com particular relevo, deve-se, ainda, mencionar o art. 7.º, XXXI, que proíbe qualquer forma de discriminação no tocante a salário e critério de admissão do trabalhador portador de deficiência.

9.8   Quadro-resumo

Previsão legal	**Frustração de direito assegurado por lei trabalhista** **Art. 203.** Frustrar, mediante fraude ou violência, direito assegurado pela legislação do trabalho: Pena – detenção, de um ano a dois anos, e multa, além da pena correspondente à violência. § 1.º Na mesma pena incorre quem: I – obriga ou coage alguém a usar mercadorias de determinado estabelecimento, para impossibilitar o desligamento do serviço em virtude de dívida; II – impede alguém de se desligar de serviços de qualquer natureza, mediante coação ou por meio da retenção de seus documentos pessoais ou contratuais. § 2.º A pena é aumentada de um sexto a um terço se a vítima é menor de 18 (dezoito) anos, idosa, gestante, indígena ou portadora de deficiência física ou mental.
Sujeito ativo	Qualquer pessoa
Sujeito passivo	Titular do direito frustrado
Objetivo material	Direito trabalhista
Objetivo jurídico	Organização do trabalho
Elemento subjetivo	Dolo
Classificação	Comum Material Forma livre Comissivo Instantâneo ou permanente Unissubjetivo Plurissubsistente
Tentativa	Admite
Circunstâncias especiais	Sistema da acumulação material Justiça Estadual ou Federal, conforme o caso

---

7   *A proteção constitucional das pessoas portadoras de deficiência*, p. 131.

10. FRUSTRAÇÃO DE LEI SOBRE A NACIONALIZAÇÃO DO TRABALHO

10.1 Estrutura do tipo penal incriminador

Frustrar é enganar ou iludir. Neste caso, tendo por objeto a obrigação legal de nacionalização do trabalho, valendo-se de fraude ou violência, nos termos do art. 204 do CP.

Fraude é a manobra feita para iludir, enquanto *violência* é o emprego de coação física. Não se admite, nesse caso, o emprego de grave ameaça, porque é figura não utilizada pelo tipo penal, embora não se compreenda o motivo de ter sido excluída essa forma de execução do delito.

Trata-se de norma penal em branco, pois é imprescindível conhecer quais são as normas relativas à nacionalização do trabalho, ou seja, aquelas que dizem respeito à obrigatoriedade de contratação de mão de obra brasileira.

Consultem-se, a respeito, os arts. 352 a 371 do Decreto-lei 5.452/1943 – CLT, especialmente os arts. 352 e 354: "Art. 352. As empresas, individuais ou coletivas, que explorem serviços públicos dados em concessão, ou que exerçam atividades industriais ou comerciais, são obrigadas a manter, no quadro do seu pessoal, quando composto de 3 (três) ou mais empregados, uma proporção de brasileiros não inferior à estabelecida no presente Capítulo. § 1.º Sob a denominação geral de atividades industriais e comerciais compreendem-se, além de outras que venham a ser determinadas em portaria do Ministro do Trabalho, Indústria e Comércio, as exercidas: *a)* nos estabelecimentos industriais em geral; *b)* nos serviços de comunicações, de transportes terrestres, marítimos, fluviais, lacustres e aéreos; *c)* nas garagens, oficinas de reparos e postos de abastecimento de automóveis e nas cocheiras; *d)* na indústria de pesca; *e)* nos estabelecimentos comerciais em geral; *f)* nos escritórios comerciais em geral; *g)* nos estabelecimentos bancários, ou de economia coletiva, nas empresas de seguros e nas de capitalização; *h)* nos estabelecimentos jornalísticos, de publicidade e de radiodifusão; *i)* nos estabelecimentos de ensino remunerado, excluídos os que neles trabalhem por força de voto religioso; *j)* nas drogarias e farmácias; *k)* nos salões de barbeiro ou cabeleireiro e de beleza; *l)* nos estabelecimentos de diversões públicas, excluídos os elencos teatrais, e nos clubes esportivos; *m)* nos hotéis, restaurantes, bares e estabelecimentos congêneres; *n)* nos estabelecimentos hospitalares e fisioterápicos cujos serviços sejam remunerados, excluídos os que neles trabalhem por força de voto religioso; *o)* nas empresas de mineração. § 2.º Não se acham sujeitas às obrigações da proporcionalidade as indústrias rurais, as que, em zona agrícola, se destinem ao beneficiamento ou transformação de produtos da região e as atividades industriais de natureza extrativa, salvo a mineração"; "Art. 354. A proporcionalidade será de 2/3 (dois terços) de empregados brasileiros, podendo, entretanto, ser fixada proporcionalidade inferior, em atenção às circunstâncias especiais de cada atividade, mediante ato do Poder Executivo, e depois de devidamente apurada pelo Departamento Nacional do Trabalho e pelo Serviço de Estatística de Previdência e Trabalho a insuficiência do número de brasileiros na atividade de que se tratar. Parágrafo único. A proporcionalidade é obrigatória não só em relação à totalidade do quadro de empregados, com as exceções desta Lei, como ainda em relação à correspondente folha de salários".

Prevê o preceito secundário do tipo que o agente responderá, quando utilizar violência contra a pessoa, não somente pelo crime do art. 204, mas também pela figura típica correspondente à violência utilizada.

A pena é de detenção, de um mês a um ano, e multa, além da pena correspondente à violência.

10.2 Sujeitos ativo e passivo

O sujeito ativo pode ser qualquer pessoa, enquanto o sujeito passivo é o Estado.

10.3 Elemento subjetivo

É o dolo. Não existe a forma culposa, nem se exige elemento subjetivo específico.

10.4 Objetos material e jurídico

O objeto material são os contratos irregularmente celebrados e o jurídico é o interesse do Estado em garantir reserva de mercado para brasileiros.

10.5 Classificação

Trata-se de crime comum (aquele que não demanda sujeito ativo qualificado ou especial); material (delito que exige resultado naturalístico, consistente na efetiva frustração da proporcionalidade estabelecida em lei entre trabalhadores brasileiros e estrangeiros); de forma livre (podendo ser cometido por qualquer meio eleito pelo agente); comissivo ("frustrar" implica ação); instantâneo (cujo resultado se dá de maneira instantânea, não se prolongando no tempo); unissubjetivo (que pode ser praticado por um só agente); plurissubsistente (em regra, vários atos integram a conduta); admite tentativa.

10.6 Competência

É da Justiça Federal, pois o interesse é coletivo.

10.7 Quadro-resumo

	Frustração de lei sobre a nacionalização do trabalho
Previsão legal	**Art. 204.** Frustrar, mediante fraude ou violência, obrigação legal relativa à nacionalização do trabalho: Pena – detenção, de um mês a um ano, e multa, além da pena correspondente à violência.
Sujeito ativo	Qualquer pessoa
Sujeito passivo	Estado
Objetivo material	Contratos irregularmente celebrados
Objetivo jurídico	Reserva de mercado brasileiro
Elemento subjetivo	Dolo
Classificação	Comum Material Forma livre Comissivo
Classificação	Instantâneo Unissubjetivo Plurissubsistente
Tentativa	Admite
Circunstâncias especiais	Justiça Federal

11. EXERCÍCIO DE ATIVIDADE COM INFRAÇÃO DE DECISÃO ADMINISTRATIVA

11.1 Estrutura do tipo penal incriminador

Exercer significa praticar, desempenhar ou cumprir, com certa habitualidade. Não se costuma dizer que alguém *exerce* determinada atividade se o fez uma só vez. O exercício fornece a nítida ideia de regularidade. Neste tipo do art. 205 do CP, o agente exerce atividade de que está impedido por força de decisão administrativa.

Atividade é qualquer trabalho específico ou ocupação, evidentemente no contexto da organização do trabalho, diante dos interesses protegidos neste capítulo.

Impedimento por decisão administrativa, naturalmente, pela própria redação do tipo, não envolve o descumprimento de decisão judicial, que não se encaixa neste crime, podendo configurar a figura do art. 359 do Código Penal.

A pena prevista no art. 205 do CP é de detenção, de três meses a dois anos, ou multa.

11.2 Sujeitos ativo e passivo

O sujeito ativo só pode ser a pessoa impedida de exercer a atividade; o sujeito passivo é o Estado.

11.3 Elemento subjetivo

É o dolo. Não existe a forma culposa, nem se exige elemento subjetivo específico.

11.4 Objetos material e jurídico

O objeto material é a atividade desempenhada pelo agente; o objeto jurídico é o interesse do Estado no cumprimento de suas decisões.

11.5 Classificação

Trata-se de crime próprio (aquele que demanda sujeito ativo qualificado ou especial); de mera conduta (delito que não possui resultado naturalístico, punindo-se a conduta); de forma livre (podendo ser cometido por qualquer meio eleito pelo agente); comissivo ("exercer" implica ação); habitual (delito que somente se consuma quando se apura a regularidade da conduta, punida pelo todo e não por ações particulares); unissubjetivo (que pode ser praticado por um só agente); plurissubsistente (em regra, vários atos integram a conduta); não admite tentativa.

11.6 Competência

É da Justiça Estadual, pois não envolve interesse coletivo do trabalho.

11.7 Quadro-resumo

	Exercício de atividade com infração de decisão administrativa
Previsão legal	**Art. 205.** Exercer atividade, de que está impedido por decisão administrativa: Pena – detenção, de três meses a dois anos, ou multa.
Sujeito ativo	Pessoa impedida de exercer atividade
Sujeito passivo	Estado

Objetivo material	Atividade desempenhada pelo agente
Objetivo jurídico	Interesse estatal no cumprimento de suas decisões
Elemento subjetivo	Dolo
Classificação	Próprio Mera conduta Forma livre Comissivo Habitual Unissubjetivo Plurissubsistente
Tentativa	Não admite
Circunstâncias especiais	Justiça Estadual

12. ALICIAMENTO PARA O FIM DE EMIGRAÇÃO

12.1 Estrutura do tipo penal incriminador

Recrutar significa angariar adeptos, embora possua também o significado de *aliciar* (atrair, seduzir ou angariar adeptos por meio de atrativos). Melhor seria, pois, que o legislador tivesse usado o verbo *aliciar*, até para ficar em consonância com a rubrica do artigo, que é "aliciamento para o fim de emigração".

O tipo do art. 206 visa a coibir quem recruta trabalhadores, fraudulentamente (prometendo salários e vantagens fictícias), para levá-los a território estrangeiro.

Não tendo sido usado no singular, mas no plural (trabalhadores), exige-se mais de um para o crime se configurar.

O meio de execução é *mediante fraude*, logo, não basta o convite sedutor feito por alguém, para levar mão de obra para o exterior, sendo indispensável a *fraude*, ou seja, o instrumento de ilusão, o engano, o logro, algo que possa ser concretamente demonstrado.

A pena é de detenção, de 1 (um) a 3 (três) anos e multa.

12.2 Sujeitos ativo e passivo

O sujeito ativo pode ser qualquer pessoa; o sujeito passivo é, primordialmente, o Estado, bem como, em segundo plano, qualquer pessoa, na condição de trabalhador.

12.3 Elemento subjetivo

É o dolo. Não existe a forma culposa. Exige-se, no entanto, elemento subjetivo específico, consistente na finalidade de levar o trabalhador para o exterior.

12.4 Objetos material e jurídico

O objeto material é a pessoa recrutada; o objeto jurídico é o interesse do Estado em manter a mão de obra no seu território.

12.5 Classificação

Trata-se de crime comum (aquele que não demanda sujeito ativo qualificado ou especial); formal (delito que não exige resultado naturalístico, consistente na diminuição da mão de obra nacional); de forma livre (podendo ser cometido por qualquer meio eleito pelo agente); comissivo ("recrutar" implica ação); instantâneo (cujo resultado se dá de maneira instantânea, não se prolongando no tempo); unissubjetivo (que pode ser praticado por um só agente); plurissubsistente (em regra, vários atos integram a conduta); admite tentativa.

12.6 Competência

É da Justiça Federal, pois o interesse é coletivo.

12.7 Quadro-resumo

Previsão legal	**Aliciamento para o fim de emigração** **Art. 206.** Recrutar trabalhadores, mediante fraude, com o fim de levá-los para território estrangeiro: Pena – detenção, de 1 (um) a 3 (três) anos, e multa.
Sujeito ativo	Qualquer pessoa
Sujeito passivo	Estado; secundariamente, qualquer pessoa, na condição de trabalhador
Objetivo material	Pessoa recrutada
Objetivo jurídico	Interesse em manter mão de obra no Brasil
Elemento subjetivo	Dolo + elemento subjetivo específico
Classificação	Comum Formal Forma livre Comissivo Instantâneo Unissubjetivo Plurissubsistente
Tentativa	Admite
Circunstâncias especiais	Justiça Federal

13. ALICIAMENTO DE TRABALHADORES DE UM LOCAL PARA OUTRO DO TERRITÓRIO NACIONAL

13.1 Estrutura do tipo penal incriminador

Aliciar, como mencionamos no artigo anterior, significa angariar por meio de atrativos ou seduzir. A ideia central do art. 207 é a mesma do artigo antecedente, embora neste caso os trabalhadores não devam seguir para o exterior e sim para outra região do território nacional.

Não tendo usado o termo no singular (trabalhador), mas no plural, exigem-se, pelo menos, dois para o crime se configurar.

A pena é de detenção de um a três anos, e multa.

13.2 Sujeitos ativo e passivo

O sujeito ativo pode ser qualquer pessoa; o sujeito passivo é, primeiramente, o Estado; secundariamente, o trabalhador aliciado.

13.3 Elemento subjetivo

É o dolo. Não existe a forma culposa. Exige-se, no entanto, elemento subjetivo específico, consistente na finalidade de levar o trabalhador para outro ponto do território nacional.

13.4 Objetos material e jurídico

O objeto material é a pessoa aliciada; o objeto jurídico é o interesse do Estado em não deslocar artificialmente mão de obra dentro do seu território.

13.5 Classificação

Trata-se de crime comum (aquele que não demanda sujeito ativo qualificado ou especial); formal (delito que não exige resultado naturalístico, consistente na diminuição da mão de obra em um determinado ponto do território nacional); de forma livre (podendo ser cometido por qualquer meio eleito pelo agente); comissivo ("aliciar" implica ação); instantâneo (cujo resultado se dá de maneira instantânea, não se prolongando no tempo); unissubjetivo (que pode ser praticado por um só agente); plurissubsistente (em regra, vários atos integram a conduta); admite tentativa.

13.6 Competência

É da Justiça Federal, pois o interesse em jogo é coletivo.

13.7 Figura equiparada

No § 1.º do art. 207, prevê-se figura similar ao *caput* do art. 207, consistente no recrutamento de trabalhadores em região diversa daquela em que a atividade laborativa será exercida, valendo-se de *fraude* (logro, engano) ou *cobrança de quantia* (arrecadação de qualquer valor) e, também, quando o recrutamento é feito sem dar possibilidade ao trabalhador de retornar à sua região originária.

A pena é de detenção de um a três anos, e multa.

13.8 Classificação

A única observação pertinente e diferenciadora da classificação realizada na figura do *caput* é que a segunda parte configura crime omissivo próprio: "recrutar trabalhadores e não assegurar condições para o seu retorno". Só pode cometer o crime o agente recrutador e concretiza-se o tipo tão logo o ofendido queira voltar e não consiga, por falta de condições. Nessa hipótese, é crime próprio e não admite tentativa.

13.9 Causa de aumento da pena (art. 207, § 2.º, do CP)

Conferir o tópico 9.7, pois são as mesmas.

13.10 Quadro-resumo

Previsão legal	**Aliciamento de trabalhadores de um local para outro do território nacional** **Art. 207.** Aliciar trabalhadores, com o fim de levá-los de uma para outra localidade do território nacional: Pena – detenção, de um a três anos, e multa. § 1.º Incorre na mesma pena quem recrutar trabalhadores fora da localidade de execução do trabalho, dentro do território nacional, mediante fraude ou cobrança de qualquer quantia do trabalhador, ou, ainda, não assegurar condições do seu retorno ao local de origem. § 2.º A pena é aumentada de um sexto a um terço se a vítima é menor de 18 (dezoito) anos, idosa, gestante, indígena ou portadora de deficiência física ou mental.
Sujeito ativo	Qualquer pessoa
Sujeito passivo	Estado; secundariamente, trabalhador aliciado
Objetivo material	Pessoa aliciada
Objetivo jurídico	Controle do deslocamento de mão de obra
Elemento subjetivo	Dolo + elemento subjetivo específico
Classificação	Comum Formal Forma livre Comissivo Instantâneo Unissubjetivo Plurissubsistente
Tentativa	Admite
Circunstâncias especiais	Causa de aumento Justiça Federal

RESUMO DO CAPÍTULO

	Atentado contra a liberdade de trabalho Art. 197	Atentado contra a liberdade de contrato de trabalho e boicotagem violenta Art. 198	Atentado contra a liberdade de associação Art. 199	Paralisação de trabalho, seguida de violência ou perturbação da ordem Art. 200	Paralisação de trabalho de interesse coletivo Art. 201
Sujeito ativo	Qualquer pessoa	Qualquer pessoa	Qualquer pessoa	Qualquer pessoa, desde que empregado ou empregador	Qualquer pessoa, desde que empregado ou empregador

Cap. I – Crimes contra a Organização do Trabalho • Parte 4

523

	Atentado contra a liberdade de trabalho Art. 197	Atentado contra a liberdade de contrato de trabalho e boicotagem violenta Art. 198	Atentado contra a liberdade de associação Art. 199	Paralisação de trabalho, seguida de violência ou perturbação da ordem Art. 200	Paralisação de trabalho de interesse coletivo Art. 201
Sujeito passivo	Qualquer pessoa, desde que trabalhador	Qualquer pessoa	Qualquer pessoa, desde que trabalhador ou profissional, passível de tomar parte em sindicato ou associação	Qualquer pessoa	Coletividade
Objeto material	Pessoa que sofre a conduta criminosa	Pessoa constrangida	Pessoa constrangida	Pessoa ou coisa que sofre a violência	Trabalho paralisado
Objeto jurídico	Liberdade de trabalho	Liberdade de trabalho	Liberdade de associação e filiação a sindicato	Liberdade de trabalho	Interesse da sociedade na manutenção do serviço
Elemento subjetivo	Dolo	Dolo	Dolo	Dolo	Dolo + elemento subjetivo específico
Classificação	Comum Material Forma livre Comissivo Instantâneo ou permanente Dano Unissubjetivo Plurissubsistente	Comum Material Forma livre Comissivo Instantâneo ou permanente Dano Unissubjetivo Plurissubsistente	Comum Material Forma livre Comissivo Instantâneo ou permanente Unissubjetivo Plurissubsistente	Próprio Material Forma livre Comissivo Instantâneo Plurissubjetivo Plurissubsistente	Próprio Material Forma livre Comissivo Instantâneo Plurissubjetivo Plurissubsistente
Tentativa	Admite	Admite	Admite	Admite	Admite
Circunstâncias especiais	Sistema da acumulação material Forma qualificada no inciso II Justiça Estadual, como regra	Sistema da acumulação material Justiça Estadual, como regra	Sistema da acumulação material Justiça Federal	Sistema da acumulação material Justiça Federal	Justiça Federal

	Invasão de estabelecimento e estabelecimento industrial, comercial ou agrícola. Sabotagem Art. 202	Frustração de direito assegurado por lei trabalhista Art. 203	Frustração de lei sobre nacionalização do trabalho Art. 204	Exercício de atividade com infração de decisão administrativa Art. 205	Aliciamento para o fim de emigração Art. 206	Aliciamento de trabalhadores no território nacional Art. 207
Sujeito ativo	Qualquer pessoa	Qualquer pessoa	Qualquer pessoa	Pessoa impedida de exercer atividade	Qualquer pessoa	Qualquer pessoa
Sujeito passivo	Proprietário do estabelecimento e a sociedade	Titular do direito frustrado	Estado	Estado	Estado; secundariamente, qualquer pessoa, na condição de trabalhador	Estado; secundariamente, trabalhador aliciado
Objetivo material	Estabelecimento industrial, comercial ou agrícola ou as coisas nele existentes	Direito trabalhista	Contratos irregularmente celebrados	Atividade desempenhada pelo agente	Pessoa recrutada	Pessoa aliciada
Objetivo jurídico	Liberdade de trabalho e patrimônio	Organização do trabalho	Reserva de mercado brasileiro	Interesse estatal no cumprimento de suas decisões	Interesse em manter mão de obra no Brasil	Controle do deslocamento de mão de obra
Elemento subjetivo	Dolo + elemento subjetivo específico	Dolo	Dolo	Dolo	Dolo + elemento subjetivo específico	Dolo + elemento subjetivo específico
Classificação	Comum Formal Forma livre Comissivo Permanente Unissubjetivo Plurissubsistente	Comum Material Forma livre Comissivo Instantâneo ou permanente Unissubjetivo Plurissubsistente	Comum Material Forma livre Comissivo Instantâneo Unissubjetivo Plurissubsistente	Próprio Mera conduta Forma livre Comissivo Habitual Unissubjetivo Plurissubsistente	Comum Formal Forma livre Comissivo Instantâneo Unissubjetivo Plurissubsistente	Comum Formal Forma livre Comissivo Instantâneo Unissubjetivo Plurissubsistente
Tentativa	Admite	Admite	Admite	Não admite	Admite	Admite

	Invasão de estabelecimento e estabelecimento industrial, comercial ou agrícola. Sabotagem Art. 202	Frustração de direito assegurado por lei trabalhista Art. 203	Frustração de lei sobre nacionalização do trabalho Art. 204	Exercício de atividade com infração de decisão administrativa Art. 205	Aliciamento para o fim de emigração Art. 206	Aliciamento de trabalhadores no território nacional Art. 207
Circunstâncias especiais	Justiça Federal	Sistema da acumulação material Justiça Estadual ou Federal, conforme o caso	Justiça Federal	Justiça Estadual	Justiça Federal	Causa de aumento Justiça Federal

PARTE 5

CRIMES CONTRA O SENTIMENTO RELIGIOSO E CONTRA O RESPEITO AOS MORTOS

Capítulo I

Crimes contra o Sentimento Religioso

1. PROTEÇÃO CONSTITUCIONAL

Assegura a Constituição Federal a liberdade de consciência e de crença, possibilitando o livre exercício dos cultos religiosos, bem como garantindo a proteção aos locais de culto e a suas liturgias, *na forma da lei*, ou seja, desde que não haja excessos ou abusos de modo a prejudicar outros direitos e garantias individuais (art. 5.º, VI).

2. ULTRAJE A CULTO E IMPEDIMENTO OU PERTURBAÇÃO DE ATO A ELE RELATIVO

2.1 Estrutura do tipo penal incriminador

Escarnecer significa zombar ou fazer troça de alguém. O objetivo da figura típica é garantir a liberdade de crença e de função religiosa, impedindo que terceiros possam obstruir a sua prática através de manifestações ostensivas irônicas ou maldosas. É o disposto no art. 208 do CP.

O tipo penal exige que a zombaria seja feita em local público ou de acesso público (como o escárnio feito pelos meios de comunicação), não configurando o delito quando o deboche é realizado em lugar privado, sem divulgação.[1] O objetivo é impedir que várias pessoas tomem conhecimento das manifestações desairosas a respeito de determinada crença ou função religiosa, justamente o que pode perturbar o seu livre exercício.

---

[1] No mesmo sentido, VICENTE SABINO JR., *Direito penal*, v. 3, p. 851.

Crença é fé religiosa e *função religiosa* é o ministério ou a incumbência de alguém de divulgar a religião (ex.: pastor, padre, bispo, rabino etc.).

Impedir significa interromper ou obstar o prosseguimento, enquanto *perturbar* é apenas estorvar ou atrapalhar. O objeto é o culto ou a cerimônia que se desenvolve.

O tipo penal exige que o ultraje seja feito em local público ou de acesso público (como o realizado através dos meios de comunicação), não se configurando o delito quando o vilipêndio é realizado em lugar privado, sem divulgação. O objetivo é impedir que várias pessoas tomem conhecimento das manifestações desairosas a respeito de determinado ato ou objeto de culto religioso, o que pode ferir a liberdade de culto e crença.

Cerimônia é a exteriorização de um culto (ritual, adoração, reverência) através de uma reunião solene; *prática de culto* é algo mais singelo, consistente no simples exercício do ritual que a religião solicita.

Vilipendiar quer dizer humilhar, menoscabar ou desonrar, tendo por objeto algum ato ou coisa de utilização religiosa.

O tipo penal do art. 208 do Código Penal é misto cumulativo. Trata-se de tipo penal que contém três figuras criminosas autônomas, de modo que a prática de mais de uma implica a punição por mais de um crime. Assim, é possível que o agente responda, em concurso material, por escarnecer de alguém, por perturbar culto e por vilipendiar objeto religioso.

A pena é de detenção, de um mês a um ano, ou multa.

2.2 Sujeitos ativo e passivo

Na primeira conduta, podem ser qualquer pessoa. Note-se que, no caso do sujeito passivo, há de existir alguma pessoa determinada que preencha o elemento descritivo "alguém", não sendo possível tratar-se de um grupo de pessoas indeterminado.

No caso da segunda conduta, o sujeito ativo pode ser qualquer pessoa, enquanto o passivo é a coletividade e, também, os que forem diretamente atingidos pela conduta criminosa. É o denominado *crime vago* (cujo sujeito passivo é indeterminado).

Quanto à terceira conduta, o sujeito ativo pode ser qualquer pessoa; o sujeito passivo é a coletividade, bem como as pessoas que se sentiram, em face da conduta, diretamente atingidas. É o denominado *crime vago* (cujo sujeito passivo é indeterminado).

2.3 Elemento subjetivo do tipo

É o dolo. Não existe a forma culposa. Pode-se falar na existência do elemento subjetivo do tipo específico (*dolo específico*, para a doutrina tradicional), pois, toda vez que o motivo do delito ingressa no tipo básico ou fundamental, passa a constituir uma finalidade especial do agente. Afinal, motivo e finalidade, na essência, significam o mesmo. O delito em questão leva em conta o ato de deboche voltado contra alguém, em público, por motivação religiosa, ou seja, com a finalidade de desrespeitar o culto ou a função religiosa alheia. Nesse prisma, convém salientar a posição de René Ariel Dotti: "Sob outro ângulo de visão, o dolo *específico* não é nada mais que o motivo da conduta, posto que em todo crime, como em qualquer ação humana, existe sempre um fim a perseguir. Assim o entende uma respeitável parcela de juristas, como Pannaim e Vanini, enfatizando o primeiro que os motivos são as razões, os objetivos que impelem a ação criminosa, como qualquer outra, lícita ou ilícita. (...) Na composição dos tipos fundamentais ou derivados, o motivo funciona para estruturar o

Cap. I – Crimes contra o Sentimento Religioso • Parte 5   531

ilícito básico (...), para aumentar a reprovabilidade da conduta (...), para diminuí-la (...). Em alguns casos, a lei põe à mostra o *destino* da infração (...). Também poderá o motivo da ação desconstituir o tipo de ilícito em relação ao autor, como ocorre com o participante de rixa que procura separar os contendores".[2]

Quanto à segunda conduta, é o dolo. Não existe a forma culposa, mas se exige elemento subjetivo do tipo específico, consistente na vontade de desonrar alguém por motivo de crença ou função religiosa.

No tocante à terceira conduta, é o dolo. Não existe a forma culposa. Na esteira dos delitos contra a honra, exige-se, além do dolo, o elemento subjetivo do tipo específico, que é a específica intenção de desonrar determinada religião através do vilipêndio a atos ou objetos do seu culto. O *animus narrandi* ou *jocandi* pode excluir a tipicidade.

2.4   Objetos material e jurídico

Quanto à primeira conduta, o objeto material é a pessoa que sofre o deboche; o objeto jurídico é a liberdade de culto e crença.

No tocante à segunda, o objeto material é a cerimônia ou o culto que sofre a conduta criminosa; o objeto jurídico é a liberdade de culto e crença.

Na terceira, o objeto material é o ato (ação, cerimônia, solenidade) que faz parte de um culto ou o objeto (alguma coisa perceptível pelos sentidos) utilizado para a prática de determinada religião (ex.: imagens de santos, cruz, vestes solenes etc.).

2.5   Classificação

Quanto à primeira conduta, trata-se de crime comum (aquele que não demanda sujeito ativo qualificado ou especial); formal (delito que não exige resultado naturalístico, consistente na efetiva perturbação da liberdade de culto e crença); de forma livre (podendo ser cometido por qualquer meio eleito pelo agente); comissivo ("escarnecer" implica ação) e, excepcionalmente, comissivo por omissão (omissivo impróprio, ou seja, é a aplicação do art. 13, § 2.º, do Código Penal); instantâneo (cujo resultado se dá de maneira instantânea, não se prolongando no tempo); unissubjetivo (que pode ser praticado por um só agente); unissubsistente (um único ato é capaz de realizar a conduta) ou plurissubsistente (vários atos integram a conduta), conforme o caso; admite tentativa na forma plurissubsistente.

No tocante à segunda conduta, trata-se de crime comum (aquele que não demanda sujeito ativo qualificado ou especial); formal (delito que não exige resultado naturalístico, consistente em efetiva lesão ao bem jurídico tutelado). Defendíamos, anteriormente, ser o crime material nessa modalidade, ou seja, exigir resultado naturalístico. Melhor refletindo, observamos que a divisão, quanto ao momento consumativo do delito (se formal ou material), deve ser feita em relação ao objeto jurídico tutelado. Nos crimes deste capítulo, protege-se o sentimento religioso, traduzido na liberdade de culto e crença. Portanto, as condutas praticadas pelo autor, neste e nos demais tipos do capítulo, são punidas pelo que representam, independentemente de se fazer prova de ter havido *efetiva* ofensa ao sentimento religioso de alguém; de forma livre (podendo ser cometido por qualquer meio eleito pelo agente); comissivo (os verbos implicam ações) e, excepcionalmente, comissivo por omissão (omissivo impróprio, ou seja, é a aplicação do art. 13, § 2.º, do Código Penal); instantâneo

---

[2]   *O incesto*, p. 104.

(cujo resultado se dá de maneira instantânea, não se prolongando no tempo); unissubjetivo (que pode ser praticado por um só agente); unissubsistente (um único ato integra a conduta) ou plurissubsistente (em regra, vários atos integram a conduta), conforme o caso concreto; admite tentativa na forma plurissubsistente.

Quanto à terceira conduta, trata-se de crime comum (aquele que não demanda sujeito ativo qualificado ou especial); formal (delito que não exige resultado naturalístico, consistente na desonra de determinada religião ou culto); de forma livre (podendo ser cometido por qualquer meio eleito pelo agente); comissivo ("vilipendiar" implica ação) e, excepcionalmente, comissivo por omissão (omissivo impróprio, ou seja, é a aplicação do art. 13, § 2.º, do Código Penal); instantâneo (cujo resultado se dá de maneira instantânea, não se prolongando no tempo); unissubjetivo (que pode ser praticado por um só agente); unissubsistente (pratica-se o delito através de um único ato) ou plurissubsistente (em regra, vários atos integram a conduta), conforme o caso; admite tentativa na forma plurissubsistente.

2.6 Causa de aumento (art. 208, parágrafo único)

Válida para as três figuras típicas – caso o agente empregue qualquer forma de violência (coação física), é punido com uma pena agravada em um terço. Embora a lei não seja expressa, deve-se interpretar que a violência utilizada se volta à pessoa humana, e não a coisas ou animais. Afinal, essa tem sido a preocupação constante do legislador em outros tipos penais: a maior proteção ao ser humano.

2.7 Sistema da acumulação material

Pune-se, além das figuras típicas do art. 208, o crime decorrente da violência empregada contra pessoa ou coisa (art. 208, parágrafo único, parte final, do CP). Ex.: o agente, escarnecendo de alguém, dá-lhe um empurrão, causando-lhe lesões corporais com a queda. Responde pelos delitos dos arts. 208 e 129, em concurso.

RESUMO DO CAPÍTULO

	Ultraje a culto e impedimento ou perturbação de ato a ele relativo
Previsão legal	**Art. 208.** Escarnecer de alguém publicamente, por motivo de crença ou função religiosa; impedir ou perturbar cerimônia ou prática de culto religioso; vilipendiar publicamente ato ou objeto de culto religioso: Pena – detenção, de um mês a um ano, ou multa. **Parágrafo único.** Se há emprego de violência, a pena é aumentada de 1/3 (um terço), sem prejuízo da correspondente à violência.
Sujeito ativo	Qualquer pessoa
Sujeito passivo	Qualquer pessoa, coletividade e os atingidos pela conduta criminosa
Objeto material	Pessoa que sofre o deboche, cerimônia ou culto que sofre a conduta criminosa, ato que faz parte de um culto ou objeto utilizado para prática da religião
Objeto jurídico	Liberdade de culto e crença
Elemento subjetivo	Dolo + elemento subjetivo específico

Classificação	Comum
	Formal
	Forma livre
	Comissivo
	Instantâneo
	Unissubjetivo
	Unissubsistente ou plurissubsistente
Tentativa	Admite na forma plurissubsistente
Circunstâncias especiais	Tipo misto cumulativo

Capítulo II

Crimes contra o Respeito aos Mortos

1. IMPEDIMENTO OU PERTURBAÇÃO DE CERIMÔNIA FUNERÁRIA

1.1 Estrutura do tipo penal incriminador

Impedir significa interromper ou obstar o prosseguimento, enquanto *perturbar* é apenas estorvar ou atrapalhar. O objeto, neste caso, é enterro ou cerimônia funerária. Cuida-se do art. 209 do CP.

O tributo que se rende aos mortos tem caráter religioso, razão pela qual estão contidos no mesmo Título do Código Penal. Eis o que diz MAGGIORE: "a morte, o além-túmulo, Deus são o tríplice vulto de um só mistério: a Humanidade inclinou-se sempre ante a sua grandeza. A religião dos mortos não pode assim separar-se a religião da alma imortal e de Deus. Além desse liame comum, o culto dos defuntos, o respeito ao corpo exânime, a reverência aos sepulcros aviltam-se num infantil e insensato fetichismo".[1]

A pena é de detenção, de um mês a um ano, ou multa.

1.2 Sujeitos ativo e passivo

O sujeito ativo pode ser qualquer pessoa. O sujeito passivo é a coletividade. Secundariamente, as pessoas presentes no enterro ou na cerimônia. É o chamado *crime vago* (cujo sujeito passivo é indeterminado).

---

[1] *Apud* VICENTE SABINO JR., *Direito penal*, v. 3, p. 854.

1.3 Elemento subjetivo do tipo

É o dolo. Não existe a forma culposa. Exige-se elemento subjetivo do tipo específico consistente na especial vontade de ultrajar a memória do morto. Há muitas pessoas que, em velórios, especialmente, descontroladas que estão, podem tomar atitudes que perturbam nitidamente a cerimônia, mas não o fazem com a intenção de menoscabar a memória de quem morreu, embora saibam que estão perturbando (dolo).

1.4 Objetos material e jurídico

O objeto material é o enterro (ato de sepultar um cadáver) ou a cerimônia funerária (reunião fúnebre de caráter solene, como o velório). O objeto jurídico é o respeito à memória dos mortos.

1.5 Classificação

Trata-se de crime comum (aquele que não demanda sujeito ativo qualificado ou especial); formal (delito que não exige resultado naturalístico, consistente em efetiva lesão ao bem jurídico tutelado); de forma livre (podendo ser cometido por qualquer meio eleito pelo agente); comissivo (os verbos implicam ações). Exemplo interessante de cometimento na forma omissiva é o fornecido por MAYRINK DA COSTA: "Caio, agente funerário, com o objetivo de perturbar o funeral de seu devedor Tício, deixa de fornecer o esquife para o seu enterramento ou a viatura para o transporte do cadáver";[2] instantâneo (cujo resultado se dá de maneira instantânea, não se prolongando no tempo); unissubjetivo (que pode ser praticado por um só agente); unissubsistente (um único ato integra a conduta) ou plurissubsistente (em regra, vários atos integram a conduta), conforme o caso; admite tentativa na forma plurissubsistente.

1.6 Causa de aumento

Caso o agente empregue qualquer forma de violência (coação física), é punido com uma pena agravada em um terço (art. 209, parágrafo único).

1.7 Sistema da acumulação material

Pune-se, além da figura típica do *caput* do art. 209, o crime decorrente da violência empregada (art. 209, parágrafo único). Não tendo sido especificada, cabe violência contra pessoa ou coisa.

1.8 Quadro-resumo

	Impedimento ou perturbação de cerimônia funerária
	Art. 209. Impedir ou perturbar enterro ou cerimônia funerária:
Previsão legal	Pena – detenção, de um mês a um ano, ou multa.
	Parágrafo único. Se há emprego de violência, a pena é aumentada de (um terço, sem prejuízo da correspondente à violência.
Sujeito ativo	Qualquer pessoa
Sujeito passivo	Coletividade; pessoas presentes no enterro ou cerimônia
Objeto material	Enterro ou cerimônia funerária

---

[2] *Direito penal* – Parte especial, v. 2, t. II, p. 803.

Objeto jurídico	Respeito à memória dos mortos
Elemento subjetivo	Dolo + elemento subjetivo específico
Classificação	Comum Formal Forma livre Comissivo ou omissivo Instantâneo Unissubjetivo Unissubsistente ou plurissubsistente
Tentativa	Admite na forma plurissubsistente
Circunstâncias especiais	Acumulação material

2. VIOLAÇÃO DE SEPULTURA

2.1 Estrutura do tipo penal incriminador

Violar significa devassar ou invadir e *profanar* quer dizer tratar com irreverência ou macular. O objeto é a sepultura ou a urna funerária. Reserva-se a primeira figura para quem abre a sepultura ou invade o sepulcro, enquanto a segunda serve para quem infama o mesmo objeto. É o conteúdo do art. 210 do CP.

Se o sepulcro ou urna estiver vazia, trata-se de crime impossível – absoluta impropriedade do objeto (art. 17, CP).

Consideram-se *sepultura* a cova e as obras de arte componentes do túmulo. *Urna funerária* é o recipiente dirigido à guarda das cinzas ou dos ossos. *Tumba, túmulo, sepulcro* e *mausoléu* são expressões equivalentes. A tumba, o túmulo e o mausoléu erguem-se sobre o chão; sepulcro situa-se sob a terra, escavando-se.[3]

A pena é de reclusão, de um a três anos, e multa.

2.2 Sujeitos ativo e passivo

O sujeito ativo pode ser qualquer pessoa. O sujeito passivo é a coletividade. Em segundo plano, a família do morto.

2.3 Elemento subjetivo

É o dolo. Não existe a forma culposa. Não se exige elemento subjetivo do tipo específico para a violação, embora no tocante à profanação – que se liga a ultraje, desonra – seja preciso haver elemento subjetivo do tipo específico, isto é, a particular vontade de macular a memória do morto ou seu sepulcro.

2.4 Objetos material e jurídico

O objeto material é a sepultura (é a cova onde se colocam o morto e seus acessórios, como o jazigo, a lápide que compõe o túmulo etc.) ou a urna funerária (caixa utilizada para guardar cinzas ou ossos). O objeto jurídico é o respeito aos mortos.

---

[3] VICENTE SABINO JR., *Direito penal*, v. 3, p. 855.

2.5 Classificação

Trata-se de crime comum (aquele que não demanda sujeito ativo qualificado ou especial); formal (delito que não exige resultado naturalístico, consistente em efetiva lesão ao bem jurídico tutelado); de forma livre (podendo ser cometido por qualquer meio eleito pelo agente); comissivo (os verbos implicam ações); instantâneo (cujo resultado se dá de maneira instantânea, não se prolongando no tempo); unissubjetivo (que pode ser praticado por um só agente); plurissubsistente (em regra, vários atos integram a conduta); admite tentativa.

2.6 Violação com a finalidade de furtar

Entendemos que, não havendo subtração, mas apenas violação da sepultura, responde o agente pelo crime especial, que é o do art. 210, e não por tentativa de furto. Caso haja subtração de algo colocado no túmulo, sem que exista a violação, responde o agente por furto. Finalmente, se o furto voltar-se ao cadáver, entendemos configurar o delito do art. 211, que absorve o do art. 210.

2.7 Quadro-resumo

Previsão legal	**Violação de sepultura** **Art. 210.** Violar ou profanar sepultura ou urna funerária: Pena – reclusão, de um a três anos, e multa.
Sujeito ativo	Qualquer pessoa
Sujeito passivo	Coletividade, família do morto
Objeto material	Sepultura ou urna funerária
Objeto jurídico	Respeito aos mortos
Elemento subjetivo	Dolo
Classificação	Comum Formal Forma livre Comissivo Instantâneo Unissubjetivo Plurissubsistente
Tentativa	Admite
Circunstâncias especiais	Confronto com furto

3. DESTRUIÇÃO, SUBTRAÇÃO OU OCULTAÇÃO DE CADÁVER

3.1 Estrutura do tipo penal incriminador

Destruir (arruinar, aniquilar), *subtrair* (fazer desaparecer ou retirar) ou *ocultar* (esconder) são condutas alternativas. O objeto é o cadáver (corpo sem vida de ser humano) ou parte dele.[4] Se o agente concretizar uma ou todas, responderá por um único delito. Cuida-se do art. 211 do CP.

A pena é de reclusão, de um a três anos, e multa.

---

4   A múmia não é considerada cadáver em face do decurso do tempo, fazendo desaparecer o sentimento religioso, como valor a ser tutelado pelo direito penal (VICENTE SABINO JR., *Direito penal*, v. 3, p. 856).

3.2 Sujeitos ativo e passivo

O sujeito ativo pode ser qualquer pessoa. O sujeito passivo é a coletividade. Em segundo plano, a família, que preserva a memória do morto. Trata-se do chamado *crime vago*, que não possui sujeito passivo determinado.

3.3 Elemento subjetivo do tipo

É o dolo. Não existe a forma culposa, nem se exige elemento subjetivo do tipo específico.

3.4 Erro de proibição

É possível a configuração do erro de proibição (credulidade na licitude da conduta) quando o agente, visando ao transplante, acredita que o morto, ainda em vida, era considerado doador de órgãos ou tecidos, quando, na realidade, não o era; o mesmo pode ocorrer se a família for contra e o agente não tiver conhecimento disso. Ver, a respeito, o disposto na Lei 9.434/1997 (que dispõe sobre a remoção de órgãos, tecidos e partes do corpo humano para fins de transplante e tratamento).

3.5 Objetos material e jurídico

O objeto material é o cadáver ou parte dele. *Cadáver*, na definição de VON LISZT, é "o corpo humano inanimado, enquanto a conexão de suas partes não cessou de todo".[5] Inclui-se, no conceito de cadáver, o feto, desde que viável, e o natimorto. Não compreende a múmia, que é bem de valor histórico ou arqueológico (podendo configurar crime específico), mas sem representar à sociedade o mesmo respeito dedicado aos mortos, bem como as partes ou os pedaços do corpo humano. O objeto jurídico é o respeito aos mortos.

3.6 Classificação

Trata-se de crime comum (aquele que não demanda sujeito ativo qualificado ou especial); formal (delito que não exige resultado naturalístico, consistente em efetiva lesão ao bem jurídico tutelado); de forma livre (podendo ser cometido por qualquer meio eleito pelo agente); comissivo (os verbos implicam ações); instantâneo (cujo resultado se dá de maneira instantânea, não se prolongando no tempo), salvo na modalidade "ocultar", que é permanente (delito de consumação prolongada no tempo). *Ocultar* significa esconder, sem destruir, razão pela qual se sujeita ao prolongamento; de dano (consuma-se apenas com efetiva lesão a um bem jurídico tutelado); unissubjetivo (que pode ser praticado por um só agente); plurissubsistente (como regra, vários atos integram a conduta); admite tentativa.

3.7 Confronto com a autodefesa

Não é admissível que se invoque o direito à autodefesa para o cometimento do delito previsto neste tipo penal. Afinal, o objeto jurídico é o respeito à memória do morto, que merece um sepultamento digno. Logo, não pode o homicida, a pretexto de se defender, desaparecer com o cadáver (prova da materialidade da infração penal), pois está atingindo outro bem, diverso da vida. Deve responder em concurso material com o homicídio. No entanto, ocultando o corpo, não haverá de ser responsabilizado, também, por fraude processual.

---

5 Citação de HUNGRIA (*Comentários ao Código Penal*, v. 8, p. 82).

3.8 Quadro-resumo

	Destruição, subtração ou ocultação de cadáver
Previsão legal	**Art. 211.** Destruir, subtrair ou ocultar cadáver ou parte dele: Pena – reclusão, de um a três anos, e multa.
Sujeito ativo	Qualquer pessoa
Sujeito passivo	Coletividade; família
Objeto material	Cadáver ou parte dele
Objeto jurídico	Respeito aos mortos
Elemento subjetivo	Dolo
Classificação	Comum Formal Forma livre Comissivo Instantâneo Unissubjetivo Plurissubsistente
Tentativa	Admite
Circunstâncias especiais	Autodefesa

4. VILIPÊNDIO A CADÁVER

4.1 Estrutura do tipo penal incriminador

Vilipendiar significa desprezar ou aviltar. O objeto é o cadáver ou suas cinzas. A conduta pode ser praticada através de gestos ou palavras, estas na forma escrita ou verbal. Trata-se do art. 212 do CP.

Segundo VICENTE SABINO JR., "o vilipêndio por meio de ato pode ser executado pelo escarro, pela conspurcação, desnudamento, colocação do cadáver em posições grotescas ou irreverentes, pela aposição de máscaras ou de símbolos burlescos, e mesmo pela compressão dos despojos em invólucro de medidas insuficientes; enfim, por processos mais sérios, como a deturpação, a mutilação e outros".[6]

A pena é de detenção, de um a três anos, e multa.

4.2 Sujeitos ativo e passivo

O sujeito ativo pode ser qualquer pessoa. O sujeito passivo é a coletividade, cuja ética prevê o respeito aos mortos. Secundariamente, está a família do morto.

---

[6] *Direito penal*, v. 3, p. 857.

4.3 Elemento subjetivo do tipo

É o dolo. Não existe a forma culposa. Tratando-se de *vilipêndio*, é de se exigir o elemento subjetivo do tipo específico, consistente na vontade de humilhar ou desonrar a memória do morto. Exclui o crime outras intenções, como o ato cometido para fins didáticos ou científicos.

4.4 Objetos material e jurídico

O objeto material é o cadáver ou suas cinzas. Quanto às cinzas, são os restos mortais, que podem ser resíduos da cremação ou da combustão ou resultado da ação do tempo. Incluem-se, por consequência lógica, as partes do cadáver – abrangendo o esqueleto –, já que se põem, como objeto material, até mesmo as cinzas. O objeto jurídico é o respeito aos mortos.

4.5 Classificação

Trata-se de crime comum (aquele que não demanda sujeito ativo qualificado ou especial); formal (delito que não exige resultado naturalístico, consistente em efetiva lesão ao bem jurídico tutelado); de forma livre (podendo ser cometido por qualquer meio eleito pelo agente); comissivo ("vilipendiar" implica ação); instantâneo (cujo resultado se dá de maneira instantânea, não se prolongando no tempo); unissubjetivo (que pode ser praticado por um só agente); unissubsistente (um único ato integra a conduta) ou plurissubsistente (como regra, vários atos integram a conduta); admite tentativa na forma plurissubsistente.

4.6 Quadro-resumo

Previsão legal	**Vilipêndio a cadáver** **Art. 212.** Vilipendiar cadáver ou suas cinzas: Pena – detenção, de um a três anos, e multa.
Sujeito ativo	Qualquer pessoa
Sujeito passivo	Coletividade; família do morto
Objeto material	Cadáver ou suas cinzas
Objeto jurídico	Respeito aos mortos
Elemento subjetivo	Dolo + elemento subjetivo específico
Classificação	Comum Formal Forma livre Comissivo Instantâneo Unissubjetivo Unissubsistente ou plurissubsistente
Tentativa	Admite na forma plurissubsistente

RESUMO DO CAPÍTULO

	Ultraje a culto e impedimento ou perturbação de ato a ele relativo Art. 208	Impedimento ou perturbação de cerimônia funerária Art. 209	Violação de sepultura Art. 210	Destruição, subtração ou ocultação de cadáver Art. 211	Vilipêndio a cadáver Art. 212
Sujeito ativo	Qualquer pessoa	Qualquer pessoa	Qualquer pessoa	Qualquer pessoa	Qualquer pessoa
Sujeito passivo	Qualquer pessoa, coletividade e os atingidos pela conduta criminosa	Coletividade; pessoas presentes no enterro ou cerimônia	Coletividade, família do morto	Coletividade; família	Coletividade; família do morto
Objeto material	Pessoa que sofre o deboche, cerimônia ou culto que sofre a conduta criminosa, ato que faz parte de um culto ou objeto utilizado para prática da religião	Enterro ou cerimônia funerária	Sepultura ou urna funerária	Cadáver ou parte dele	Cadáver ou suas cinzas
Objeto jurídico	Liberdade de culto e crença	Respeito à memória dos mortos	Respeito aos mortos	Respeito aos mortos	Respeito aos mortos
Elemento subjetivo	Dolo + elemento subjetivo específico	Dolo + elemento subjetivo específico	Dolo	Dolo	Dolo + elemento subjetivo específico
Classificação	Comum Formal Forma livre Comissivo Instantâneo Unissubjetivo Unissubsistente ou plurissubsistente	Comum Formal Forma livre Comissivo Instantâneo Unissubjetivo Unissubsistente ou plurissubsistente	Comum Formal Forma livre Comissivo ou omissivo Instantâneo Unissubjetivo Plurissubsistente	Comum Formal Forma livre Comissivo Instantâneo Unissubjetivo Plurissubsistente	Comum Formal Forma livre Comissivo Instantâneo Unissubjetivo Unissubsistente ou plurissubsistente
Tentativa	Admite na forma plurissubsistente	Admite na forma plurissubsistente	Admite	Admite	Admite na forma plurissubsistente
Circunstâncias especiais	Tipo misto cumulativo	Acumulação material	Confronto com furto	Autodefesa	——

Referências Bibliográficas

ABOSO, Gustavo Eduardo. *Derecho penal sexual.* Estudio sobre los delitos contra la integridad sexual. Montevideo-Buenos Aires: Editorial B de f, 2014.

ABRÃO, Eliane Y. *Direitos de autor e direitos conexos.* São Paulo: Editora do Brasil, 2002.

ABRÃO, Eliane Y. (Org.). Propriedade imaterial. Direitos autorais, propriedade industrial e bens de personalidade. São Paulo: Editora Senac, 2006.

ACCIOLY, Hildebrando. *Manual de direito internacional público.* Revisão Geraldo Eulálio do Nascimento e Silva. 11. ed. 11.ª tiragem. São Paulo: Saraiva, 1995.

ALEIXO, Délcio Balestero; MEIRELLES, Hely Lopes; BURLE FILHO, José Emmanuel. *Direito administrativo brasileiro.* 39. ed. São Paulo: Malheiros, 2013.

ALESSI, Giorgia. O direito penal moderno entre retribuição e reconciliação. In: DAL RI JR., Arno; SONTAG, Ricardo. *História do direito penal entre medievo e modernidade.* Belo Horizonte: Del Rey, 2011.

ALEXY, Robert. *Teoria dos direitos fundamentais.* Trad. Virgílio Afonso da Silva. 2. ed. 4.ª tiragem. São Paulo: Malheiros, 2015.

ALMADA, Célio de Melo. *Legítima defesa.* Legislação. Doutrina. Jurisprudência. Processo. São Paulo: José Bushatsky, 1958.

ALMEIDA, Carlota Pizarro de. *Modelos de inimputabilidade*: da teoria à prática. Coimbra: Almedina, 2000.

ALMEIDA, Carlota Pizarro de; D'ALMEIDA, Luís Duarte; PATRÍCIO, Rui; VILALONGA, José Manuel. *Código Penal anotado.* Coimbra: Almedina, 2003.

ALMEIDA, Fernando Henrique Mendes de. *Dos crimes contra a Administração Pública.* São Paulo: RT, 1955.

ALMEIDA JR., A.; COSTA JR., J. B. de O. *Lições de medicina legal.* 9. ed. São Paulo: Companhia Editora Nacional, 1971.

ALONSO, Carmen Salinero. *Teoría general de las circunstancias modificativas de la responsabilidad criminal y artículo 66 del Código Penal*. Granada: Editorial Comares, 2000.

ALTAVILLA, Enrico. *Psicologia judiciária*. Trad. Fernando de Miranda. 3. ed. Coimbra: Arménio Amado, 1981.

ALVES, Jamil Chaim. *Penas alternativas*: teoria e prática. Belo Horizonte: Del Rey, 2016.

ALVES, Roque de Brito. *A moderação na legítima defesa*. Recife: União Gráfica, 1957.

ALVES, Roque de Brito. *Ciúme e crime*. Recife: Fasa, 1984.

ALVES, Roque de Brito. *Crime e loucura*. Recife: Fasa, 1998.

ALVES, Roque de Brito. *Direito penal* – Parte geral. 5. ed. Recife: Editora do Autor, 2010.

AMARAL, Boanerges do. *Tudo sobre legítima defesa*. Rio de Janeiro: Jus Lex, 1964.

AMARAL, Sylvio do. *Falsidade documental*. 2. ed. São Paulo: RT, 1978.

AMERICANO, Odin. Da culpabilidade normativa. *Estudos de direito e processo penal em homenagem a Nélson Hungria*. Rio de Janeiro-São Paulo: Forense, 1962.

ANCEL, Marc. *A nova defesa social. Um movimento de política criminal humanista*. Trad. Osvaldo Melo. Belo Horizonte-Rio de Janeiro, 1979.

ANDRADE, Christiano José de. *Hermenêutica jurídica no Brasil*. São Paulo: RT, 1991.

ANDRADE, Vander Ferreira de. *A dignidade da pessoa humana* – valor-fonte da ordem jurídica. Rio de Janeiro: Editora Cautela, 2007.

ANDREUCCI, Ricardo Antunes; DOTTI, René Ariel; REALE JR., Miguel; PITOMBO, Sérgio M. de Moraes. *Penas e medidas de segurança no novo Código*. 2. ed. Rio de Janeiro: Forense, 1987.

ANTOLISEI, Francesco. *Manuale di diritto penale* – Parte generale. Atual. Luigi Conti. 14. ed. Milano: Giuffrè, 1997.

ANTOLISEI, Francesco. *Manuale di diritto penale* – Parte speciale. Atual. Luigi Conti. 12. ed. Milano: Giuffrè, 1997.

ANTOLISEI, Francesco. *Manuale di diritto penale* – Parte speciale. Atual. Luigi Conti. 13. ed. Milano: Giuffrè, 1999.

ANTÓN ONECA, José. *Obras*. Buenos Aires: Rubinzal-Culzoni, 2000/2002/2003. t. I-III. (Coleção Autores de direito penal.)

ARAGÃO, Antonio Moniz Sodré de. *As três escolas penais*: clássica, antropológica e crítica – Estudo comparativo. Rio de Janeiro: Freitas Bastos, 1977.

ARANHA, Adalberto José Q. T. de Camargo. *Crimes contra a honra*. São Paulo: Saraiva, 1995.

ARAÚJO, Cláudio Th. Leotta de; MENEZES, Marco Antônio. Em defesa do exame criminológico. *Boletim do IBCCRIM*, n. 129, p. 3, ago. 2003.

ARAÚJO, Luis Ivani de Amorim. *Curso de direito internacional público*. Rio de Janeiro: Editora Forense, 2002.

ARAÚJO, Luiz Alberto David. *A proteção constitucional das pessoas portadoras de deficiência*. Brasília: Coordenadoria Nacional para Integração da Pessoa Portadora de Deficiência-Corde, 1994.

ARAÚJO, Luiz Alberto David. *A proteção constitucional do transexual*. São Paulo: Saraiva, 2000.

ARAÚJO, Marina Pinhão Coelho. *Tipicidade penal*. Uma análise funcionalista. São Paulo: Quartier Latin, 2012.

ARAÚJO, Marina Pinhão Coelho; NUNES JÚNIOR, Vidal Serrano. *Curso de direito constitucional*. 3. ed. São Paulo: Saraiva, 1999.

ARAÚJO JÚNIOR, João Marcello de. *Delitos de trânsito*. Rio de Janeiro: Forense, 1981.

ARAÚJO JÚNIOR, João Marcello de. *Dos crimes contra a ordem econômica*. São Paulo: RT, 1995.

ARBENZ, Guilherme Oswaldo. *Compêndio de medicina legal*. Rio de Janeiro-São Paulo: Livraria Atheneu, 1983.

ARNAU, Frank. *Por que os homens matam*. Trad. Vera Coutinho. Rio de Janeiro: Civilização Brasileira, 1966.

AROSTEGUI MORENO, José et al. *Introducción a la criminología*. 2. ed. Salamanca: Ratio Legis, 2015.

ARRIETA, Andrés Martínez. Acoso sexual. *Delitos contra la libertad sexual*. Madrid: Consejo General del Poder Judicial, 1999.

ARROYO DE LAS HERAS, Alfonso. *Manual de derecho penal* – El delito. Pamplona: Aranzadi, 1985.

ARROYO ZAPATERO, Luis; FERRÉ OLIVÉ, Juan Carlos; GARCÍA RIVAS, Nicólas; SERRANO PIEDECASAS, José Ramón; GÓMEZ DE LA TORRE, Ignacio Berdugo. *Lecciones de derecho penal* – Parte general. 2. ed. Madrid: La Ley, 1999.

ATENCIO, Graciela (Ed.). *Feminicidio*. De la categoría político-jurídica a la justicia universal. Madrid: Fibgar-Catarata, 2015.

AZEVEDO, André Boiani e. *Assédio sexual. Aspectos penais*. 1. ed. 6.ª tiragem. Curitiba: Juruá, 2011.

AZEVEDO, David Teixeira de. *Atualidades no direito e processo penal*. São Paulo: Método, 2001.

AZEVEDO, David Teixeira de. *Dosimetria da pena*: causas de aumento e diminuição. 1. ed. 2.ª tiragem. São Paulo: Malheiros, 2002.

BACIGALUPO, Enrique. *Principios de derecho penal* – Parte general. 5. ed. Madrid: Akal, 1998.

BACILA, Carlos Roberto. *Teoria da imputação objetiva no direito penal*. 1. ed. 2.ª reimpressão. Curitiba: Juruá, 2012.

BAJO FERNÁNDEZ, Miguel; FEIJOO SÁNCHEZ, Bernardo José; GÓMEZ-JARA DÍEZ, Carlos. *Tratado de responsabilidad penal de las personas jurídicas*. 2. ed. Navarra: Aranzadi-Civitas-Thomson Reuters, 2016.

BALCARCE, Fabián Ignacio. *Dogmática penal y principios constitucionales*. Buenos Aires: Editorial B de f, 2014.

BALERA, Wagner (Org.). *Curso de direito previdenciário*. 3. ed. São Paulo: LTr, 1996.

BALTAZAR JR., José Paulo. Aspectos penais. In: FREITAS, Vladimir Passos de (Org.). *Direito previdenciário* – Aspectos materiais, processuais e penais. 2. ed. Porto Alegre: Livraria de Advogado, 1999.

BALTAZAR JR., José Paulo; LIMA, Luciano Flores de (Org.). *Cooperação jurídica internacional em matéria penal*. Porto Alegre: Verbo Jurídico, 2010.

BARBOSA, Marcelo Fortes. *Crimes contra a honra*. São Paulo: Malheiros, 1995.

BARBOSA, Marcelo Fortes. Denunciação caluniosa. *Direito penal atual (estudos)*. São Paulo: Malheiros, 1996.

BARBOSA, Marcelo Fortes. Do crime continuado. *Justitia* 83/149.

BARBOSA, Marcelo Fortes. *Latrocínio*. 1. ed. 2.ª tiragem. São Paulo: Malheiros, 1997.

BARRETO, Tobias. *Menores e loucos em direito criminal*. Campinas: Romana, 2003.

BARROS, Carmen Silvia de Moraes. *A individualização da pena na execução penal*. São Paulo: RT, 2001.

BARROS, Flávio Augusto Monteiro de. *Direito penal* – Parte geral. São Paulo: Saraiva, 1999. v. 1.

BARROS, Luiz Celso de. *Responsabilidade fiscal e criminal*. São Paulo: Edipro, 2001.

BARROSO, Luís Roberto. *Interpretação e aplicação da Constituição*. São Paulo: Saraiva, 1996.

BARROSO, Luís Roberto. Legitimidade da recusa de transfusão de sangue por teste-munhas de Jeová. Dignidade humana, liberdade religiosa e escolhas existenciais. Programa de Direito Público da Universidade do Estado do Rio de Janeiro, 05.10.2010 [parecer].

BASTOS, Celso Ribeiro. *Curso de direito constitucional*. 18. ed. São Paulo: Saraiva, 1997.

BASTOS, Celso Ribeiro. *Hermenêutica e interpretação constitucional*. São Paulo: Celso Bastos Editor, 1997.

BASTOS, Celso Ribeiro; MARTINS, Ives Gandra da Silva. *Comentários à Constituição do Brasil*. São Paulo: Saraiva, 1988. v. 1.

BATISTA, Nilo. Alternativas à prisão no Brasil. *Revista da Escola do Serviço Penitenciário*, n. 4, jul.-set. 1990.

BATISTA, Nilo. *Concurso de agentes* – Uma investigação sobre os problemas da autoria e da participação no direito penal brasileiro. 2. ed. Rio de Janeiro: Lumen Juris, 2004.

BATISTA, Nilo. *Decisões criminais comentadas*. Rio de Janeiro: Liber Juris, 1976.

BATISTA, Vera Malaguti. *Introdução crítica à criminologia brasileira*. 2. ed. Rio de Janeiro: Revan, 2015.

BATTAGLINI, Giulio. *Direito penal* – Parte geral. Trad. Paulo José da Costa Jr. e Ada Pellegrini Grinover. São Paulo: Saraiva, 1964.

BAUMANN, Jürgen. *Derecho penal* – Conceptos fundamentales y sistema (introducción a la sistemática sobre la base de casos). Trad. Conrado A. Finzi. 4. ed. Buenos Aires: Depalma, 1981.

BELING, Ernst von. *A ação punível e a pena*. Trad. Maria Carbajal. São Paulo: Rideel, 2006.

BELING, Ernst von. *Esquema de derecho penal*. La doctrina del delito-tipo. Trad. Sebastian Soler. Buenos Aires: Depalma, 1944.

BENETI, Sidnei Agostinho. *Execução penal*. São Paulo: Saraiva, 1996.

BENETI, Sidnei Agostinho. Responsabilidade penal da pessoa jurídica: notas diante da primeira condenação na justiça francesa. *RT* 731/471, set. 1996.

BENFICA, Francisco Silveira; VAZ, Márcia. *Medicina legal*. 3. ed. Porto Alegre: Livraria do Advogado, 2015.

BENTHAM, Jeremy. *O panóptico*. Organização de Tomaz Tadeu da Silva. Trad. Guacira Lopes Louro. M. D. Magno e Tomaz Tadeu da Silva. Belo Horizonte: Autêntica, 2000.

BERISTAIN, Antonio. *Victimología*: nueve palabras clave. Valencia: Tirant Lo Blanch, 2000.

BERNALDO DE QUIRÓS, Constancio. *Derecho penal* (parte general). Puebla: José M. Cajica Jr., 1949. v. I e II.

BETTIOL, Giuseppe. *Diritto penale* – Parte generale. 4. ed. Palermo: G. Priulla, 1958.

BETTIOL, Giuseppe. Os princípios fundamentais do direito penal vigente. *Revista do Instituto de Pesquisas e Estudos Jurídico-Econômico-Sociais,* Instituição Toledo de Ensino, n. 4, abr.-jun. 1967.

BETTIOL, Giuseppe; BETTIOL, Rodolfo. *Istituzioni di diritto e procedura penale*. 5. ed. Padova: Cedam, 1993.

BEZERRA, Jorge Luiz. *Segurança pública*. Uma perspectiva político criminal à luz da teoria das janelas quebradas. São Paulo: Blucher Acadêmico, 2008.

BEZERRA FILHO, Aluízio. *Crimes sexuais*. Curitiba: Juruá, 2002.

BIANCHINI, Alice; GOMES, Luiz Flávio. *Crimes de responsabilidade fiscal* – Lei 10.028/2000: crimes contra as finanças públicas, crimes de responsabilidade fiscal de prefeitos, legislação na íntegra (Lei 10.028 e LC 101/2000). São Paulo: RT, 2001. (Série As ciências criminais no século XXI, v. 2.)

BIANCHINI, Alice; GOMES, Luiz Flávio. *Curso de direito penal* – Parte geral. São Paulo: Jus-Podivm, 2015. v. 1.

BICUDO, Márcia Regina Silveira; COELHO, Airton. Direitos conexos de empresas fonográficas. In: ABRÃO, Eliane Y. (Org.). Propriedade imaterial. Direitos autorais, propriedade industrial e bens de personalidade. São Paulo: Editora Senac, 2006.

BIERRENBACH, Sheila. *Crimes omissivos impróprios*. 3. ed. Niterói: Impetus, 2014.

BIRNBAUM, Johann Michael Franz. *Sobre la necesidad de una lesión de derechos para el concepto de delito*. Trad. José Luis Guzmán Dalbora. Montevideo-Buenos Aires: Editorial B de f, 2010.

BITENCOURT, Cezar Roberto. A exasperação penal nos crimes de furto, roubo e receptação. Reflexões sobre as inovações da Lei 9.426/96. *Ajuris 72/195*.

BITENCOURT, Cezar Roberto. *Erro de tipo e erro de proibição* – Uma análise comparativa. 3. ed. São Paulo: Saraiva, 2003.

BITENCOURT, Cezar Roberto. *Falência da pena de prisão* – causas e alternativas. 2. ed. São Paulo: Saraiva, 2001.

BITENCOURT, Cezar Roberto. *Penas alternativas*. 4. ed. São Paulo: Saraiva, 2013.

BITENCOURT, Cezar Roberto. *Teoria geral do delito*. Uma visão panorâmica da dogmática penal brasileira. Coimbra: Almedina, 2007.

BITENCOURT, Cezar Roberto. *Tratado de direito penal* – Parte geral. 22. ed. São Paulo: Saraiva, 2016. v. 1.

BITENCOURT, Cezar Roberto. *Tratado de direito penal* – Parte geral. 16. ed. São Paulo: Saraiva, 2016. v. 2.

BITENCOURT, Cezar Roberto. *Tratado de direito penal* – Parte especial. 12. ed. São Paulo: Saraiva, 2016. v. 1 e 3.

BITENCOURT, Cezar Roberto. *Tratado de direito penal* – Parte especial. 10. ed. São Paulo: Saraiva, 2016. v. 4 e 5.

BITENCOURT, Monique von Hertwig; FERREIRA, Victor José Sebem. A proibição do comércio e consumo de bebidas alcoólicas em locais públicos no dia do pleito. Disponível em: <http://www.tre-sc.gov.br/sj/cjd/doutrinas/monique.htm>.

BITTAR, Carlos Alberto. *Contornos atuais do direito do autor*. Atualização de Eduardo Carlos Bianca Bittar. 2. ed. São Paulo: RT, 1999.

BITTAR, Carlos Alberto. *Direito de autor*. Atualização de Eduardo Carlos Bianca Bittar. 4. ed. Rio de Janeiro: Forense Universitária, 2003.

BLANCO LOZANO, Carlos. *Derecho penal* – Parte general. Madrid: La Ley, 2003.

BLASI NETTO, Frederico. *Prescrição penal* – Manual prático para entendê-la e calculá-la. São Paulo: Juarez de Oliveira, 2000.

BLEGER, José. *Psicologia da conduta*. Trad. Emilia de Oliveira Diehl. 2. ed. Porto Alegre: Artes Médicas, 1989.

BOSCARELLI, Marco. *Compendio di diritto penale* – Parte generale. Milano: Giuffrè, 1968.

BOSCHI, José Antonio Paganella; SILVA, Odir Odilon Pinto da. *Comentários à Lei de Execução Penal*. Rio de Janeiro: Aide, 1987.

BOSCHI, José Antonio Paganella. *Das penas e seus critérios de aplicação*. 2. ed. Porto Alegre: Livraria do Advogado, 2002.

BOTTINI, Pierpaolo Cruz. *Crimes de perigo abstrato e princípio da precaução na sociedade de risco*. São Paulo: RT, 2007.

BOZOLA, Túlio Arantes. *Os crimes de perigo abstrato no direito penal contemporâneo*. Belo Horizonte: Del Rey, 2015.

BRACK, Karina; FAYET JÚNIOR, Ney; FAYET, Marcela. *Prescrição penal*. Temas atuais e controvertidos. Porto Alegre: Livraria do Advogado, 2007.

BRAGA, Henrique; RAPOSO, Fernando; FIGUEIREDO, Carlos Maurício; FERREIRA, Cláudio; NÓBREGA, Marcos. *Comentários à Lei de Responsabilidade Fiscal*. 2. ed. São Paulo: RT, 2001.

BRAGA JÚNIOR, Américo. *Teoria da imputação objetiva nas visões de Claus Roxin e Günther Jakobs*. Belo Horizonto: Ius Editora, 2010.

BRANCO, Vitorino Prata Castelo. *Da defesa nos crimes contra o patrimônio*. São Paulo: Sugestões Literárias, 1965.

BRANDÃO, Cláudio. *Tipicidade penal*. Dos elementos da dogmática ao giro conceitual do método entimemático. Coimbra: Almedina, 2012.

BRITO, Alexis Couto de. *Imputação objetiva*. Crimes de perigo e direito penal brasileiro. São Paulo: Atlas, 2015.

BRITO, Auriney. *Direito penal informático*. São Paulo: Saraiva, 2013.

BRUNO, Aníbal. *Crimes contra a pessoa*. 5. ed. Rio de Janeiro: Editora Rio, 1979.

BRUNO, Aníbal. *Das penas*. Rio de Janeiro: Editora Rio, 1976.

BRUNO, Aníbal. *Direito penal* – Parte especial. 2. ed. Rio de Janeiro: Forense, 1972. t. IV.

BRUNO, Aníbal. *Direito penal* – Parte geral. Rio de Janeiro: Forense, 1978. t. I, II e III.

BRUNO, Aníbal. Sobre o tipo no direito penal. *Estudos de direito e processo penal em homenagem a Nélson Hungria*. Rio de Janeiro-São Paulo: Forense, 1962.

BUENO, Paulo Amador Thomas Alves da Cunha. *Crimes na Lei do Parcelamento do Solo Urbano*. São Paulo: Lex Editora, 2006.

BUENO, Paulo Amador Thomas Alves da Cunha. *O fato típico nos delitos da Lei do Parcelamento do Solo Urbano* – Lei n. 6.766, de 19 de dezembro de 1979. Tese de mestrado. Pontifícia Universidade Católica de São Paulo. São Paulo, 2001.

BULGARELLI, Waldirio. *Títulos de crédito*. 2. ed. São Paulo: Atlas, 1982.

BURLE FILHO, José Emmanuel; ALEIXO, Délcio Balestero; MEIRELLES, Hely Lopes. *Direito administrativo brasileiro*. 39. ed. São Paulo: Malheiros, 2013.

BURRI, Juliana et al. O crime de estupro sob o prisma da Lei 12.015/09 (artigos 213 e 217-A do Código Penal). RT 902. In: SILVA FRANCO, Alberto; NUCCI, Guilherme de Souza (Org.). *Doutrinas essenciais* – Direito penal. São Paulo: RT, 2010. v. VI.

BUSATO, Paulo César. *Direito penal*. Parte geral. 2. ed. São Paulo: Atlas, 2015. v. 1.

BUSATO, Paulo César. *Direito penal*. Parte especial. 2. ed. São Paulo: Atlas, 2016. v. 2.

BUSATO, Paulo César. *Direito penal*. Parte especial. São Paulo: Atlas, 2016. v. 3.

BUSTOS RAMÍREZ, Juan (Org.). *Prevención y teoria de la pena*. Santiago: Editorial Jurídica ConoSur, 1995.

BUSTOS RAMÍREZ, Juan; VALENZUELA BEJAS, Manuel. *Derecho penal latinoamericano comparado*. Parte generale. Buenos Aires: Depalma, 1981. t. I.

CABETTE, Eduardo Luiz Santos. *Responsabilidade penal da pessoa jurídica*. 1. ed. 4.ª tiragem. Curitiba: Juruá, 2006.

CABRAL NETTO, J. Recurso *ex officio*. RT 692/242, jun. 1993.

CADOPPI, Alberto; VENEZIANI, Paolo. *Elementi di diritto penale* – Parte generale. Padova: CEDAM, 2002.

CALABRICH, Bruno; FISCHER, Douglas; PELELLA, Eduardo (Org.). *Garantismo penal integrado*. Questões penais e processuais, criminalidade moderna e aplicação do modelo garantista no Brasil. 3. ed. São Paulo: Atlas, 2015.

CALLEGARI, André Luís. A imputação objetiva no direito penal. *RT 764/434*, jun. 1999.

CALLEGARI, André Luís. *Imputação objetiva, lavagem de dinheiro e outros temas de direito penal*. 2. ed. Porto Alegre: Livraria do Advogado, 2004.

CALLEGARI, André Luís. *Teoria geral do delito e da imputação objetiva*. 3. ed. São Paulo: Atlas, 2014.

CALLEGARI, André Luís; GIACOMOLLI, Nereu José (Coord.). *Direito penal e funcionalismo*. Trad. André Luís Callegari, Nereu José Giacomolli e Lúcia Kalil. Porto Alegre: Livraria do Advogado, 2005.

CALLEGARI, André Luís; PACELLI, Eugênio. *Manual de direito penal* – Parte geral. São Paulo: Atlas, 2015.

CALLEGARI, André Luís; WERMUTH, Maiquel Ângelo Dezordi. *Sistema penal e política criminal*. Porto Alegre: Livraria do Advogado, 2010.

CAMARGO, Antonio Luis Chaves. *Culpabilidade e reprovação penal*. 1993. Tese (Professor titular da cadeira de Direito Penal) – USP, São Paulo,

CAMARGO, Antonio Luis Chaves. *Imputação objetiva e direito penal brasileiro*. São Paulo: Cultural Paulista, 2001.

CAMARGO, Joaquim Augusto de. *Direito penal brasileiro*. 2. ed. São Paulo: Ed. RT, 2005.

CAMARGO HERNANDEZ, César. *El delito continuado*. Barcelona: Bosch Casa Editorial, 1951.

CANEIRO, Margarita Beceiro. Las dimensiones de la violencia: hacia una tipología de la conducta antisocial. In: CLEMENTE, Miguel; ESPINOSA, Pablo. *La mente criminal*. Madrid: Dykinson, 2001.

CANOTILHO, José Joaquim Gomes. *Direito constitucional*. 6. ed. Coimbra: Almedina, 1995.

CANT, Paul de. O trabalho em benefício da comunidade: uma pena em substituição? *Prestação de serviços à comunidade*. Porto Alegre: Ajuris – Associação dos Juízes do Rio Grande do Sul, 1985.

CAPECCE, Bruno Gabriel; TOLEDO, Otávio Augusto de Almeida. *Privação de liberdade*. Legislação, doutrina e jurisprudência. São Paulo: Quartier Latin, 2015.

CARNELUTTI, Francesco. *El problema de la pena*. Trad. Santiago Sentís Melendo. Buenos Aires: Rodamillans, 1999.

CARNELUTTI, Francesco. *Lecciones de derecho penal* – El delito. Buenos Aires: Editora Jurídicas Europa-América, 1952.

CARRARA, Francesco. *Derecho penal*. México: Editorial Pedagógica Iberoamericana, 1995.

CARRARA, Francesco. *Programa do curso de direito criminal* – Parte geral. Trad. José Luiz V. de A. Franceschini e J. R. Prestes Barra. São Paulo: Saraiva, 1956. v. I.

CARRARA, Francesco. *Programa do curso de direito criminal* – Parte geral. Trad. José Luiz V. de A. Franceschini e J. R. Prestes Barra. São Paulo: Saraiva, 1957. v. II.

CARRAZZA, Roque Antonio. *Curso de direito constitucional tributário*. 14. ed. São Paulo: Malheiros, 2000.

CARVALHO, Américo A. Taipa de. *A legítima defesa* – Da fundamentação teorético-normativa e preventivo-geral e especial à redefinição dogmática. Coimbra: Coimbra Editora, 1995.

CARVALHO FILHO, Aloysio. *Comentários ao Código Penal*. 4. ed. Rio de Janeiro: Forense, 1958. v. 4.

CARVALHO FILHO, Luís Francisco. *A prisão*. São Paulo: Publifolha, 2002.

CASTIÑEIRA, Maria T. *El delito continuado*. Barcelona: Bosch, 1977.

CASTRO, Francisco José Viveiros de. *Attentados ao pudor* (Estudos sobre as aberrações do instincto sexual). 2. ed. Rio de Janeiro: Freitas Bastos, 1932.

CASTRO, Francisco José Viveiros de. *Os delictos contra a honra da mulher*. 3. ed. Rio de Janeiro: Freitas Bastos, 1936.

CASTRO, Francisco José Viveiros de. *Questões de direito penal*. Rio de Janeiro: Jacintho Ribeiro dos Santos, 1900.

CASTRO, Regina de. Aborto. Rio de Janeiro: Mauad, 1997.

CEREZO MIR, José. *Curso de derecho español*. – Parte general. 5. ed. Madrid: Tecnos, 1998. v. 1.

CEREZO MIR, José. *Curso de derecho penal español*. 6. ed. Madrid: Tecnos, 1999. v. 2.

CEREZO MIR, José; HIRSCH, Hans Joachim; DONNA, Edgardo A. (Org.). *Hans Welzel en el pensamiento penal de la modernidad*. Buenos Aires: Rubinzal-Culzoni, 2005. (Coleção Autores de direito penal.)

CERNICCHIARO, Luiz Vicente. O princípio de legalidade: um campo de tensão. In: DAL RI JR., Arno; SONTAG, Ricardo. *História do direito penal entre medievo e modernidade*. Belo Horizonte: Del Rey, 2011.

CERNICCHIARO, Luiz Vicente; COSTA JR., Paulo José. *Direito penal na Constituição*. 3. ed. São Paulo: RT, 1995.

CERNICCHIARO, Luiz Vicente; TOLEDO, Francisco de Assis. *Princípios básicos de direito penal*. 5. ed. São Paulo: Saraiva, 1994.

CHAVES, Antonio. *Adoção*. Belo Horizonte: Del Rey, 1995.

CHAVES, Antonio. *Direito à vida e ao próprio corpo* (intersexualidade, transexualidade, transplantes). 2. ed. São Paulo: RT, 1994.

CHRISTIE, Nils. *Uma razoável quantidade de crimes*. Rio de Janeiro: Instituto Carioca de Criminologia, 2011. (Coleção Pensamento criminológico.)

CIA, Michele. *Medidas de segurança no direito penal brasileiro*: a desinternação progressiva sob uma perspectiva político-criminal. São Paulo: Editora Unesp, 2011.

CLEMENTE, Miguel; ESPINOSA, Pablo. *La mente criminal* – Teorías explicativas del delito desde la psicología jurídica. Madrid: Dykinson, 2001.

CLÈVE, Clèmerson Merlin. Contribuições previdenciárias. Não recolhimento. Art. 95, *d*, da Lei 8.212/91. Inconstitucionalidade. *RT* 736/503, fev. 1997.

CLONINGER, Susan C. *Teorias da personalidade*. São Paulo: Martins Fontes, 1999.

COELHO, Inocêncio Mártires; MENDES, Gilmar; BRANCO, Paulo Gustavo Gonet. *Curso de direito constitucional*. 2. ed. São Paulo: Saraiva, 2008.

COELHO, Nelson. *O primeiro homicídio*. São Paulo: Edigraf, 1955.

COMPARATO, Fábio Konder. *A afirmação histórica dos direitos humanos*. 10. ed. 2.ª tiragem. São Paulo: Saraiva, 2016.

CONTIERI, Enrico. *O estado de necessidade*. São Paulo: Saraiva, 1942.

CORDOBA RODA, Juan. *Culpabilidad y pena*. Barcelona: Bosch, 1977.

CORREA, Pedro Ernesto. *El delito continuado*. Buenos Aires: Abeledo-Perrot, 1959.

CORRÊA JUNIOR, Alceu; SHECAIRA, Sérgio Salomão. *Teoria da pena*. São Paulo: RT, 2002.

CORREIA, Eduardo. *Direito criminal*. Coimbra: Almedina, 1993. v. 1.

COSTA, Álvaro Mayrink da. *Direito penal* – Parte especial. 4. ed. Rio de Janeiro: Forense, 1994. v. 2, t. I e II.

Costa, Álvaro Mayrink da. *Exame criminológico. Doutrina e jurisprudência.* 2. ed. Rio de Janeiro: Forense, 1989.

Costa, Carlos Adalmyr Condeixa da. *Dolo no tipo* – Teoria da ação finalista no direito penal. Rio de Janeiro: Liber Juris, 1989.

Costa, Fernando José da. *O falso testemunho.* Rio de Janeiro-São Paulo: Forense Universitária, 2003.

Costa, José de Faria. *Tentativa e dolo eventual* (ou da relevância da negação em direito penal). Reimp. Coimbra: Coimbra Editora, 1996.

Costa, Mário Ottobrini; Sucena, Lílian Ottobrini Costa. A eutanásia não é o direito de matar. *RT* 263/25, set. 1957.

Costa, Pietro. O princípio de legalidade: um campo de tensão. In: Dal Ri Jr., Arno; Sontag, Ricardo. *História do direito penal entre medievo e modernidade.* Belo Horizonte: Del Rey, 2011.

Costa, Tailson Pires. *Penas alternativas* – Reeducação adequada ou estímulo à impunidade? São Paulo: Max Limonad, 1999.

Costa e Silva, A. J. da. *Código Penal* (Decreto-lei 2.848, de 7 de dezembro de 1940). São Paulo: Companhia Editora Nacional, 1943. v. 1.

Costa e Silva, A. J. da. *Comentários ao Código Penal brasileiro.* 2. ed. atual. Luiz Fernando da Costa e Silva. São Paulo: Contasa, 1967. v. I.

Costa Jr., J. B. de O.; Almeida Júnior, A. *Lições de medicina legal.* 9. ed. São Paulo: Companhia Editora Nacional, 1971.

Costa Jr., Paulo José da. *Comentários ao Código Penal.* 4. ed. São Paulo: Saraiva, 1996.

Costa Jr., Paulo José da. *Comentários ao Código Penal.* 7. ed. São Paulo: Saraiva, 2002.

Costa Jr., Paulo José da. *Direito penal* – Curso completo. São Paulo: Saraiva, 1999.

Costa Jr., Paulo José da. *Nexo causal.* 2. ed. São Paulo: Malheiros, 1996.

Costa Jr., Paulo José da. *O crime aberrante.* Belo Horizonte: Del Rey, 1996.

Costa Jr., Paulo José da; Cernicchiaro, Luiz Vicente. *Direito penal na Constituição.* 3. ed. São Paulo: RT, 1995.

Costa Netto, José Carlos. *Direito autoral no Brasil.* São Paulo: FTD, 1998.

Costa Netto, José Carlos; Pagliaro, Antonio. *Dos crimes contra a Administração Pública.* São Paulo: Malheiros, 1997.

Costa Netto, José Carlos; Queijo, Maria Elizabeth. *Comentários aos crimes do novo Código Nacional de Trânsito.* São Paulo: Saraiva, 1998.

Crespo, Eduardo Demetrio. *Prevención general e individualización judicial de la pena.* Salamanca: Ediciones Universidad de Salamanca, 1999.

Creus, Carlos. *Introducción a la nueva doctrina penal.* Santa Fé: Rubinzal-Culzoni, 1992.

Croce, Delton; Croce Jr., Delton. *Manual de medicina legal.* 8. ed. São Paulo: Saraiva, 2015.

Cruz, Flávio da (Coord.); Glock, José Osvaldo; Herzmann; Nélio, Tremel, Rosângela; Viccari Junior, Adauto. *Lei de Responsabilidade Fiscal comentada.* 2. ed. São Paulo: Atlas, 2001.

Cuello Contreras, Joaquín. *El nuevo derecho penal de menores.* Madrid: Civitas, 2000.

Cunha, Rogério Sanches. *Manual de direito penal.* Parte especial. 6. ed. Salvador: JusPodivm, 2014.

Cunha, Rogério Sanches. *Manual de direito penal.* Parte geral. 2. ed. Salvador: JusPodivm, 2014.

Cunha, Sérgio Sérvulo da. *Princípios constitucionais.* São Paulo: Saraiva, 2006.

D'Almeida, Luís Duarte; Patrício, Rui; Vilalonga, José Manuel; Almeida, Carlota Pizarro de. *Código Penal anotado*. Coimbra: Almedina, 2003.

D'Andrea, Flavio Fortes. *Desenvolvimento da personalidade*. 15. ed. Rio de Janeiro: Bertrand Brasil, 2001.

Del Rio, J. Raimundo. *Derecho penal* – Parte general. Santiago: Editorial Nascimento, 1935. t. II.

Delitala, Giacomo. *Scritti di diritto penale*. Milano: Giuffrè, 1976. v. 1.

Delmanto, Celso et al. *Código Penal comentado*. 5. ed. Rio de Janeiro: Renovar, 2000.

Dias, Jorge de Figueiredo. *Direito penal* – parte geral, t. 1. Coimbra: Coimbra Editora.

Dias, Jorge de Figueiredo. *Liberdade, culpa, direito penal*. 3. ed. Coimbra: Coimbra Editora, 1995.

Dias, Jorge de Figueiredo. *O problema da consciência da ilicitude em direito penal*. 5. ed. Coimbra: Coimbra Editora, 2000.

Dias, Jorge de Figueiredo. *Questões fundamentais do direito penal revisitadas*. São Paulo: RT, 1999.

Dias, Jorge de Figueiredo. *Temas básicos da doutrina penal* – Sobre os fundamentos da doutrina penal, sobre a doutrina geral do crime. Coimbra: Coimbra Editora, 2001.

Díez Ripollés, José Luis (Dir.). *Delitos contra la libertad sexual*. Madrid: Consejo General del poder judicial, 1999.

Díez Ripollés, José Luis. *Los elementos subjetivos del delito*. Bases metodológicas. 2. ed. Montevideo-Buenos Aires: Editorial B de f, 2007.

Diniz, Debora; Ribeiro, Diaulas Costa. *Aborto por anomalia fetal*. Brasília: Letras Livres, 2003.

Diniz, Maria Helena. *Conflito de normas*. 3. ed. São Paulo: Saraiva, 1998.

Diniz, Maria Helena. *Dicionário jurídico*. São Paulo: Saraiva, 1998. v. 1-4.

Dinstein, Yoram. *Guerra, agressão e legítima defesa*. Trad. Mauro Raposo de Mello. 3. ed. São Paulo: Manole, 2004.

Dip, Ricardo; Moraes Júnior, Volney Corrêa Leite de. *Crime e castigo*. Reflexões politicamente incorretas. 2. ed. Campinas: Millenium, 2002.

Dolcini, Emilio; Marinucci, Giorgio. *Corso di diritto penale*. 2. ed. Milano: Giuffrè, 1999. v. 1.

Dominguez, Humberto Barrera. *Delitos contra el patrimonio economico*. Bogotá: Temis, 1963.

Donna, Edgardo A. *La imputación objetiva*. Buenos Aires: Belgrano, 1997.

Donna, Edgardo A.; Hirsch, Hans Joachim; Cerezo Mir, José (Org.). *Hans Welzel en el pensamiento penal de la modernidad*. Buenos Aires: Rubinzal-Culzoni, 2005. (Coleção Autores de direito penal.)

Dotti, René Ariel. *Bases e alternativas para o sistema de penas*. 2. ed. São Paulo: RT, 1998.

Dotti, René Ariel. *Curso de direito penal*. Parte geral. Rio de Janeiro: Forense, 2002.

Dotti, René Ariel. *O incesto*. Curitiba: Guignone, 1976.

Dotti, René Ariel. Os atentados ao meio ambiente: responsabilidade e sanções penais. *Revista Brasileira de Ciências Criminais* 7/117.

Dotti, René Ariel. Processo penal executório. *RT* 576/309, out. 1993.

Dotti, René Ariel. Visão geral da medida de segurança. In: Shecaira, Sérgio Salomão (Org.). *Estudos criminais em homenagem a Evandro Lins e Silva* (criminalista do século). São Paulo: Método, 2001.

Dotti, René Ariel; Reale Jr., Miguel; Andreucci, Ricardo Antunes; Pitombo, Sérgio M. de Moraes. *Penas e medidas de segurança no novo Código*. 2. ed. Rio de Janeiro: Forense, 1987.

Duni, Mario. *Il perdono giudiziale*. Torino: UTET, 1941.

DURKHEIM, Émile. *O suicídio*. Estudo de sociologia. Trad. Andréa Stahel M. da Silva. São Paulo: Edipro, 2014.

DUTRA, Mário Hoeppner. *O furto e o roubo em face do Código Penal brasileiro*. São Paulo: Max Limonad, 1955.

ENRIQUE EDWARDS, Carlos. *Garantías constitucionales en materia penal*. Buenos Aires: Astrea, 1996.

ESBEC RODRÍGUEZ, Enrique; GÓMEZ-JARABO, Gregorio. *Psicología forense y tratamiento jurídico-legal de la discapacidad*. Madrid: Edisofer, 2000.

ESER, Albin et al. *De los delitos y de las víctimas*. 2.ª reimp. Buenos Aires: Ad Hoc, 2008.

ESPINOSA CEBALLOS, Elena B. Marín de. *La reincidencia*: tratamiento dogmático y alternativas político criminales. Granada: Comares, 1999.

ESTEFAM, André. *Direito penal. Parte geral*. 2. ed. São Paulo: Saraiva, 2012. v. 1.

ESTEFAM, André. *Direito penal*. Parte especial. 2. ed. São Paulo: Saraiva, 2012. v. 2.

ESTEFAM, André. *Direito penal*. Parte especial. São Paulo: Saraiva, 2011. v. 3.

ESTEFAM, André. *Direito penal*. Parte especial. São Paulo: Saraiva, 2011. v. 4.

FABRETTI, Humberto Barrionuevo; SMANIO, Gianpaolo Poggio. *Introdução ao direito penal*. Criminologia, princípios e cidadania. 4. ed. São Paulo: Atlas, 2016.

FARHAT, Alfredo. *Do infanticídio*. São Paulo: RT, 1956.

FARIA, Antonio Bento de. *Código Penal brasileiro comentado*. São Paulo: Record, 1961.

FARO JÚNIOR, Luiz P. F. de, *Direito internacional público*. Rio de Janeiro: Editor Borsoi, 1965.

FÁVERO, Flamínio. *Medicina legal*. 7. ed. São Paulo: Martins Fontes, 1962. v. 3.

FAYET, Fabio Agne. *O delito de estupro*. Porto Alegre: Livraria do Advogado, 2011.

FAYET, Marcela; BRACK, Karina; FAYET JÚNIOR, Ney. *Prescrição penal*. Temas atuais e controvertidos. Porto Alegre: Livraria do Advogado, 2007.

FAYET JÚNIOR, Ney. *Do crime continuado*. 7. ed. Porto Alegre: Livraria do Advogado, 2016.

FAYET JÚNIOR, Ney; FAYET, Marcela. BRACK, Karina. *Prescrição penal*. Temas atuais e controvertidos. Porto Alegre: Livraria do Advogado, 2007.

FAYET JÚNIOR, Ney; FAYET, Marcela. BRACK, Karina. *Prescrição penal*. Porto Alegre: Livraria do Advogado, 2009. v. 2.

FAYET JÚNIOR, Ney; FAYET, Marcela. BRACK, Karina. *Prescrição penal*. Porto Alegre: Livraria do Advogado, 2011. v. 3.

FAYET JÚNIOR, Ney; FAYET, Marcela. BRACK, Karina. *Prescrição penal*. Porto Alegre: Livraria do Advogado, 2013. v. 4.

FAYET JÚNIOR, Ney; FERREIRA, Martha da Costa. Da imprescritibilidade. In: FAYET JÚNIOR, Ney. *Prescrição penal*. Temas atuais e controvertidos. Porto Alegre: Livraria do Advogado, 2007. v. 3, p. 47-87.

FEDELI, Mario. *Temperamento, caráter, personalidade* – Ponto de vista médico e psicológico. Trad. José Maria de Almeida. São Paulo: Paulus, 1997.

FEIJOO SÁNCHEZ, Bernardo José; GÓMEZ-JARA DÍEZ, Carlos; BAJO FERNÁNDEZ, Miguel. *Tratado de responsabilidad penal de las personas jurídicas*. 2. ed. Navarra: Aranzadi--Civitas-Thomson Reuters, 2016.

FERNANDES, Antônio Scarance; MARQUES, Oswaldo Henrique Duek. Estupro – Enfoque vitimológico. *RT* 653/265.

FERNANDES, David Augusto. *Tribunal penal internacional*: a concretização de um sonho. Rio de Janeiro: Renovar, 2006.

FERNANDES, Newton; FERNANDES, Valter. *Criminologia integrada*. 2. ed. São Paulo: RT, 2002.

FERNANDES, Paulo Sérgio Leite. *Aborto e infanticídio*. São Paulo: Sugestões Literárias, 1972.

FERNANDES, Valter; FERNANDES, Newton. *Criminologia integrada*. 2. ed. São Paulo: RT, 2002.

FERNANDÉZ, Alonso. *Las atenuantes de confesión de la infracción y reparación o disminuición del daño*. Barcelona: Ed. Bosch S.A., 1999.

FERNÁNDEZ, Gonzalo D. *El elemento subjetivo de justificación en derecho penal*. Montevideo--Buenos Aires: Editorial B de f, 2015.

FERRAJOLI, Luigi. *Direito e razão* – Teoria do garantismo penal. Trad. Ana Paula Zommer Sica, Fauzi Hassan Choukr, Juarez Tavares e Luiz Flávio Gomes. São Paulo: RT, 2002.

FERRANTE, Marcelo. *Filosofía y derecho penal*. Buenos Aires: Ad Hoc, 2013.

FERRAZ, Esther de Figueiredo. *A codelinquência no direito penal brasileiro*. São Paulo: José Bushatsky, 1976.

FERRAZ, Esther de Figueiredo. *Os delitos qualificados pelo resultado no regime do Código Penal de 1940*. 1948. 139 p. Dissertação (Livre-docência) – São Paulo: Universidade de São Paulo, São Paulo.

FERRÉ OLIVÉ, Juan Carlos; GARCÍA RIVAS, Nicólas; SERRANO PIEDECASAS, José Ramón; GÓMEZ DE LA TORRE, Ignacio Berdugo; ARROYO ZAPATERO, Luis. *Lecciones de derecho penal* – Parte general. 2. ed. Madrid: La Ley, 1999.

FERREIRA, Amadeu. *Homicídio privilegiado*. 3.ª reimp. Coimbra: Almedina, 2000.

FERREIRA, Cláudio; FIGUEIREDO, Carlos Maurício; RAPOSO, Fernando; BRAGA, Henrique; NÓBREGA, Marcos. *Comentários à Lei de Responsabilidade Fiscal*. 2. ed. São Paulo: RT, 2001.

FERREIRA, Cristiane Caetano Simões; DIAS, Ricardo Ferreira. Abuso de autoridade: das necessárias mudanças da lei. In: TOLEDO, Armando (Coord.). *Direito Penal* – Reinterpretação à luz da Constituição: Questões polêmicas. São Paulo: Elsevier, 2009.

FERREIRA, Ivette Senise. *O aborto legal*. 1982. Tese (Doutoramento) – Universidade de São Paulo, São Paulo.

FERREIRA, Manuel Cavaleiro de. *Direito penal português* – Parte geral. 2. ed. Lisboa: Editorial Verbo, 1982. v. 1.

FERREIRA, Victor José Sebem; BITENCOURT, Monique von Hertwig. A proibição do comércio e consumo de bebidas alcoólicas em locais públicos no dia do pleito. Disponível em: <http://www.tre-sc.gov.br/sj/cjd/doutrinas/monique.htm>.

FERREIRA, Waldemar Martins. *História do direito brasileiro*. Rio de Janeiro/São Paulo: Livraria Freitas Bastos, 1952. t. 2.

FERREIRA FILHO, Manoel Gonçalves. *Comentários à Constituição brasileira de 1988*. 2. ed. São Paulo: Saraiva, 1997. v. 1.

FERRI, Enrico. *L'Omicida nella psicologia e nella psicopatologia criminale*. Torino: UTET, 1925.

FIGUEIREDO, Carlos Maurício; FERREIRA, Cláudio; RAPOSO, Fernando; BRAGA, Henrique; NÓBREGA, Marcos. *Comentários à Lei de Responsabilidade Fiscal*. 2. ed. São Paulo: RT, 2001.

FIORE, C. *Diritto penale* – Parte generale. Torino: UTET, 1999. v. 1.

FISCHER, Douglas. O que é garantismo (penal) integral? In: CALABRICH; FISCHER; PELELLA. *Garantismo penal integral*. 3. ed. Porto Alegre: Livraria do Advogado, 2015.

FONTÁN BALESTRA, Carlos. *Tratado de derecho penal*. 2. ed. Buenos Aires: Abeledo-Perrot, 1992. t. III.

FÖPPEL, Gamil (Coord.). *Novos desafios do direito penal no terceiro milênio*. Estudos em homenagem ao Prof. Fernando Santana. Rio de Janeiro: Lumen Juris, 2008.

FOUCAULT, Michel. *Vigiar e punir* – Nascimento da prisão. Trad. Raquel Ramalhete. 25. ed. Petrópolis: Vozes, 2002.

FRADIMAN, James; FRAGER Robert. *Teorias da personalidade*. São Paulo: Harbra, 2002.

FRAGOSO, Heleno Cláudio. Alternativas da pena privativa da liberdade. *Revista de Direito Penal*, Rio de Janeiro: Forense, n. 29, jan.-jul. 1980.

FRAGOSO, Heleno Cláudio. *Conduta punível*. São Paulo: Bushatsky, 1963.

FRAGOSO, Heleno Cláudio. *Lições de direito penal* – Parte especial. Rio de Janeiro: Forense, 1958. v. 1 e 2; 1959. v. 3 e 4.

FRAGOSO, Heleno Cláudio. *Lições de direito penal* – Parte geral. 15. ed. Rio de Janeiro: Forense, 1994.

FRAGOSO, Heleno Cláudio. Pressupostos do crime e condições objetivas de punibilidade. *Estudos de direito e processo penal em homenagem a Nélson Hungria*. Rio de Janeiro: Forense, 1962.

FRANÇA, Rubens Limongi. *Hermenêutica jurídica*. 7. ed. São Paulo: Saraiva, 1999.

FRANÇA, Rubens Limongi. O conceito de morte, diante do direito ao transplante e do direito hereditário. *RT 717/ 65*.

FRANCO, José Henrique Kaster. *Funções da pena e individualização*. Aspectos teóricos e práticos. Rio de Janeiro: Lumen Juris, 2013.

FREITAS, Gilberto Passos de; FREITAS, Vladimir Passos de. *Abuso de autoridade*. 5. ed. São Paulo: RT, 1993.

FREITAS, Vladimir Passos de. O crime ambiental e a pessoa jurídica. *Revista da Associação dos Magistrados Brasileiros*, n. 6, 1.º semestre 1999.

FREITAS, Vladimir Passos de; FREITAS, Gilberto Passos de. *Abuso de autoridade*. 5. ed. São Paulo: RT, 1993.

FREITAS, Vladimir Passos de (Org.). *Direito previdenciário* – Aspectos materiais, processuais e penais. 2. ed. Porto Alegre: Livraria do Advogado, 1999.

FREUD, Sigmund. *Artigos sobre hipnotismo e sugestão* – A psicoterapia da histeria. Trad. José Luís Meurer e Christiano Monteiro Oiticica. Rio de Janeiro: Imago, 1998.

FRISCH, Wolfgang; ROXIN, Claus; JAKOBS, Günther; SCHÜNEMANN, Bernd; KÖHLER, Michael. *La imputación objetiva del resultado. Desarrollo, fundamentos y cuestiones abiertas*. Trad. Ivó Coca Vila. Barcelona: Atelier, 2015.

FRISCH, Wolfgang; ROXIN, Claus; JAKOBS, Günther; SCHÜNEMANN, Bernd; KÖHLER, Michael. *Sobre el estado de la teoria del delito* (Seminario en la Universitat Pompeu Fabra). Madrid: Civitas, 2000.

FROMM, Erich. *Anatomia da destrutividade humana*. Trad. Marco Aurélio de Moura Matos. 2. ed. Rio: Guanabara Ed. 1987.

GALEOTTI, Giulia. *História do aborto*. Trad. Sandra Escobar. Lisboa: Edições 70, 2007.

GALLO, Marcello. *Il concetto unitário di colpevolezza*. Milano: Giuffrè, 1951.

GALVÃO, Fernando. *Direito penal* – crimes contra a pessoa. São Paulo: Saraiva, 2013.

GALVÃO, Fernando. *Direito penal* – Parte geral. São Paulo: Saraiva.

GAMA, Guilherme Calmon Nogueira. *A família no direito penal*. Rio de Janeiro-São Paulo: Renovar, 2000.

GARCIA, Basileu. *Instituições de direito penal*. 5. ed. São Paulo: Max Limonad, 1980. v. 1, t. I, e 2.

GARCÍA, Fernando Santa Cecilia. *Objeto de la criminologia. Delito y delinquente.*

GARCÍA, Esther Romera. Teorías del aprendizaje social. In: CLEMENTE, Miguel; ESPINOSA, Pablo (Coord.). *La mente criminal*. Teorías explicativas del delito desde la Psicología Jurídica. Madri: Dykinson, 2001.

GARCIA, Waléria Garcelan Loma. *Arrependimento posterior*. Belo Horizonte: Del Rey, 1997.

GARCÍA ARÁN, Mercedes. Dos crimes contra a administração pública. *Revista Forense*, nov. 1944.

GARCÍA ARÁN, Mercedes. *Fundamentos y aplicación de penas y medidas de seguridad en el Código Penal de 1995*. Pamplona: Aranzadi, 1997.

GARCÍA ARÁN, Mercedes; MUÑOZ CONDE, Francisco. Crimes patrimoniais entre cônjuges e parentes. *Revista Forense*, v. 143, 1952.

GARCÍA ARÁN, Mercedes; MUÑOZ CONDE, Francisco. *Derecho penal* – Parte general. 3. ed. Valencia: Tirant lo Blanch, 1998.

GARCÍA-PABLOS DE MOLINA, Antonio. *Tratado de criminología*, 5. ed. Valencia: Tirant lo blanch, 2014.

GARCÍA RIVAS, Nicólas; SERRANO PIEDECASAS, José Ramón; GÓMEZ DE LA TORRE, Ignacio Berdugo; ARROYO ZAPATERO, Luis; FERRÉ OLIVÉ, Juan Carlos. *Lecciones de derecho penal* – Parte general. 2. ed. Madrid: La Ley, 1999.

GAROFALO, Rafael. *Criminologia. Estudo sobre o delito e a repressão penal*. Trad. Danielle Maria Gonzaga. Campinas: Péritas, 1997.

GATTAZ, Wagner F. Violência e doença mental: fato ou ficção? *Folha de S. Paulo*, 7 nov. 1999, 3.º Caderno, p. 2.

GIACOMOLLI, Nereu José. Função garantista do princípio da legalidade. *RT* 778/476.

GIACOMOLLI, Nereu José; CALLEGARI, André Luís (Coord.). *Direito penal e funcionalismo*. Trad. André Luís Callegari, Nereu José Giacomolli e Lúcia Kalil. Porto Alegre: Livraria do Advogado, 2005.

GIL GIL, Alicia. *La ausencia del elemento subjetivo de justificación*. Buenos Aires: Rubinzal--Culzoni, 2006. (Coleção Autores de direito penal.)

GIL GIL, Alicia et al. *Curso de derecho penal* – Parte general. 2. ed. Madrid: Dykinson, 2015.

GIMBERNAT ORDEIG, Enrique. *Conceito e método da ciência do direito penal*. Trad. José Carlos Gobbis Pagliuca. São Paulo: RT, 2002.

GIMBERNAT ORDEIG, Enrique. *Estudios sobre el delito de omisión*. 2. ed. Montevideo-Buenos Aires: Editorial B de f, 2013.

GIMBERNAT ORDEIG, Enrique. *La causalidad en la omisión impropria y la llamada "omisión por comisión"*. Buenos Aires: Rubinzal-Culzoni, 2003. (Coleção Autores de direito penal.)

GLINA, Sidney; REIS, José Mário; VARELLA, Drauzio. Médicos especializados. Disponível em: <www.drauziovarella.com.br/entrevistas/reis_impotencia.asp>; <www.drauziovarella.com.br/entrevistas/eprecoce4.asp>. Acesso em: 1.º dez. 2009.

GLOCK, José Osvaldo; CRUZ, Flávio da (Coord.); HERZMANN, Nélio; TREMEL, Rosângela; VICCARI JUNIOR, Adauto. *Lei de Responsabilidade Fiscal comentada*. 2. ed. São Paulo: Atlas, 2001.

GOGLIANO, Daisy. Morte encefálica. *Revista de Direito Civil*, ano 17, v. 63-64, jan.-mar. 1993.

GOGLIANO, Daisy. Pacientes terminais – Morte encefálica. *Revista do Curso de Direito da Universidade Federal de Uberlândia*, v. 23, n. 1-2, dez. 1994.

GOMES, Luiz Flávio; MAZZUOLI, Valerio. *Comentários à Convenção Americana sobre Direitos Humanos*. São Paulo: RT, 2009.

GOGLIANO, Daisy; BIANCHINI, Alice. *Crimes de responsabilidade fiscal – Lei 10.028/2000*: crimes contra as finanças públicas, crimes de responsabilidade fiscal de prefeitos, legislação na íntegra (Lei 10.028 e LC 101/2000). São Paulo: RT, 2001. (Série As ciências criminais no século XXI, v. 2.)

GOGLIANO, Daisy; BIANCHINI, Alice. *Curso de direito penal* – Parte geral. São Paulo: JusPodivm, 2015. v. 1.

GOMES, Mariângela Gama de Magalhães. *O princípio da proporcionalidade no direito penal*. São Paulo: RT, 2003.

GOMES JUNIOR, João Florêncio de Salles. *O crime de extorsão no direito penal brasileiro*. São Paulo: Quartier Latin, 2012.

GÓMEZ, Eusebio. *Tratado de derecho penal*. Buenos Aires: Compañia Argentina de Editores, 1939. t. I.

GÓMEZ DE LA TORRE, Ignacio Berdugo; ARROYO ZAPATERO, Luis; FERRÉ OLIVÉ, Juan Carlos; GARCÍA RIVAS, Nicólas; SERRANO PIEDECASAS, José Ramón. *Lecciones de derecho penal* – Parte general. 2. ed. Madrid: La Ley, 1999.

GÓMEZ-JARA DÍEZ, Carlos. *Fundamentos modernos de la responsabilidad penal de las personas jurídicas*. Montevideo-Buenos Aires: Editorial B de f, 2010.

GÓMEZ-JARA DÍEZ, Carlos; FEIJOO SÁNCHEZ, Bernardo José; BAJO FERNÁNDEZ, Miguel. *Tratado de responsabilidad penal de las personas jurídicas*. 2. ed. Navarra: Aranzadi--Civitas-Thomson Reuters, 2016.

GÓMEZ-JARABO, Gregorio; ESBEC RODRÍGUEZ, Enrique. *Psicología forense y tratamiento jurídico-legal de la discapacidad*. Madrid: Edisofer, 2000.

GONÇALVES, M. Maia. *Código Penal português anotado e comentado e legislação complementar*. 11. ed. Coimbra: Almedina, 1997.

GONÇALVES, Odonel Urbano. *Seguridade social comentada*. São Paulo: LTr, 1997.

GONÇALVES, Victor Eduardo Rios. *Curso de direito penal* – Parte geral. São Paulo: Saraiva, 2015.

GONZAGA, João Bernardino. Crimes comissivos por omissão. *Estudos de direito e processo penal em homenagem a Nélson Hungria*. Rio de Janeiro-São Paulo: Forense, 1962.

GONZAGA, João Bernardino. *O direito penal indígena*. À época do descobrimento do Brasil. São Paulo: Max Limonad: 1972.

GONZÁLEZ CAMPO, Eleutério; ZÁRATE CONDE, Antonio. *Derecho penal* – Parte general. Madrid: La Ley, 2015.

GONZÁLEZ CUSSAC, José L.; ORTS BERENGUER, Enrique. *Compendio de derecho penal* – Parte general. 5. ed. Valencia: Tirant lo Blanch, 2015.

GORAIEB, Elizabeth. *Tribunal penal internacional*. São Paulo: Letras Jurídicas, 2012.

GOTI, Jaime E. Malamud. *Legítima defensa y estado de necesidad*. Buenos Aires: Cooperadora de Derecho y Ciencias Sociales, 1977.

GOYENA, José Irureta. *El delito de homicidio*. Conferencias orales. 2. ed. Montevideo: Casa A. Barreiro y Ramos, 1928.

GRAMATICA, Filippo. *Principios de defensa social*. Trad. Jesus Muñoz Y Nuñez de Prado e Luis Zapata Aparicio. Madri: Editorial Montecorvo, 1974.

GRAMATICA, Filippo. *Principios de derecho penal subjetivo*. Trad. Juan Del Rosal e Victor Conde. Madrid: Reus, 2003.

GRAU, Eros Roberto. *Sobre a prestação jurisdicional* – direito penal. São Paulo: Malheiros, 2010.

GRECO, Alessandra Orcesi Pedro. *A autocolocação da vítima em risco*. São Paulo: RT, 2004.

GRECO, Alessandra Orcesi Pedro; RASSI, João Daniel. *Crimes contra a dignidade sexual*. São Paulo: Atlas, 2010.

GRECO, Luís. *Um panorama da teoria da imputação objetiva*. 4. ed. São Paulo: RT, 2014.

GRECO, Luís; LEITE, Alaor. O que é e o que não é a teoria do domínio do fato sobre a distinção entre autor e partícipe no direito penal. *Revista dos Tribunais*, v. 933, p. 61-92, jul. 2013.

GRECO, Rogério. *Curso de direito penal* – Parte geral. 18. ed. Niterói: Impetus, 2016. v. 1.

GRECO, Rogério. *Curso de direito penal* – Parte especial. 13. ed. Niterói: Impetus, 2016. v. 2.

GRECO, Rogério. *Curso de direito penal* – Parte especial. 13. ed. Niterói: Impetus, 2016. v. 3.

GRECO FILHO, Vicente. *Tóxicos* – Prevenção – Repressão. 9. ed. São Paulo: Saraiva, 1993.

GRECO FILHO, Vicente. *Tutela constitucional das liberdades*. São Paulo: Saraiva, 1989.

GRISOLIA, Giovanni. *Il reato permanente*. Padova: Cedam, 1996.

GUADAGNO, Gennaro. *Manuale di diritto penale* – Parte generale. 2. ed. Roma: Casa Editrice Stamperia Nazionale, 1967.

GUERRA FILHO, Willis Santiago. Dignidade humana, princípio da proporcionalidade e teoria dos direitos fundamentais. *Tratado luso-brasileiro da dignidade humana*, 2. ed. In: MIRANDA, Jorge. SILVA, Marco. São Paulo: Quartier Latin, 2009.

GUERRERO, Hermes Vilchez. *Do excesso em legítima defesa*. Belo Horizonte: Del Rey, 1997.

GUSMÃO, Chrysolito de. *Dos crimes sexuais*. Estupro, atentado violento ao pudor, sedução e corrupção de menores. 4. ed. Rio de Janeiro-São Paulo: Freitas Bastos, 1954.

HASSEMER, Winfried. *Crítica al derecho penal de hoy*. Trad. Patricia S. Ziffer. Buenos Aires: Ad Hoc, 1995.

HASSEMER, Winfried. *Direito penal libertário*. Trad. Regina Greve. Belo Horizonte: Del Rey, 2007.

HASSEMER, Winfried; MUÑOZ CONDE, Francisco. *Introducción a la criminología y al derecho penal*. Valencia: Tirant lo Blanch, 1989.

HEIDEGGER, Martin. *A essência da liberdade humana*: introdução à filosofia. Trad. Marco Antonio Casanova. Rio de Janeiro: Viaverita, 2012.

HERNANDEZ, César Camargo. *El delito continuado*. Barcelona: Bosch, 1951.

HERNÁNDEZ, Héctor H. *El garantismo abolicionista*. Estudio sobre la "criminología crítica". Madrid-Barcelona-Buenos Aires-São Paulo: Marcial Pons, 2013.

HERZMANN, Nélio; CRUZ, Flávio da (Coord.); GLOCK, José Osvaldo; TREMEL, Rosângela; VICCARI JUNIOR, Adauto. *Lei de Responsabilidade Fiscal comentada*. 2. ed. São Paulo: Atlas, 2001.

HIGUERA GUIMERA, Juan Felipe. *Las excusas absolutorias*. Madrid: Marcial Pons, 1993.

HIRSCH, Hans Joachim. La antijuridicidad de la agresión como presupuesto de la defensa necesaria. *Obras*. Buenos Aires: Rubinzal-Culzoni, 2001. t. III

HIRSCH, Hans Joachim. Derecho penal material y reparacion del daño. In: ESER, Albin et al. *De los delitos y de las víctimas*. 2. reimp. Buenos Aires: Ad Hoc, 2008. p. 89.

HIRSCH, Hans Joachim. Derecho penal. *Obras completas*. Trad. José Cerezo Mir e Edgardo Alberto Donna (Dirk Styma, t. IV). Buenos Aires: Rubinzal-Culzoni, 2005/2000/2003/2005/2011. t. I a V.

HIRSCH, Hans Joachim; CEREZO MIR, José; DONNA, Edgardo A. (Org.). *Hans Welzel en el pensamiento penal de la modernidad*. Buenos Aires: Rubinzal-Culzoni, 2005. (Coleção Autores de direito penal.)

Referências Bibliográficas 559

HORVATH, Estevão; OLIVEIRA, Régis Fernandes de. *Manual de direito financeiro*. 3. ed. São Paulo: RT, 2000.

HUÉLAMO BUENDÍA, Antonio Jesús; POLO RODRÍGUEZ, José Javier. *La nueva ley penal del menor*. Madrid: Colex, 2000.

HUNGRIA, Nélson. *A legítima defesa putativa*. Rio de Janeiro: Livraria Jacintho, 1936.

HUNGRIA, Nélson. *Comentários ao Código Penal*. Rio de Janeiro: Forense, 1958. v. 1, t. I e II, 2, 5, 6, 7.

HUNGRIA, Nélson. *Comentários ao Código Penal*. Rio de Janeiro: Forense, 1959. v. 3, 8, 9.

HUNGRIA, Nélson. *Comentários ao Código Penal*. 5. ed. Rio de Janeiro: Forense, [?]. v. 5.

HUNGRIA, Nélson. Concurso de infrações penais. *Revista Forense* 193/16, jan.-fev. 1961.

HUNGRIA, Nélson. Direito penal e criminologia. *Revista Brasileira de Criminologia e Direito Penal*, Guanabara: Instituto de Criminologia da Universidade do Estado da Guanabara, v. 1, p. 5, abr.-jun. 1963.

HUNGRIA, Nélson. Ortotanásia ou eutanásia por omissão. *RT* 221/14, mar. 1954.

HUNGRIA, Nélson; LYRA, Roberto. *Direito penal* – Parte geral. Rio de Janeiro: Livraria Jacintho, 1938.

IENNACO, Rodrigo. *Responsabilidade penal da pessoa jurídica*. 2. ed. Curitiba: Juruá, 2010.

ISOLDI FILHO, Carlos Alberto da Silveira. Exame criminológico, parecer da CTC e a nova Lei 10.792/2003. *Informe – Boletim do Sindicato dos Promotores e Procuradores de Justiça do Estado de Minas Gerais*, n. 21, fev. 2004.

ITAGIBA, Ivair Nogueira. *Do homicídio*. Rio: Forense, 1945.

JAÉN VALLEJO, Manuel (Dir.); REYNA ALFARO, Luis (Coord.). *Sistemas penales iberoamericanos*. Libro Homenaje al Profesor Dr. D. Enrique Bacigalupo en su 65 Aniversario. Lima: ARA Editores, 2003.

JAKOBS, Günther. *Derecho penal del enemigo*. Trad. Manuel Cancio Meliá. Madrid: Thompson-Civitas, 2003.

JAKOBS, Günther. *Derecho penal* – Parte general – Fundamentos y teoría de la imputación. Trad. Cuello Contreras e Gonzalez de Murillo. 2. ed. Madrid: Marcial Pons, 1997.

JAKOBS, Günther. *Fundamentos do direito penal*. Trad. André Luís Callegari. São Paulo: RT, 2003.

JAKOBS, Günther. *La imputación objetiva en derecho penal*. Trad. Manuel Cancio Meliá. Madrid: Civitas, 1999.

JAKOBS, Günther. *Sobre la teoría de la pena*. Trad. Manuel Cancio Meliá. Cuadernos de Conferencias y artículos. n. 16. Bogotá: Universidad Externado de Colombia, 2001.

JAKOBS, Günther. *Teoria da pena e suicídio e homicídio a pedido*. Trad. M. A. R. Lopes. São Paulo: Manole, 2003. (Coleção Estudos de Direito Penal, v. 3.)

JAKOBS, Günther; FRISCH, Wolfgang; ROXIN, Claus; SCHÜNEMANN, Bernd; KÖHLER, Michael. *Sobre el estado de la teoria del delito* (Seminario en la Universitat Pompeu Fabra). Madrid: Civitas, 2000.

JAPIASSÚ, Carlos Eduardo Adriano; SOUZA, Artur de Brito Gueiros. *Curso de direito penal* – Parte geral. 2. ed. Rio de Janeiro: Forense, 2015. v. 1.

JEFFREYS, Sheila. *The idea of prostitution*. Melbourne: Spinifex Press Pty, 2008.

JESCHECK, Hans-Heinrich. *Tratado de derecho penal* – Parte general. Trad. Mir Puig e Muñoz Conde. Barcelona: Bosch, 1981.

Jesus, Damásio Evangelista de. In: Martins, Ives Gandra da Silva; Nascimento, Carlos Valder do (Org.). *Adendo especial aos comentários à Lei de Responsabilidade Fiscal*. São Paulo: Saraiva, 2001.

Jesus, Damásio Evangelista de. *Código Penal anotado*. 21. ed. São Paulo: Saraiva, 2012.

Jesus, Damásio Evangelista de. *Direito penal – Parte Geral*. 36. ed. São Paulo: Saraiva, 2015. v. 1.

Jesus, Damásio Evangelista de. *Imputação objetiva*. São Paulo: Saraiva, 2000.

Jesus, Damásio Evangelista de. *Teoria do domínio do fato no concurso de pessoas*. 3. ed. São Paulo: Saraiva, 2009.

Jhering. Rudolf von. *A Evolução do Direito*. Salvador: Livraria Progresso Editora, 1950.

Jiménez de Asúa, Luis. *Lecciones de derecho penal*. México: Editorial Pedagógica Iberoamericana, 1995.

Jiménez de Asúa, Luis. *Principios de derecho penal – La ley y el delito*. Buenos Aires: Abeledo--Perrot, 1997.

Jiménez de Asúa, Luis. *Tratado de derecho penal*. 2. ed. Buenos Aires: Losada, 1950. t. II.

Junqueira, Gustavo; Vanzolini, Patrícia. *Manual de direito penal – Parte geral*. 2. ed. São Paulo: Saraiva, 2014.

Kant, Immanuel. *Fundamentação da metafísica dos costumes e outros escritos*. Trad. Leopoldo Holzbach. São Paulo: Martin Claret, 2011.

Köhler, Michael; Frisch, Wolfgang; Roxin, Claus; Jakobs, Günther; Schünemann, Bernd. *Sobre el estado de la teoria del delito* (Seminario en la Universitat Pompeu Fabra). Madrid: Civitas, 2000.

La Medica, Vincenzo. *O direito de defesa*. Trad. Fernando de Miranda. São Paulo: Saraiva, 1942.

Lafer, Celso. O STF e o racismo: o caso Ellwanger. *Folha de S. Paulo*, 30.03.2004, Tendências e Debates, p. A3.

Lafer, Celso. Racismo – o STF e o caso Ellwanger. *O Estado de S. Paulo*, 20.07.2003, Espaço Aberto, p. A2.

Lagenest, J. P. Barruel de (Org.). *O aborto voluntário. Aspectos éticos e jurídicos*. São Paulo: Paulinas, 1983.

Laje Ros, Cristóbal. *La interpretación penal en el hurto, el robo y la extorsión* (desviación y crisis). Córdoba: Lerner, 2013.

Leite, Alaor; Greco, Luís. O que é e o que não é a teoria do domínio do fato sobre a distinção entre autor e partícipe no direito penal. *Revista dos Tribunais*, v. 933, p. 61-92, jul. 2013.

Lemes, Alexandre Barbosa. *Tutela penal da previdência social*. Curitiba: Juruá, 2009.

Leone, Giovanni. *Del reato abituale, continuato e permanente*. Napoli: Jovene, 1933.

Lesch, Heiko H. *La función de la pena*. Madrid: Dykinson, 1999.

Levene, Ricardo. *El delito de homicidio*. Buenos Aires: Perrot, 1955.

Lewandowski, Enrique Ricardo. A formação da doutrina dos direitos fundamentais. *Resvista USP.* São Paulo, 2003.

Lima, Carolina Alves de Souza. *Aborto e anencefalia*. Direitos fundamentais em colisão. Curitiba: Juruá, 2009.

Lima, Carolina Alves de Souza; Marques, Oswaldo Henrique Duek. O Princípio da Humanidade das Penas. In: Miranda, Jorge; Marques da Silva, Marco Antonio (Org.). *Tratado Luso-Brasileiro da Dignidade Humana*. 2. ed. São Paulo: Quartier Latin, 2009. v. 1.

LIMA, Luciano Flores de; BALTAZAR JÚNIOR, José Paulo (Org.). *Cooperação jurídica internacional em matéria penal*. Porto Alegre: Verbo Jurídico, 2010.

LINHARES, Marcello Jardim. *Coautoria (o concurso de pessoas do art. 29 da nova Parte Geral do Código Penal)*. Direito penal aplicado. 3. ed. Rio de Janeiro: Aide, 1987.

LINHARES, Marcello Jardim. *Direito penal aplicado*. São Paulo: Sugestões Literárias, 1977.

LINHARES, Marcello Jardim. *Direito penal aplicado*. 3. ed. Rio de Janeiro: Aide, 1987.

LINHARES, Marcello Jardim. *Estrito cumprimento de dever legal*. Exercício regular de direito. Rio de Janeiro: Forense, 1983.

LINHARES, Marcello Jardim. *Legítima defesa*. 4. ed. São Paulo-Rio de Janeiro: Saraiva-Forense, 1994.

LISZT, Franz von. *Tratado de derecho penal*. Madri: Liberia la Candela Murcia, 1927. t. II.

LITRENTO, Oliveiros. *Curso de direito internacional público*. Rio de Janeiro: Forense, 2003.

LOMBROSO, Cesar. *O homem delinquente* (2. ed francesa). Trad. Maristela Bleggi Tomasini e Oscar Antonio Corbo Garcia. Porto Alegre: Ricardo Lenz Editor, 2001.

LONGFORD, Lord. *Punishment and the punished*. London: Chapmans, 1991.

LOPES, Jair Leonardo. *Curso de direito penal* – Parte geral. 2. ed. São Paulo: RT, 1996.

LÓPEZ, Lacruz. *Curso de derecho penal* – parte general. Madri: Dykinson, 2015.

LOUREIRO NETO, José da Silva. *Embriaguez delituosa*. São Paulo: Saraiva, 1990.

LUFT, Lya. Medo e preconceito. *Veja*, Ed. Abril, 10.09.2014, p. 24.

LUISI, Luiz. *Os princípios constitucionais penais*. Porto Alegre: Fabris, 1991.

LUISI, Luiz. Um novo conceito de legalidade penal. *Ajuris* Especial, p. 110-117, jul. 1999.

LUZÓN CUESTA, José María. *Compendio de derecho penal* – Parte especial. Madrid: Dykinson, 2015.

LUZÓN PEÑA, Diego-Manuel. *Lecciones de derecho penal* – Parte general. 3. ed. Valencia: Tirant lo Blanch, 2016.

LYRA, Roberto. *Comentários ao Código Penal*. 2. ed. Rio de Janeiro: Forense, 1955. v. 2.

LYRA, Roberto. *Criminologia*. Rio de Janeiro: Forense, 1964.

LYRA, Roberto; HUNGRIA, Nelson. *Direito penal* – Parte geral. Rio de Janeiro: Livraria Jacintho, 1938.

MACHADO, Raul. *A culpa no direito penal*. 2. ed. São Paulo: [s.n.], 1951.

MAGGIO, Vicente de Paula Rodrigues. *Curso de direito penal* – Parte especial. São Paulo: JusPodivm, 2015. v. 2.

MAGGIO, Vicente de Paula Rodrigues. *Curso de direito penal* – Parte especial. São Paulo: JusPodivm, 2015. v. 3.

MAGGIO, Vicente de Paula Rodrigues. Infanticídio. São Paulo: Edipro, 2001.

MAGGIORE, Giuseppe. *Derecho penal*. Bogotá: Temis, 1954. v. 1.

MALULY, Jorge Assaf. *Denunciação caluniosa* – A acusação falsa de crimes ou atos de improbidade (comentários atualizados conforme a Lei 10.028, de 19.10.2000). Rio de Janeiro: Aide, 2001.

MANSCHRECK, C. L. *A History of Christianity*: from Persecution to Uncertainty. New Jersey: Prentice-Hall, Englewood Cliffs, 1974.

MANTOVANI, Ferrando. *Diritto penale* – Parte speciale. Padova: Cedam, 1989.

MANTOVANI, Ferrando. *Los principios del derecho penal*. Trad. Martín Eduardo Botero. Lima: Ediciones Legales, 2015.

MANZINI, Vincenzo. *Trattato di diritto penale italiano*. Atual. P. Nuvolone e G. D. Pisapia. 5. ed. Torino: Torinese, 1981.

MARANHÃO, Odon Ramos. *Curso básico de medicina legal*. 3. ed. São Paulo: RT, 1984.

MARCÃO, Renato; GENTIL, Plínio. *Crimes contra a dignidade sexual*. Comentários ao Título VI do Código Penal. 2. ed. São Paulo: Saraiva, 2015.

MARCOCHI, Marcelo Amaral Colpaert. Posse de celular em presídio – Lei n. 11.466/2007. In: TOLEDO, Armando (Coord.). *Direito penal – reinterpretação à luz da Constituição*: questões polêmicas. São Paulo: Elsevier, 2009.

MARGADANT, Guillermo F. *Panorama de la historia universal del derecho*. 7. ed. México: Porrúa, 2007.

MARINUCCI, Giorgio; DOLCINI, Emilio. *Corso di diritto penale*. 2. ed. Milano: Giuffrè, 1999. v. 1.

MARQUES, José Frederico. *Elementos de direito processual penal*. Atual. Victor Hugo Machado da Silveira. Campinas: Bookseller, 1997. v. 1 e 4.

MARQUES, José Frederico. Os princípios constitucionais da justiça penal. *Revista Forense* 182/20, mar.-abr. 1959.

MARQUES, José Frederico. *Tratado de direito penal*. Atual. Antonio Cláudio Mariz de Oliveira, Guilherme de Souza Nucci e Sérgio Eduardo Mendonça Alvarenga. Campinas: Bookseller, 1997. v. 1 e 2.

MARQUES, José Frederico. *Tratado de direito penal*. Atual. Antonio Cláudio Mariz de Oliveira, Guilherme de Souza Nucci e Sérgio Eduardo Mendonça Alvarenga. Campinas: Millenium, 1999. v. 3 e 4.

MARQUES, Oswaldo Henrique Duek. *A pena capital e o direito à vida*. São Paulo: Juarez de Oliveira, 2000.

MARQUES, Oswaldo Henrique Duek. Crimes culposos no novo Código de Trânsito. *Revista da Associação Paulista do Ministério Público* 14/23, jan. 1998.

MARQUES, Oswaldo Henrique Duek. *Elementos de direito processual penal*. Atual. Victor Hugo Machado da Silveira. Campinas: Bookseller, 1997. v. 1.

MARQUES, Oswaldo Henrique Duek. *Fundamentos da pena*. São Paulo: Juarez de Oliveira, 2000.

MARQUES, Oswaldo Henrique Duek; FERNANDES, Antônio Scarance. Estupro – Enfoque vitimológico. *RT* 653/265.

MARREY NETO, José Adriano. *Transplante de órgãos* – Disposições penais. São Paulo: Saraiva, 1995.

MARSICH, Piero. *Il delitto di falsa testimonianza*. Padova: Cedam, 1929.

MARSICO, Alfredo de. *Delitti contro il patrimonio*. Napoli: Jovene, 1951.

MARSICO, Alfredo de. *Diritto penale* – Parte generale. Napoli: Jovene, 1937.

MARTÍN, Ma. Ángeles Rueda. La teoría de la adequación social. In: HIRSCH, CEREZO MIR; ALBERTO DONNA. *Hans Welzel en pensamiento penal de la modernidade*. Buenos Aires: Rubinzal-Culzoni, 2005. (Coleção Autores de Direito Penal)

MARTÍNEZ, Javier Jiménez. *Elementos de derecho penal mexicano*. Cidade do México: Porruá, 2011.

MARTINEZ, Wladimir Novaes. *Os crimes previdenciários no Código Penal*. São Paulo: LTr, 2001.

MARTINEZ ESCAMILLA, Margarita. *La suspensión e intervención de las comunicaciones del preso*. Madrid: Tecnos, 2000.

MARTINS, Ives Gandra da Silva; NASCIMENTO, Carlos Valder do (Org.). *Comentários à Lei de Responsabilidade Fiscal*. São Paulo: Saraiva, 2001.

MARTINS, Ives Gandra da Silva; MARTINS, Roberto Vidal da Silva; MARTINS FILHO, Ives Gandra da Silva. *A questão do aborto.* Aspectos jurídicos fundamentais. São Paulo: Quartier Latin, 2008.

MARTINS, José Salgado. *Direito penal* – Introdução e parte geral. São Paulo: Saraiva, 1974.

MARTINS, Roberto Vidal da Silva. *Aborto no direito comparado:* uma reflexão crítica. Belém: Cejup, 1991.

MARTINS, Roberto Vidal da Silva; MARTINS FILHO, Ives Gandra da Silva; MARTINS, Ives Gandra da Silva. *A questão do aborto.* Aspectos jurídicos fundamentais. São Paulo: Quartier Latin, 2008.

MARTINS FILHO, Ives Gandra da Silva; MARTINS, Roberto Vidal da Silva; MARTINS, Ives Gandra da Silva. *A questão do aborto.* Aspectos jurídicos fundamentais. São Paulo: Quartier Latin, 2008.

MARUOTTI, Luigi; SANTANIELLO, Giuseppe. *Manuale di diritto penale* – Parte generale. Milano: Giuffrè, 1990.

MARX, Karl. Sobre o suicídio. Trad. Rubens Enderle e Francisco Fontanella. 1. ed. 4.ª tiragem. São Paulo: Boitempo, 2016.

MARZAGÃO JR., Laerte I. *Assédio sexual e seu tratamento no direito penal.* São Paulo: Quartier Latin, 2006.

MASSON, Cleber. *Direito penal* – parte geral. 4. ed. Rio de Janeiro: Método, 2011. v. 1.

MASSON, Cleber. *Direito penal* – Parte especial. 9. ed. Rio de Janeiro: Método, 2016. v. 2.

MASSON, Cleber. *Direito penal* – Parte especial. 6. ed. Rio de Janeiro: Método, 2016. v. 3.

MASSUD, Leonardo. *Da pena e sua fixação.* Finalidades, circunstâncias judiciais e apontamentos para o fim do mínimo legal. São Paulo: DPJ Editora, 2009.

MATTHEWS, Roger. *Criminología realista.* Trad. Antonella Combra, Alicia A. Magurno e Mariela A. Barresi. Caba: Ediciones Didot, 2015.

MAURACH, Reinhart; ZIPF, Heinz. *Derecho penal* – Parte general. Trad. da 7. ed. Jorge Bofill Genzsch e Enrique Aimone Gibson. Buenos Aires: Astrea, 1994. v. 1 e 2.

MAXIMILIANO, Carlos. *Hermenêutica e aplicação do direito.* 19. ed. Rio de Janeiro: Forense, 2002.

MECCARELLI, Massimo. Regimes jurídicos de exceção e direito penal. In: DAL RI JR., Arno; SONTAG, Ricardo. *História do direito penal entre medievo e modernidade.* Belo Horizonte: Del Rey, 2011.

MEDICA, Vincenzo La. *O direito de defesa.* Trad. Fernando de Miranda. São Paulo: Saraiva, 1942.

MEDINA, Avelino. *Distúrbios da consciência:* coma. Rio de Janeiro: Cultura Médica, 1984.

MEHMERI, Adilson. *Noções básicas de direito penal* – Curso completo. São Paulo: Saraiva, 2000.

MEIRELLES, Hely Lopes. *Direito administrativo brasileiro.* 42. ed. São Paulo: Malheiros, 2016.

MEIRELLES, Hely Lopes. *Direito municipal brasileiro.* 7. ed. atual. por Izabel Camargo Lopes Monteiro e Yara Darcy Police Monteiro. São Paulo: Malheiros, 1994.

MEIRELLES, Hely Lopes; ALEIXO, Délcio Balestero; BURLE FILHO, José Emmanuel. *Direito administrativo brasileiro.* 39. ed. São Paulo: Malheiros, 2013.

MELLO, Celso D. de Albuquerque. *Curso de direito internacional público.* 7. ed. Rio de Janeiro: Freitas Bastos, 1982. vol. 1.

MELLO, Dirceu de. *Aspectos penais do cheque.* São Paulo: RT, 1976.

MELLO, Dirceu de. Violência no mundo de hoje. *Revista Serviço Social & Sociedade.* n. 70. São Paulo: Cortez, 2002.

MELLO, J. Soares de. *Da receptação*. São Paulo: RT, 1937.

MENDONÇA, Yolanda. *O crime de receptação*. Rio de Janeiro: Livraria São José, 1973.

MENEZES, Marco Antônio; ARAÚJO, Cláudio Th. Leotta de. Em defesa do exame crimi-nológico. *Boletim do IBCCRIM*, n. 129, p. 3, ago. 2003.

MESSINA, Salvatore Donato; SPINNATO, Giorgia. *Manuale breve diritto penale*. Milano: Giuffrè, 2015.

MESSUTI, Ana. *El tiempo como pena*. Buenos Aires: Campomanes, 2001.

MESTIERI, João. *Do delito de estupro*. São Paulo: RT, 1982.

MEZGER, Edmundo. *Tratado de derecho penal*. Madrid: Revista de Derecho Privado, 1955. t. I.

MILITELLO, Vincenzo. *Prevenzione generale e commisurazione della pena*. Milano: Giuffrè, 1982.

MILLER, Jacques-Alain. A máquina panóptica de Jeremy Bentham. In: BENTHAM, Jeremy. *O panóptico*. Organização de Tomaz Tadeu da Silva. Trad. Guacira Lopes Louro. M. D. Magno e Tomaz Tadeu da Silva. Belo Horizonte: Autêntica, 2000.

MIR PUIG, Santiago. *Curso de derecho penal español – parte generale*, v. 1. Salamanca: Tecnos.

MIR PUIG, Santiago. *Derecho penal* – parte general. 10. ed. Barcelona: Reppertor, 2016.

MIR PUIG, Santiago. *Direito penal. Fundamentos e teoria do delito*. Trad. Cláudia Viana Garcia e José Carlos Nobre Porciúncula Neto. São Paulo: RT, 2007.

MIR PUIG, Santiago. *Estado, pena y delito*. Montevideo-Buenos Aires: Editorial B de f, 2013.

MIRABETE, Julio Fabbrini. *Código Penal interpretado*. São Paulo: Atlas, 1999.

MIRABETE, Julio Fabbrini. *Execução penal*. São Paulo: Atlas, 1996.

MIRABETE, Julio Fabbrini. *Manual de direito penal*. 8. ed. São Paulo: Atlas, 1994. v. 2.

MIRABETE, Julio Fabbrini. *Manual de direito penal*. 7. ed. São Paulo: Atlas, 1994. v. 3.

MIRABETE, Julio Fabbrini. *Manual de direito penal* – Parte geral. 11. ed. São Paulo: Atlas, 1996. v. 1.

MOLINA, García-Pablos de. *Criminologia*. 5. ed. São Paulo: Ed. RT, 2006.

MOMMSEN, Theodor. *Derecho penal romano*. Trad. Pedro Dorado Montero. Madrid: La España Moderna, 2014. t. I e II.

MONTALVO, Choclán. *Individualización judicial de la pena* – Función de la culpabilidad y la prevención en la determinación de la sanción penal. Madri: Colex, 1997.

MONTEIRO, André Vinícius et al. Os contornos normativos da proteção do vulnerável prescrita pelo Código Penal (arts. 218-A e 218-B, introduzidos pela Lei 12.015/2009). *Revista Brasileira de Ciências Criminais*, n. 86.

MONTEIRO, André Vinícius et al. Os contornos normativos da proteção do vulnerável prescrita pelo Código Penal (arts. 218-A e 218-B, introduzidos pela Lei 12.015/2009). In: SILVA FRANCO, Alberto; NUCCI, Guilherme de Souza (Org.). *Doutrinas essenciais* – Direito penal. São Paulo: RT, 2010. v. VI.

MONTEIRO, Antonio Lopes. *Crimes contra a Previdência Social*. São Paulo: Saraiva, 2000.

MORAES, Alexandre de. *Constituição do Brasil interpretada e legislação constitucional*. São Paulo: Atlas, 2002.

MORAES, Alexandre de. *Direito constitucional*. 7. ed. São Paulo: Atlas, 2000.

MORAES, Alexandre de. Imunidades parlamentares. *RT* 742/81, ago. 1997.

MORAES, Alexandre Rocha Almeida de. *Direito penal do inimigo* – a terceira velocidade do direito penal. Curitiba: Juruá, 2008.

MORAES, Flavio Queiroz de. *Delito de rixa*. São Paulo: Saraiva.

MORAES, Flavio Queiroz de. *Denunciação caluniosa* (problemas que suscita no Código Penal vigente). São Paulo: Saraiva, 1944.

MORAIS, Paulo Heber. *Homicídio*. 3. ed. Curitiba: Juruá, 1978.

MOREIRA, Virginia; SLOAN, Tod. *Personalidade, ideologia e psicopatologia crítica*. São Paulo: Escuta, 2002.

MOSSIN, Heráclito Antônio; MOSSIN, Júlio César O. G. *Prescrição em matéria criminal*. 2. ed. Leme: JHMizuno Editora, 2015.

MUNHOZ NETO, Alcides. Causas de exclusão da culpabilidade. *Anais do Ciclo de Conferências sobre o Novo Código Penal*. São Paulo: Associação dos Advogados de São Paulo, 1972.

MUÑOZ CONDE, Francisco. *Teoria geral do delito*. Trad. Juarez Tavares e Luiz Regis Prado. Porto Alegre: Sergio Antonio Fabris Editor, 1988.

MUÑOZ CONDE, Francisco; GARCÍA ARÁN, Mercedes. *Derecho penal – Parte especial*. 12. ed. Valencia: Tirant lo Blanch, 1999.

MUÑOZ CONDE, Francisco; GARCÍA ARÁN, Mercedes. *Derecho penal – Parte general*. 3. ed. Valencia: Tirant lo Blanch, 1998.

MUÑOZ CONDE, Francisco; HASSEMER, Winfried. *Introducción a la criminología y al derecho penal*. Valencia: Tirant lo Blanch, 1989.

NAHUM, Marco Antonio R. *Inexigibilidade de conduta diversa*. Causa supralegal. Excludente de culpabilidade. São Paulo: RT, 2001.

NASCIMENTO, Carlos Valder do; MARTINS, Ives Gandra da Silva (Org.). *Comentários à Lei de Responsabilidade Fiscal*. São Paulo: Saraiva, 2001.

NASCIMENTO, Walter Vieira do. *A embriaguez e outras questões penais*. Doutrina, legislação, jurisprudência. 2. ed. Rio de Janeiro: Forense, 1990.

NERY JUNIOR, Nelson. *Princípios do processo na Constituição Federal* (processo civil, penal e administrativo). 9. ed. São Paulo: RT, 2009.

NERY JUNIOR, Nelson; NERY, Rosa Maria de Andrade. *Constituição Federal comentada*. 5. ed. São Paulo: Ed. RT, 2014.

NICÁS, Nuria Castelló. *El concurso de normas penales*. Granada: Comares, 2000.

NISTAL BURÓN, Javier; RODRÍGUEZ MAGARIÑOS, Faustino Gudín. *La historia de las penas*. De Hammurabi a la cárcel electrónica. Valencia: Tirant lo Blanch, 2015.

NÓBREGA, Marcos; BRAGA, Henrique; RAPOSO, Fernando; FIGUEIREDO, Carlos Maurício; FERREIRA, Cláudio. *Comentários à Lei de Responsabilidade Fiscal*. 2. ed. São Paulo: RT, 2001.

NOGUEIRA, Carlos Frederico Coelho. Efeitos da condenação, reabilitação e medidas de segurança. *Curso sobre a reforma penal*. Coord. Damásio E. de Jesus. São Paulo: Saraiva, 1985.

NOGUEIRA, J. C. Ataliba. *Medidas de segurança*. São Paulo: Saraiva, 1937.

NORONHA, E. Magalhães. *Crimes contra os costumes*. Comentários aos arts. 213 a 226 e 108, n. VIII do Código Penal. São Paulo: Saraiva, 1943.

NORONHA, E. Magalhães. *Direito penal*. 5. ed. São Paulo: Saraiva, 1968. v. 1.

NORONHA, E. Magalhães. *Direito penal*. 4. ed. São Paulo: Saraiva, 1967. v. 2.

NORONHA, E. Magalhães. *Direito penal*. 3. ed. São Paulo: Saraiva, 1966. v. 3.

NORONHA, E. Magalhães. *Direito penal*. 3. ed. São Paulo: Saraiva, 1968. v. 4.

NORONHA, E. Magalhães. *Do crime culposo*. São Paulo: Saraiva, 1957.

NORONHA, E. Magalhães. Questões acerca da tentativa. *Estudos de direito e processo penal em homenagem a Nélson Hungria*. Rio de Janeiro-São Paulo: Forense, 1962.

Novoa Monreal, Eduardo. *Causalismo y finalismo en derecho penal*. 2. ed. Bogotá: Temis, 1982.

Nucci, Guilherme de Souza. *Código de Processo Penal comentado*. 24. ed. Rio de Janeiro: Forense, 2025.

Nucci, Guilherme de Souza. *Código Penal comentado*. 25. ed. Rio de Janeiro: Forense, 2025.

Nucci, Guilherme de Souza. *Estatuto da Criança e do Adolescente Comentado*. 6. ed. Rio de Janeiro: Forense, 2025.

Nucci, Guilherme de Souza. *Leis Penais e Processuais Penais Comentadas*. 15. ed. Rio de Janeiro: Forense, 2023. vol. 1 e 2.

Nucci, Guilherme de Souza. *Individualização da pena*. 8. ed. Rio de Janeiro: Forense, 2022.

Nucci, Guilherme de Souza. *Tratado de crimes sexuais*. Rio de Janeiro: Forense, 2022.

Nucci, Guilherme de Souza. *Criminologia*. Rio de Janeiro: Forense, 2021.

Nucci, Guilherme de Souza. *Organização criminosa*. 5. ed. Rio de Janeiro: Forense, 2021.

Nucci, Guilherme de Souza. *Direitos humanos versus segurança pública*. Rio de Janeiro: Forense, 2016.

Nucci, Guilherme de Souza. *Corrupção e anticorrupção*. Rio de Janeiro: Forense, 2015.

Nucci, Guilherme de Souza. *Princípios constitucionais penais e processuais penais*. 4. ed. Rio de janeiro: Forense, 2015.

Nunes, Clayton Alfredo. Execução penal: o cálculo para benefícios (crime comum x crime hediondo). *Boletim do IBCCRIM*, n 83, p. 4.

Nunes Júnior, Vidal Serrano; Araújo, Luiz Alberto David. *Curso de direito constitucional*. 3. ed. São Paulo: Saraiva, 1999.

Núñez Paz, Miguel Ángel. *Homicidio consentido, eutanasia y derecho a morir con dignidad*. Madrid: Tecnos, 1999.

Oliveira, Ana Sofia Schmidt de. *A vítima e o direito penal*. São Paulo: RT, 1999.

Oliveira, Antonio Cláudio Mariz de. O direito penal e a dignidade humana – a questão criminal: discurso tradicional, *Revista do Instituto dos Advogados de São Paulo – RIASP*, v. 11, n. 21, p. 36-51, jan./jun. 2008.

Oliveira, Frederico Abrahão de. *Crimes contra a honra*. 2. ed. Porto Alegre: Sagra-DC Luzzato, 1996.

Oliveira, Guilherme Percival. *Estados afetivos e imputabilidade penal*. São Paulo: RT, 1958.

Oliveira, Regis Fernandes de. *Responsabilidade fiscal*. São Paulo: RT, 2001.

Oliveira Neto, Olavo de. *Comentários à Lei das Contravenções Penais*. São Paulo: RT, 1994.

Oliveira Neto, Olavo de; Horvath, Estevão. *Manual de direito financeiro*. 3. ed. São Paulo: RT, 2000.

Orts Berenguer, Enrique; González Cussac, José L. *Compendio de derecho penal – parte general*. 5. ed. Valencia: Tirant lo Blanch, 2015.

Pacelli, Eugênio; Callegari, André. *Manual de direito penal – Parte geral*. São Paulo: Atlas, 2015.

Pacileo, Vincenzo; Petrini, Davide. Reati contro la persona. In: Grosso, Carlos Frederico; Padovani, Tullio; Pagliaro, Antonio. *Trattato di diritto penale*. Milano: Giuffrè, 2016. t. II.

Pacileo, Vincenzo; Petrini, Davide. Reati contro la persona. In: Grosso, Carlos Frederico; Padovani, Tullio; Pagliaro, Antonio. *Trattato di diritto penale*. Milano: Giuffrè, 2016. t. III.

PADOVANI, Tullio. *Diritto penale*. 5. ed. Milano: Giuffrè, 1999.

PAGLIARO, Antonio. *Principi di diritto penale* – Parte Generale. 8. ed. Milano: Giuffrè, 2003.

PAGLIARO, Antonio; COSTA JR., Paulo José da. *Dos crimes contra a administração pública*. São Paulo: Malheiros, 1997.

PALMA, João Augusto da. *Código Penal aplicado ao trabalho*. São Paulo: LTr, 2000.

PASCHOAL, Janaina Conceição. *Ingerência indevida*. Os crimes comissivos por omissão e o controle pela punição do não fazer. Porto Alegre: Fabris, 2011.

PASSETI, Edson; SILVA, Roberto Baptista Dias da (Org.). *Conversações Abolicionistas* – Uma crítica do sistema penal e da sociedade punitiva. São Paulo: IBCCrim – PEPG Ciências Sociais PUC/SP, 1997.

PATRÍCIO, Rui; VILALONGA, José Manuel; ALMEIDA, Carlota Pizarro de; D' ALMEIDA, Luís Duarte. *Código Penal anotado*. Coimbra: Almedina, 2003.

PAULO FILHO, Pedro. Grandes advogados, grandes julgamentos, Depto. Editorial OAB-SP. Disponível em: <http://www.oabsp.org.br/institucional/grandes-causas/as-mortes-de--euclides-da-cunha-e-seu-filho>. Acesso em: 27 jul. 2014.

PAVON VASCONCELOS, Francisco. *Manual de derecho penal mexicano* – Parte generale. 2. ed. México: Porrúa, 1967.

PEDRO, Alessandra Orcesi. *Homicídio doloso qualificado:* a suficiência ou não das qualificadoras previstas no Código Penal atual. São Paulo: Polo Positivo, 2000.

PEDROSO, Fernando de Almeida. *Direito penal*. Parte geral. 4. ed. São Paulo: Método, 2008. v. 1.

PEDROSO, Fernando de Almeida. *Homicídio, participação em suicídio, infanticídio e aborto (crimes contra a vida)*. Rio de Janeiro: Aide, 1995.

PELUSO, Vinicius de Toledo Piza. *Introdução às ciências criminais*. São Paulo: JusPodivm, 2015.

PEÑARANDA RAMOS, Enrique. *Estudios sobre el delito de asesinato*. Montevideo-Buenos Aires: Editorial B de f, 2014.

PENNA, Antonio Gomes. *Introdução à motivação e emoção*. Rio de Janeiro: Imago, 2001.

PERISTERIDOU, Christina. *The principle of legality in European criminal law*. Cambridge--Antwerp-Portland: Intersentia, 2015.

PERRON, Walter. El reciente desarrollo de los delitos sexuales em el derecho penal alemán. *Delitos contra la libertad sexual*. Madrid: Consejo General del Poder Judicial, 1999.

PERROT, Michelle. O inspetor Bentham. In: BENTHAM, Jeremy. *O panóptico*. Organização de Tomaz Tadeu da Silva. Trad. Guacira Lopes Louro. M. D. Magno e Tomaz Tadeu da Silva. Belo Horizonte: Autêntica, 2000.

PESSAGNO, Hernán A. *El delito de desacato*. Buenos Aires: Depalma, 1952.

PETRINI, Davide; PACILEO, Vincenzo. Reati contro la persona. In: GROSSO, Carlos Frederico; PADOVANI, Tullio; PAGLIARO, Antonio. *Trattato di diritto penale*. Milano: Giuffrè, 2016. t. II.

PETRINI, Davide; PACILEO, Vincenzo. Reati contro la persona. In: GROSSO, Carlos Frederico; PADOVANI, Tullio; PAGLIARO, Antonio. *Trattato di diritto penale*. Milano: Giuffrè, 2016. t. III.

PETRONE, Marino. *Reato abituale*. Padova: Cedam, 1999.

PIERANGELI, José Henrique. *Códigos Penais do Brasil* – Evolução histórica. Bauru: Jalovi, 1980.

PIERANGELI, José Henrique. Desafios dogmáticos da culpabilidade. *RT* 761/445, mar. 1999.

PIERANGELI, José Henrique. *Escritos jurídico-penais*. 2. ed. São Paulo: RT, 1999.

PIERANGELI, José Henrique. *O consentimento do ofendido na teoria do delito*. 2. ed. São Paulo: RT, 1995.

PIERANGELI, José Henrique; ZAFFARONI, Eugenio Raúl. *Manual de direito penal brasileiro – Parte geral*. 11. ed. São Paulo: RT, 2015.

PIERANGELI, José Henrique; ZAFFARONI, Eugenio Raúl. *Da tentativa*. 4. ed. São Paulo: RT, 1995.

PIERANGELI, José Henrique; SOUZA, Carmo Antônio de. *Crimes sexuais*. 2. ed. Belo Horizonte: Del Rey, 2015.

PIETRO, Maria Sylvia Zanella Di. *Direito administrativo*. 11. ed. São Paulo: Atlas, 1999.

PIMENTEL, Manoel Pedro. A crise da administração da justiça criminal. *Justitia*, n. 78, 1972.

PIMENTEL, Manoel Pedro. A culpabilidade na dogmática penal moderna. *RJTJSP* 124/19.

PIMENTEL, Manoel Pedro. *Crime continuado*. 2. ed. São Paulo: RT, 1969.

PIMENTEL, Manoel Pedro. *Crimes de mera conduta*. 1959. Tese (Livre-docência de Direito Penal) – Faculdade de Direito da Universidade de São Paulo, São Paulo.

PINHEIRO, Geraldo de Faria Lemos. Breves notas sobre a embriaguez ao volante de veículos automotores. *Revista do Advogado* 53/18, out. 1998.

PINHO, Ruy Rebello. *História do direito penal brasileiro*. São Paulo: José Bushatsky Editor, 1973.

PINOTTI, José Aristodemo. Anencefalia. *Revista de cultura IMAE*, ano 5, n. 12, p. 63, jul.-dez. 2004.

PINTO FERREIRA. *Comentários à Constituição brasileira*. São Paulo: Saraiva, 1990. v. 2.

PINTO FERREIRA. *Princípios gerais do direito constitucional moderno*. 6. ed. ampl. e atual. São Paulo: Saraiva, 1983. v. 1 e 2.

PINTO FERREIRA. *Teoria geral do Estado*. 3. ed. rev. e ampl. São Paulo: Saraiva, 1975. v. 1 e 2.

PIRES, André de Oliveira. *Estado de necessidade*. Um esboço à luz do art. 24 do Código Penal brasileiro. São Paulo: Juarez de Oliveira, 2000.

PISAPIA, Domenico. *Reato continuato*. Napoli: Jovene, 1938.

PITOMBO, Antonio Sergio Altieri de Moraes. *Vinte anos, liberdade*. Duas décadas de escritos sobre advocacia, prisão e liberdade. São Paulo: Singular, 2015.

PITOMBO, Sérgio Marcos de Moraes. Breves notas sobre a novíssima execução penal das penas e das medidas de segurança. *Reforma penal*. São Paulo: Saraiva, 1985.

PITOMBO, Sérgio Marcos de Moraes. Conceito de mérito, no andamento dos regimes prisionais. *Revista Brasileira de Ciências Criminais*, n. 27, São Paulo, RT, jul.-set. 1999, p. 149.

PITOMBO, Sérgio Marcos de Moraes. Execução penal. *RT* 623/257, set. 1987.

PITOMBO, Sérgio Marcos de Moraes. Os regimes de cumprimento de pena e o exame criminológico. *RT* 583/312, maio 1984.

PITOMBO, Sérgio Marcos de Moraes; ANDREUCCI, Ricardo Antunes; DOTTI, René Ariel; REALE JR., Miguel. *Penas e medidas de segurança no novo Código*. 2. ed. Rio de Janeiro: Forense, 1987.

POLO RODRÍGUEZ, José Javier; HUÉLAMO BUENDÍA, Antonio Jesús. *La nueva ley penal del menor*. Madrid: Colex, 2000.

PONTE, Antonio Carlos da. *Falso testemunho no processo*. São Paulo: Atlas, 2000.

PONTES, Elio Monnerat Sólon de. A propósito dos atos internacionais e da prevalência das normas de direito interno dos mesmos decorrentes. *Revista Forense*. Rio de Janeiro: Forense. v. 92, n. 333, p. 75-81, jan./mar. 1996.

PORTO, Antonio Rodrigues. *Da prescrição penal*. 5. ed. São Paulo: RT, 1998.

PRADO, Luiz Regis. *Bem jurídico-penal e Constituição*. 2. ed. São Paulo: RT, 1997.

PRADO, Luiz Regis. *Curso de direito penal brasileiro*. 2. ed. São Paulo: RT, 2002. v. 2, 3, 4.

PRADO, Luiz Regis. *Curso de direito penal brasileiro* – Parte geral. 3. ed. São Paulo: RT, 2002. v. 1.

PRADO, Luiz Regis. *Falso testemunho e falsa perícia*. 2. ed. São Paulo: RT, 1994.

PRADO, Luiz Regis. *Tratado de direito penal*. São Paulo: RT, 2014. v. 1-9.

PUNZO, Massimo. *Il problema della causalità materiale*. Padova: Cedam, 1951.

PUPPE, Ingeborg. *A distinção entre dolo e culpa*. Trad. Luís Greco. São Paulo: Manole, 2004.

QUEIJO, Maria Elizabeth; COSTA JR., Paulo José da. *Comentários aos crimes do novo Código Nacional de Trânsito*. São Paulo: Saraiva, 1998.

QUEIROZ, Narcélio de. *Teoria da actio libera in causa*. Rio de Janeiro: Livraria Jacintho, 1936.

QUEIROZ, Paulo de Souza. A teoria da imputação objetiva. *Boletim do IBCCRIM*, n. 103, jun. 2001, p. 6.

QUEIROZ, Paulo de Souza. *Curso de direito penal* – Parte geral. 8. ed. São Paulo: JusPodivm, 2012. v. 1.

QUEIROZ, Paulo de Souza. *Curso de direito penal* – Parte especial. 2. ed. São Paulo: JusPodivm, 2015.

QUEIROZ, Paulo de Souza. *Do caráter subsidiário do direito penal*. Belo Horizonte: Del Rey, 1998.

QUEIROZ, Paulo de Souza. *Direito penal* – Parte geral. 9. ed. Salvador: JusPodivm, 2013.

QUINTANO RIPOLLES, Antonio. *Tratado de la parte especial del derecho penal*. 2. ed. atual. por Carlos García Valdés. Madrid: Revista de Derecho Privado, 1977. t. II.

QUIROGA, Barja de. *Teoría de la pena*. Madri: Akal, 1991.

RADBRUCH, Gustav. *Introdução à ciência do direito*. Trad. Vera Barkow. 2. ed. São Paulo: Martins Fontes, 2010.

RAMPIONI, Roberto. *Contributo alla teoria del reato permanente*. Padova: Cedam, 1988.

RANIERI, Silvio. *Manuale di diritto penale* – Parte generale. Padova: Cedam, 1952. v. 1.

RAPOSO, Fernando; FIGUEIREDO, Carlos Maurício; FERREIRA, Cláudio; BRAGA, Henrique; NÓBREGA, Marcos. *Comentários à Lei de Responsabilidade Fiscal*. 2. ed. São Paulo: RT, 2001.

RASSI, João Daniel. *Imputação das ações neutras e o dever de solidariedade no direito penal*. São Paulo: LiberArs, 2014.

RASSI, João Daniel; GRECO, Alessandra Orcesi Pedro. *Crimes contra a dignidade sexual*. São Paulo: Atlas, 2010.

REALE JR., Miguel. A lei penal do mínimo esforço. *Folha de S. Paulo*, 30 nov. 1998.

REALE JR., Miguel. *Antijuridicidade concreta*. São Paulo: José Bushatsky, 1973.

REALE JR., Miguel. *Instituições de direito penal* – parte geral. 4. ed. Rio de Janeiro: Forense, 2013.

REALE JR., Miguel. *Parte geral do Código Penal* – Nova interpretação. São Paulo: RT, 1988.

REALE JR., Miguel. *Problemas penais concretos*. São Paulo: Malheiros, 1997.

REALE JR., Miguel. *Teoria do delito*. São Paulo: RT, 1998.

REALE JR., Miguel; DOTTI, René Ariel; ANDREUCCI, Ricardo Antunes; PITOMBO, Sérgio M. de Moraes. *Penas e medidas de segurança no novo Código*. 2. ed. Rio de Janeiro: Forense, 1987.

REIS, José Mário; VARELLA, Dráuzio; GLINA, Sidney. Médicos especializados. Disponível em: <www.drauziovarella.com.br/entrevistas/reis_impotencia.asp>; <www.drauziovarella.com.br/entrevistas/eprecoce4.asp>. Acesso em: 1.º dez. 2009.

REQUIÃO, Rubens. *Curso de direito comercial*. 13. ed. São Paulo: Saraiva, 1984. v. 2.

REYNA ALFARO, Luis (Coord.); JAÉN VALLEJO, Manuel (Dir.). *Sistemas penales iberoamericanos*. Libro Homenaje al Profesor Dr. D. Enrique Bacigalupo en su 65 Aniversario. Lima: ARA Editores, 2003.

REYNOSO DÁVILA, Roberto. *Teoría general del delito*. 2. ed. México: Porrúa, 1995.

REZEK, J. F. *Direito internacional público* – Curso elementar. 6. ed. São Paulo: Saraiva, 1996.

RIBEIRO, Diaulas Costa; DINIZ, Debora. *Aborto por anomalia fetal*. Brasília: Letras Livres, 2003.

RIBEIRO, Gláucio Vasconcelos. Infanticídio. Crime típico. Figura autônoma. Concurso de agentes. São Paulo: Pillares, 2004.

RISTORI, Roberta. *Il reato continuato*. Padova: Cedam, 1988.

ROCCO, Arturo. *El objeto del delito y de la tutela jurídica penal*. Contribución a las teorías generales del delito y de la pena. Trad. Gerónimo Seminara. Montevideo-Buenos Aires: Editorial B de f, 2013.

ROCHA, Fernando A. N. Galvão. *Direito penal, parte geral*. Rio: Impetus, 2004.

ROCHA, Maria Isabel de Matos. Transplantes de órgãos entre vivos: as mazelas da nova lei. *RT* 742/67, ago. 1997.

RODRIGUES, Anabela Miranda. *A determinação da medida da pena privativa de liberdade*. Coimbra: Coimbra Editora, 1995.

RODRÍGUEZ, Víctor Gabriel. *Livre-arbítrio e direito penal*: revisão frente aos aportes da neurociência e à evolução dogmática. 2014. Tese (Livre-docência) – USP, São Paulo.

RODRÍGUEZ MAGARIÑOS, Faustino Gudín; NISTAL BURÓN, Javier. *La historia de las penas*. De Hammurabi a la cárcel electrónica. Valencia: Tirant lo Blanch, 2015.

ROIG, Rodrigo Duque Estrada. *Aplicação da pena*. Limites, princípios e novos parâmetros. 2. ed. São Paulo: Saraiva, 2015.

ROMEIRO, Jorge Alberto. A noite no direito e no processo penal. *Estudos de direito e processo penal em homenagem a Nélson Hungria*. Rio de Janeiro-São Paulo: Forense, 1962.

ROSA, Antonio José Miguel Feu. *Direito penal* – Parte geral. 1. ed. 2.ª tiragem. São Paulo: RT, 1995.

ROSA, Antonio José Miguel Feu. Do crime continuado. *RTJE* 33/3, jul.-ago. 1985.

ROSA, Fábio Bittencourt da. Crimes e seguridade social. *Revista de Informação Legislativa*, n. 130, Brasília, abr.-jun. 1996.

ROXIN, Claus. A culpabilidade como critério limitativo da pena. *Revista de Direito Penal*, n. 11-12, jul.-dez. 1973.

ROXIN, Claus. *Autoría y dominio del hecho en derecho penal*. 7. ed. Madrid-Barcelona: Marcial Pons, 2000.

ROXIN, Claus. *Derecho penal* – Parte general (Fundamentos. La estructura de la teoría del delito). Trad. Diego-Manuel Luzón Peña, Miguel Díaz y García Conlledo, Javier de Vicente Remesal. Madrid: Civitas, 1999. t. I.

ROXIN, Claus. *La evolución de la política criminal, el derecho penal y el proceso penal*. Valencia: Tirant lo Blanch, 2000.

ROXIN, Claus. *La imputación objetiva en el derecho penal*. Trad. Manuel A. Abanto Vasquez. Lima: Idemsa, 1997.

ROXIN, Claus. *La teoría del delito en la discusión actual*. Trad. Manuel Abanto Vásquez. Lima: Editora Jurídica Grijley, 2007.

ROXIN, Claus. Resolução do fato e começo da execução na tentativa. *Problemas fundamentais de direito penal*. 3. ed. Lisboa: Vega, 1998.

ROXIN, Claus. *Teoria del tipo penal* – Tipos abertos y elementos del deber jurídico. Buenos Aires: Depalma, 1979.

ROXIN, Claus; FRISCH, Wolfgang; JAKOBS, Günther; SCHÜNEMANN, Bernd; KÖHLER, Michael. *Sobre el estado de la teoria del delito* (Seminario en la Universitat Pompeu Fabra). Madrid: Civitas, 2000.

SÁ, Alvino Augusto de. *Reincidência criminal sob o enfoque da psicologia clínica preventiva*. São Paulo: Editora Pedagógica e Universitária, 1987.

SABINO JÚNIOR, Vicente. *Direito penal* – Parte geral. São Paulo: Sugestões Literárias, 1967. v. 1 e 2.

SABINO JÚNIOR, Vicente. *Direito penal* – Parte especial. São Paulo: Sugestões Literárias, 1967. v. 3 e 4.

SALLES JÚNIOR, Romeu de Almeida. *Homicídio culposo (e a Lei 4.611/65)*. São Paulo: Saraiva, 1982.

SANTANIELLO, Giuseppe; MARUOTTI, Luigi. *Manuale di diritto penale* – Parte generale. Milano: Giuffrè, 1990.

SANTORO, Arturo. *Manuale di diritto penale*. Torino: Torinese, 1958.

SANTORO FILHO, Antonio Carlos. *Teoria de imputação objetiva*. Apontamentos críticos à luz do direito positivo brasileiro. São Paulo: Malheiros, 2007.

SANTOS, Antonio Furtado dos. *Direito internacional penal e direito penal internacional* – Aplicação da lei penal estrangeira pelo juiz nacional. Lisboa: Petrony, 1960.

SANTOS, Ary dos. *O crime de aborto*. Lisboa: Livraria Clássica Editora, 1935.

SANTOS, Christiano Jorge. *Prescrição penal e imprescritibilidade*. Rio de Janeiro: Elsevier, 2010.

SANTOS, Hugo Leonardo Rodrigues. *Estudos críticos de criminologia e direito penal*. Rio de Janeiro: Lumen Juris, 2015.

SANTOS, José Carlos Daumas. *Princípio da legalidade na execução penal*. São Paulo: Manole & Escola Paulista da Magistratura, 2005.

SANTOS, Juarez Cirino dos. *Direito penal* – parte geral. 3. ed. Curitiba: Lumen Juris, 2008.

SANTOS, Lycurgo de Castro. O princípio de legalidade no moderno direito penal. *Revista Brasileira de Ciências Criminais* n. 15/182.

SANTOS, Maria Celeste Cordeiro Leite. *Morte encefálica e a lei de transplante de órgãos*. São Paulo: Oliveira Mendes, 1998.

SALVADOR NETTO, Alamiro Velludo; SOUZA, Luciano Anderson; SILVEIRA, Renato de Mello Jorge (Coord.). *Direito penal na pós-modernidade*. Escritos em homenagem a Antonio Luis Chaves Camargo. São Paulo: Quartier Latin, 2015.

SARDINHA, Alvaro. *Homicídio culposo*. Rio de Janeiro: Coelho Branco Editor, 1936.

SARLET, Ingo Wolfgang. As dimensões da dignidade da pessoa: construindo uma compreensão jurídico-constitucional necessária e possível. *Revista Brasileira de Direito Constitucional* – RBDC. n. 09, jan./jun. 2007.

SARMENTO, Daniel. Legalização do aborto e Constituição. In: CAVALCANTE, Alcilene; XAVIER, Dulce (Org.). Em defesa da vida: aborto e direitos humanos. São Paulo: Católicas pelo Direito de Decidir, 2006.

SCANDELARI, Gustavo Britta. *O crime tributário de descaminho*. Porto Alegre: LexMagister, 2013.

SCHULTZ, Duane; P. SCHULTZ, Sydney Ellen. *Teorias da personalidade*. São Paulo: Thomson, 2002.

SCHÜNEMANN, Bernd; FRISCH, Wolfgang; ROXIN, Claus; JAKOBS, Günther; KÖHLER, Michael. *Sobre el estado de la teoria del delito* (Seminario en la Universitat Pompeu Fabra). Madrid: Civitas, 2000.

SchÜnemann, Bernd. *Obras*, Trad. Edgardo Alberto Donna. Buenos Aires: Rubinzal-Culzoni, 2009. t. I e II.

Seelig, Ernst. *Manual de criminologia*. Trad. Guilherme de Oliveira. Coimbra: Arménio Amado, 1959. v. I e II.

Segre, Marco. Considerações éticas sobre o início da vida: aborto e reprodução assistida. In: Cavalcante, Alcilene; Xavier, Dulce (Org.). Em defesa da vida: aborto e direitos humanos. São Paulo: Católicas pelo Direito de Decidir, 2006.

Segre, Marco. Eutanásia: aspectos éticos e legais. *Revista da Associação Médica Brasileira* 32/141, 1986.

Semer, Marcelo. *Crime impossível e a proteção dos bens jurídicos*. São Paulo: Malheiros, 2002.

Serrano Piedecasas, José Ramón; Gómez de La Torre, Ignacio Berdugo; Arroyo Zapatero, Luis; Ferré Olivé, Juan Carlos; García Rivas, Nicólas. *Lecciones de derecho penal* – Parte general. 2. ed. Madrid: La Ley, 1999.

Shecaira, Sérgio Salomão. *Criminologia*. 6. ed. São Paulo: RT, 2014.

Shecaira, Sérgio Salomão. *Estudos de direito penal*. São Paulo: Forense, 2014. v. III.

Shecaira, Sérgio Salomão. *Prestação de serviços à comunidade*. São Paulo: Saraiva, 1993.

Shecaira, Sérgio Salomão. *Responsabilidade penal da pessoa jurídica*. 1. ed. 2.ª tiragem. São Paulo: RT, 1999.

Shecaira, Sérgio Salomão; Corrêa Junior, Alceu. *Teoria da pena*. São Paulo: RT, 2002.

Silva, Evandro Lins e. De Beccaria a Filippo Gramatica. *In*: Fragoso Advogados. Disponível em: http://www.fragoso.com.br/wp-content/uploads/2017/10/20171 002212053-beccaria_filippo_gramatica_4.pdf. Acesso em: 23 jan. 2020

Silva, Germano Marques da. *Direito penal português* – Parte geral – Teoria das penas e das medidas de segurança. Lisboa: Verbo, 1999.

Silva, Haroldo Caetano da. *Embriaguez & a teoria da* actio libera in causa. 1. ed. 2.ª tiragem. Curitiba: Juruá, 2011.

Silva, José Afonso da. *Comentário contextual à Constituição*. 9. ed. São Paulo: Malheiros, 2014.

Silva, José Afonso da. *Curso de direito constitucional positivo*. 39. ed. São Paulo: Malheiros, 2016.

Silva, José Afonso da. *Manual do vereador*. 3. ed. São Paulo: Malheiros, 1997.

Silva, M. Nelson da. *A embriaguez e o crime*. Rio de Janeiro-São Paulo: Forense, 1968.

Silva, Roberto Baptista Dias da; Passeti, Edson (Org.). *Conversações abolicionistas* – Uma crítica do sistema penal e da sociedade punitiva. São Paulo: IBCCrim – PEPG Ciências Sociais PUC/SP, 1997.

Silva Filho, Artur Marques da. *O regime jurídico da adoção estatutária*. São Paulo: RT, 1997.

Silva Franco, Alberto. Aborto por indicação eugênica. *RJTJSP* 132/9.

Silva Franco, Alberto. *Crimes hediondos*. 3. ed. São Paulo: RT, 1994.

Silva Franco, Alberto et al. *Código Penal e sua interpretação jurisprudencial*. 5. ed. São Paulo: RT, 1995.

Silva Franco, Alberto; Marrey, Adriano; Stoco, Rui. *Teoria e prática do júri*. 7. ed. rev. atual. e ampl. São Paulo: RT, 2000.

Silva Sánchez, Jesús Maria. *A expansão do direito penal. Aspectos da política criminal nas sociedades pós-industriais*. Trad. Luiz Otavio de Oliveira Rocha. São Paulo: RT, 2002.

Silva Sánchez, Jesús Maria. *Aproximación al derecho penal contemporáneo*. Barcelona: Bosch, 1992.

SILVA SÁNCHEZ, Jesús Maria (Dir.) et al. *Lecciones de derecho penal* – Parte especial. 4. ed. Barcelona: Atelier, 2015.

SILVA SÁNCHEZ, Jesús Maria *Política criminal y nuevo derecho penal* – Libro homenaje a Claus Roxin. Barcelona: Bosch, 1997.

SILVEIRA, Alípio. A sentença indeterminada nos Estados Unidos. *Estudos de direito e processo penal em homenagem a Nélson Hungria*. Rio de Janeiro-São Paulo: Forense, 1962.

SILVEIRA, Alípio. *Hermenêutica no direito brasileiro*. São Paulo: RT, 1968. v. 1 e 2.

SILVEIRA, Euclides Custódio. *Direito penal* – Crimes contra a pessoa. 2. ed. Atual. Everardo da Cunha Luna. São Paulo: RT, 1973.

SILVEIRA, Renato de Mello Jorge. *Crimes sexuais*: bases críticas para a reforma do direito penal sexual. São Paulo: Quartier Latin, 2008.

SILVEIRA, Renato de Mello Jorge. *Direito penal supraindividual* – Interesses difusos. São Paulo: RT, 2003.

SILVEIRA, Renato de Mello Jorge; SALVADOR NETTO, Alamiro Velludo; SOUZA, Luciano Anderson (Coord.). *Direito penal na pós-modernidade*. Escritos em homenagem a Antonio Luis Chaves Camargo. São Paulo: Quartier Latin, 2015.

SIQUEIRA, Galdino. *Tratado de direito penal*, v. 1. Rio de Janeiro: José Konfino, 1950.

SISCO, Luis P. *La defensa justa* (Estudio doctrinario, legal y jurisprudencial sobre la legitima defensa). Buenos Aires: El Ateneo, 1949.

SMANIO, Gianpaolo Poggio; FABRETTI, Humberto Barrionuevo. *Introdução ao direito penal*. Criminologia, princípios e cidadania. 4. ed. São Paulo: Atlas, 2016.

SOARES, Ana Raquel Colares dos Santos. Eutanásia: direito de morrer ou direito de viver? In: GUERRA FILHO, Willis Santiago (Coord.). *Dos direitos humanos aos direitos fundamentais*. Porto Alegre: Livraria do Advogado, 1997.

SOLER, Sebastián. *Derecho penal argentino*. Buenos Aires: El Ateneo, 1940. t. I.

SOUZA, Artur de Brito Gueiros; JAPIASSÚ, Carlos Eduardo Adriano. *Curso de direito penal* – Parte geral. 2. ed. Rio de Janeiro: Forense, 2015. v. 1.

SOUZA, Carmo Antônio de; PIERANGELI, José Henrique. *Crimes sexuais*. 2. ed. Belo Horizonte: Del Rey, 2015.

SOUZA, Luciano Anderson; SILVEIRA, Renato de Mello Jorge; SALVADOR NETTO, Alamiro Velludo (Coord.). *Direito penal na pós-modernidade*. Escritos em homenagem a Antonio Luis Chaves Camargo. São Paulo: Quartier Latin, 2015.

SOUZA, Nélson Bernardes de. Ilícitos previdenciários: crimes sem pena? *RT* 730/393, ago. 1996.

SOUZA, Paulo Vinicius Sporleder de. *A criminalidade genética*. São Paulo: RT, 2001.

SOUZA, Percival de. *A prisão* – Histórias dos homens que vivem no maior presídio do mundo. 2. ed. São Paulo: Alfa-Omega, 1976.

SPINNATO, Giorgia; MESSINA, Salvatore Donato. *Manuale breve diritto penale*. Milano: Giuffrè, 2015.

STEVENSON, Oscar. Concurso aparente de normas penais. *Estudos de direito e processo penal em Homenagem a Nélson Hungria*. Rio de Janeiro-São Paulo: Forense, 1962.

SUCENA, Lílian Ottobrini Costa; COSTA, Mário Ottobrini. A eutanásia não é o direito de matar. *RT* 263/25, set. 1957.

SUMARIVA, Paulo. *Criminologia*. Teoria e prática. 3. ed. Niterói: Impetus, 2015.

SWENSSON, Walter. A competência do juízo da execução. In: LAGRASTA NETO, Caetano; NALINI, José Renato; DIP, Ricardo Henry Marques (Coord.). *Execução penal* – Visão do TACRIM-SP. São Paulo: Oliveira Mendes, 1998.

TANGERINO, Davi de Paiva Costa. *Culpabilidade*. 2. ed. São Paulo: Saraiva, 2014.

TAQUARY, Eneida Orbage de Britto. *Tribunal penal internacional & a Emenda Constitucional 45/04* (sistema normativo brasileiro). 1. ed. 2.ª reimp. Curitiba: Juruá, 2011.

TASSE, Adel El. *Criminologia*. São Paulo: Saraiva, 2013. (Coleção Saberes do direito.)

TAVARES, Juarez. *Teoria do injusto penal*. Belo Horizonte: Del Rey, 2000.

TAVARES, Juarez. *Teoria dos crimes omissivos*. Madrid-Barcelona-Buenos Aires-São Paulo: Marcial Pons, 2012.

TAVARES, Juarez. *Teorias do delito* – Variações e tendências. São Paulo: RT, 1980.

TELLES JÚNIOR, Goffredo. Preleção sobre o justo. *Justitia*, v. 50.

TEODORO, Frediano José Momesso. *Aborto eugênico. Delito qualificado pelo preconceito ou discriminação*. Curitiba: Juruá, 2008.

TERRAGNI, Marco Antonio. *El delito culposo*. Santa Fé: Rubinzal-Culzoni, 1998.

TOLEDO, Armando; BARBOSA JR., Salvador José. A nova tipificação do delito de embriaguez ao volante. In: TOLEDO, Armando (Coord.). *Direito Penal* – Rein-terpretação à luz da Constituição: Questões polêmicas. São Paulo: Elsevier, 2009.

TOLEDO, Francisco de Assis et al. *Reforma penal*. São Paulo: Saraiva, 1985.

TOLEDO, Francisco de Assis. Teorias do dolo e teorias da culpabilidade. *RT* 566/271, dez. 1992.

TOLEDO, Francisco de Assis; CERNICCHIARO, Luiz Vicente. *Princípios básicos de direito penal*. 5. ed. São Paulo: Saraiva, 1994.

TOLEDO, Otávio Augusto de Almeida; CAPECCE, Bruno Gabriel. *Privação de liberdade*. Legislação, doutrina e jurisprudência. São Paulo: Quartier Latin, 2015.

TORON, Alberto Zacharias. *Inviolabilidade penal dos vereadores*. São Paulo: Saraiva, 2004.

TOURINHO FILHO, Fernando da Costa. *Código de Processo Penal comentado*. 4. ed. São Paulo: Saraiva, 1999. v. 1 e 2.

TREMEL, Rosângela; CRUZ, Flávio da (Coord.); GLOCK, José Osvaldo; HERZMANN, Nélio; VICCARI JUNIOR, Adauto. *Lei de Responsabilidade Fiscal comentada*. 2. ed. São Paulo: Atlas, 2001.

VALENZUELA BEJAS, Manuel; BUSTOS RAMÍREZ, Juan (Org.). *Derecho penal latinoamericano comparado* – Parte generale. Buenos Aires: Depalma, 1981. t. I.

VALLADÃO, Haroldo. Imunidades dos agentes diplomáticos. *RT* 434/307, dez. 1971.

VANRELL, Jorge Paulete (Coord.). *Manual de medicina legal*. Tanatologia. Leme: JHMizuno Editora, 2016.

VARELLA, Drauzio; GLINA, Sidney; REIS, José Mário. Médicos especializados. Disponível em: <www.drauziovarella.com.br/entrevistas/reis_impotencia.asp>; <www.drauziovarella. com.br/entrevistas/eprecoce4.asp>. Acesso em: 1.º dez. 2009.

VAZ, Márcia; BENFICA, Francisco Silveira. *Medicina legal*. 3. ed. Porto Alegre: Livraria do Advogado, 2015.

VENEZIANI, Paolo. *Motivi e colpevolezza*. Torino: Giappichelli, 2000.

VENZON, Altayr. *Excessos na legítima defesa*. Porto Alegre: Fabris, 1989.

VERDÚ PASCUAL, Fernando. *El diagnóstico de la muerte*. Diligencia y caución para evitar injustificables yerros. Granada: Comares, 2015.

VERGARA, Pedro. *Da legítima defesa subjetiva*. 2. ed. Rio de Janeiro: Imprensa Nacional, 1949.

VIANA, Lourival Vilela. *Embriaguez no direito penal*. Belo Horizonte: Imprensa Oficial, 1949.

VIANNA, Rafael Ferreira. *Diálogos sobre segurança pública*. O fim do estado civilizado. Curitiba: Ithala, 2011.

VICCARI JUNIOR, Adauto; CRUZ, Flávio da (Coord.); GLOCK, José Osvaldo; HERZMANN, Nélio; TREMEL Rosângela. *Lei de Responsabilidade Fiscal comentada*. 2. ed. São Paulo: Atlas, 2001.

VIDAL, Hélvio Simões. *Causalidade científica no direito penal*. Belo Horizonte: Mandamentos, 2004.

VILALONGA, José Manuel; ALMEIDA, Carlota Pizarro de; D'ALMEIDA, Luís Duarte; PATRÍCIO, Rui. *Código Penal anotado*. Coimbra: Almedina, 2003.

VON HIRSCH, Andrew. *Censurar y castigar*. Trad. Elena Larrauri. Madrid: Trotta, 1998.

VON LISTZ, Franz. *Tratado de derecho penal*. Trad. Luis Jiménez de Asúa. 18. ed. Madrid: Reus, 1999. t. I a III.

WELZEL, Hans. *Derecho penal alemán*. Trad. Juan Bustos Ramírez e Sergio Yáñez Pérez. 4. ed. Santiago: Editorial Jurídica de Chile, 1997.

WELZEL, Hans. *El nuevo sistema del derecho penal* – Una introducción a la doctrina de la acción finalista. Barcelona: Ariel, 1964.

WESSELS, Johannes. *Direito penal* – Parte geral – Aspectos fundamentais. Trad. Juarez Tavares. Porto Alegre: Fabris, 1976.

WILLIAMS, Lúcia Cavalcanti de Albuquerque. *Pedofilia. Identificar e prevenir*. São Paulo: Editora Brasiliense, 2012.

XAVIER, Dulce; CAVALCANTE, Alcilene (Org.). *Em defesa da vida:* aborto e direitos humanos. São Paulo: Católicas pelo Direito de Decidir, 2006.

ZAFFARONI, Eugenio Raúl. *Tratado de derecho penal* – Parte general. Buenos Aires: Ediar, 1988.

ZAFFARONI, Eugenio Raúl; PIERANGELI, José Henrique. *Manual de direito penal brasileiro* – Parte geral. 11. ed. São Paulo: RT, 2015.

ZAFFARONI, Eugenio Raúl; PIERANGELI, José Henrique. *Da tentativa*. 4. ed. São Paulo: RT, 1995.

ZANIOLO, Pedro Augusto. *Crimes modernos*. O impacto da tecnologia no direito. 2. ed. Curitiba: Juruá, 2012.

ZÁRATE CONDE, Antonio; GONZÁLEZ CAMPO, Eleuterio. *Derecho penal* – Parte general. Madrid: La Ley, 2015.

ZAZA, Carlo. *Le circostanze del reato*. Elementi generali e circostanze comuni. Padova: CEDAM, 2002. v. I.

ZIMMARO, Rafael Barone et al. O crime de estupro sob o prisma da Lei 12.015/09 (artigos 213 e 217-A do Código Penal). *RT* 902.

ZIMMARO, Rafael Barone. O crime de estupro sob o prisma da Lei 12.015/09 (artigos 213 e 217-A do Código Penal). In: SILVA FRANCO, Alberto; NUCCI, Guilherme de Souza (Org.). *Doutrinas essenciais* – Direito penal. São Paulo: RT, 2010. v. VI.

ZIPF, Heinz; MAURACH, Reinhart. *Derecho penal* – Parte general. Trad. da 7. ed. por Jorge Bofill Genzsch e Enrique Aimone Gibson. Buenos Aires: Astrea, 1994. v. 1 e 2.

ZISMAN, Célia Rosenthal. *O princípio da dignidade da pessoa humana*. São Paulo: IOB Thomsom, 2005.

APÊNDICE
Casos Práticos

1. INDUZIMENTO, INSTIGAÇÃO E AUXÍLIO A SUICÍDIO OU AUTOMUTILAÇÃO (ART. 122, CP)

Casos: a Lei 13.968/2019 incluiu no art. 122 do Código Penal a *automutilação*, como um dos fatores geradores do suicídio, lastreado em jogos mórbidos, espalhados pela Internet, como o denominado *baleia azul*. Esses jogos impulsionam, por induzimento ou instigação, que adolescentes (e até crianças) comecem a se ferir gravemente para demonstrar coragem, enfrentando desafios, cujo objetivo é causar o suicídio. Segundo consta, o referido jogo teve origem na Rússia, espargindo-se pelo mundo. A baleia azul é encontrada nos oceanos Atlântico, Pacífico, Antártico e Índico e chega a procurar as praias para morrer, por vontade própria. Portanto, o jogo tem 50 níveis de dificuldade, sendo o suicídio o fecho maior. Congrega um considerável número de adolescentes, mas chega a atingir alguns adultos. Dentre as *tarefas* estão *escrever frases e fazer desenhos na própria pele com instrumentos cortantes, assistir filmes de terror durante a madrugada, subir em telhados de edifícios, ouvir músicas depressivas*, até atingir a mais importante missão, que é *tirar a própria vida*. Há relatos de jovens que se suicidaram em diversas cidades brasileiras, outros se machucaram, com lesões leves e graves. No Brasil, uma pesquisa conduzida pelo Centro de Estudos sobre Tecnologias da Informação e Comunicação (CETIC) apontou que um em cada dez adolescentes, entre 11 e 17 anos, já acessaram formas de se ferir na Internet. Alguns, em situações mais graves, chegaram a cometer suicídio e deixaram uma nota dizendo que a *culpa é da baleia* (https://www1.folha.uol.com.br/colunas/claudiacollucci/2017/04/1875567-brasil-ja-registra-suicidios-e-mutilacoes-ligados-ao--jogo-baleia-azul.shtml. Acesso em: 23 dez. 2019; https://brasil.estadao.com.br/noticias/

geral,oito-estados-tem-suicidios-e-mutilacoes-sob-suspeita-de-ligacao-com-baleia--azul,70001745155. Acesso em: 23 dez. 2019). Outro jogo é o *desafio do apagão* ("blackout challenge"), por meio do TikTok, acolhido por crianças e adolescentes, consistente em apertar o pescoço até perder a consciência. Isto conduziu Archie Battersbee, com 12 anos, a passar pela provocação e terminar com morte cerebral. Outras mães apontaram para desafios diversos, levando a queimaduras graves, explosões e intoxicações, advindos da mesma plataforma. São provocações inadmissíveis, aptas a alcançar menores, gerando sérios danos, como o "desafio do congelamento" (queimadura feita com o bico de um desodorante aerosol perto da pele), o "desafio do soquete" (um carregador de celular fica um pouco para fora da tomada e uma moeda é lançada nos pinos expostos, gerando um monte de faíscas); o "desafio do sal e gelo" (pessoas jogam sal na pele e após cobrem com gelo, levando a uma sensação de congelamento, mas depois queima); o "desafio da noz-moscada" (pessoas ingerem uma quantidade de especiarias, elevando a frequência cardíaca, com intoxicação e convulsão); "desafio do quebra-crânio" (pessoa pula e outras passam a perna por baixo, fazendo a outra cair de costas no chão) (https://revistacrescer. globo.com/Educacao-Comportamento/noticia/2022/08/caso-archie-battersbee-e-outros--fazem-pais-pedirem-para-o-tiktok-remover-os-desafios-online-do-feed-das-criancas. html. Acesso em: 22 ago. 2022).

Avaliação preliminar: vários casos de induzimento ou instigação ao suicídio, praticados contra crianças e adolescentes, foram detectados em diversos locais, no Brasil e no exterior, embora não existam julgados atestando esses crimes. De maneira preventiva, o legislador brasileiro houve por bem inserir no art. 122 do Código Penal a modalidade de delito contra a vida o induzimento, instigação ou auxílio à automutilação, que pode levar ao suicídio.

Fonte legal principal: Induzimento, instigação ou auxílio a suicídio ou a automutilação. Art. 122. Induzir ou instigar alguém a suicidar-se ou a praticar automutilação ou prestar-lhe auxílio material para que o faça: Pena – reclusão, de 6 (seis) meses a 2 (dois) anos. § 1.º Se da automutilação ou da tentativa de suicídio resulta lesão corporal de natureza grave ou gravíssima, nos termos dos §§ 1.º e 2.º do art. 129 deste Código: Pena – reclusão, de 1 (um) a 3 (três) anos. § 2.º Se o suicídio se consuma ou se da automutilação resulta morte: Pena – reclusão, de 2 (dois) a 6 (seis) anos. § 3.º A pena é duplicada: I – se o crime é praticado por motivo egoístico, torpe ou fútil; II – se a vítima é menor ou tem diminuída, por qualquer causa, a capacidade de resistência. § 4.º A pena é aumentada até o dobro se a conduta é realizada por meio da rede de computadores, de rede social ou transmitida em tempo real. § 5.º Aumenta-se a pena em metade se o agente é líder ou coordenador de grupo ou de rede virtual. § 6.º Se o crime de que trata o § 1.º deste artigo resulta em lesão corporal de natureza gravíssima e é cometido contra menor de 14 (quatorze) anos ou contra quem, por enfermidade ou deficiência mental, não tem o necessário discernimento para a prática do ato, ou que, por qualquer outra causa, não pode oferecer resistência, responde o agente pelo crime descrito no § 2.º do art. 129 deste Código. § 7.º Se o crime de que trata o § 2.º deste artigo é cometido contra menor de 14 (quatorze) anos ou contra quem não tem o necessário discernimento para a prática do ato, ou que, por qualquer outra causa, não pode oferecer resistência, responde o agente pelo crime de homicídio, nos termos do art. 121 deste Código.

Situação jurídica: checar se foi correta a inclusão da *automutilação* no contexto dos delitos contra a vida, vez que pode significar apenas uma lesão corporal grave ou gravíssima. Verificar se o bem jurídico tutelado é a vida ou a integridade física.

2. PERSEGUIÇÃO (ART. 147-A, CP) E DESCUMPRIMENTO DE MEDIDA PROTETIVA (ART. 24-A, LEI 11.340/2006)

Caso: o réu TS, descontente e inconformado com o término do relacionamento afetivo, que durou quase 10 meses, perseguiu, reiteradamente, sua ex-namorada FM, ameaçando a sua integridade física e psicológica e perturbando a sua esfera de liberdade e tranquilidade. Em 28 de setembro de 2021, separados há duas semanas, o acusado encontra a ofendida e seu pai, cobrando uma dívida e afirmando que a cidade toda saberia quem ela era. No mesmo dia, telefonou para FM e ofendeu-a, chamando-a de ladra, golpista e vagabunda. Ela requereu medidas protetivas de urgência. Em 10 de setembro, o réu foi notificado das medidas de proteção, permanecendo em contato com a ofendida, procurando-a no seu trabalho e buscando convencê-la a reatar o namoro. Após, mandou flores e chocolates, insistindo no reatamento. Em outubro, mesmo ciente da proibição de se aproximar da vítima, aproximou-se dela e, num bar, jogou cerveja na sua cabeça. Durante a madrugada, ligou várias vezes a ela. Após, ainda em outubro, telefonou à vítima e disse que iria pegá-la, levando a outro registro de ocorrência policial. No final de outubro, TS ligou para FM ameaçando-a de morte, ocasião em que foi à sua casa e interfonou várias vezes. Na sequência, passou mensagens por aplicativo, dizendo que a observava. Em janeiro de 2022, fez várias chamadas de telefone à vítima, ameaçando dar-lhe um tiro.

Avaliação preliminar: houve recurso do Ministério Público pleiteando a elevação da pena-base acima de 1/6, com base em antecedentes criminais, personalidade voltada à prática de delitos e graves consequências advindas da perseguição. Na segunda fase, requereu o reconhecimento da agravante prevista no art. 61, II, *f*, do CP, pois a infração penal foi praticada em cenário de violência doméstica e contra mulher. Pediu, ainda, o acréscimo de 1/6 por conta da reincidência. Finalmente, na terceira fase da dosimetria da pena, postulou a aplicação da causa de aumento do inciso II, do § 1.º, do art. 147-A, do CP, visto que a perseguição se deu no âmbito da violência de gênero, fixando-se o concurso material entre os delitos do art. 24-A da Lei 11.340/2006, bem como o acréscimo de 1/3 se for mantida a continuidade delitiva. Requereu o regime fechado inicial. O réu apresentou apelação, requerendo a absolvição por atipicidade das condutas ou por insuficiência de provas. Afirmou sofrer de problema psicológico, por estar apaixonado e não ter sabido lidar com o término do relacionamento, o que o afastava do dolo do crime de perseguição. Acrescentou não ter ficado claro o cenário das condutas configuradoras do "stalking", nem a intenção de ameaçar a vítima. Quanto ao descumprimento das medidas protetivas, ressaltou não ter agido com dolo. Ao fim, pleiteou a aplicação do princípio da consunção para que o crime de perseguição absorva os de descumprimento de medidas protetivas.

Fontes legais principais: Perseguição. Art. 147-A. Perseguir alguém, reiteradamente e por qualquer meio, ameaçando-lhe a integridade física ou psicológica, restringindo-lhe a capacidade de locomoção ou, de qualquer forma, invadindo ou perturbando sua esfera de liberdade ou privacidade. Pena – reclusão, de 6 (seis) meses a 2 (dois) anos, e multa. § 1.º A pena é aumentada de metade se o crime é cometido: I – contra criança, adolescente ou idoso; II – contra mulher por razões da condição de sexo feminino, nos termos do § 1.º do art. 121-A deste Código; III – mediante concurso de 2 (duas) ou mais pessoas ou com o emprego de arma. § 2.º As penas deste artigo são aplicáveis sem prejuízo das correspondentes à violência. § 3.º Somente se procede mediante representação. **Descumprimento de medida protetiva**. Art. 24-A. Descumprir decisão judicial que defere medidas protetivas de urgência previstas nesta Lei: Pena – reclusão, de 2 (dois) a 5 (cinco) anos, e multa.

Nota: na época deste caso ser julgado, a pena do art. 24-A era de detenção, de 3 meses a 2 anos.

Decisão de 1.ª instância: houve condenação do acusado, como incurso no artigo 147-A, *caput*, do Código Penal, à pena de 8 (oito) meses e 5 (cinco) dias de reclusão, mais 12 (doze) dias-multa, no piso, e art. 24-A da Lei 11.340/06 c. c. o artigo 71, *caput* (cinco vezes), do referido Código, a 4 (quatro) meses e 15 (quinze) dias de detenção, estabelecido o regime intermediário e reconhecido o direito de recorrer em liberdade.

Situação jurídica: verificar se houve a configuração dos delitos de perseguição e descumprimento de medidas protetivas, incluindo a análise do dolo do agente. Quanto à dosagem das penas, é preciso avaliar se as pretensões do Ministério Público são aceitáveis ou, ao contrário, caberia a absorção sustentada pela defesa.

Decisão do Tribunal: negou provimento ao recurso do réu e deu parcial provimento ao apelo do Ministério Público para elevar as penas do acusado para 5 meses de detenção pela prática do crime previsto no art. 24-A da Lei 11.340/2006, bem como 1 ano e 7 dias de reclusão e 18 dias-multa, no mínimo legal cada dia, no tocante ao art. 147-A, § 1.º, II, do CP.

Fundamento do acórdão: a materialidade e a autoria dos crimes foram demonstradas por diversas provas, em particular pelos boletins de ocorrência registrados pela vítima, decretação das medidas protetivas de urgência, relatórios de investigação e transcrição de áudio, bem como pela prova testemunhal. Houve confissão parcial do acusado e declarações coerentes da ofendida. Esta mencionou que namoraram cerca de 9 meses e, após o fim do relacionamento, o réu passou a importuná-la, perseguindo e ameaçando. Causou-lhe intranquilidade, temor e profundo aborrecimento, pois, com insistência, procurou-a e efetuou diversas chamadas telefônicas, tirando a sua paz e interferindo na sua rotina, impedindo de exercer a sua liberdade. Sentiu-se oprimida e angustiada e o acusado se tornava agressivo na medida em que ela se recusava a retomar o namoro. O réu chegou a ingressar no local onde a vítima trabalhava e arremessou objetos na sua direção. As conversas tiveram tom opressivo e ameaçador, a ponto de interferir na sua liberdade individual, pois, por um tempo, saía de casa somente para trabalhar. A ofendida desenvolveu depressão profunda e vivia à base de medicamento, enquanto o réu, mesmo ciente das medidas protetivas de urgência, continuava a ligar para seus telefones fixo e celular. Ela narrou detalhadamente todas as atitudes do acusado, fazendo-a procurar a polícia, o Ministério Público, o fórum e uma emissora de TV. Ao final da instrução, o réu foi interrogado e confessou parcialmente a imputação, admitindo ter tomado ciência das medidas protetivas em 10 de setembro de 2021 e efetuado várias chamadas telefônicas para a ex-namorada, embora tenha negado procurá-la presencialmente. Ligou com o intuito de reatar o namoro, mas negou qualquer ameaça. Reconheceu acompanhá-la nas redes sociais e muitas vezes ligava, mas quando a vítima atendia, desligava. Enfim, se disse arrependido de ligar diversas vezes e que não tinha a intenção de descumprir medida protetiva. Há prova suficiente para comprovar a prática da perseguição e do descumprimento de medida protetiva. Além disso, tudo aconteceu em contexto de violência doméstica, pois havia a intenção de reatar o relacionamento amoroso. Inexiste fundamento para a absorção, pois as infrações lesaram bens jurídicos diversos. Há prova dos antecedentes criminais do réu, devendo-se manter a elevação de 1/6. Na segunda fase da dosimetria, compensou-se parcialmente a agravante da reincidência com a atenuante da confissão espontânea. No tocante à continuidade delitiva, fixa-se o aumento de 1/3, com base em critério objetivo, tendo em foco a quantidade de delitos praticados. Não se pode acolher a face negativa da personalidade, calcada em antecedentes, pois seria o mesmo que violar o princípio do *ne bis in idem* (dupla valoração pelo mesmo fato). Reconhece a causa de aumento do inciso II do § 1º do art. 147-A do Código Penal. Mantém-se o regime semiaberto (TJSP, Apelação n. 1501493-85.2021.8.26.0297, 16.ª C., rel. Otávio de Almeida Toledo, 24.01.2023, v. u.).

Trechos relevantes do acórdão (do voto do relator): "O robusto conjunto probatório é, portanto, mais que suficiente para a manutenção da condenação lançada em primeira instância. Assim, do cotejo dos elementos de convicção amealhados ao longo da persecução criminal, resulta forte a prevalência da versão acusatória, fundada, basicamente, na prova oral e documental, suficiente à procedência da ação penal. (...) Conforme bem decidiu o nobre Juízo *a quo*, 'de forma reiterada, o réu, com seu comportamento, atormentou a vítima, gerando perturbações emocionais, pânico e fobias, restringindo, outrossim, a liberdade da vítima, na medida em que passou a ter receio de sair, passando a ter medo de fazer o que antes fazia, reduzindo-se, por conseguinte, o seu espectro de liberdade'. Tratando-se de delito que reclama habitualidade no comportamento a evidenciar a infração penal denominada 'perseguição' ou 'stalking', as condutas reiteradas, tanto de procurar a ofendida na sua residência e no local de trabalho o que ocorreu duas vezes , como de realizar inúmeras chamadas telefônicas, que evidenciou, inclusive, a partir do dia 10 de setembro de 2021, o descumprimento das medidas protetivas estabelecidas em desfavor do acusado, justificam a condenação como incurso no artigo 147-A, § 1.º, inciso II, do Código Penal, assim alinhavado: 'Perseguir alguém, reiteradamente e por qualquer meio, ameaçando-lhe a integridade física ou psicológica, restringindo-lhe a capacidade de locomoção ou, de qualquer forma, invadindo ou perturbando sua esfera de liberdade ou privacidade. Pena reclusão, de 6 (seis) meses a (dois) anos, e multa'. O seu § 1.º, inciso II, prevê que a pena é aumentada de metade se o crime é cometido 'contra mulher por razões da condição de sexo feminino, nos termos do § 2.º-A do art. 121 deste Código", o qual estabelece haver "razões de condição de sexo feminino quando o crime envolve: I violência doméstica e familiar; II menosprezo ou discriminação à condição de mulher'. Nessa linha, não há dúvida de que TS agiu com intuito de praticar atos persecutórios, de modo a tirar a tranquilidade da ofendida, restringindo-lhe a liberdade e prejudicando sua própria rotina. Não obstante o acusado externasse a vontade de reatar o relacionamento amoroso inconformado com o fim e sem maturidade e equilíbrio emocional para lidar com a frustração da rejeição da ex-namorada, a insistência e a reiteração das chamadas telefônicas, algumas com tom ameaçador, assim como a procura nos locais em que ela se encontrava, evidenciam, sim, comportamento que se subsume à conduta tipificada no sobredito artigo 147-A. Embora buscasse o restabelecimento do vínculo, TS se insurgia diante da recusa da ofendida e, a partir desse revés, fazia emergir sua agressividade, momento em que a esperança se transformava em ódio. Na medida em que o réu a importunava, seja com inúmeras ligações no celular e nos telefones fixos da residência e do trabalho, inclusive ao tocar insistentemente o interfone da casa ou mesmo a procurando em determinados locais, invadiu e perturbou a esfera de liberdade e privacidade de sua ex-namorada, razão da incidência da causa de aumento prevista no referido inciso II do § 1º do artigo 147-A. No caso, tal como bem anotado pelo ilustre Procurador de Justiça oficiante, a perseguição se deu no contexto da violência doméstica e familiar contra a mulher, reação decorrente da recusa da vítima em reatar o namoro com o perseguidor".

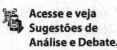

Acesse e veja Sugestões de Análise e Debate.

> https://uqr.to/1p103

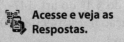

Acesse e veja as Respostas.

> https://uqr.to/1p104

Obras do Autor

Código de Processo Penal comentado. 24. ed. Rio de Janeiro: Forense, 2025.

Código Penal comentado. 25. ed. Rio de Janeiro: Forense, 2025.

Curso de Direito Penal. Parte geral. 9. ed. Rio de Janeiro: Forense, 2025. vol. 1.

Curso de Direito Penal. Parte especial. 9. ed. Rio de Janeiro: Forense, 2025. vol. 2.

Curso de Direito Penal. Parte especial. 9. ed. Rio de Janeiro: Forense, 2025. vol. 3.

Curso de Direito Processual Penal. 22. ed. Rio de Janeiro: Forense, 2025.

Curso de execução penal. 8. ed. Rio de Janeiro: Forense, 2025.

Drogas – De acordo com a Lei 11.343/2006. Rio de Janeiro: Forense, 2025.

Estatuto da Criança e do Adolescente comentado. 6. ed. Rio de Janeiro: Forense, 2025.

Manual de Direito Penal. Volume único. 21. ed. Rio de Janeiro: Forense, 2025.

Manual de Processo Penal. Volume único. 6. ed. Rio de Janeiro: Forense, 2025.

Código Penal Militar comentado. 5. ed. Rio de Janeiro: Forense, 2024.

Direito Penal. Partes geral e especial. 9. ed. São Paulo: Método, 2024. Esquemas & Sistemas.

Prática forense penal. 15. ed. Rio de Janeiro: Forense, 2024.

Processo penal e execução penal. 8. ed. São Paulo: Método, 2024. Esquemas & Sistemas.

Tribunal do Júri. 10. ed. Rio de Janeiro: Forense, 2024.

Leis penais e processuais penais comentadas. 15. ed. Rio de Janeiro: Forense, 2023. vol. 1 e 2.

Habeas corpus. 4. ed. Rio de Janeiro: Forense, 2022.

Individualização da pena. 8. ed. Rio de Janeiro: Forense, 2022.

Provas no processo penal. 5. ed. Rio de Janeiro: Forense, 2022.

Prisão, medidas cautelares e liberdade. 7. ed. Rio de Janeiro: Forense, 2022.

Tratado de Crimes Sexuais. Rio de Janeiro: Forense, 2022.

Código de Processo Penal Militar comentado. 4. ed. Rio de Janeiro: Forense, 2021.

Criminologia. Rio de Janeiro: Forense, 2021.

Organização criminosa. 5. ed. Rio de Janeiro: Forense, 2021.

Pacote Anticrime comentado. 2. ed. Rio de Janeiro: Forense, 2021.

Execução Penal no Brasil – Estudos e reflexões. Rio de Janeiro: Forense, 2019 (coordenação e autoria).

Instituições de Direito Público e Privado. Rio de Janeiro: Forense, 2019.

Manual de processo penal e execução penal. 14. ed. Rio de Janeiro: Forense, 2017.

Direitos Humanos versus *Segurança pública.* Rio de Janeiro: Forense, 2016.

Corrupção e anticorrupção. Rio de Janeiro: Forense, 2015.

Prostituição, lenocínio e tráfico de pessoas. 2. ed. Rio de Janeiro: Forense, 2015.

Princípios constitucionais penais e processuais penais. 4. ed. Rio de Janeiro: Forense, 2015.

Crimes contra a dignidade sexual. 5. ed. Rio de Janeiro: Forense, 2015.

Dicionário jurídico. São Paulo: Ed. RT, 2013.

Código Penal comentado – versão compacta. 2. ed. São Paulo: Ed. RT, 2013.

Tratado Jurisprudencial e Doutrinário. Direito Penal. 2. ed. São Paulo: Ed. RT, 2012. vol. I e II.

Tratado Jurisprudencial e Doutrinário. Direito Processual Penal. São Paulo: Ed. RT, 2012. vol. I e II.

Doutrinas Essenciais. Direito Processual Penal. Organizador, em conjunto com Maria Thereza Rocha de Assis Moura. São Paulo: Ed. RT, 2012. vol. I a VI.

Doutrinas Essenciais. Direito Penal. Organizador, em conjunto com Alberto Silva Franco. São Paulo: Ed. RT, 2011. vol. I a IX.

Crimes de trânsito. São Paulo: Juarez de Oliveira, 1999.

Júri – Princípios constitucionais. São Paulo: Juarez de Oliveira, 1999.

O valor da confissão como meio de prova no processo penal. Com comentários à Lei da Tortura. 2. ed. São Paulo: Ed. RT, 1999.

Tratado de Direito Penal. Frederico Marques. Atualizador, em conjunto com outros autores. Campinas: Millenium, 1999. vol. 3.

Tratado de Direito Penal. Frederico Marques. Atualizador, em conjunto com outros autores. Campinas: Millenium, 1999. vol. 4.

Tratado de Direito Penal. Frederico Marques. Atualizador, em conjunto com outros autores. Campinas: Bookseller, 1997. vol. 1.

Tratado de Direito Penal. Frederico Marques. Atualizador, em conjunto com outros autores. Campinas: Bookseller, 1997. vol. 2.

Roteiro prático do Júri. São Paulo: Oliveira Mendes e Del Rey, 1997.